音法演化

——发声活动

朱晓农　著

商务印书馆
创于1897 The Commercial Press
2012年·北京

图书在版编目(CIP)数据

音法演化:发声活动/朱晓农著.—北京:商务印书馆,2012
ISBN 978-7-100-08571-7

I.①音… II.①朱… III.①汉语—语音学—文集
IV.①H11-53

中国版本图书馆 CIP 数据核字(2011)第 184747 号

音 法 演 化
——发声活动
朱晓农 著

商 务 印 书 馆 出 版
(北京王府井大街36号 邮政编码 100710)
商 务 印 书 馆 发 行
北京瑞古冠中印刷厂印刷
ISBN 978-7-100-08571-7

2012年8月第1版　开本 850×1168 1/32
2012年8月北京第1次印刷　印张 19¾
定价:45.00元

香港研究资助局资助项目

Hong Kong Research Grants Council

General Research Fund (HKUST 644509)

福尔摩斯如斯说——

You know my method. It is founded upon the observance of trifles.

目　录

声　母

常常有人问我"音法学"是什么意思,"演化音法学"又是干什么的。其实我也常常问自己这些个问题,而且常答常新。

"音法"是个新名词,但既然有"语法""句法""词法",多个"音法"也不离谱——这是讲的名称问题。从实质上来说,最早的"音韵学"研究历时(diachronic phonology),后来的"音系学"研究共时(synchronic phonology),现在的"音法学"则是研究"泛时"的演化。英文中固然用个 pan-chronic phonology 或 evolutionary phonology 就行了,但汉语中对应于 phonology 的有"音韵学"和"音系学"两个词,前者探讨历时问题,后者处理共时问题——方法论上是"历共不两立"。"历时"研究历史,所以"音韵学"也就是"历史音韵学"(historical phonology)。"音系学"30 年前也是个新词,对应的同样是 phonology,只不过"音韵学"这词历史太悠远,造成的固有理解以为就是研究历时的,所以研究共时的改了个中文名词叫"音系学"。当然,共时音系学这项研究并不始于 30 年前,可此前我们所知道的都是"音位学"(phonemics),不知道它也是 phonology 的一部分。所以,这共时的音系学就留下了个"历史问题"。我们现在研究泛时的"音法类型"和"音法演化",总不能前半句说"(共时)音系类型"后半句说“(历时)音韵演化”吧？所以只好另起一个名词“音法学”，统一叫“(泛时)音法类型”“(泛时)音法演化”。

“音法”说清楚了，“演化”就容易了。演化本身不是个新概念，生物学里提出 evolution 都一个半世纪了。过去咱们一般译为“进化”——意味着生物由“低级”向“高级”的“进步”变化。这可不是 evolution 的原义。evolution 并不意味着原先有个既定的“先进的”目标，朝着那方向“发展”而去——那是神学里的目的论(teleology)。用“演化”中性点，我们实在无法定义什么叫“低级”语言，什么叫“高级”语言；什么样的变化是“进步的”，什么样是“退步的”；为什么把“腭化”(tsi＞tɕi)叫作汉语的“发展”，难不成反过来的“齿龈化”(如女国音 tɕi＞tsi)就算“退化”“衰败”吗？

很早以前就有人在网上说我喜欢玩弄新名词。这真是知我赞我，没捧我“推敲”新名词。我是“玩弄”，这是因为一则“好玩”(记得赵元任在后辈问他为什么做语言研究时的回答吗？——“It's fun!”)，一则出于新概念要有新名词的需要——你要有 64 个孩子，就得像姜昆那样直到最后一个还起新名字：TDK 64。“名不正则言不顺，言不顺则事不成”——我信这话。科学研究中的“事不成”主要就是“理不清”。所以，名不正会导致说理说不清，那是正经做学问的人不愿见到的。我们见过太多的无谓争论——名词之争，实质上是概念大相径庭，起两个名词不就结了吗？

我们知道，语言学成为现代科学意义上的一门学问，是从研究历时音法开始的。整个 19 世纪语言学就是历史音韵学。到了 20 世纪，风向一转，开始研究共时音系学了。上半个世纪叫音位学，研究个别音系里的成素和规则；后半个世纪叫生成音系学，想要研究全人类音系的全体规则，这当然早了点，因为我们对于全人类音系的类型学还不清楚。总之，共时音系学都是试图把共时的语音模式化、形式化，用一些抽象的规则或图像表达出来。到了 20 世纪末新世纪初，路向又变了，要打通共时和历时，不让两者像过去两百年中那样对立，要从共时的类型中看出历时演化的迹象，同时也让共时的类型得到历时的解释——这就是演化音法学，是一种"泛时"研究。

同样研究"音法变化"这个目标，通向它的路径却多种多样。大而言之，200 年前有谱系树模型，20 年前则兴起接触语言学，这些都有意义，都有重要性，但都不是最重要的。让我打两个比方①来说明这意思，一个长江水，一个鸡蛋核桃。

研究语言变化的最早是专注于语音演变的历史比较语言学家。如果在崇明岛外发现些什么，他们总是追溯到源头沱沱河，像汉水、湘江、赣水以至黄浦江这些支流的水被认为是语言借贷的例外。最近二三十年来，翻了个个儿。首先，接触语言学家更关注的是语法演化。他们认为长江之水实际上是所有支流共同贡献的结果，而源头水所占的比重是很小的。这样的比喻反映了演化语法学界把接触看作是语法变化最强大的动因。但如果考虑到音法演化，在源头和支流以外，还有第三种水源，那就是

① 这两个比喻见《语言的兴衰》"译后"。*The Rise and Fall of Languages*, by Robert Dixon, Cambridge University Press, 1997。中文版由朱晓农等译，北京大学出版社出版。

万里长江的干流流域。这三种水源分别对应于谱系来源、接触传播、自然音变。对于历史比较语言学来说，凡有语音对应，都归之于源头，例外扔进语言接触的垃圾桶。但接触派却把那垃圾掏出来作为正例，凡有语法相似，大多归支流，少数归源头，江河越长，支流贡献越多。但问题是还有流域面积更大的干流本身的贡献，而这才是音法演化中最大最重要的水源。近年来，对干流自然音变的研究——演化音法学——有了扎实的进步，我们开始有办法能分离出什么样的水质是干流水，什么是支流水。结果令人满意，常常是一条自然音变的规则管一大片音变过程，几条规则管一多半长江水。剩下的分派给支流和源头。研究语法演变的学者没考虑到干流本身，也许是因为造成共时平面上的语法变异，支流贡献远大于源头，而干流的作用目前还不明朗。也就是说，语法比语音更容易受接触感染。这真是大大出乎我的意料。让我们来看个声调例子。很多人认为声调是最容易产生扩散的特征之一，因此也是最不足以说明同源关系的特征。这后半句我同意，前半句则需进一步澄清。国外有学者认为，羌语南部方言由于和汉语接触而产生声调，并且与汉语接触最多的方言具有最多的调类以及最稳定的声调系统，而北部方言由于不和汉语相邻就没有声调。这种说法有问题，接触导致声调产生从因果关系(cause-effect)上来说是错的。这就像说接触导致传染病产生一样，其着眼点在“缘/机会”(opportunity)，最多说是外因，而不是真正的“因果关系”的“因”。产生传染病的原因在于某种病毒，接触提供了传播的机会。这跟我们熟悉的一个比喻相似：孵出小鸡的内因是受精卵，而老母鸡提供了外部条件；换成两颗核桃，摩擦得再来劲也刮不出一个鸡脖子来。同样，产生声调的原因在于某种音理（具体地说是发声态），那才是“因果关系”的“因”。接触只是在某些场合提供了一种触发的机会。这个道理其实很简单，如果一定要接触才产生声调，那么第一个声调语是从哪儿来的？如果第一个声调语的产生是出于自然音变，那么为什么第二个、第三个不能？而另一方面的事实是，与汉语长久的深度接触并没让满语和蒙语孵出声调，那是两颗核桃嘛！详细论证可看《声调起因于发声》。这里我们又可以看到，音法演化跟语法演化不同，其最重要的原因不是过去认为的谱系传递（源头），也不是目前流行的“接触”传播（支流），而是自然音变（干流）。相比之下，语法的自然演化之路目前还不明朗。不过我倒是相信它是存在的，只是比自然音变更为隐秘，更为微妙，倒不一定更为复杂。

声调情况如此，内爆音也大多是自源产生的。过去有种未经严格程序证明的看法，以为吴语、粤语、海南闽语中的内爆音是侗台底层——当然不是！近几年来，随着演化音法学的进展，在潮汕闽语（洪英、徐馥琼分别调查）、漳泉闽语（黄艺珊调查）、北部赣语（刘泽民合作调查）、桂北土话（关英伟合作调查）中发现了自发新生的系统的内爆音。最近更是接二连三在老湘语湘潭话、连城一带多个难以通话的客家话（严至诚、焦磊、林文芳、洪英、严修鸿合作调查），还有藻敏瑶语（龙国贻调查）中都听到了内爆音。我甚至还在山西秦晋官话中听到作为音位变体的偶发内爆音——真是理论一经确定，证据不召自来，挡都挡不住。而且，关键是像上面声调起因问题一样，内爆音如果一定要接触才能产生，那么第一个内爆音是从哪儿来的？要是第一个内爆音是自发产生的，那为什么第二个、第三个不能？

声调、内爆音如此，弛声（slack voice）更是如此。随着演化音法学的进展，我们发现不但吴语，而且湘语（彭建国、焦磊、林文芳、洪英、张偲偲合作调查）、桂北土话（关英伟合作调查）、老湖广话（郭萍合作调查）、赣语（陈凌、刘泽民合作调查）、客家话（严至诚、焦磊、林文芳、洪英、严修鸿合作调查）、闽语（洪英调查）、粤语（严至诚调查）、苗语（寸熙合作调查）、佤语（周学文、龙从军调查）中程度不同地都存在弛声。我在《全州土话音节的四分发声活动——再论自发内爆音》（关英伟合作）中说：“这次在桂北土话中发现弛声，使得气化现象从吴语、赣语、湘语到桂北土话，与苗瑶及南亚语系、南岛语系，甚至南亚的印地语、乌尔都语连成了片。事实上，使用发声活动是亚洲东部、南部语言的普遍现象，发声活动包括发声态（假、张、清、僵、带、弛六类），次发声态（送气、不送气等），超发声态（音高、长短），类发声（内爆音等）。幸好弛声的认定比内爆音困难得多，要不吴赣湘桂北的清音浊流恐怕早被当成苗瑶底层了。”更进一步，中古甚至上古全浊都可以构拟为弛声（见《全浊弛声论》）。

以上所说的干流——自然音变原理，当然不排除支流的接触影响。自然音变并不和接触（还有谱系树）有什么矛盾。你支流水（和源头水）进入干流之后，都要和干流水一起自然音变。但是，这要有个前提，那就是要音法类型相似，区域内的语音扩散才有可能。也就是要地势相合，支流才能流入干流。音法类型不相似的语言之间，语音传播扩散是很受限制的，如果不是绝对不可能的话。这方面我们可以香港为例，尽管一个半世纪以来香港粤语与英语深度接触，借词无数，但一个音也没借。

语言本来就用于交际，接触因而是不言而喻的。不过，重要的是如何从貌似接触的案例中辨认出普遍音理来。单纯的触发只是一种局部的地理现象，一起偶发的历史个案。如何从地理现象和历时个案中找出类型学、语音学上的普遍原理，这是语言科学的目标。

经过上面这些疏解，我们可以把演化音法学的基础、方法和方向，凝练地用五个短语表达出来，这也是第二届演化音法学研讨会(2010 年 6 月 10 至 12 日，复旦大学)的主题——

以语音学为工具，从事田野语音调查作为切入；以音节学为依托，建立共时音法类型作为基础——进而探求音法演化。

1a. 为什么要以实验语音学为工具呢？——因为没有语音学，田野语音调查不可靠。

2a. 为什么要以田野语音调查作为切入点呢？——那你想用什么作为切入呢？

3a. 为什么要以音节学为依托呢？——谁让咱们这是语言学的语音学呢？

4a. 为什么要以类型学为基础呢？——因为“今天的分布是昨天演变的结果。因此，如果分布有什么规律可言，那就一定服从演变的规律。因而共时的分布模式就为追踪历时演变提供了线索"(朱晓农《从群母论浊声和摩擦》,2003)。

下面举些例子来讲解上面四句话。

1b. 为什么要以实验语音学为工具呢?——这个例子是我本人的教训。我很早就对声调研究感兴趣,大约是1981、1982年吧,就走遍上海、南京、天津、北京的图书馆,把找得到的声调记录都抄下来。好些油印本的方言调查资料大概上架以后就没人碰过,二三十年了,书上的尘土比书还厚,掉到地下升起蘑菇云。结果搜集到1071个方言点的声调描写。当时很想大干一番,做个类型学研究(后来知道之前和之后郑锦全和桥本都做过)。但最终还是没做。为什么呢?原来我调查了几个点,发现跟原有的描写都有出入,这下犯难了。用自己的材料吧,那要亲力亲为,1000个点得到哪年哪月啊?用现有的听感描写吧,那你想做成什么都行。就像上海话的阴平有五种描写,[51, 52, 53, 41, 42],又如温州话的阴上有三种描写,[35, 53, 454]。那些高深理论家就不用谈了,哪怕差点意思的理论家他们所造的理论,都能愉快地发现有材料等着支持他,甚至说得更厉害点,被他预见到。

2b. 为什么要以田野语音调查作为切入点呢?——福尔摩斯说:"Life is infinitely stranger than anything which the mind of man could invent."也就是说,语音学家也好,音系学家也好,你尽可以奇思怪想,发明各等各式的理论,但一旦听到各地各样的语音,才明白再自诩的想象力也是没法跟现实之精妙相比的——语音要比语音学、音系学丰富得多得多。

3b. 为什么要以音节学为依托呢?——因为咱们这是音法

学，就是为语言学服务的语音学。具体点说，音节学（即以音节作为基本单位的音系学）有什么需要，咱们就去解决那问题。没有音节学，音法类型学不但无法深入，简直可以说无法成型——从一开始就没法做。我们来看个元音类型学的例子。据麦迪森（Maddieson 1984）说，世界语言中以五元音最普遍。咱们也学着做，说汉语方言中以七元音最普遍。且慢，我要问了，北京有几个元音啊？有说三个的，有说六个的，七个、九个、十一个，甚至还有人说十三个的。你做类型学的取哪一个？这还是研究得最透的方言，边上天津话几个元音？张家口话呢？再远点，再小点的方言呢？噢，你明白了，这是不同音位分析的结果啊！面对几百上千份方言调查报告，你知道作者们的音位分析是否采取了同样的方法、步骤、原则？所以，用原有音位学的方法不行，用区别特征的方法也不行，得用音节学的方法。先确定了"韵体""韵腹"，这大体上都能做得差不多。然后，你来做元音类型学就行了——可以去点一点韵体元音的类型分布，也可以去看看韵腹元音的类型分布。您瞧，做语音的类型学，得建立在音节学基础上吧。

4b. 为什么要以类型学为基础呢？——这在（4a）里已经给出答案了：把平面的分布竖起来，就是演化的阶段了。也许还有些空白，那么就用音理去填补它。本书中的全浊弛声论、声调起因于发声态、古上声带假声、入声的演化途径、内爆音的演化和清声带声的音变圈，还有《音韵研究》（商务印书馆，2006）中的元音大递换和高顶出位、小称调的来源、浊声和摩擦、重纽四等，都是从现在的共时分布中去探求那演化的蛛丝马迹。

5. 那么，音法演化怎么探求呢？——演化音法学研究语音的演化，包括智人有声语言的起源，以及其后十万年来的自然音变。对于语音学家、音法学家来说，当然，主要是后一个任务：语音的自然演化。演化音法学相信，音法的演化机制可以借用生物的演化的概念，即经由“变异”和“选择”而进行。自然音变造成的变异，内部压力和环境压力进行选择。

语音的自然变异，主要由发音生理、空气动力学、声学、听感等内部原因引起的微型音变（mini sound change）。

内部的选择因素就是音理的选择，那就是生理、心理、物理的原因可以决定某些音变的自然倾向。外部的选择因素指的是社会因素，包括社会心理、语言运用场合、接触传播等。或者从功能角度来说，由使用来决定的，使用者的心理因素、使用环境限制或诱导的情景因素、交际对象交互影响的接触因素等。

* *

这个集子收录了我近年来的二十多篇文章，实践的都是“二演”主题思想。全书分四部分：综论、发声态的演化、声调的演化、内爆音的演化。

第一部分讨论一般理论问题。《重塑语音学》构建一个新的语音学框架，把原来的“音段～超音段”的构架扩充为“音段～发声”。原来的超音段只是现在发声活动中的一个小类。然后用音节学来重塑音系学，语音学中的音段到了音节学里成了音节的线性成分（声母、韵母等），语音学里的发声到了音节学里成了音节的非线性成分（声域、声调、长短）。《术语命名的原则、方法、标准》谈到命名的原则和方法，原来不是玩弄新名词，命名意味着认识，是锻造新概念所必需的。《构拟原则和证据权重》则讨论追踪演化、构拟演化各阶段时所用材料的相对重要性。

我们的方法是从共时分布看演化踪迹。第二部分的发声态演化主要是共时描写，当然你描写清楚了，也就解决了演化的老大难问题，比如松陵次清分调的来历。真正全面讨论演化的只有最后一篇《全浊弛声论》。那么，发声态都演化出些什么东西了呢？那就要到第三部分里去找了。

第三部分声调的演化，也是倚重倚轻，但反过来是共时描写少(头两篇，第三篇一半对一半)，后面几篇都是声调的历时演化。原来发声态的变化都体现到声调演化中去了。闽南话入声阴低阳高是因为阴入的发声态起了变化，变成了嘎裂声。古代上声“厉而举”，是因为有假声。而所有声调的起因，是从发声态的伴随音高特征转化为区别特征，亦即已有现象的音法化结果。后面几篇讨论了入声的演化问题，涉及发声态、长短、音段，还有类发声性质的音段——喉音。

第四部分讲内爆音的演化。南方方言中大多有内爆音，其中大部分来自自然音变。这个观点几年前提出时(见本书《清带音变圈》)，很有争议。我这话说得很柔和，其实不仅仅是“几年前”，今天还在延续。不是“很有争议”，而是“一致反对”。不过福尔摩斯说了：“There is nothing more stimulating than a case where everything goes against you.”(什么东西都跟你不对付，这样的案子最带劲。)好在今天不那么“一致”了。根据以往事实的归纳，我的看法一般都要过个十年、二十年才会被接受。所以不着急，在这等待的过程中，加倍出产几个好观点。

讲一个跟内爆音有关的田野趣事。有一次，我跟关英伟教授带着两个学生去桂北的资源、全州调查。其实不是漫无目的的普查，而是有目标的追踪内爆音。二十多年前，我写过一篇文章《声调笔记五则》(1987，后收于《音韵研究》)，第五则中预言：桂北的所谓“浊音”，可能是内爆音或鼻冠音。那次去，资源没发现什么特别的，全州调查了六个点的方言，四个没什么特别，但有两个点，发现了期待已久的内爆音。大家很高兴。其中一位学生 WJ 是义乌人，她知道浙南有内爆音，也知道自己有，所以轻而易举地模仿了全州内爆音。另一位学生 YS 是漳州人。海南岛和雷州半岛的闽南话中有内爆音，大家都知道，而且都以为借自黎语、临高语。但厦门漳泉潮汕地区的闽南话有内爆音，那可闻所未闻。所以那位漳州学生 YS 怎么都学不像。我刚发现汕头闽南话有内爆音(《自发新生内爆音》)，潮州闽南话也有(《潮州话中来自清爆音的内爆音》)，所以归纳一下，闽南话包括漳泉方言都该有。当天晚上，我对 YS 说，咱们不学全州话了，咱们录一下你的母语。结果不出所料，漳州也有内爆音，不过当晚没向 YS 透露。第二天早上，我们重听了全州内爆音，YS 还是学不会，于是很嫉妒她的义乌同学。我不作预告另放了一段录音，YS 发现了，问：

——换了个发音人？

——对，换了。

——她也有内爆音吧？

——嗯，不错，能听出来。

——啊！啊！啊！那不是我吗！

——可不是你吗？

——我会发内爆音？我们漳州话里有内爆音？！

——是的，好发现！

人只能听见看见他理解的东西。这听起来像是理论先于事实，有点先验主观，但谁让科学事实是那么难“摆”呢？

上文说了很多很多理论性的话，如果你一下记不住，那就先记住如下三句形象的话，那是演化音法学的形象和资质——

出得田野，

入得实验室，

上得语言学厅堂。

前两句好理解，你要自己会观察、实验，获取一手新鲜材料，学会鉴别材料。这最后一句要解释。我在多个场合提到赵元任《语言问题》(1980：175)中的一段“误导”众生的话，他要把语音学赶出语言学这个家：“实验语音学也可以算是比较边缘性的……因为实验语音学从很早起头，一直到最近啊，它能够做的好些事情都比语言学里头所希望做得到的还差得很远。虽然有许多很精密的实验工作，可是研究语言所需要知道的好些方面，是不能够用实验来满足这许多要求，答复这许多问题的。因此有许多语言学家，根本不拿实验语音学认为是语言学的一部分。”

现在，我们要重返厅堂！

最后，让我谢谢我的合作者和学生，本书所收二十多篇文章，有一半多是和他们合作撰写的。这些年发了不少文章，不是我笔头快，而是合作者们有能耐，谢谢寸熙、关英伟、洪英、焦磊、刘泽民、龙从军、彭建国、吴和得、徐馥琼、徐越、严至诚、杨建芬、张偲偲、周学文。我知道你们也想谢我，那就以后多写好文章启发我，权作谢我吧。

第一部分

综　论

重塑语音学

1. 导言

本文提出一个全新的、涵括更广的语音学概念系统，以容纳近年来我们在调查亚洲语言时的众多新发现。

现在语音学中的一对基本范畴是“音段～超音段（韵律）”，用以描写的参数为“语音四要素”。这个框架是建立在发声活动很简单的欧洲语言的音型上的。近年来我们在田野语音学、实验室语音学、演化音法学、共时类型学等方面看到很多新的语音情况，跟这对基本概念和这些描写参数都没什么关系。也就是说，新发现都在现有语音学的这个“基本”框架之外。要想在语音学和音法学中容纳这些新发现，就必须重塑语音学的基本框架，这包括：(1)创立新范畴，(2)建立新系统，(3)若有可能，把旧系统容纳进新系统中作为一个普通场合的近似运用。

新的语音学理论中的一对基本范畴是“音段～发声”。更完整点可以说：声道调音活动～喉头发声活动。音段是大家熟悉的，本文讨论发声。广义的“发声”或“喉头发声活动”包括四种情况：发声态（清声、带声、弛声等）及其次类（即“次发声态”，包括送气、嘎裂声等），附着于发声态的超发声态（音高和音长），以及涉及喉头机制的“类发声”(内爆音和喷音)。语言语音学中的发声态有六类十三种,可定义三个声域(或调域)。

2. 现有系统简评

现有语音学建立在“音段～超音段”这一对范畴上,描写的参数为“语音四要素”,它们之间,及其与有关音系学概念的对应如下:

表1. 传统语音描写的四个参数

语音学概念	描写参数	音系学概念
音段	音色	元辅音
超音段	音高	轻重音、声调
超音段	音长	长短音
超音段	音强	轻重音

音段分元音和辅音,不同的音段有不同的音色。元音用三维的元音图表示:高低、前后、圆展。辅音分一般肺部气流辅音和非肺部辅音。欧洲语言中的辅音一般用VPM(Voicing-Place-Method,清带、调音部位、调音方式)的描写框架来表示。非肺部辅音是个小类,只有㗊音、内爆音、喷音三种,不见于欧洲语言的音系。

超音段包括音高、音长、音强三项。音高表现在非声调语言中为轻重音;表现在声调语言中为声调。音长在非声调语言中对应于长短元音,少数场合对应于长短辅音;但在声调语中表现并处理为声调类,即入声或轻声。音强原来以为与重音相关,但后来发现,重音在非声调语言如英语中主要体现为音高不同,在声调语言如汉语中主要体现为音长不同,所以音强在音系学中的地位不保,那么在语言语音学中是否需要“音强”这个参数要重新考虑。

东亚语言中的声调从丹尼尔·琼斯起,就一直被西方语音学家视为有趣但无关宏旨的“异国腔调”。绝大部分英语的语音学著作中几乎不谈或极少谈到声调。谈到的也不过作为音高的另一种表现形式而已。这一方面与他们的实用有关,声调对他们认识英法德俄语没用;另一方面更与声调材料的陌生有关,非洲语言的高低型声调也许还好点,亚洲语言的平仄型声调的研究进展难以令人满意。高低型声调一般只有三度,相比之下,它跟两度高低的轻重音还更接近点,而离变化多端的平仄型声调更远。

除了声调,还有更为严重的发声态/声域问题,详见下节。

另外一个需要重新考虑的是上述语音成分(尤其是元音和辅音)在音系学中的地位。元辅音原来是语音学概念,挪用进音系学后仍然是元辅音。这样做不很妥当,因为语音学和音系学是两个系统。语音学中的音高进入音系学后成为重音或者声调,语音学里的元辅音进入音系学后也应该获得音系学身份,就像生理学上的男女进入社会学的单位“家庭”之后便有了新概念:父母兄弟子女等。音系学中的基本单位不是建立在音段基础上的“音位”,也不是“区别特征”,而是“音节”。所以音系学可以称为“音节学”(朱晓农 2008)。元音辅音进入音节学后,获得音节身份,成为音节的线性成分。音节还有非线性成分如声域、声调等。重音也是音节的非线性成分，这可以从两方面来看。首先，它是音节的属性而非元音的属性，它主要表现在韵体上，而非元音上，尽管韵体大多实现为元音，但也有不少场合实现为响音，如“五”吴语 ŋ，粤语 m；又如英语 lɪtl “*little*”，kʰɒtn “*cotton*”。此外，重音作为音节属性是在与其他音节的轻重相比较中而确定的。经过以上说明之后，表 1 可以调整为表 2。

表 2. 调整后的参数

语音学概念	描写参数	音节学概念
音段	音色	线性成分：声母、韵母等
超音段	音高	非线性成分：轻重音、声调
超音段	音长	非线性成分：长短音

3. 发声态新发现对理论提出新要求

即使我们调整了表 1 中的参数和概念，问题还远未解决。表 2 中音段进入语言学后取得了音节地位，成了音节线性成分，音高和音长也成了音节的非线性成分，但是还有发声态！它在“语言语音学”中有多少种形式，该用什么样的语音要素去描写它？在语言学中又是什么概念，在音节中占什么地位？过去的语音学对这方面有较为详细但不成系统的描写（作为辅音的附加特征），在跟音系学的关系方面则是一片空白。这是因为欧洲语音系统中发声态不起语言学作用，只有情绪、语气等“边缘语言学”作用。所以从由欧洲语音为基础发展起来的语音学和音系学中没有发声态的地位。

但在亚洲语言方面情况完全不同，近年来我们在两方面的发现使得建立新的语音学基本理论成为了必需。首先是出于对声调精确描写和跨语言比较的需要，不得不调整语音参数(进一步又需建立音节学模型)。声调一向是用五度制来描写的，但细致调查揭示出很多问题。最直接的问题就是描写中常常出现的不一致现象，其中有些方言还是研究得非常充分的。这反映了五度制既不充分(不足以描写)也不必要(冗余度大而滋生歧义)。不必要性此处不谈(参看朱晓农 2006)，下面来看些不充分的例子。

(1) 上海话的阴平使用五度制有五种描写：[53，52，51，42，41]，歧义极大。这当然是描写工具出了问题，把握不住描写对象了。同时也使得跨语言/方言的比较无法进行。例如北京话跟上海话一样有个高降调，有个低凹调，两个声调的基频曲线在各自的调域范围内没什么区别，但北京话的高降调听上去是全降[51]，而上海话听上去却是半降的[52]或[53]。原因就在于声调的感知不完全在于基频或音高，发声态也起了作用。北京话的低凹调跟高降调一样是普通发声，而上海话的低凹调是弛声，所以听起来有一种低沉的蜂音，显得比高降调的终点还要低，所以就把降调的终点“提高”到了[2]甚至[3]。

(2) 如果说上海话中的还只是同样的调型的起点和终点的差别，对温州话阴上的描写就涉及一个更严重的问题：连调型都不同了，有高降[53](按赵元任 1928 的乐谱折算)，高升[45](郑张尚芳 1964)，还有把这两个拼起来的高凸[454](颜逸明 2000:15)三种描写。这里严重影响音高走向听感的因素是一种特殊的发声态：假声。

(3) 如果说上面两个例子还只是音高曲线的问题，对台州"中喉塞"的描写就涉及"音段"了。赵元任（1928）把浙江黄岩话的中折调记为"中喉塞"：[ɔ^{31} ʔɔ^{3}]，郑张把邻近的天台话中相应的声调记为"喉塞尾"：[ʔ324]，而戴昭明的天台话描写（2003，天台话是他母语）则没有任何喉塞音：[324]。这种"中喉塞"实际上不是"喉塞音"，而是一种特殊的发声态：嘎裂声。

一个声调如果如此记不清楚，而记音人个个都是高手，那就不单单是个音高问题，而是跟其他因素首先是发声态相关了。例如上海话有弛声（即所谓的"清音浊流"声母，当然两者不是一回事），温州话有假声/张声，台州话有嘎裂声。因此描写复杂的声调系统需要一个先分声域（调域）、再刻画音高曲线的标调方案。声域（register）是很多年前就有的概念，但一直缺乏明确定义：是生理学的呢，还是语音学的，还是音系学的概念？直到我们把声域定义为发声态所对应的音节学范畴，并在这基础上提出了分域四度标调制（参看 Zhu 1995/1999；朱晓农 1996，2005，2006，2008 等），这才理出个头绪。

另一条发展线索是沿着对发声态的追踪。几年前我写了两篇文章。一个是篇长文《亲密与高调》（朱晓农 2004），却是饭桌上一个灵感的落实；另一篇是个短文《台州方言中的嘎裂声中折调》（朱晓农 2004a，Zhu 2006），但却是长期田野追踪的结果。也就是从这儿，对于发声态的全面探讨开始了。在此后几年中，陆续发现假声、弛声、嘎裂声等广泛运用于南方少数民族语和汉语南方方言中，并且发现发声态在声调演化中的作用（朱晓农 2007）。下面清理一下与发声态相关的新发现。

(1) 假声具有语言学功能。它可以在声调语中起到分化调类的作用,也可用作小称语素(朱晓农 2004)。在声调的起源(朱晓农 2007)和演变形成新类(彭建国、朱晓农 2010)的过程中假声所起的作用也在近年来被认识到了。

(2) 嘎裂声在南亚语如孟高棉语中可区别词义,但在声调语中可以区别词义是最近才发现的(麦耘 2007)。在语音的演化过程中嘎裂声所起的作用也是最近才认识到的,如闽南话(潮汕)入声的阴低阳高,赣语余干话中的鼻音增生等(朱晓农等 2008)。

(3) 弛声在南岛语如爪哇语中能区别词义。在声调语中它导致基频下降,结果调类分化。这是过去知道的,即阴阳分调。最近又发现,吴江次清分调(朱晓农、徐越 2009)、赣语次清化浊(朱晓农、陈凌 2009)都与弛化有关。

(4) 赖、麦两氏(Ladefoged & Ian Maddieson 1996)的"stiff voice"应分化为"张声"(fortis voice)和"僵声"(stiff voice)两个概念。他们原来的stiff voice 指的是与声带收缩有关的喉部轻微紧张、声带轻微僵硬。他们举了两个例子,泰语浊爆音和朝鲜语的硬清爆音。其实这是两个不同的情况:泰语浊爆音是与低调相关的、涉及声带中央收缩和内收紧张的僵声(stiff voice);朝语硬清爆音是与中、高调相关的涉及声带纵向紧张的张声,其性质类似于吴语、法语中的前喉塞清爆音。

(5) 声调描写单用音高是不够的,还需要有以发声态定义的声域(调域)。

第一方面对声调描写引进发声态和声域的做法还只是局部

增添，不涉及传统语音学的核心框架，因为反正它们也没有声调。到了第二方面对于发声态的全面发现，则把对声调调查的发现统一为同一个问题了。于是便要求我们对语音学的基础理论做一整体考虑了。传统语音学中“音段/超音段”这对基本参数的建立是跟欧洲语言中只有常见的洌嗓 clear voice（主要是清声和带声）有关。当研究对象扩大到全体发声态，甚至所有喉头发声活动时，那么“超音段”这个概念可能要被“超声态”取代，并被包容进一个更大的概念“发声活动”中。我们的新的语音学基本框架建立在“调音～发声”这一对基本参数上。现有语音学框架将被包括进新框架中，作为描写常见音系的一种近似，就像牛顿力学被包括进现代物理学中作为描写常观低速运动的一个近似。

4. 语音学的发声态

发声态在语音学中不是新鲜概念，尽管它的研究起步比音段和“超音段”晚得多。研究发声态有三个角度，也是研究的三个阶段：最早是30年前开始的从生理学角度辨认尽可能多的类型，然后十年前是从语言学语音学角度来确定有多少种用于人类语言，最近几年我们开始从语言学角度来建构发声态的音法范畴。

4.1 发声态的生理形态

大约30年前出版了两部书（Catford 1977，Laver 1980），从生理学、物理学上开始了对发声态的系统探索。拉佛（Laver 1994）从生理学上辨认出六种单一发声态：零发声、清送气、常态带声、假声、耳语声、嘎裂声。跟他以前的分类（Laver 1980：109ff）相比，去掉了糙声，增加了零发声（即安静的呼气）。卡福（Catford 1988：54）则分五类：喉开态、耳声、带声、嘎裂声、喉闭态。我们综合两家加以调整，在卡福的底子上，他的喉开态大体包括了拉佛的零发声和清送气，加上拉佛的假声，再加进我们对喉闭态的辅助定义，由此而辨认出六种与语言学有关的单一发声态：喉开态（清声）、耳语声、喉闭态（喉塞）、带声、嘎裂声、假声。

六种单一发声态中除了喉闭态不能与其他发声态复合，其他五种可复合成二三十种不同的复合，甚至三合四合发声态（Laver 1980，Catford 1977），如嘎裂假声、嘎裂浊耳声等。从生理学角度来分的发声种类固然很多，但是绝大多数并不起语言学的辨义作用，它们表示的是"边缘语言学"的特征，比如不同的感情色彩（咆哮、尖叫、嗲声等），或个人的嗓音特征（沙哑、沉闷、声如洪钟等）。具有语言学意义的包括五种基本发声态：清声、带声、假声、嘎裂声、喉闭态，和两种复合发声态：浊送声和浊耳声。这两种复合发声态在音节学里没发现对立，所以在音节学中可以合成一个"气声"。

4.2 六类十三种语音学发声态

赖福吉、麦迪森十年前出版了一本书 *Sounds of the World's Languages*（Ladefoged & Maddieson 1996：48），从描写浊塞音的角度，根据声门在振动时的开闭度，把这个连续统分成五个离散的状态：声门打开程度最大的是复合发声的浊送气态，其次为弛声（slack voice，即浊耳声），常态带声，然后是他们的 stiff voice，开闭度最小的是嘎裂声。如果考虑声带不振动的情况，再加两种：持阻时声门比浊送气态更开放的清声态，以及持阻时声门比嘎裂声更关闭，实际上是声门完全关闭的喉闭态。赖、麦把清声的送气性看作是开闭时间的区别。因此，赖、麦两氏辨认出两类七种语言学语音学的发声态。

我们从音节学角度出发，发展出一个六类十三种的发声态系统。赖福吉、麦迪森的两类七种发声态需要打散分解，再加上我们定义的假声、喉堵态（glottal muffle）、弱弛、僵声（stiff voice）、张声（fortis voice）等，综合起来加以重组，可以分为六类十三种。这些发声态都可在世界语言中发现，而用这么多种发声态，就够描写已知语言的发声区别了（据朱晓农 2009）。下面大体上按照音高的高低列出这六类十三种发声态。

表 3

声域	听感	类	发声态	种	次发声态	例
高域	非洌噪	I	假声	1	假声	á
高/低	洌噪	II	张声	2	前喉塞	ʔp
				3	喉塞尾	aʔ
中域	洌噪	III	清声	4	清送	p^h
				5	弱送	pʻ
				6	不送	p
低/中	非洌噪	IV	僵声	7	喉堵态	a̳
				8	嘎裂声	a̰
				9	弱僵声	a̠
低域	洌噪	V	带声	10	带声	b
	非洌噪	VI	气声	11	浊送气	$b^ɦ$a̤
				12	弛声	p̈a̤
				13	弱弛	pa̤

发声态是音节的属性，它们有多种生理、声学和听感特征，其中最重要的也许是听感上的声质差异，其次便是音高。音高主要表现在韵母元音上，但前后辅音往往起着制约作用。表3中第III、V、II三类，清声、带声以及可作为清声或假声变体出现的张声，是常见的发声态，也是听感上康洌的嗓音clear voice，而康洌嗓音是所有语言都有的。另三类是非洌嗓non-clear voice发声态，包括高调性质的假声和低调性质的弛声、僵声。这不是每个语言都有的，或者有了也不一定有辨义作用。下面简单介绍清、带以外的其他发声态，它们与声域的关系见下一节。

发假声FALSETTO时，声带抻得很长很宽，内沿拉得极薄，声带绝大部分不振动，只有沿着内缘一带振动。假声被认为与常态带声性质完全相反。发常态带声时纵向、中部、内收三种紧张都处于中性状态，不紧也不太松，控制音高靠声带主动收缩。而假声则是都处于高度紧张状态，纵向紧张主要是靠环甲肌的收缩造成声带被动紧张（van den Berg 1968：298）。勺间肌和环勺侧肌强烈收缩，收紧声带后部。声带内沿本身并不紧张，但由于构成声带外缘的甲勺肌的收缩，使得整个声带变得僵硬，无法活动。声带内沿韧带由于环甲肌的收缩而高度紧张，并因此而变薄变长。声门常常处于微开状态，而喉下气压一般低于常态带声。但由于仅有声带薄薄的内沿在振动，所以所需气流并不太多。假声最显著的声学特征就是超高频率，听感上是尖利的声质。

气声BREATHY VOICE是音节的属性，有三种变体，最强的表现为声母浊爆发音的送气，这就是传统所说的印地语、乌尔都语中的浊送气如 bɦ。中等强度的气声，即弛声，可以表现为声母（可清可带）的弛声化，声母为清阻音的大大多于带声阻音。但弛声的综合物理性质（生理、声学和空气动力学）并不单单是声母塞音的特征，而是整个音节的属性，它的声学特征则主要表现在后接气化元音的前半部分。弛声音节的声母爆发能量较小，听感较闷较软，声道壁较松软，呼吸肌力增长较慢，成阻接触面较小，成阻点后的气压较低，持阻时间较短，后接气化元音，起音频率较低。弱弛是气声中最弱的一种，韵母元音气化更为微弱，甚至没有气化。朝鲜语中软辅音（lenis consonants）声母音节有时即表现为弱弛。注意：浊送气不是与带声相配的，它们之间的关系不是像清不送气和清送气那样。换句话说，传统的以“清浊”和“送气性”两两平行分出来的四类塞音只是一种忽略了非洌嗓发声态的权宜之举，而不是一种完整的系统分类。在一个完整的发声态系统中，浊送气是气声的一个变体（同时韵母也带有气化）。我们一向用来描写塞音的参数“初振”VOT 其实作用有限，它只能刻画清声和带声的塞音（表中 4，5，6 三种）。

僵声 STIFF VOICE 得名于声带的僵硬，下属三种变体，“弱僵声”为弱变体。三种变体中最容易辨认的是中变体“嘎裂声”，最难辨认的是强僵声“喉堵态”，易与“喉塞音”相混。发嘎裂声时声带强烈地往中央收缩，而不是像发喉塞音那样往两端拉紧。结果声带收缩得又短又厚，大约只有正常发带声时的三分之二长短。发声时喉门后部两边的勺状软骨紧闭，并紧拉住声带后部。声带从后部到中前部大部分都不振动，只有前部一小段漏缝，气流很小，溢出时振动这一小段的声带。由于声带厚实僵硬，所以嘎裂音频率极低，有时低到只有 30 赫兹。远远低于发音人声域的最低限。声带振动时很不规则。由于基频太低而且常常不规则，所以有时无法测到基频，或者测到也不规则，忽高忽低，时有时无。表现在基频曲线上就是中间折断了。嘎裂声发得不足便是弱僵声，发得过分便成了喉堵态。赖福吉和麦迪森（Ladefoged & Maddieson 1996）也曾提出过一个stiff voice，指与声带收缩有关的喉部轻微紧张、声带轻微僵硬。尽管他们的这个概念比起往日的“紧喉”(glotalization)的宽泛含义来收敛了很多，但仍然多义，包括从泰语低沉浊塞音到朝鲜语脆硬清爆音两种不同状态的声门活动。其实这是两种情况，前者与低调相关，声带中央收缩很紧，属于我们系统中的弱僵声与嘎裂声。僵声这种情况其实在有嘎裂声的语言中是很常见的。后者与高调相关，涉及声带纵向紧张类似前喉塞，在我们系统中另属“张声”(fortis voice)。因此，我们的“僵声”STIFF VOICE排除了赖、麦的stiff voice中的朝鲜语情况，另一方面又包括了从喉塞音中分离出来的喉堵态。

发张声 FORTIS VOICE 时声带拉紧，表现为音节首末的喉塞音。前喉塞张声音节中的声母是不带声的，韵母有高调头；而喉塞尾则引起升调尾。喉塞尾是各种语言中都有的常见现象。前喉塞声母突出的例子见于吴语、法语、朝鲜语的硬塞音(fortis consonants)。

5. 音节学的声域

5.1 三个声域

直到几年前，语音学发声态的音节学功用依然不明确。Ladefoged & Maddieson 从语音学角度辨认出两类七种按声门开闭程度这条生理学标准来定的发声态，但它们跟音节学有什么关系，跟区别特征或音位如何对应，这些都还没涉及。做个类比，初振 VOT 是个量度爆发音清带送气的参数。它是一个连续统，物理量度上要多少种就可以分出多少种，但音节学上只需分出带声、清不、清送三类（现在我们知道还要加一类“弱送”）就够描写所有语言中的常态爆发音了。同样，声门开闭度是个连续统，但音节学上显然用不着分相应的七种，更不用说十三种了。再说，嘎裂声、前喉塞张声、假声的区别不是声门开闭度，而是紧张度（这也是一个连续统），而且还是不同部位的紧张，难以直接比较。所以，从语言学/音节学角度来看，两类七种也好，六类十三种也好，还需重新考虑。

从这一点来看，研究声调语的学者便多了一个视角，多了一个切入点。欧洲语言中没有非冽嗓发声态，有也只起边缘语言学的作用。它们有冽嗓发声态的对立（如清带），但处理为音段区别，所以声域对于它们来说是个游离于语言学中心概念以外的因素。对于声调语言来说，发声态可以用来定义“声域”或“调域”，而声域是描写声调的第二个参数，对声调感知、分类、音法处理有决定性的影响。从声调音节学角度来看，有些发声不起区别声域的作用，即不会同时出现；或者即使同时出现，也只是互为变体。因此，音节学上只需定义“高、中、低”三个声域，与之相应的发声态也可归并为三组，它们按可能引起的音高高低排列如下图。

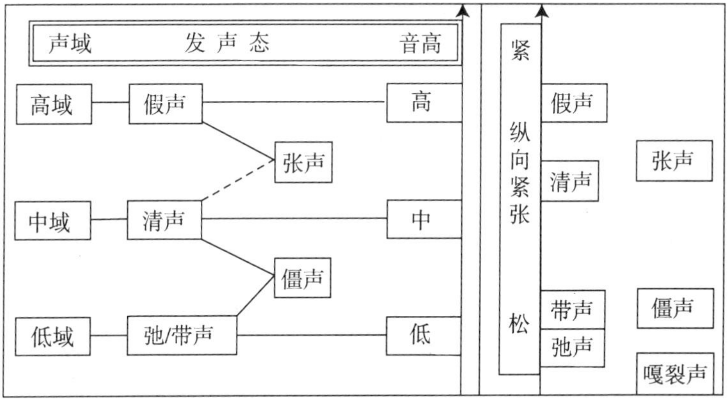

图 1.【左】“高、中、低”三个声域、六类发声态以及音高的关系，【右】与声域对应的发声态与声带纵向紧张的关系。

描写声调需四个参数（见本书《声调四维度》），排在前两位的是音高和声域。声域有三个，取决于发声态。高域由假声定义。中域由清声定义。低域主要由弛声（带声作为变体）定义，这个“带声”指的是带声爆音，而不是带声元音和带声响音就能定义一个低域的。这四种定义声域的发声态与音高相关，假声音高最高，清声居中，弛声和带声音高最低。而音高主要与发韵腹元音时的声带纵向紧张度相关。在右小图中是从上往下紧张度逐渐降低，假声最高，清声居中，带声和弛声最低。

张声的音高居于假声和清声之间，它一般不能独自定义一个声域，如果假声出现，张声会和假声共组一个高域。如果假声不出现，它只是清声的一个变体。

僵声类的地位最为微妙，语音学上我们辨认出强中弱三个变体。弱僵声的音高较低，与带声相仿。中变体嘎裂声的音高是最低的，强变体喉堵态像喉塞音一样是没有声音的，但两者的发声机制不同，音法表现也不同。音节学上僵声（主要是嘎裂声）偶尔可以独自定义一个声域，如东海、铜山，但大部情况下僵声只是中域里的一个实现变体（如河北很多官话），也可能是低域的一个实现变体，那时它可与带声共现，如泰语。

5.2 分域四度标调制

使用由发声态定义的三个声域，以及每个声域中的四度音高，可以得到一个分域四度的标调框架，见图 2。发声简单的语言只有一个中域，官话诸方言都是单声域的。两个域的有两种

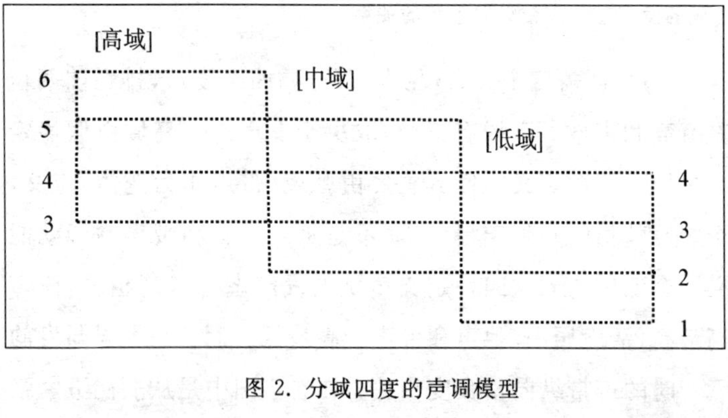

图 2. 分域四度的声调模型

分法："高～中"或"中～低"。中低型的如吴语分中域和低域（弛声），高中型的如湘语岳阳话、长沙话分中域和高域（假/张声）。

分高中低三个域的语言很少见，如温州及其周遭一带的吴语。从经验上来说，三域六度是最多的了。

6. 喉头发声活动总览

喉头发声活动是个宽泛的概念，包括一切与语言学有关的喉门活动，它的内部分类以及与听感、声域的关系总结在表 4 中。

表 4. 喉头发声活动总览表

<table>
<tr><th>声域</th><th>听感</th><th>发声态</th><th>次声态</th><th>例</th><th colspan="2">超发声态</th><th>类发声</th></tr>
<tr><td>高域</td><td>非洌嗓</td><td>I. 假声</td><td>1. 假声</td><td>á</td><td rowspan="3">时长</td><td>长</td><td>内爆音</td></tr>
<tr><td rowspan="2">高/低</td><td rowspan="2">洌嗓</td><td rowspan="2">II. 张声</td><td>2. 前喉塞</td><td>ˀp</td><td>中</td><td>喷音</td></tr>
<tr><td>3. 喉塞尾</td><td>aʔ</td><td>短</td><td rowspan="11"></td></tr>
<tr><td rowspan="3">中域</td><td rowspan="3">洌嗓</td><td rowspan="3">III. 清声</td><td>4. 清送</td><td>p^{h}</td><td rowspan="6">音高</td><td rowspan="2">两度高低
重音</td></tr>
<tr><td>5. 弱送</td><td>p‘</td></tr>
<tr><td>6. 不送</td><td>p</td><td rowspan="2">三度高低
高低调</td></tr>
<tr><td rowspan="3">低/中</td><td rowspan="3">非洌嗓</td><td rowspan="3">IV. 僵声</td><td>7. 喉堵态</td><td>a̳</td></tr>
<tr><td>8. 嘎裂声</td><td>a̰</td><td rowspan="2">三类升降
平仄调</td></tr>
<tr><td>9. 弱僵声</td><td>a̱</td></tr>
<tr><td rowspan="4">低域</td><td>洌嗓</td><td>V. 带声</td><td>10. 带声</td><td>b</td><td colspan="2" rowspan="4"></td></tr>
<tr><td rowspan="3">非洌嗓</td><td rowspan="3">VI. 气声</td><td>11. 浊送气</td><td>$b^{ɦ}$a̤</td></tr>
<tr><td>12. 弛声</td><td>p̈a̤</td></tr>
<tr><td>13. 弱弛</td><td>p̤a̤</td></tr>
</table>

表中以六大类发声态为轴心，往右是它的次类，大体上可以说是按强弱分次类。清声（生理语音学上为喉开态）可以按强弱

分为“清送”“弱送”“不送”。气声(生理语音学上为气浊声和浊耳语声)按强弱分为浊送气、弛声、弱弛。僵声(生理语音学上为嘎裂声)也分强中弱三类。中等强度的是嘎裂声,弱的为弱僵声(亦即不足嘎裂声),强的为喉堵态(亦即过度嘎裂声)。张声(生理语音学上即喉闭态)分前、后喉塞,一般而言前喉塞较强。

再往右是音高和音长。传统语音学把它们算成超音段,固然不错,但概括程度不够。大部分发声态和次声态(除了喉塞音、喉擦音、送气)都是超音段;而音高和音长也是喉门操纵的结果,所以和发声态一样是“喉头发声活动”。音高和音长还可以附加在所有的发声态上。从这个意义上来说,它们是“超发声态”。音高可以附加在所有发声态上,甚至僵声类。弱僵声音高曲线完整,嘎裂声音高曲线断裂,喉堵态音高曲线消失。音长更是可以附加在各种发声态上。注意:(1)此处说音高、音长可以附加在发声态上是从语音学角度说的,音节学中它们都是音节的属性。(2)音高、音长是语音学概念,进入音节学它们交互作用定义声调、重音和长短。康洌嗓音中的音长表现主要是元音的长短,带声辅音长短区别较少见;清声长短很少见,清擦音长短可以有音位对立,而清化元音的长短似未见音位对立。送气分强弱两种,弱送的初振 VOT 大约三十到六十毫秒,七十以上一直到一百六七十毫秒为普通清送气。送气性和音长还同属另一个参数:喉部定时(glottal timing)。清送气比起不送气来,喉门打开和合上的时间较晚,音长则是直接取决于声带振动的时间长短。

“发声态”栏往左与音节学中的调域有关。六个发声态定义三个调域，见前5.1。从世界范围来说，非洌㗋较少见，高域的假声最少见。因此，从欧洲语音发展起来的传统语音学一般只研究常见的洌㗋清声和带声，以及音高和音长（当然还有内爆音和喷音，但类属不同）。与之相反的是，非洌㗋在亚洲南部的汉语方言、藏缅、苗瑶、侗台语中很常见，南亚语、南岛语，甚至印地语、乌尔都语中也有气声。说高域发声态少见，是指假声。张声还是不少见的，例如朝鲜语的fortis硬辅音，法语的清爆音等。如果单单算语音学上的发声态，则所有语言都有洌㗋，因为清爆音、还有喉塞音是所有语言都有的。但从音节学的声域来看，中域总是有的（所以把清声认定为底伏发声态），但由带声定义的低域并不是所有语言都有的，因为这是由带声爆音来定义的，而带声爆音只在三分之二的世界语言中出现。如果是声调语言，那么带声爆音定义一个低域，如果无声调语言，则简化近似地处理为音段不同，如p～b。

确定了调音和发声两大分野后，还需调整另一个参数：非肺部气流机制的辅音。这是一个小类，只包括三种音：㗊音、内爆音、喷音。㗊音是口腔（软腭）气流机制。内爆音和喷音则是喉头气流机制，发音时涉及声门升降活动，可以归入广义的"喉头发声活动"。从音强上可以分辨出内爆音、喷音同一般爆发音的不同。把内爆音和喷音归入喉头发声活动，给了我们一个很好的"解释—预见"机制，那就是内爆音常常与其他喉头发声活动共现。这也是我们能够看到南方汉语方言中经常自发产生的内爆音的原因所在，复杂的塞音内爆音本来就跟复杂的发声态（假声、嘎裂声、气声）和复杂的超声态（声调）性质相同，是复杂的、较为少见的喉头发声活动。此外，还能说明喷音的分布以及变为内爆音的原因。

7. 重订参数

在下面我们的语音成素的声学参数表中，还是三个基本参数：音强、音长和频率。频率包括基频和谐波频率的能量集中区（共振峰）。

表 5

音质 （音段性质）	共振峰：乐音（元音、响音）
	随机波：阻音（塞音、擦音）
声质 （发声性质）	音长：长短音，VOT（送气性、清带）
	基频：重音，声调，清声，带声，假声，嘎裂声，张声
	音强（谐波能量/信噪比）：嘎裂声、气声、带声；内爆音、喷音

语音的基本范畴对是音段和发声。音段分乐音和阻音。乐音音质的描写参数是共振峰和反共振峰。阻音音质中调音方式的声学特征容易确定（随机波的性质），但调音部位的声学参数不是很明确（能量集中区不易精确定位）。喉头发声活动的声质分三大参数，第一个音长最简单，用来确定长短音和初振 VOT。另有一个涉及时长的喉门开商对辨别特殊发声态有助，表中没有列入，因为它不是声学参数。第二个基频本身也很简单，不过用途很多，可以用来确定轻重音、声调，还有各种发声态。第三个是音强，包括谐波能量、信噪比等，用来辨别一些比较特殊的

发声态，如嘎裂声、气声等。

需要补充的是，表 5 中的是声学参数，现代科学还提供了空气动力学、肌电、喉镜技术方面的测量，可以更有效、更精确地帮助测定各种喉头发声活动。

8. 语音类型及地理分布

按照喉头发声活动的出现情况及其音法化状态，可以分出各种音法类型。最主要的有两大类：一类以口鼻调音为主，一类则口鼻调音和喉部发声并重。打个比方，我们的发音器官像个乐器。喉部组织，主要是声带像是琴弦，那是声音的主要来源；口腔鼻腔则是像琴箱，主要起的是共鸣器作用。第一种音法类型像是一个单弦琴，但琴箱大大小小、形状各异。第二种像是个六弦琴，但琴箱小小的，没什么特色。我把第一种称为“调音/琴箱型”，第二种对比之下，可叫作“发声/琴弦型”。

两种音法类型在地理上分布不同。下面是两张分布图：左面那张是声调分布图（更可注意的是黑圈，那是发育成熟的复杂声调），右面的是内爆音分布图。没声调和内爆音的是空白圈，有声调或内爆音的则是有色圈。有色圈主要分布在亚洲南部和非洲中部，还有中美洲星星点点几处——大体上是在赤道一带或不太远的大陆，或者说是热带亚热带的大陆上（以及稍有一些印尼岛上）。空白圈则处于南北两带的温带寒带处，还有是赤道一带的岛群。声调和内爆音的地域分布大体上是重合的——也就是热大陆。

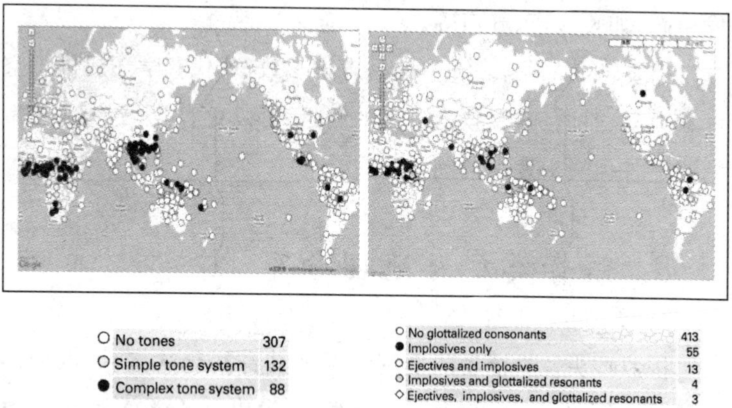

图 3. 声调和内爆音在世界语言中的分布(材料据 Ian Maddieson 2005，两者的相关性是朱晓农的发现)

声调和内爆音的共生现象说明什么呢？是不是有声调就会产生内爆音，或反过来有内爆音就会产生声调呢？——都不是。尽管它们共生，但并不是彼此产生的原因。产生两者的原因在于非洌嗓发声态，尤其是气声。凡有气声出没处，就会同时产生声调和内爆音。系统地从语言学角度来研究发声态国外几乎是空白，所以田野资料很零星。我自己是从几年前才开始进行全国范围的田野调查和系统的理论研究，现在能够说的是：(1)长江以南的汉语方言如吴、湘、客、赣、粤北土话、桂北土话等，以及苗瑶、壮侗、南亚、南岛语，甚至印巴的 Hindi，Urdu 语中普遍存在非洌嗓的发声态，尤其是气声。(2)内爆音在长江以南的出现率要比右小图中多得多得多(吴、闽、粤、客、赣、粤北、桂北)。此外，根据国外的零星报道，非洲中部语言如 Igbo 等也是有气声的。也就是说，非洌嗓的气声、声调、内爆音主要都分布在热大陆。

原来，声调起因于发声态（朱晓农 2009a），即发声态导致声调的产生；而发内爆音也是需要活动喉头的。这样看来，道理就很简单了：常用喉头发，哪能没声调？常用喉头发，哪能不内爆？事实上，声调、内爆音和发声态一起组成一个更大的发声范畴，与调音范畴（元音、辅音）相对。上面表 4 列出了已知的四类发声活动：发声态、次发声态、超发声态、类发声。

非浏嗓发声态及其衍生成素（声调、内爆音）分布在赤道附近，热带和亚热带，是否与湿热的气候有关系？湿热的天气连动物都张嘴喘气，这时声带稍一振动，就发出了气声。寒冷的地方说话都捂嘴，操纵舌头进行声道调音活动，显然比操纵喉头进行发声活动来得容易。

在调音型和发声型两大类音法之间，还有一些过渡性的亚类。这在世界语言，尤其是亚洲东部的语言中可以看到，见表 6。

表 6. 语音类型及分布表

型号	语言类型	语 言	音节	声调	超声态处理为	发声态处理为	
						浏嗓	非浏嗓
1	重音	阿尔泰，欧洲语言	多	无	音段/超音段	音段	无
2	三度音高	中部非洲、（日语个别词）	多	有	声调	音段	音段
3	纯声调	官话	单	有	声调	音段	声调
4	分域声调	吴、闽、湘、赣、（粤、客）、粤北、桂北，苗瑶，侗台	单	有	声调	调域	

（续表）

5	声域为主声调初起	南亚（佤语、德昂），缅彝（哈尼、彝、载瓦）	多/单	初起	声调	音段（松紧元音）
6	纯声域	南亚孟高棉、少数南岛（爪哇）、Hindi，Punjabi	多	无	音段	音段
7	重音	南岛语、南部非洲	多	无	音段	音段

在世界语言中，喉头发声活动从北到南大体上有个地理推移过程。最北面第1型是调音型语言，如阿尔泰诸语言：蒙古语、鄂温克语。欧洲语言、乌拉尔语言也属此型。这是典型的调音型语言：多音节，声韵组合极为多样化，有复辅音（声母和韵尾）。而它的发声活动却最为简单，只有长短音和轻重音。最南面的第7型也是多音节重音型语言，如亚洲的大部分南岛语，南部非洲的语言。南部的第6型也是多音节语，但却是调音和发声并重了，有非冽嗓如气声、嘎裂声。南亚语 Autroasiatic 属此类，还有少数南岛语 Austronesian 如爪哇语等属此类。可注意的是属于印欧语系的 Hindi，Punjabi 等语言，万里迢迢从欧洲来到南亚，也获得了气声。

前面提到，声调是从发声态中产生的（朱晓农 2009a）；发声态的伴随音高一旦音位化，就成了声调。这也是从第6型语言变为第5、第4、第3型声调的过程。不过，第2型的多音节三度音高的声调，可能是从第1型多音节两度音高的重音演变而来。轻重音区别多于两类后，则成了声调。日语中偶有这样的情况，如 **ha**shi [HL]"筷子"，ha**shi** [LH]"桥"，hashi [MM]"边缘"，构成三度音高区别。

第 2 型的声调和第 4 型很不一样，前者还有重音，多音节；后者是分声域(发声态)的单音节声调类型。不过两者可能在第 3 型这儿交汇，并转化。第 3 型目前更接近于第 4 型，是平仄型声调。但第 3 型已经没有发声态对立，并开始有多音节化，具有了以轻声为标志的轻重音——这开始接近第 2 型。换句话说，北部声调与第 1 型语言的长短特征相关，南部声调与第 6 型的发特征声域相关。

下面再把一些相关性质说得具体点。

最下面两个类型：第 7 型是亚洲南部的南岛语(以及非洲南部语言)，第 6 型是南亚语中无声调的，以及个别南岛语如爪哇语。这两型，再加最上面的第 1 型，都是多音节语素的语言，都没声调。不过用的喉头发声活动有两种。北部的第 1 型语言属重音型语言，用冽嗓(清带或送气性)和长短音，其次是两度音高对立的轻重音。这些只是最简单、常见的喉头发声活动(冽嗓和超声态)，处理为音段区别就解决问题了。南部第 7 型基本上也是如此。但南部的第 6 型语言主要是用发声态，包括非冽嗓的弛声、僵声、假声，这是以发声态来定义的声域型语言。第 1 型语言没有发声态，所以音段较丰富，包括声母和韵尾位置上的复辅音，多音节。第 6 型语言中没有声调，发声态造成的对立处理为音段的区别。第 7 型语言与第 1 型有类似处，没有发声态、没有声调，但第 7 型音段库不丰富，因而构词音节更长。第 2 型也是多音节语言，主要分布在中部非洲，放在这儿，一是因为日语中有个别情况是高中低三度音高对立，二是做一个普遍的类型比较。

中间三型语言/方言基本上是单音节语素，并都有声调。音高区别多于两类，就成了声调，第 3 型官话用的发声活动与阿尔泰接近，只有高低、长短和浏嗓，高低是调类，长短是轻声（或入声）。只是高低比轻重音增加一到两度。所以北方话声调都很简单，调类少。调值用四度区别都嫌冗余。调类一般以四个为主，冀北、陕北、甘肃一带有一些方言只有三个调类，我预计随着调查的深入，三调类的方言会多得多地被发现。官话中如北京话也运用长短（轻声是短音），但既不作为音段区别，也不作为正经的声调类，只作为变调情况处理。此型中嘎裂声很常见，但假声和弛声只是偶然一见（如连云港）。浏嗓如送气作为音段区别。这是纯声调型语言。

亚洲中南部第 5 型藏缅语和南亚语中有的有声调；有的声调还在初起时，音高作为调类，一般只有三到四个调类（常常还有一个调类专用于借词，如佤语）。非浏嗓造成的对立作为音段区别，如元音的松紧对立。也就是说，发声态到音节学中到底定位于声调，还是定位于音段，仍在游移。第 5 型是介于第 6 型变为第 4 型的过渡型。

亚洲正中部是第 4 型语言，包括南方汉语方言和苗瑶、侗台语。此型语言中发声态一向是定位于声调，当然以前不知道是发声态，只说是"阴阳调"或"单双数调"。现在我们重新定义了音节学的声域，就可以容纳发声态了，所以第 4 型是最为复杂的分声域的声调语言。其中侗台语还有长短区别。比较吴语和佤语的元音处理很有趣，两者性质相同，都有一套普通元音，一套弛化元音。在第 5 型佤语中处理为松紧元音的对立，声调只是伴随特征。而在 4 型的吴语中不当作音段区别，连伴随特征都不提，而只是不同声调类的区别：阴调类为普通元音，阳调类为弛化元音。苗语因为声调已经充分发达，所以发声态也跟吴语一样处理为声调区别，而跟佤语处理不同。第 4 型语言像是第 3 和第 6 型叠加出来的，但实际上是，第 3 型是第 4 型减去了第 6 型。

上述根据发声活动而定的语言类型，在亚洲东部大致上根据地理有个推移过程。南部第 6 型以发声态为主，因为发声态蕴涵音高，所以音高是伴随特征。从南往北，发声态的音节学作用逐渐减弱，作为伴随特征的音高开始音法化（第 5 型），然后第 4 型中以音高为主，发声态为辅（处理为调类：阴阳调），再到第 3 型成了纯音高声调（3 到 4 度），发声态不起音节成分（音位）作用。到最北部第 1 型，音高作用也减弱了，只剩下 2 度音高了，而作为代偿，音段组合变得多样化。第 2 型尽管被认为是高低型声调语 register tone，但它实际上与第 1 型更为接近，可以看作是一种重音系统更为复杂的第 1 型。不过要注意的是，非洲中部也有气声出现，因此，如果此处的语言变为单音节，不排除走亚洲南部语言的道路：第 6 型 - >第 5 型 - >第 4 型。

广东的粤北土语有嘎裂声，西部粤语从吴川经容县到连州有内爆音、假声；据麦耘先生田野笔记，海南岛上的疍家话（属于粤语）中也有假声（上阴入和小称）；据严至诚先生录音，粤西怀集下方话中也有弛声出现。广州和香港的粤语也许是因为大都市变化快，所以只有在阳平声中常出现嘎裂声。客家话的发声态研究还刚开始，连城是个很复杂的语言区域，那儿至少有六七种难以通话的客家话变体。我们最近调查了当地十六个点，发现在隔川联益、北团罗王等处有假/张声。嘎裂声和内爆音更是普遍存在，还有两处疑似弛声。中部的闽语、赣语、桂北土话等时不时地发展出带声、弛声，以及类发声的内爆音。内爆音在一般语音学中被认为是气流机制不同的辅音，但实际上它（还有喷音）的发音依赖于喉头升降，可认为是一种“类发声活动”。联系到吴、闽（海南和潮汕漳泉）、粤、赣北、湘南、桂北平话、侗台、佤语中普遍存在的自发内爆音，可知在中部和南部语言中发声活动是个随时可调用的天然语音资源，声调、声域、内爆音的产生都是喉头活动这个天然语音资源音法化的结果。

从表 6“超声态处理为”一栏的内容，我们可以明白为什么西方的语言学著作中但凡提到粤语（或越南语）声调的，都是说六个声调，入声则被看作为调形相似的舒声的变体，如上阴入是阴平的短变体等。这种做法始于上世纪初的丹尼尔·琼斯。如果是用于第二语言教学，不失为一种帮助欧美人理解的有效的便宜行事。但如果不辨目标，生搬硬套到学术研究中，则不利于有声调语言/方言间的比较，不利于类型学的建立，不利于历史来源的探讨。根据表 6“超声态”栏，在第 3 型和第 4 型语言中，长短是要处理为声调类的。西方语言学家以第 1 型语言的眼光来看待第 3 型语言的入声，这是典型的从（他们的）已知（长短元音）来理解（他们的）未知（入声）；就好像我们从我们的已知把英语的 key 解读为阴声韵，king 是阳声韵，kid，kit 是入声韵一样。这种做法有时行得通，如果碰巧两者性质相同；有时行不通，因为性质不同，这就需要我们从类型学角度来告诉他们问题出在哪儿。

比较表 4 和表 6——最简单的发声就是表 4 中那三个洌嗓:清声、带声、张声及其子类:送气性、长短、高低。如果一个语言的词是多音节性并且没有非洌嗓,那么,清带、送气、长短,都是处理为音段的对立,这也是音长和音高作为超音段的来历。欧洲语言如英语跟第 1 型的阿尔泰语类似,什么都是音段区别。但如果是单音节的声调语,那么清带及送气性就不一定非得处理为声母的性质,它也可看作是声调区别,如阴阳调或送气分调等。重音型语言中音高不作为声调;而声调型语言中长短(轻声、入声)却作为声调。类型表中的语言类型大体上按地理南北推移,例外的恐怕不是很多。

9. 音节学表达

现有的语音学—音系学的基本构架可以用图 4A 表示,语音要素分为两大范畴:音段和超音段,后者依附于前者。随着语音学研究和音系学认识的进展,赖福吉已经不满意这种简单关系,他(Ladefoged 2006: 269)列出发音的三个过程"气流启动""喉部发声""喉上(嘴鼻)调音",并都归结到"音段"下(图 4B)。这种语音学—音系学的调整比起传统的图 4A,有了进步,但依然不得要领。赖福吉以图 4B 为基本出发点,进一步从音系学角度来组织安排各种语音因素,可惜总体而言不算成功。他画了好多个图表,尽管对音段的刻画细致入微,但总体框架,如果算有的话,零乱而枝蔓,难怪音系学家们不得要领。一个很关键的因素在于这个基本出发点有问题。原来语音学范畴的定义离不开音系学的框架，我把这个新框架叫作音法学架构，见图4C。

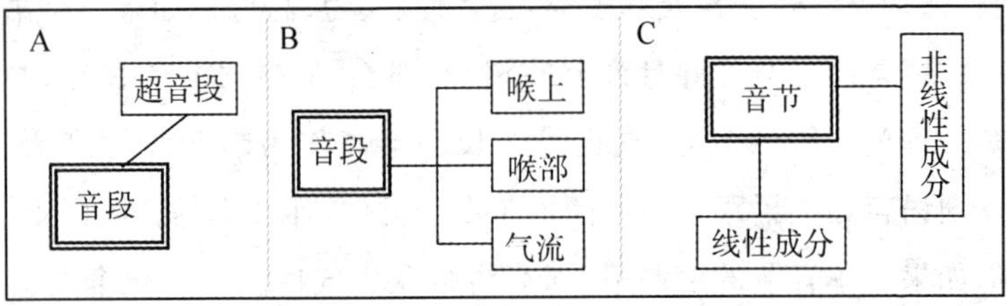

图4. 语音学—音系学的基本架构

图4A和B这样的格局对于欧洲语言、乌拉尔语言、阿尔泰语言、阿拉伯语言这些个以嘴鼻调音结果——音段——为主的语言来说是一种“因地制宜”“便宜行事”，但如果把研究对象扩大到全世界语言，就会发现亚洲南部、非洲中部的语言是嘴鼻调音和喉部发声并重的类型。因此，语音要素或发音过程的基本范畴应调整为调音活动和发声活动。调音活动产生音段，即各类元辅音，这是历来的研究对象。发声活动分为四类：发声态、次发声态、超发声态、类发声，这在传统的语音学中基本上是个空门。发声态在音节学（以音节为基本单位的音系学）中分为六类十三种（表3）。这六类发声态可以定义三个声域（图1），而这三个声域又提供了刻画描写所有声调系统的基本框架“分域四度制”（图2）。

前面谈了语音学中的音段和发声及其在音系学中所对应的概念，这些音系学的概念需要组合到音节中，才能够得到系统地表达。下图是吴语中的一个例子。

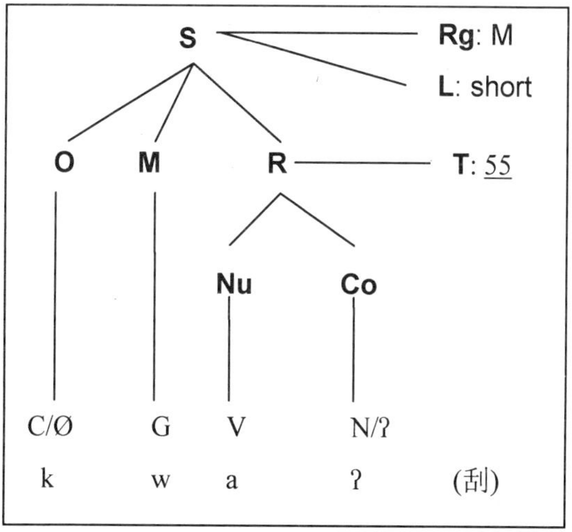

图 5. 音节结构

音节由线性成分(音段)和非线性成分(发声)组成(图 4C)。线性成分横地排列,非线性成分竖地排列。线性成分分为必要的声母(O)和韵体(R),韵体分为必要的韵腹(Nu)和可省的韵尾(Co)。还有一个可省成分“介音”(M),它在不同的语言中有不同的音节地位。图 5 中介音独立于声母和韵母之外。但在其他语言/方言如粤语中,可能或属于声母,构成复声母;或和韵体并列共同组成韵母。非线性成分包括声域(Rg)、长短(L)、声调(T,或重音)。它们都是音节的属性,但在音节中的位置有所不同。声域和长短连接最高层的音节,而声调则连接于韵体。

音系学从上世纪初成形以来,一直寻求脱离语音学控制的独立身份。但这种努力不很成功,原因在于音系学缺乏自己的基本单位,我们以音节为核心建立了新的音系学——音节学(朱晓农 2008)。当时我以为语音学和音节学就此可以形成互补的关系,以实现形式音系学的梦想,“语音学的结束处,就是音系学的开始”(Sommerstein 1977)。但完成此文后,我改变了看法,两者还是不能截然分开,但这次是语音学脱离不开音系学。语音学中的概念的确立,描写参数的选择,是要由音系学决定的。这从一开始定义发声态就可以看到(表 3)。

10. 结语

本文讨论了语音学中的音段和发声的各种因素,它们在音节学中所对应的概念(声域、声调、重音等),并根据音节学的需求来确定语音学的描写参数。与音节学有关的发声态到底有多少类,各有多少种变体,它们的声学特征是什么,然后是一共需要多少个声域来容纳它们,这些声域之间的关系又如何——只有把这些个概念弄清楚,更重要的是看清它们之间的逻辑关系,并把它们构造成一个逻辑系统,才解决了声调问题、声域问题、超音段问题,重建语音学的理论框架。最后这些概念要组合到音节中,以获得音节身份,音节也因此而完整。

国外的语音学在最近 30 年来发展很快,发现了很多新辅音,改进了元音描写方法,初步建立了语音类型学,推进了与音系学关系和语音结构的认识,了解了发声态的生理和声学性质,并初步探索了它在语言中的作用。尽管如此,国外的语音学基本理论是从欧洲语音基础上建立,并为认识欧洲及同类语音而服务的。这从国际音标图的编排可以看出端倪。国际音标图中的辅音符号分好几张表，还欠统一考虑。至于“超音段”和附加符号部分，则章法大乱。这是因为声调对于国外的语音学来说太“异国腔调”，发声态更是遥不可及，至于声调兼有发声态的音系，那就是现有一般语音学理论的灾难了。

所以，要建立一种“有你我式”universal 的语音学理论，就得全面了解有平仄声调的语言，有发声态的语言，还有既有声调又有发声态的语言。这样的语言分布在亚洲南部大陆和非洲中部。近年来我们在中国大陆上的田野语音调查揭示了很多新现象，并由此发展出一个更为一般的语音学基本框架。这包括一个完整的发声活动系统，其中包括六类十三种发声态，以及超发声态和类发声。认识到发声态对于声调演化产生的作用，建立了发声态和声调系统之间的共时关系。并重新设定一种描写声调的分域四度制。

有了“有你我式”的语音学框架，我们才能认识、处理亚洲、非洲、美洲有声调、非洌嗓发声态和/或内爆音、喷音的语言的音系。在这些具有复杂喉头发声活动的音系中，元音会跟声调、发声态互动，以产生复杂的元音系统；辅音也会跟喉头发声活动互动，产生像浊送气、内爆音这样的塞音。在这个新框架中，可以看到音高其实也是一种喉头发声活动，它附着于发声态，所以对它的共时描写不能缺少定义声域的发声态，声调的共时类型与发声态的复杂性相关，而它的起因则在于与发声态相关的声门活动的结果的音法化或范畴化。同时，这个新理论还揭示了内爆音和发声态/声调的紧密关系，凡出现发声态/声调的地方都有可能出现内爆音。总之，这个新的理论框架对于语音学和演化音法学来说是不可或缺的。

参考书目

戴昭明 2003.《天台方言初探》. 北京:中国社会科学出版社.

麦 耘 2007. 广西贺州八步区八都话入声的语音分析.《桂林师范高等专科学校学报》1: 1—7.

彭建国、朱晓农 2010. 岳阳话中的假声.《当代语言学》1:24—32.

颜逸明 2000.《浙南瓯语》. 上海:华东师大出版社.

郑张尚芳 1964. 温州音系.《中国语文》1:28—60.

赵元任 1928.《现代吴语的研究》. 北京:清华学校.

朱晓农 1996. 上海音系.《国外语言学》2: 29—37.

朱晓农 2004. 亲密与高调: 对小称调、女国音、美眉等语言现象的生物学解释.《当代语言学》2004.3: 193—222.

朱晓农 2004a. 浙江台州方言中的嘎裂声中折调.《方言》3: 226—230.

朱晓农 2006. 论分域四度标调制.《音韵研究》. 北京:商务印书馆.

朱晓农 2007. 证早期上声带假声.《中国语文》2: 160—168.

朱晓农 2008. 音节和音节学.《东方语言学》4: 142—164.

朱晓农 2009. 发声态的语言学功能.《语言研究》3:1—20.

朱晓农 2009a. 声调起因于发声态——兼论四声的发明.《语言研究集刊》6:1—29.

朱晓农、陈凌 2009. 赣语浊音的弛声性质. 第二届赣方言学术研讨会论文,南昌.

朱晓农、焦 磊、张偲偲 2008. 声调四维度. 中国语言学新视野国际研讨会论文,上海.

朱晓农、刘泽民、徐馥琼 2009. 自发新生内爆音:来自赣语、闽语、哈尼语、吴语的一手材料.《方言》1:10—17.

朱晓农、徐 越. 2009. 弛化:探索吴江次清分调的原因.《中国语文》4:324—332.

朱晓农、杨建芬 2010. 嘎裂声作为低调特征:河北省方言声调考察.《语言研究集刊》7:134—147.

Berg, J. van den 1968. Mechanism of the larynx and the laryngeal vibration. In Malmberg (ed.) 278—308.

Catford, John C. 1977. *Fundamental Problems in Phonetics*. Edinburgh University Press.

Catford, John C. 1988. *A Practical Introduction to Phonetics*. Oxford: Clearendon.

Ladefoged, Peter 2006. *A course in Phonetics*. 5th edition. Boston: Thomson Wadsworth.

Laver, John 1980. *The Phonetic Description of Voice Quality*. Cambridge University Press.

Laver, John 1994. *Principles of Phonetics*. Cambridge University Press.

Ladefoged, Peter & Ian Maddieson 1996. *The Sounds of the World's Languages*. Oxford: Blackwell.

Maddieson, Ian 2005. Chapters of "Tone" and "Glottalized Consonants". In *The World Atlas of Language Structures*, Edited by M. Haspelmath, M. Dryer, D. Gil, and B. Comrie. Oxford University Press.

Sommerstein, Allan H. 1977. *Modern Phonology*. Baltimore: University Park Press.

Zhu, Xiaonong 1995/1999. *Shanghai Tonetics*. Muenchen, Germany: Lincom Europa. 1999. ANU PhD dissertation, 1995.

Zhu, Xiaonong 2006a. Creaky voice and the dialectal boundary between Taizhou and Wuzhou Wu. *Journal of Chinese Linguistics*, 34. 1: 121—134.

(原载《中国语言学集刊》第 4 卷第 1 期,2009。初稿曾在“首届演化语言学暨演化音法学”(广州,2009 年 3 月)会上报告)

音节学纲要*

——以音节为基本单位的音系学

1. 音节学就是音系学

“音节学”就是基于音节的音系学，就像“音位学”是基于音位的音系学。汉语和南部周边语言中讲音系学，离开了音节没法讲。一般音系学中不把音节作为基本单位，同样困难重重。

音系学研究的是具有语言学功能的共时语音的结构模式。这个定义涉及三项标准。首先，这儿的“语音”是“语言语音学”中的、能表达语言学含义的语音。不是所有用嘴巴发出来的声音都是语音，例如打嗝声、打喷嚏声等都不是。也不是所有能表达意义的用嘴巴发出的声音都是这儿所说的“语音”，例如表达各种感情的夸张的语调等，它们表达的是“边缘语言学”的含义。甚至连一些“边缘音位”，例如“嗯”一下、“哼”两声，“欸欸”地叫人，“喌喌”地叫鸡，这些音都不包括在系统的音位库中。其次，这种功能指现时的使用中的功能，是共时语言的功能。某些语

* 香港研资局竞标专项拨款（HKUST 6426/06H）和香港科技大学竞标研究拨款（RPC06/07. HS03）资助项目。

音在历史上有过作用，但现在没有了，那我们在一般的音系学研究中是不会去关心它的。不过要注意，音系学是个动态的概念，它的范围也在不断地演变。在一种扩大了的音系学内，凡是可能用来表达语言意义的语音形式都可能成为研究对象。所以，音系学研究的是具有理性的语言学意义的共时语音系统的功能，同时对各种可能的功能形式都保持警觉。最后一项“结构模式”，从狭义角度看指的是特定音系中的语音的组合和聚合关系；广义地可以指所有语言音系中的结构关系的抽象。本书中指的是前者。从长远看，把所有人类语言的音系的结构关系归结为一些抽象规则，是可尊敬的学术理想。不过，在语音类型研究还没达到一定程度，这个长远理想只能看作是遥挂天边指引方向的北斗，而不能作为一种实际研究的路子。

汉藏语音系学是基于音节的音系学，它跟基于音位、区别特征的欧美音系学从基本单位开始就有所不同。如果说有什么“中国特色的语言学”，这大概就是。在汉藏语的研究中，形式派的研究很少见。在像赵元任这样睿智而中庸的中国学者手中，极端的形式主义总要打点折扣，尽管赵氏本人是参与奠基形式化音位学的结构派先锋之一。这种不走极端的中庸性，在实用上行之有效，但对于纯粹理性的进步来说，是否一定起正面作用，则在哲学上、方法论上仍属未定之天。

2. 音节的定义

音节是一个语言的音系中最基本、最核心、最重要的结构单位，最简单的音节由一个声母和一个韵母组成。语言中能够自由运用的最小的语音单位构成一个音节。在汉语语言学中音节还是个枢纽性单位，这有几重意思。首先，它是连接语音学和音系学的枢纽；第二，它是连接音系学和语法学的枢纽；第三，它是连接语言和文字的枢纽。

语感上能否从语流中分离出来的最小的单位就是“音节”。抛开学术研究不论，说话人对于本族语的“音节”是具有直感的。任何原始民族，任何没受过教育的人，一般都能从本族语的语流中分辨出音节数目。这在像汉语这样的单音节语素的语言中尤为明显：它是一个在话语中前后可以自由停顿的最小语音单位。音节的这种直感性也反映在所有独立创造出来的书写系统中，世界上原创的文字基本上都是“音节文字”。“字母文字”是后起的，最早的字母文字古希腊文字，是3000年前从迦太基音节文字中发展出来，每个字母表示一个元音或辅音（Petersen 1931；Gelb 1952）。音节在所有语言中都是一个最自然的发音单位，也是一个听感上最显著的单位，容易辨识、容易分离。

不过，如果想严格地从语音学角度来定义音节，事情就没有那么容易了。过去最流行的一个语音学定义是“胸腔脉冲”（chest pulse），即每次胸腔（包括肺）收缩对应于发一个音节，每个音节都有一次肌肉能量的发射。这个定义对于像法语那样每个音节的长度大致相等的语言还勉强可行，但对于很多其他语言来说，如英语、汉语北方话、上海话等，弱读/轻声音节比重读音节短好多，而肌肉收缩的时间理应每次差不多长短。

音节在语音学中难下定义，这本来是可以预料的，就好像社会的基本单位——家庭——从生理学上去定义毫无意义。那么，从音系学角度来定义又如何呢？一个常用的判断标准是"响度"，每个音节有且仅有一个响度峰。但这有两方面的困难。第一，像 *strikes* [straɪks] 这个音节，声母和韵尾中的配列都违反响度原则。第二，即使按响度峰能确定几个音节，但音节的界限问题仍未解决，如 *Philip* [fɪlɪp] 有两个音节，这没问题，但怎么切分？中间那个 l 属上还是属下，就很有争议了。英语音节的结构和划界远比汉语复杂，此处不赘，可参看例如 Duanmu (2009)。不过需要指出的是，响度依然是个(听感)语音学概念，而不是真正的音系学内部的概念，所以不那么管用也不奇怪。

3. 音节的构造

音节难以定义并不意味着不能使用这个概念。最基本的单位往往难以定义，甚至不加定义。现在我们从音系学内部有点循环论证地给出它的定义：音节由音段和发声两大部分组成。前者是线性成分，后者是覆盖整个音节的非线性成分。音段包括声母、韵体、介音、韵腹、韵尾等。发声包括声域、长短和音高三项等非线性成分。音段成分尽管在时间上线性排列，但它们内部结构上是有层次的。非线性成分在时间上与音段是同时性的，结构上更不在一个层面上。音节成分不是以语音学标准来定义的，而是靠音节结构中的层级位置来显示、来定义的。

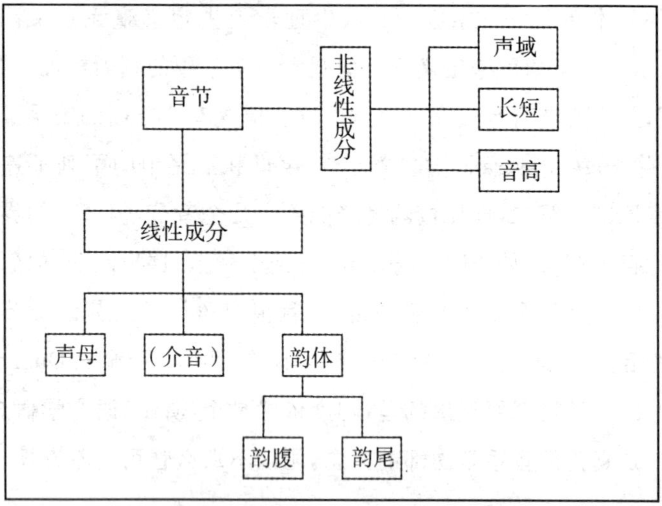

4. 音节学的研究对象

语音学研究的课题，如语音的产发，它们的生理学描写、声学特征等，都不是音系学关心的对象。音系学关注的是哪些音段、发声态和韵律特征被用于语言学的目的，在表达语言意义时它们又是如何组织起来的。语音学里的辅音、元音、基频、时长、发声态等进入音系学以后各自担当什么角色，它们的搭配关系如何。具体到音节学，我们要学会些什么才能初步胜任做汉语的音系学研究呢？首先是学好基础语音学，没有这个基础，是无法真正研究音节学问题的。在音节学内，先要掌握基本概念：音节。它在汉语中是最自然的单位，也是共时音韵分析的最核心的概念。其次，要掌握音节成分如声母、韵母、声调等概念，还有声韵成分的搭配序列(配列)、音位、区别特征、规则、表达式等。总之,要学会在一个语言/方言中——

(1) 确定音节成分:有几个声母、介音、韵体、声调、声域等

(2) 系统地编制声母表和韵母表

(3) 弄清声韵配列(线性组合)

(4) 弄清音节结构(层次结构)

(5) 编制声韵搭配表和同音字表

(6) 理解音位的含义及其有限适用性

(7) 使用分域四度制标调法描写声调

(8) 用区别特征来表示音韵单位

(9) 用规则表示共时变异或音韵推导过程

(10) 用表达式来表示音韵关系

(11) 其他

5. 基本单位:物理学还是化学?

西方音系学和语音学一样,以分析为手段,走到了以分析为目的的地步。从追踪音素到区别特征,把寻找最小单位作为研究目的,并作为基本单位。音系学里最早是用"音位"作为基本单位,对应于语音学的基本单位"音素",是一组具有同一性的音素的标签。到生成音系学问世,音位这个概念都被取消掉了(Chomsky & Halle 1968:11)。音系学的基本单位又追到了更小的、以语音学性质定义的单位:区别特征。尽管西方学者从心底里想区分语音学和音系学,例如索莫斯坦(Sommerstein

1977：1）的分界定义一刀把两者切开："语音学的终点，是音系学的起点。"又如安德森（Anderson 1981）再三强调音系学是"自主的"，它跟语音学没直接关系，音系学建立它的核心原理不用参考语音学。但是，由于无法确立音系学里独立的基本单位，结果还是划不清语音学和音系学的界限。

打个比方，物理学（相当于语音学）尽可以穷究物质的本原，追踪最小单位，从粒子（相当于音素）到夸克（相当于区别特征）。但是，化学（相当于音系学）却不是以此为目的，它考察物质的组织、构造。它的基本单位是分子（相当于音节），例如物理学分析出碳原子，化学考察同样的碳原子由于组织不同而形成石墨和金刚钻。

这可类比于语音学和音系学。语音学穷究语音的基本单位，探究产生这些语音的物理、生理的力。音系学考察语音的组织和构造。问题在于，如果这么区分，那么音系学中的基本概念就不能用"元音音位""辅音音位"（相当于粒子），更不能用"区别特征"（相当于夸克），而要用"音节"（相当于分子）。就像物理学的基本单位是粒子，但化学的基本单位是分子。音系学单位必须有语音学性质，就像化学单位可以从物理学上来理解。但音系学要想"自主"，就必须要有自己定义的单位与范畴（基本类），而音系学里的基本概念就是"音节"。

西方音系学1970年代有个别人，1980年代更多人重新接受音位概念，但只是作为一束特征值的速记符号。而认识到音节应该成为音系学中的一个单位还是最近十几年的事儿。尽管他们在这方面起步比中国音系学晚得多，进展还是很令人注目的。

6. 音节构成：生理学还是社会学？

如果忽略音节的层级性，北京话音段音节中的声韵搭配序列可以写成如【1】那样的配列（括号中是可省成分）。

【1】	**O**	（**M**）	**Nu**	（**Co**）	音节身份
	C/Ø	G	V	N/G	语音实现

这个配列的意思是说，必要的声母排在音节的开头，可省的介音排第二，必要的韵腹排第三，可省的韵尾排最后。从语音学层面来说，声母这个音节位置由辅音充填，但也可以由零形式充填。介音（如果出现）的位置由滑音充填，韵腹这个位置由元音充填，韵尾（如果出现）的位置有两种选择：鼻音或滑音。

在西方音系学中音韵配列用的也是和语音学一样的C（辅音）、V（元音）等概念来表达的：

【2】 （C_1） （V_1） V_2 （V_3/C_2） 音系学和语音学纠缠于同一层面

这样表达有问题，因为第一，辅音、元音是语音学概念，而现在讨论的是音系学中的问题。第二，【1】中的声母可以表达为必要的，即使没有辅音出现在这位置上，我们可以认为这个音节中的位置被一个“零形式”辅音占有，形成一个“零声母”。但是在【2】中 C_1 只能说是可省的，因为在零声母字如 *ai*“爱”中，是没有辅音 C_1 的。语音学上可以说没有辅音 C_1，但在音系学上这么说就有问题了，即使没有辅音，还是得说有（零）声母。第三，【1】中音系学层面的配列概念，其间的序列关系很明确，声母在最前，韵尾在最后，韵腹在中心地位，介音介于声母和韵腹之间。而如果把【1】中的音系学概念换成如【2】那样的语音学概念后，我们就看不出配列成分之间的关系了。

【2】中的元、辅音问题的产生是由于缺乏“音节”以及“音节成分”概念造成的，所以只能用最表层的语音学概念凑合排列一阵。语音学与音系学相遇时的尴尬场面我们已经不止一次地看见了。元音和辅音是语音学、也是西方音系学中最重要的概念。在中国传统的音韵学、等韵学中，是用声母、韵母等概念的。西方的概念是从语音学出发，引入到音系学中。而中国的概念则是从音系学出发，来理解语音学概念。两者都有所欠缺，如果我们要区分语音学和音系学的话。理想的做法是把元音、辅音、还有音高留在语音学中，而一旦进入音系学，它们都获得音韵身份：声母、韵母、声调等等。固然声母总是由辅音担当，韵腹大体上由元音担当，但毕竟是不同系统中的不同概念。这就像“男”“女”是生理学概念，一旦进入社会家庭，它们各自以父亲、母亲、儿子、女儿等等的家庭身份出现。我们需要这么两套概念是因为：(1)固然父亲总是男的，母亲总是女的，但反过来就不成立；(2)说某个音节由CVVC组成，就像说某个家庭由“男人、女人、女人、男人”组成，到底什么意思恐怕是要人猜谜了。下文图3中所显示的，可类比于家庭成员的身份，祖父、父亲、母亲、儿子、女儿，可能还有侄儿什么的。【1】是图3丢失了层级信息的简化，但至少表达的还是家庭成员的身份。而【2】好像只是说这个家里有“男人、女人、女人、男人或女人”等等，这在人口统计中有

意义,但在显示家庭关系时起的是副作用。

7. 从元音、半元音的定义看音节的核心地位

半元音是语音学里近音的一个特定的类,包括 j, w, ɥ, ɰ 四个。前两个较常见,最后一个极少见。它们各有对应的元音 i, u, y, ɯ,只是半元音较短,其他语音学性质都差不多。从琼斯 (Jones 1960) 到赖福吉 (Ladefoged & Maddieson 1996),半元音的定义一直是"语音学上像元音,功能上像辅音"。所谓"功能",过去是说音系学中所起的作用,其实就是音节地位,即在音节中做什么成分。这样的定义引出很多麻烦。首先,分类标准不一致,两条不同领域的标准交叉使用,合取的结果便是一半语音学、一半音系学定义的"杂种类"。这些音放在国际音标图的辅音表中,却是元音性质,而国际音标图应该是以语音学标准来定义音的。当然,当初制订音标时还没有语音学和音系学的区别。等到发现 j, w 等音在语音学性质和音系学功能不匹配时,便用了上述交叉定义。这就引出了一个更严重的问题:辅音的功能是什么?这实际上反映出西方音系学中的一个长期缺陷:那就是没看到"音节"在音系学中的地位。这种忽视造成了半元音定义中的尴尬:辅音跟元音一样,是语音学上定义的,现在又要说半元音的功能像辅音,而辅音在音系学中的功能是什么却还没定义。

这个在西方语音学和音系学中的严重问题,在中国传统的

等韵学中却不是什么问题。西方的概念(元音、辅音)是从语音学出发,引入到音系学中。而中国的概念(声母、介音、韵腹、韵尾)则是从音系学(等韵学)出发,来理解语音学。所以,在音节学中把半元音理解为“语音上像元音,而功能上不像元音,元音做韵腹,而半元音起的是介音、韵尾作用”一点问题都没有。在欧洲语言分析中没有介音这个成分,所以,半元音像辅音那样起的是声母或部分声母的作用,所以它更像辅音。

不但半元音这个在西方语音学和音系学之间游移的类显示出音节的核心地位,即使是传统上最语音学的类“元音”,为它定义时也离不开音节。元音长期以来被广泛接受的定义,是指发音时声道内没有阻碍的音。这其实有问题:一方面它把具有纯元音性质的 j, w, ɻ 等音排除出元音范畴,另一方面又无法包括诸如ʝ, ɿ, ʅ, ʮ, ʯ 那些微擦元音和舌尖元音。要解决这两个问题,就必须进一步限制定义为:在音节中作为韵腹并且口腔内没有明显阻碍的音。这里面有两个条件。第一个条件“韵腹”把 j, w, ɥ 等近音排除出去,第二条“无明显口腔阻碍”把鼻音、边音等排除掉、并且把微擦元音和舌尖元音包括进来。这样定义对于我们来说没什么问题,因为汉语音系学传统上把 j, w 看作介音或声母,把 ɻ 看作声母(日母),以区别于作为韵腹的元音。另一方面ʝ, ɿ, ʅ, ʮ, ʯ 等音因为都能做韵腹而被看作元音。但是,对于西方传统的科学来说,语音学是语音学,音系学是音系学——怎么语音学也不自主起来了?他们认识到这一点是经过一百年的痛苦磨炼,直到十多年前才逐渐认识到音节的重要性。现在,一些最重要的西方语音学家也已经采用了这种从音系学的角度来辅助的定义，如赖福吉（Ladefoged 2001）认为元音是“占据音节核心地位并且没有阻碍的音”。拉佛（Laver 1994：269）则直接称之为“音节性主音性成分”。这个观点也反映在《国际语音学会手册》对元音的定义中（*Handbook of IPA* 1999：10）。

8. 音位的地位

音位可以定义为一个语言中一组具有同一性的音素。所谓具有“同一性”，意思是说，在音位内部，所有音素的语音差别可以忽略不计，因为它们不造成意义差别；而在音位外部，跟其他音位的语音差别，哪怕外人听起来再微小，也不可忽略，因为它们造成了意义差别。也就是说，音位的作用是：区别该区别的音、归并该归并的音。

音位的概念在理论上和实用上都有或有过重要意义，但也有局限性。说它在理论上重要，首先是在语言学的重心从历时研究向共时研究转化的过程中，它起着一个不可替代的作用。可以说，音位概念的建立，成就了一门学科的建立——这就是共时音系学，当时就直接叫音位学。但是，它在理论上的地位随着结构主义的衰落而破败。到20世纪五六十年代以后，它在音系学中的基本单位的地位给区别特征取代，*Sound Pattern of English*（Chomsky & Halle 1968：11）中甚至摒弃了音位这个概念。20世纪七八十年代它逐渐复活，但最多起的是标记一束区别特征的速记符号的作用。

在实用上有用可以来看一个基本事实。在为无字母文字的语言创制字母文字，或者在记录、转写某个语言时，没有音位概念就会记得一团糟：把具有同一性的音素用不同的字母表示，把不具有同一性的音素用同一个字母表示。所以派克把他那本著名的《音位学》的副题题作《语言转写技术》（*Phonemics: A Technique for Reducing Language to Writing*，直译为“把口语简约为文字的技术”）。无文字的语言不用多说，即使在一些我们熟悉的大语种中，例如汉语、英语中，在记某个比如 s 音时，那些个有细微区别的音，如：思 *sī* ～ 苏 *sū*。这两个 s 是不一样的，“思”的声母 s 是展唇的，而“苏”的声母是圆唇的 s_w。该用一个符号还是两个符号？现在的汉语拼音是用一个符号，表示这两个音属于同一个音位，细节上的差别无须多究。又如香港路名用的是拉丁字母拼写的粤语，广东人耳朵里很不同的音，英国人听起来是一样的，所以用了同样的字母表示有对立的音，例如“染布房街”*Yim Po Fong St* 和“大埔道”*Tai Po Rd*，“布”不送气，标为 *po*，“埔”送气，也是 *po*。这就是没有音位概念随意转写的结果。

但是，由于音位处理有多种可能性（赵元任 1934），常常使得音位设立显得任意。这在北京话中还不明显，因为北京话音系中没有清浊、发声、长短、舒促等区别。如果考虑远为复杂的吴语音系如上海话，困难就大多了。有许多语音特征，如发声态与清浊、发声态与前喉塞、长短和喉塞尾、曲拱等等，都在音节层次上共现。提出任何一个音位系统，就意味着这些音位是首要的导因性特征，而其他共现特征只是次要的伴随性现象。为了确定上海话的音位，朱晓农(2005)尝试了三种不同的取向，一是实用取向，二是音节取向，三是最小音库取向，但没有一个令人满意。既然音位是那么不容易确定，它的作用也就很有限了。结论就是在汉语音系学里，研究音节结构、确认音节成分比任意认定一套音位更重要。这个观点或可进一步推广到其他语言中。

即使在北京话(及其前身古官话)中没有很多音节层面上的共现特征，音位依然不是一个好选择。我们自己的共时音韵分析 1000 年来一直以音节为核心单位。结构派音位学盛行时，大语言学家如 Hartman (1944)、Hocket (1947) 都对北京话做过精巧的音位分析，这两篇大作都被马丁·裘斯选为结构语言学代表作(Joos 1957)。但也就到此为止，没有后继跟进者。最有意味的是赵元任，他对待音位的理论态度和实际做法相去甚远。赵氏是裘斯推崇备至的音位学家(Joos 1957)，他为早期音位学的奠定做出过杰出贡献(赵元任 1934)，并一直到晚年仍把音位学原理阐述得头头是道(赵元任 1980，第四讲)。但在他的毕生名作《中国话的文法》(*A Grammar of Spoken Chinese*，Chao 1968) 中，用以描写汉语音系的基本单位，却不是他赖以成名的西方概念——音位，而是回复到中国传统，先列出音节成分如声母 (p. 22)、韵母 (p. 24)，然后分声调的韵母 (pp. 31—32)，最后是一张音节表 (pp. 33—34)。为什么赵氏不用“辅音音位”“元音音位”“调位”这些概念呢？为什么在西方音位学中首屈一指并对汉语音韵懂得比谁都多的赵元任在分析汉语音系时舍弃音位概念呢？为什么他从早期的音位理论奠基者、传播者，发展到晚年的实践中竟弃音位如敝屣？其中道理真是非常简单：声韵调的分析简单而有效，而其所以能简明有效，是因为先建立了音节这个核心概念，而声韵调都只是音节成分。

音位在音系学中曾是基本单位，现在在音节学中它还有什么地位呢？沿用把音节比作家庭的比喻，家庭成员比如父亲他可能上午去开会当“主席”，下午去买鞋当“顾客”，晚上回到家又是“老爸”，这主席、顾客和老爸就构成一个音位，各自是这个音位的条件变体。

9. 音系学和语音学

音系学是从语音学里分化出来的，两者有交叉之处，甚至在相当程度上相互依赖。但实际上两者的关系说起来是两方面都有气。语音学生气的是，音系学整个儿一个把它当钟点工，用得着时召来使唤一下，干完了活儿就打发它回家。音系学生气的是，语音学管头管脚老拽着它，不让它自由自在独立门户。20世纪初现代语音学逐渐成形，而也就是在此时，“共时音系学”开始出现。两者的关系，从一开始起就没和美过，音位学以“功能语音学”标榜，要把纯语音学排斥出语言学。这种不把实验语音学当一家人的态度，在赵元任（1980：175）的一段影响了几代人的评论中表现得最为明显：“实验语音学从很早起头，一直到最近啊，它能够做的好些事情都比语言学里头所希望做得到的还差得很远……因此有许多语言学家，根本不拿实验语音学认为是语言学的一部分。”

这的确是很多早期形式派——音位学家的看法，他们都是口耳语音学大家，对语音学取实用态度，“敬实验而远之”，认为仪器纵然分析入微，但要是耳朵辨不清，也就只是声学，跟语言学无关。发展到后来的形式派——生成派音系学家那儿，极端的如 Foley (1977)，完全排斥语音学。照索莫斯坦 (Sommerstein 1977：1) 的说法是：

> 音系学是语言学的一个分支；而语音学通常都认为它不属于语言学。语音学处理人类发音和听辨系统的能力，这个系统与可用于语言的语音和韵律特征有关，也与这些语音和特征有关的声学性质有关。
>
> 从某种意义上来说，语音学的终点，即音系学的起点。语音学定义语音和韵律，而音系学关注的那些语音和韵律在语言中是如何实际使用的……

一方面，音系学分家闹独立，前一二十年越闹越凶。另一方面，这些年来语音学取得了可以说是“辉煌的”进展，这重新燃起了它把音系学收归门下的野心。1980 年代两家争得激烈时，还出了专辑来讨论。两者的关系那时从百分之百相关到百分之零，持什么样看法的人都有。在百分之零这一端的，照安德森 (Anderson 1981) 的说法，音系学跟语音学没直接关系，音系学是“自主的”，音系学建立它的核心原理不用参考语音学。不过这意见现在好像已经没人坚持了。在百分之百另一极端的，也就是语音学和音系学根本不能分家，它们俩整个儿就是一门学科，是“整合在一起的”(integrated)。持这看法的也不多，奥哈拉是代表。在他 (Ohala 1990) 看来，音系学想要独立是不可能的;音系学家所谈的语音学只是些分类排比的术语(taxonomic phonetics),而不是"科学的语音学"(scientific phonetics),科学的语音学就是要管音系学。当然,绝大部分人是中间派,说语音学和音系学有"交接面"。不过这么说也有问题,交叉了百分之多少啊?所以科学中想持中庸是自阻前程。

这儿的争论涉及有关联的两件事。一是音系学怨语音学没为语言学做出什么贡献,要把语音学赶出语言学;一是音系学决心与语音学分家。但可惜的是,它空有独立之志,却无独立之能耐。现在我们重新定义了音系学的基本单位,音系学的任务,音系学的独立身份也就因此而得以成立。

10. 两种传统分析法

音节具有内部结构。但如何进行分析,存在着多种看法。本节内先来看两种流行的分析法,后文另外介绍我们新的分析法。

最古老的看法是先把一个整音节分为声调和音段音节(小音节)两部分。小音节由不可省的声母和韵母构成,韵母直接分为三个成分:可有可无即可省的韵头(介音)、必要的韵腹(韵腹)、可省的韵尾,见图1。由于这种分析法有两个特点:一是声调叫作"神",二是韵母直接三分,所以我们把这方法称为"神韵法"。

	（韵头）	韵腹	（韵尾）
声母	韵母		
声调/神			

图 1. 传统神韵式音节结构分析（括号中为可省成分）

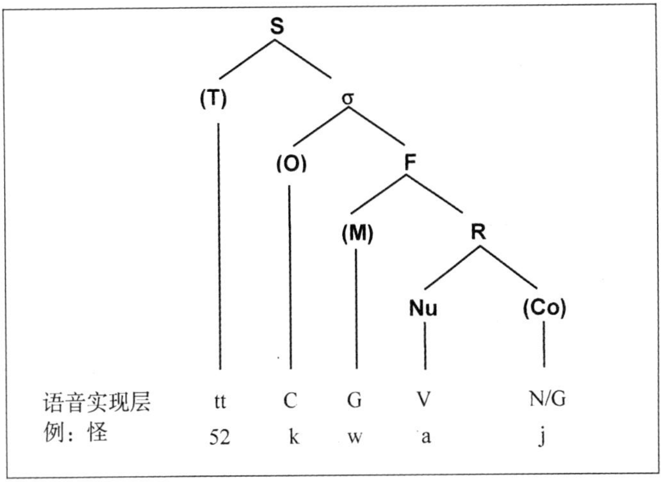

S 整音节	T 声调	Rg 声域	O 声母	F 韵母
σ 音段/小音节	R 韵体	Nu 韵腹	Co 韵尾	M 介音
tt 调素/调值	C 辅音	G 滑音/半元音	V 元音	N 鼻音

图 2. 结构派两分式音节结构分析（括号中为可省成分）

神韵分析法曾长期使用，直到 1960 年代，受到形式派（从结构派到生成派）两分法（binary branching）的影响，才发展出传统第二式“两分法”，图 2 就是按照两分法分析的北京话音节的层级结构。一个完整音节（S）先分为可省的声调（T）和必要的音段音节(σ)两部分,音段音节分为可省的声母(O)和必要的韵母(F)两部分。韵母又分成两部分:可省的介音(M)和必要的韵体(R)。韵体由必要的韵腹(Nu)和可省的韵尾(Co)构成。神韵式和两分式音节分析的区别在于:(1)神韵式中声母是必要的,两分式中声母是可省的,(2)神韵式中韵母直接三分,两分式则按照结构派规定的程序层层两分。“韵体”是个新概念,此前的音节结构中没有这一层。它对应于英文 rhyme,相当于“韵腹+韵尾”的组合,但不包括介音。“韵体”也有叫“韵基”“韵”“韵部”等的。由此可见神韵式分析法的影响之大,它直接把韵母三分,所以直到现在我们还没有一个统一的名称去称呼“韵腹+韵尾”的组合。

图 2 中的这些在不同分叉层次上的音节成分都是音系学概念,它们通过直线连接到语音学实现层:声调 T 连接两个调素 tt,声母 O 连接辅音 C,介音 M 连接滑音或半元音 G,韵腹 Nu 连接元音 V,韵尾 Co 连接鼻音 N 或滑音 G。这个语音学概念的排列层是音系学概念音节的语音实现的框槽。在这层语音槽中可以填入比如说声调[52],辅音 k,前滑音 w,元音 a,后滑音 j,从而实现为一个音节 $kwaj^{52}$“怪”。要注意的是声调在汉语中是表示曲折调型的,即使是平调也是一种调型。这跟非洲语言中的声调不同,它们是只表示高低的,所以理论上都可看作是平调,哪怕低调在语音学上总是实现为低降调。所以,汉语音节中的声调 T 是个表示调型的调素节,总是连接两个或以上调素,表示起始点和结束点,以及拐点,如果有的话。因此,(1)即使是个平调,也不能用一个调素表示,假如图 2 中的语素“怪”改为同

声韵的“乖”，声调就要改为［55］，而不是［5］。(2)甚至是个短平调，也要用两个调素加下划线表达。例如官话中的江淮、西南和秦晋方言中有带喉塞尾的短平调，就需标为［$\underline{44}$］等，而不是单个数字［4］。顺便说一下，生成音系学中几十年前就有一条“强制性曲拱原理”（Obligatory Contour Principle，Leben 1973)，据说有普遍性，还很适用汉语这样的曲折型声调。我们一直在等它展示一下是否真好使。还有，它叫是叫“原理”，其实只是个关于如何表达的人为约定(convention)，而不是揭示物质属性的自然原理。

下面先分析几个较为熟悉的音系的音节结构，然后再来讨论一些关键性的理论问题。

11. 北京官话音节结构

我们以北京话为例来讨论官话的音节成分和音节层构。先列出各种成分表(声母表、韵母表等)，然后画出不同于上一节中的层次结构图。声、韵母表的排列最好有点章法，能简明地显示出音韵关系和特点。

11.1 音节成分

北京话的声母比较简单。表 1 中列出北京话的 22 个声母，包括零声母 Ø。零声母放在最后一栏，塞音一行，是因为在很多场合零声母语音上实现为喉塞音。表 1 的排法既考虑了和国际音标辅音表接轨，只是把它的清浊“p b”换成了北京话的送气与否“p p^h”；又考虑了传统“播坡摸佛”一顺的排法。

所以“p p^h”放在同一格内,但不并排。爆发音和塞擦音同属一个大类“塞音”,所以放在同一行中。塞擦音 TS 系和爆发音 T 系放在同一大栏“齿/龈”下,TS 系似更前些,更接近齿。T 系中的 n,l 是龈音,l 尤其后。北京话里没有浊塞音,更没有浊擦音。一百年来对北京话音系描写的最大错误是把日母的现代形式听成、记成、命名为“舌尖后浊擦音”ʐ,其实是卷舌近音 ɻ。

表 1. 北京话 22 个声母

	唇	齿/龈		龈腭	卷舌	软腭	零
塞	p p^h	ts ts^h	t t^h	tɕ $tɕ^h$	tʂ $tʂ^h$	k k^h	Ø
鼻	m		n				
擦	f	s		ɕ	ʂ	x	
近			l		ɻ		

北京话的韵母也比较简单。韵母由介音和韵体组成,韵体又包括韵腹和韵尾两部分。表 2 中是韵母的系统排列,先以韵尾分三类,分别放在左中右三大栏中。然后每栏中以介音情况分四列:无介音、i 介音、u 介音、y 介音。传统音韵学中把这四种介音情况称为“四呼”,分别是:开口呼、齐齿呼、合口呼、撮口呼,简称为“开齐合撮”。竖列韵母的次序按韵腹元音排列,(1)先按高低,(2)次按前后,(3)央元音尽量不排在同一高度的元音之首,(4)出位元音排在最后一行。

表 2. 北京话 38 个韵母

	开韵尾（11+3）				滑音韵尾-j/w（8）				鼻音韵尾-n/ŋ（16）			
介音	-Ø-	-j-	-w-	-ɥ-	-Ø-	-j-	-w-	-ɥ-	-Ø-	-j-	-w-	-ɥ-
1		i	u	y				ən	in	wən	ɥn	
2	ɤ	je		ɥe	ej		wej		əŋ	iŋ	wəŋ	
3	o		wo		ow	jow					ʊŋ	ɥʊŋ
4	a	ja	wa		aj		waj		an	jan	wan	ɥan
5					ɑw	jɑw			ɑŋ	jɑŋ	wɑŋ	
6	ɿ	ʅ	ɚ									

北京话有四个声调，不包括轻声。北京话无声域区别，即只有一个普通域或中域，所以调值是从最高的［5］度到最低的［2］度，并放在同一行里。

表 3. 北京话 4 个声调

调类	阴平	阳平	上声	去声
调值	55	35	324	52

表 2 中有一些韵母属于互补分布，有些书上把它们归成一个韵母，例如：

（1）wəŋ～ʊŋ：前者只出现于零声母后，后者不出现于零声母后，如“翁瓮鼆～东红共”。

（2）o～ɤ：前者出现于 p 列声母后，后者出现在其他声母后，如“博坡摸佛 ～ 哥德遮仄”。

（3）i～ɿ～ʅ：ɿ 出现于 ts 列声母后，ʅ 出现于 tʂ 列声母后，i 出现于其他声母后。

北京话的韵母是按照韵尾来进行第一层分类的：无韵尾、

滑音韵尾、鼻韵尾。这个步骤在后面其他汉语方言音节的分析中也作为底伏形式，除非有更好的方式。北京话无韵尾韵母即开音节的韵母，一共有 14 个，其中有 9 个是单元音韵母：i，y，u，ɤ，o，a，ɿ，ʅ，ɚ，包括两个卷舌元音。剩下 5 个带介音。滑音韵尾有 j 和 w 两个。带滑音韵尾的音节有 8 种，一半无介音，一半有介音。介音跟韵尾成对补分布，即 j 介音的跟 w 韵尾，w 介音的跟 j 韵尾。鼻(音)韵尾有两个：n 和 N。带鼻韵尾的韵母有 16 种，一半有介音，一半无介音。关于介音有几点说明：

(1)"四呼"并不是汉语音系学里的普遍概念，它只是北京话中的一种音系分析，其他方言/语言中是否有"四呼"，那得看它们的音节结构是否跟北京话一样。

(2) 即使是北京话，也不一定非要分析为四呼，比如西方语言学家大多把前滑音分析为声母的一部分——没呼。好不好另说，但也算是一种分析方法。

(3) 表 2 中把介音和滑音韵尾用近音符号 j，w，ɥ 来表示，这是为了加倍清楚，把它们跟作为韵腹的 i，u，y 区别开。当然，用 i，u，y 表示介音、韵尾在北京话中也是可以的，因为音节地位的不同，从位置上可以判断某个 u 是韵腹还是介音/韵尾。但在另外相当多的语言/方言中，需要明确标出哪个成分是滑音，此处不赘。

(4) 第 6 行中三个舌尖/卷舌韵母，它们不是也无法按四呼排列。回过头去看上面第(1) 点，可见"四呼"在北京音系中也不是放之各韵而皆准的，只是"大体可行"。

当然,如果制定一条“强制性四呼原理”,北京话的四呼秩序仍可恢复。先把音色相近、分布互补的 ɿ 和 ʅ 归并为一个韵母,放在表 2 左上角(不算表头)的空格中,与 i, u, y 形成完整四呼(参看王洪君 1995)。然后把日化韵母 ɚ 放到第一格开口呼中就行①。

11.2 音节结构

前文介绍了两种音节分析法。下面介绍一种新的多维分析法(朱晓农 2005,2006)。这个分析法的要点是:音节要考虑分域,声调附丽于韵体。每个语言都有音节,但音节的内部结构并不都是一样的。由于声域、长短的对立不是每个语言都有的,音韵配列也不是每个语言都一样的,音库都不一样呢,再加所要进行的音韵处理目标也各不相同,所以两个语言中的音节结构不一定都一样。音节分析像其他所有音系学分析一样,(1)是对特定语言的特定处理,(2)即使在同一语言中也具有非唯一性。分析的目的就是当时当地的适宜性:简明而有效。后文将要分析的几个大方言的音节,结构都有所不同。先看图 3 北京话的音节结构。

① 我本来想把日化 ɚ 排除出表 2,另做一个日化韵母附表,与 26 个通过儿化构词形成的日化韵母如 ir, ar 等放在一起。这样,表 2 可以简化为五行。把 ɚ 拿出来另外处理不是没有理由。(1)它分布独特,不跟任何声母相配。(2)它只有三五个常见语素(二而儿尔饵),这使它跟一些边缘音位如 ɛ, io, m̩, ŋ̍, n̩ 相似。但麻烦的是这有可能造成对立(见王洪君 2005, §3.5.2)。

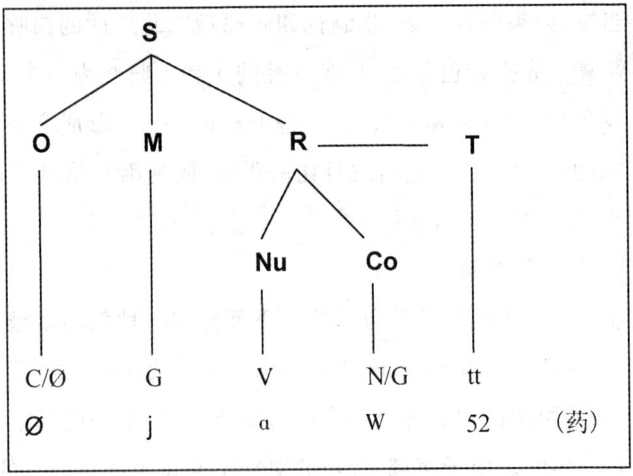

图 3. 北京话音节结构多维分析法

图 3 多维式跟图 2 两分式相比,有几点不同:

(1) 两分和多分——两分式每一层次都是两分的,但多维式不一定,可以三分,如图 3 整音节(S)下没有小音节(σ)这个成分,也没有韵母 F,而直接三分为声母、介音、韵体。语言中的结构并不一定总要两分的,即使你有办法把它两分,比如“车马炮”的句法结构,在官话里就没什么理由两分。

(2) 声调的位置——两分式中整音节的直接成分分为声调和小音节。多维式中声调不是直属音节,而是在“旁枝”上,附丽于韵体。这是因为声调的音系学表现只跟韵体有关,而与声母(不管是清的还是浊的)和介音(不管有还是没有)都无关。汉语中大体上每个音节都有声调,但有些不单用的音节(虚词、多音节语素或来历不明的词的非首音节)不一定有声调,至少调类不明。因此声调是可省的。

(3) 声域——北京话中只有一个由清声态定义的中域，所以没有声域 Rg 的问题，有关声域的问题到上海话音节结构一节中再讨论。

(4) 声母的状态——两分式中声母是可省的，多维式中声母是必要的，跟图 1 的神韵式分析一样。道理很简单，从来的北京话分析中都有一个"零声母"，它在音系学中是占位置的。"零"是一个数，跟"一二三四"一样，不是没有数；零声母是一种声母，跟"播坡摸佛"一样，不是没有声母。如果声母可省，那么"零声母"的概念就应该取消。如果保留"零声母"这个概念，那么，音节成分中的声母一项就是必需的。结构派两分式分析的错误在于他们没分清语音学和音系学，把可省的辅音当成了可省的声母。"零声母"表示的是声母这个结构成分存在，但辅音可以不出现，即语音层面上零实现。

(5) 介音的状态——图 3 的音节结构中，与声母并列的不是韵母，而是独立的介音和韵体。北京话介音的音节地位很有争议：应该属于韵母，还是声母，还是独立于前两者，还是属于另一个韵律层面？介音属于韵母的观点源远流长。不过，最近几十年来一些西方音系学家从他们的语言的认识出发，替我们把汉语的介音归入声母，成为"复声母"的一部分。画两张例图、拉几根线条都好办，但要是真地做个系统研究，比如说编制同音字表，那还得回过头来像表 2 那样把介音放到韵母中，否则恐怕难以编出像样的表来（朱晓农 2005）。我们现在采用的是沈家煊（Shen 1993）的提议，把介音单独提出来，与声母和韵体并列。这样做既照顾到音韵配列，好编排音节表；又照顾到官话中介音的各种音韵表现，它有时更接近于声母，有时更接近韵体。

音节学中的一项重要任务就是编制音节表。比较概括的音节表就是声母、韵母搭配表，而不细分各种声调，这是小音节表。比较细致的音节表则是声韵调搭配的整音节表，也就是同音字表。其所以是项重要工作，是因为汉语的音节结构较简单，音节种类不多，所以可以穷尽列举。例如北京话只有400多种声韵搭配（小音节种类），1300种声韵调搭配形式（整音节种类）。上海话的音节数更少，连声调区别都算在内，不过700多种。相比之下，英语的声韵搭配形式大为复杂，没人精确统计有多少种类。大致估计不下于5000多种，有人甚至估计有7000种，这当然无法在一部语法书中一一列举。所以，汉语音系学研究中的一个考验就是：(1)如何把音节表编制得简单明了，(2)如何排列得能看出分布上的规律。

12. 上海吴语音节结构

图1和图2中所示的音节结构是对北京话/普通话/雅言分析的结果。过去有些误解，以为古今汉语各方言的音节结构是一样的，而音节结构只能用图1或图2那样的分析法。其实，不同语言/方言中的音节结构有所不同，音库还不一样呢。下面以上海话为例来讨论吴语的音节。

上海话的声母比北京话要多些，传统上分清浊两套，其实是声域（由发声态定义）的区别。"清声母"在"中域"，发声态为普通清声，以及作为变体的张声。"浊声母"在"低域"，发声态为弛声，以及作为变体的常态浊声。上海话发声不同的声母可以放在同一个格子内，见表 4。这样排列的好处是，可以看到清擦音（f，s 等）跟爆发音中的送气音音韵地位相当，而张声响音（ʔm 等）则跟不送气爆发音相当。

表 4. 上海话 33 个声母

	唇	齿	腭前	软腭	喉
爆发	p p^h b	t t^h d		k k^h g	Ø
塞擦		ts ts^h	tɕ $tɕ^h$ dʑ		
擦	f v	s z	ɕ ʑ		h ɦ
鼻	ʔm m	ʔn n	ʔȵ ȵ	ʔŋ ŋ	
边		ʔl l			

上海话中派发音有 46 个韵母，见表 5。最底下第 9 行是一些较为特殊的韵母，后三个是鼻音自成音节。前三个是出位元音，一个舌尖元音，汉语其他方言中也常见。一个带擦元音，吴语中常见。还有一个 əl，是单用来发普通话借词“儿二而”等的，有人就径直发成 ɚ 了。其余八行韵母跟北京话一样，也是先按韵尾、再按介音排列。介音也是四呼。上海话的单元音较为丰富，有 13 个之多。有加前滑音构成的韵体（后核）复元音，但没有加后滑音组成的韵腹（前核）复元音。

表 5. 上海话 46 个韵母

	舒声韵(长韵腹)								促声韵(短韵腹)			
	开韵尾				鼻音韵尾				喉塞音韵尾			
介音	-∅-	-j-	-w-	-ɥ-	-∅-	-i-	-u-	-ɥ-	-∅-	-i-	-u-	-ɥ-
1		i	u	y		iɲ		yɲ		ɪʔ		ɥɪʔ
2	e		we									
3	ø		wø	ɥø								
4			o			jʊŋ	ʊŋ			jʊʔ	ʊʔ	
5	ɜ	jɜ			əɲ		wəɲ		əʔ		wəʔ	
6	ᴇ	jᴇ	wᴇ									
7	ɔ	jɔ			ɑ̃/ɑŋ	jɑ̃	wɑ̃					
8	a	ja	wa		ā/aŋ	jā	wā		aʔ	jaʔ	waʔ	
9	ɿ	ʅ	əl		m̩	ŋ̩	n̩					

上海话有五个声调,见下表。上海话有声域区别,一个容纳阴声调的普通中域,一个容纳阳声调的弛声低域,调值因而就放在两行里。中域中的调值从[2]度到[5]度,低域中的调值从[1]度到[4]度。

表 6. 上海话 5 个声调

	平	去	入
中域/阴	52	34	<u>44</u>
低域/阳		14	<u>13</u>

上海话的音节结构见下图 4,跟北京话相比有些不同。首先,上海话中,声域 Rg 这个层级是必要的,一个音节要么属于中域,要么属于低域。声域由发声态定义,低域是弛声态,中域是普通清声态。其次,上海话整音节(S)下两分为必要的声母(O)和必要的韵母(F),见图 4 左。换句话说,上海话中的介音

不独立于声母和韵体之外，而是和韵体一起构成韵母。这也是一种底伏式（by default）处理，汉语方言中如果没有其他理由，就先声、韵母两分，韵母中再分介音和韵体。如果有证据表明上海话像北京话一样，介音也是游移于声母和韵体之间，那么也应处理为如图 4 右那样，整音节直接三分，介音为独立而可省。韵体永远是必要的。声调同样连接于韵体。声调连接调素，即音高调值。这有两种表达法：(1)如果进行跨方言或历时比较，应该用四度数字表达，中域中的四度数字是从［2］到［5］；(2)如果单单处理本音系，为了简明目的，也可只用“h”“l”两个符号就够了。在上海话中，声调信息是由声域和调素共同表达的。声调也是可省的，在非第五声开头的两/多字组中，非首字都是无声调的。跟北京话相比，上海话中没有韵腹（前核）复元音，只有韵体（后核）复元音，也就是有作为介音的前滑音，但没有作为韵尾的后滑音。上海话还有个特征，那就是音节有长短之别，入声是短音节，在图 4 中用调值下加线方式表达。

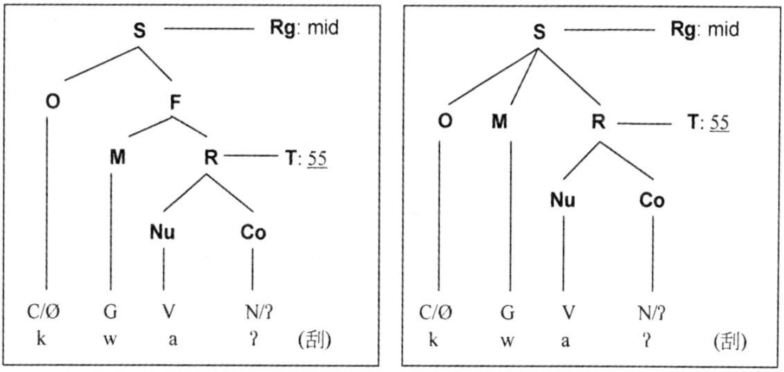

图 4. 上海话音节结构

13. 广州粤语音节结构

下面以广州话为例来讨论粤语的音节。广州话有 20 个声母,见表 7。齿龈声母 ts, ts^h, s 有一套龈后音声母变体 tʃ, $tʃ^h$, ʃ,前者出现于展唇元音前,后者圆唇元音前。前面北京话和上海话的韵母排列都是按"韵尾—介音",但广州话韵母只需按韵尾排列,这是因为广州话没有介音。从语音学上来看,广州话有 wo 一类的复元音,所以它有一个 w 滑音。但在音系学上,滑音 w 分布范围极窄,只出现于 k 和 k^h 后面,所以把它处理为声母的一部分,与 k, k^h 组成软腭圆唇声母。把语音学中的滑音 w,音系学中处理为声母的一部分,而不是介音,只是增加了两个声母 k^w 和 k^{hw},但取消了整个介音这一块,音节结构简化了,所以得足以偿失。

表 7. 广州话 20 个声母

	唇	齿	龈(后)	软腭	软腭圆唇	零
塞	p p^h	t t^h	ts/tʃ ts^h/$tʃ^h$	k k^h	k^w k^{hw}	Ø
鼻	m	n		ŋ		
擦	f		s/ʃ	x		
近		l	j		w	

广州粤语有 7 个单韵母,10 个复韵母,19 个鼻韵母(包括 2 个自成音节的),17 个入声韵母。一共 53 个韵母。

表 8. 广州话 53 个韵母(＝韵体)

	无韵尾	滑音韵尾		鼻韵尾			塞韵尾		
	-Ø	-j/ɥ	-w	-m	-n	-ŋ	-p	-t	-k
1	i		iw	im	in	iŋ	ip	it	ik
2	y				yn			yt	
3	u	uj			un	uŋ		ut	uk
4	ɛ	ɛj				ɛŋ			ɛk
5	œ	œɥ			œn	œŋ		œt	œk
6	ɔ	ɔj	ow		ɔn	ɔŋ		ɔt	ɔk
7		ɐj	ɐw	ɐm	ɐn	ɐŋ	ɐp	ɐt	ɐk
8	a	aːj	aːw	aːm	aːn	aːŋ	aːp	aːt	aːk
9				m̩		ŋ̩			

广州话传统上被认为有九个声调,见下表。广州话和北京话一样,无声域区别,即只有一个中域,所以调值从[2]度到[5]度,放在同一行里。

表 9. 广州话九个声调

阴平	阳平	阴上	阳上	阴去	阳去	上阴入	下阴入	阳入
55/53	22	35	24	44	33	$\underline{55}$	$\underline{33}$	$\underline{22}$

粤语的音节结构与大部分汉语方言有些不同。图 5 显示了广州话的音节结构,它有些地方像北京话,比如没有声域层。有些地方像上海话,也有入声音节。还有自己的特点,如没有介音,声母可以分叉。这一点上,粤语和汉语的其他方言很不一样,而跟英语的音节结构类似,见图 6。

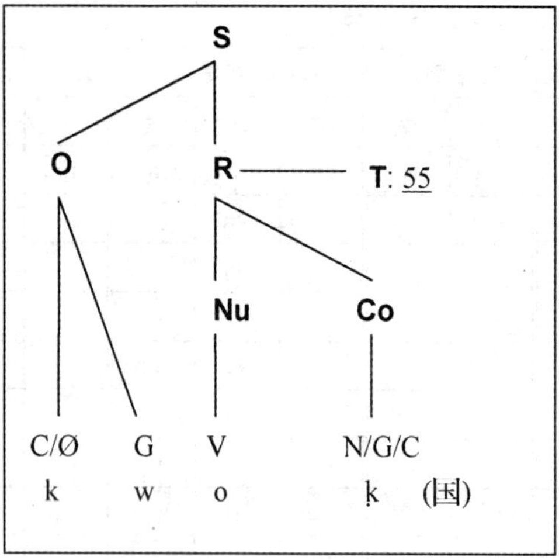

图 5. 广州话音节结构

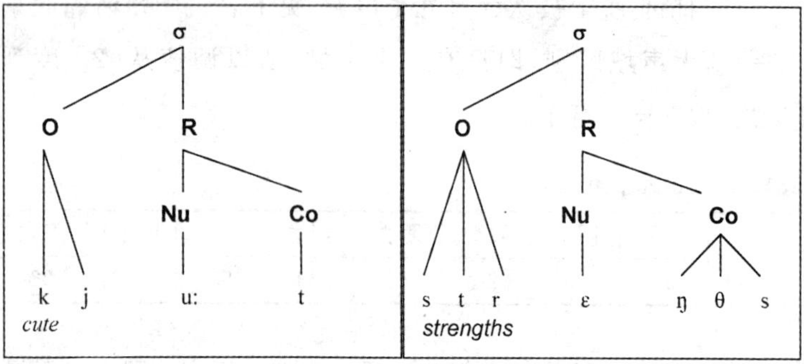

图 6. 英语的音节结构

英语音节中也没有介音这一成分，声母（O）可以分叉，近音 j 和辅音 k 构成复声母（图 6 左），和复辅音 str 构成复声母（图 6 右）同样处理。汉语中现知只有粤语可以这样处理，这是因为广州话里辅音声母后的滑音只有一个 w，而且只跟软腭辅音相配，这样处理的结果是声母、韵母数目减少，同时声韵母搭配关系也简单了。但如果北京话、上海话也这么处理的话(实际上有人这样做)，那么韵母数虽会减少，但声母数则要增加，总数加多不算，搭配关系显得杂乱无章。结果不但不像做过音系学处理，反而更添乱了，无法按四呼关系来系统列表，只能乱糟糟地一堆了之(朱晓农 2005)。

14. 厦门闽语音节结构

闽南话的声母系统可能是汉语方言中最简单的，厦门话连零声母在内，只有 17 个声母，见表 10。甚至还可以精简：m∶b，n∶l，ŋ/g 之间两两互补。在鼻化韵母前为鼻音声母如 m，非鼻化韵前是爆发音声母如 b。双唇浊爆音 b 还有鼻冠音 ^{m}b 变体，表明了闽南话中的一个音变链：m>^{m}b>b。齿龈部位的浊爆音“d”是个类似于“l”的音，或者说游移于 d～l 之间的音（罗常培 1930，朱晓农 1987)，并有鼻冠音 ^{n}d 变体，这是在一个音变链(n>^{n}d/l>d)上的游移过程(朱晓农、寸熙 2006)。厦门音系学中可以也应该把这个声母处理为 /d/，以显示辅音的系统性。

表 10. 厦门话 17 个声母

	唇	齿		软腭	喉
塞音	p p^h b	t t^h d/l	ts ts^h	k k^h g	Ø
擦音			s		h
鼻音	m	n		ŋ	

与声母系统相反，闽南话的韵母系统则是汉语方言中最为复杂的，汕头话竟有 91 个韵母。厦门话少点，也有 82 个韵母，见表 11。

表 11. 厦门话 82 个韵母

	开音节韵尾 18＋10				喉塞音韵尾 18＋8				鼻音韵尾 15			唯闭音韵尾 13		
	无韵尾		滑音尾		单喉塞尾		滑音＋喉塞		-m	-n	-ŋ	-p	-t	-k
	口	鼻	口	鼻	口	鼻	口	鼻						
	1	2	3	4	5	6	7	8	9	10	11	12	13	14
1	i	ĩ			iʔ	ĩʔ			im	in	iŋ	ip	it	ik
2	u				uʔ					un			ut	
3	e	ẽ			eʔ	ẽʔ								
4	o				oʔ									
5	ɔ	ɔ̃			ɔʔ	ɔ̃ʔ					ɔŋ			ɔk
6	a	ã	aw	ãw	aʔ	ãʔ	awʔ	ãwʔ	am	an	aŋ	ap	at	ak
7			aj	ãj										
8	ju	jũ			juʔ									
9	jo				joʔ						jɔŋ			jɔk
10	ja	jã	jaw	jãw	jaʔ	jãʔ	jawʔ	jãwʔ	jam	jan	jaŋ	jap	jat	jak
11	wi	wĩ			wiʔ									
12	we				weʔ	wẽʔ								
13	wa	wã	waj	wãj	waʔ		wajʔ	wãjʔ		wan			wat	
14							m̩ʔ	n̩ʔ	m̩		ŋ̍			

表 11 中竖列是元音的种类，厦门话单元音不多，只有六个：i，u，e，o，ɔ，a。加上两个前滑音的搭配，也只有 12 种结合，比上海话单元音数都少。再加一行孤儿第 7 行（aj）。第 14 行是鼻音自成音节，另算。介音分类也在竖列里，无介音的在前 7 行，接着 3 行是带 j 介音的，再 3 行 w 介音。表中韵母也是按韵

尾先分类。只是它的韵母类太复杂，分起类来有多种可能。如果分两大类，那么是：开音尾（非辅音韵尾）和辅音韵尾。如果分四类，那么是：开音尾、喉塞音韵尾、鼻音韵尾、塞音韵尾。如果分六类，则是：无韵尾、滑音尾、单喉塞尾、复合韵尾（滑音＋喉塞尾）、鼻音尾、塞音尾。如果再按口元音和鼻元音之分，韵母共有10类，不计介音，也不计鼻韵尾（m，n，ŋ）和塞音尾（p，t，k）的下位小类，否则是14类。用符号来表示，厦门话的10类韵母组合如下：

(1) 竖栏1无韵尾纯元音，可有介音：(G)V (G→j，w)

(2) 竖栏2无韵尾鼻化元音，可有介音：(G)Ṽ

(3) 竖栏3滑音尾纯元音，可有介音：(G)VG

(4) 竖栏4滑音尾鼻化元音，可有介音：(G)ṼG

(5) 竖栏5单喉塞韵尾纯元音，可有介音：(G)Vʔ

(6) 竖栏6单喉塞韵尾鼻化元音，可有介音：(G)Ṽʔ

(7) 竖栏7滑音加喉塞双重韵尾纯元音，可有介音：(G)VGʔ

(8) 竖栏8滑音加喉塞双重韵尾鼻化元音，可有介音：(G)ṼGʔ

(9) 竖栏9～11鼻音韵尾，可有介音：(G)N (N→m，n，ŋ)

(10) 竖栏12～14唯闭音韵尾，可有介音：(G)C (C→p，t，k)

厦门话有7个声调，见表12。

表12. 厦门话7个声调

阴平	阳平	阴上	阴去	阳去	阴入	阳入
55	35	53	32	33	<u>32</u>	<u>44</u>

图 7 中是厦门闽南话的音节结构。按底伏式处理，声调附丽于韵体，介音归韵母。厦门话音节的一大特点是，韵尾可以分叉(类似于英语，见图 6 右)，同时连接一个滑音和一个喉塞音(Gʔ)，见图 7 右。如果不分叉，则可由滑音或鼻音或无声塞音填入(左小图)。

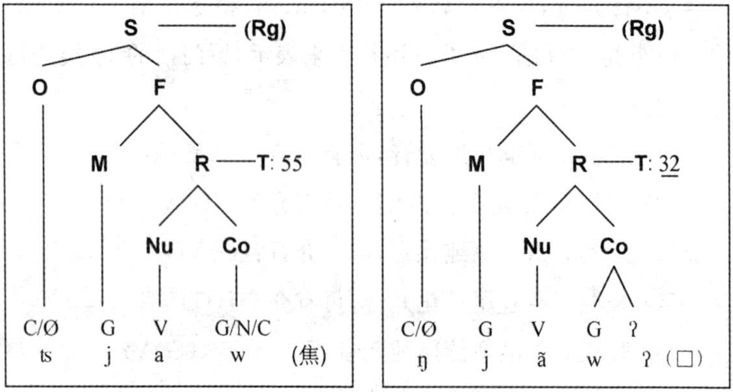

图 7. 厦门闽南话音节结构。右小图中 ŋjāwʔ 有音有义无字，用"□"代替，义为"死(委婉语)"。

厦门话中有带声塞音，按说应该像吴语一样，也有声域 Rg 的对立。但由于厦门话的带塞音是晚近发展出来的，还未完全定型，依然和鼻冠音自由交替。而鼻冠音是可以发得和清声母一样高的，所以，是否要区别高低两个声域未有定论。图 7 左小图中把声域 Rg 放在括号内。

15. 结语

一个世纪来，音系学在西方语言学中发展得蓬蓬勃勃，还时不时地做回“带头大哥”。但在中国语言学中却是冷冷清清，说它不绝如缕就算是称赞了。不是努力的程度不够，也不是努力的人水平不行，关键在于从前期的音位到后期的区别特征，这样的追求最小分析单位的分析方向好像是用物理方法来研究化学、从生理角度来观察社会组织。用力越勤，离初衷也越远。

本文的目的是论证音系学的基本单位不是最小分析单位，而是结构单位：音节。音系学必须确立音节的核心地位，并据此重新定义音系学。这样做引出两项积极的结果。第一是可以还我们传统等韵学以来的共时音韵研究一个合法正宗的地位，要不在最小切分单位的音系学面前，老觉得自己不像音系学。照我现在的看法，西方 100 年来的共时音系学，一开始就没选对类似社会学和化学的方向。我自己从音位、区别特征、规则、非线性、表达式、优选，一路跟了 30 年，才到达 1000 年前的等韵门法——以音节为核心单位。这就引出了第二项结果，就此可以实现一般音系学中从特鲁别茨高伊以来的一个世纪理想：让音系学独立于语音学而自主。

参考文献

罗常培 1930.《厦门音系》. 史语所单刊甲种之四.

王洪君 1995. 普通话韵母的分类.《语文建设》1：3—5.

王洪君 2005.《汉语非线性音系学》第 2 版. 北京:北京大学出版社.

赵元任 1934. The non-uniqueness of phonemic solutions of phonetic systems.《史语所集刊》四本四分.

赵元任 1980.《语言问题》. 北京:商务印书馆.

朱晓农 1987. 音标选用和术语定义的变通性.《语文导报》3：55—58.

朱晓农 2005.《上海声调实验录》. 上海:上海教育出版社.

朱晓农 2006.《音韵研究》. 北京：商务印书馆.

朱晓农、寸 熙 2006. 清浊音变圈.《民族语文》3：3—13.

Anderson, Stephen R. 1981. Why phonology isn't "natural". *Linguistic Inquiry* 12:4, 493—539.

Chao, Yuen Ren 1968. *A Grammar of Spoken Chinese*. Berkeley: University of California Press.

Chomsky, Norm and Morris Halle 1968. *The Sound Pattern of English*. New York: Harper & Row.

Duanmu, San 2009. *Syllable Structure*. Oxford University Press.

Foley, James 1977. *Foundation of Theoretical Phonology*. Cambridge University Press.

Gelb, Ignace J. 1952. *A Study of Writing*. London: Routledge and Kegan Paul.

Handbook of the International Phonetic Association: A guide to the use of the International Phonetic Alphabet. Cambridge University Press, 1999.

Hartman, Lawton M. III 1944. The segmental phonemes of the Peiping dialect. *Language* 20. 28—42.

Hockett, Charles F. 1947. Peiping Phonology *Journal of the American Oriental Society* 67. 253—267.

Jones, Daniel 1960. *An Outline of English Phonetics*, 9th edition. Cambridge: W. Heffer.

Joos, Martin (ed) 1957. *Reading in Linguistic: the development of descriptive linguistic in America 1925—1956*.

Ladefoged, Peter 2001. *Vowels and Consonants*. Blackwell.

Ladefoged, Peter & Ian Maddieson 1996. *The Sounds of the World's Languages*. Oxford: Blackwell.

Laver, John 1994. *Principles of Phonetics*. Cambridge University Press.

Leben, William 1973. *Suprasegmental phonology*. Canbridge, Mass.: MIT Ph. D. dissertation.

Ohala, John 1990. There is no interface between phonology and phonetics: a personal view. *Journal of Phonetics* 18, 153—171.

Petersen, Holger 1931 *Linguistic Science in the Nineteenth Century*, translated by J. W. Spargo. Cambridge: Harvard University Press.

Shen, Jiaxuan 1993. Slips of the tongue and the syllable structure. In Yau, Shun-chiu (ed) *Essays on the Chinese Language*, Editions Language Croises.

Sommerstein, Allan H. 1977. *Modern phonology*. Baltimore: University Park Press.

（原载《东方语言学》第 4 辑，2008。原题为《音节和音节学》）

为音节学服务的语音学*

——赖福吉《语音学教程》中译本代序

彼得·赖福吉(Peter Ladefoged, 1925—2006),辞世不久的美国语音学家,说他是近半个世纪来贡献最大的语音学家,恐不为过。他在语音学多个领域做过工作(可参看列于文末的所著书目),很多是开创性的,其中最为重要的贡献大概有四个方面:

1. 发现了很多罕见的音。例如,由于他的工作,我们知道在非洲南部 Kalahari 沙漠,很多语言中有嗍音(click),又如他录到印度的 Toda 语中有六种用舌尖发出的颤音。

2. 提倡"语言学的语音学"(linguistic phonetics)。语音学在最近 30 年中变得很大,各行各业大批非语言学家都参与进来,发展出很多很多的分支。电脑、通讯行业的大公司都有自己的语音实验室。大型的言语科学技术会议,与会者上千,百分之九十多跟语言学无关。有鉴于此,赖福吉提出"语言学的语音

---

* 香港研资局竞标专项拨款(HKUST 644509)和香港科技大学 DAG(S08/09. HSS07)资助项目。赖福吉(Peter Ladefoged)的《语音学教程》(*A Course in Phonetics*)由张维佳教授译为中文,北京大学出版社出版。

学”的概念，以区别于其他语音学。他把跟语言学有关的语音问题作为自己的研究对象，它既是实验语音学的一部分，也是语言学的组成部分。赖福吉把它叫作“语言学的语音学”，是很有必要的，因为他只占大语音学中一小部分，如果没有个独特身份，马上就会被淹没(朱晓农 2005)。另一方面，在语言学内赖福吉又努力建立音系学框架(多个特征树)以容纳各种语音，成功度超过理论音系学中各色特征刻画的理论。

3. 在发声态研究的历程中有一座属于赖福吉的里程碑。发声态的生理、声学性质在拉佛的《声质的语音描写》①(Laver 1980)一书已有很系统的描写，但他们在语言学语音学中的作用则是由赖福吉和麦迪森在《世界语音》(1996)一书中加以总结的。该书按声门开闭程度辨认出五种声带振动的发声态，加上声带不振动的三种，一共八种。这是从语言学语音学角度对发声态进行分类的第一次尝试，尽管存在三点有待改进之处。一是不充分，它没能涵括所有具有语言学功能的发声态。我们现在知道，这样的发声态一共有六类十三种。二是把发声态性质归于辅音②。其实，发声态是音节的属性，只不过它的声学、生理特征有时在声母上、有时在韵母上表现得更多点。第三则是系统上的问题，还没能把发声态有机地编织进整个语言学语音

① 拉佛在此书中提出了一个生理学的发声态系统，他在后来出的《语音学原理》(Laver 1994)中稍有改进。

② 他们的意思实际上是指声母或处于声母地位的辅音，但由于西方的音系学是以语音学为切入口，并以语音学概念为其基本范畴，所以常常说得不到位，可参看朱晓农(2008)。

学的理论框架。这些问题近年来我已加以完整论述(朱晓农 2008, 2009, 2009a,2010),后文有个简单的交代。

4. 为语音学的推广做出没人能比的贡献,这包括:(1)把语音学从英国带到美国;(2)带出 20 个博士生,包括奥哈拉(John Ohala)、麦迪森(Ian Maddieson)这样的一流语音学家;(3)写出了这本最通行的语音学课本。

赖福吉 1925 年生于伦敦附近,二战中服过兵役。战后进入苏格兰的爱丁堡大学,本来想学文学,但马上迷上了语音学。他的语音学老师是艾贝克隆比(David Abercrombie),后者则是二十世纪前半期最出名的语音学家丹尼尔·琼斯(Daniel Jones)的学生。赖福吉取得博士学位(1959)后到尼日利亚工作过,这成就了他后来的成名之作《西非语言的语音研究》(*A Phonetic Study of West African Languages*, 1964)。1962 年他去了美国,在洛杉矶加州大学教了近 30 年书,直到退休。其间有段为好莱坞工作的小插曲,那是为电影《窈窕淑女》做语言学顾问。导演让他教男主角哈里森(Rex Harrison)如何表演得像个语音学家(哈里森后来赢得了奥斯卡奖)。哈里森举手投足伺候那些仪器倒是像模像样,不过发音可不是一日之功①,结果还得赖福吉操刀,电影里听到的那些元音是他发的。

赖福吉最感兴趣的是到处去听音记音,这是琼斯以来的语

① 你只要听听侯宝林的演员学方言,再比比赵元任那乱真的学方言就可明白。

音学传统[1](咱们的语音学从刘半农、赵元任以来延续的也是这个好传统)。他的田野足迹遍及全球。尼日利亚、加纳、博茨瓦纳、乌干达、坦桑尼亚、塞拉里昂、塞内加尔、印度、也门、尼泊尔、泰国、中国、韩国、阿留申群岛、墨西哥、巴西、苏格兰、巴布亚新几内亚、澳大利亚等等,他都到过。很多录音材料至今还是有关语言唯一的音响资料。他大约辨认过900种不同的辅音和200种元音。所有这些研究支撑起了他那本《世界语音》的大书。他的田野兴趣维持到生命的最后一刻。2006年1月,赖福吉在印度做完田野调查,坐飞机回到伦敦,在希思罗机场感到心脏不适,送到医院心脏病发作而去世。

赖福吉的这种田野热情一方面是他的兴趣,另一方面也不排除他的社会责任心。由于全球化浪潮,大部分小语种/方言在加速消亡,赖福吉感到语言学家有责任把他们记录下来。顺便说一下,我的老师迪克森(Bob Dixon)也在不断呼吁,认为当代语言学家的首要任务就是记录濒危语言。对于语言消亡,赖福吉的态度积极而有益。他认为语言学家的任务就是去把他们录下来,但不必努力去拯救。人为保护小语种/方言会削弱国家统一,助长地方主义,并消耗本可用于发展的珍贵资源。

语音学一向是门口耳之学,尤其是在结构主义有影响的年

① 琼斯本人在1910年代就记录描写过粤语的声调,并把粤语的调类定为六类,把入声看作相似舒声调的变体,恰似西方语言中的长短元音对立。后来赵元任在教美国人学粤语的实用教材《粤语入门》(*Cantonese Primer*, 1948)中也采用此分类法。这种以西方人的现有知识(长短元音)出发来帮助他们理解、学习汉语声调的应用语言学的实用策略无可厚非。但可惜是后来影响到海外的粤语研究,很多理论研究者(不是应用教学者)也张口闭口粤语六个调类,这就显得怪怪的了。

代，语音实验被视为异类，很受抵制。但赖福吉不是单用口耳纸笔，他在使用现代技术方面也是个领先者。他最早的"便携式"田野语音实验室是个100磅的大包裹，重是重，但比耳朵管用多了，因为语音学从此可以数量化了。而能否量化是从印象式的文科研究向客观的科学研究跨出的关键一步。我十多年前的学位论文 *Shanghai Tonetics*（1995）扉页上引了开尔文勋爵的如下一段话，没承想赖福吉晚年收山之作《语音数据分析》（2003）的题记所引也是同一段话：

> 我常说，如果你能把你所讨论的事物加以测量，并用数字表达，你就对它有所了解了。如果你无法把考察对象量化，那么你对它的知识就很肤浅，实在难以令人满意。

引完这段话，我是一脸严肃加引了统计学家法兰克（Harry Frank）的进一步说明：

> 当然，即使是开尔文勋爵也不会说科学知识直接来自测量。建立并证实科学假说的关键在于把测量值进行比较。

而赖福吉则是加引了他太太的一撇嘴作为自嘲：

> 数字不过是科学家的防护罩。

回到《语音学教程》，本书1975年初版，之后于1982年再版。我就是读这头两版长大的，我是说我的语音学生命。后来1996、2002、2005又出了三版、四版、五版。这后三版就没那么仔细读了。最近十多年来，他很高产，接连出了《世界语音》（*The Sounds of the World's Languages*，和麦迪森合作，1996），《元音和辅音》（2003），《语音数据分析：介绍田野工作和仪器技术》(2003),每出一本,我就捧读一本。尤其是那本《世界语音》,可以说是赖福吉田野语音学和实验室语音学毕生发现的总结。前些年我走到哪儿,总是随身带着,也不管它有多厚多重。

《语音学教程》是本流传数十年、美国以外也通行的课本,凝聚了赖福吉的教学心得。也就是因为这是一本教材,所以有些话儿要对读者提醒一下。作为一本课本,书中很多概念的理论探讨,甚至基本概念的定义都省略了。比如"元音",就没给出内涵定义,而是列举一些实例,让读者自己去理解并类推。这种删繁就简的驾驭功夫对教学有实效,否则,陷于一些前沿探讨会让初学者无所适从。除了教材内容通俗易懂,它还附有光盘,有什么困惑可以听听语音实例。语音学的起点和终点是"口耳之学",除了"耳听",还要"口说",所以书中花了相当篇幅教学生如何发音。这是国内教材所缺乏的。说到具体教学如何进行发音练习,还有一本书可以推荐。卡福有本很管用的《实用语音学教材》(Catford 1988),对于哪怕自学发音都极有帮助。

还有一点中国读者不可不知的是,这是一本主要为英语读者,或者学英语的读者写的语音书课本。因此,英语语音占了很大的分量。他先专章(第 3、4、5 章)讨论英语的辅音、元音、词句。然后引入到一般性辅音问题,调音部位和调音方式(第 7 章)、元音和类元音(第 9 章)。不但占的比重大,而且行文举例大多以英语为准。举例不用说了,好在读者对英文也不陌生。行文说理时的口气不可不在此说明一下。举个例子,他在谈到清音(发音时声带不振动的清声的音素)和带音(声带常态振动的带声的音)区别时(英文版第 3 页)说:"两者的差别在区分语音时常常是很重要的。”他用的是一种一般性的评论口气，好像对所有语音而言都是如此。其实不然。清声和带声的区别固然对大约一半多(据麦迪森的估计有三分之二，但大概没那么高，因为他把很多属于弛声的语言统计为带声了)的语言来说是很重要的，但还有不到一半的语言中并没有这样的区别。讲得具体点，对于英语、法语等欧洲语言，还有亚洲北部的阿尔泰语言来说，清音和带音有对立；但对于亚洲南部的语言，例如成百上千的汉语方言来说，绝大多数都没有清带之间的对立(除了一些闽南湘南赣北方言、个别江淮官话，如六安)；起区别作用的是另外两种情况：一是清声(不送气)和清送(气)这两种发声态之间的区别，二是清声和弛声之间的区别。书中这种叙述或评论口气多不胜数，校读时本想加上一个“英语”作为定语。但后来一想，不如在序言里总的交代一句，原文就保留不动了。读者只要明白此书是以英语语音为出发点，并以英语读者为主要教学对象就可以了。

本书与其他语音学教材相比，加了点元辅音的基本声学知识(第 8 章)，对一些常见语图做了清晰的讲解。例如 i 和 a 的在语图上的共振峰结构有什么差别，还有 u 呢，清辅音和带声辅音的语图表现各是什么样的，等等，读者学完后，会对声学语音学有个基本了解。

本书的一个重要部分是第 6 章，介绍气流机制和发声态，这也是其他语音学教材很少涉及的内容。气流机制指的是辅音中有一小类，包括阴音、内爆音、喷音，发音时与一般辅音(还有元音)不同，气流动力不是由肺部提供的，所以叫“非肺部气流音”。

这类音是十几年前才新辟的一张小表,国际语音学界对此还刚有认识。其实,内爆音和喷音是一种“类发声”,属于广义的“发声活动”,要和发声态等放在一起才对。本书发声态谈是谈了,但很简单,主要介绍一个“声带起振时”VOT 概念。这个概念最初发现时(Lisker & Abramson 1964),很有一番雄心,以为可以用此一个参数来刻画全世界语言的所有爆发音。不过好景不长,很快就有很多懂得亚洲语言的语音学家对此有所保留。记得我的同学同行兼同乡沈钟伟君好多年前就跟我抱怨这个概念的简陋。现在我们知道(朱晓农 2008,2009,2009a),(1)“起振时”刻画的带声、清声、清送(气)是发声态概念,而不是音段概念。例如,p 和 b 这两个音标所表示的实际上是两种不同的发声态,而不是两个不同的音段。(2)发声态是音节的属性,而不是单属辅音或元音的,尽管有的发声态的声学性质(生理性质并不一定)更多地表现在声母(不是辅音)上,有的更多地在韵母(不是元音)上。(3)“起振时”只能刻画三种发声态,而音节学中的发声态有六大类十二种(见后)。(4)具体来说,起振时只能描写清声(不送气),清送(气),(不送气)带声三种,连浊送气(属于弛声类)都无法描写。过去以为用清声带声、送气不送气可以构成两两平行的四类,足够描写所有语言的爆发音。有的研究者读了本书或与本书相类的语音学著作,就据此来为三四百种汉藏语爆发音分类,并概括出一系列成问题的类型学规则。其实,“清浊”这对音系学或音韵学的类名,在欧洲语音中是清声和带声的区别,而在汉语上千种方言里,在苗瑶语、南亚语,还有些藏缅语和南岛语中,还有在古汉语中,它的语音学含义是清声和弛声。也就是说,音系学和音韵学上“清浊”的对立，其语音学实现不止一种。

本书还简单介绍了哞/气声、嘎裂声，但不成系统。这也难怪，因为发声态不是英语的要点。欧洲语言，还有阿尔泰、非—亚语言（Afro-Asiatic）中，一般只有清声（voiceless）、常态带声（modal voice）这些清冽嗓音（clear voice），没有僵声类（包括嘎裂声）、弛声类（包括气声）、假声这些个非清冽嗓音。有也不起作用。不但不起，甚至还会被当成不健康嗓音，需要送到病理语音学家（pathological phonetics）那儿去接受康复治疗（speech therapy）。所以本书一开头（英文版第1页）就说：“有很多种不同的语音学家。有的对语言中使用的语音感兴趣。还有的更关心病理语音。”在谈到“声门状态”时（英文版143页）说：“迄今为止我们只谈了清声和带声，可是声门状态可以呈现多种形式。有些声门状态对描写其他语言和病理嗓音很重要。”这“其他语言”是指亚洲南部和非洲中部气候较热的地区的语言，而如果在欧洲、阿尔泰等较冷地区的语言中发现这些声门状态，那就是“病理嗓音”了。因此，本书不谈这些也能理解。不过，这些非清冽嗓音发声态在南部亚洲和中部非洲是常态发音手段，因此，一部完整的语音学教材应该包括这方面的系统内容，尤其对于亚洲读者来说更是如此。另外还有一个极为重要的语言参数，在本书中也是蜻蜓点水，一带而过。那就是声调。声调与发声态相关，但在整个发声活动中是个独立的参数，所以本书对此忽略就不奇怪了，因为发声活动（包括声调）对欧洲语言不重要，所以成了本书的缺门。但是声调却是亚洲南部和非洲中部数千种语言中不可或缺的一个组成部分，所以如果你要学习汉语语音学、汉藏语语音学、完整的世界语音学，本书就无法提供一个完备答案了。有关“发声活动”，包括发声态、声调、内爆音等，现在已经有了完备的系统构建，可参考我的《语音学》(2010)，下文有简单介绍。

本书最后一章中归结到“语言(学的)语音学”，的确体现了赖福吉的语音学。语音学尽管出身于语言学，但现在膨胀得可以，大大超出语言学的范围。事实上，90% 的语音学家所做的工作与语言学无关。赖福吉认为“语音描写必须与音系学相关”[①]。所谓“语言语音学”，就是用实验语音学的手段来回答解答甚至提出语言学中的问题，实现赵元任时代还不可能的梦想[②](朱晓农 2005)。

在这最后一章中，赖福吉从音系学角度来组织安排各种语音因素。可惜总体而言不算成功。他画了好多个图表，尽管对音段的刻画细致入微，但总体框架，如果算有的话，零乱而枝蔓，难怪音系学家们不得要领。一个很关键的因素在于，现有的语音学和音系学把语音要素分为两大范畴：音段和超音段(图 1A)。赖福吉做了调整，他把发音三过程“气流启动”“喉部发声”“喉上声道(口鼻)调音”都归结到“音段”下(图 1B)。

---

① 原文为 The phonetic description of a language must be related to the phonology(*Features and parameters for different purposes*, LSA paper，引自赖福吉的网页)。更令人动容的是，他临终前正在撰写的一部手稿就是关于如何表达语言语音学结构：*Representing linguistic phonetic structure*。

② 赵元任在《语言问题》(1959/1980：175)中说：“实验语音学也可以算是比较边缘性的……因为实验语音学从很早起头，一直到最近啊，它能够做的好些事情都比语言学里头所希望做得到的还差得很远。虽然有许多很精密的实验工作，可是研究语言所需要知道的好些方面，是不能够用实验来满足这许多要求，答复这许多问题的。因此有许多语言学家，根本不拿实验语音学认为是语言学的一部分。”

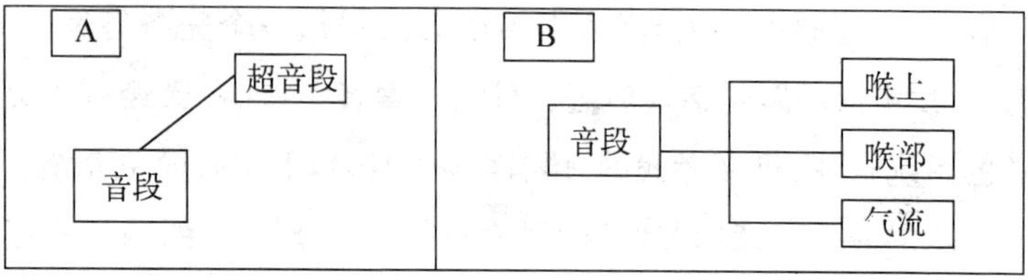

图 1.

这样的格局对于欧洲语言、阿尔泰语言、阿拉伯语言这些个以口鼻调音结果——音段——为主的语言来说是一种“因地制宜”“便宜行事”，但如果把研究对象扩大到全世界语言，就会发现亚洲南部、非洲中部的语言是口鼻调音和喉部发声并重的类型。因此，语音要素或发音过程的基本范畴应调整为调音活动和发声活动。调音活动产生音段，即各类元辅音，这是历来的研究对象。发声活动分为四类：发声态、次发声态、超发声态、类发声，这在传统的语音学中基本上是个空门。发声态在音节学（语言语音学中的一个分支）中分为六类十二种（图 2）。这六类发声态可以定义三个声域（图 3），而这三个声域又提供了刻画描写所有声调系统的基本框架“分域四度制”（图 4）。

<table>
<tr><th>声域</th><th>听感</th><th>发声态</th><th>次发声态</th><th colspan="3">超发声态</th><th colspan="2">类发声</th></tr>
<tr><td>高域</td><td>非浉嗓</td><td>I. 假声</td><td>(1)假声</td><td rowspan="3">声</td><td rowspan="3">重</td><td rowspan="3">长</td><td rowspan="3">内
爆</td><td rowspan="3">喷</td></tr>
<tr><td>高/中</td><td>浉嗓</td><td>II. 张声类</td><td>(2)前喉塞
(3)喉塞尾</td></tr>
<tr><td>中域</td><td>浉嗓</td><td>III. 清声类</td><td>(4)不送气
(5)送气</td></tr>
</table>

（续表）

中/低	非洌嗓	IV. 僵声类	(6)喉堵态 (7)嘎裂声 (8)弱僵声	调	音	短	音	音
低域	洌嗓	V. 常态带声	(9)带声					
低域	非洌嗓	VI. 浊声类	(10)浊送气 (11)弛声 (12)弱弛					

图 2. 喉头发声活动总览

原有的发音三过程中的头一个大项“气流启动”在我们的系统中取消了。三种特殊气流机制的音中的两类（内爆音和喷音）归入“类发声”，剩下的一类（搠音）附寄于调音。元音描写本身很简单，但它的附加特征就不简单了。现有的四种次级特征（鼻化、咽化[-舌根前伸]、日化、长短），既不够（缺少擦化、舌尖化、嘎裂化、弛化、假声化等），更缺乏系统。现在有了“调音～发声”两大分野，就可把元音的分类系统化了（朱晓农 2010）。

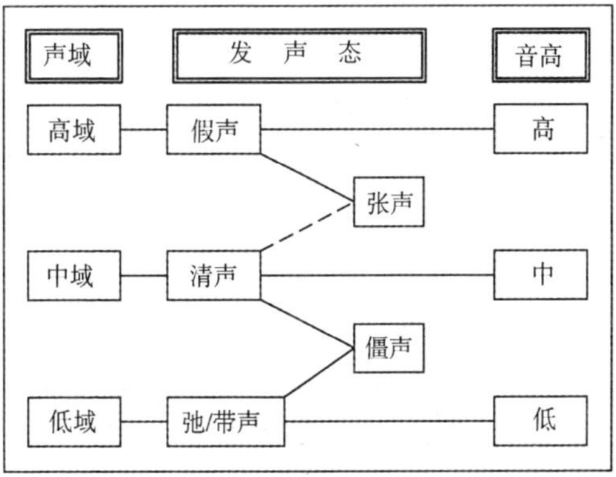

图 3. 六类发声态定义“高、中、低”三个声域

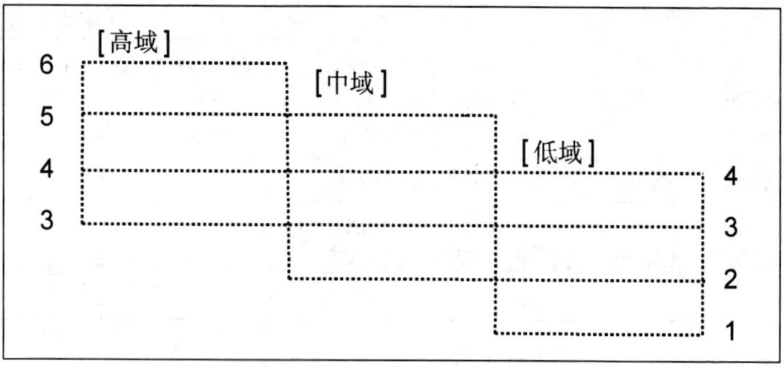

图 4. 三域六度的声调描写框架

更进一步，所有这些音段和发声可以也应该被组织进音系学的基本单位“音节”中，见下：

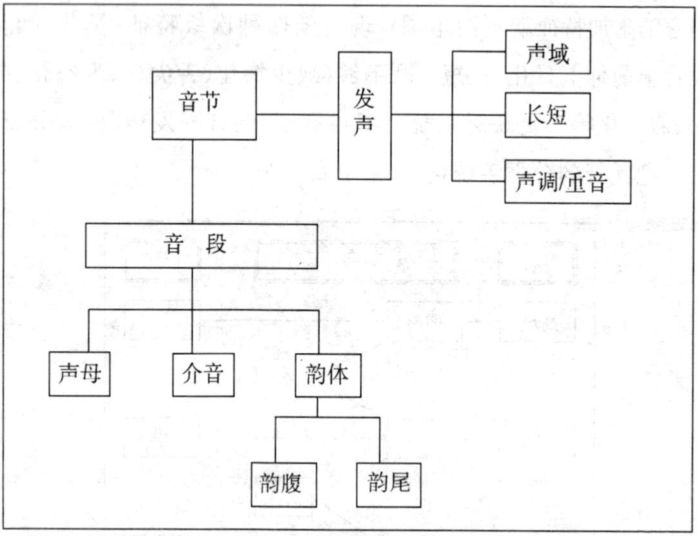

图 5. 音节结构：语音的组织

一百年来音系学一直试图脱离语音学而自主独立，可惜始终不成气候。原因在于它缺少自己的基本单位。从音位到区别特征，都追随语音学的进展并依靠语音学来定义。当音素是语音学基本单位时，音位是一组无区别功能的音素。而雅各布森他们最初提出十二对区别特征时，用以定义的全部是声学特征。现在我们把音系学的基本单位确认为“音节”，音节学也就是以音节为基本单位的音系学。这样，语音要素（音段和发声）就可系统地安排进音节。语音学既与音系学挂上了钩，音系学却也独立了，这是我在《音节和音节学》(2008)一文中描绘的图景。不过到了《语音学》(2010)中改变了看法，音系学还是不能独立。但这次不是语音学来统辖音系学，而是语言语音学服从于音系学。不信你看赖福吉的新书《元音和辅音》(Ladefoged 2001：26)中，把元音定义为“占据音节核心地位并且没有阻碍的音”。这个观点也反映在《国际语音学会手册》对元音的定义中（*Handbook of IPA* 1999：10）。或者更合适地就用我直截了当的音节学术语（音节成分），说元音是“在音节中作为韵腹并且口腔内没有明显阻碍的音”（朱晓农《语音学》第8章）。作为入门性读物，赖福吉此书没作如此专门性的定义解说，但如果你想进一步深造语音学，这是不可不知的。

本书是五年前张维佳教授访港时我建议他翻译的。他教一门语音学的课，缺乏合适的教材，这本书正好能聊补十之六七。当时约定他译完后我写个序言，幸好他拖了些日子，让我这序言有实质性内容可写，因为在这五年中我系统听过的汉语方言和少数民族语言的语音不下一千种，因而对语音学理论的看法起了根本性的变化。当然维佳的延期不是因为要等我的序言。这本书不好译，即使只是本教材。首先是名词术语问题，我们一直缺乏一个合适的汉译系统。其次是与此有关的概念系统。前面说过了，赖福吉试图调整语音要素的两分框架（音段～超音段），把发音三过程全部受统于"音段"。但这种扭曲的总体框架很难把已知的语音材料安排妥帖。如今维佳费时费力译完全书，我又手头事情忙得放不下，亏得有衣莉博士愿意帮忙，从头到尾校读一遍，大大卸却了我的负担。我最后又把术语全部核对了一遍。由于翻译协译出自多人之手，如果还有语句不够信达、术语未能统一之处，责任在我，请读者不吝赐教。

附：赖福吉著书目录

Ladefoged 1962. *The nature of vowel quality*. Monograph supplement to *Revista do Laboratório de Fonética Experimental da Faculdade de Letras da Universidade de Coimbra*.

Ladefoged 1962. *Elements of acoustic phonetics*. University of Chicago Press.

Ladefoged 1964. *A phonetic study of West African languages*. Cambridge: Cambridge University. Reprinted 1968.

Ladefoged 1967. *Three areas of experimental phonetics*. London: Oxford University Press.

Ladefoged, Peter, Ruth Glick & Clive Criper 1969. *Language in Uganda*. Nairobi: Oxford University Press.

Ladefoged 1971. *Preliminaries to linguistic phonetics*. Chicago: University of Chicago Press.

Ladefoged 1975. *A course in phonetics*. Orlando: Harcourt Brace. 2nd ed 1982, 3rd ed. 1993, 4th ed. 2001, 5th ed. Boston: Thomson/Wadsworth 2006. Japanese translation 2000.

Ladefoged, Peter; Ian Maddieson 1996. *The Sounds of the World's Languages*. Oxford: Blackwell.

Ladefoged 2001. *Vowels and consonants: An introduction to the sounds of languages*. Oxford: Blackwells. 2001, 2nd ed. 2004.

Ladefoged 2003. *Phonetic data analysis: An introduction to instrumental phonetic fieldwork*. Oxford: Blackwells.

Ladefoged 2006. *Interactive CD-ROM for "A Course in Phonetics"*.

Ladefoged (in progress before death). *Representing linguistic phonetic structure*.

参考文献

朱晓农 2005. 实验语音学和汉语语音研究.《南开语言学刊》5: 1—17.

朱晓农 2006.《音韵研究》. 北京: 商务印书馆.

朱晓农 2008. 音节和音节学.《东方语言学》4: 142—164.

朱晓农 2009. 发声态的语言学功能.《语言研究》3:1—19.

朱晓农 2009a. 重塑语音学.《中国语言学集刊》4.1:1—22.

朱晓农 2010.《语音学》. 北京:商务印书馆.

Catford, John C. 1988. *A Practical Introduction to Phonetics*. Oxford: Clearendon.

Handbook of International Phonetic Association 1999.

Laver, John 1980. *The Phonetic Description of Voice Quality*. Cambridge University Press.

Laver, John 1994. *Principles of Phonetics*. Cambridge University Press.

Lisker, Leigh and Arthur S. Abramson 1964. A cross-linguistic study of voicing in initial stops: acoustical measurements. *Word 20:3*, 384—422.

Zhu, Xiaonong 1995/1999. *Shanghai Tonetics*. Muenchen, Germany: Lincom Europa.

（原载《东方语言学》第 7 辑,2009）

术语命名的原则、方法、标准

——中文语音学术语辨析

1. 引言

一门学科的进展，只要看其术语的更替就可大体了解，因为术语的嬗变反映了认识的递进。举个物理学中大家熟悉的例子，“以太”这个术语的流行到废弃，反映了对引力认识的进步。中文语音学术语过去在辅音调(tiáo)音部位、调音方式、气流机制和发声诸多方面，其命名存在着严重问题。最近，语音学会审定了国际音标的中文术语(《方言》2007.1:1)，这是跨出学科建设的关键一步，对于语音学的普及和提高都很有意义。不过我们也要看到，这样的工作不是一蹴而就的，需要持之以恒，每隔若干年进行审定修订，以适应这门发展迅速的学科。下面从命名的一般性大原则谈起，继以语音学内的小方针，并以传统名称(传统名称用下加线并加双引号)如“舌尖音”“挤喉音”“紧喉”等为例来看问题所在，同时提出新术语并说明理由。

2. 命名的实质

命名即掌握：对于具体事物来说，命名意味着占有；对于抽象事物来说，命名意味着认识。比如有个群岛，英国人叫他“福克兰”，阿根廷人叫“马尔维纳斯”。要是英国人也去叫“马尔维纳斯”，那就等于承认了那群岛属于阿根廷。而其他国家是叫“福克兰”，还是叫“马尔维纳斯”，则表明他们是承认英国还是阿根廷对该群岛拥有主权。本文要谈的则是“命名意味着认识”这个问题。举个简单的例子，北京话日母从19世纪末起被命名为“浊擦音”，现在把它重新命名为“近音”，表明认识不同。

“名不正则言不顺”，这是古训，也是现在做研究的要求。正名之所以从孔夫子起就具有头等重要的地位，是因为人类天生有点儿“语言崇拜症”。我们知道，人之所以为人，是因为有语言。所以语言是个“区别特征”，是使人类区别于其他动物的定义性特征，所以人类与生俱来就有点迷信语言的力量。这不奇怪，重要的是我们要认识到这一点。在科学研究中，命名是与概念的创造、理解、确定分不开的。因此，所谓“正名”包括两个部分：一是认识事物，定义概念，其次才是起个名字。术语表述不清意味着概念没理解透，那么说理也一定是说不清的。用到汉语语音学中，如果由于错误的认识而引起错误的命名，就会带来错误的语音描写、错误的音系处理。汉语语音学中的名称大多是半个世纪前自力更生创制的，定义、命名、分类都有待改进，更何况最近二三十年来语音学进步飞快，内容有了很大的更新，对很多旧概念有了新认识。因此就有了重新命名的需要,也有了重新命名的本钱。

因此,我们讲的“正名”,不是名分之争,也不仅仅是好不好的问题,而是旨在推进认识,严格定义,筛选译名。假如老名字引起矛盾、导致误解曲解、不利于推进认识的话,就应该考虑重新命名。

3. 确定语音学术语的原则

语音学术语反映的是系统的语音学知识,因此,命名要符合知识系统的要求。为简化问题,此处就谈语音和术语的关系。其实它们之间还有个符号问题,即语音由音标符号表达,而符号由术语指称(朱晓农 1987)。在制订术语时,有以下几条要求。

(1) 一致性:所用术语需内部自洽,不产生矛盾,不混淆概念,不张冠李戴。传统名称中把不是舌根部位发的音叫成“舌根音”,结果真正由舌根所发的音就没法标准一致地表达出来了。

(2) 充分性:能把有细微差别的概念明确表达出来。如传统名称把 dental, alveolar, palatal 不充分地叫作“舌尖前音”“舌尖中音”“舌面中音”,那么碰到如 laminal denti-alveolar, laminal palato-alveolar 这样的概念,是否叫“舌面舌尖前舌尖中音”“舌面舌面中舌尖中音”?

(3) 必要性:所有术语要有存在的理由,不增添不必要的术语,例如 k, g 在传统术语中既可叫“舌根音”,又可叫“舌面后音”。一物多名已经不必要了,还打乱舌面与舌根两大范畴,就更自乱其例了。

(4) 不采用非标准名称(如"舌尖前音")。辅音命名应以国际语音学会确立的、以被动器官为依据,而不是以从传统等韵学中开始使用的、无明确定义的、主—被动器官不定的方式为依据。

(5) 不采用废弃的术语(如"通音")。科学是个概念兴替的过程,而不是把正确的、错误的、当用的、过时的概念集大成为一个矛盾体。

前两条要求,一致性和充分性,是任何一个知识系统所要求的,可以说是强制性的要求。第三条是一种美学要求,即把系统简化、"美化"。第4和第5两条是辅助性的注意事项,是当前语音学中比较具体的要求。

还有一条从十九世纪末语音学一开始建立时就提出的要求:互指性。不同的音用不同的符号/术语,相同的术语/符号不表示不同的音。即"一音一符"或"一音一名",音和符号/名称之间存在对应性。这在传统名称中问题极严重,往往不同的音/符号用相同的名称,如同一个名称"吸气音"或"紧喉/喉化"表示多个甚至多达十六种不同的音;同一个 creak 音有不少于十六种不同的名称。这条互指性原则可以从上面"充分性"加"必要性"中导出。也就是说,互指性实际上就是充要性,所以就不用另立一条了。

4. 确定中文对应术语的方式

国际音标及其标准名称已使用了一百多年,现在我们所要做的是确定相应的中文术语。出于知识系统的要求，中文对应译名必须做得有章法。如果只是根据传统用法随语调整（让人想起随句审音的“叶音”），所订中文术语显得凌乱还在其次，更重要的是会破坏知识系统，造成矛盾。

移译科学名词，是一个重新命名的过程。确定译名有六种基本方式：

(1) 直译，即扣住字面义对译，例如：approximant～近音，plosive～爆发音，dental～齿音，alveolar～龈音。

(2) 音译，直接对音转写，例如：telephone～德律风，violin～梵亚铃，laser～莱塞，tank～坦克。

(3) 典型命名，以同类中最典型的成员的名称命名。

(4) 拟象命名，如果原名有象似性，则译名亦可考虑拟似名称。

(5) 意译，以译者自己的理解来创造一个意义对应的新词，例如：approximant～通音，telephone～电话，violin～小提琴，laser～激光，tank～战车。

(6) 联想捎带音译，例如：lotto～乐透，Benz～奔驰，Coco Cola～可口可乐，bungee jumping～蹦极跳。

此外尚有不少复合方式，如音译兼意译、音译兼拟象、音译兼典型、典型兼拟象，甚至三合方式，如音译兼拟象兼典型，等等。

在学术—科学范围内取译名，遵循的准则应该以前两种方式（直译和音译）为主，第3、第4种（典型和拟象）为辅。使用第5种“意译”要特别谨慎，一般需在整个系统都明了以后，也就是重新命名时再用比较保险。第6种"联想捎带音译"最不可取。第5、第6两种以己意参之的翻译方式在俗文化中固然有趣，但在科学术语的订名中却是弊大利无，因此要避免。否则，个人的误解会误导整个学界。使用直译、音译是防错保险措施。例如，把 dental/alveolar 译为"齿/龈音"是第1种直译方式；而译为"舌尖前/中音"则是容易混淆概念的第5种意译方式。

5. 调音部位命名的标准

辅音调音部位的命名问题，比起发声和气流机制的命名来，还不算严重。但因为大家比较熟悉，所以先以此为例进行讨论。关于调音部位的命名，语音学界的做法是一级术语用被动器官即"调音目标"来定义，比如 t 的标准术语为"齿/龈音"（见表1第1行）。如需进一步分类，再用主动器官来辅助定义二级术语，如"舌尖齿音""舌叶龈音"等。即使"卷舌音"也是明确定义了被动部位：龈后至前腭。只是因为只有这类音才用舌下部，就像元音中的"舌尖元音"，加之在这个部位音素太多有冲突，所以叫"卷舌音"有它的道理。传统名称以主动器官即舌头部位来定义（第3行），比如 t 是"舌尖前音"，tɕ 是"舌面前音"，tʂ 是"舌尖后音"。这么叫不但不符译名通则，更严重的是跟一般语音学脱轨，结果造成很多后续困难：方言民语描写、类型学研究与教学上的困惑，更有理论上、分类上的矛盾。

表 1. 主被动器官命名举例

1	标准术语/被动器官命名	齿/龈	龈腭	龈后	卷舌	硬腭	软腭
2	音标	t ts	tɕ ɕ	tʃ ʃ	ʈ tʂ	c ɟ	k g
3	传统名称/主动器官命名	舌尖前/中	舌面前	舌叶	舌尖后	舌面中	舌根

(1) 齿音(dental)和龈音(alveolar)是有调音部位区别的,不能都叫作"舌尖前音"。英语里的 t 是龈音,汉语普通话中的 t 是齿音。即使在汉语内部,上海话、北京话里的 ts 是齿音,广州话的 ts 是龈音,不能只用一个"舌尖前音"。

(2) 当然,使用进一步限定,如以"舌尖前音"指称齿音,以"舌尖中音"指称龈音,可以加以区别。但这么曲折迂回以"前"暗示被动器官较前的"齿"龈交接处、以"后"暗示被动器官较后的"龈"部位,为什么不直接叫 dental 的原义"齿音"、alveolar 的原义"龈音"呢?

(3) 造成教学上的困惑,刚教完国际音标"齿/龈音"t,又要教汉语的"舌尖前音" t。多年前我就这么被半通不通地灌输了"这套名词",结果临到真正去读语音学著作时便云里雾里了。

(4) 语音学中辅音的一级定义用被动器官定义大类,二级定义再用主动器官来定义次类。传统名称不分层级地把 dental/alveolar 叫"舌尖前/中音",于是碰到要真正区别不同音时,便无法表达这些概念了。表 2 中是存在于世界语言中的齿音、龈音、卷舌音、腭音种类,如果用"舌尖前/中音"来命名 dental/alveolar,用"舌面前/中音"命名 alveolo-palatal 和 palatal,E 栏中的长名则难以卒读。

(5) 有一种看法认为“舌尖前音”对应的是 apical sound，而不是 dental。问题是单独说 apical sounds 时，没有什么语音学著作是指 t，d 的。再说发 t，ts 这些所谓“舌尖前音”时可以用 apical (舌尖)，也可用 laminal (舌面)，见表 2 第 2 行术语。碰到用 laminal 时，该怎么叫啊——“舌面舌尖音”？

表 2. 术语对照

	A	B	C	D	E
	英文术语	被动	主动	中文术语	如用传统名称
1	apical dental	齿	舌尖	舌尖齿音	舌尖舌尖前音
2	laminal (denti-) alveolar	齿-龈	舌叶	舌叶齿音	舌面舌尖前舌尖中音
3	apical alveolar	龈	舌尖	舌尖龈音	舌尖舌尖中音
4	laminal alveolar	龈	舌叶	舌叶龈音	舌面舌尖中音
5	(apical) retroflex	龈后	舌尖	舌尖卷舌音	舌尖舌尖后音
6	sub-apical retroflex	硬腭	舌下部	舌下部卷舌音	舌尖下舌尖后音
7	(laminal) palato-alveolar	龈后	舌叶	腭龈音	舌面舌面中舌尖中音
8	alveolo-palatal	龈后	舌叶	龈腭音	舌尖中舌面中音
9	palatal	硬腭	前舌面	硬腭音	舌面中音
10	velar	软腭	后舌面	软腭音	舌根音

表 2 中的“舌尖卷舌音”(术语第 5 行)即“翘舌音”。“舌下部卷舌音”(术语第 6 行)才是真正的“卷”舌头的音。“腭龈音”(术语第 7 行)即“龈后音”如 ʃ，ʒ；“龈腭音”是 ɕ，ʑ。龈脊后坡到硬腭前端叫“龈后”(post-alveolar，也有叫“后龈”posterior alveolar 的，看怎么定义 alveolar 了)，这儿是“舌尖”“舌叶”的调音目标区，也是“翘舌”“卷舌”的调音目标区。这是个调音富矿区，也是术语尚未分化定当的有待开发区，具体情况另外详论。

6. 已有的处理

以上所论不是什么新看法，只是较为系统地阐述已有的看法。《方言》上有过几次国际音标辅音名称的转载、中译或说明（以下 1～5），加上两本词典（6～7），最新版的语音学教材（8），其中，

A）转载仅用英文原名：

（1）《国际音标》（修改至 1951 年），《方言》1980.84。

（2）《国际音标》（修改至 1989 年），《方言》1991.277。

B）直译“齿/龈音”：

（3）《国际音标》（中文版），《方言》2007.1：1。

（4）《国际音标》（修改至 1979 年），《方言》1979.315—319。

（5）李荣（译）《国际语音学会关于国际音标的说明》，《方言》1987.1—14。

（6）麦耘《对国际音标理解和使用的几个问题》，《方言》2005.168—174。

（7）沈炯、陈肖霞、李爱军、林茂灿、曹剑芬、鲍怀翘、吕士楠等（编译）《语音学和音系学词典》，语文出版社，2000。

（8）黄长著等译《语言和语言学词典》，上海辞书出版社，1981。

（9）林焘、王理嘉《语音学教程》，北京大学出版社，1993。

C）意译“舌尖音”：《语音学教程》中“又名”。

可见“舌尖前音”一类俗名尽管一直在用，但在正式订名时

仍然用“齿/龈音”，或用英文原名。这的确是语音学家审慎而正确的科学态度。

7. 图解调音部位

本节来看调音部位和调音动作。调音动作包含两义：一为发某个音时的连串过程；一为这过程中的关键点，是静止的、类似照相摆甫士(pose)的“调音甫士”(articulatory posture)或“调音态势”(articulatory gesture)。这后一“静止甫士”义明明是“不动作”。图1是发音器官剖面图，注明主动器官和发“呼音”的被动部位，龈腭一带发“咝音”的被动部位见图3。主动器官包括下唇和舌头。舌头各部位在传统名称中没有严格定义。以下大体根据赖福吉(Ladefoged & Maddieson 1996)的定义，舌头分四部分：舌尖、舌叶、舌面、舌根。涉及唇的音素较简单，主要的只有两类：发唇齿音时下唇是主动部位，发双唇音时主要是下唇活动。下面来看以舌头为主动部位的音。

“舌尖”定义为从舌沿(舌头最前的边缘带)开始，往上往后2～3个毫米的一小条地带。舌尖后面是“舌叶”。舌叶的定义较为复杂。当我们合上嘴巴，舌尖顶到下齿背时，从上面齿龈脊(绝大部分人能感觉到齿龈平台后那棱最鼓处)的中点往下投影，在舌头上留下一个投影点。通过此点画一条横线，然后从这横线往前、往后都拓展大约3毫米，这样一条半厘米多的横带就是舌叶。“舌面”是舌叶往后的水平部位，与硬腭、软腭、小舌走向一致。舌面按赖福吉分前后两部分，再细点可把后一部分分为"中舌面"和"后舌面"。"舌根"则是垂直的部位,大体与咽壁平行。此外,在舌沿的下面是"舌下部"。

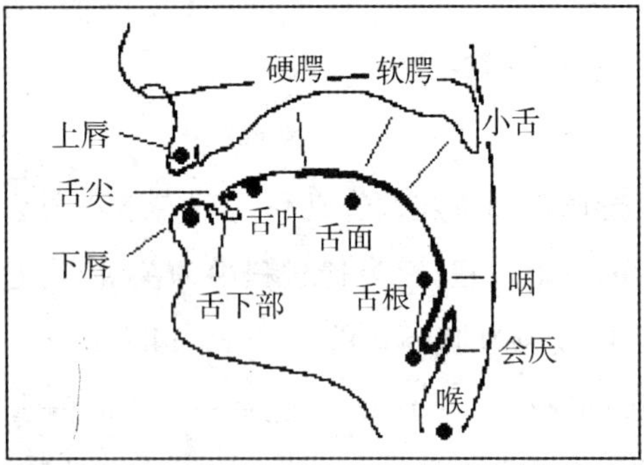

图 1. 主动调音器官,据 Ladefoged & Maddieson (1996:14) 调整。

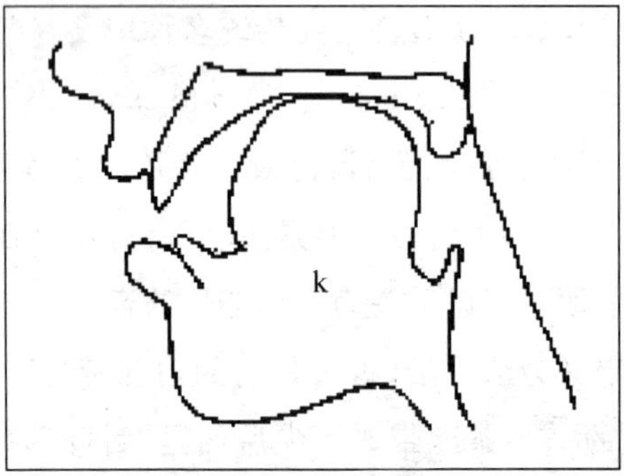

图 2. 普通话软腭音调音态势,据周殿福、吴宗济(1963)。

"舌面"即"舌体"之表面的意思,赖福吉他们原来用的术语是"舌体"body。我本来不想用"舌面"一词,因为跟传统未加定义的中文术语"舌面音"有些出入,用了怕混淆。但这个部位的称名实在左右为难,音系学里用的是"舌背"(dorsal)一词,但我们最传统的术语是“舌腹”(如《释名》:“天,豫司兖冀以舌腹言之……青徐舌头言之。”)。如此腹背不分,前后难辨,都快成反训了,所以最后还是决定用“舌面”这个不管是“前面”(舌腹)还是“后面”(舌背)的词。

明白了口腔解剖,再来看图 1 中用线条连接上下部位的发音动作。前舌面抬起接触硬腭,发出硬腭音 c。后舌面接触小舌,发出小舌音 q, G。中舌面抬起接触软腭,发出软腭音 k, g,例见图 2 普通话的 k。传统上把 k 叫作“舌根音”,一般人发软腭音,恐怕舌根无法翻得那么高。用舌根做主动器官的只能发两个音:咽音和会厌音。传统名称把 k 叫作“舌面后音”还勉强,叫“舌根音”不是不可以,但得勇敢地去重新定义解剖学名词“舌根”(把舌头的后三分之二都叫舌根),因此,不如重新命名“舌根音”为好。

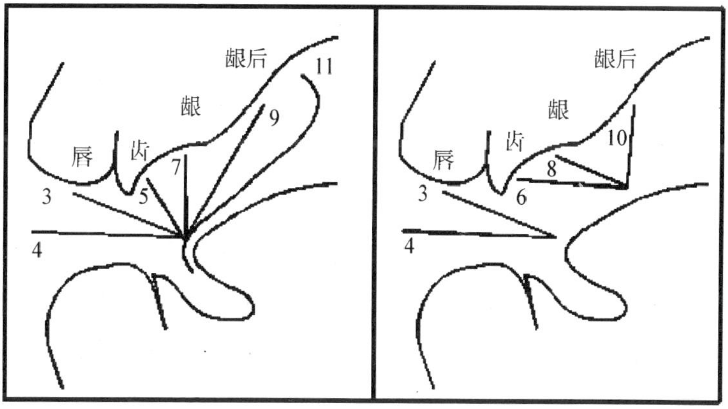

图 3. 舌冠音调音动作,据 Ladefoged & Maddieson (1996:14) 调整。

舌面加舌根占据了舌头表面的绝大部分面积,但用作主动器官能发的音却很有限。在这一大片区域，只有“中舌面软腭音”比较常见，用前舌面发出的音较少见（除非作为软腭音的音位变体），后舌面发的音很少见，至于舌根音就更少了。与此相反，舌尖、舌叶、舌下部只占舌前端极小一部分区域，但由于灵活可以发出非常多的音，见图 3。这就是为什么前辅音和前元音多的原因之一。这个“多”包含两个意思：一是类型学上种类多，二是具体语言中个数多。图 3 画出用舌前端（舌尖、舌叶、舌下部）调制的“舌冠音”。左图中的调音态势有：3 号舌唇音以舌叶接触上唇，4 号齿间音。5 号、7 号分别为舌尖齿音和舌尖龈音。9 号舌尖翘舌音，11 号舌下卷舌音。右图中 6 号舌叶齿—龈音，8 号舌叶龈音。10 号舌叶龈后至腭前音，包括腭后音如 ʃ，还包括龈腭音如 ɕ。详细情况另文讨论。

8. 音系学中按主动部位的分类

上文讨论了调音部位的语音学定义的标准，这不是说不能从主动器官来定义部位。作为音系学研究，从主动器官角度来观察主要部位特征和单个调音部位的关系是可以的，也是应该的，可参考 Ladefoged & Maddieson (1996: 371)，见表 3。顺便提一句，以主动器官来定义辅音部位，可不是什么“中国特色”。

表 3. 部位特征和个别调音部位之间的关系

1	2	3
唇音		双唇
		唇齿
舌冠音	舌叶	舌唇
		齿间
		舌叶齿音
		舌叶龈音
		(唇化)舌叶龈后音(腭龈音)
		(腭化)舌叶龈后音(龈腭音)
	舌尖	舌尖齿音
		舌尖龈音
		舌尖龈后音(翘舌音)
	舌下	舌下前腭(卷舌音)
舌面音		硬腭音
		软腭音
		小舌音
舌根音		咽音
		会厌音
喉音		喉音

第 1 栏里的"舌冠音"等是音系学里的自然类。唇音、喉音问题不大。另外三个是舌头部位的音类,第一个是舌冠音(coronal)——舌冠(crown)指的是"舌前端",包括舌尖、舌叶、舌下部。舌冠音指的是用舌前端的主动器官调制的齿音、龈音、龈后音、龈腭音、翘舌音、卷舌音。舌冠音在音系学中是个非常重要的概念,它定义了一个自然类。例如,擦音中的咝音(hissing sounds, sibilants)的主动部位都集中在舌冠部位,而呼音

(hushing sounds, non-sibilants) 则否。第二类是舌面音,英文原文是"舌背音"(dorsal) —— 用舌面部位调制的音叫"舌面音",包括前舌面调制的硬腭音、中—后舌面调制的软腭音、后舌面调制的小舌音。第三个是舌根音 (radical) —— 包括用舌根部位发的咽音和会厌音,这是最少见的音。

9. 调音方式的术语

上面谈的是调音部位的名称问题,本节内讨论调音方式的名称。下面表 4 是经过调整的常见辅音表,表格安排、符号使用、术语命名根据汉藏语情况和语音学全局稍作调整,国际语音学会的辅音表里有些不常见的音(咽音)从表 4 拿掉了,还有一些汉藏语中非常普通、但欧洲语言中很少见的音加进来了,如龈腭音。有些音的名称重新命名了,如"齿(间)音"改为"齿沿音"。

表 4. 肺气流辅音

	双唇	唇齿	齿沿	齿/龈	龈后	龈腭	卷舌	硬腭	软腭	小舌	喉
爆(发)音	p b			t d		ȶ ȡ	ʈ ɖ	c ɟ	k g	q ɢ	ʔ
鼻音	m	ɱ		n		ȵ	ɳ	ɲ	ŋ	ɴ	
颤音	ʙ			r						ʀ	
(搭)拍音/闪音		ⱱ		ɾ			ɽ				
擦音	ɸ β	f v	θ ð	s z	ʃ ʒ	ɕ ʑ	ʂ ʐ	ç ʝ	x ɣ	χ ʁ	h ɦ
边擦音				ɬ ɮ							
近音		ʋ		ɹ			ɻ	j	ɰ		
边(近)音				l			ɭ	ʎ	ʟ		

表 4 的左端是调音方式的分类，有几个术语没问题，如鼻音、擦音、边擦音。最需要解释的是“近音”，我已专文讨论（朱晓农 2007）。近音（approximant）的取名方式为直译，取名用意为纠正旧概念“通音”之误。调音方式中的第一类是“爆发音”（plosive），简作“爆音”。这个术语也是直译，由赵元任最先使用。使用“爆音”这一术语是为了细化下位概念，减少“塞音”的多义。“塞音”一词用得很频繁，含义很多，从窄到宽，分类还有交叉，含义不下五六种。首先，所有非肺部气流音（内爆音、搠音、喷音）都是塞音。即使把它们排除掉，剩下的肺部气流塞音仍有六种：(1)爆发音、(2)塞擦音、(3)无声除阻音（主要指像粤语中“唯闭音”那样的韵尾塞音）、(4)边爆音、(5)鼻爆音、(6)鼻塞音。最后一类“鼻塞音”就是鼻音，把它排除掉以后，剩下五类其特征安排在表 5 中。

表 5. 塞音分类

塞音	口除阻	中除阻	爆发除阻	快除阻	爆发音	1
				缓除阻	塞擦音	2
			无声除阻		无声除阻音	3
		边除阻			边爆音	4
	鼻除阻				鼻爆音	5

最狭义的塞音即指爆发音。因为最普通、最常见的塞音就是爆发音，所以，爆发音常常直接称为塞音。我们的“塞音”用法指以下两种：

(1) 主要用法：只包括爆发音和塞擦音。

(2) 次要用法：包括爆发音、塞擦音、无声除阻音。

表 4 中还有“颤音”（trill），“搭拍音”（tap）和“闪音”（flap）

的命名需要解释。“颤音”有译为“滚音”的，不好。发颤音时主动器官的活动是非自主性的，“滚”是自主的活动，“颤”是不自主的。“搭拍音”直译兼音译自 tap，简作“拍音”。拍音和闪音过去是不分的，这一行单标为“闪音”。其实，两者在调音部位和方式上都有些不同(见表 6)，所以，这一行的中文术语重新命名是出于概念分化。

表 6. 拍音和闪音的特征比较

	被动部位	主动器官	舌头活动方向
拍音 ɾ	龈	舌尖	上下，与被动部位垂直(垂线方向)
闪音 ɽ	龈后	舌下	后前，与被动部位相切(切线方向)

拍音 ɾ 与闪音 ɽ 的区别首先在于被动调音部位，拍音是龈音，闪音是龈后音。其次是主动器官，拍音用舌尖，闪音用的是舌下，以是卷舌音。第三，舌尖运动方向，拍音以垂线方向“搭/拍/敲”前龈部位一下，所以把 tap 音译兼直译为“搭拍音”。闪音是舌下部切线方向“刮闪”龈后部位一下，所以 flap 直译为“刮闪音”，简作“闪音”。闪音动作见图 4。

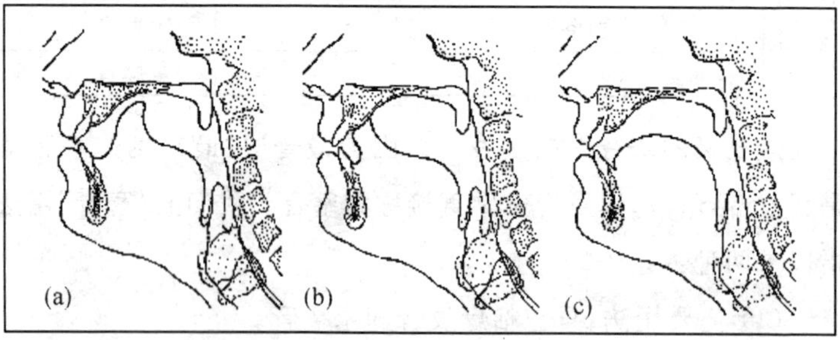

图 4. 闪音动作系列。据 Ashby & Maidment (2005:61, Fig 4.13)。

闪音在短暂成阻方面与拍音一样，但很难用调音时间动态示意图来区分。如果用空间动态示意图，倒是可以表示出两者的区别，见图5。

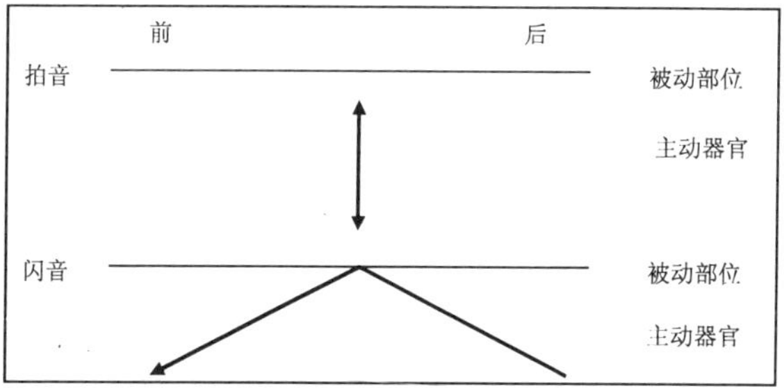

图5. 拍音(上)和闪音(下)调音动作空间动态比较示意图。横轴箭头不表示时间流程，而表示口腔内空间部位的移动。左向表示口腔前部，右向表示口腔后部。

10. 非肺气流辅音术语

上面讲的是普通肺气流辅音的调音部位和方式的名称问题，相比之下，非肺部气流辅音和发声态方面的名称更为混乱。非肺部气流辅音有三种，见表7。第一种"啊啧音"，简作"啊音"或"啧音"。啊音得名于三个方式：音译 click，典型命名，再加拟象。"啊"字本身是个典型的啊音：龈腭爆音 ǂ，"啊啊"是呼鸡声。"啧"字本身也是个啊啧音，齿塞擦音 ǀ，"啧啧"是称奇声。还有一个拟象啊啧音，双唇爆音 ʘ 像是小孩在老奶奶脸上"啵"一个。第二种"(浊)内爆音"，直译自 voiced implosive。由于内爆音基本上全是浊的，这是它的底伏义(by default)，所以可以省作“内爆音”。第三种“喷音”,直译自 ejective。

表 7. 非肺部气流辅音

搠(啧)音		(浊)内爆音		喷音	
⊙	双唇	ɓ	双唇	’	例如
ǀ	齿	ɗ	齿/龈	p’	双唇
!	龈(后)	ʄ	硬腭	t’	齿/龈
ǂ	龈腭	ɠ	软腭	k’	软腭
ǁ	龈边音	ʛ	小舌	s’	龈擦音

非肺部辅音尽管简单得只有三类:click, implosive, ejective,但它们的中文名称却异常混乱。图 6 中列出它们众多的译名。这些中文名称还与发声态中的 creaky voice 的中文名称交叉,所以把后者的译名也列了进去。

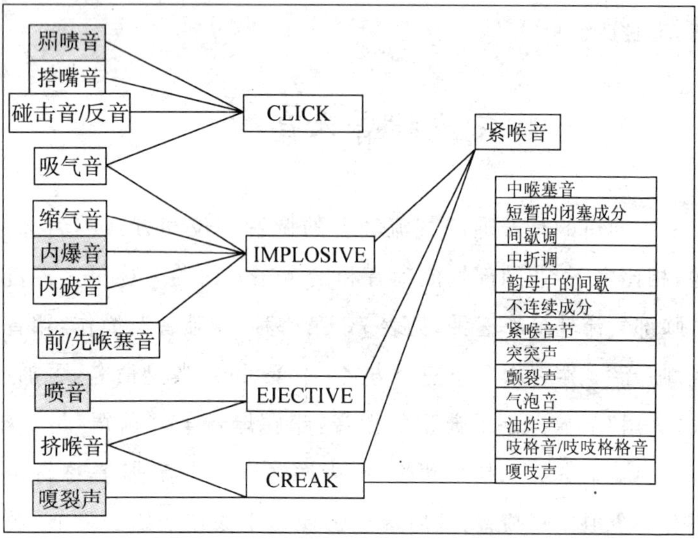

图 6. 非肺辅音和嘎裂声的多种叫名

从图 6 中可以看到，一方面，这些语音学概念都有多种中文名称，例如同一个 implosive，有“内爆音”“内破音”“吸气音”“缩气音”“前喉塞音”“先喉塞音”“紧喉音”七种叫法（还是不完整的统计）。另一方面，同一个中文术语可以表示多种语音学概念，例如“挤喉音”既称代 ejective（喷音），又称代 creak（嘎裂声）。这正反两方面的困惑在英文的 creak 和中文的“紧喉”身上简直无以复加。Creak 这个概念至少有十七种中文叫法，如中喉塞、中折调、间歇调、不连续成分、油炸声、吱格音、吱吱格格音等等。而“紧喉”这个名称至少指称十六种不同的概念，图 6 中“紧喉/喉化”在不同场合被用来指称三个概念：内爆音、喷音、嘎裂声。完整一点的统计见表 8，“紧喉”竟然有十三种用法，加上“喉化”三种（编号 8 以下），共八类十六种（朱晓农 2003）。

表 8. 紧喉/喉化所指

1	内爆音 ɓ			高调头，如侗台语、吴语、粤语、闽语
2	喷音 t'			被称为“挤喉/紧喉”
3	鼻冠音 ^{m}b			苗瑶语、闽南语
4	喉塞 ʔ	4.1 喉塞尾	4.11 短音节后	常常是区别性的，易混同于紧音
			4.12 长音节后	常为升调伴随特征，如上海、温州、北京
		4.2 中喉塞		凡元音之间不联诵的，如“西安” ɕiʔan
		4.3 前喉塞	4.31 响音前 ʔm	高调头，如毛南语、北部吴语
			4.32 清爆音前 ʔp	如法语、吴语。混同于紧辅音（5.1）、全紧音（5.3）。

（续表）

5	紧音	5.1 紧辅音		如朝鲜、吴语，易混于前喉塞清爆音（4.32）
		5.2 紧元音		如黎、载瓦、哈尼、佤语。又如英语、德语
		5.3 全紧音		整个音节紧张，如某些印第安语短音节。常与紧辅音、紧元音、喉塞尾、前喉塞共同出现
6	嘎裂声a̰			台州吴语、韶关土话、贺州话
7	假声			高坝侗语；温州吴语；湖口、都昌赣语；岳阳、长沙、湘阴湘语；信宜、容县粤语
8	气浊声	8.1 浊送气		印地语、乌尔都语
		8.2 弛声		吴语、苗语、印尼语
		8.3 低吼声		宁波、镇海

这张表中的许多概念有待于进一步澄清，如“紧音”中的紧辅音、紧元音、全紧音到底性质如何，其间是什么关系，是否与张声(fortis voice)有关，而张声和弛声(slack voice)也未作定义。此处仅用作例子来显示概念与名称之间多对多的错综关系，具体情况另外为文。“一物多名”和“一名多物”这两种情况在“紧喉”用法上乱得一塌糊涂，正表明我们一塌糊涂的认识。

11. 结语

本文讨论了命名的一般性原则，确定语音学术语的方法和标准。不管什么样的定义和分类，都要符合三个要求：一致性、充分性、必要性。很多传统名称不符合这三性。本文所讨论的调音部位、方式、发声态和气流机制的名称与对象之间多对多的混乱局面，应该加以清理还是听之任之？曾经有些为传统名称辩解的说法："大部分人同意""我们历来如此"，理由都欠充分。科学以概念嬗递为表征，"历来如此"的恐在科学之外。还有一种说法，说我们就研究汉语，用不着那么烦琐。这话还是错了，即使单单研究一个方言的语音系统，依然需要了解一般语音学的概念系统。道理很简单，第一，你怎么知道这些概念就不适用于汉语研究？你怎么知道某种你认为奇怪的音不存在于某个方言/民语中？事实上，齿音 ts 和龈音 ts 区别就存在于汉语方言中。第二，如果没有一个完整的语音理论框架，没有明确的概念系统，你都不知道如何把某个音归类，甚至都不知道如何辨认描写它，看看对嘎裂声多达十六种不同的描写就可明白。作个类比，完备的语音描写框架就像元素周期表，能容纳所有可能的语音而排除不可能的音，已发现的语音各得其所，未发现的语音虚格以待。

本文所论中文术语问题，其实只涉及相当简单的译名标准化的学习过程，而不是远为复杂的涉及认识进步的术语订名的创造过程。最近二三十年来，仪器语音学（instrumental phonetics）和田野语音学（field phonetics）的迅速发展，导致了语音学的极大改观，发现了很多新音素，修改了很多旧概念，因而国际语音学会对国际音标的符号和术语修订工作频仍，自 1979 年以来做了五次修订或更新（1979，1989，1993，1996，2005）。

语音学教科书和专业书的内容也相应做了很大更新。相形之下，国内语音学更有必要明确概念、厘定术语、更新系统——本文就算起一点这方面的呼吁作用。

参考文献

国际音标（中文版）.《方言》2007.1：1.

周殿福、吴宗济 1963.《普通话发音图谱》. 北京：商务印书馆.

朱晓农 1987. 音标选用和术语定义的变通性.《语文导报》3：55—58.

朱晓农 2003. 解开紧喉之谜. 第三届吴语国际学术研讨会论文，上海.

朱晓农 2007. 近音（附论普通话日母）.《方言》1：2—9.

Ashby Michael & John Maidment 2005. *Introducing phonetic science*. Cambridge University Press.

Ladefoged, P. & I. Maddieson 1996. *The Sounds of the World's Languages*. Oxford: Blackwell.

（原载《语言研究集刊》第 5 辑，2008）

构拟原则和证据权重*

本文讨论历史音韵学中的一些方法论问题。这些问题要么未被注意过，要么就是未用理性的方式讨论过，但它们都具有重要的方法论意义。这些问题都涉及一个权重问题，即什么方法、理论、材料最重要，什么东西次重要。

1. 权重标准

有一个音韵学界从未讨论过、但在方法论上具有头等重要意义的方法论问题，那就是证据的权重问题。古音构拟需要证据，但是什么样的材料能成为证据，哪些证据重要，哪些次要，古音重建是否需要一些“先验”的准则，这些问题以前没充分讨论过，或者说只有一些似是而非的成见。我们主张的古音重建论证的权重标准：(1) 理性原则，(2) 兼容原则。

* 香港研资局竞标专项拨款(HKUST 6426/06H)和香港科技大学竞标研究拨款(RPC06/07. HS03)资助项目。

2. 理性原则

理性原则——如果能用理性的逻辑的解释，那就不要非理性的解释；理性的构拟比非理性构拟的可接受程度更高。理性的构拟中原理越普遍的权就越重，即越可接受。所以：

[1] 声学、空气动力学方面的证据权最重，

[2] 生理、心理因素、类型普遍性次之，

[3] 再次为集体无意识的产物如韵文、方言借贷等，

[4] 个人有意识创造但缺乏一以贯之逻辑标准的历史文献材料如韵书韵图和译音再次之，

[5] 然后是为构拟制定的条例，

[6] 为特定音变制定的特定理由排在最后。

总之，如果其他条件一样，越是普遍的原理，作为构拟证据的权就越重。下面来看两个例子。

例一：类型学权重大于译音

把《切韵》侯韵构拟为 * u有两方面的证据：一是中外译音（李荣 1956），一是根据类型普遍性的内部重建（朱晓农 2005）。过去一般会认为译音看得见摸得着，是扎实的证据。其实不然。根据译音构拟的只是一种逻辑上的可能性，除非（1）贷出方和借入方音库完全一样，可以建立起一一对应；（2）可以使用排除法把其他可能性排除掉；或者（3）来自各方面的独立证据合取的结果。具体到侯韵译音，如果只是列一张对音表而不从上述三方面加以论证，那么据此构拟的 * u始终不是逻辑上充分的。

与此相反，根据类型学重建 *u从论证角度来说权更重，除非你另有证据推翻类型普遍性，否则就是一个逻辑上相对来说远为充分的论证。

例二：类型学权重大于构拟条例

以上例子由于类型学证据和译音材料证据支持同一种构拟，所以权重问题不明显。如果两种证据支持不同甚至相反的构拟，权重问题就突出了。仍以尤侯构拟为例，此番涉及类型学与《切韵》构拟条例之间谁的权更重。

构拟《切韵》音系必须有一以贯之的原则，采用实用主义、机会主义的东拼西凑在方法论上是不允许的。尽管东拼西凑可能比一个严格的原则更为接近陆法言原意，因为有一百个理由可以相信陆法言并不懂逻辑分类。但是用机会主义的猜谜哪怕猜中陆法言原意也与科学无关，因为这不是一种依靠演绎逻辑的理性主义工作程序。构拟之前预先制定构拟条例是必需的，当然这只是工作假设，如果有新证据，随时可能修正。因此，潘悟云（2000:62）为构拟《切韵》音系制定的两条内部构拟条例作为工作假设、作为出发点是可取的，也是应该的。除非另有证据，否则就接受根据这些条例构拟的音。这两条内部条例原则，其中一条是同韵部的韵腹/韵体相同，不同韵部的韵腹/韵体不同。例如东$_{三}$和东$_{一}$同韵，所以韵腹都是 *u，加上韵尾 *ŋ，韵体同为 *uŋ。差别在于 *i 介音的有无。落实到侯韵构拟，因为它跟尤不同韵，所以两者构拟的韵腹应该不同：侯 *əu；尤 *iu。我们同意这样的构拟，直到类型普遍性不支持为止：因为这样构拟的话，当时音系中就没有 *u 元音。而类型学告诉我们世界上所有语言如果有三个或以上元音的话，就都有 u。换句话说，构拟之前预先制定构拟条例是必需的，否则我们无以凭借。但是这只是工作假设，它不一定符合陆法言可能不合逻辑的原意，所以它随时准备接受修正，如果有更充分的证据的话。侯韵从 *u>*əu 是我们构拟的第二次元音大转移上的一环，但它发生在《切韵》之后，与此同时，模韵从 *o>*u。而在《切韵》时代，侯韵仍是 *u。

3. 文献材料的权重

同样是文献材料，依然有个权重问题。例如邵雍《声音倡和图》"兹资"等止摄精系字在"开"（一等）；与此相对的是《韵镜》《七音略》仍把它们留在三四等。构拟时应该依靠哪种材料呢？我们就需要上述排在第［5］的"构拟条例"了。历史语言学里有个规矩，创新（innovation）算分叉标准，存古（reservation）不算。所以，《声音倡和图》的一等处理能作为语言变化的证据，《韵镜》《七音略》中的三四等处理不能做语言未变的证据。当然，不是所有文献上的创新都能作为已变的必然证据，那只是上述权重排第［5］的证据。如三十六字母中的娘母，有可能是为配合某种系统性安排而创造出来的。顺便说一下，赵元任吴语塞音三分标准是共时类型学分类，不是历史谱系树分类，因为吴语塞音三分是存古而非创新。

4. 兼容原则

兼容原则——如果能重建兼容的构拟，就不要孤立的构拟，因为前者的可接受程度更高。构拟的兼容性指两条：一是与同音系中其他同时或不同时的音变兼容，二是与同音系的共时音位系统和音韵派生过程兼容。第一条权重过第二条，因为共时音系处理有多种可能性。

具有兼容性的构拟比孤零零的构拟更具权重，即更可接受。所谓“兼容性”或“相容性”指的是依靠独立论证得出的两个或更多的构拟互相之间最低要求是无矛盾，高标准则是配合得很好。这样的构拟实际上起到互相支持的作用。例如上古汉语有几个元音？四个还是六个？如果是六个，那么音值如何构拟？这些都还没有定论。我们（朱晓农 2005）采用郑张—潘的六元音系统是很自然的，因为它与我们构拟的第一次元音大转移不但相容，而且从演变上看配合得很自然。反过来，正因为有了元音大转移这么一条普遍而简洁的音变假设解释了涉及这么多的韵部变化（歌鱼侯幽），才使得郑张—潘系统更易让人接受。而如果按照其他构拟，那就对后世变化的解释不但琐碎繁复，而且因为缺乏音理和类型学的支持而显得有些任意。这就是古音重建中的兼容性，其实这种兼容性还涉及理性和系统性等问题。这也是我要确立的文首第一条古音重建的“理性原则”。

本文讨论古音构拟中的两条原则，理性原则和兼容性原则，以及构拟所以凭借的各种证据的权重问题。当证据互不相容时，理性原则可以帮助确定孰重孰轻；当证据兼容时，权重就会因此而提高。类似这种方法论上的原则，要一条一条理清楚，不能拉到篮里都是菜，才能很好地去处理书面材料。

参考文献

李　荣 1956.《切韵音系》. 北京：科学出版社.
潘悟云 2000.《汉语历史音韵学》. 上海：上海教育出版社.
朱晓农 2005. 元音大转移和元音高化链移.《民族语文》1:1—6.
朱晓农 2006.《音韵研究》. 北京：商务印书馆.

（原载《东方语言学》第 2 辑，2007）

第二部分

发声态的演化

发声态的语言学功能

1. 导言

1.1 背景介绍

发声态是语音学概念，它在语言学里最大的作用是定义音节学概念“声域”，以及“音位”，并以此起到辨义作用。此外它还可以作为小称形式这样的形态语素出现。本文运用一手材料讨论语言学语音学中的六类十三种发声态的语音特征，然后把它们安排进音节学的三层声域，再讨论这样的声域分类对于声调表达和“松紧音”辨认所起的作用。

发声态指的是说话时声门（主要是声带）活动的各种状态，常见的有清声和带声。有关发声态的研究起步很晚，原因在于喉部状态既无法直接用肉眼观察，也难以自我体会。最早对各类发声态进行考察并分类的文章要数卡福（Catford 1964），他提出了两个参数：喉门收缩程度和收缩部位，并以此分出 23 类。他的看法又进一步反映在《语音学中的基本问题》（Catford 1977）中。从 20 世纪 80 年代开始，对发声态有了比较系统而深入的认识，从生理学角度的分类也逐渐完善，出现了拉佛的《声质的语音学描写》（Laver 1980）这部系统的专著。到 90 年代，赖福吉和麦迪森(Ladefoged & Maddieson 1996)又从语音学角度辨认出几种类型。尽管有了进展,发声态的研究仍然是语音学中的薄弱环节,还有很多具体的工作有待进一步深化,尤其是发声态的语言学/音节学功能一直不明了。本文将尝试解决这个问题。我们将辨识六类十三种语言学语音学的发声态,详细讨论它们的语音性质,并把它们安排进音节学的三层声域,讨论这样的声域分类对于声调表达和"松紧音"辨认所起的作用。下文先简单介绍喉头结构,再为发声态分类,然后分节详细讨论几个重要的发声态。

1.2　肌肉紧张和软骨活动

跟发声态关系最密切的肌肉紧张有三种:纵向紧张、中央收缩和内收紧张。这三种肌肉紧张引起喉部三块主要软骨(甲状、环状、勺状)的活动,见图1。纵向紧张(longitudinal tension)最为简单,主要由声带收缩而引起,环甲肌(cricothyroid)也可能参与活动。内收紧张(adductive tension)指的是勺间肌(interarytenoid)收缩,结果合拢了两块勺状软骨,不但关闭了软骨声门,而且还关闭了韧带声门。横向中央收缩(medial compression)主要由环勺侧肌(the lateral cricoarytenoids)收缩产生的对勺状软骨前突的收缩压力,甲勺肌(thyroaretenoids)的侧部也帮助起作用。中央收缩的结果是关闭韧带声门,但是软骨声门是否关闭另有勺间肌控制的内收紧张来决定。这三种紧张度对后文理解音节学声域、理清各类松紧音有关键作用。纵向紧张度高的是喉闭态和假声,中等的是带声,再次为嘎裂声,紧张度低的是气声。中央紧张度高的有耳语声和嘎裂声，中等的是带声，紧张度低的是气声。内收紧张度最高的是嘎裂声，中等的是带声，紧张度低的是气声。

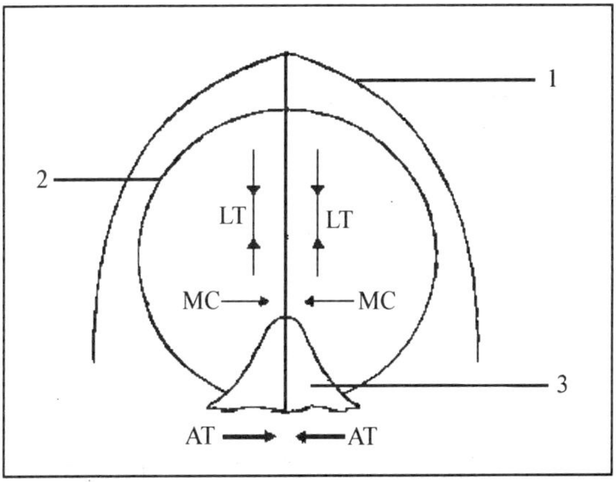

图 1. 三种喉部紧张（据 Laver 1980:109，图 16）：LT 纵向紧张，MC 中央收缩，AT 内收紧张。1. 甲状软骨，2. 环状软骨，3. 勺状软骨。

2. 发声类型

2.1 发声的生理形态

2.1.1 六种单一发声态

从生理学上可以辨认出六种基本发声态：喉开态、耳语声、喉闭态、常态带声、嘎裂声、假声，见图 2 的声门俯视示意图。图的上方表示喉头前部，即甲状软骨处。圆中的线条的闭合或开启表示声门开闭状态。声门前面大部是韧带声门，即声带；后面小部是(勺状)软骨声门或气声门。

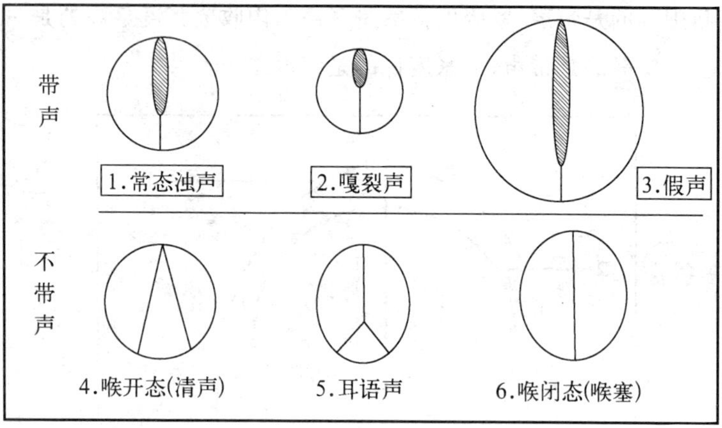

图 2. 六种单纯发声态的图示

在这六种单一发声态中,上面三种(带声、嘎裂声、假声)是振动声带的,即所谓“带声”,图中由斜纹表示。发常态带声时声带正常振动,三种肌肉紧张度都处于中性状态,不太紧也不太松。发嘎裂声时声带挤缩得又短又厚,只有前部振动。发假声时,声带抻紧抻薄,只有沿内侧一条窄长部分在振动。图下部三种发声态(清声、耳声、喉闭态)是不振动声带的,即所谓“不带声”,图中无斜纹。发耳声时喉门前部韧带声门(即声带)关闭,后部软骨声门打开。喉开态即“清声”,包括呼气(breath)和(清)送气(aspiration),两者声门打开程度有些差别。呼气时声带后部外展,声门大开时变成三角形;发清送气时声门打开程度,为呼气态时的60%~95%那么大。但由于两者构成一个连续统,难以截然分开,再者它们在语言学上不造成对立,所以就不必细加区分。喉闭态即声带处于静止状态,也包括由声带纵向紧张度较高而形成的喉塞状态，通常表现为音节末的喉塞音；当它处于音节首（如前喉塞 ʔm，ʔa，ʔp）时会产生一种音高较高的“紧喉”状态，叫作“张声”（对于 ʔp 来说，则是后接元音音高较高）。

拉佛也从生理学上辨认出六种发声态：零发声、清送气、常态带声、假声、耳语声、嘎裂声（Laver 1994）。跟他以前的分类（Laver 1980：109ff）相比，去掉了糙声，增加了零发声（即安静的呼气）。卡福（Catford 1977：54）则分五类：喉开态、耳声、带声、嘎裂声、喉闭态。图 2 的六类可以算是综合两家加以调整，在卡福的底子上，他的喉开态大体包括了拉佛的零发声和清送气，加上拉佛的假声，再加进我们对喉闭态的辅助定义。

2.1.2 关于耳语声

耳声没有语言学的辨义作用，只表示私密等情感因素。但它可以和带声复合成“耳带声”，这是气声的一种形式。发耳带声时中央紧张度较高，声带大体上关闭，勺状软骨分开，气流从打开的气声门中流出。整个声门打开度大约为声门最开时的25%，临界气流量率只有 25～30 m^3/s，这与送气清声相比是很小的，后者的临界流量率为 250～300 m^3/s（Catford：1977：95—97）。发浊送气时声门开闭度为呼吸时的 25%～40%，发耳语声时开闭度为 25%，因此耳带声的时长能比浊送气多延长三倍。发耳声时声带是不振动的，因此没有乐音的音高。但是要注意，耳声跟清声不一样。发耳声时声带微微打开，气流通过这个很小的缝隙时会产生噪声。就这气流噪声取代了原本由带声产生的音高。因此，如果用耳声说整句话，那么，句中原来的带声就用耳声状态来说,而原来的清声则仍用清声态来说。也就是说,说整句话时不是全部处于耳声状态,而是耳声态和清声态交替出现。耳声和清声的区别我们可以自己来实验一下,试比较 afa(清声)和 ava(用耳声发)。前者只有在唇齿处听得到摩擦,噪声较尖锐;后者在喉门和唇齿两处有收缩点,由于喉门处的摩擦消耗了大部分能量,唇齿处摩擦就很弱,外出气流很少,噪声较闷润(Ashby & Maidment 2005: 26)。耳声没有音高,但有趣的是,使用耳声发汉语音节时,在大部分情况下仍然可以分辨出声调来,尤其是降调与非降调的区别。这是因为如上所说,耳声的噪声取代带声,噪声的大小在很大程度上传达了音高高低的信息,由此才让我们分辨出大部分声调。

2.1.3 复合发声态

六种单一发声中除了喉闭态,其他五种可以组合起来发复合发声,见图 3。图中线条连接表示复合发声态。右面数字表示十三种发声类型(没穷尽),单个数字表示单一发声态。双/三个数字表示复合发声态,例如“51”表示“耳声”加“带声”两重复合发声态“耳带声”等。五种单一发声态分为两类。第一类是“相互独立型”,包括带声和假声。它们可以单独发,也能跟其他类型复合,但它们自己彼此不能复合,也就是没有“假带声”那么一种发声状态。第二类先来看耳语声和嘎裂声。它们都能单独发,也能互相复合,组成“耳语嘎裂声”(52)。还能跟第一类复合成“耳语带声”(51)和“耳语假声”(53),“嘎裂带声” (21)和“嘎裂假声” (23)。还能跟第一类复合后再互相组合成“耳语嘎裂带声”(521)和“耳语嘎裂假声”(523)。最后一个“清送气”,可以和常态带声复合成浊送气(41)。关于清送气的归类,拉佛为它另立了一个第三类"附加型",即不能单独发,但可以和常态带声复合成"浊送气"。但是,拉佛又认为英语里的 *have* 一词开头的 *h*,就是清送气,可见可以单独发。此时清送气跟喉擦音交叉,涉及的是发声和调音的纠缠。喉开态造成的喉擦音,还有喉闭态造成的喉塞音,是发声和调音集于一身的"声—音"。

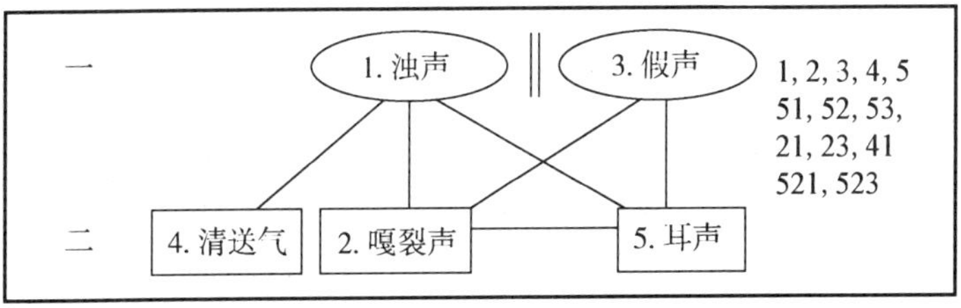

图 3. 五种基本生理发声态及其复合态(据 Laver 1980, 1994 调整)

从生理学角度来分的发声种类固然多达二十多种(Laver 1980,Catford 1977),但是绝大多数并不起语言学的辨义作用,它们表示的是"边缘语言学"的特征,比如不同的感情色彩(咆哮、尖叫、嗲声嗲气等),或个人的嗓音特征(沙哑、沉闷、声如洪钟等)。具有语言学意义的包括五种基本发声态:清声、带声、假声、嘎裂声、喉闭态,两种复合发声态:浊送气和耳带声。这七种发声态,加上一些变体,一共十三种可用于语言学语音学的。其中有些(如清声和带声)每种语言都有,有些(如气声和嘎裂声)较少见,有些(如张声和弛声)是新定义的,还有一个大家很熟悉的、用于高音歌唱的"假声",过去不认为它有语言学意义,只表达惊讶、兴奋等情感。但近年来我们对小称调、五平调、超高调的研究表明，它不但可以作为调位或区别特征出现，还可以作为形态音位出现。耳声本身不起语言学辨义作用，只表示私密等边缘语言学意义，但它跟带声一起构成一个很重要的复合发声态“耳带声”，可以定义语言学语音学中的弛声。

2.2 六类十三种语音学发声态

六种基本发声态中除了耳声，其余五种都用于语言学语音学。复合发声态却是除了浊送气和浊耳声，绝大多数无语言学辨义作用。语言学语音学中的发声态，以前知道有七八种，加上我们定义的假声、张声、喉堵态，综合起来加以重组，可以分为六大类，十三个次类。这些发声态都可在世界语言中发现，而用这么多种发声态，暂时够描写已知语言的发声区别了。

声域	听感	类	发声态	次发声态	种	例
高域	非冽嗓	I	假声	假声	1	á
高/中	冽嗓	II	张声	前喉塞	2	ˀp
				喉塞尾	3	aʔ
中域	冽嗓	III	清声	清送	4	p^h
				弱送	5	p‘
				不送	6	p
低/中	非冽嗓	IV	僵声	喉堵态	7	a͇
				嘎裂声	8	a̰
				弱僵声	9	a̠
低域	冽嗓	V	带声	带声	10	b
	非冽嗓	VI	气声类	浊送气	11	bʱa̤
				弛声	12	p̈a̤
				弱弛	13	p̤a

赖福吉、麦迪森（Ladefoged & Maddieson 1996:48）从描

写浊塞音的角度，根据声门在振动时的开闭度（与送气量大致对应，如果喉下压力不变），把这个连续统分成五个离散的状态：声门打开程度最大的是复合发声的浊送气态，其次为弛声（slack voice），常态带声，然后是僵声（stiff voice），开闭度最小的是嘎裂声。如果考虑声带不振动的情况，再加两种：成阻时声门比浊送气态更开放的清声态，以及成阻时声门比嘎裂声更关闭，实际上是声门完全关闭的喉闭态。此外，如果考虑到清声态声门还有开闭程度区别以及关闭时间区别，则还可分为声门最开放的清送气和除阻时声门已关闭的普通清声（不送气）。因此，赖、麦两氏辨认出七种语言学语音学的发声态（不算送气不送气）。他们的 stiff voice 指的是与声带收缩有关的喉部轻微紧张、声带轻微僵硬。他们举了两个例子，泰语浊爆音和朝鲜语的硬清爆音。其实这里可以分为两个概念：泰语浊爆音是与低调相关的、涉及声带中央收缩和内收紧张的僵声（stiff voice）；朝语硬清爆音是与中、高调相关的、涉及声带纵向紧张的张声（fortis voice），其性质类似于吴语中的前喉塞清辅音，详后。

3. 发声态的音节学分类

3.1 由发声态定义的三个音节学声域

以上六类十三种语音学发声态的语言学/音节学功用始终不明确。赖福吉他们是从声门开闭程度来定义发声态的，但这条生理学标准无法与音节学的区别特征等对应起来。尽管这十三种发声态都应用于语言交际，但从音节学角度来看，分十三种显然是不必要的。做个类比，声带起振时 VOT 是个量度爆发音带声与否、清声送气与否的参数。它是一个连续统，实际量度上要多少种就可以分出多少种，但音节学上只需分出三至四类就够描写所有语言中的常态爆发音了。同样，声门开闭度是个连续统，但音节学上显然用不着分相应的十三个类。再说，嘎裂声、前喉塞张声、假声的区别不是声门开闭度，而是紧张度（这也是一个连续统），而且还是不同部位的紧张，难以直接比较。所以，从语言学/音节学角度来分类，还需重新考虑。

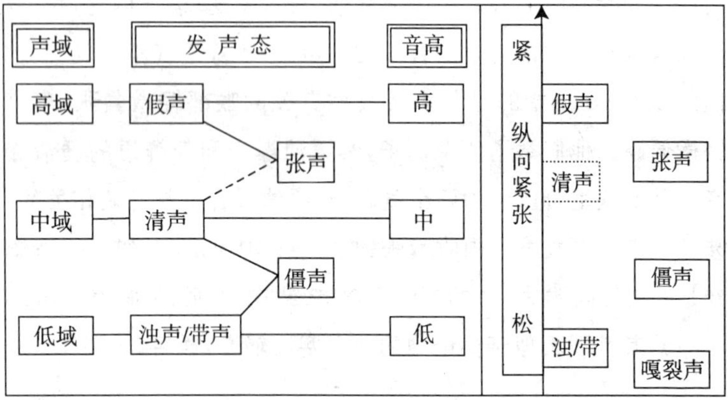

图 4.【左】定义“高、中、低”三个声域的六类发声态，【右】与声域对应的发声态与声带纵向紧张的关系。

从这一点来看，研究声调语的学者便多了一个视角，多了一个切入点。无声调语言中也有多于一种发声态的，但大多只起边缘语言学的作用。它们有时有音位对立（如清浊），但又可处理为音段区别，所以声域对于它们来说是个游离于语言学中心概念之外的因素。对于声调语言来说，发声态可以用来定义“声域”，而声域是描写声调时音高之后第二个参数，对声调感知、分类、音系处理都有决定性的影响。从声调音节学角度来看，有些发声不会起区别声域的作用，即不会同时出现；或者即使同时出现，也只是互为变体。因此，音节学上只需定义“高、中、低”三个声域，与之相应的发声态也可归并为三组，它们按可能引起的音高高低排列如图 4 左。高域由假声定义。中域由清声定义。张声一般不能独自定义一个声域，有时它是清声的一个变体，但如果假声出现，张声就会和假声共组一个高域。低域由带声和气声定义，这个“带声”指的是带声爆音，而不是元音和响音就能定义一个低域的。还有一个最低的嘎裂声及其变体僵声，是否能独自定义一个独立的超低域还未有定论，最有可能它只是低域的一个实现变体。定义三个声域的最大理据来自声调的描写和处理，见下节。

前文提到声带纵向紧张度从高到低是“假声/喉闭态＞带声＞嘎裂声＞气声”，这些关系解析在右面的附图中。纵向紧张度轴上假声和前喉塞张声处于高端，带声、气声、嘎裂/僵声在低端，气声最松指的是浊送气，弛声则稍松于带声，但不比嘎裂声松。由于浊送气是辅音的性质，而此处声域是为声调设置的，声调又是韵体元音的性质，所以右附图中的浊送气可以免去。清声主要也是辅音的性质，但如果与浊塞音在声母位置上有对立时会系统影响后接元音的音高，所以定义声域时需要它。喉闭态包括韵尾喉塞音和前喉塞。前喉塞亦是辅音性质，但同样系统影响后接元音的声调，所以由它可以定义一个张声。喉闭态的一个变体韵尾喉塞音和嘎裂声的一个变体“喉堵”由于造成无声状态，所以都没包括在内，因此图 4 中一共是九个发声态，定义了三个音节学上足够充分的声域。高端的发声态属于纵向紧张度高并且（后接元音）音高也高的高域，低端的发声域则属于纵向和音高都低的低域，中间留给清声。这样，音节学三个声域的划分既有生理学基础，又有声学相关表征，还符合语言学中观察到的现象。

3.2　分域四度标调制

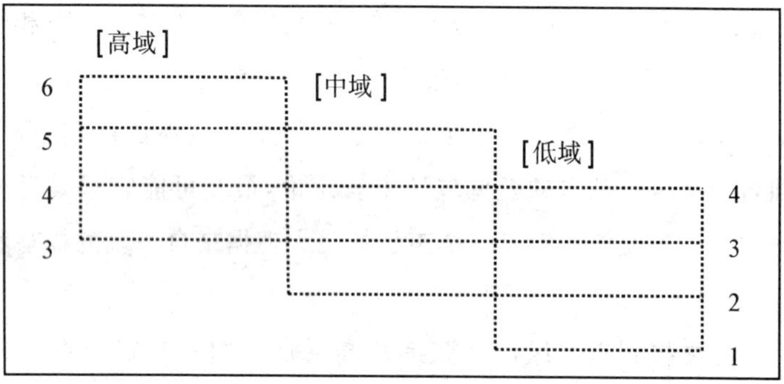

图 5. 三域六度的声调模型

使用由发声态定义的三个声域，以及每个声域中的四度音高，可以得到一个分域四度的标调框架，见图 5。发声简单的语言只有一个中域，官话、粤语方言是单声域的。分两个域的语言/方言主要在吴语和湘语中，或者如吴语分中域和低域（气声），或者如岳阳话分中域和高域（假/张声）。分高中低三个域的语言极少见。从经验上来说，三域六度是最多的了。所以在标写吴语、湘语的声调时用两域共五度，标写官话、粤语、客家话时就用单域四度。这样做的好处之一是单声域中的声调（如天津、北京话声调),可以和吴、湘语双声域的中域声调(如苏州话的阴调类、岳阳话的中域调)进行比较,详见朱晓农(2006b)、朱晓农等(2010)。

4. 清声和带声

清声和带声是所有语言中都有的,是最常见的发声态。简单地说,发清声时声门打开,声带不振动;发带声时声带正常地振动。清浊主要是个辅音问题,而且是阻音的问题。元音和响音(鼻边近)一般都是浊的,它们尽管有时也会清化,但都很少见,而且大多不作为区别特征。清浊过去处理为音段区别,其实是个发声上的问题。"清浊"的完整名称是"清声"和"带声",而不是"清音"和"浊音"。"清音/浊音"是"清塞音/浊塞音""清擦音/浊擦音""清阻音/浊阻音"的缩略语。

4.1 带声

发常态带声时,声带内收,微微合上并振动。带声是发声态中最普通的一种。发声时三种肌肉紧张,纵向、横中、内收,都处于中性状态,不紧也不太松。气流周期性地冲破声带,由此引起声带振动而发声。关于声带振动,有几种理论来说明,其中肌肉弹性空气动力理论最为流行。这个理论最早起源于两三百年前。几十年前范登堡 (van den Berg 1968) 做出了被广为接受的解说。他认为喉下压力增大,从而冲破声门。由于空气流失而喉下压力降低,在声门处产生伯努叶效应,也就是负压,把打开的声带又吸回合拢,与此同时,声带本身由声带韧带、环甲肌等的张力造成的弹性恢复力也帮助声带回复合拢。于是喉下空气重新积聚，气压上升，再次冲破声带。

辅音分阻音和响音两大类。尽管清声和带声是所有语言中都有的，但具体到清阻音和带声阻音的对立，则不是所有语言都有的。全世界大约三分之二的语言中存在清带塞音的对立，如英语、法语、日语、泰语等。其余三分之一如汉语，其大部分方言中没有清带阻音的对立，只有清阻音 p，t，k，s，ɕ，ʂ 等，而没有相应的带阻音 b，d，g，z，ʑ，ʐ 等。只有在吴语、部分湘闽赣语中有“浊”阻音存在，具体语音性质此处不赘。阻音中清声比带声常见，但响音正相反，它通常都是带声的。清响音如“清鼻音”“清流音”难得出现，偶尔也会跟带响音对立。元音一般也都是带声的，清化的元音偶有所见，而且一般不跟普通带声元音对立。有些澳洲土著语中有不形成对立的清、带塞音，出现于词中不同的位置。

4.2 清声

清声的性质与带声相反，发声时声带打开。清声根据声门开闭时间和程度，分为送气和不送气两种形态。发不送气清声时，声门最开时是在除阻前大约 30～50 毫秒；发送气清声时，声门最开时是在除阻时。发送气清声时声门的打开程度为声门最开时(呼气态)大约 60%～95%，临界气流量率为 250～300m^3/s。低于这个临界值的，气流经过喉门时不会产生湍流，听不出喉部的气流摩擦声。发清擦音 s，ɕ 时气流量率低于这个临界值，发送气清爆音时则大于这个临界值，送气最强时可达 1000 m^3/s。清阻音 p，t，k，s，f 等是最常见的辅音，尤其是龈清爆音 t，几

乎所有语言都有。清爆音的送气不送气对立在声母位置上很常见，但作为韵尾对立极为少见，亚美尼亚语中有这样的例子（据UCLA 语音室资料）：kap“债券”～ kap^h“俱乐部”| mut“入口”～ mut^h“珠宝”。

4.3 初振和送气

“初振”VOT 的全名是“声带初振时”（voice onset time）。初振定义的是一个时间跨度，以爆发音的除阻时为原点，量度声带振动开始的时间：声带初振时＝声母辅音爆发时－声带振动时，以此定义三个常见发声态：带声、清声、清送。图 6 中“0”点处表示爆发音除阻时，带声用波浪线表示。如果带声发出在除阻之前，那么初振值是负的，这就是常态带声爆音。如果带声发出在除阻之后，那么初振值是正的，这是清爆音。如果这个正值很小，甚至为零，那么这个清爆音是不送气的。如果那个正值较大，那么就是送气清爆音；如果正值非常大，那就是强送气音了。

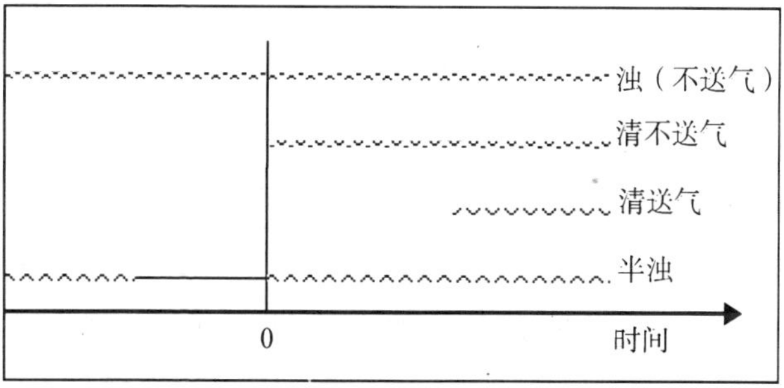

图 6. 初浊示意图，0 点处为除阻时。

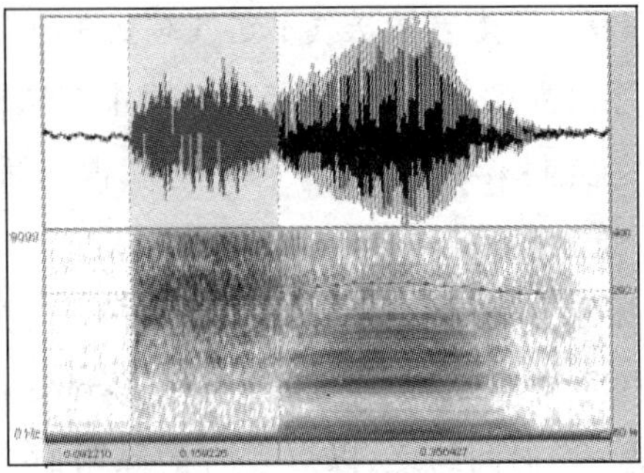

图 7. 松陵话“披”p^hi_1，VOT 160 毫秒。

初振值还是其他一些参数的函数，例如同样是不送气，(1)被动部位越往后，VOT 越长；部位靠前如 p，t 初振值就小，一般只有 10 毫秒；部位靠后如 k，初振值就大，可能 20 甚至 30 毫秒。此外，(2)成阻部位接触面越大，VOT 越长；(3)调音动作越快，VOT 越短。

同样的音在不同语言中其初振值是不一样的，例如法语中带爆音 b 的 VOT 为 −100 毫秒，清声 p 的初振值小于 10 毫秒，甚至常有接近于 0 的，跟上海话中不送气清爆音 p 相似。北京话的清不送气 p（赵元任标为清化浊音 b̥）稍长，有 13 毫秒（$n=4$）。英语清送气 p^h，VOT 有 60 毫秒左右，但 Navajo 语中送气的 k^h，VOT 长达 150 毫秒（Ladefoged 2005：146）。汉语南昌话据赵元任说(1935)送气段很长，但仍远短于 Navajo 语。据我们对南昌话舒声字的 p^h 声母 VOT 测量结果为 116 毫秒（$n=4$），长于北京话 p^h 的 103 毫秒（$n=4$），上海话 93 毫秒（$n=3$，舒声字），太原话的 86 毫秒（$n=3$）(据侯精一 1999 材料测量)。我们录到的方言中最长的 VOT 有 160 毫秒，见图 7 吴语吴江松陵话语图，图中纵轴刻度左为宽带图频域，右为基频，后同。

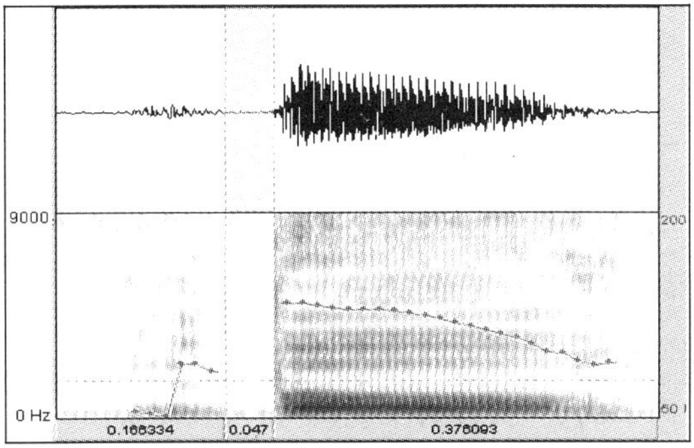

图 8. 佤语 bo31“臼”，实现为半浊音 bb̥。声母全长 137 毫秒，前 90 毫秒真，后 47 毫秒清化。

美国英语的带声爆音有清化现象。Newlett & Beck (2006：115—116) 认为他们在词首位置已清化，但在词末或词中仍保持带声。此前赖福吉认为是半带声，带声只能维持很短一段时间，然后声带不再振动，像清塞音持阻阶段，然后再爆发，见图 6 中的半带声示意线。“半带音”的例子见图 8。“半带”还有一种理解，指持阻前段清声，后段带声（Catford 1988）。

注意，对于浊送气爆音来说，初振的概念不适用，例见后文图 9 印地语语图。浊送气 bʱ 和常态带声 b 一样，初振值都是负值，两者无以区别。初振的概念如果要适用于送气浊爆音，需加修改，比如把它分解为辅音初振和元音初振。不过，即使这样，依然对付不了带弛声、嘎裂声等的辅音。初振的概念40多年前由Lisker & Abramson(1964)提出，当初很有一番雄心，以为找到了一个统一的参数来描写所有爆发音。现在看来他只能区别常态带声、清不送气和清送气三类爆发音。还有很多类型的辅音与发声态相关，如浊送气、弛声、嘎裂声辅音等都不能以初振来区分。还有非肺部气流的内爆音、喌音、喷音，初振的概念也不适用(朱晓农 2008)。当然，清浊和送气与否是爆发音最常见的两对特征，据此能区分世界语言中最常见的三类爆发音。对于发声态简单的英语、官话来说，初振可以反映出一定的语音性质，所以也算有用。但对于很多汉语方言和民族语中发声态和气流机制多样化的各类爆发音，初振这个参数便嫌不够，甚至没什么用。

5. 气声

5.1 概念和术语

本节内所要讨论的发声态一向是歧义纷扰之处。比较熟悉的相关名词有“浊送气”“浊气流”或“浊流”等。下面先把本文中概念系统交代明白，然后再简单回顾有关的名词问题。气声即“气带声”(breathy voice)，指声带振动的同时有气流呼出，造成浊音有呼气声或喉门摩擦声。气声按气流强弱分两类：强的是“浊送气”，弱的叫“弛声”，有关性质见下表：

	声门状态	气流	语图表现
弛声	软骨声门打开，韧带声门微开	小	爆音后无送气段，噪声表现在后接元音上
浊送气	打开，为呼吸时一半大小	大	浊爆音后有一浊送气段

弱气化的弛声实际上是整个音节的性质，其声学表征主要出现在韵核元音的前半部分（详见§5.3）。如果前面声母是响音，可会有弛化即弱气化现象。如果前面是爆发音声母，则要看是清还是浊。如果是弛声清爆音，它本身没有声学表征，声学表征表现在后接的弛化即弱气化元音上。如果是弛声浊爆音，那么它和后接元音都有弛化现象。强气化的浊送气主要是声母塞音的性质，表现为浊爆音后有浊送气。“清爆音加浊送气”的现象未发现，见下表中三种“浊流”。“清音浊流”不是指“清爆音加浊送气”pʱa 一类，生理上如此调节喉门状态恐有困难（不过清擦音和后接元音之间由于协同发音/时间错配而产生一小段气化元音甚或浊送气倒有可能），而是指清爆音加气化元音如 pa$_{ɦ}$，这等同于弛声 p̈a̤。

	浊送气	弛声
清爆音	* pʱa	p̈a̤　吴语、湘语、苗语（清音浊流）
浊爆音	bʱa̤ 印地语、乌尔都语	b̤a̤　佤语、苗语

弛声（slack voice）是个新术语（Ladefoged & Maddieson 1996）。此前有四个术语分成两组：

（1）气带声/浊送气（breathy voice / voiced aspiration）；

（2）耳带声/哞声（whispery voice / murmur）。

语音学家在使用这两组术语时有分歧。赖福吉（Ladefoged 1993）不分，但卡福（Catford 1977）和拉佛（Laver 1994）都分。卡福说“耳带声”可以叫作“哞声”，但要是叫成“气带声”，那就错了。拉佛认为印地语中的“浊送气”即“气带声”，高速气流从半开的韧带声门间冲出，中央紧张度很低，声带松软，振动时微带送气，声门自始至终未完全关闭。而发“耳带声/哞声”时，气流从打开的勺状软骨之间的软骨声门中流出，中央紧张度高，软骨声门打开，韧带声门振动。拉佛的分类理论上说清了两端情况，气带声和耳带声在概念上可以分清，气带声是清送气加带声的复合发声态，耳带声是耳语声加带声的复合态。但由于韧带声门和软骨声门的开闭、中央紧张度等都是连续统，具体操作时很难区分。而赖福吉的定义标准是根据气流量大小来区分浊送气和弛声。这个标准定义明确，较易掌握。更重要的是，语言学中的气声不用去跟生理上的复合发声态对应，有强弱两类足以应付。其实，就这两类也没见过有音位对立的。

我们采用赖福吉的分类，也用他的术语“弛声”，但不用“气带声”，而用“浊送气”。两者的上位概念是“气声”。由于“浊送气”主要出现于南亚和西非，东亚语言中一般是弛声，所以在无歧义的情况下就用“气声”这个更普通的名词代指“弛声”。就像“卷舌音”也主要是南亚特征，我们借用来代指“翘舌音”一样。因此，乐音的附加色彩 breathy voiced [..] 译成“气化”，实质上是“弛声化”，而不是“浊送气化”。

5.2 浊送气

浊送气主要声母浊爆发音的属性，不过也延伸至后接韵核元音使之气化，所以把它看作是整个音节的属性也未尝不可。有浊送气的语言不算少，其中研究得最为充分的也许是印地语，下面是印地语塞音四分的例词和例图：

	双唇	齿	卷舌	软腭
清不送气	pal"照顾"	tal"打"	ʈal"打"	kan"耳朵"
清送气	p^hal"刀刃"	t^hal"牌"	$ʈ^h$al"牌"	k^han"煤矿"
浊	bal"头发"	dal"扁豆"	ɖal"扁豆"	gan"歌"
浊送气	$b^ɦ$al"前额"	$d^ɦ$ar"刀"	$ɖ^ɦ$ar"刀"	$g^ɦ$an"一捆"

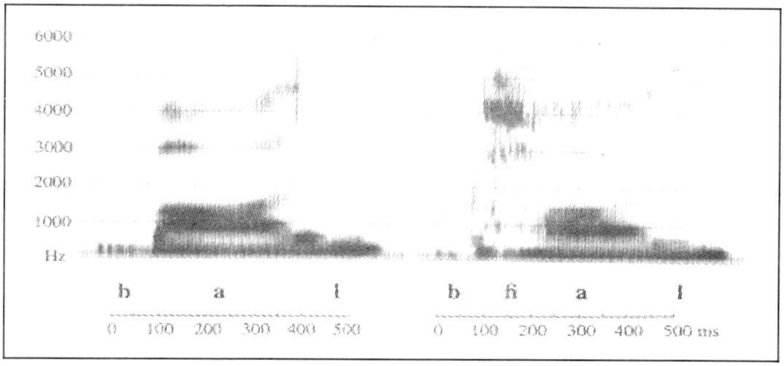

图 9. 印地语【左】常态带声 bal"头发"，【右】浊送气 $b^ɦ$al"前额"。据 Ladefoged & Maddieson 1996：59，Fig 3.6。

图 9 右小图是浊送气 $b^ɦ$，强摩擦出现在 4000～5000 赫兹处，3000 赫兹处有弱摩擦，这跟元音 a 的第三和第四共振峰相符。前面提到对送气浊爆音来说，初振的概念不适用。左小图常态不送气浊爆音除阻前，左面有一段带声杠，初振为 −100 多毫秒。右图 $b^ɦ$ 除阻前也有一段不到 100 毫秒带声杠，所以浊送气的 $b^ɦ$ 初振值也是个负值，无以区别于常态带声。

发印地语浊送气塞音时，环甲肌 CT 活动较弱，这表明声带较为松弛。声门的开放程度约为呼吸时的一半,高速口腔气流,喉下气压像清送气音一样急速下降,并给后接元音的高频处造成乱纹,基频的声学能量高于第二谐波(Dixit 1989)。Maithili语的浊送气塞音情况类似。此外,浊送气音声门打开时间比清塞音晚(Kagaya & Hirosa 1974)。清不送气音声门打开是在除阻前约 80 毫秒,约与成阻同时。清送气音声门打开在除阻前 60～70 毫秒。而浊送气音声门打开是在除阻前 40 毫秒。声门打开程度方面,浊送气音与清不送气相当,都不及清送气音的一半。但是声门最开时,浊送气音与清送气音相当,都在除阻时,而清不送气音声门最开时是在除阻前 30～40 毫秒时。就是因为这种声门打开的时机,造成了浊送气音和一般浊音的声学区别主要在于后接元音上。因为除阻时声门还相当开放,所以在发后接元音时听得出有噪声。这在清喉擦音后更明显,如英语 happy 词首的 h 在从擦音过渡到后接元音的瞬间就有一小段"浊送气"(Catford 1988：55)。

有浊送气的语言不算少,大多在印度次大陆,像是南亚的一个区域特征,如印欧语系印度—雅利安语族的印地语、信地语、乌尔都语、Marathi 语、Gujarati 语、Nepali 语(印度、尼泊尔、不丹),藏语支的 Newari 语(尼泊尔),以及印度南部达罗毗荼系的 Teluku 语、南亚语系中的 Mundari 语等。南亚以外,非洲有一些语言也有气声,如西非尼日利亚的 Igbo 语,南非和斯威士兰属于南班图语的 Tsonga 语,博茨瓦纳的! Xóõ 语。美洲个别语言也有,如墨西哥 Mazatec 语。图 10 是西非 Igbo 语的两个例图,右小图中的浊送气在语流中大多变成了清送气。

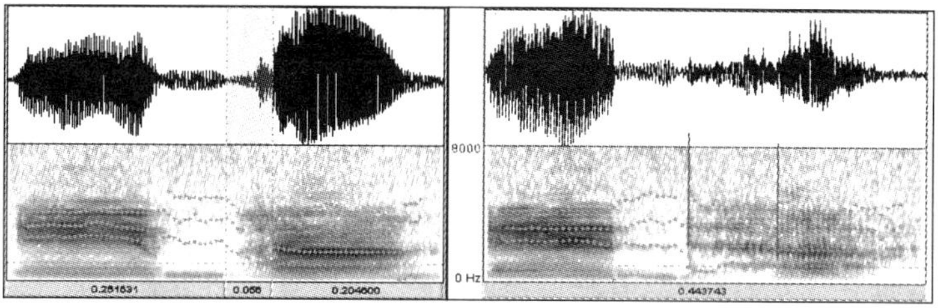

图 10. Igbo 语中的浊送气。【左】íb^{ɦ}a“削皮”，浊持阻，浊送气有 56 毫秒。【右】íd^{ɦ}a“摔倒”，送气段（两条实竖线间）只有前面一小段 10～20 毫秒是浊的，后面变为清送气，长达 100 毫秒。据 Ladefoged UCLA 语音库。

汉语方言中偶有浊送气的报道，如四川的湘语永兴话（崔荣昌、李锡梅 1986），据我们对同一地点的实地调查，其确切的语音性质其实是弛声。赣语也记录到有浊送气，如永修、德安（刘纶鑫 1999）：拖驼 d^{ɦ} | 拍白 b^{ɦ}。根据我们对北部赣语 32 个点的考察，发现有常态带声以及作为同位音的内爆音，但没发现浊送气。藏缅语中偶有浊送气的，图 11 是碌曲藏语中一个作为音位变体出现的例图（龙从军录音），浊爆音 g 很长，近 170 毫秒，前面小有漏气，接下来有一小段浊送气 33 毫秒，底线上有带声杠，元音开始后有 80 毫秒气化很严重。

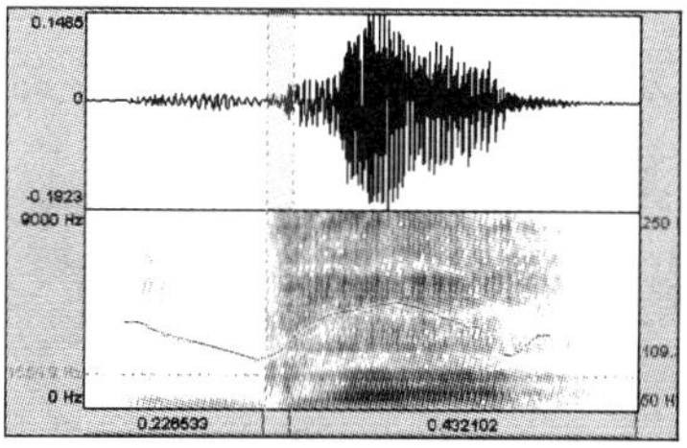

图 11. 碌曲藏语浊送气 g^{ɦ}ɐ“高兴”

5.3　弛声

弛声的综合物理性质（生理、声学和空气动力学）并不单单是声母塞音的特征，而是整个音节的属性，它的声学特征则主要表现在后接气化元音的前半部分。弛声音节的声母爆发能量较小，听感较闷较软，声道壁较松软，呼吸肌力增长较慢，成阻接触面较小，成阻点后的气压较低，持阻时间较短，后接气化元音，起音频率较低，声母为清阻音的多于浊阻音。佤语、苗语中清浊阻音都存在，吴语中只有弛声清阻音（弛声响音当然也有），那就是语言学界名称耳熟能详但实质依然需要澄清的“清音浊流”。下面先来看弛声清爆音，再看弛声浊爆音。

5.3.1 清爆音弛声音节

吴语中的“清音浊流”自 1920 年代为刘复、赵元任发现以来，一直是语音学、方言学中的兴趣焦点之一。下表给出吴语上海话几对清爆音的例字。

	唇	齿	软腭
清送气	$p^{h}a$“派”	$t^{h}a$“太”	$k^{h}a$“卡”
张声清不送气	pa“摆”	ta“带”	ka“假”
弛声	p̤a̤“败”	t̤a̤“汰洗”	k̤a̤“茄”

这种“浊流清音”尽管音节学上一般处理为辅音清浊的对立，或者处理为多层次模型中的一个独立的发声层（朱晓农 2005a），它的可感知的语音性质表现在后接元音上。图 12 右小图给出一个上海话的弛声例子，左小图是作为对照的上海话中的有前喉塞的张声硬清爆音。图 12 显示：(1)两者都是清爆音，但左面的张声硬爆音后的紧硬元音，比起右面的弛声爆音后的弛化元音来，声波振幅大，宽带图中的共振峰带更黑。(2)弛化元音的能量较小。弛声宽带图中周期脉冲之间模糊一片，带有摩擦成分，不像张声元音的脉冲一黑一白，清清楚楚。(3)发张

声元音是声门常态性一开一闭，而发弛声元音时闭相阶段声门并没关闭很严，声带振动同时，还有漏气的“浊流”。

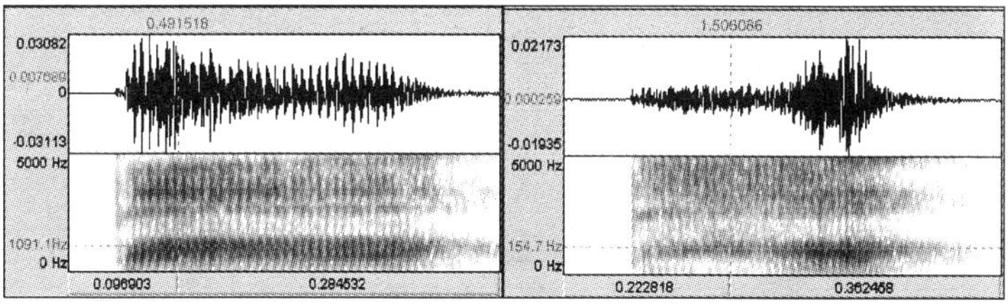

图 12. 上海话【左】张声音节 pa“摆”，【右】清弛声气化音节 p̈a̤“败”。

Bickly (1981) 曾提出一个确定气声的声谱特征：即第一谐波(基频)的能量大于第二谐波(H1＞H2)。或者更精确点，气化元音的 H1 与 H2 的能量差，显著地大于普通元音的 H1 与 H2 的能量差。这个方法在很多场合适用。图 13 是佤语常态元音和气化元音的对比，上面声波/宽带图中各有一条竖虚线，在此处获得的截面图见图 13。可以看到，左面常态元音的 H1 能量小于 H2，而右面气化元音的 H1＞H2。

爪洼话中也有张声和弛声的区别，例见下。张声听感上表现为“硬”“紧”。

张声	paku“指甲”	tamu“客人”	tsariʔ“张(纸)”	ʈiʈʔ“小”	kali“河”
弛声	p̈a̤ku“标准”	t̤a̤mu“吹”	t̤s̤a̤rit“一种女装”	ʈ̈i̤siʔ“第一”	k̤a̤li“掘”

朝鲜语的软塞音有很多方面像吴语的弛声清爆音，如爆发能量较小，声道壁较松软，持阻时间较短，后接元音的音高较低，尤其是听感较软。费国华先生认为印地语的浊送气听上去一点不像吴语的清音浊流，尽管都叫作“气声”。最像吴语清音浊流

的就是那奇怪的朝鲜语软塞音。不过,朝语软塞音后接元音上的乱纹很少,表示气化程度较低。进一步讨论见后“张声”一节。

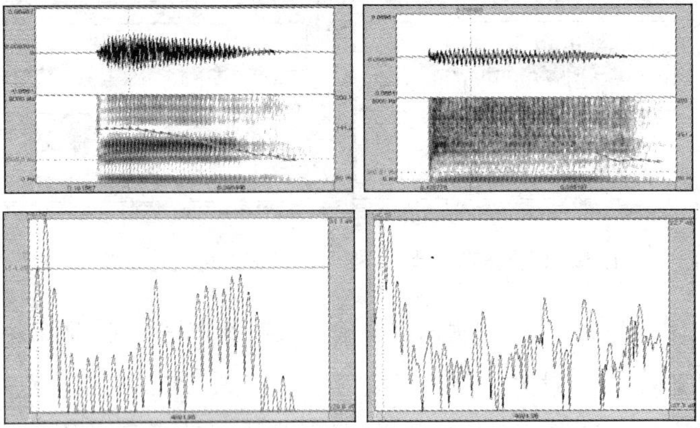

图 13. 佤语【左】常态 pi“短笛”,【右】弛声 p̤i̤“忘记”。【上】声波/宽带图,【下】截面图。

5.3.2 浊爆音弛声音节

“弛声浊爆音”很罕见,图14给出石门坎苗语中的一个例子。图中底线处两条小竖线之间是塞音持阻期,这儿有一排“浊声杠”,表明是浊辅音b。第二根小竖线处即爆音除阻时。后面元音阶段有相

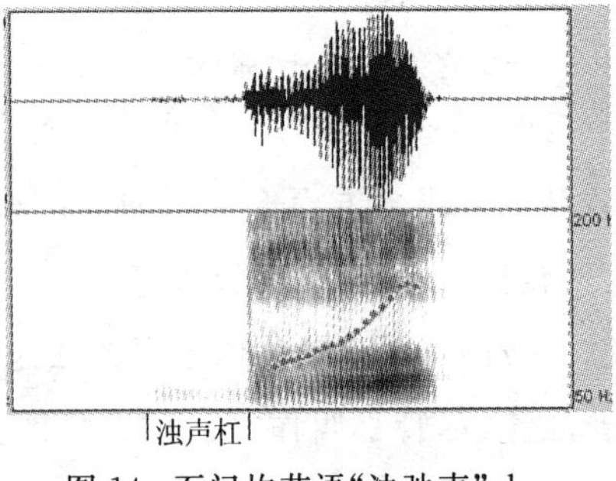

图 14. 石门坎苗语“浊弛声”:b̤ə̤。

当一段音强较小，高频处脉冲直条不清晰，表示有漏气造成的噪声。

佤语中有“松紧”元音之别，它的紧元音是普通发声，松元音是弛声。佤语的浊爆音也分松紧，紧音是常态浊爆音，松音是弛声浊爆音。和元音对立一样，弛声浊爆音(H1-H2)的差值，大于常态浊爆音。图 15 左面两幅图中是常态浊爆音，左上图中的虚线通过浊爆音中间，此处获取的截面图显示在左下小图中。可以看到 H1 比 H2 小 3.4 分贝。右面两幅小图中是弛声浊爆音，在竖虚线处获得的音强信息显示在右下小图中：H1 比 H2 大 6.1 分贝。

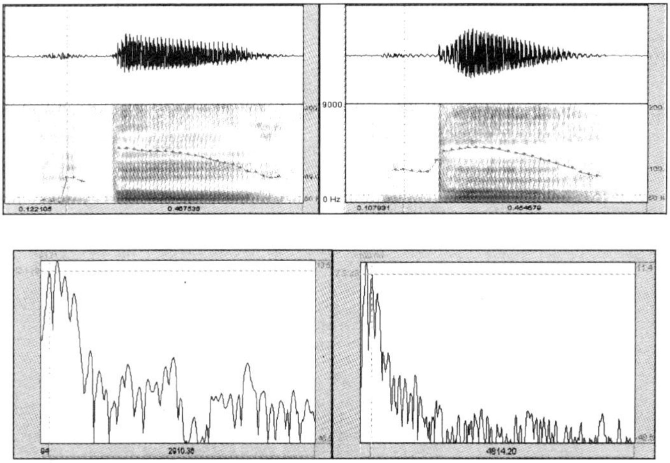

图 15. 佤语浊爆音。【左】常态浊爆音 bo“臼”，【右】弛声浊爆音 b̤o̤“夜晚”。

上面谈的是清浊爆音的情况，弛声还涉及响音，吴语、苗语中都有，见朱晓农(2007)。还要指出，H1-H2 值这个参数并不是在每一个人每一个音节上都能体现的。吴语中有时气化程度不高，就会出现反例，此时可运用其他参数，例如 H1-F1、H1-F2 的能量差、谐噪比、开商等等。

6. 嘎裂声

6.1 嘎裂声的性质

发声机制——嘎裂声(creaky voice)是一种“发声”,而不是“调音”。带嘎裂声的音可简为“嘎裂音”。嘎裂声的发声机制很特别。发声时,声带强烈地往中央收缩,而不是像发喉塞音那样往两端拉紧。结果声带收缩得又短又厚,大约只有正常发带声时的三分之二长短。发声时喉门后部两边的勺状软骨紧闭,并紧拉住声带后部。声带从后部到中前部大部分都不振动,只有前部一小段漏缝,气流很小,溢出时振动这一小段的声带。

声学特征——由于声带厚实僵硬,所以嘎裂音频率极低,远远低于发音人声域的最低限。有时低到只有 30 赫兹。声带振动时很不规则。由于基频太低而且常常不规则,所以有时无法测到基频,或者测到也不规则,忽高忽低,时有时无。表现在基频曲线上就是中间折断了,见下图。

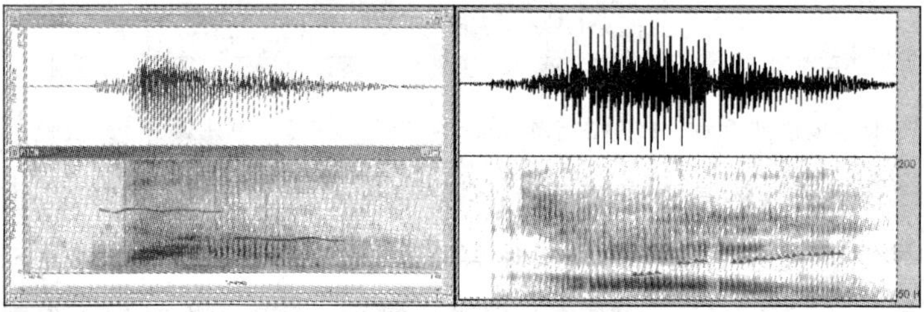

图 16.【左】浙江仙居塘弄村女发音人“岛”ɗɔ̰,【右】广东韶关男发音人“捞”laṵ。嘎裂声国际音标用下加浪线[~]标识。

图 16 左图元音前半段是正常发声，后半部带有嘎裂声。声波图中大约从元音的一半处，振幅减小，波形突然变得不规则，间隔增大，表示音强和频率都下降了。下面的宽带图从这地方起变得稀疏，表示基频突降。前半段在 200 赫兹上下，后半部突降至 100 赫兹，而且到最后也没恢复正常。右图例字中间有不规则波纹，中间有两处明显的断裂处，由嘎裂声引起。

嘎裂声一般体现在元音上，是元音的附加特征，个别情况下整个音节都会嘎裂化，此时的带声母辅音也会嘎裂化，如 Hausa 语中的b̰。西非 Fula 语中有常态浊爆音和嘎裂化爆音的区别。云南绿春哈尼话有松紧元音之分，紧元音是嘎裂音。有很多紧元音音节整体都很紧，整个音节嘎裂化了。这种音节中的浊爆音声母有些持阻期非常长，几达 200 毫秒，常常呈现如图 17 中所示的嘎裂化弱内爆，其特点是起音低，音强小，但持续较长。

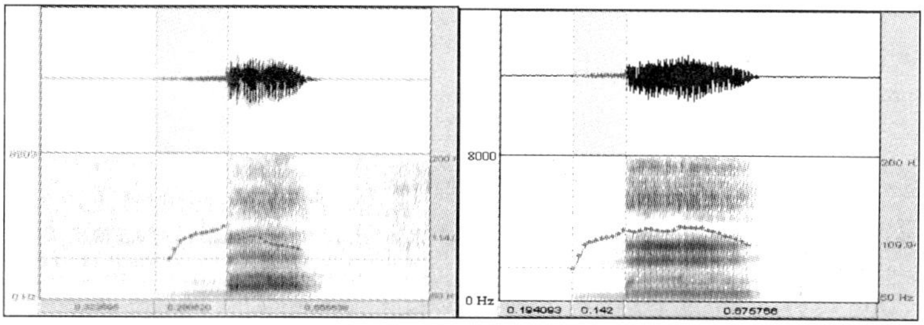

图 17. 哈尼话的嘎裂化内爆音。【左】ɓa̰ ^{31}“抬”，【右】ɓɤ̰ ^{33}“射击”。

嘎裂声的生理和声学特征是在最近二三十年来随着实验语音学的进展才逐渐明了的。此前有不下二三十种比喻性叫法，如 pulsation（突突声），trillization（颤裂声），glottal/vocal fry，

fry voice（油炸声），以及最常见的 laryngealization（紧喉音）。中文则有：中喉塞、中折调、气泡音、油炸音、挤喉音、紧喉音、嘎吱音、吱扭音、不连续成分、间歇调、韵母中的间歇、短暂的闭塞成分、紧喉音节等等。其中以“中喉塞”最为流行，“中喉塞”指的是元音之间的普通喉塞音。这很常见，只要延长 a～～～，中间时断时续，就得到中喉塞的 aʔaʔaʔa。在实际语言中如“西安”ɕiʔan 中间有个喉塞音。中喉塞与嘎裂声的共同点是音节和声调中间都像折了一样，喉门都要关一关。不过它们的发音生理截然相反：中喉塞是往两端拉长声带来关住声门，从而“塞住”声音；嘎裂声是朝中间收紧声带来关住大部分声门，从而“塞住”声音。两者声学特征也不同：喉塞音引起升调，嘎裂声导致降调。因而听感也不同：中喉塞的声调听上去中间像是往上翘了一下，而嘎裂声却像是中间往下折断。与嘎裂声相似的另一种喉门阻塞是“喉堵态”，详后。

6.2 嘎裂声的语言学功能

嘎裂声在汉语中的分布——嘎裂声最早是赵元任发现的，那是 80 年前，世界语音学还在襁褓之中。嘎裂声在汉语中分布很广泛，如吴语台州方言（赵元任 1928，朱晓农 2004b，Zhu 2006）、粤北韶关土话（赵元任 1929，朱晓农、寸熙 2003）、桂东一些方言（麦耘 2007，2008）。最近我们又在潮州、潮安、泉州的闽南话中发现有嘎裂声。根据了解到的一些非正式材料，在湖南、江西、福建、安徽、山西等很多地方都有嘎裂声，有待进一步核实。嘎裂声并不是个很罕见的现象，在日常随意说话中，低调字如北京话的上声、广州话的阳平、缙云阴上、仙居塘弄阳平等，时时伴有嘎裂声。此时的嘎裂声只能算是低调的伴随特征。

嘎裂声原来是全台州方言的地方特征。由于东南部沿海发达地区语言变化较快,嘎裂声已经消失;但在西部和北部较偏僻的地方还普遍存在。嘎裂声出现于阴上和阳上,是声调的显著特征。最近在广西藤县岭景镇话的阴去声中也发现了嘎裂声。图 18 是个例图,fən 的结尾处(横跨上下图的竖线后)有嘎裂声,最大的脉冲间隔为 20 毫秒,换算成基频只有 50 赫兹。发音人的这个降调是从 225 到 180 赫兹,50 赫兹是远远低于她的一般发声态的频率下限。

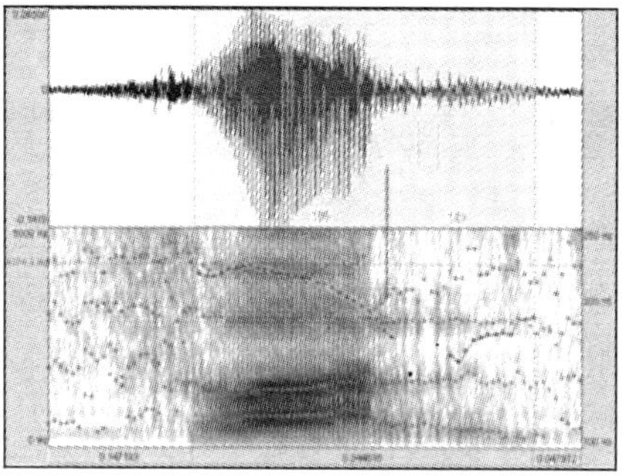

图 18. 广西藤县岭景镇话女声"粪" $fən^{41}$(麦耘录音)

作为区别特征——嘎裂声在台州方言片中是阴上和阳上的显著特征,但到底是区别性的还是音高的伴随特征,可以有两种处理方法。如果说嘎裂声在台州方言中还有冗余度,那么在广西最东部一些方言中成为造成最小对立的唯一特征。例如藤县岭景话的阴阳去声仅仅以嘎裂声作为区别特征与阴阳平对立(麦耘 2008)。又如贺州市八步区厦良村的八都话中有两个是高降调(麦耘 2007),它们的区别就在于一个是普通的高降调,一个是嘎裂化高降调。图 19 中两个声调的起点相同(178～181 赫兹)。音节末的嘎裂声造成了八都话两个高降调之间的唯一对立,嘎裂声成了音位。对于这对声调的对立五度制无法标写,因为都是 [51]。使用分域四度制可以解决这个问题,阴去为中域 [52],阴入低域 [40]。

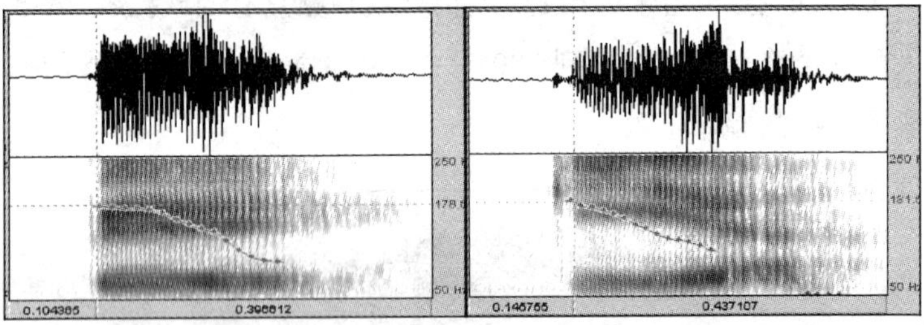

p e [52] k i ə [40]

图 19. 贺州厦良村八都话阴去和阴入(麦耘录音)。宽带图频域为 0～4 千赫,上有基频曲线叠加。【左】阴去字“变” pe,【右】阴入字“杰”$ki^{ə}$。

作为语素——嘎裂声不但有在辨别声调时起到区别特征的作用,而且在构成小称调这个语素时起了作用(朱晓农 2004a)。这时的嘎裂声起到了形态音位的作用。小称调一般都是以高调来表达,嘎裂声的作用就是用压到超低调的方式来突显后半截正常调的高。

6.3 僵声和喉堵

简单地说,嘎裂声发得不足便是僵声,发得过分便成了喉堵。

“僵声”(stiff voice)是赖福吉和麦迪森(Ladefoged &

Maddieson 1996）提出的一个发声态，指与声带收缩有关的喉部轻微紧张、声带轻微僵硬。尽管他们的这个概念比起往日的“紧喉”(glottalization)的宽泛含义来收敛了很多，但仍然多义，包括从泰语低沉浊塞音到朝鲜语脆硬清爆音两种不同状态的声门活动。其实这是两种情况，前者与低调相关、声带中央收缩很紧，临近但还没有产生嘎裂声，这是“僵声”(stiff voice)。后者与高调相关，涉及声带纵向紧张，类似前喉塞，这可另叫“张声”(fortis voice)。

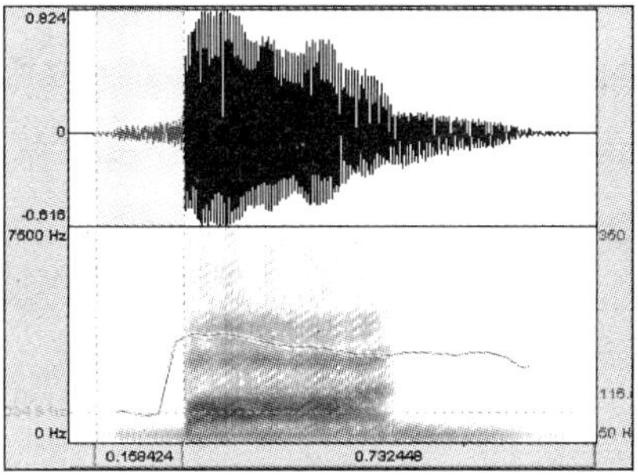

图 20. 泰语僵声内爆音 ɓan“开花”

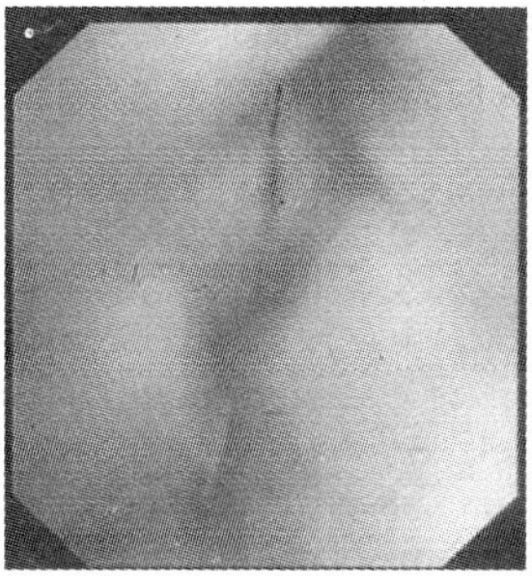

图 21. 嘎裂声的声门状态

泰语浊爆音 b̰ 和 d̰与清声和清送气鼎立，如：b̰âː“狂”，pâː“姑”，pʰâː“布”| d̰àː“咒骂”，taː“眼睛”，tʰâː“着陆地”。赖、麦认为发 b̰，d̰ 时声带较僵硬，至少在持阻之初处于僵声状态，甚至是嘎裂声状态。这种喉部紧张、声带僵硬的状态接近但还没发出嘎裂声，发出的声调很低。由于赖、麦没发现有哪个语言中存在着两个或以上比常态带声更低的发声态，而泰语式的僵声和嘎裂声又很难划然区分，所以他们觉得没必要多提出一个

发声态，只是听感上还是能感知不同的。

最近我们发现，泰语浊塞音有内爆音变体。图 20 是用国际语音学会网上的泰语例词做的：/ban/，/b/ 发成内爆音 ɓ，低调，听感上没到上述哈尼语嘎裂化内爆音那么“紧”那么“僵硬”，是僵声内爆音。再进一步就和哈尼语一样成了嘎裂化内爆音。

僵声是嘎裂声的一种不足变体，而嘎裂声发得过分就成了“喉堵”状态。发嘎裂声时，假声带会聚拢压迫真声带，见图 21。这时会造成一种堵塞声门的“喉堵”状态（glottal muffle），其生理和声学性质与喉塞音（glottal stop）不同，但有一点语音性质相似，那就是快速关闭声门截断发音。因此，泰语中的喉部紧张的浊塞音的内爆音变体是僵声态，接近哈尼语的嘎裂化内爆音，但显然不同于朝鲜语中清爆音喉部紧张的张声，见下节。

7. 假声和张声

7.1 假声的性质

发声机制——假声常被误解为用假声带发的，其实不然。发假声时，假声带分得很开，这从图 22 中可以看到。发假声时，声带抻得很长很宽，内沿拉得极薄，声带绝大部分不振动，只有沿着内缘一带振动。假声被认为与常态带声性质完全相反。发常态带声时纵向、中部、内收三种紧张都处于中性状态，不紧也不太松，控制音高靠声带主动收缩。而假声则是都处于高度紧张状态，纵向紧张主要是靠环甲肌的收缩造成声带被动紧张（van den Berg 1968：298）。勺间肌和环勺侧肌强烈收缩，收紧声带后部。声带内沿本身并不紧张,但由于构成声带外缘的甲勺肌的收缩,使得整个声带变得僵硬,无法活动。声带内沿韧带由于环甲肌的收缩而高度紧张,并因此而变薄变长。声门常常处于微开状态,而喉下气压一般低于常态带声。但由于仅有声带薄薄的内沿在振动,所以所需气流并不太多。

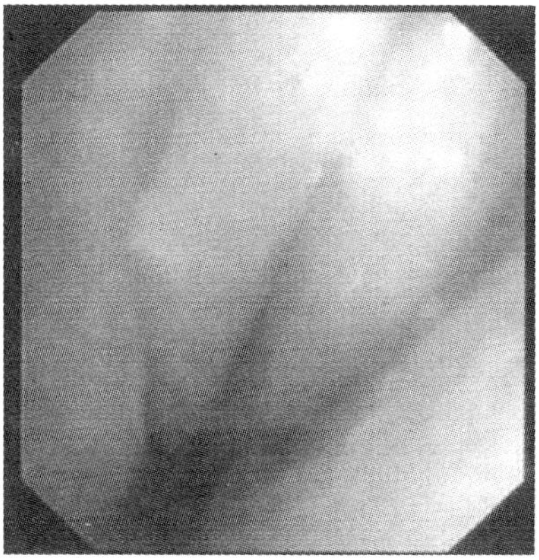

图 22. 假声的声门状态

声学特征——假声最显著的声学特征就是超高频率。据 Hollien & Michel (1968: 602),男性假声的音高范围平均为 275～634 赫兹,而常态带声的平均声域为 94～287 赫兹,这是包括各种场合。据我们对具有语言学功能的假声的测量,男性读字表时假声高的有 400 赫兹,女性最高超过 600 赫兹。假声还有个声学性质,那就是能量下降很快,平均每八度下降 20 分贝,而一般带声是 6 分贝。

7.2 假声的语言学功能

假声一直没认为它有语言学辨义作用,只能表达惊讶、兴奋等边缘语言学意义。不过近年来我们对小称形式、五平调、超高调的研究表明（朱晓农 2004a，朱晓农、吴和得 2007，朱晓农等 2010，彭建国、朱晓农 2010），在凯利侗语，吴语温州话，赣语余干话，粤语信宜话和容县话，湘语岳阳话、长沙话、冷水江话，广西贺州话等很多民语和汉语方言中，假声具有辨别意义的功能，甚至能作为形态语素。

作为区别特征——侗语以声调类数多而闻名，最多的有 15 个调类。这么多的调类要相互区别，单靠基频显然是不够的，声域在起着区别作用。一个典型例子是高坝侗语的五个平调（朱晓农、吴和得 2007）。图 23 中是一位男性发音人五个平调的平均基频曲线。底下四个平调是普通的发声，在 120～220 赫兹之间，超高平调是用假声发的，平均音高达 370 赫兹，这对于女声来说都是很高的。调形是前半段急升，后半段超高平。

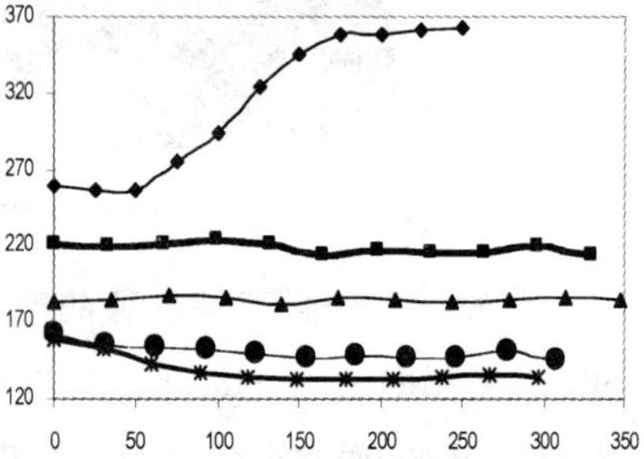

图 23. 高坝侗语五平调基频曲线

再来看一个湘语岳阳话的例子。图 24 是对三位发音人的原始基频数据进行 LZ 归一化处理后平均的结果（方法见朱晓农 2005a）。在分域四度框架中岳阳话的八个声调类可描写如下，其中阴去、次阴去、阴入都是用假声发的。

高域［3～6］：				阴去 56	次阴去 35	阴入 66
中域［2～5］：	阴平 33	阳平[3] 24	上声 52	阳去 22		阳入 44

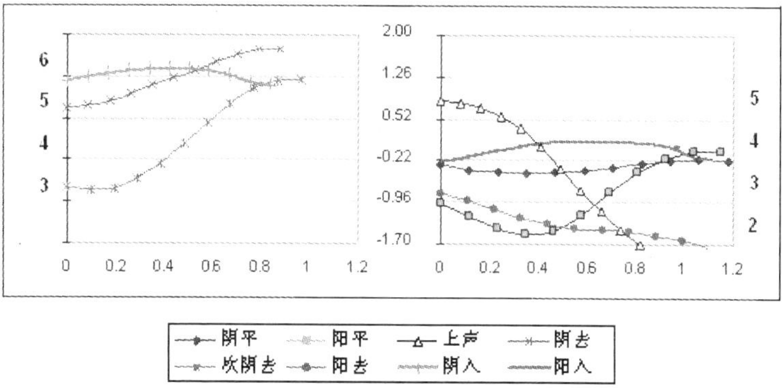

图 24. 三位发音人的平均 LZ 基频曲线，横轴为均时，1 个单位＝297 毫秒。

作为语素——在汉语各方言中都有小称调，这些小称调都是高调（朱晓农 2004a）。在一些粤方言如信宜、容县话中，这个高调高得超出了常规，因此被称为“超高调”（叶国泉、唐志东 1982，周祖瑶 1987）。这种超高调已经没法用五度制来表达，所以用一个上升箭头表示。根据我们自己的田野调查材料，这些超高调是用假声发的。图 25 是一个信宜男发音人的原称形式和小称调的比较。发音人的“衫”字的小称形式带假声，基频高达 339.49 赫兹。在这种情况下，假声超高调构成一个小称语素。

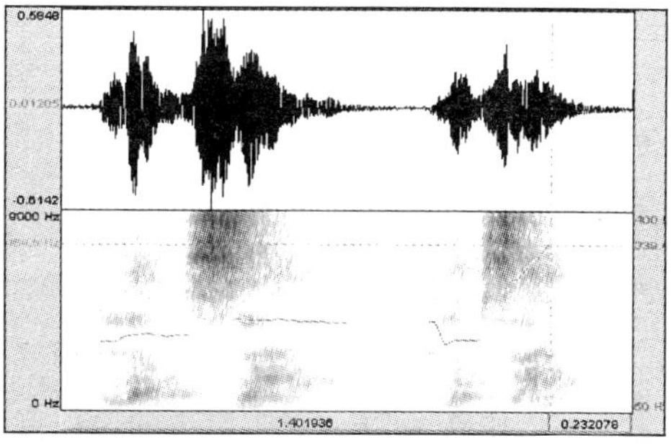

图 25. 信宜男发音人所发“笠衫”ləp sɐm。【左】原型［44 55］，【右】小称［44 ↗］。

7.3 前喉塞和张声

前面谈到赖福吉和麦迪森(1996) 新提出的 stiff voice,实际上包括两种情况。一种是泰语的低沉浊塞音,这是符合他们原意的僵声,是嘎裂声的变体,引起低调。另一种朝鲜语的硬清爆音喉部紧张显然不同于泰语浊爆音,而类似于吴语硬清爆音,与前喉塞相关,引起高调,可称为“张声”(fortis voice)。朝鲜语中以“硬软”(fortis:lenis)名称对立的清爆音,加上清送气,有三套清爆音,例词见下。朝语的塞音三分格局很像吴语,事实上,听感上也很像。朝语硬塞音的这些生理和声学性质都和吴语全清爆发音很相似。

	双唇	齿	软腭
硬清不送气(标以*号)	p* ul“角”	t* al“女儿”	k* ɨn“绳”
软清不送气	pul“火”	tal“月亮”	kɨn“斤”
清送气	p^hul“草”	t^hal“面具”	k^hɨn“大”

硬爆音的生理和声学性质,比起软爆音来,声道壁更紧张,呼吸肌力增长更快,成阻点接触面较大,成阻点后的气压较高,持阻时间较长,爆发能量较大,听感上更清脆,后接元音的音高较高(Hardcastle 1973, Kagaya 1974, Dart 1987, Lavoie 2001)。另外,还有些朝鲜语发音人,在硬爆音爆发之前会下降喉头,或用其他办法扩大喉上声腔(Dart 1987)。这种扩大口腔的发音方式是导致内爆音的主要途径之一。

湘语中作为假声变体出现的声门紧张状态也与此类似。根据我们近年来的调查,湘语和北部赣语的很多点方言中都有高域声调。例如湘语长沙话有六个声调,格局见图 26(据侯精一 1999 材料测量)。发音人大部分阴去例字是用张声发的,频率很高，个别字用假声，最高达 327 赫兹。

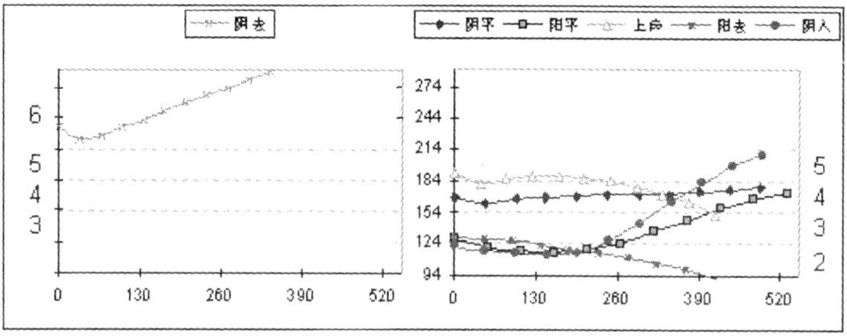

高域[3～6]				阴去 66	
中域[2～5]	阴平 44	阳平 24	上声 53	阳去 22	入声 25

图 26. 长沙话声调格局图。【左】高域调，【右】中域调。

张声是语言学语音学中的一个发声态概念，从语音学角度很容易分辨出来，但是否成为音节学中的一个声域（高域），得看具体的处理。吴语中把张声硬爆音和清送气放在一起，看成是无标记的中域音，而把“清音浊流”处理为有标记的由弛声定义的低域。湘语有假声/张声，与普通清爆音对立。朝语中的处理类似于湘语，把软清爆音看成和清送气一样，是无标记的普通清声，而把硬爆音处理为有标记的张声辅音。对照下表可以看得很清楚。朝鲜语如果是声调语，那么它的张声硬爆音就定义了一个高域，而软爆音和清送气则是中域音。

	吴语	湘语	朝语
高域（假声）		假/张声 p（阴去阴入）	张声硬 p*
中域（清声）	张声硬 p/送气 p^h	普通 p/送气 p^h	软 p/送气 p^h
低域（弛声）	p̈		

8. 松紧与发声态

“紧”与“松”是一对不管国内还是国外从未严格定义过的词语。据不完全统计,“松—紧”“紧喉音”“喉化音”“紧喉作用”“紧喉成分”一类术语,在汉藏语研究中有多达八类十六种不同的用法(朱晓农 2003, 2005b),用来描述性质迥异的声或音。涉及气流机制的有“1 内爆音”“2 喷音”;涉及调音的如“3 鼻冠音”;涉及发声的如“6 嘎裂声”“7 假声”“8 气带声”(这是“松喉”,包括浊送气、弛声、低吼声)。两个最大的类“4 喉塞”和“5 紧音”夹杂了发声和调音。单单涉及调音、气流机制的较易辨认,例如英语的松紧元音,主要是调音和时长问题。单单涉及发声也不算太难。

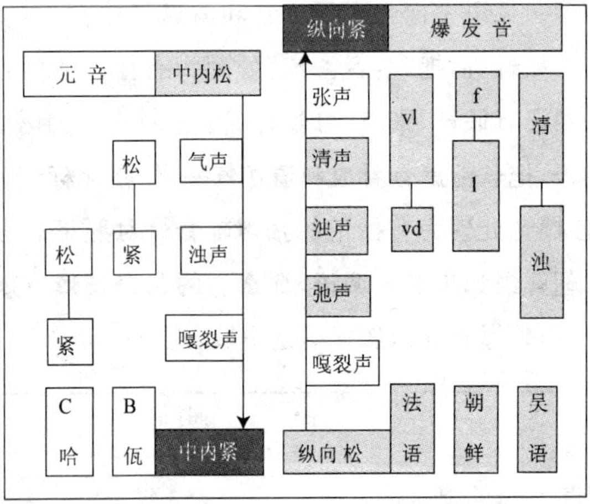

图 27.【左】与中央、内收紧张度相关的元音松紧,【右】与纵向紧张度相关的辅音松紧(f:fortis, l:lenis, vl:清,vd:浊)。

最难是各种因素相杂，如第5类紧音包括紧元音、紧辅音、全紧音，乱得一塌糊涂。发这些声音都会引起不同部位、或不同程度的喉部紧张，所以叫“紧喉”都没错。

近年来随着田野语音学的进展，我们了解到南部语言中的各种“紧喉音”，有些涉及调音，但大多涉及发声。而实验室语音学的进展使我们了解了各类发声态，就可以来清理与发声态有关的松紧音了。图27画出了与发声态相关的松紧元音轴。图左中央和内收紧张度从紧到松都是“嘎裂声＞带声＞气声”，在这根轴上带声是基本的，另两个发声态的出现必须以带声为先决条件。带声跟它们任何一个可构成松紧对立，但根据在轴上的地位而松紧取值不同，而构成B(reathy)，C(reaky)两种松紧对立。B类如南亚语中的佤语、其松紧元音对立是气声和带声，带声为紧。C类如哈尼语、彝语，南亚语中的德昂语，其松紧元音是带声和嘎裂声的对立，嘎裂声为紧。这在图中一目了然。此外，苗语中有气声、越南语中有嘎裂声，但都处理为声调区别，所以不用松紧元音对立来解释。松紧还涉及辅音的发声态，见图右。这是根据纵向紧张度来安排的，与前面发声态分域图相配。轴上端的塞音为紧、为硬，下端的为松、为软。

9. 小结

本文介绍了生理学上的简单和复合发声形态，然后讨论了语音学中用到的六类十三种发声类型，它们的语音特征以及如何用于语言学目的的。还讨论了音节学中根据发声态引致的声调高低(这反映了主要以声带纵向紧张度,辅以中央、内收紧张度)来定义的声域,最后从发声态角度,以同样的喉门紧张度标准,厘清了最令人困惑的"松紧音"问题。

研究发声态具有学科性的意义。普通发声态如清浊,这是自有语音学以来就区别开的。特殊发声态如嘎裂声、假声等的边缘语言学意义也是很普通的事。特殊发声态如嘎裂声、气声的语言学意义也很早就在南亚语言研究中注意到了。但是假声具有语言学意义,这是近年来才被我们发现的,而更重要的是把发声态作为语音学的一个不可或缺的参数,并从音节学角度给予分类并系统阐述的,本文是首次尝试。

参考文献

崔荣昌、李锡梅 1986. 四川境内的"老湖广话".《方言》3：188—197.

侯精一(编) 1999.《现代汉语方言音档》. 上海:上海教育出版社.

刘纶鑫(编) 1999.《客赣方言比较研究》. 北京：中国社会科学出版社.

麦　耘 2007. 广西贺州八步区八都话入声的语音分析.《桂林师范高等专科学校学报》1：1—7.

麦　耘 2008. 广西藤县岭景方言的去声嘎裂声中折调. 中国语音学第八次学术讨论会论文，北京.

彭建国、朱晓农 2010. 岳阳话中的假声.《当代语言学》1:24—32.

叶国泉、唐志东 1982. 信宜方言的变音.《方言》1:47—51.

赵元任 1928.《现代吴语的研究》. 北京：清华学校.

赵元任 1929. 韶关话调查手记，手稿,余霭芹先生藏.

赵元任 1935. 中国方言当中爆发音的种类.《史语所集刊》五本四分.

周祖瑶 1987. 广西容县方言的小称变音.《方言》1:58—65.

朱晓农 2003. 解开紧喉之谜. 第三届吴语国际学术研讨会论文,上海.

朱晓农 2004a. 亲密与高调：对小称调、女国音、美眉等语言现象的生物学解释.《当代语言学》3:193—222.
朱晓农 2004b. 浙江台州方言中的嘎裂声中折调.《方言》3: 226—230.
朱晓农 2005a.《上海声调实验录》. 上海:上海教育出版社.
朱晓农 2005b. 实验语音学和汉语语音研究.《南开语言学刊》5:1—17.
朱晓农 2006a.《音韵研究》. 北京: 商务印书馆.
朱晓农 2006b. 论分域四度标调制.《音韵研究》. 北京:商务印书馆.
朱晓农 2007. 说鼻音.《语言研究》3: 1—13.
朱晓农 2008. 非肺部气流辅音.《东方语言学》3: 102—116.
朱晓农 2010.《语音学》. 北京:商务印书馆.
朱晓农、寸 熙 2003. 韶关话的小称调和嘎裂声.《汉语方言语法研究和探索》(戴昭铭编), 346—354. 哈尔滨:黑龙江人民出版社.
朱晓农、吴和得 2007. 高坝侗语五平调和分域四度标调法.《语言研究集刊》4: 306-317.
朱晓农、焦 磊、张偲偲 2010. 声调四维度.《研究之乐:庆祝王士元先生七十五寿辰论文集》(潘悟云、沈钟伟编), 415—430. 上海:上海教育出版社.
Ashby, Michael & John Maidment 2005. *Introducing Phonetic Science*. Cambridge University Press.
Berg, J. van den 1968. Mechanism of the larynx and the laryngeal vibration. In Malmberg, B. (ed.) *Manual of Phonetics*. 278—308. London: North-Holland.
Bickley, Corine 1981. Acoustic analysis and perception of breathy vowels. *MIT Speech Communication Working Papers*. Vol. 1: 71—81.
Catford, John C. 1964. Phonation types. In *In Honor of Danial Jones*. London: Longmans.
Catford, John C. 1977. *Fundamental Problems in Phonetics*. Edinburgh University Press.
Catford, John C. 1988. *A Practical Introduction to Phonetics*. Oxford: Clearendon.
Dart, Sarah 1987. An aerodynamic study of Korean stop consonants:

measurements and modeling. *Journal of the Acoustical Society of America* 81:1: 138—147.

Dixit, R. Prakash 1989. Glottal gestures in Hindi plosives. *Journal of Phonetics* 17: 13—237.

Hardcastle, William 1973. Some observations on the tense-lax distinction in initial stops in Korean. *Journal of Phonetics* 1: 263—272.

Hollien, H. and Michel, J. 1968. Vocal fry as a phonational register. *Journal of Speech Hearing Research*, 11,600—604.

Kagaya, Ryohei 1974. A fiberscopic and acoustic study of the Korean stops, affricates and fricatives. *Journal of phonetics* 2:161: 180.

Ladefoged, Peter 1993/2005. *A course in Phonetics*. 3rd/5th edition. Fort Worth: Harcourt Brace College/ Thomson Wadsworth.

Ladefoged, Peter & Ian Maddieson 1996. *The Sounds of the World's Languages*. Oxford: Blackwell.

Laver, John 1980. *The Phonetic Description of Voice Quality*. Cambridge University Press.

Laver, John 1994. *Principles of Phonetics*. Cambridge University Press.

Lavoie, Lisa 2001. *Consonant Strength: phonological patterns and phonetic manifestations*. New York: Garland.

Lisker, Leigh and Arthur S. Abramson 1964. A cross-linguistic study of voicing in initial stops: acoustical measurements. *Word 20:3*, 384—422

Newlett, Nigel & Janet Beck. 2006. *An introduction to the Science of Phonetics*. Mahwah, NJ.: Lawrence Erlbaum Associates, Inc.

Zhu, X. 2006. Creaky voice and the dialectal boundary between Taizhou and Wuzhou Wu. *Journal of Chinese Linguistics* 34.1: 121—133.

（原载《语言研究》第3期，2009）

岳阳话中的假声*

1. 引言

本文报告湘语和赣语交界处的一例假声作为声调特征的情况。

声调描写需要有"声域"的概念,这已经强调很久了(朱晓农 1996,Zhu 1999)。随着对声调研究的不断深入,我们发现声调并不像以前所认为的那样只与声带的振动快慢,即与基频有关,它同时还跟声带在振动时的发声状态(phonation modes)密不可分。这样,传统的声调描写方法就需要加以增补。如果某种语言或方言里有某种或几种特别伴随的发声状态,比如说气声(breathy voice)或是嘎裂声(creaky voice),传统的标调法会严重影响声调的准确描写,这时就需要有"声域"的概念。也就是说,声调的描写需要使用两个参数:声域和音高。当然,不是每种语言都有发声状态的区别,但是如果有,就需要先根据发声态分出不同的声域,然后在每个声域中再各分四度来描写音高。

---

* 香港研资局竞标专项拨款(HKUST 6426/06H)和香港科技大学竞标研究拨款(RPC06/07. HS03)资助项目。

语言中运用的发声态尽管多达十一种，但音系学中的声域只需三个就够了：高域、中域、低域。这就是“分域四度制”标调法，具体讨论可参看朱晓农(1996，2005，2006)。

2. 假声作为具有语言学意义的发声态

近年来，对于发声态及其在语言学中运用的研究不断推进(如 Laver 1994；Ladefoged & Maddieson 1996；孔江平 2001；朱晓农 2004，2006 等)。由于喉部状态无法直接用肉眼进行观察，也无法自我感知，受仪器的限制，对发声类型进行系统的研究起步很晚，而且也不够充分。Laver(1994：184—196)从生理学上辨认出六种单一发声态：零发声(即安静的呼气)、清送气、常态浊声、假声、耳语声、嘎裂声。Ladefoged 和 Maddieson (1996) 从语言学语音学角度分出五种带声的发声态(包括单一和复合发声态)：浊送气、弛声(slack voice)、常态浊声、stiff voice、嘎裂声。此外还有不带声的清不送气、清送气和喉闭态。Ladefoged 和 Maddieson 的 stiff voice 包括朝语脆硬清爆音和泰语僵硬浊爆音两种情况，可以分解为引致高调的“张声”(fortis voice)和引致低调的“僵声”(stiff voice) 两个概念(朱晓农 2009)。假声一直以来被认为不具有语言学意义(Laver 1980：120)，而只可以表达某种感情或特定的含义，如惊讶、兴奋或是恐惧。但是，近年来我们对小称形式、五平调的声域的研究，发现假声也可以起语言学作用，主要有以下两种：

(1) 具有辨别意义的调位或区别特征的功能。如高坝侗语有五个平调,其中四个是普通的发声,一个是假声。我们的一位男发音人的常态发声的频率范围在120～230赫兹左右,而最高的平调的基频达到370赫兹,这么高的频率是用假声发出的(朱晓农、吴和得2007:306—317)。

(2) 作为形态语素的功能。在一些粤方言如信宜话、容县话中,小称调都是高调,而且高得超出了常规,已经无法用五度制来表达。田野调查发现这些超高调都是用假声发的(朱晓农2004:193—222)。在这种情况下,假声超高调构成了一个表小称的形态语素。

假声的发声原理很特别,它常被误解为是由假声带振动发出的,其实不然。假声也是由声带振动产生的,但它的喉部运作方式与常态浊声完全不同。常态发声时纵向、中部、内收三种紧张都处于中性状态,既不太紧,也不太松。声带各部分的紧张度均衡,整体声带都参与振动,声音饱满响亮。而假声则是都处于紧张状态(Hollien 1971: 329)。两者在音高控制机制上很不相同。发常态浊声时,声带主动拉紧;而在发假声时,是靠环甲肌的收缩造成声带被动紧张(van den Berg 1968: 298)。由于勺间肌和环勺侧肌的收缩,勺状软骨内收声带,声带中间靠内部分的本身并不紧张,但由于构成声带外缘的甲勺肌的收缩,使得整个声带变得僵硬,无法活动。声带内沿韧带由于环甲肌的收缩而高度紧张,并因此而变薄变长。此外,声带闭相(closed phrase)有时不完整或较短。此时声门会处于微开状态,而喉下气压一般低于常态浊声。但由于声带本身并不紧张,而仅有声带薄薄的内沿在振动，所以尽管频率极高，所需气流并不太多（Laver 1980：118）。

由于发假声时声带很长很薄，尤其是内沿部分，所以假声最显著的声学表现就是基频高，并且音频范围大。根据 Hollien and Michel (1968) 的实验，常态发声的基频范围对于男性平均为 94～287 赫兹，最高达 561 赫兹；女性平均为 144～538 赫兹，最高达 798 赫兹。假声的频率范围男性平均为 275～634 赫兹，最高达 795 赫兹；女性平均为 495～1131 赫兹，最高达 1729 赫兹。这是引发式的极端状态，自然语言状态中当然远远达不到那么高。国内据杨青等（2005）的数据，男性的常态浊声的平均音频范围为 117～275 赫兹，假声最高为 496±97 赫兹；女性常态浊声平均为 194～383 赫兹，假声最高为 637±93 赫兹。

最近我们在湖南岳阳话中发现在三个调类中存在假声，而且形成具有社会语言学含义的声调特征。假声调域可能会与常态浊声的高调部分交迭（Laver 1980：95），后者现在可以看成是“张声”。下文讨论岳阳话的假声及其张声变体。

3. 岳阳话声调基频测量

本文的岳阳话指的是湖南省岳阳县荣家湾话。荣家湾话分布在县城所在地荣家湾镇，还有鹿角镇、麻塘镇（南部）、筻口镇、新墙镇和杨林乡等地，使用人数约为 30 万（2000 年）。一般认为，岳阳县城话属湘语，城外大多属赣语，具体系属关系还有待进一步研究。本文讨论使用了三位岳阳发音人的声学材料，两女一男，发音、听力都正常。两位女性发音人 W1（LXR）和 W2（DJ）的发音有假声，男性发音人 M1（GBL）的假声不太稳定，有的字音中假声明显，有的字音中只有“张声”（张声的声带紧张度介于常态浊声和假声之间，见下）。W1 为小学语文教师，45 岁，W2 为中学化学教师，24 岁；M1 为管理干部，58 岁。W1 和 M1 的发音风格比较正式，W2 的发音风格随意一些。

岳阳话一般认为有八个调类：阴平、阳平、上声、（全清）阴去、次（清）阴去、阳去、阴入和阳入，其调值下面处理了声学材料后再谈。我们调查录音时采用的是一个按中古平、上、去、入各分阴阳次序排列的字表，每个调类 17 个例字，共 136 个字，按照岳阳话的声调系统归类后，去除个别发音有问题的字音，得出了各声调的平均基频与时长。测量程序见朱晓农（2004a，2005）。三位发音人的声调数据见文末附录，根据这些数据画的图见图 1，横轴时长（毫秒），纵轴基频（赫兹）。八个声调根据发声态的不同分开画。

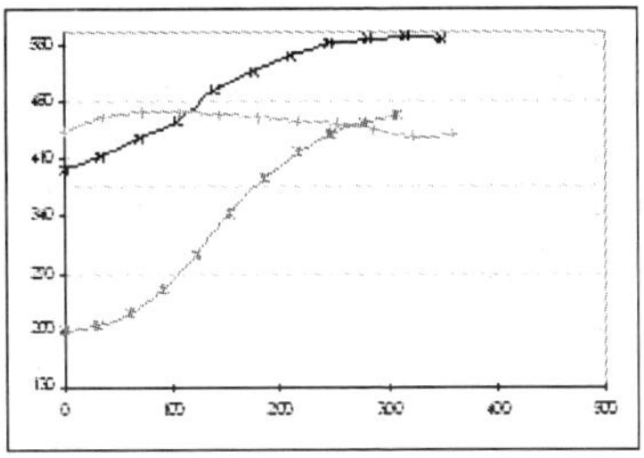

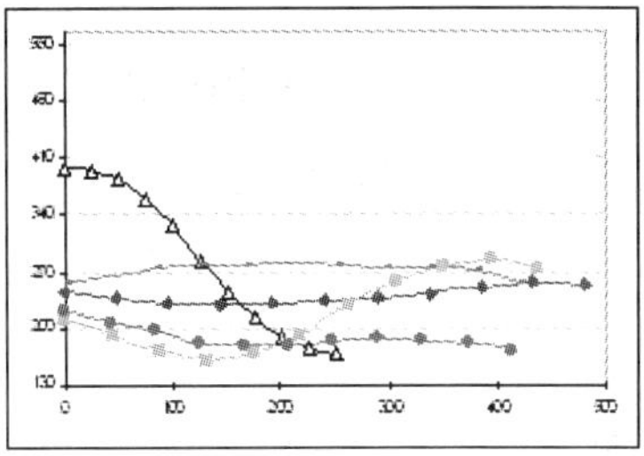

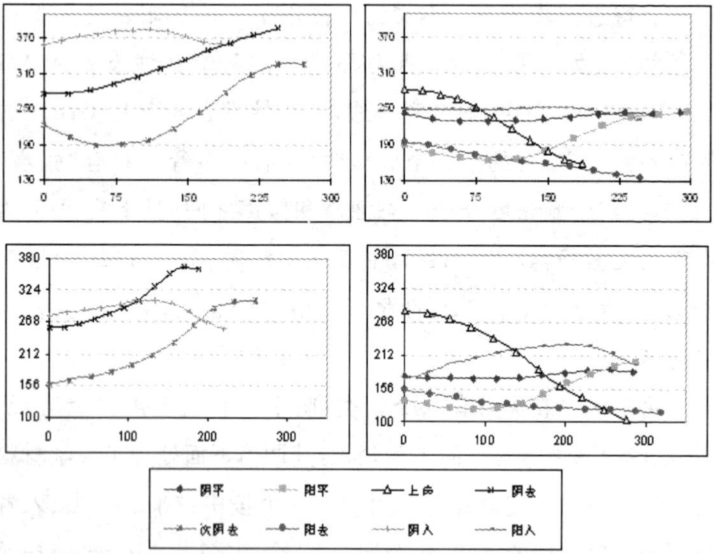

图 1. W1(上)、W2(中)、M1(下)的平均基频值与时长。左为高域的三个调类:阴去、次阴去、阴入;右为五个中域调。

岳阳话声调的音系学处理需要两个声域:高域和中域。中域是普通清声态,高域包括假声和张声。岳阳话的八个声调分属两个域,高域包括阴去、次阴去和阴入,其余调类属于中域。从图 2 可以看到,W1 和 W2 的阴入和阴去都远远高于常态发声的基频范围。岳阳话的上声是一个全降调。在绝大部分声调系统中,全降调代表着该系统(常态发声)基频值的上、下两极。岳阳话阴去声的起点就高于上声高降调的起点,其后半段跃起甚至超过了阴入。实际上,她们两人的次清去声的后半段也使用了假声,我们把它也归入高域声调。M1 的声调模式与两位女性发音人的相同,只是由于他的阴去和阴入中有一些字只是张声，这样基频值平均之后就下降了一些，因此从图上来看，他的阴去和阴入与其他调类的基频值差距没有拉得像两位女性发音人那么大。有关高域调的细节见下一节。

4. 高域调声学图例

两位女性发音人中 W1 的频域比 W2 高。W1 的频域大体以 400 赫兹为界，以下的为常态发声，以上的为假声，个别高的超过 600 赫兹。W2 大致以 300 赫兹为界，以上为假声，以下为常态发声。其间稍有交叉。下面看一些图例，可以得到一些感性认识。先看女性发音人的语图，图 2 是阴入“得”字的语图，图 3 是阴去“霸”字的语图。

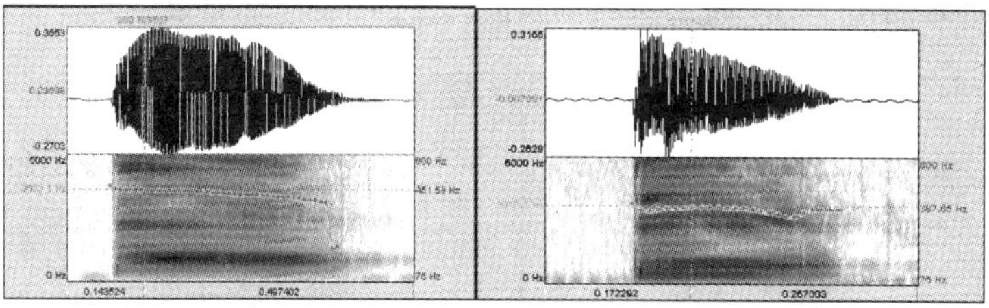

图 2. 岳阳话阴入字“得” te。左为 W1 的发音，右为 W2。

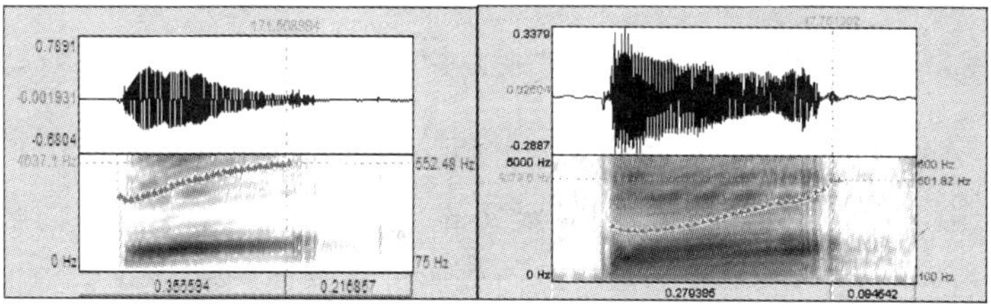

图 3. 岳阳话阴去字“霸” pa。左为 W1，右为 W2。

从上面的图中可以看到:(1)阴入调是个平调,整个调都是用假声发的,W1 的"得"字基频达到 450 赫兹,W2 的基频在 390 赫兹左右。(2)阴去调是一个高升调,起点处是用常态浊声开始,到中段以后用假声发,末尾处基频升得极高,超过阴入的基频值。W1 达到 550 赫兹,W2 也达到 500 赫兹。(3)W1 与 W2 二位的阴去声基频值相差 120~200 赫兹,阴入声相差 70~90 赫兹。尽管声域的基频范围存在较大的个体差异,但在听感上都可明显感知到假声。

男性发音人 M1 的假声发声不太稳定,有的字中只有张声,但是有的字中假声非常明显,下面在阴去和阴入调中各选一个假声例字来看它们的语图。图 4 中阴去"变"字的基频最高点达到 380 赫兹,而阴入字"八"的基频最高值甚至达到了 460 赫兹,远远超出了 M1 常态声域基频值的范围(100~280 赫兹)。

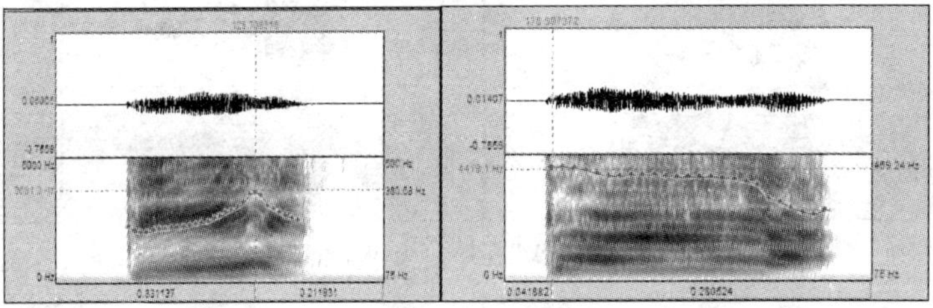

图 4. 男性 M1 的假声例图。左图阴去字"变" piɛn,右图阴入字"八" pa。

张声是我们从 Ladefoged 和 Maddieson (1996) 提出的 stiff voice 中分离出来、重新定义的一种发声态,指的是由前喉塞(ʔm, ʔa, ʔp)引起的声带纵向紧张度较高的"紧喉"状态。张声与假声具有一些相似的声学表征,喉门都较闭,声带都比较紧张，所以基频都高于其他发声态。张声并不总是能独自定义一个声域，有时它可能只是中域里的一个变体。但如果有假声出现并定义了一个高域，那么张声则是高域中的一个变体。

从我们的观察来说，岳阳话的三个高域调在性别上有不同的表现：女性大多表现为假声而男性大多表现为张声。造成这种情况的可能与社会心理对发声态的认同感有关。人们在使用语言进行社会交际时大多数情况下用的是他们的常态声域，男性有时嗓音低沉而出现嘎裂声，社会心理认为这是可以接受的（Blomgren *et al*. 1998：2649—2658）。但是如果女性使用嘎裂声就会有其他含义。反过来，女性用假声高调很容易被人可以接受，但是如果男性过多使用假声尖细的嗓音，就会被认为有问题，是“娘娘腔”或是“太监腔”，因此男性发声中出现假声的情况少于女性。

还有一点要说明，一个语言社团内存在人际差异，有时还很大。我们另外还录到一位男性岳阳发音人（RHB），60 岁，中学退休教师。他的阴入和阴去不是假声，而是张声。此外，还在很多阴入和阴去的音节中还带有嘎裂声，但不见于其他声调类。由于他的个人特征与其他人有很大差异，我们没有把他与其他发音人放在一起进行平均。

5. 归一化和调值

本节内讨论岳阳话声调的调值。首先我们需要对声调的基频数据进行归一化处理。归一化的目的是要消除人际随机差异，消减录音时的发音风格差异，对听感进行数学模拟，提取恒定参数，即滤掉个人特性，获得具有语言学意义的信息。换句话说，调值的确定需要在归一化的基础上来确定。图 5 是对三位发音人的原始基频数据进行 LZ 归一化处理后平均的结果（有关方法可参看朱晓农 2004a，2005）。

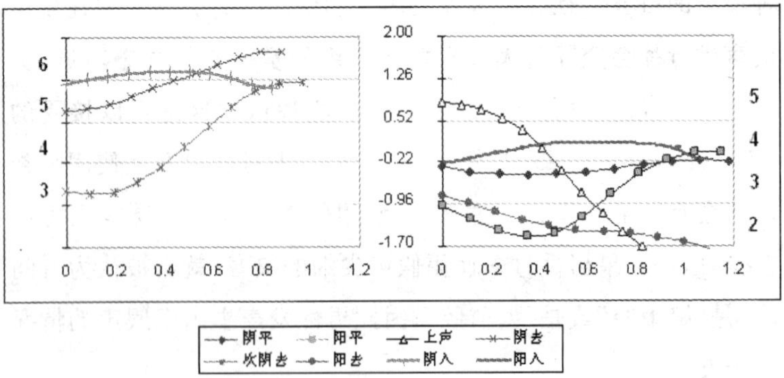

图 5. 三位岳阳发音人的平均 LZ 基频曲线，横轴为归一化时间（单位为总平均时长，1＝297 毫秒）。

在分域四度框架中岳阳话的八个声调类可描写为：

高域［3～6］： 阴去 56 次阴去 35 阴入 66

中域［2～5］：阴平 33 阳平³24 上声 52 阳去 22 阳入 44

岳阳话调类以往按五度制记为：阴平 33、阳平 13、上声 42、阴去 45、次阴去 24、阳去 11、阴入55、阳入22。跟我们的描写相比有多处不同，其中最主要的有两点：（1）首先需要分域，阴去、次阴去、阴入属于高域，调值从［3］度到［6］度，其余属于中域，调值从［2］度到［5］度。（2）两个入声都已经舒化，不是短调，也没有塞音韵尾。上面的八个声调是语音学描写，音系学里次阴去可以处理为阴去的音位变体。

6. 高域作为区域特征

上面讨论了湘语岳阳话的假/张声态声调，以及声域对立。事实上，这不是岳阳话的个别现象、特殊现象，根据我们近年来的调查，北部湘语和北部赣语的很多点方言中都有高域声调现象，主要集中于阴去声，少数在阴入，还有个别其他声调。此外，南部湘语中也有类似现象。下面我们北部和南部湘语各举一个例子。

湘语长沙话有六个声调，五度制记为：阴平 [33]，阳平 [13]，上声 [41]，阴去 [55]，阳去 [11]，入声 [24]。下面图 6 的长沙话声调数据根据男发音人 YRD(侯精一 1999)，长沙话有发声区别，阴去是用张声或假声发的。YRD 的大部分阴去例字是用张声发的，频率很高，个别字用假声，最高达 327 赫兹。我们另外还测量了一位女发音人 PY，她的阴去“正”字是假声，其余为张声。下图是分域四度的调值，阴去在高域中，调值从 [3] 度到 [6] 度；其余 5 个声调在中域中，调值从 [2] 度到 [5] 度。

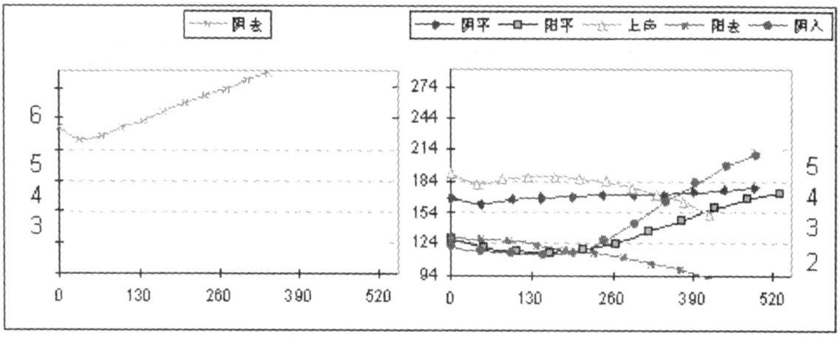

高域[3～6]				阴去 66	
中域[2～5]	阴平 44	阳平 24	上声 53	阳去 22	入声 25

图 6. 长沙话声调格局图。【左】高域调，【右】中域调。

高域在湘南较少发现。根据麦耘先生未发表的调查材料，湘南冷水江话有五个声调（阴阳平、上、阴阳去），其中阴去为假声高域调。麦耘先生所录的一位老年男性发音人 LDZh，常态发声的频域在 200 赫兹以下，个别升调字峰点达二百一二十赫兹。但是他的假声阴去却高高跃起，达 470 赫兹。下面是一个例图。

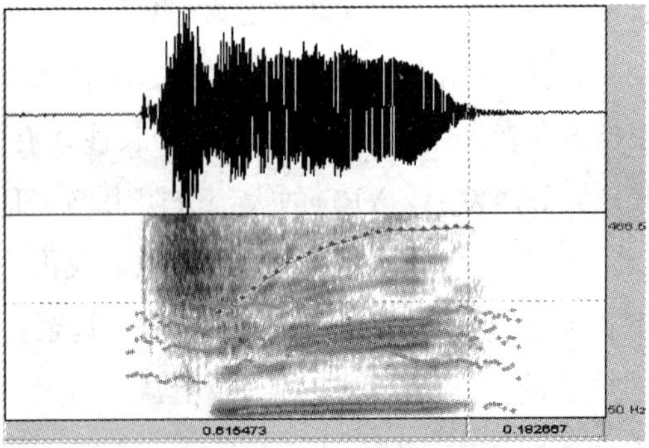

图 7. 冷水江男发音人 LDZh，阴去字"醉"tsi，假声，峰点处高达 466 赫兹。

有关湘赣吴语和壮侗语中区域性的高域调问题，我们另文详论。

7. 结语

假声以前往往被认为不具有语言学意义，只能作为辅助手段来表达某种情感或特定的含义。但是,越来越多的发现表明,假声可以成为具有语言学意义的音位或者语素。岳阳话,甚至北部湘语和个别南部湘语都具有假声态及作为变体的张声态。它涉及三个调类:阴入、阴去、次阴去。假声的特征是基频很高,远远高出常态浊声的上限。假声可以有张声的社会变体,张声的基频也高于常态浊声。它们合起来构成一个音系学上的"高域",与其他声调所处的"中域"对立。有关语音学上的发声态和音系学中的声域的相互关系,我们另外为文讨论。

此外,从上面的材料中还可引申出一个方言学上的推论。岳阳话的方言系属一直是个未定之数,从荣家湾入声舒化的情况来看,类似于湘语(见图6长沙话声调)。方言划片的一个重要标准是入声分布情况,从这一点来看,岳阳城里话应归湘语。

参考文献

侯精一 1999.《现代汉语方言音库》.上海:上海教育出版社.

孔江平 2001.《论语言发声》.北京:中央民族大学出版社.

杨 青、徐 文、侯丽珍、张 丽 2005.正常成人嗓音的计算机测试及其定量分析.《首都医科大学学报》2:219—221.

朱晓农 1996.上海音系.《国外语言学》2:29—37.

朱晓农 2004.亲密与高调:对小称调、女国音、美眉等语言现象的生物学解释.《当代语言学》3:193—222.

朱晓农 2004a.基频归一化:如何处理声调的随机差异?《语言科学》1:3—19.

朱晓农 2005.《上海声调实验录》.上海:上海教育出版社.

朱晓农 2006.论分域四度标调制.《音韵研究》.北京:商务印书馆.

朱晓农 2009.发声态的语言学功能.《语言研究》3:1—19.

朱晓农、吴和得 2007.高坝侗语五平调和分域四度标调法.《语言研究集刊》4:306—317.

Blomgren, M., Y. Chen, M. L. Ng and H. R. Gilbert 1998. Acoustic, aerodynamic, and perceptual characteristics of modal and vocal fry registers. *Journal of the Acoustical Society of America*, 103, 2649—2658.

Hollien, H. 1971. Three major vocal registers: a proposal. *Proceedings of the 7th International Congress of Phonetic Sciences*. Montreal. pp. 320—331.

Hollien, H, and Jackson, B. 1973. Normative data on the speaking fundamental characteristics of young adult males. *Journal of Phonetics* 1:117—120.

Hollien, H. and Michael, J. 1968. Vocal fry as a phonational register. *Journal of Speech Hearing Research*, 11,600—604.

Krook, M. 1988. Speaking fundamental frequency characteristics of normal Swedish subject obtained by glottal frequency analysis. *Folia Phoniatrica* 40:82—90.

Ladefoged, P. and Maddieson, I. 1996. *The Sounds of the World's Languages*. Oxford: Blackwell.

Laver, J. 1980. *The Phonetic Description of Voice Quqlity*. Cambridge University Press, Cambridge.

Laver, J. 1994. *Principles of Phonetics*. Cabridge: Cambridge University Press.

Van den Berg Jw. 1968. Mechanism of the larynx and the laryngeal vibrations. In B. Malmberg (ed.), *Manual of Phonetics*. North-Holland Publishing Co. pp. 278—308.

Zhu, Xiangnong (朱晓农) 1999. *Shanghai Tonetics*, Muenchen: Lincom Europa.

附录:三位岳阳发音人的声调各声调的平均基频值(赫兹)与时长值(毫秒)数据

表 1. W1

	0%	10%	20%	30%	40%	50%	60%	70%	80%	90%	100%	ms
阴平	244	237	233	230	231	233	237	243	250	256	253	481
阳平	211	192	173	161	166	192	228	258	278	285	275	438
上声	397	394	383	360	326	283	245	214	190	176	167	251
阴去	397	413	434	457	492	518	537	551	556	559	557	351
次阴去	201	204	220	249	292	344	387	417	440	454	464	308
阳去	224	208	196	182	177	177	183	186	184	180	172	413
阴入	443	460	466	466	464	460	456	452	445	436	440	360
阳入	257	264	273	276	278	278	277	275	275	271	256	421

表 2. W2

	0%	10%	20%	30%	40%	50%	60%	70%	80%	90%	100%	ms
阴平	242	232	228	229	230	232	237	241	245	243	244	290
阳平	189	175	167	164	166	179	200	221	236	240	244	296
上声	283	280	275	265	252	235	216	197	179	165	158	187
阴去	277	277	282	292	303	317	333	348	361	375	387	244
次阴去	222	203	189	190	198	217	245	278	308	325	325	272
阳去	193	189	181	174	168	162	158	153	147	140	137	248
阴入	359	364	372	377	380	382	384	380	373	362	360	185
阳入	248	248	248	249	249	251	252	252	249	242	232	244

表 3. M1

	0%	10%	20%	30%	40%	50%	60%	70%	80%	90%	100%	ms
阴平	176	175	174	173	174	176	179	183	186	188	185	285
阳平	136	130	124	121	123	132	148	166	182	195	200	289
上声	287	283	274	260	242	217	189	162	141	121	104	275
阴去	254	253	260	268	278	288	301	324	348	363	359	193

（续表）

次阴去	159	165	171	180	193	209	233	263	294	304	305	260
阳去	153	148	142	135	130	126	123	122	122	120	115	320
阴入	278	285	289	294	299	305	307	302	287	269	257	220
阳入	173	184	198	207	217	223	229	230	228	217	196	285

（原载《当代语言学》第1期，2010。彭建国合作撰写）

弛化：探索吴江次清分调的原因*

1. 引言

吴语一般有8个调类，但在吴江方言中有个变异现象：次清声调有脱离全清的倾向。这个非常少见的现象由赵元任(1928)发现以来时不时地受到关注。从已发表的材料看，吴江各乡镇的次清声调的分布存在着调类、地域和年龄的差异。2007年下半年，我们对吴江各镇次清声调进行了一次专项考察，本文报告吴江松陵镇六位发音人的声调情况并探讨次清分调形成的原因，从而解决了这个近一个世纪来的方言语音难题。此前松陵话的次清声调有两种描写：一是次清全部独立成调，如叶祥苓(1983)的12个调类、钱乃荣(1992:69)的11个调类(阳上阳去合并)；二是仅分出次清入，如张拱贵、刘丹青(1983)的9个调类，次清入独立成调，次清上并入浊上，次清去并入浊去，次清平无变动。我们考察的松陵老年发音人与张拱贵和刘丹青的观察相符，青年发音人则进一步合并。本文发现：次清与全清没有分

---

* 香港研资局竞标专项拨款(HKUST 6426/06H)和香港科技大学竞标研究拨款(RPC06/07.HS03)资助项目。

离时次清调头反而较高；次清如果脱离全清，则是由于发声态起了变化，由普通清声态变为弛声态（slack voice），从而靠近"清音浊流"的古全浊今弛声声母。

2. 调查程序

根据调查需要，我们事先制作了一张包括 210 个常用单字的调查表，按平上去入四声排列，每个声调中的例字再按全清、次清、浊排列。为了达到较好的调查效果，我们把 210 个单字分别做成 210 张幻灯片，调查时放一张幻灯片发音人念一个单字，直接用 PRAAT 录音。发音人的音量过大或过小时，我们通过调节电脑的音量和话筒的远近来取得最佳录音效果。最后从 210 个单字中挑出适宜于测量的涉及古全清、次清、全浊声母的例字。

六位发音人情况见表 1。录音地点为松陵饭店。录音时间是 2007 年 11 月，表中年龄指录音时的年龄。有一位估计年龄在 30 上下的饭店大堂经理沈先生不愿过多透露个人资料，表中记为 ShXS。

表 1. 发音人资料

性别与编号	姓名缩写	年龄	文化程度	职业
男 1 号	ZhJG	60	初中	退休工人
男 2 号	XGR	35	高中	工人
男 3 号	ShXS	30(?)		经理
女 1 号	WFY	66	小学	退休工人
女 2 号	XSh	61	初中	退休工人
女 3 号	PMF	28	大专	销售主管

3. 结果

下面我们来逐个检查发音人的声调分合情况。从男 1 号开始,他的情况较复杂,说清楚了他的声调格局,其他人就简单了。

男 1 号——图 1 中有三张声调格局图,左面那张是平声的全清、次清和全浊声调三条曲线。右面那张是入声的三条曲线,中间那张里有上声和去声的六条曲线,因为上去的变化相同。从三张图中可以看到,次清声调分布各不相同。先看中间的上去声。全清上是个独立的高降调。次清上与浊上合并,次清去和浊去合并。其实,四个小类全部合并为一个混合的"大阳去"类,后文很多人都有这大阳去类。男 1 号上去声次清调头稍高,而调干和调尾都稍低于全浊;其他发音人一般都是次清稍高于全浊。全清去是个凹调,调形有点怪,前半像全清上,后半像次清上/去。整个调形接近于大阳去,但调头稍高。

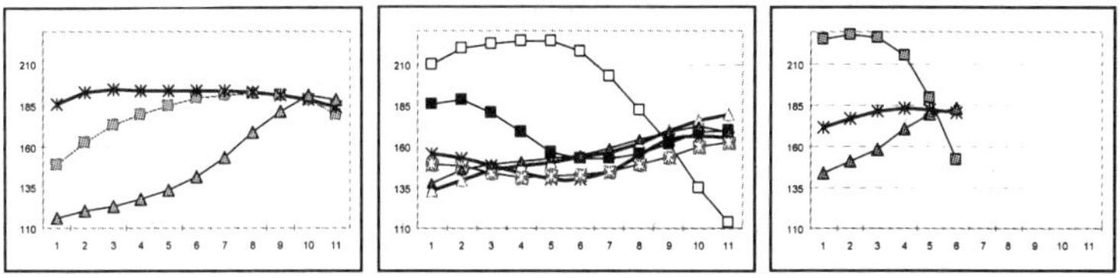

图 1. 男 1 号声调格局图。【左】平声,【中】上声(白底)、去声(黑底),【右】入声。声调符号说明:方块代表全清,星号代表次清,三角代表全浊,下同。

再看左图平声,全浊显著最低。全清次清不分调。但需注意的是,两者前端三分之一部分有区别,即从 0% 到 30% 四个时点上有显著差别($p<0.05$)。从40%时点往后都无差别。最值得注意的是,前段差别不是一向认为的全清高于次清,而是次清在统计学上显著高于全清。这一点后文还会反复看到,如果次清调还未脱离全清调,那么要么无区别,如果有区别,绝大部分情况下是次清高,全清低。进一步的讨论见§5.1。

最后来看右图入声。解读这张图表要小心。全清显著最高。次清和全浊听感上有区别,声调曲线也有区别。t-检验结果表明,前三个时点上(0%~40%)次清音高显著高于全浊($p<0.05$),后三个时点(60%~100%)上无区别。这就是说前半有区别,后半无区别。由于入声很短,前半的区别足以影响整个声调曲线有别,同时也造成听感上有别。入声的这种情况与舒声不同。男1号的平声全清长233毫秒,次清240毫秒,两者音高区别在前30%时段,约80毫秒;而调干和调尾无区别。声调整体也无区别。入声时长次清为115毫秒,全浊121毫秒,声母影响前半约为60毫秒,不仅对调头,而且对调干都产生了影响,所以男1号的入声可看作是全清、次清、浊三分。

上面讨论假定是声母影响了声调。其实更精确的说法是声域(由发声态定义)影响了音节,尤其是音节的前半部分。全清声母字属于由普通清声态定义的中域,古全浊声母字属于由弛声和浊声定义的低域。次清声母字原属中域,但他的发声态产生了弛声变体,从而影响了声调曲线走向,结果造成调类重组,详见下。

男 2 号——他的情况最为简单,次清去与浊去(中图)吻合得严丝密缝,其他三条次清都未脱离全清,几近重叠。中图的全清去,曲线形状类似次清去和浊去,但整条曲线稍高。全浊上(中图白底三角曲线)是凸调,像是调头被压低的清上。

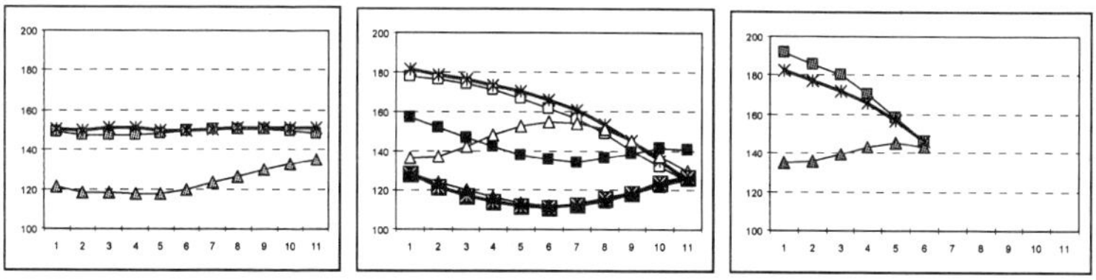

图 2. 男 2 号声调格局图。【左】平声,【中】上声(白底)、去声(黑底),【右】入声。

男 3 号——平声和入声情况与男 2 号一样,次清未脱离全清。中图中的上去声情况和男 1 号类似(除了全清去),次清上和浊上、次清去和浊去合并,四者合成一个混合的“大阳去”类。可注意的是,男 3 号的全清去也和此大阳去类无区别。

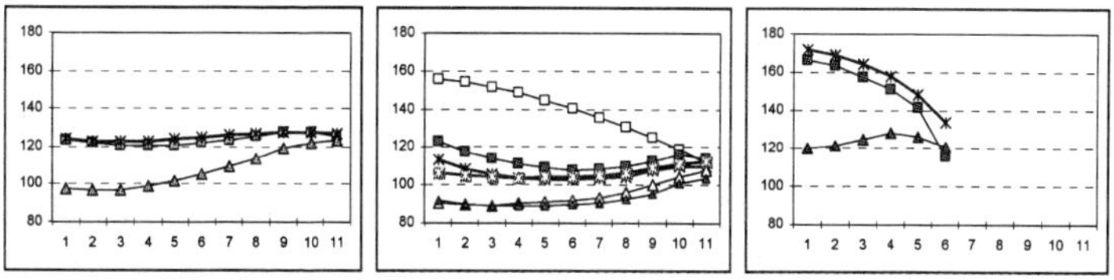

图 3. 男 3 号声调格局图。【左】平声,【中】上声 (白底)、去声(黑底),【右】入声。

女 1 号——左图中平声次清未分离。中图上去也是次清和全浊混合成“大阳去”,全清去并入全清上,是个高降调。入声特别，她是清楚地三分，次清居中。

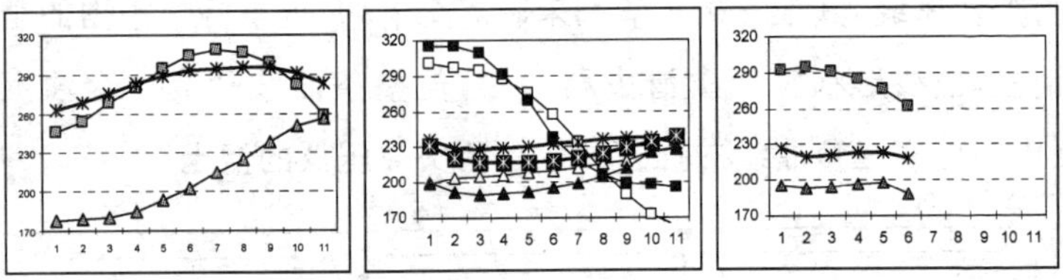

图 4. 女 1 号声调格局图。【左】平声，【中】上声（白底）、去声（黑底），【右】入声。

女 2 号——左图平声次清未分离，但调头前 3 个点显著高于全清（$p<0.05$）。中图全清上也是高降调，全浊和次清的上去声合并为“大阳去”。全清去调形与男 1 号一样，但整条曲线较高。右图次清入脱离全清，并入浊入。

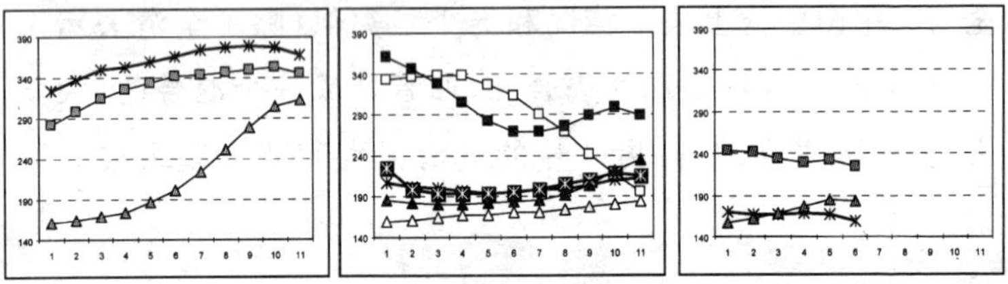

图 5. 女 2 号声调格局图。【左】平声，【中】上声（白底）、去声（黑底），【右】入声。

女 3 号——平声和入声与男 2、男 3 号同，次清都未脱离全清，但两个次清的调头第一个点都显著高于全清（$p<0.05$）。中图上、去与大部分人相同，次清和全浊合成一个“大阳去”，全清去并入高降的全清上。

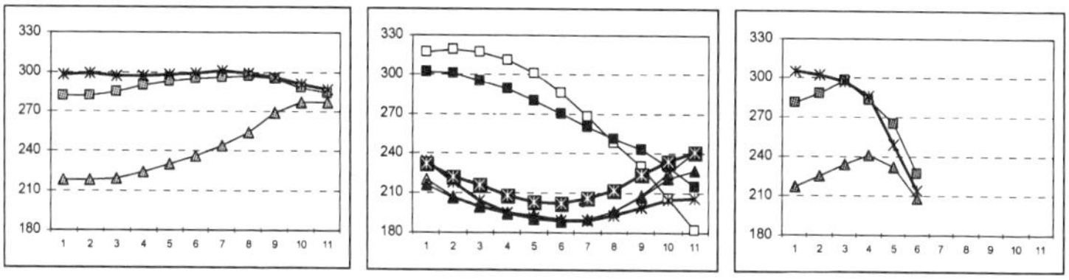

图 6. 女 3 号声调格局图。【左】平声,【中】上声(白底)、去声(黑底),【右】入声。

4. 声调格局

4.1　调类总结

平声:所有发音人都是次清与全清同类。

上声和去声:(1)所有的人全清上都是一个高降调。(2)次清上、浊上、次清去、浊去合成一个阳去,只有男 2 号除外,他的次清上未脱离全清上。1980 年代初张拱贵、刘丹青调查时已注意到年轻人有上述相混现象。本文的三位老年发音人在当时是三十多岁的年轻人,他们以及另两位年轻发音人都已经完成了合流。(3)全清去情况最复杂,总体而言分两种情况。一是并入全阴上,包括女 1 号和女 3 号两人。二是趋向于并入阳去,其中一人(男 3 号)接近得可以认为是完全合并,另三个人(男 1、男 2、女 2 号)趋向于并入阳去。男 2 号与男 3 号差不多,只是更提高些,像是提高了的阳去。男 1 号的全清去后半完全和阳去一样,但调头提高了些;女 2 号类似男 1 号,只是整体更高些。

入声分三种情况。(1)次清未脱离全清(男 2、男 3、女 3 号)。(2)次清脱离全清后独立成一个居中的类(女 1、男 1 号)。

(3)次清脱离全清后并入浊入(女 2 号)。

次清未脱离全清,即两者仍同属一类,这在平声中最明显,所有六个人都未分离。其次为入声,三人未分离,三人分离。上声和去声六人中有五人分离,各只有一人未分离。次清脱离全清,并不意味着它就独立。事实上,在绝大部分场合,游离出来的次清并入了全浊。次清完全独立的情况,只有男 1 号和女 1 号的入声。

下面表 2 中是六位发音人的调类分合情况。格内单个的"合"表示次清和全清未分离,细节问题讨论见§5.1。"分分"表示次清自成一类,既有别于全清,又有别于全浊。"分合"表示次清从全清分离,并入全浊。

表 2

	男 1	男 2	男 3	女 1	女 2	女 3
平	合	合	合	合	合	合
上	分合	合	分合	分合	分合	分合
去	分合	分合	合	分合	分合	分合
入	分分	合	合	分分	分合	合

4.2　声调曲线

次清分调情况如果能进行听感比字实验就比较理想,但可惜在此情况下没有最小对立,有声调区别的一般也有声母区别,而声母区别又更为明显。因此需要使用数学处理的补救办法,一是对相同时点上的基频值进行数理统计中的假设检验,如果检验结果无显著性差别,那么两个声调类无区别。但是,如果声学数据有显著性差别,并不意味着听感上一定有别——这很无奈。再有就是使用下文的归一化处理(见图 7),这基本上能显示出类的区别。

松陵话有六个稳定的调类,见图 7 左小图和调值表中的前六个。其中阳去包括次清和全浊的上、去声。另有两个变动中的类:次阴入和全阴去,见图 7 右小图和调值表的最后两栏。

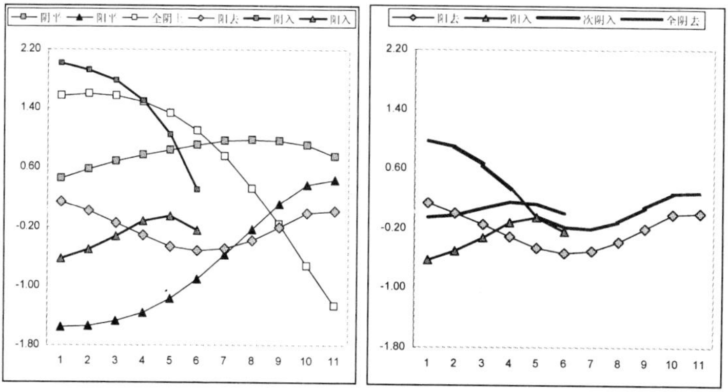

	阴平	阳平	阴上	阳去	阴入	阳入	(次阴入)	(全阴去)
调值	44	13	52	323	55	23	(33)	(423?)

图 7. 松陵声调格局图。【左】六个稳定的调类,【右】两个变动中的调类与相应阳调的比较。

阴入的曲线是根据上面总结的入声第一类三个年轻发音人的调形画的,包括全清和次清。三位老年发音人中一位(女 2)次清入并入阳入,另两位(女 1、男 1)是次阴入独立成类,见图 7 右。

全清去相当不稳定,它向两个方向变动。一是并入全阴上(女 1、女 3 号)。另一是(趋向于)并入阳去,其中男 3 号已完全合并,另三个人趋向于并入阳去,调形基本上与阳去相同,但稍高，见右上图和下图中那条长粗线。

5. 次清变异的原因

松陵话次清音高有两个表现，一是仍未脱离全清，二是脱离了全清。(1)未脱离全清时，次清的调头稍高于全清，这与以前的描述相反。(2)次清脱离全清后，声调则下降到接近或并入全浊。

5.1 同类中为什么次清高于全清?

过去讨论吴江次清分调的文章谈的都是后一种"次清脱全"现象，所以总认为次清导致音高下降。这跟越南语中观察到的现象相符(Carne 2008)。其实，相反的情况，即次清高于全清在泰语中也观察到过(Haas 1958)。我们的松陵发音人表现的就是这种同调的次清调头高于全清。声母对声调的影响主要表现在调头上。下面表3中是全清和次清调头的分合情况，"次显"表示次清调头统计学上显著高于全清调头，"次无"表示次清调头无统计意义地高于全清，"全无"表示全清调头无统计意义地高于次清。注意:次清与全清同调时，两者的发声态无区别，都是底伏清声态。

表3

	男1	男2	男3	女1	女2	女3
平	次显	次无	次无	次无	次显	次显
上		次无				
去			全无			
入		全无	次无			次显

在表中11例次清全清未分离的情况中，根据调头有无统计学上显著差别又分两种情况：4例有显著差别（表中标以“显”字），7例无显著差别（标以“无”字）。在有显著差别的4例情况中（男1、女2、女3的平声，女3的入声），都是次清调头高于全清！在余下7例无显著差别的情况中，5例是次清高，只有2例是全清高。这个结果跟Hass报告的泰语材料相符。影响音高主要是声带拉紧度和喉下压力这两个因素。松陵话同调中的次清调头高于全清的原因，如果假定声带在启动瞬间拉紧程度一样的话，次清的喉下压力可能稍大于全清。

5.2 分类后为什么次清低于全清，并大多并入全浊？

次清与全清同调时两者的发声态无区别，而次清脱离全清的原因在于发声态起了微妙变化。表4列出次清脱离全清后的13例情况：上、去声各5例，入声3例。上去声中10例分离的次清都合并于全浊（表中标为“分合”），入声中也有1例合并于全浊。次清完全独立成调的（标为“分分”）只有女1和男1号两例。

表4

	男1	男2	男3	女1	女2	女3
平						
上	分合		分合	分合	分合	分合
去	分合	分合		分合	分合	分合
入	分分			分分	分合	

次清脱离全清后为什么低于全清，并基本上都并入全浊？

我们知道，吴语全浊是弛声态(slack voice)①，即早年刘半农、赵元任所说的“清音浊流”。是否可能次清的发声态发生了变化，从常态发声变为弛声，由此脱离常态发声的全清，而靠拢弛声态的全浊？

为此我们考察了所有发音人的除去部分擦化元音明显的例字元音起始后30～40毫秒处的H1-H2(第一谐波即基频的能量减第二谐波能量的差值)的数据。图8是两个例字，左小图是男1号全清入声字“笃”tʊʔ，常态发声；右小图是来自古全浊的弛声入声字“毒”t̤ʊ̤ʔ(下加点表示气化/弛化)。比较头两条谐波H1和H2，“笃”字的H1小于H2，“毒”字的H1大于H2。一般而言，(H1-H2)的负值越小，越表明是常态的清冽嗓音(clear voice)。而(H1-H2)正值越大，越显示弛声化(即弱气化)现象。这是考察弛化元音的主要指标之一。注意：这只是一种权宜的说法，严格地说，(1)区别弛(气)声与否是个相对的概念，即一组弛声例字的(H1-H2)差值有统计意义地大于非弛声。(2)(H1-H2)的负值再小下去，就表示有嘎裂声出现。图9是男1号的次清例字“托”t^{h}ʊʔ。可以看到，“托”字和弛声的“毒”字一样，H1大于H2。说明男1号的次清入和全浊入一样带有弛声。

---

① 气声(breathy voice)是一种音节属性。它分强、中、弱三种，强的为浊送气(voiced aspiration)，中为弛声(slack voice)，弱为弱弛。强气声主要表现为浊爆音后的浊送气段。弛声主要表现为带气/漏气元音，当然还有其他声学表现形式。弱弛则是元音有微弱漏气。详见《发声态的语言学功能》。

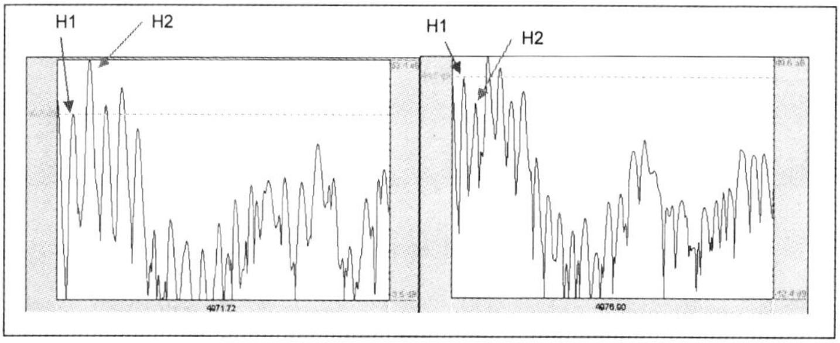

图 8.【左】笃 tʊʔ,H1(39.8) < H2 (53.4);【右】毒 t̤ʊʔ,H1(44.5)> H2(37.4)。单位分贝。

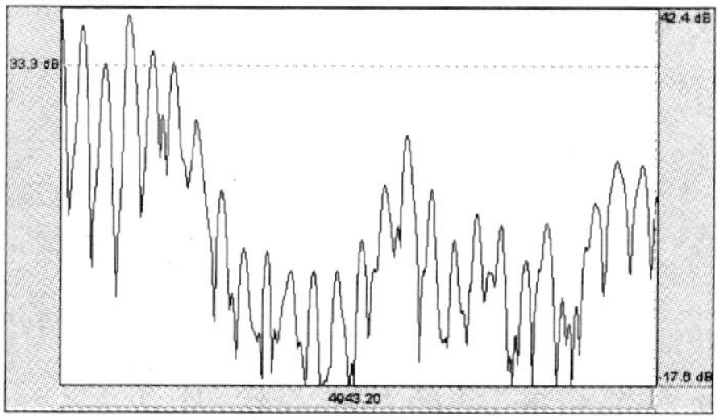

图 9. 托 t^hʊʔ,H1(39.6)>H2 (33.3)。单位分贝。

表 5 是六位发音人所有字“H1-H2”数据的平均值。

表 5

	男 1			男 2			男 3		
	全清	次清	浊	全清	次清	浊	全清	次清	浊
平	−4.0	3.8	3.7	−4.0	−2.8	6.5	4.3	8.0	5.3
上	−5.3	−8.3	−7.6	0.6	0.3	2.0	−6.8	3.8	5.5
去	−1.0	−8.2	−6.2	−4.0	6.8	5.0	−3.5	5.5	4.5
入	−6.0	4.2	5.0	−0.6	6.2	5.5	−7.0	−4.5	7.3
	女 1			女 2			女 3		
	全清	次清	浊	全清	次清	浊	全清	次请	全浊
平	−6.8	−4.3	8.0	−5.3	−7.8	−0.3	−7.5	−8.8	−2.5

（续表）

上	−7.5	0.8	−1.3	−16.4	−0.8	−3.0	−12.5	−3.8	1.8
去	−7.7	−3.6	9.5	−15.0	2.4	0.2	−15.5	−2.8	1.5
入	−10.2	−4.5	5.8	−10.5	0.5	1.5	−12.8	−6.3	−8.3

先来看最规则的女 2 号的数据。她的谐波能量差数据很符合预期：平声中次清接近全清，上、去、入声次清接近全浊。弛声态是引起音高降低的因素。她的基频格局（图 5）也是如此，平声中次清与全清同类，其他三声中次清与全浊合并。其余五人的数据也大体上合乎预期。女 3 号除了一个数据，其他都很规则：平声中次清和全清接近，上去声中次清接近全浊。只有入声全浊数据 −8.3 显得太小。女 1 号平声中次清与全清接近，上声中次清与全浊接近，入声三分，这都与她的基频曲线（图 4）相符。唯一例外是她的去声次清数据 −3.6 显得稍小。男 1 号入声次清与全浊数据相近，他的基频曲线（图 1 右）也是如此，次清接近于全浊。上、去声中次清和全浊的数据混同，图 1 中小图中也可看到“混类”情况。另外，这些次清和全浊的数据都是较大负值，听感上也可感觉到男 1 号的古全浊字不太浊，例如“舅”听上去像“九”。男 1 号的唯一不符预期的是次清平声的数据3.8，本来预期他是个负值。男 2 号稍有例外的是次清入 6.2，本来预期他是个负值。不过全面检查他的例字，可以看到他的次清有分化倾向。大多还是常态发声，因而与全清近；部分带有弛声，从而与全浊近。男 3 号稍显例外的是全清平和次清平都是正值，不过由于这两条基频曲线都变得很低，不排除带上漏气的可能性。松陵话，还有其他发生类似变化的方言，弛声正在发生

变化调整,次清声母字在常态发声态之外,产生了弛声变体,从而在与全清字和全浊字的分类上造成了令人困惑的分化混类现象。

从上面的考察来看,次清分调发生于上、去声;部分见于入声;平声中无此现象。在调类制约的背后可能另有语音学原因:那就是音高。平声是高平调,保持高平调需要持续拉紧声带,容易保持常态发声而不漏气。全清上(和女 1、女 3 并入全清上的全清去)是高降调,声带先紧后松。全清去是个中到低调,声带较松。松弛的声带容易关闭不严而漏气,尤其是在送气声母后。假定次清去原先跟全清去一样也是中低调,声带从声母阶段打开送气到韵母阶段较松,声母阶段的送气性得以延续下来,使得韵母也带上漏气性质。这是一个同化现象。假定次清上原先跟全清上一样也是高降调,声带状况由打开送气到绷紧(产生高调头)再到松弛。高调头时的声带可能受到来自两头的同化作用而不再绷紧,进而松弛漏气。入声是个短调,女 2 号较低,次清也分调。其余五人较高,两人次清分调(男 1、女 1),三人仍与全清同调。从松陵话的材料来看,清送气声母在中低调时引发后接元音漏气,造成弛声元音,后者又使基频下降,结果造成声调分化。这种情况扩散到短高降调(入声),在人群中发生了分化。而高长调(平声)仍保持不变。

6. 结语

上面考察了六位松陵发音人。两位老派发音人(男 1、女 1)

有七个声调，次阴入独立成调，符合张拱贵、刘丹青25年前的观察，阳上和阳去的表现也类似他们关于年轻人的描述。新派发音只剩六个声调，平声和入声中次清与全清同类，上声和去声中次清基本归全浊，只有个别归全清。全清去向两个方向变化，一是并入全阴上，一是(趋向于)并入阳去。

本文的主要发现是，次清分调的原因在于发声态起了变化。次清原来和全清一样，是普通清声态，但后来在低调中送气后声门较松弛而没有关严实，导致发元音时出现漏气，使得元音变为轻微气化——弛声化，从而与来自中古全浊类的弛声声母发声态相近或相同，弛声对音高的影响是降低音高。结果大部分分离的次清音高并入了阳调类，或即使个别独立成调，也相当接近于相应的阳调。有一点需要注意的是：这儿的送气大多是弱送气，VOT大约只有50毫秒上下，大大短于一般的送气。还要注意的是，松陵话的古全浊的弛声不像典型吴语如苏州话、上海话那样明显，而次清如果出现一些漏气现象，带上弛声，这两类就比较容易走到一块儿。

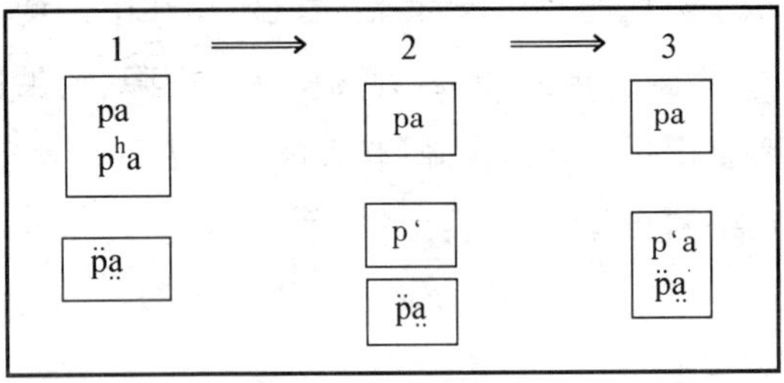

本文的意义在于：(1)解决了吴江一带的次清分调这个悬念了近一个世纪的方言语音难题，(2)介绍了弛声这样一种语音学

概念，(3)进一步则可帮助理解赣语和湘语中次清、次浊的分调问题，(4)明白了发声态变化在语音变化中所起的作用。

参考文献

钱乃荣 1992.《当代吴语研究》. 上海：上海教育出版社.

叶祥苓 1983. 吴江方言声调再调查.《方言》1：32—35.

张拱贵、刘丹青 1983. 吴江方言声调初步调查.《南京师范大学学报》4：36—40.

赵元任 1928.《现代吴语的研究》. 北京：清华学校.

Carne, Michael J. 2008. "Intrinsic consonantal F0 perturbation in 3-way VOT contrast and its implications for aspiration-conditioned tonal split: evidence from Vietnamese." Paper presented at the Interspeech 2008 (incorporating SST'08), Brisbane, September 2008.

Haas, M. 1958. The tones of four Tai dialects. *Bulletin of the Institute of History and Philology, Academia Sinica*, 817—826.

（原载《中国语文》第 4 期，2009。徐越合作撰写）

弛化：佤语松音节中的元音*

“松—紧”是一对国内外语音学界都未有严格定义的词语。据不完全统计，“松—紧”有多达16种不同的用法（朱晓农2006），它被用来描述辅音，也用来描述元音。本文对佤语中传统上被称为“松—紧”元音的现象进行考察。结论是：佤语的紧元音是常态元音，佤语的松元音是弛声化即弱气化元音。更确切点说，紧音节是常态发声的音节；松音节是弛声化音节。弛化的声学特征主要表现在韵母元音上，声母辅音也有弛化现象。

1. 研究概况

1957年，罗季光等人对佤语进行了第二次调查之后，写了一篇论述佤语岩帅语音音位系统的文章，但没有公开发表。据王敬骝、陈相木（1981）介绍，该文对佤语松紧元音的描述有“松紧有区别意义的作用”，“咽头肌肉紧缩，就成了紧音，不紧缩，就是松音”；“松紧的对立，只出现在以不吐气辅音为声母的音节

* 香港研资局竞标专项拨款（HKUST 6426/06H）和中国自然科学基金（60672111）资助项目。佤语声学材料的录制得到黄行先生协助，谨表谢意。

中”等等。后来周植志、颜其香(1984:7)把松紧元音定义为“咽头肌肉紧缩并影响口腔肌肉紧张时发出来的元音是紧元音;反之发出来的元音是松元音”。以下表 1 为例:

表 1

紧元音				松元音			
序号	音节	音标	意义	序号	音节	音标	意义
1	da	ta	苍白	2	da	ta̤	尽量
3	ga	ka	先,前	4	ga	ka̤	啃
5	la	la	竹子	6	la	la̤	驴
7	sa	sa	凉拌	8	sa	sa̤	诽谤
9	va	va	宽敞	10	va	va̤	佤族

注:“a̤”下的两点表示元音弛声化(弱气化)。严格说起来,弛声音节应该同时标记声母和韵母如 t̤a̤。出于方便和简化,我们仅标记韵母元音。

Maddieson 和 Ladefoged (1985) 对佤语等“松—紧”元音进行了实验语音学的研究。采用的主要手段有:计算气流速率与气压的比值,F0 的振幅与 F1 振幅之比,VOT 的时长,F0 起始音调及第一共振峰的高度等,得出的结论为:松音气流与气压之比较大;F0 与第二谐波之比较大;元音稍长;F0 的调值稍高;VOT 较长;在辅音上表现为鼻音较长。这些实验结论证明了语言学家所说“松—紧”元音的对立情况。但是没有深入地从发声类型的角度对“松—紧”元音辨析。鲍怀翘(1989:102)先是认为佤语中的“松—紧”是元音的发声态对立,松元音属于“发声类型中的气浊音”。后来在另一篇文章(鲍怀翘、周植志 1990)改为佤语浊送气辅音既是典型的浊辅音(除阻之前声带振动),又有独立的浊送气段，只是这种送气段不是摩擦噪声而是“气嗓音”，最后认为“气嗓音”段归到辅音上去是适宜的。

我们认为，佤语元音的“松—紧”对立不像英语中的松紧元音，不是个“音段”问题，所以并不仅仅是“松紧元音”的区别，也不仅仅是声母辅音的属性。“松紧”确如鲍怀翘所言是个发声态问题。发声态是一种超越音段、属于整个音节的性质，所以需要在音节层面上加以全面考察，既要考察元音段，也要考察辅音段。当然，佤语“松—紧”对立的声学特征主要表现在元音上。声母是响音或浊爆音，那么也能显示松紧不同的声学特征。但如果声母是清爆音，那么在持阻阶段无声学信息，当然生理和空气动力学上依然可以看到松紧清辅音的不同，比如发紧音时声道肌肉较紧，成阻部位较大，口腔压力较大等。我们的结论是佤语中的紧音节是常态音节，而松音节则是弛声化（弱气化）音节，松音节中的辅音、元音都是弛声化的音段。

2. 发声类型和弛声态

生理学上可以辨认出六种单一发声态，单一发声态又可组合成二三十种复合发声态。但能用于语音学的发声态一共有六大类（假声、张声、清声、常态浊声、气声、嘎裂声）十三种变体。“气声类”中包括浊送气和弛声（slack voice）两个变体。浊送气是强气声，弛声是弱气声。

发声类型与喉部的紧张状态密切相关，喉部紧张主要有三种：(1)纵向紧张，主要是声带收缩而引起；(2)内收紧张，主要是勺间肌收缩导致两块勺状软骨合拢,同时关闭了软骨声门和韧带声门;(3)横向中央紧张,是关闭韧带声门。发常态浊声时声带正常振动,三种肌肉紧张度都处于中性状态,不紧也不太松。喉闭态和假声的纵向紧张度较高,浊声中等,再次为嘎裂声,气声最低。内收紧张度最高的是嘎裂声,中等的是浊声,紧张度低的是气声。横向中央紧张高的是耳语声和嘎裂声,中等的是浊声,低的是气声。而从喉头紧张程度则为相反排列,即:弛化元音<常态元音<嘎裂化元音。

弛声是个不容易掌握的概念,它跟浊送气两端能分清,中间有交叉,两者没有截然界限。尽管浊送气主要表现在声母辅音后,弛声主要表现在后接元音上,但它们的综合物理性质(生理、声学和空气动力学)并不仅仅是声母辅音或后接元音的特征,而是属于整个音节。弛声的声学特征主要表现在后接气化元音的前半部分。弛声音节的声母爆发能量较小,听感较闷较软,声道壁较松软,呼吸肌力增长较慢,成阻接触面较小,成阻点后的气压较低,持阻时间较短,后接气化元音,起音频率较低,声母为清阻音的多于浊阻音。佤语、苗语中清浊阻音都存在,吴语中只有弛声清阻音(弛声响音当然也有),那就是语言学界名称耳熟能详但实质依然需要澄清的"清音浊流"。从声门状态来看,声带稍微内吸,并稍稍纵向拉长,声门微闭,有缝隙,发声时一股紊乱气流通过声门,音质上给人的感觉比较闷沉,不响亮干脆,给听者的印象是发声中混有气流。下面先来看表现在后接元音上的弛声的主要的声学特征。

首先是弛声元音的音强较小,其次宽带图不那么"干净"。

见下图1上海话的例字。右小图是弛声音节,左图是作为对照的普通音节。两个音节的声母都是清爆音,但右图中弛化元音的能量较小,上半声波图中振幅较小,下半宽带图中颜色较浅。其次,右面弛声宽带图中周期脉冲之间模糊一片,带有摩擦成分,不像左图脉冲一黑一白,脉冲清晰。说明发常态元音时声带振动比较规整,声门开闭有节,噪声干扰较少。而发弛声时闭相阶段声门关闭不严,有气流泄漏,声带振动同时,还有漏气的"浊流",因而语图黑白间隙不明,脉冲不清。

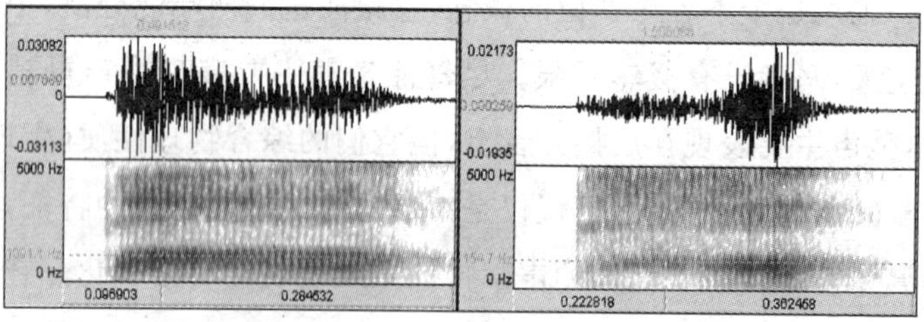

图1. 上海话【左】张声音节 pa"摆",【右】清弛声气化音节 p̤a̤"败"。

下图2为佤语男声常态 ta 和弛声 ta̤ 的语图,弛声元音的脉冲没常态元音那么清楚。由于有噪声干扰,右图弛声元音的共振峰结构显得模糊紊乱,而左图常态元音的四个共振峰规整、清晰。由于漏气而产生摩擦,弛声的高频区有较多乱纹,而左图高频区噪声能量低,这是第三个显著区别。噪声干扰还显示在波形图上,图3是在常态和弛声音节的元音开始后取30毫秒的一段波形图。从图上可见,左图常态元音波形波峰与波谷分明,线条干净。而右图弛声元音的波峰到波谷之间表现出如锯齿状的不规则的小毛刺,这是由弛声中噪声能量干扰造成的。

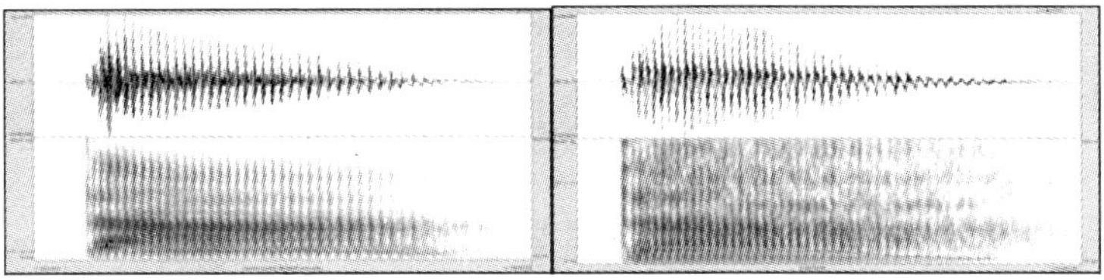

图 2. 岩帅话【左】常态音节 ta“苍白”,【右】弛声音节 ta̤“尽量”。

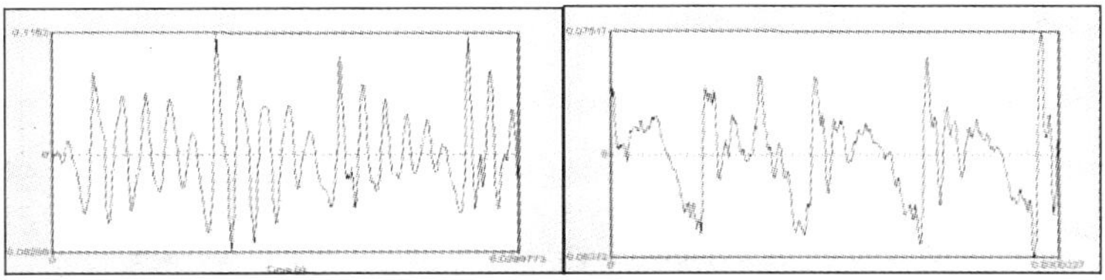

图 3. 放大波形图,图 2 例字除阻后 30 毫秒处的一段波形图。
【左】为常态发声 ta,【右】为弛声 ta̤。

第四个特征表现在音强的衰减上,弛声元音的能量衰减趋势比常态元音要平缓。图 4 是元音开始后 30 毫秒处的能量截面图,两条显示能量总体分布的曲线的趋势有差别,左边的下降急促而右边相对平缓。在图 4 的基础上进行 LPC 平滑后得到图 5,图 5 能更好地反映常态元音与弛化元音能量衰减的情况。图 5 左从最高点(约 71.5 分贝)开始在约 4899 赫兹时降低到最低点(约 12.3 分贝);图 5 右从最高点(约 66 分贝)开始,到 6000 赫兹时还未降低到最低点。

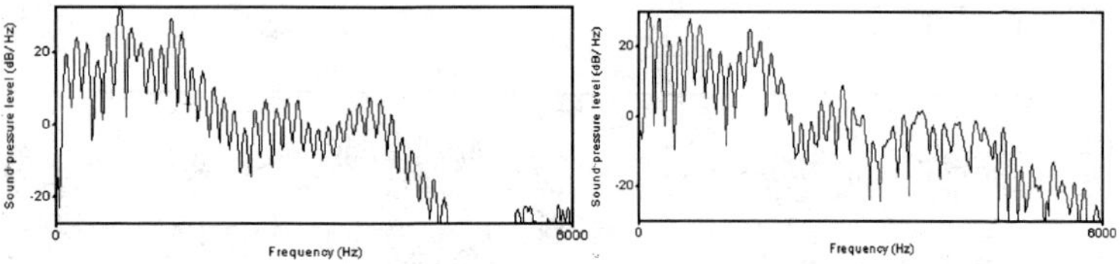

图 4. 元音开始后 30 毫秒处的能量截面图。【左】常态 ta,【右】弛声 ta̤。

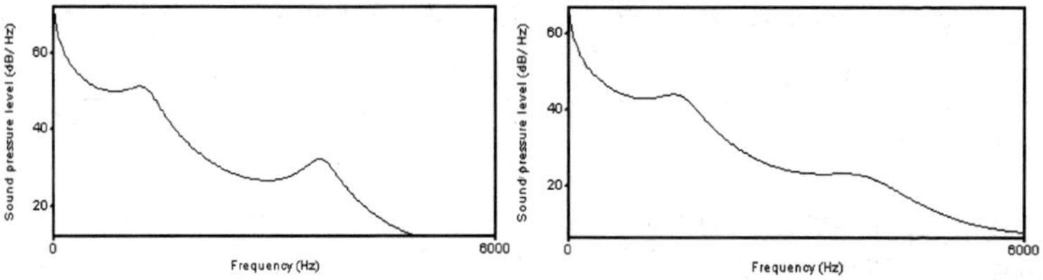

图 5. 把图 4 进行 LPC 平滑后得到的曲线。【左】常态 ta,【右】弛声 ta̤。

第五个特征是频谱斜率的不同。Bickley (1981) 曾提出一个确定气声的声谱特征:即第一谐波的能量大于第二谐波(H1>H2)。或气化元音的 H1 与 H2 的能量差,显著地大于普通元音的 H1 与 H2 的能量差。图 6(左)中常态元音 H1>H2,而图(中)弛声元音 H1>H2,但 H1-H2 的差值要比图(左)的大。该方法在很多场合适用。Ladefoged(2001)指出,在许多语言中,

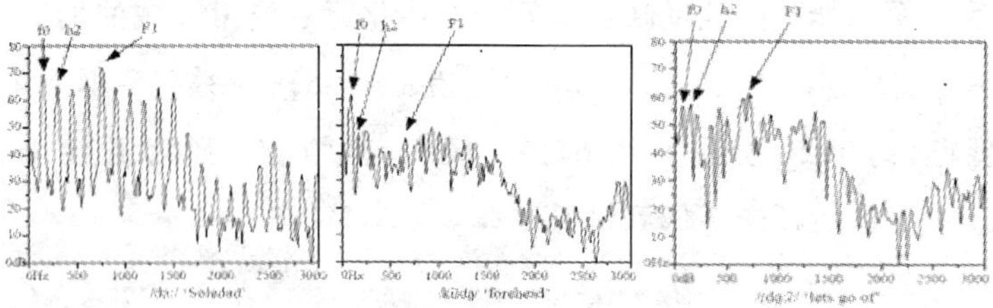

图 6. 引自 Ladefoged(2001)【p16, fig 7】

频谱斜率是区分不同发声类型的主要声学参数之一，常态元音、嘎裂化元音和弛化元音三种发声态在许多语言中 H1 与 H2 之间的差值关系为：弛化元音＞常态元音＞嘎裂化元音。

上文从生理发音、听感、声学三方面分析了常态元音与弛化元音之间的主要差别。下面我们就对佤语中不同发声类型的元音进行量化比较，从而证实我们文首提出的看法。

3. 实验程序

佤语分为巴饶克、阿佤、佤三个方言，巴饶克方言岩帅话为佤语的标准音。本文主要讨论岩帅话。岩帅话单元音常态和弛化有 9 对 18 个，复合元音 14 对 28 个。

常态：i，ɯ，u，e，ɤ，o，ɛ，ɔ，a

弛声：i̤，ɯ̤，ṳ，e̤，ɤ̤，o̤，ɛ̤，ɔ̤，a̤

常态：iɛ，ia，io，iu，ɛa，ai，au，aɯ，ɔi，oi，ui，ua，ɤi，ɯi

弛声：i̤ɛ̤，i̤a̤，i̤o̤，i̤ṳ，ɛ̤a̤，a̤i̤，a̤ṳ，a̤ɯ̤，ɔ̤i̤，o̤i̤，ṳi̤，ṳa̤，ɤ̤i̤，ɯ̤i̤

本文主要讨论 a～a̤，o～o̤，u～ṳ，i～i̤ 4 对 8 个元音，测量了约 200 对有“松—紧”对立的单音节词。表 2 列出绝大部分例词。

表 2

序号	音标	汉译	序号	音标	汉译	序号	音标	汉译	序号	音标	汉译
1	Pi	忘记	3	te	箭	5	tɛ	遮蔽	7	kih	盐
2	pi̤	口琴	4	ke̤	黄瓜	6	tɛ̤	甜	8	ki̤h	分

（续表）

9	peh	吐	41	rɤ	船	73	mɔʔ	满满的	105	vɛ̤a̤k	青蛙
10	phe̤h	呸	42	rɤ̤	拖	74	mɔ̤ʔ	谁	106	lai	书
11	kɛh	让	43	bɯ	油	75	toʔ	稠	107	la̤i̤	松鼠
12	kɛ̤h	劝	44	bɯ̤	耳坠子	76	so̤ʔ	狗	108	kau	九
13	tiʔ	一	45	ʑah	呀	77	puʔ	弟弟	109	ka̤ṳ	十
14	ti̤ʔ	自己	46	ta̤h	摞	78	thṳʔ	装	110	dʑiɛh	散开
15	peʔ	山羊	47	mɔh	是	79	pɤʔ	吃奶	111	dʑhi̤ɛ̤	蒲葵
16	pe̤ʔ	你们	48	dɔ̤h	脱落	80	ʔɤ̤ʔ	我	112	tiah	碰，撞
17	nɛʔ	酸	49	pok	茁壮	81	grɯʔ	靠拢	113	ti̤a̤h	隔开
18	nɛ̤ʔ	斗笠	50	lo̤h	换	82	kɯ̤ʔ	鼠叫声	114	bioŋ	想念
19	ka	啃	51	tuh	裂开	83	tɕiɛ	要	115	siuh	下边
20	ka̤	烤	52	si̤gṳh	急骤	84	tɕ i̤ɛ̤	山鹌鸽	116	ti̤ṳh	那边
21	ta̤ṳh	赎回	53	tɤh	碰	85	dia	平坦	117	phɛ̤a̤ŋ	绊
22	ɲiɛʔ	房子	54	ghrɤ̤h	滑下	86	di̤a̤	排列	118	praiʔ	天气
23	dʑhi̤ɛ̤ʔ	砧板	55	bṳa̤	卷儿	87	lio	人名	119	pra̤i̤ʔ	辣
24	tiaŋ	渡	56	lɤi	追	88	ʑhi̤o̤	腻虫	120	tauh	爆炸
25	pi̤a̤ʔ	火塘边	57	hɤ̤i̤	吧	89	pɯih	汁	121	phi̤a̤ṳʔ	瓢
26	ʑhi̤o̤k	转动	58	pɯ̤i̤	蔫	90	tɯ̤i̤h	奶，乳房	122	mo̤i̤ŋ	危险
27	li̤ṳŋ	上边	59	piau	表	91	piauh	小绿蛇	123	bruiŋ	虱子
28	kaiŋ	工作	60	mi̤a̤ṳ	猫	92	si̤a̤ṳh	搅动	124	pṳi̤ŋ	射击
29	ka̤i̤ŋ	头	61	kuai	人名	93	dṳa̤i̤ŋ	这么点儿	125	tuaʔ	吓唬
30	pauʔ	同伴	62	khṳa̤i̤	圈	94	laɯʔ	休息	126	kṳa̤ʔ	蕨菜
31	pa̤ṳʔ	岳父	63	taɯh	遍及	95	la̤ɯ̤ʔ	坏	127	phɤ̤i̤ʔ	赔
32	paɯ	守	64	ta̤ɯ̤h	春	96	tɔiʔ	弦声	128	tɯiŋ	碰
33	pui	人	65	tɕɔih	黑蚂蚁	97	ŋɔ̤i̤ʔ	水牛叫声	129	lɯ̤i̤ŋ	焦
34	khṳi̤	柜	66	tɕɔ̤i̤h	搭手	98	moiŋ	妻子	130	kṳa̤i̤k	钩
35	pɔ	别，莫	67	poi	牵连	99	pa̤ɯ̤	灰扑扑	131	kṳa̤h	扒拉
36	pɔ̤	腰肌	68	po̤i̤	飘	100	kɔi	慢	132	lua	捏
37	mo	爬	69	ŋɯh	点（头）	101	kɔ̤i̤	小米	133	goih	跌倒
38	po̤	臼	70	ghɯ̤t	追	102	kuah	生长	134	go̤i̤h	豪猪
39	pu	厚	71	pu paʔ	急忙	103	liu	使羞	135	tuih	打奔儿
40	pṳ	飞	72	pa̤ʔ	你俩	104	dʑhi̤ṳ	锯子	136	tṳi̤h	牴

录音采用笔记本加外接声卡在录音室条件下进行。发音人为中央民族大学大三男学生,在佤语标准音点出生、生活。文中所提取的数据主要来源于以 a, o, i, u 四个基本元音作为韵母的音节。语音分析使用 Praat 4.2.23 软件。提取的参数有:前三个共振峰(F1, F2, F3)的能量 A1, A2, A3(A1,A2,A3 分别表示功率谱上三个共振峰能量最高点),第一、第二谐波(H1, H2)的能量值、音高、时长、高频区能量等。主要采用的分析方法有:谐波分析法,同时考虑 H1 与三个共振峰的能量差(H1-A1, H1-A2, H1-A3),高频区能量比等。

提取 H1、H2 的时点选取标准:把辅音分为清浊两类,清辅音音节元音段取两个点,一是元音开始点,一是元音前段 30～50 毫秒处。声母为浊辅音的,在持阻段提取三个点,一是浊音起始后 10 毫秒处,一是浊音结束前 10 毫秒处,一是两者的中间。三个共振峰的值在元音的前半段提取,主要是手工提取。时长主要是元音时长。

4. 谐波分析

首先根据 H1-H2 的差值比较佤语的常态元音和弛化元音。考虑到元音的弛化主要体现在元音的前半段,因此在元音开始后的 50 毫秒处提取 H1 和 H2 的值为参数。为了便于处理,把各个元音的 H1、H2 以及 H1-H2 的值做了平均化。表 3 是四对元音的具体情况。

表 3

1	2	3	4	5	6	7	8	(8-4)
	H1	H2	H1-H2		H1	H2	H1-H2	
i	22.15	33.42	−11.27	i̤	26.78	24.40	2.38	13.65
u	23.48	33.90	−10.42	ṳ	29.88	28.56	1.32	11.74
o	20.88	26.23	−5.35	o̤	31.53	31.18	0.50	5.85
a	18.60	22.63	−4.03	a̤	26.43	26.07	0.37	4.4

从上表可知，常态元音的 H1 的平均值总是小于 H2，H1-H2 的平均值都为负值，弛化元音的 H1 的平均值总是小于 H2 的平均值，H1-H2 的平均值都为正值。从不同的音节来看，常态音节中元音的 H1 与 H2 之差均为负值，而弛化音节中元音两谐波之差绝大部分为正值。这些数据之间的差别正是反映了两种元音发声时的不同喉部状态，体现出不同的发声类型。从第 4 和第 8 栏中可看到高元音 i，u 的（H1-H2）的绝对值大于低元音 o，a 的绝对值。最后一栏（8-4）是第 8 栏数值和第 4 栏数值的差，显示出元音高低与（H1-H2）值的相关性。

5. H1 与共振峰的能量差

声门紧张状态同样可以采用 H1 与共振峰能量之差来反映。在提取谐波能量同时提取了前三个共振峰最大能量值。下面表 4 列出各元音 H1 与 A1，A2，A3 的差的平均值。

表 4

	H1-A1	H1-A2	H1-A3		H1-A1	H1-A2	H1-A3
i	−11.27	12.63	13.37	i̤	−2.27	25.23	22.85
u	−12.88	−1.38	13.45	ṳ	−12.10	−0.92	14.83
o	−10.88	19.60	24.32	o̤	−7.38	19.60	29.38
a	−11.94	−5.60	6.98	a̤	−8.06	−1.26	10.70

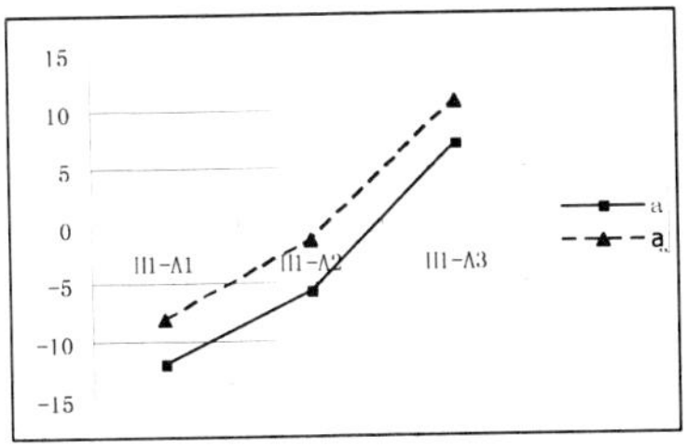

图 7. /a/

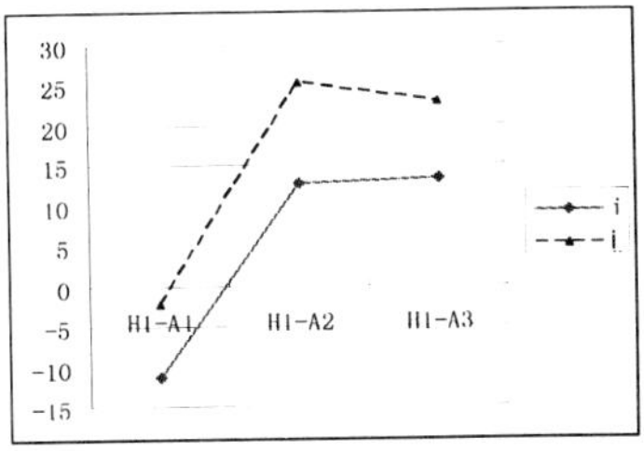

图 8. /i/

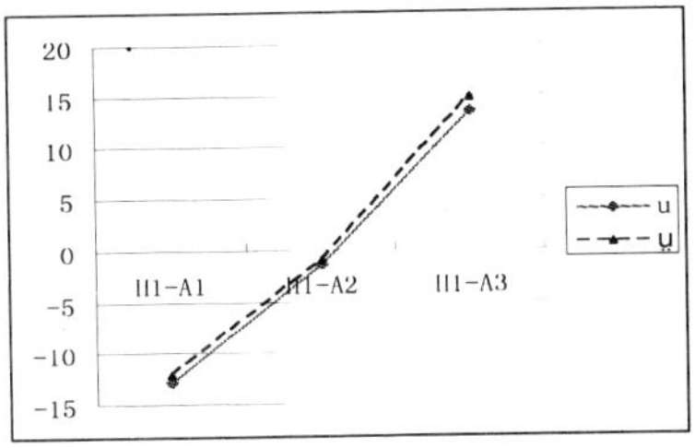

图 9. /u/

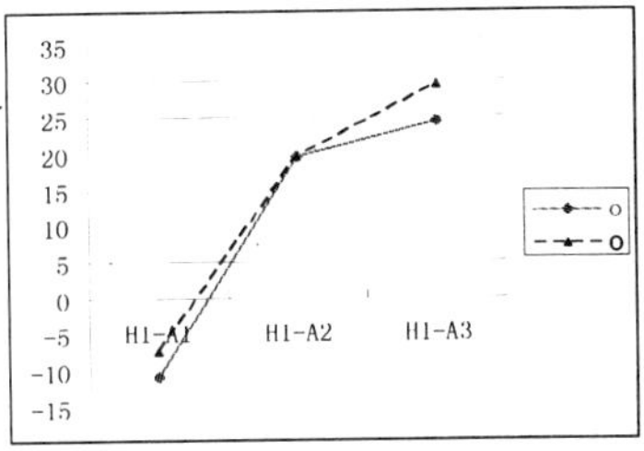

图 10. /o/

上图分别是元音 a、i、u、o 的常态与弛化元音的 H1 与 A1、A2、A3 的差值经平均处理后的曲线图，虚线代表弛化元音，实线代表常态元音，此图反映了弛化元音 a 和 i 的 H1-A1、H1-A2、H1-A3 的值要比常态元音 a 和 i 的大。弛化元音 o 的 H1-A1，H1-A3 的值稍大于常态元音 o，但 H1-A2 的值一样。弛化元音 u 和常态元音 u 则在三个参数上都差不多。

6. 时长、音强、共振峰

我们提取了佤语四对元音的时长(T)、共振峰 F1、F2 的参数值与音强(I)最高点的参数值并计算了均值。表 5 第 2 列与第 7 列(T)是各元音时长平均值。第 3 列与第 8 列(I)分别是常态元音与弛化元音音强最高点的值。为说明两类元音在时长与音强上的区别,对每一对元音的时长和音强分别进行了 T 检验,假设两类元音在时长与音强之差等于零,其检测结果为:a、i、o、u 四对常态与弛化元音的音强差的显著度分别为 sig. =0.65,0.79,0.06,0.44,说明四对元音音强无显著差别,时长差的显著度分别为 sig. =0.436,0.379,0.369,0.177,说明时长也没显著差别。

表 5

1	2	3	4	5	6	7	8	9	10
	T	I	F1	F2		T	I	F1	F2
i	324	61	292	2179	i̤	337	56	243	1965
u	273	60	349	833	ṳ	286	59	308	795
o	288	65	623	933	o̤	302	62	490	910
a	291	61	706	1422	a̤	303	60	659	1404

注:T 表示时长,I 表示音强,F 表示共振峰。

表 5 的 F1、F2 值画在元音声学图 11 中,横轴为 F2,纵轴 F1,原点翻转。可以看到,弛化元音 F1 和 F2 的值都比常态的要小,图中位置稍高(尤其o̤),稍后(尤其i̤)。

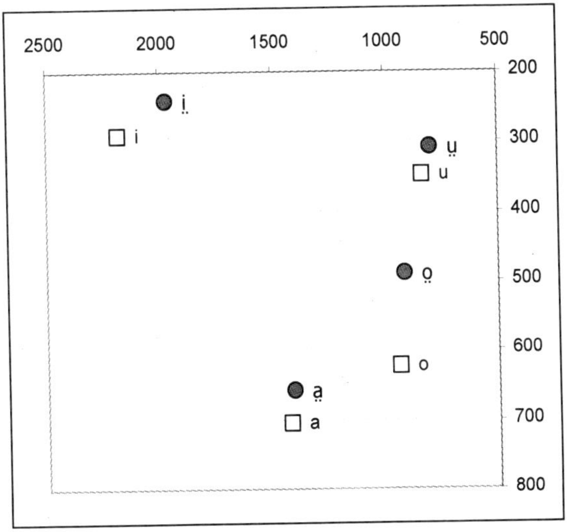

图 11. 四对元音的声学空间图

7. 响音

过去一般只注意到元音的松紧，但正如前文所论，发声态其实是整个音节的性质。因此，其区别不但表现在元音，还可能同时表现在辅音，尤其是与元音性质部分相似的响音上。我们考察了佤语中的弛声与常态音节中的鼻音和边音，在响音段上选取了前、中、后三个点，提取所在的音强截面图的 H1 和 H2 值，比较两者之差以考察常态与弛声的区别。表 6 是元音 a 和a̤前的鼻音和边音的有关数据，左半是常态响音，右半是弛声响音。可以看到，常态响音在各自三个点上的（H1-H2）值，全部小于弛声响音的(H1-H2)值。这在下面的图中更为直观。图 12 是边音的比较，常态 l 的三个点的(H1-H2)值的折线在下，弛声l̤三个点的(H1-H2)值的折线全部在上。韵母为 a 的响音声母如此，其他元音 i、u、o 前的响音情况类似。

表 6

		H1	H2	H1-H2		H1	H2	H1-H2
na	1	10.5	19.3	−8.8	n̤a	18.5	19.5	−1
	2	15.3	24.5	−9.2		21.6	22.3	−0.7
	3	17.1	26.3	−9.2		23.4	24.2	−0.8
la	1	6.9	15.6	−8.7	l̤a	4.1	10.8	−6.7
	2	11.1	20.8	−9.7		11.9	18.7	−6.8
	3	12.7	21.4	−8.7		16	21.6	−5.6

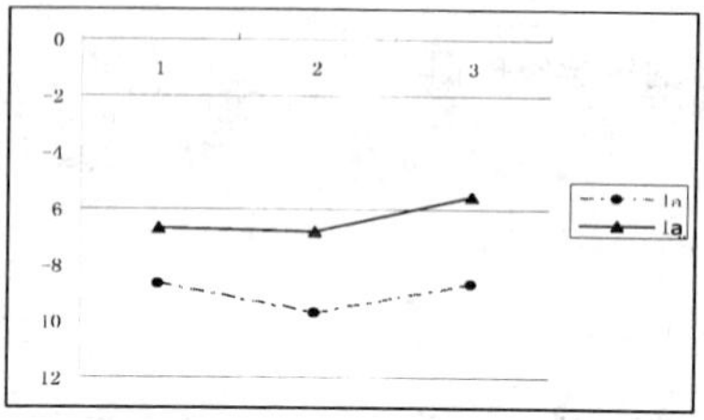

图 12. 边音比较

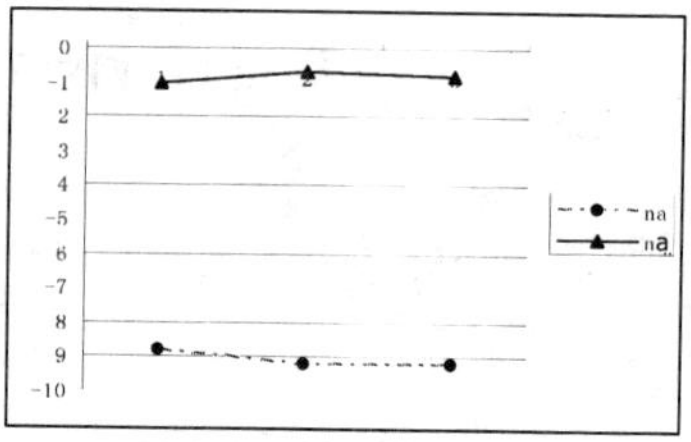

图 13. 鼻音比较

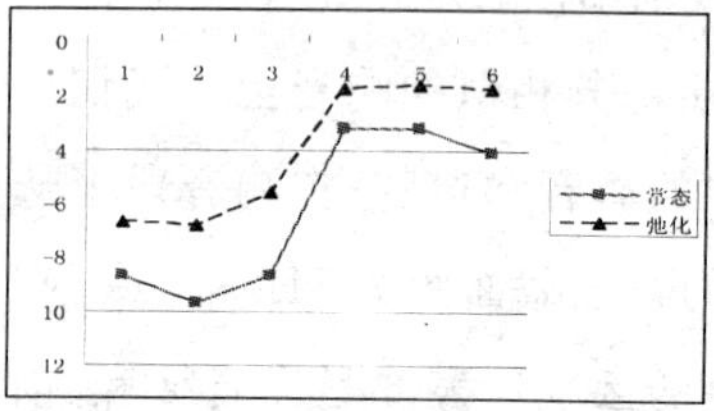

图 14. 边音加低元音的比较

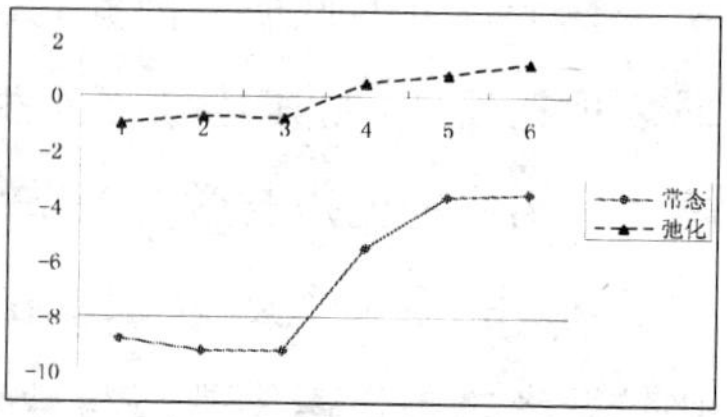

图 15. 鼻音加低元音的比较

图 14 和图 15 是把考察点扩展到整个音节，响音声母三个点，韵母元音三个点。“1、2、3”是响音段的取点，“4、5、6”是元音

段上的取点，六个点是从响音到元音顺序取出的，折线的走向反映了整个音节从响音声母到元音韵母不同时间点上谐波差值的变化情况。可以看到，两种发声态对声母段和韵母段的影响是一致的，常态发声的（H1-H2）差值，始终小于弛声的（H1-H2）值。这进一步说明，"松紧"不仅仅是元音的性质，而是整个音节的属性，弛声化是从响音音节一开始就出现的，弛化过程贯穿于声母响音和韵母元音。

8. 浊爆音

同样，在浊爆音为声母的音节中也分松紧，紧音是常态浊爆音，松音是弛声浊爆音。和元音对立一样，弛声浊爆音（H1-H2）的差值，大于常态浊爆音。图 16 左面两幅图中是常态浊爆音，左上图中的虚线通过浊爆音持阻段中间，此处获取的截面图显

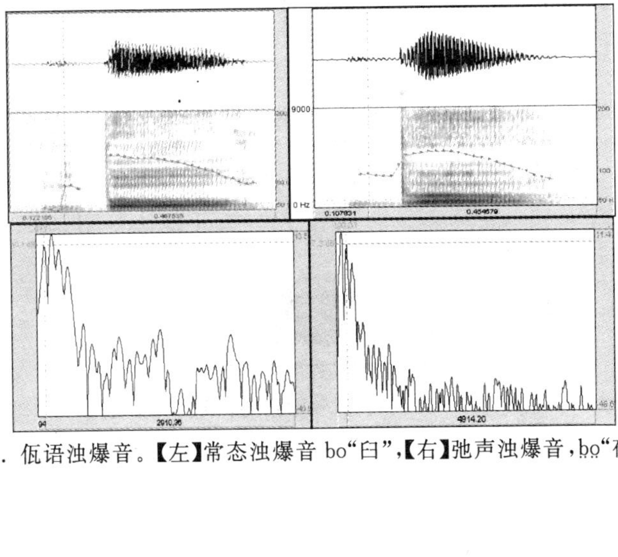

图 16. 佤语浊爆音。【左】常态浊爆音 bo"臼"，【右】弛声浊爆音，b̤o̤"夜晚"。

示在左下小图中。可以看到 H1 比 H2 小 3.4 分贝。右面两幅小图中是弛声浊爆音，在竖虚线处获得的音强信息显示在右下小图中：H1 比 H2 大 6.1 分贝。

9. 松紧的相对含义

我们现在来清理一下与发声态有关的松紧音。图 17 画出了与发声态相关的松紧元音轴，中央和内收紧张度从紧到松是“嘎裂声＞浊声＞气声”。在这根轴上浊声是基本的，另两个发声态的出现以浊声出现为先决条件。浊声跟它们任何一个可构成松紧对立，根据在轴上的地位而松紧取值不同，构成 B，C 两

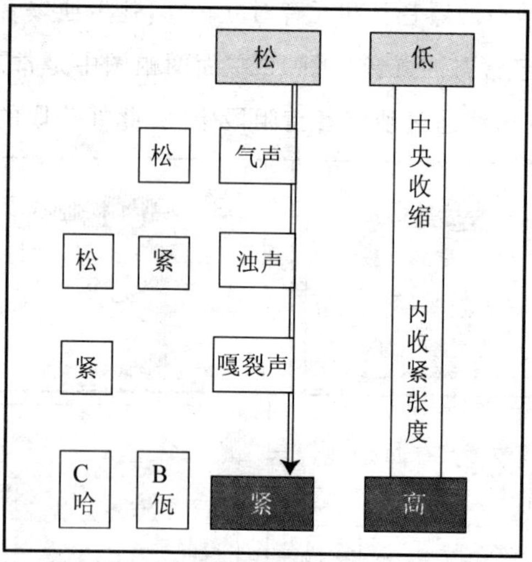

图 17. 与中央收缩、内收紧张度相关的元音松紧

种不同的松紧对立。B 类如南亚语中的佤语，其松紧元音对立

是气声和浊声,浊声为紧。C类如哈尼语、彝语,南亚语中的德昂语,其松紧元音是浊声和嘎裂声的对立,嘎裂声为紧。这在图中一目了然。有的语言中同样的元音区别处理为声调区别,如苗语中有气声、越南语中有嘎裂声,但都处理为声调区别,所以不用松紧元音对立来解释。松紧还涉及辅音的发声态,此处不谈。

10. 送气辅音后的常态元音

佤语语音的研究中一直有个问题就是为什么松紧对立只出现在不送气塞音后,而送气塞音后只出现紧元音(塞音指爆发音和塞擦音)。《佤语简志》(1984:7)在描述松紧对立与辅音类型的关系时说“凡送气辅音和h后面的元音都是紧元音(语气词除外)”。由于响音和擦音没有送气与否的区别,松紧对立即以塞音的类型为前提条件。那么,为什么松紧元音不能在送气塞音音节中形成对立呢?

本节内我们来回答这个问题,实际上是扬弃这个问题。在这之前先来看送气清辅音后的元音性质。下面是三种清辅音音节的语图:ko“开始”,k^ho“对”,k̤o̤“人”。左面是清不送气爆音,中间是清送气,右面是弛声音节中的清辅音。从元音上可以清楚地看到,中间清送气辅音后的元音脉冲非常干净,和左面清不送气辅音后的一样,是常态浊声的元音。而右图中的元音脉冲之间模糊一片,说明有漏气现象。我们测得三个音节中元音前段某点的H1-H2的值,分别是−2.3,−4.6,6.9,数据表明送气清辅音后的元音与常态元音属于一类，而弛化元音属于另一类。

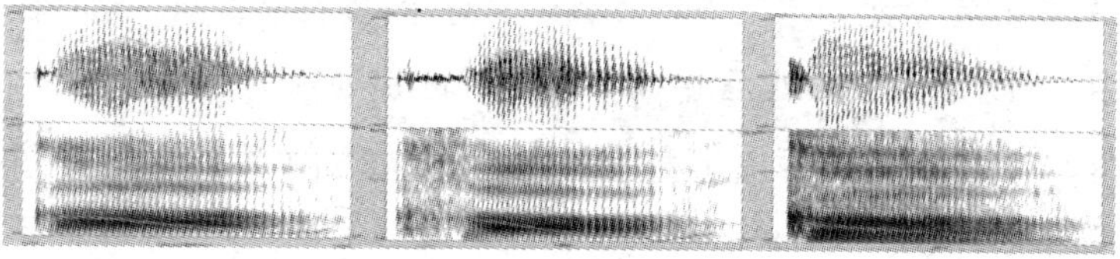

ko　“开始”　　　k^ho　“对”　　　k̤o̤　“人”

图 18. 三类清塞音后的元音比较

我们测量了清送气辅音后的四个元音：a，i，o，u（所处的音节为：k^ha，$t.^h$a，t^ha ｜ p^hi，$t.^h$i，t^hi ｜ p^ho，t^ho ｜ k^hu，t^hu）。测量结果与上文提取的常态元音与弛化元音进行比较，得到的结论为，三种元音在时长与共振峰上的区别不是很明显。但是 H1-H2 这个参数差别较大：弛化元音的 H1-H2 的值大于零，而清送气塞音后元音的 H1-H2 的值总是小于零，与不送气清塞音后的元音一致，可见两者都是常态元音，即为“紧元音”，这跟以往的描述相一致。

从发声态角度来看，佤语中有四种发声态构成五种音节情况，见表 7。

表 7

清声母音节			浊声母音节	
清送气辅音 ＋常态元音	清不送气辅音 ＋常态元音	弛声清辅音 ＋弛声元音	常态浊辅音 ＋常态元音	弛声浊辅音 ＋弛声元音
k^ho “对”	k^ho “开始”	k̤o̤ “人”	bo “臼”	b̤o̤ “夜晚”
p^hi “鬼”	pi “短笛”	p̤i̤ “忘记”	ba“大锣”	b̤a̤ “大腿”
k^ha“熬”	ka“啃”	ka̤ “癸”	bɯ “油”	b̤ɯ̤ “耳坠子”

所以,所谓松紧元音在清送气不送气塞音后的分布问题,实际上是发声态造成的。表 7 左面佤语中的清塞音三分(清送气、清不送气、弛声清塞音)和吴语的(清)塞音三分完全一样。不同的是,佤语还有表 7 右面的一对常态和弛声浊声母。

需要指出的是,清送气辅音后不是不可以出现稍有漏气的弛声元音,尽管少见,但事实上,这就是太湖东南吴江等方言中次清分调的原因所在。次清声母(即清送气塞音)字的声调降低,跟全清声母(清不送气塞音)字分道扬镳,其原因就在于前者送气延续到元音段,导致弛声化(朱晓农、徐越 2008)。

11. 结语

上文首先指出佤语“松—紧”对立是发声类型的对立,即常态发声与弛声态的对立,佤语的紧元音是常态元音,而松元音是弛化元音,然后详细阐述了弛声态的基本特征及声学表现。通过数据分析发现:弛化元音的音强比常态元音的低;弛化元音的第一、二谐波能量差大于常态元音第一、二谐波能量差;弛化元音的第一共振峰较常态元音第一共振峰低;弛化元音的时长比常态的长。还通过对响音和浊爆音的分析,说明佤语弛化现象贯穿整个音节,只是在元音上弛化体现得更明显,包括声学和听感。为了澄清清送气辅音后的元音是常态元音,我们提取了清送气辅音后接元音的 H1、H2 的值,从 H1-H2 的差值分析看,它与常态元音同属一类。

传统的佤语书写跟其他民族语一样,紧音节用下划线标记

元音，松音节则无标记，如 da̱“苍白”/ da“尽量”| ga̱“先前”/ ga“啃”。本文考虑到浊声母弛化比较明显，因此把弛化浊声母也做了标记，如：b̤o̤“夜晚”/bo“臼”。同时用下加两点标记松元音，而紧元音则无标记。这是因为在其他语言如哈尼、德昂等语言中，被标记的紧元音是嘎裂化元音，松元音是常态元音；而在佤语中紧元音是常态元音，松元音才是具有特殊发声态的、需要加标记的音。

参考文献

鲍怀翘、周植志 1990. 佤语浊送气声学特征分析.《民族语文》2：62—70.

罗季光 1957. 岩帅佧佤语语音系统(油印稿).

王敬骝主编 1994.《佤语研究》. 昆明：云南民族出版社.

王敬骝、陈相木 1981. 佤语岩帅话的音位系统.《民族学报》.

吴宗济、林茂灿主编 1989.《实验语音学概要》,“元音”章(鲍怀翘). 北京：高等教育出版社.

周植志、颜其香 1984.《佤语简志》. 北京：民族出版社.

朱晓农 2003. 解开紧喉之谜. 第三届国际吴语学术研讨会论文，上海.

朱晓农 2006. 实验语音学和汉语语音研究.《音韵研究》. 北京：商务印书馆.

朱晓农、徐　越 2008. 次清分调源于弛声化：吴江松陵话声调的实验语音学考察. 第五届国际吴方言学术研讨会论文，常州.

Bickley, Corine 1981. Acoustic analysis and perception of breathy vowels. *MIT Speech Communication Working Papers*, Vol. 1. 71－81.

Laver, J. 1980. The phonetic description of voice quality. Cambridge: Cambridge University.

Maddieson, I & Ladefoged, P. 1985. “Tense” and “lax” in four minority languages of China. *Journal of Phonetics* 13, 433－454.

G. de Krom 1994. Acoustic correlates of breathiness and roughness, PhDthesis, published by Led, Utrecht.

Gordon, M. & P. Ladefoged 2001. Phonation types: a cross-linguistic overview. *Journal of Phonetics* 29, 383—406.

P. J. B. Jackson 2001. Pitch-scaled Estimation of Simultaneous Voiced and Turbulence-Noise components in Speech. *IEEE transactions on speech and audio processing*, vol. 9(7), pp. 713—726, October.

Severin, F., B. Bozkurt, T. Dutoit 2005, HNR extraction in voiced speech, oriented towards voice quality analysis, Proc. of European Signal Processing Conference (EUSIPCO), Antalya (Turkey).

(原载《民族语文》第 2 期,2009,原题为《弛化:佤语松音节中的元音》。龙从军合作撰写)

嘎裂化:哈尼语紧元音*

1. 哈尼语中松紧元音对立

哈尼语属于汉藏语系藏缅语族彝语支。根据 2000 年全国第 5 次人口普查的数据,哈尼族总人口为 176 万人,国外 32 万,国内 144 万,主要居住在云南省南部元江和澜沧江之间。哈尼族以哈尼语为主要交际工具,但也有人兼通汉语和当地其他民族语言。哈尼语主要有哈雅、碧卡和豪白等几个方言,其间差别较大,不能通话。哈雅方言是哈尼语的通语,我们的发音人说的是哈雅方言绿春县大寨话。下面简要介绍绿春大寨话的音韵特征。

哈尼语有声调。音节结构为:声调+(声母+韵母)。声母由单辅音担任,也可以零声母。绿春话的韵母共有 26 个。其中单元音韵母 20 个,复元音韵母 6 个,后者仅只出现在现代汉语借词中。20 个单元音分为严整对立的松紧两套:松元音 10 个,紧元音 10 个,见表 1。

---

* 香港研资局竞标专项(HKUST 6426/06H)和中国自然科学基金(60672111)资助项目。哈尼语材料的录制得到黄行先生协助,谨表谢意。

表 1. 单元音韵母

松元音	i	ɧ	e	a	ɲ	o	u	ħ	ɖ	ɥ
紧元音	ḭ	ɧ̰	ḛ	a̰	ɲ̰	o̰	ṵ	ħ̰	ɖ̰	ɥ̰

哈雅方言的阻音(爆发音、塞擦音和擦音)都分清浊,元音分松紧。发紧元音时喉头比松元音紧张,具体见后。不送气塞音(爆发音和塞擦音)后只接紧元音,不接松元音;送气塞音后只接松元音,不接紧元音,两者互补。不过最新的汉语借词例外。哈尼语声调还在初起时,一般认为有四个声调:高平 [55]、中平 [33]、低降 [31],第四个中升 [24] 调主要出现在汉语借词中。

关于哈尼语中的松紧元音现象的研究最早见于胡坦、戴庆厦的《哈尼语元音的松紧》(1964),以后有李永燧等(1986)、李则然(2001)等。孔江平(2001: 53—68)做了进一步研究,他用频谱分析法分析了 10 对哈尼语松紧元音对立的词,结论是哈尼语中的紧—松元音是紧喉和常态发声的对立。但什么是"紧喉",怎么紧,没有给出进一步解释。

本文对哈尼语松紧元音进行了一项系统的实验,所用材料有 100 多对松紧对立的词语,对多项语音参数进行测量并做了统计检验。结论是哈尼语元音的松紧对立是发声态的对立,松元音是常态(modal voice)元音,紧元音是嘎裂化的(creaky voiced)元音。因此,表 1 中的松元音是无标记的,紧元音则用嘎裂化的下加浪线符号。注意:紧元音过去笼统地用一种下加横杠的区别符号表示,如:i̠, a̠, u̠ 等。现在既然已经辨认出紧元音的语音性质,我们就用国际音标来标示。

2. 常态浊声和嘎裂声的发声态区别

发声态，单一的和复合的，加在一起固然有数十种之多，但具有语言学功能的只有九种（朱晓农 2010），包括六种带声的：浊送气态、弛声（slack voice）、常态浊声、张声（stiff voice）、假声、嘎裂声，以及三种不带声的：喉开态（清送气 aspiration、呼气 breath）、清声、喉闭态。常态浊声是每个语言都有的。发浊声时，声带内收，微微合上，稍有缝隙，发声时三个方向肌肉紧张，纵向、中部和内收的紧张度都处于中性状态，既不太紧，也不太松。气流周期性地冲破声带，由此引起声带振动而发声，见图 1 左。

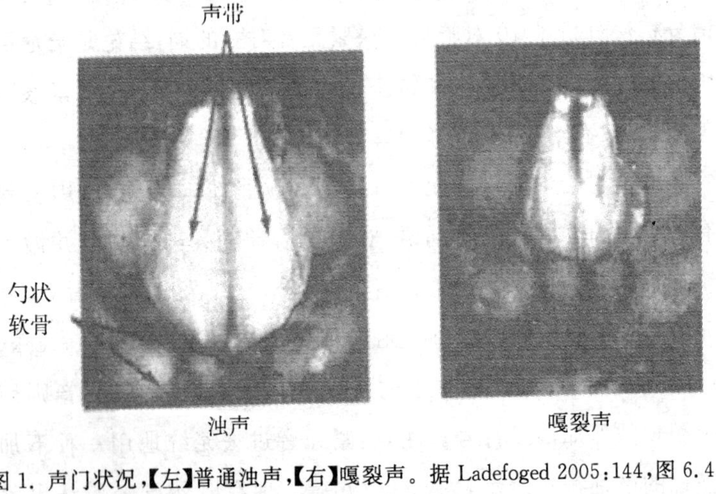

图 1. 声门状况，【左】普通浊声，【右】嘎裂声。据 Ladefoged 2005：144，图 6.4。

嘎裂声在汉藏语中作为一种具有语言学功能的发声态是近

年来逐渐认识到的(Zhu, 2006;朱晓农 2004a, 2004b,2005等)。它的发声机制很特别。发嘎裂声时,声带强烈地往中心收紧,而不是像发喉塞音那样往两端拉紧。结果,声带收缩得又短又厚,大约只有正常发浊声时的三分之二长短,见图1右。发声时喉门后部两边的勺状软骨紧闭,并紧拉住声带后部。声带从后到中前大部分都不振动,只有前部一小段漏缝,气流很小,溢出时振动这一小段的声带。

3. 松紧元音的语图区别

嘎裂声元音在波形图上表现为脉冲周期及振幅的变化都比较大,语图上的表现主要为音高曲线起伏比较大甚至发生断裂。与常态元音相比,嘎裂声元音的音高线呈现强烈的波浪形,相比平调的嘎裂声元音,降调的嘎裂声元音的音高线往往出现断裂,这是因为发嘎裂声时候,声带向中心收缩压紧,声门变小甚至偶尔关闭,造成声门波频率下降并变得不规则,而降调元音本身就意味着声门波频率的下降,两种机制的联合作用使得声门波频率又低又不规则,当它低于语音分析软件设定的最低基频(F0)阈值或者由于声门波脉冲频率的剧烈变化使得语音分析软件把该发音段认定为非周期音时,音高曲线就出现空白(断裂),当声带恢复规则振动时,音高线重新出现。

哈尼语中的松紧元音,从第一对例词开始,就可清晰地听辨出两者其实是常态浊声和嘎裂声的区别。下面图2—图5为几个松紧对立词的声波图和宽带语图,从中可以看出"松"和"紧"

在图中的不同表现。

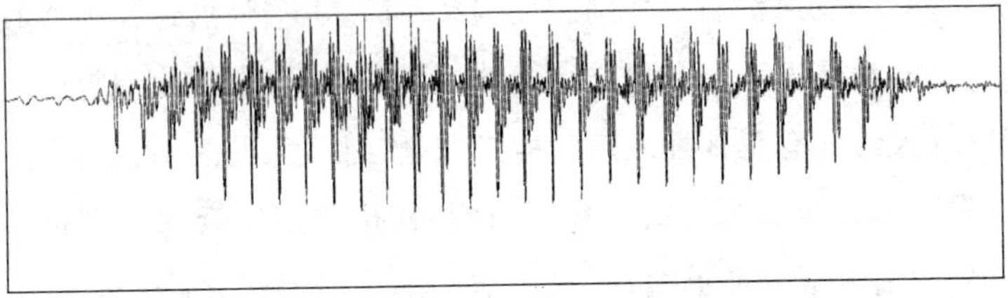

图 2. 松/常态元音 ba³³(亮)的声波图

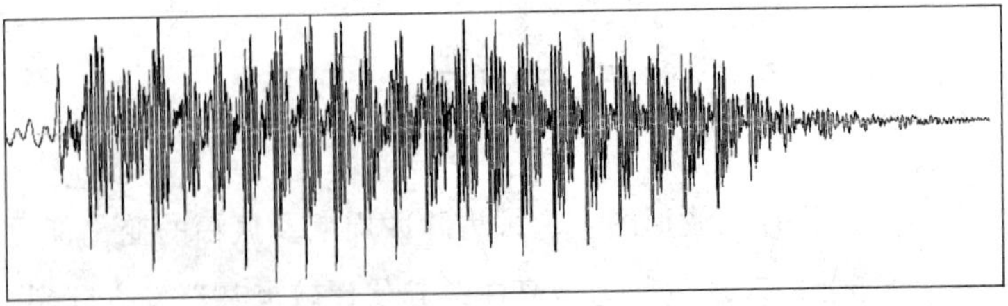

图 3. 紧/嘎裂化元音 b$\underline{a}$³³(错)的声波图

观察图 2 和图 3 的一对松紧对立词的声波图，松元音的脉冲波形的幅度呈现从小逐渐均匀增大、然后稍微减小、然后保持稳定的趋势，相邻脉冲的周期变化不大，并且脉冲之间比较“干净”，说明松元音的周期性较好，噪声幅度较小。紧元音的脉冲波形的幅度不太有规律，时大时小，且脉冲间的间隔(即相邻脉冲的周期)变化很大，说明紧元音脉冲的周期性较差，脉冲之间不很“干净”，意味着周期振动中明显夹杂着噪声能量，即有噪声存在，语音质量较差。

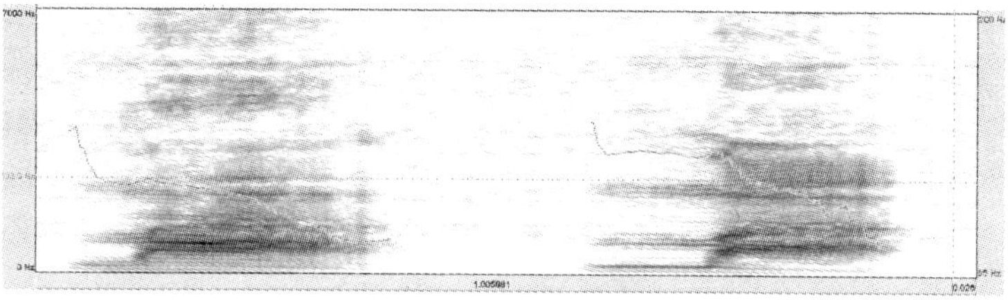

ma^{31} 布　　　　ma̠^{31} 那些

图 4. 松紧对立词的语图(左为松/常态元音,右为紧/嘎裂化元音,音高线抖动)

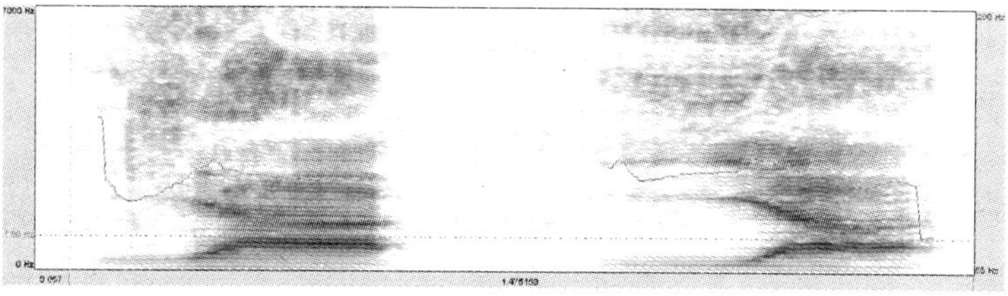

ja^{33} 掉　　　　ja̠^{33} 扫

图 5. 松紧对立词的语图(左为松/常态元音,右为紧/嘎裂化元音,音高线抖动)

观察图 4 和图 5 的两对松紧对立词的语图,松元音的音高线比较平缓,而紧元音的音高线比较曲折,其中图 4 紧元音的音高线呈现下降的波浪,图 5 紧元音的音高线呈现水平波浪状,其他语音样本的语图中也呈现大致相同的趋势,其中有些紧元音的音高线由于变化过于剧烈而出现断裂。

4. 实验程序

嘎裂声的进一步声学性质可以从频谱斜率(Spectral tilt)和谐噪比 HNR(Harmonics to Noise Ratio)这两个参数上来定量界定。

为了获得系统的数据，我们对一位哈尼语发音人进行了录音。下面先交待实验程序，再介绍上述两个声学参数的物理性质。

4.1 实验材料

发音人——本文所据语音材料由一位哈尼族男性中年发音人朗读而得，他说的是哈雅方言的绿春县大寨话。

字表——包括哈雅方言 100 对松紧对立的词语，每对词语声、韵、调都相同，不同之处仅在于元音的松紧对立，这种对立区别词义。表 2 中为部分例字，声母类型各异（爆、擦、鼻、边），声调为［31］和［33］调，韵母为松紧成对的 i、u 、a。

表 2. 部分词表

松/常态元音		紧/嘎裂化元音	
音标	意义	音标	意义
si^{31}	结(果)	si̱^{31}	血
bi^{31}	溢	bi̱^{31}	给
bu^{31}	炫耀	bu̱^{31}	臭
lu^{31}	(竹)叶	lu̱^{31}	够
ba^{31}	薄	ba̱^{31}	抬
ma^{31}	不	ma̱^{31}	(那)些
si^{33}	可以	si̱^{33}	揩
mi^{33}	来得及	mi̱^{33}	眨(眼)
bu^{33}	漂	bu̱^{33}	公(牛)
lu^{33}	热闹	lu̱^{33}	鲁(人名)
xu^{33}	看	xu̱^{33}	戴(女子头巾)
ba^{33}	亮	ba̱^{33}	错
ga^{33}	弃(儿)	ga̱^{33}	冷
la^{33}	月	la̱^{33}	搅(拌)

录音——录音设备采用 CREATIVE 的 Audigy 2 NX 外置声卡、SONY 44B 强指向麦克，录音软件采用 Cooledit Pro2.0，

采样率为 22K,在专业录音室录音,语音分析软件采用 Praat。

4.2　声学参数

本文测量的声学数据主要是频谱斜率和谐噪比。本节内介绍这两个概念及其对发声态的指示作用,测量数据和讨论见下节。

频谱斜率——即语音的 FFT 频谱的高次谐波(本文取第二谐波)与元音的基频 F0(亦即第一谐波)的振幅差,即 L_{h2}-L_{f0}。Ladefoged & Gordon (2001) 认为,此差值可以相当可靠地区分很多语言中的不同发声类型,常态元音、嘎裂化元音和气化元音在该参数上的取值明显不同。在一般情况下,嘎裂化元音的 L_{h2}-L_{f0} 值大于常态元音 L_{h2}-L_{f0} 值,即常态发声的第一谐波能量较强,而嘎裂声的第二谐波能量较强。为了在统一的基础上进行统计和比较,FFT 频谱截面(Spectral Slice)的取值点均取在元音开始后的第 50 毫秒处,即元音稳定段处。图 6 是一幅例图,

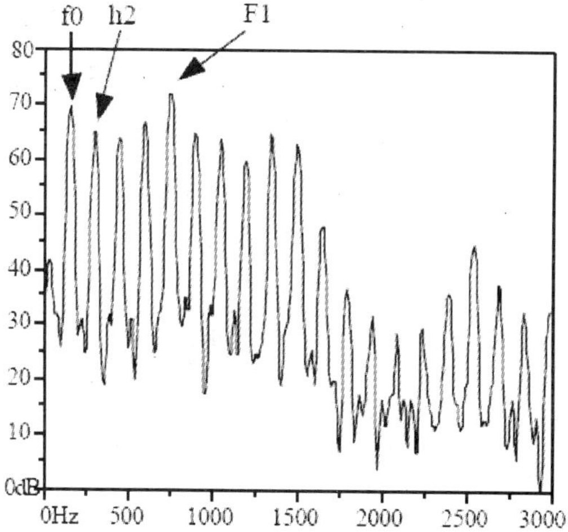

图 6. 语音的 FFT 频谱截面

横轴为频率,单位赫兹,纵轴为振幅,单位分贝。L_{h2}-L_{f0}为 h2 和 f0 的振幅差,例图中的频谱斜率值约为 −5 分贝。

谐噪比 HNR——即语音信号中周期信号的能量和噪声的能量比值的对数的 10 倍,HNR=10 * LOG10(Ep/En),Ep 和 En 分别代表周期信号的能量和噪声的能量。HNR 值越大,意味着语音中周期成分的比例越高,语音质量越好,听感越悦耳和清爽,反之则相反。语音中的噪声包括附加噪声(Additive Noise)、脉冲的频率扰动(jitter)和幅度扰动(shimmer)。附加噪声主要是由于气流通过收紧的声门引起的湍流造成的,它与发声态,主要是气声(Breathy voice)有关;频率扰动和幅度扰动是由于基频周期和幅度的不规则变化引起的,主要与发声质量有关,例如嘎裂声的扰动较大,而常态浊声的扰动很小。谐噪比有很多不同的算法,虽然数值有一些差别,但结果是稳定的。本文采用在时间域内的基于信号自相关(Autocorrelation)的谐噪比算法。不同的发声态由于其机制不同,在谐噪比上有不同的表现,常态浊声元音的谐噪比必然大于嘎裂声元音的谐噪比。如图 7 是音节 ba 的声波图,在元音 a 的稳定段内 100 毫秒的区间测得的平均谐噪比为 8.601 分贝。

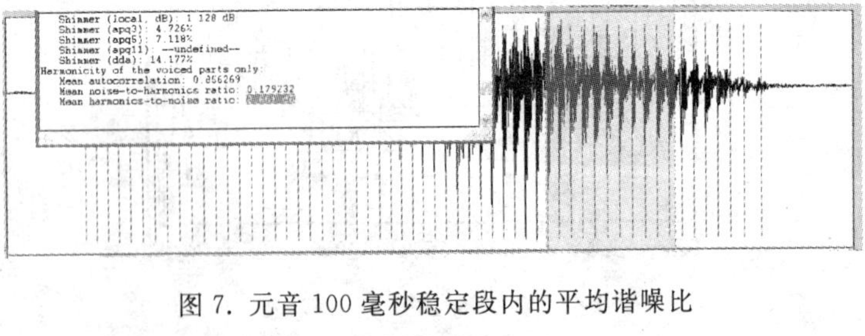

图 7. 元音 100 毫秒稳定段内的平均谐噪比

对于常态元音和嘎裂化元音，根据各自发声态的假设，在相同的条件和环境下(比如同一个发音人发的声韵调均相同的一对“松紧”对立词，即本文的分析条件)，松元音的谐噪比应当大于紧元音的谐噪比，也即前者比后者的语音质量好。因为元音的不同时段的谐噪比是不同的，为避免在不同元音的不同段比较它们的谐噪比造成的误差，我们取整个元音段的谐噪比，这样也许掩盖了不同元音之间在不同时段谐噪比的特点，但总的平均结果是可以反映元音的音质差异的，比较结果是稳定的。

5. 结果和讨论

本节先讨论瞬时频谱斜率，再讨论谐噪比。以下图表使用的语音材料都是包含元音 a 的词语，这是因为 a 的固有音高比较低，舌位在元音中最低，舌根后缩出现咽化并压迫声门，因而在发嘎裂声时其音高线表现最明显(曲折或断裂)，松、紧 a 的频谱斜率和谐噪比数据也比其他元音表现得更突出。

5.1 频谱斜率

下面表 3 中是松、紧 a 元音的瞬时频谱斜率数据以及两者之间的差值。

表 3. 元音 a 的平均频谱斜率(按照辅音分类)(单位:分贝)

	① 松元音	② 紧元音	③ 紧松之差
辅音类型	H2-H1	H2-H1	②-①
爆发音	−3.69	5.88	9.56
塞擦音	−5.10	7.30	12.4

（续表）

擦音	－3.58	1.72	5.30
边音和鼻音	－2.64	2.44	5.09
半元音	－5.35	－0.75	4.60
平均值	－3.55	3.34	6.90

注：H2-H1 为第二谐波与第一谐波的振幅差。

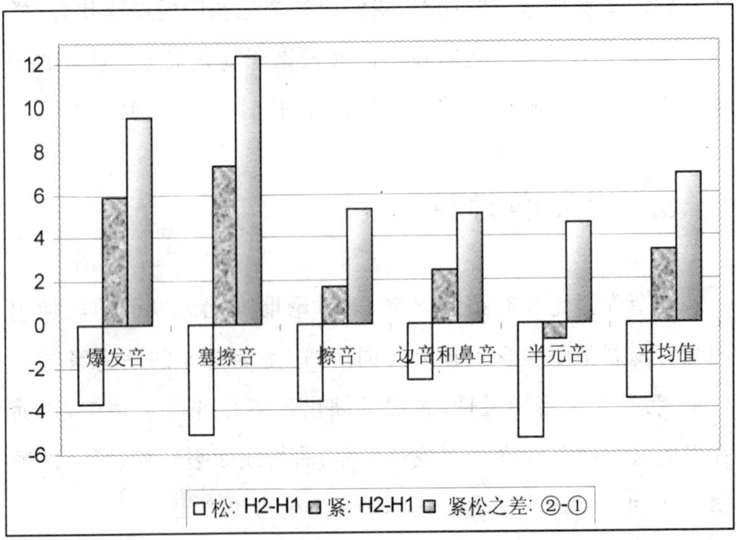

图 8. 元音 a 的平均频谱斜率（按照辅音分类）（单位：分贝）

图 8 和表 3 显示，所有带有元音 a 的 24 对样本例词的谐波斜率均符合紧元音大于松元音（表 3 中每类辅音组的最右列③为正），其中以塞擦音和爆发音的斜率差最大，只有半元音后接的紧元音的斜率为负，但其斜率差仍然为正。数据说明，哈尼语的松紧发声态确实在谐波斜率上有所反映。其次，不同类别的前置辅音对斜率差有影响，爆发音和塞擦音的斜率差最大，这可

能与爆发音和塞擦音的闭塞段有关。第三,只有半元音后接的紧元音的斜率为负,且斜率差最小,这是因为半元音发声方式上在所有的辅音中最接近元音,发音受到的阻碍最小,发紧音时声门与声带不需要像其他辅音那样紧张。

另外,声调对谐波斜率差也有一定的影响。在包含完整的[31]和[33]调的8对含元音a的词中,[31]调词的斜率差有7对大于相应的[33]调词的斜率差,剩下的1对的斜率差仅仅小0.2(分别为7.5和7.7),说明声调也影响斜率差,降调的斜率差大于平调的斜率差。发降调元音的前段,声门收得更紧。

在总共100对松紧对立词元音中(包含上述元音a的24对),斜率差为负的只有4对,斜率差大于零的总体比例高达96%,与Ladefoged等提出区分常态发声和嘎裂声的频谱斜率的标准高度一致,所以依据该参数我们可以认定哈尼语中元音松紧对立实际上是常态浊声和嘎裂声的对立。虽然斜率差高度一致,但是除了元音a的其他元音的前置辅音并不符合像元音a的前置辅音的斜率差的规律,降调的斜率差和平调的斜率差也无明显的大小对应规律。总之,低元音(如a)和降调的斜率差最大,规律性最强,在语图的音高线上最明显(断裂或抖动),在调查嘎裂化元音的频谱斜率时,应该特别关注元音a和降调的音节。

5.2 谐噪比

表4是包含元音a的松紧对立词的谐噪比数据。

表 4. 包含元音 a 的松紧对立词的谐噪比（单位:分贝）

音节	HNR		HNR 差	音节	HNR		HNR 差
	松①	紧②	①-②		松①	紧②	①-②
ja^{33}	19	10.13	8.87	za^{31}	4.49	3.77	0.72
ja^{31}	3.3	2.28	1.02	za^{33}	13.47	8.3	5.17
ba^{31}	2.76	4.79	−2.03	$ɕa^{31}$	4	4.7	−0.7
ba^{33}	12.38	8.9	3.48	xa^{31}	3.38	5.2	−1.82
ga^{33}	9.3	7.36	1.94	xa^{33}	12.5	12.1	0.4
da^{33}	13.61	11.9	1.71	la^{33}	14.8	10.5	4.3
da^{31}	5.63	6.12	−0.49	la^{31}	2.35	4.6	−2.25
da^{33}	13.8	7.67	6.13	ma^{31}	5.39	2.36	3.03
bja^{31}	2.66	1.5	1.16	na^{33}	14.37	14.2	0.17
bja^{33}	11.6	7.32	4.28	na^{31}	6.2	5.3	0.9
dza^{33}	10.5	8.5	2	$ŋa^{31}$	5.3	4.17	1.13
sa^{31}	4.11	4.1	0.01	$ŋa^{33}$	17.4	11.35	6.05

为判别松紧元音的 HNR 的关系，对表 4 进行单样本 T 检验，检验松紧元音的 HNR 是否相同，即判别两者的差（检测值）是否为零，结果如表 5 所显示的，Sig. ＝0.003＜0.05，所以 HNR 差不为零，即松紧元音的 HNR 有显著差别。

表 5. 松紧元音 HNR 差单样本 T 检验

	检测值 ＝ 0					
	t	df（自由度＝样本数-1）	Sig.（2-tailed）（显著度）	平均 HNR 差	95％置信度的区间	
					下界	上界
HNR 的差	3.281	23	0.003	1.8825	0.6956	3.0694

从表 4 看出，24 对包含 a 的松紧对立词中，谐噪比（HNR）差符合预期（HNR 差为正）的样本比例为 19/24＝79％，如果只

考虑［33］调的样本,则比例高达100%。在所有100对松紧对立样本词中,谐噪比差符合预期的比例达80%,如果只考虑［33］调的样本,则比例高达97%。这意味着平调样本的松元音谐噪比差大于紧元音,可信度达97%。谐噪比与声调的密切关系可能是因为非平调元音的F0处于连续变化(上升或下降)之中,造成谐噪比计算的误差,将噪声信号放大。所以在涉及提取计算语音质量参数时,应尽量取平调的样本。从24对包含a的松紧对立词中抽出有完整的［33］调和［31］调的词对,将其HNR差表示于图9:

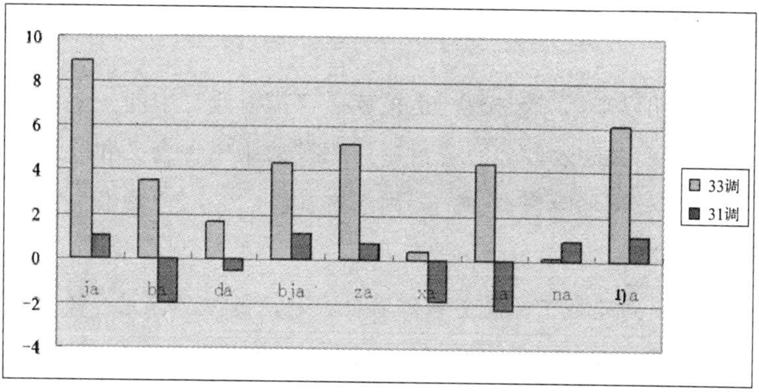

图9. 元音［33］调和［31］调的HNR差

从图9看出,9对词中,［33］调的HNR差大于［31］调的HNR差的有8对,只有一个例外,总体达到8/9=89%的相关性,且［33］调的HNR差均为正,而［31］调的HNR差正负趋势不明显(5正4负)。该图显示,平调松紧元音的HNR差远大于降调松紧元音的HNR差,换言之,平调元音的松紧与HNR高度相关,松元音的谐噪比紧元音的高,而降调元音则无规律。

除了 HNR，本文也就松紧元音的频率扰动(jitter)和幅度扰动(shimmer)做了测量，结果与 HNR 在松紧元音的表现类似，进一步证实了松紧元音在发声质量上的区别。

本文所据材料是一位发音人的朗读语料。个人语音的特性难免会影响个别的数据和参数，但统计结果所揭示的结论是稳定的。另外，由于元音起始/终止点取值误差、算法计算误差和发音波动，并不能保证参数的每个样本都符合预期。但当样本达到一定数量以后，这些参数便具有统计学上的意义。

6. 结语

长期以来，元音“松紧”是民族语言描写研究中的一个语音学大难题，朱晓农(2003)曾讨论过“紧”的十三种含义和“松”的三种含义，例如嘎裂声、喷音、内爆音、喉塞音等是“紧喉”的音，“气声”是“松喉”等等。

本文对哈尼语哈雅方言绿春县大寨话的“松紧”元音样本进行了研究。在对 100 对松紧对立词的元音进行声学分析、提取频谱斜率、谐噪比等参数值并分析和对比其结果后，我们发现，松紧元音的频谱斜率和谐噪比的显著差异能够明确地界定哈尼语松紧元音实际上是基于发声态的不同。另外，统计结果表明，频谱斜率与辅音发音部位和声调相关，爆发音和塞擦音的斜率差最大，半元音的最小，降调的斜率差大于平调；谐噪比与声调有密切关系，平调的谐噪比差大于降调。因此，提取语音质量参数(如谐噪比)时应采用平调样本。在比较了松和紧元音各自的参数以及差值后,我们把哈尼语元音对立从"松紧"这对笼统的名称下分离出来,从语音学、统计学的意义上证明了哈尼语的"松"元音是常态浊声的元音,哈尼语的"紧"元音为嘎裂声化的元音。

参考文献

胡　坦、戴庆厦 1964. 哈尼语元音的松紧.《中国语文》4.

戴庆厦 1990.《藏缅语族语言研究》. 昆明:云南民族出版社.

孔江平 2001.《论语言发声》. 北京:中央民族大学出版社.

李永燧等 1986.《哈尼语简志》. 北京:民族出版社.

李则然 2001.《哈尼语研究》. 北京:民族出版社.

朱晓农 2003. 解开紧喉之谜. 第二届吴语国际研讨会论文,上海.

朱晓农 2004a. 亲密与高调:对小称调、女国音、美眉等语言现象的生物学解释.《当代语言学》3:193—222.

朱晓农. 2004b. 浙江台州方言中的嘎裂声中折调.《方言》3:226—230.

朱晓农 2005. 实验语音学和汉语语音研究.《语言学前沿与汉语研究》(刘丹青编),225—257. 上海:上海教育出版社.

朱晓农 2006.《音韵研究》. 北京:商务印书馆.

朱晓农 2010.《语音学》. 北京:商务印书馆.

Ladefoged, P. 1971 *Preliminaries to linguistic phonetics*. Chicago: University of Chicago.

Ladefoged, P. 1983 The linguistic use of different phonation types. In D. Bless & J. Abbs(Eds.), *Vocal fold physiology: Contemporary research and clinical issues* (pp. 351—360). San Diego: College Hill Press.

Ladefoged, P. & Antoñanzas-Barroso, N. 1985. Computer measures of breathy phonation. *UCLA, Working Papers in Phonetics* 61, 79—86.

Ladefoged, P. & Maddieson, I. 1996. *The sounds of the world's languages*. Cambridge, MA: Blackwells.

Ladefoged, P., Maddieson, I., & Jackson, M. 1988. Investigating phonation types in different languages. In O. Fujimura (Ed.), *Vocal fold physiology: voice production, mechanisms and functions*, pp. 297—317. New York: Raven Press.

Ladefoged, Peter & Matthew Gordon 2001. Phonation types: a cross-linguistic overview. *Journal of Phonetics* 29, 383—406.

Laver, J. 1980. *The phonetic description of voice quality*. Cambridge: Cambridge University Press.

Agnès Belotel-Grenié & Michel Grenié 2004. The Creaky Voice Phonation And The Organization Of Chinese Discourse, *International Symposium on Tonal Aspects of Languages With Emphasis on Tone Languages*. Beijing, China, March 28—31, 2004.

Zhu, X. 2006. Creaky voice and the dialectal boundary between Taizhou and Wuzhou Wu. *Journal of Chinese Linguistics* 34.1: 121—133.

（原载《民族语文》第4期，2008。周学文合作撰写）

韶关话的小称调和嘎裂声

本文旨在澄清韶关土话中的一个有关小称变音的问题。小称变音是个复杂的构词现象，涉及语法和音韵的交接面，引出很多形态音位问题。尤其是韶关土话的小称变调，还涉及一个非常特别的嘎裂声发声问题，这在以前被称为“中喉塞”“中折调”。韶关土话早在1929年赵元任先生就调查过。20年前黄家教、崔荣昌先生（1983）做了老派和新派语音的详尽比较。近年来有更多的研究人员进一步做了大量调查研究。我们对韶关城区及附近两个点做了一次关于嘎裂声和小称变音的专题调查。本文将用实验语音学澄清令人困惑的“嘎裂声—中折调”发声现象，弄清嘎裂声在韶关话里的分布情况，以及嘎裂声与小称调的关系。

1. 嘎裂声在韶关话中的分布

韶关地区位于广东北部，与湖南、江西接邻。韶关土话，或韶州/粤北土话夹在粤语、客赣和湘语之间，是个系属不明的小方言群。赵元任先生早在1929年就去调查过了，手稿一直没发表（余霭芹 2002）。赵先生当时发现韶关话上声带有“中喉塞”,类似他稍早时在黄岩所发现的（赵元任 1928）。除此之外，韶关及周遭一带粤北土话中的小称变调也被认为带有“中喉塞”（赵元任 1929,庄初升、林立芳 2000,余霭芹 2002,伍巍 2002,庄初升 2002）。

近年来我们先后调查了赵元任先生当初发现“中喉塞”的两个方言：浙江黄岩和粤北韶关,并做了语音实验分析。在早先的一篇文章（朱晓农 2002a）中我们报告了黄岩“中折调”的调查结果,它其实是嘎裂声,而不是一般的“中喉塞”。嘎裂声和喉塞音都有“紧喉”因素,喉塞音是前后“拉”紧声带,嘎裂声是往中间“压缩”紧声带,导致的声学效果是前者升调而后者降调,详见第 2 节。

我们对韶州土话一共录了三位发音人,一个城关人 HCY（男,1923 生）,退休中学语文教师。一个城外东北 11 公里处的湾头村人 LZD（男,1932 生）,这也是当年赵元任先生调查过的地点。还有一位是曲江县白沙镇大村村楼下队人 LYSh（男,1941 生）,大村话林立芳、庄初升（2000）调查过。本文依据城关发音人。根据我们的听辨和测量,韶关话有七个声调,调值如下：

	平	上	去	入
阴	213/12	25	44/^{4}55	<u>55</u>
阳	21		22	<u>33</u>

黄家教、崔荣昌（1983）所记也是七个声调,同样无阳上,调值记得很精确：阴平［213］、阳平［21］、上声［24］、阴去［44］、阳去［22］、阴入［4］、阳入［2］。与本文仅小有不同。只

是他们用的像是“四度制”，最高是阴去［44］和阴入［4］。赵元任当年的记录中有阳上，并且带中喉塞［53ʔ5］。但我们的录音材料中阳上字都已经归去声，有些（抱坐妇）归入阴去，有些（道动）归入阳去①。这位发音人的基频较低，在一般说话情况下，他的基频分布范围为 70 多赫兹到 150 赫兹。

按黄家教、崔荣昌（1983：103），“中喉塞”是“老派语音的一大特色”，除了阴平声，其他声调的字也可变为中折调，如：妇 fṵ $^{2..4}$（原文记为 fuʔu）｜割 kṵ$^{2..4}$ ｜卷 kiṵŋ$^{2..4}$ ｜典 tḭŋ$^{2..4}$｜饮 ja̰n $^{2..4}$。他们没说明为什么可以这么变读。

我们发现嘎裂声在韶关话两个最低的升降形调（阴平和阳平）中存在，它不是区别性的，只是低调的伴随特征。

嘎裂声出现在阴平声［12/213］中的例字如：高 kɑ̰u^{12}｜金 kɐ̰n^{12}｜江 kɔ̰ŋ^{12}｜坡 pɔ̰u^{12}｜捞 l̰a̰u^{12}（读作阴平）｜中 tsa̰ŋ^{12}｜公 ka̰ŋ^{213}｜星 sæ̰^{213}。附录图 1 右半是个阴平带嘎裂声的例子：捞［l̰ɑ̰u^{12}］读如阴平，低升调，音节前段三分之一处出现嘎裂声的征状，声带振动不规则甚至有间歇，基频出现断裂；然后基频从 73 赫兹开始逐渐上升，到音长的五分之三处再次出现断裂，之后基频平稳上升，声带振动也逐渐恢复正常状态。

嘎裂声出现在阳平声中的例字如：肥 fɑ̰ɪ^{21}｜咙 lɑ̰ŋ^{21}｜驼 t^hə̰ṵ^{21}｜灵 liæ̰^{21}。附录图 1 左边的“肥”［fɑ̰ɪ^{21}］字，音节前半段基频在 88 赫兹左右，后半段出现嘎裂声，声带振动变得不规则，

① 黄家教、崔荣昌(1983：107)：上声次浊声母部分归阴去，全浊声母部分归阳去。

甚至出现断裂，完整的基频曲线测量不到，只测到先后两个点的基频，一个 78 赫兹，一个 54 赫兹。嘎裂声是伴随着基频的下降而出现的。

除了在两个低调中频繁出现外，嘎裂声在其他调及它们的变体中也会零星出现，如：叔 sɔ̰$^{\underline{55}-\underline{51}}$ ｜（韭）菜 ts^{h}ṵ$^{55-42}$ ｜ 袄 a̰u^{25}。附录图 2“五叔公”中的“叔”[sɔ̰$^{\underline{55}-\underline{551}}$] 是阴入字，单字调是短高平调 [$\underline{55}$]，但在“五叔公”中前半截还是高平，后半部分基频突降，出现嘎裂声，此时基频仅断断续续测到两个点（75 和 41 赫兹），表明嘎裂声是在基频下降到说话人频域最低时出现的。又如阴去字“菜”[ts^{h}u^{55}]，在“买菜”中不变调 [mə^{55} ts^{h}u^{55}]，但在“韭菜”[kiu^{25} ts^{h}ṵ^{42}]中变为高降调并有嘎裂声，基频从 136 赫兹往下降，从音节的 1/2 处起出现嘎裂声。甚至有的阴上字的前端都会出现嘎裂声，如“袄”[a̰u^{25}]，起始基频只有七八十赫兹，出现了嘎裂声。

综上所述，从这位老年韶关发音人口中录得的材料表明，嘎裂声只是低频的伴随特征。韶关阴平 [12]、阳平 [21] 都是低调，所以这两个声调的字基本上都有嘎裂声伴随。其他声调和变体在它们的低频处偶尔也有嘎裂声出现。此外，嘎裂声还频繁出现于小称变调，详见第 3 节。

2. 嘎裂声的声学性质和听感特征

嘎裂声（creak, creaky voice）并不是个很罕见的现象，不像它的名字那么陌生。任何人在他声调语调降到最低时都可能有嘎裂声不期而来。根据我们的录音材料,低调字如北京话上声［214］、上海话阴去［51］调尾处、广州话阳平［21］、韶关话阴平［213］等等,间或都能观察到伴有嘎裂声,台州西、北方言的阴上和缙云阳去［3..2］则是很系统地出现嘎裂声。由于嘎裂声这个发声态的生理和声学特征是在最近二三十年来随着实验语音学的进展才逐渐明了的,所以以前有多种比喻性叫法,如“中喉塞”,“突突声”(pulsation),“颤裂声”(trillization),“气泡音”,“挤喉音”,还有个流行的别名叫“油炸声”(glottal fry, fry voice, vocal fry)。当然,最常见的是用 laryngealization(紧喉/喉化)这个笼统的词来指嘎裂声。

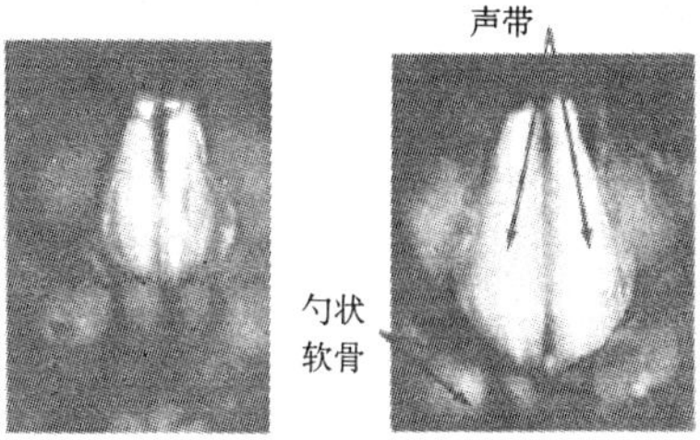

嘎裂声 浊声

嘎裂声是一种听起来低沉,中间有间歇,但又没有真正断开的一连串声音,就像用硬物刮木梳齿时发出的声音[①]。发嘎裂声的时候,两块勺状软骨靠得很紧,比发一般元音声带振动时还要紧。因为两块勺状软骨靠得太紧,声带的后半部合拢在一起,以至于靠近勺状软骨的部分声带(即声带后部)完全不能振动,只有前半部仍然是分开的(Ladefoged & Maddieson 1996:53)。发声时声带强烈地往中心收缩,变得又

① 在众多的描写中,Catford(1964:122)的描写算是最确切的了。他说:“我们稍加实验,调整声带的紧张程度,就能发出一串清晰的低频(大约只有 40 到 60 赫兹)轻拍音。好像用棍子刮过木栏杆时发出的声音,或者像木头齿轮旋转啮合时发出的噪声。”

厚又短，大约不到正常发浊声时的三分之二（见图，据 Ladefoged 1982）。同时，喉下气压低，气流很小，从声带前部的缝隙溢出①，引起声带振动，因此声带振动的频率不高，一般只有四五十甚至二三十赫兹，而且振动很不规则。嘎裂声有断裂、不连贯的听感特征。因为对于人耳来说，30 赫兹是声音听起来连贯的最低限度。也就是说，当一个声音的基频低于 30 赫兹，我们就能够感觉到声带每次振动所产生的独立脉冲，因而听起来就是不连贯的了（Fry 1979）。

低调是嘎裂声的一个非常重要的特征。从波形图上看，出现嘎裂声的地方，脉冲变得不规则，且间隔增大。说明声带振动的周期加长，因此频率变低。在宽带图上，嘎裂声的特征为竖直条纹之间的距离增大，间隔不规则。上节讨论的“肥”[fɑ̰ɪ^{21}]“捞”[lɑ̰u^{12}]“叔”[sɔ̰$^{\underline{55}\text{-}\underline{51}}$] 等字的嘎裂声都是出现在基频的最低处。

3. 韶关话的小称变音和嘎裂声

关于韶关话的小称变音，已经有不少研究。余霭芹先生(2002) 描写道：“韶关的变音音值……起点是中高，再升至高，当中出现喉塞音，把音节切为两半，如 [44ʔ5]，前半比后半读得长，后半有如带一轻声 [ə]”（参看附录图 4、图 5）。“韶关变音

① Laver (1994：195)：“Hollien *et al*. (1966：247) 说，发嘎裂声时声带松软地挤在一起，纵向接触面很大，这给声门开启造成很大阻尼。同时喉下气压很低，气流很小。Catford (1977a：101) 认为气流量只有每秒 12—20 cm^3。”

除了本调是高升的阴上调外，可以出现于任何音节，不论音高。”

黄家教、崔荣昌（1983:103）虽然没有明确指出小称的形式，不过他们描述了一种很像小称的现象：“老派语音的一大特色，就是在韵母的中间出现个喉塞音，这种现象几乎遍及各类韵母。”“这种怪音节是中间出现喉塞音，又非发音就此戛然而止，而是喉塞音之后仍有余音。阴平调是先降后略为停顿再中升，好像阳平 ˨˩ 和上声 ˨˦ 的混合调。非阴平调则是先降后略为停顿再中平，好像阳平 ˨˩ 和阴去 ˧ 的混合调。”

伍巍（2002）在描述韶关市曲江县龙归镇的小称时说：“小称语素所在音节的声调和韵母同时发生变化，声调变作一个降升形式的曲折调，调变的同时，韵母的主要元音被一个喉塞音塞断为前后两部分，喉塞后发音继续连接。”但“实际语流材料中的绝大多数小称音节的韵母并没有真正断开，有时就是一个紧喉成分，有时连这个紧喉成分都很模糊”。他认为：“无论带不带韵母的中塞成分，作为小称标志的曲折变调绝不可缺少，韵母的音变并不具备语义区别功能。”

伍巍（2002）已经注意到曲折变调是韶关小称变音的要素，至于韵母的变化反倒不重要。实际上，韶关小称使用曲折调，确切地说是使用音节末尾的高调，来表示小巧、亲昵之义，而伴随的喉塞音、嘎裂声和其他紧喉成分都是为了提升声调所用的辅助手段。朱晓农（2002b）指出从浙北的紧喉高调、浙南的喉塞尾、粤西的超高调和假声、粤北闽西的嘎裂声这些个发声形态差异很大的小称形式的产生有共同的生物学原因：都是用高调来表示细小、怜爱的亲切感。

“中喉塞”的描写始于赵元任1928年对浙江黄岩话的报告，由此种下“中喉塞之谜”。根据余霭芹（2002）转述赵元任1929年对韶关话调查的记录：“写下三个音，喉塞音写在中间那个音底下，最后一个音写在括号里。”转写出来即“53(5)”，“3”下面有喉塞音的符号。现在我们已经看到韶关小称曲折调中间的不是喉塞音，而是嘎裂声。发喉塞音时声门完全关闭，气流不能通过，在波形图上没有脉冲，阻塞释放时气流冲破声带。例如：如英语 aʔha，汉语 ɕiʔan（西安）。“中喉塞”和嘎裂声的共同点是音节和声调中间都像折了一样，声门都要关一关。不过它们的发音生理截然相反：中喉塞的“紧喉”“中塞”是往两端拉紧声带来关住声门，从而“塞住”声音；嘎裂声的“紧喉”“中塞”是朝中间收紧声带来关住大部分声门，从而“塞住”声音。两者声学特征完全不同：喉塞音引起升调，嘎裂声导致降调。因而听感也不同：中喉塞的声调听上去中间像是往上翘了一下，而嘎裂声却像是中间往下折断。根据我们的观察，那些被描写为“中喉塞”的地方，中间并没有真正断开，波形图上的脉冲说明此时声带仍在振动；并且这些地方基频是下降的，由于降得低而且声带振动不规则而测不到。这些特征都表明这不是中喉塞。从附录图6右边带嘎裂声的小称“郎”的波形图上可以看到，中间段声带仍然在振动，只是振幅变小，波峰之间的间隔增大，这些都是嘎裂声的特征，而不是喉塞音。

庄初升（2002）对粤北土话的小称变音观察入微，把它们分成促化式和舒声式，促化式又分成中塞式和后塞式；舒声式分成普通式和特殊式。这些都能在我们的录音材料中得到证实。

根据我们的录音材料，韶关话的小称形式至少包括如下四种语音形式。

第一，纯用高升调，高调在音节末尾自然延伸，没有被阻断。如面称的“阿哥”（图 3），“哥”小称变高升调，没有喉塞音，也没有嘎裂声，是个“纯”高调。“阿”120～140 赫兹，“哥”160～199 赫兹。两个音节构成前抑后扬的低高型。

第二，高升调加喉塞尾。在提高声调的时候声带紧张，最后以喉塞尾结束。如小称“凳”[tEʔ $^{-4..5}$]（图 4），基频 142～116～206 赫兹，高升加喉塞尾，整体音节紧张，最后阶段声带突然收紧，变突升调，最后带喉塞尾。

第三，降升调型，中间声调降低时伴随嘎裂声，音节末尾声调提高时可能还会出现喉塞尾。如“篮”（图 5），左面原称[luə^{21}]。右面小称 [luəʔ $^{-4..\nearrow}$]，基频为 140～110～230 赫兹。右面小称整体音节紧张，中间试图发嘎裂声，但因整体紧张而不明显，形成复合发声。最后阶段声带突然收得很紧，变成突升的超高调，并带喉塞尾。这个“篮”字和上面“凳”字的小称调形式，符合余霭芹先生所记。

第四，变调加韵母变化，不过不是增加喉塞音，而是将入声字的塞音韵尾变成鼻音韵尾，或是主要元音鼻化。如“盒”阳入字，用于小称时读成 [hũ $^{ŋ-4..4}$]，基频 140～115～148 赫兹。将塞音韵尾变成鼻音韵尾有助于提高声调，因为一个明显的升调或曲折调用短促的入声来表示是比较困难的，换成鼻音韵尾或元音鼻化后，音节就延长了。这种置换现象在信宜话（叶国泉，唐志东 1982；我们的录音材料）、容县话（周祖瑶 1987；我们的录音材料）中系统普遍地将-p，-t,-k 尾替换为同部位的-m，-n,-ŋ,韶关话小称变韵有这变化,但没那么系统。

韶关小称同时采用这么多种语音形式,看似很复杂。但实际上无论是嘎裂声,还是喉塞尾,或整体紧张都是为了造成后半段声调上升的听感。喉塞尾突然关闭声门,能使声调陡然提高;紧喉成分是声带不断拉紧时产生的。这都好理解。但是嘎裂声是在声带振动频率很低时发出的,它对提高声调有何帮助呢?

嘎裂声的作用其实就是用压到超低调的方式来突显后半截正常调的“高”。因为嘎裂声本身是在基频极低的情况下发出的,一旦嘎裂声消失,声带振动频率恢复正常,基频就会升高。这时,即使基频的绝对值不高,相对于嘎裂声而言,也会显得很高。例如附录图 6 给出两个“郎”字的语图。左面低降形是一般非小称形式,右面是一个中间有嘎裂声的中折调,是从小称形式“新郎公”中截取出来的。非小称的“郎”[lɔŋ^{21}] 前段基频在 120 赫兹左右,然后下降至 73 赫兹。在小称“新郎公”里,“郎”[lɔ̰ŋ] 的元音初始基频也在 120 赫兹左右,到中段开始呈下降趋势,然后突然断开,出现嘎裂声,后段再次测到基频为 99 赫兹,然后升到 135 赫兹。这种从很低的情况下基频回升听上去有明显的上升感。同样的例子还有弯头村话：头 t^{h}ɔ̰^{21}（原称）～ t^{h}ɔ̰$^{-2..4}$（小称）| 绳 ɕḛ^{21}（原称）～ ɕḛ$^{-2..3}$（小称）。

由上可见,韶关话的小称变调实际上和吴闽粤徽晋官话等方言中的小称调一样,是一种用高调来表小示爱的形式（朱晓农 2002b）。其他方言较多地是用喉塞尾、紧喉、假声等来提高声调,而韶关话则是较多地用嘎裂声先压低基频,然后声带恢复正常，从而提高了基频，听起来有升调感。不同的方言、不同的说话人，发音时尽管喉部发声动作多种多样，但起到的效果都是一样的：使基频有上升感，听起来小巧亲切。

4. 小结

韶关方言的嘎裂声是低调的伴随特征，经常出现在阴平、阳平这两个低调中，并不区别意义。偶尔也会零星出现在其他一些声调或它们的变调的低频处。

韶关小称的语音形式多种多样，有高升调，高升调加喉塞尾，降升调中间带嘎裂声等；喉塞尾、嘎裂声的出现实际上引起了韵母的变化。但无论喉塞尾、嘎裂声还是其他紧喉成分，都是为提高声调而增生的。韶关小称的实质，和粤闽吴徽等方言中一样，都是用高调来表达细小、亲切之义。

参考文献

黄家教、崔荣昌 1983. 韶关方言新老派的主要差异.《中国语文》2：99—108.

伍　巍 2002. 粤北龙归土话的小称研究. 第 11 届 International Association of Chinese Linguistics 会议论文，日本爱知大学.

叶国泉、唐志东 1982. 信宜方言的变音.《方言》1：47—51.

余霭芹 2002. 韶关方言的变音初探. 中国东南部方言比较研究第 9 届国际研讨会论文，杭州.

赵元任 1928.《现代吴语的研究》. 北京：清华学校.

赵元任 1929. 韶州和湾头村的调查手稿，转引自余霭芹 2002.

周祖瑶 1987. 广西容县方言的小称变音.《方言》1：58—65.

朱晓农 2002a. 嘎裂声中折调和台婺分界. 庆祝《中国语文》创刊五十周年国际学术研讨会论文,南昌.

朱晓农 2002b. 亲密与高调：小称为什么变调？Paper presented at The Second Kent Ridge International Roundtable Conference on Chinese Linguistics,新加坡.

庄初升 2002. 粤北土话的小称变音. 第 11 届 International Association of Chinese Linguistics 会议论文，日本爱知大学.

庄初升、林立芳 2000. 曲江县白沙镇大村土话的小称变调.《方言》3：236—242.

Fry, D. B. 1979. *The Physics of Speech*. Cambridge University Press.

Ladefoged, P. 1982. *A Course in Phonetics*, 2nd edition. London：Harcourt Brace Jovanovich.

Ladefoged, P. & I. Maddieson 1996. *The Sounds of the World's Languages*. Oxford：Blackwell.

Laver, John 1994. *Principles of Phonetics*. Cambridge University Press.

附：

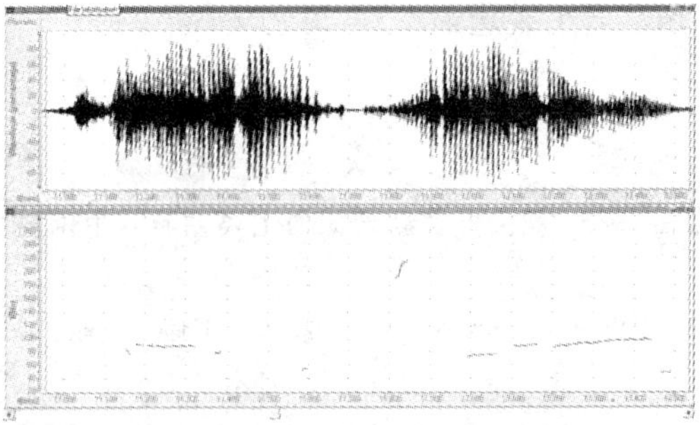

图 1. 左"肥"[fɑɪ 21],右"捞"[lɑu 12]。上面声波图,下面基频曲线。两字中间都有由嘎裂声引起的不规则波形。"肥"在音长的五分之三处有断裂,基频不规则,跌落很低,已经测不到。"捞"中间有两处明显的断裂处,一在开始五分之一处,一在五分之三处。声调很低,最低处 71 赫兹。

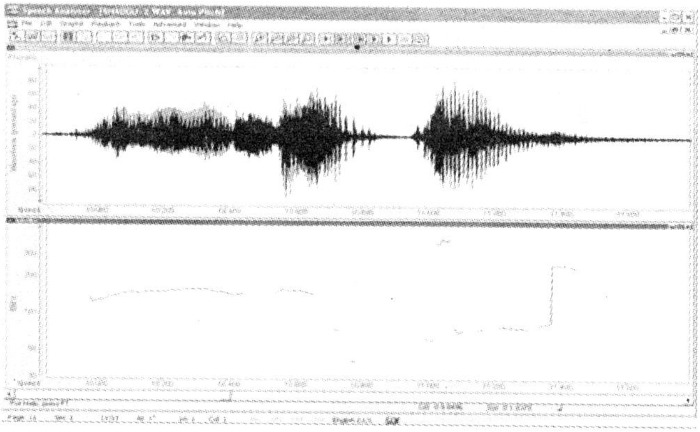

图 2. “五叔公”的语图。中间“叔”[sɔ̰$^{\underline{55}-\underline{551}}$] 是阴入字，单字调为高平，但在词中后半段基频突降，出现嘎裂声。

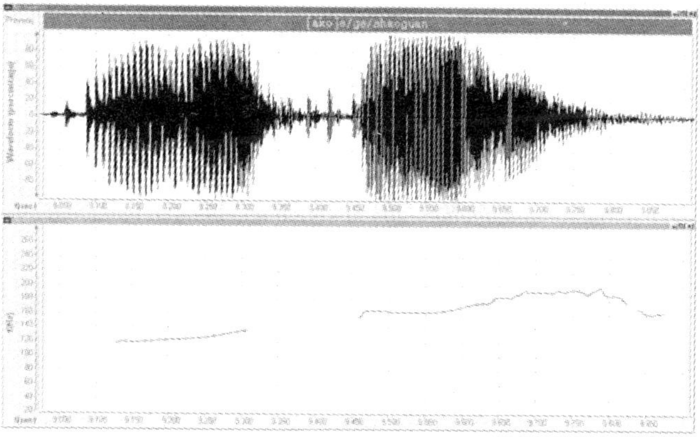

图 3. 面称“阿哥”，“哥”小称变高升调，没有喉塞尾，也没有嘎裂声，而是一个“纯”高调。“阿”120～140 赫兹，“哥”160～199 赫兹。发音人最低只有 70 赫兹。

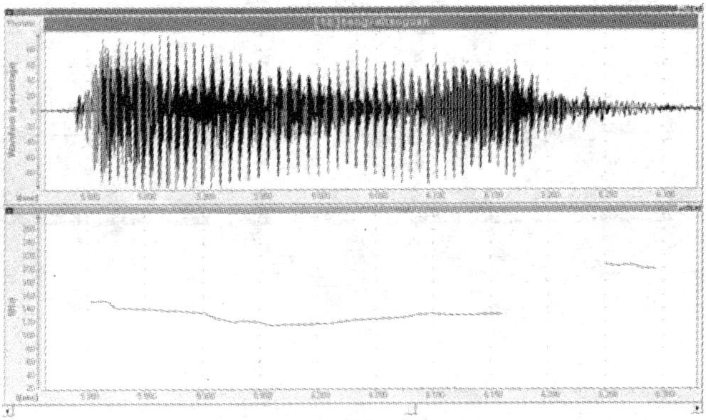

图 4. 小称“凳”[tEʔ$^{-4..5}$],整体音节紧张,最后阶段声带突然收紧,变陡升调,最后带喉塞音。“凳”的基频 142～116～206 赫兹。

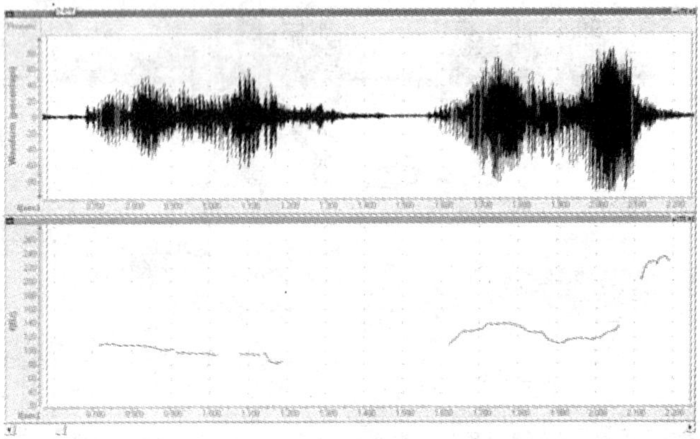

图 5. “篮”[luə^{21}],左面阳平原称。右面小称整体音节紧张,基频为 140～110～230 赫兹,中间的嘎裂声不明显,然后声带突然收得很紧,变成突升的超高调,最后带喉塞尾。

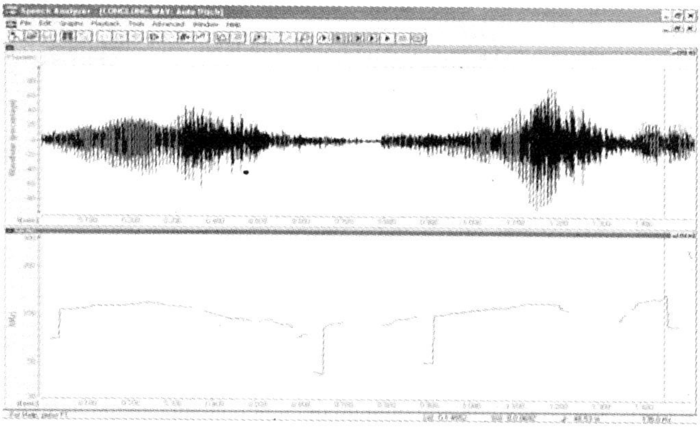

图 6. 两个"郎"字的语图。左面原称［21］，右面是从小称形式"新郎公"中截取出来的，中间是带嘎裂声的"中折调"。

（原载《汉语方言语法研究和探索——首届国际汉语方言语法学术研讨会论文集》，戴昭铭主编，黑龙江人民出版社，2003。寸熙合作撰写）

嘎裂声作为低调特征*

——河北省方言的声调考察

1. 引论

本文以河北省的方言为主，辅以周边的官话、讨论北方话中的一个低调特征：嘎裂声。

嘎裂声是一个近年来讨论较多的发声态（如朱晓农、寸熙 2003；麦耘 2007，2008；朱晓农 2004，2004a，2009；Zhu 2006），但仅限于南方方言，如台州吴语、粤北土话等，只是顺带提到北京话的上声（第三声）也带有非音位性的伴随嘎裂声。

最近我们调查了一些北方的官话方言，发现从山西、北京、河北、河南、山东一直到江苏、安徽，普遍存在着嘎裂声，出现在降调的后部，或者凹调的中部。这些嘎裂声具有一种普遍的功能，那就是刻画一个“低”[+low]的特征。大部分情况下，它只是低调的伴随特征，但有时也会成为区别特征，如河北省的元氏、井陉话、江苏铜山话、安徽寿县话等。

---

* 香港研资局竞标专项拨款（644509）和香港科技大学 DAG（S08/09. HSS07）资助项目。

下面我们先介绍嘎裂声的属性以及它在发声活动中的地位，然后分地域报告我们的田野发现。最后讨论它的音节学含义。

2. 发声态分类和嘎裂声特征

在处理材料之前，先给出我们的发声态系统。没有一个合适的理论系统，就无从辨识事实①。所谓“发声”，即是声带及相关喉部器官的发音活动。发声活动从音节学角度可分发声态、次发声态、超发声态和类发声四块②。表 1 给出了一个六类发声态及十三种次发声态的分类系统（据朱晓农 2009 调整）。发声态是音节的属性，它们有多种声学和生理特征，包括声质(voice quality)特征、音高特征等。表中间的三类，清声、（常态）带声以及可作为清声变体出现的张声，是听感上康洌的嗓音(clear voice)的常见发声态，每个语言都有。超高调性质的和极低调性质的非康洌的嗓音（non-clear voice）的三类发声态（假声、气声、僵声），不是每个语言都有的，或者有了也不一定有辨

① 例如嘎裂声，田野调查工作者很早起就描写了诸如“中喉塞”（浙江黄岩话、韶关土话）、“间歇韵母”（山西孝义话）、“不连续成分”（江西余干话）、“短暂间歇”（山东郯城话），还有广东曲江龙归土话中的形象描写等等，但由于缺乏合适的发声态理论框架，我们无法从理性上来认识这些个感性描述。朱晓农(2004)曾推测这些描述可能就是嘎裂声。近年来我们的实地调查已经证实前五处确是嘎裂声，最后曲江还未有一手材料，但临近的韶关土话也是嘎裂声。

② 音节学是以音节为基本单位的音系学，参看本书《音节学纲要》。发声活动分四大类，见本书《重塑语音学》。

义作用。

表 1

声域	听感	类	发声态	种	次发声态
高	非洌嗓	I	假声	1	假声
(高/中)	洌嗓	II	张声	2	前喉塞
				3	喉塞尾
中	洌嗓	III	清声	4	清送
				5	弱送
				6	不送
(中/低)	非洌嗓	IV	僵声	7	强为喉堵态
				8	中为嘎裂声
				9	弱为弱僵声
低	洌嗓	V	带声	10	带声
低	非洌嗓	VI	气声	11	浊送气
				12	弛声
				13	弱弛

与本文有关的是第 IV 类“僵声”。它包括强中弱三种表现形式,或次类。中僵声即为现在大家比较熟悉了的嘎裂声,也是本文要主要讨论的。嘎裂声发得不足便是(弱)僵声,而发得过分便是喉堵态。嘎裂声的发声原理很特别。发声时声带强烈地往中心收缩。声带不是像发喉塞音那样往两端拉紧,而是往中间收紧。结果,声带压缩得又短又厚,大约只有正常发浊声时的三分之二长短。发声时声带大部分都不振动,只有前部一小段漏缝,气流很小,溢出时振动这一小段的声带。由于声带厚实,所以频率极低,只有四五十甚至二三十赫兹,而且振动很不规则。由于基频太低,常常无法测到,或者测到也很不规则,忽

高忽低，时有时无。表现在基频曲线上就是中间折断了（图 1 左滦南话图例），或最后跌落了（图 1 右辛集话图例）。

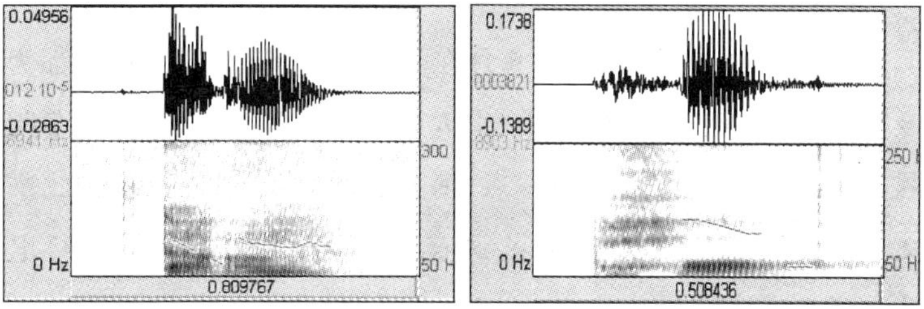

图 1.【左】滦南话“等”təŋ^{303}，【右】辛集话“怕”p^{h}ɔ^{50}。

嘎裂声是紧声类中的典型一类，特征明显。僵声类中较弱的一类是弱僵声，它从语图上看基频曲线并没有中断，但是喉部有同样性质的中央紧张，基频跌落到很低程度，听感上也有一种凹陷甚至折断的感觉，但语图上的基频曲线还未折断，声波图上的脉冲也还算规则，这可以从图 2 藁城、魏县话的两个图例上看到。不足嘎裂声，即弱僵声实际上是一种比嘎裂声更为常见的发声态亚类。

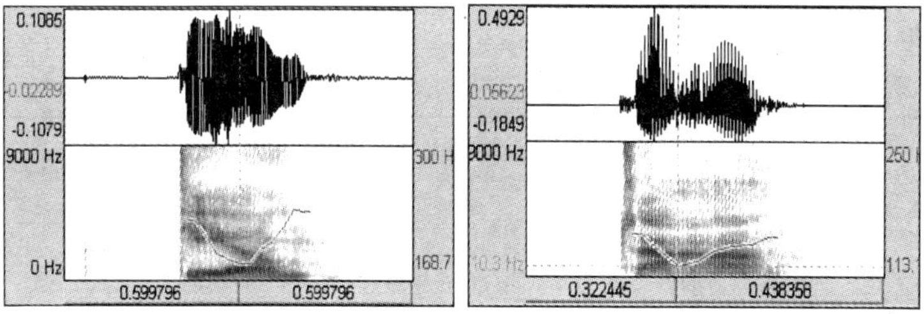

图 2.【左】藁城话“丁”tiŋ$^{3\underset{\sim}{2}3}$，【右】魏县话“帐”tʂaŋ$^{3\underset{\sim}{2}3}$。

3. 河北省方言中嘎裂声的分布

我们的调查于2009年6月在河北大学进行，调查对象都为该校本科生，调查人数共计34人①。有两个点的材料有点问题，最终没有使用，另有同一点（海兴县城）两个发音人，因此本文分析的是31个点的材料。调查使用Praat语音软件进行电脑录音。

河北省的方言都属于官话（说得宽泛点是"北方话"），分布最广的是冀鲁方言，其次为秦晋方言②（刘勋宁1995），还有一些属北京—东北（京黑）方言和中原方言。在本文分析的27个县市31个方言点中③，有20个点属于冀鲁方言，10个点属于秦晋方言，另外还有魏县一点属于中原方言。具体情况如下：

表2. 31个河北省方言，其中14个点有嘎裂声，17个点没有

总31点		有嘎裂声14处		无嘎裂声17处
秦晋 共10处	8	张北城关、宣化宣钢小区 平山城关、赞皇城关 元氏1城关、元氏2南因乡南凡村、 南和城关、武安1大同镇罗义南庄村	2	鸡泽曹庄乡李马昌村 武安2邑城镇东阳苑村

① 其中蠡县话的发音人为本文第二作者杨建芬，另外乐亭话的录音于2009年7月在香港完成。

② 汉语北方话的分区和名称按照刘勋宁《再论汉语北方话的分区》一文中所建议的。

③ 其中定州、藁城、元氏、武安四个县市各有两个点。

（续表）

冀鲁 共 20 处	5	蠡县城关 井陉秀材镇南横口村 任县辛店镇 威县城关 滦南安平小区	15	蔚县阳眷镇、阜平城关、涞水城关 定州 1 市区、定州 2 南城区四家庄村 曲阳南水见村、辛集市旧城镇 藁城 1 常安镇大常安村、藁城 2 贾市庄张名甫村 柏乡固城店城阳村、邢台东汪镇东汪村 邱县城关、海兴城关 盐山城关、乐亭城关
中原 1 处	1	魏县东往镇霍小屯村		

在这 31 个点方言中，14 个有嘎裂声，具体调值见表 3。调值以四度制表示，从［2］度到［5］度。嘎裂声用［0］表示。因此，［50］表示后部带嘎裂声的降调，［303］表示中部带嘎裂声的凹调。

表 3. 14 个带有嘎裂声的河北省方言的声调系统

共 14 点	方言点	阴平	阳平	上声	去声	入声
秦晋 8 点	张北	52		55	303	
	宣化	52		55	303	
	平山	32		55	50	$^{3}24$
	元氏 1	52		44	50	324
	元氏 2	42	52	44	50	324
	赞皇	53		24	50	303
	南和	44	52		303	32
	武安 1	50		55	303	55
冀鲁 5 点	蠡县	55	32	303	52	
	井陉	42		34	50	323
	任县	34	52	55	40	
	威县	24	52	44	303	
	滦南	50		303	452	
中原 1 点	魏县	34	52	55	303	

4. 河北省秦晋方言中的嘎裂声

我们先来看河北省最西部靠近山西省的秦晋方言的情况。在这次调查的八县市 10 个方言点中，北部的张北、宣化话的去声都是带有嘎裂色彩的凹调，其中宣化话的嘎裂声非常明显（见图 3 左）。平山、元氏话的去声都是降调后部带嘎裂声。有关元氏话的情况，我们在后文将详细讨论。赞皇话的去声部分字带有嘎裂，其入声字也是有部分字带有嘎裂，调值标为［303］。南和话的去声是一个带有嘎裂声的凹调。武安话的两位发音人，一个有嘎裂声，一个没有。有嘎裂声的是武安 2（大同镇罗义南庄村）一个男发音人，他的四个声调类中有两个带有嘎裂：平声［50］（例见图 3 右）、上声［55］、去声［303］、入声［55］。另一个武安 1 发音人住在邑城镇东阳苑村，基本没有嘎裂声。还有一个没有发现嘎裂声的是鸡泽话。总体而言，河北省境内的秦晋方言，普遍都带有嘎裂声的特征，而且听感上很强烈。

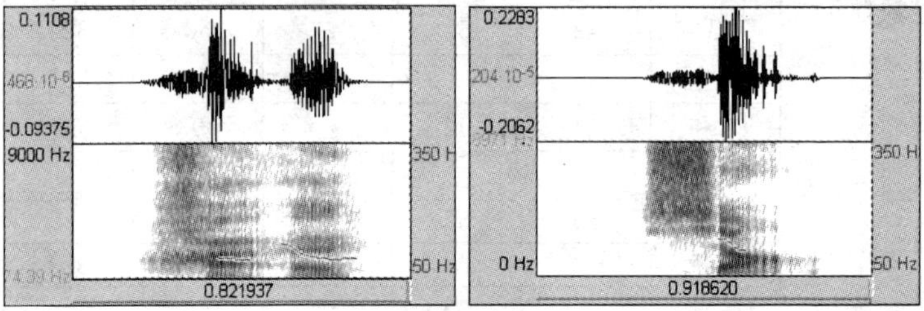

图 3.【左】宣化话“害”xaj^{303}，上面波形图的中间部分振幅渐趋消失，下面宽带图相应部分也变得稀疏微弱，能量、基频都趋于消失。【右】武安大同镇话“详”ɕjaŋ^{30}。

5. 河北省冀鲁方言中的嘎裂声

接下来我们看河北省方言的主体部分——冀鲁方言。与秦晋方言相比，用于本文分析的 20 个冀鲁方言中，嘎裂声主要是作为低调的伴随特征，而非音位特征。其中明显带有嘎裂声的有蠡县话的上声［303］、井陉话的去声［50］、任县话的去声［40］。后两个嘎裂声降调例子见图 4。

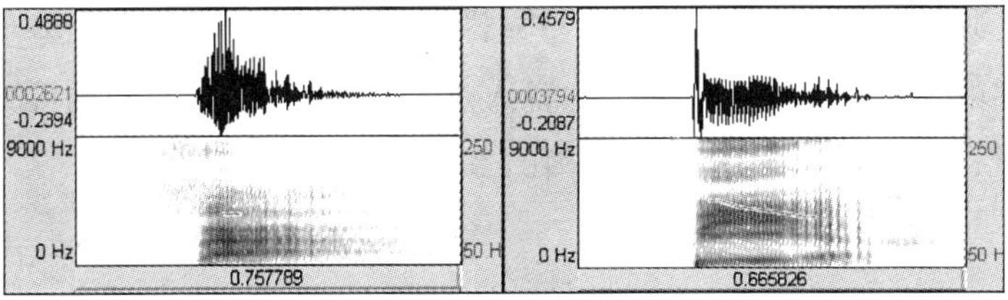

图 4.【左】井陉话“饭” fɛ[50]，只是在元音前半处测到一小段基频。【右】任县话“变”pie[40]，上面波形图中下面宽带图中后半部分都明显变得不规则。

威县的去声是带有嘎裂声的凹调［303］，嘎裂声色彩非常明显。位于河北东北海岸的滦南方言，上声是个嘎裂声凹调［303］。图 5 是威县和滦南的两个凹调例图。滦南话的阴平是个降调［50］，也带有嘎裂声。

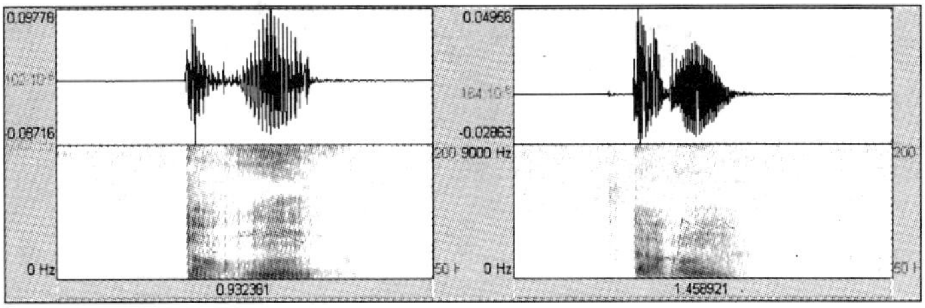

图 5.【左】威县话去声字“凳” təŋ[303]，【右】滦南话上声字“等” təŋ[303]。

上面讲到的例子都是整个调类都明显带有嘎裂的情况，其他没有列出的方言并不是说在它们身上没有看到嘎裂声的影子，相反，基本上每个方言的低调中都能零星地见到嘎裂声，就像北京话的上声。譬如藁城2贾市庄张名甫村话女性发音人的阴平字，有大约一半字带有嘎裂声［303］，她的去声也有近一半字带有嘎裂声［50］；藁城1常安镇大常安村男性发音人的去声也有部分字带有嘎裂声［50］。井陉方言有些特殊，从语言地图上看，它位于河北省西南部，东面是灵寿、平山、鹿泉、元氏、赞皇话这个狭长的秦晋方言带，是个与冀鲁方言大本营隔断的一个孤零零的冀鲁方言点，井陉话发音人MC的去声带有强烈的嘎裂声，从这一点看它更接近周围的秦晋方言。

6. 河北省中原方言中的嘎裂声

在这次调查的河北方言中，只有魏县一点属于中原方言。魏县话有四个声调，阴平［34］、阳平［52］、上声［55］、去声［303］。该方言的去声字大多数都带嘎裂声，下面图6右图的“饭”在听感

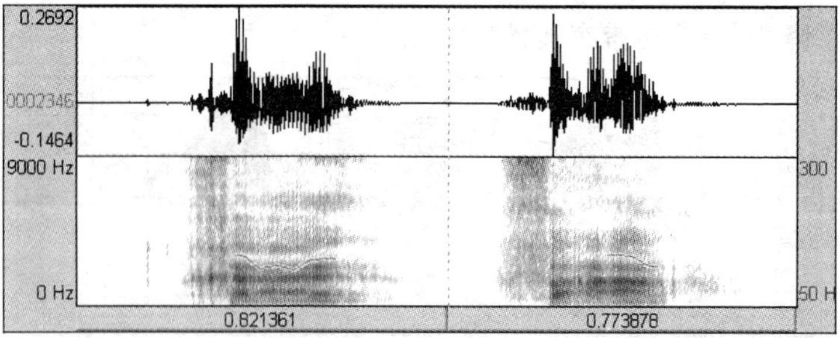

图6. 魏县话，【左】“害”xaj[303]，僵声；【右】“饭”fa[303]。

上带有非常强烈的嘎裂，从语图上看也很明显，从很前开始就测不到数据了。但有些字从语图上看基频曲线没有中断，但是忽高忽低，极不规则，音强变小，这是僵声（可看作是不足嘎裂声）的表现，例如图 6 左图的“害”。

相对于降调来说，带有嘎裂声的凹调从语图上看更直接，在听感上也更明显。这个凹调的最低点——拐点——是这个声调的主要特征所在，伴随的嘎裂声实际上所起的作用就是凸显这个凹底。至于这个凹调的调尾，则是声带回复自然状态后的音高自然恢复，是一种生理现象。也就是说，北方话里的这种低凹调的调尾不是语言目标（linguistic target），不起区别作用，所以标调时这个调尾不必深究它是［4］，是［3］，还是［2］①。用我们的四度标调（从［2］度到［5］度），并且用［0］表示嘎裂声，那么这个带嘎裂声的低凹调类型可表示为［303］。带有嘎裂声的凹调，一般都是“降—极低（断裂）—回升”，但是有的发音人在中间拐点断裂之后最后没有回升上去，因此听起来可能会像是一个低降调。

从地域上来看，分布于河北省西部的秦晋方言，在低调中普遍都带有嘎裂声，且十分强烈，自西向东，过渡到冀鲁方言之后，嘎裂声越来越少，大多只是零星地出现在低调中，是一种非音位

① 明白这一点对于理解北京话的上声大有帮助。北京话，或者更该说普通话的上声非人工定为五度制的［214］。其实，这个凹调常常伴随嘎裂声［303］，或者僵声［3$\underset{\sim}{2}$3/3$\underset{\sim}{2}$］。因此，它只是一个低调而已，调尾的上翘是个生理伴随现象，而非语言目标。你要刻意消除了嘎裂声/僵声，并把调尾调到［4］，那就不太像现在的北京话，而像人工标准的普通话了。

性的伴随现象，到了最东边的沧州一带，则基本上没有嘎裂声了。

7. 周边省市的嘎裂声举例

其实，嘎裂声在北方话的低调中很常见。我们曾在多处提到北京话中常常可以听到嘎裂声，只是还没有达到每个人每次都要发的地步。下面是一位北京女孩 LM 的上声例图。

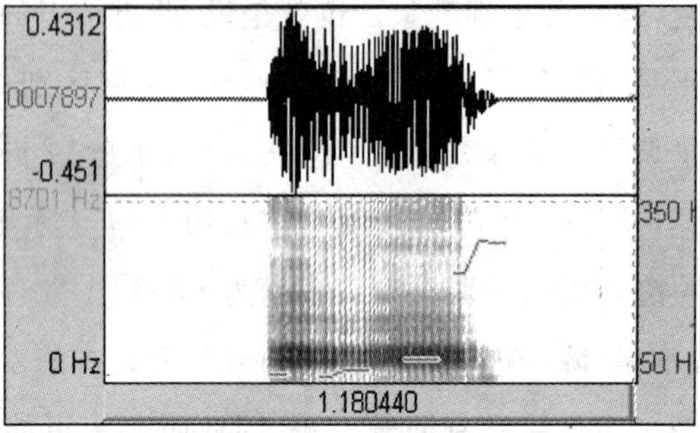

图 7. 北京女发音人的上声凹调嘎裂声“啊”a^{303}

和河北省的秦晋方言一样，山西省的秦晋方言中嘎裂声也很常见，如离石、孝义等，有关山西省方言的发声态和声调，我们另文讨论。

同样，与河北省的中原方言一样，其他地方的中原方言中也间或发现嘎裂声，如江苏北部徐州的铜山话。铜山方言有四个调类：阴平［303］、阳平［44］、上声［324］、去声［52］。其中两个凹调，阴平和上声。阴平字带有非常强烈的嘎裂声，以区别于上声凹调［324］。从图 8 中可以看到，阴平字“乡”的声调起点

(211 赫兹)和上声字"想"(205 赫兹)的起点相当,但是,带有嘎裂声的"乡"基频曲线在中间部分折断,调尾基频有所回升。从而与上声字"想"在听感上造成明显的区别,后者是用普通康冽嗓音(clear voice)清声态发的凹调。

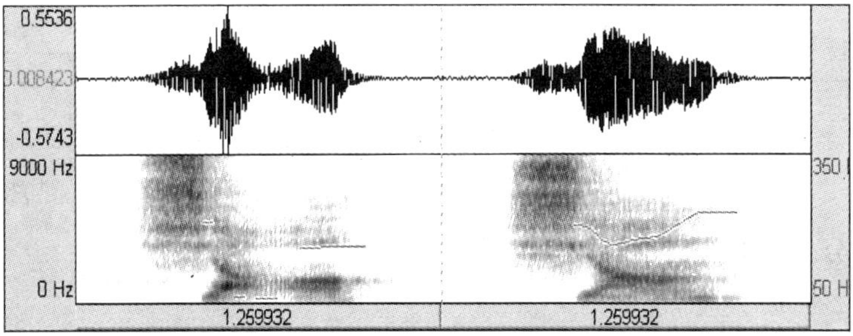

图 8. 铜山话,【左】平声字"乡"ɕiaŋ 303、嘎裂声凹调;【右】上声字"想"ɕiaŋ 324,清声凹调。

在山东省西南部的中原官话中,有很多方言都有两个凹调(《山东方言研究》所提供的 29 个方言点中,有 22 个方言有两个凹调),记音中两个凹调的拐点都是最低点(五度制中的[1]),区别在于起点和终点的不同。我们猜想这些方言很大程度上应该与铜山方言一致——即凹调之一带有嘎裂声,另一个是康冽嗓音的常态发声的凹调,具体情况有待考察核实。同在山东的胶东半岛上,方言属于胶辽方言,嘎裂声也是一个常见现象。例如乳山方言,只有三个声调:平声[52]、上声[303]、去声[343],上声是一个带有嘎裂声的凹调。

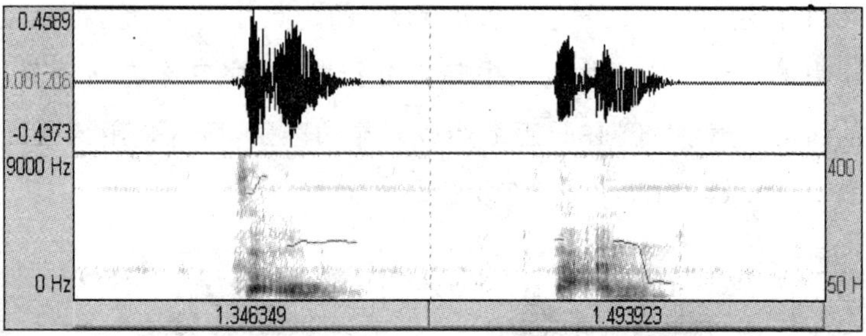

图 9. 乳山话上声字“走”tsou[303]、“短”tãn[303]，嘎裂声凹调。

上图中，“走、短”都带有非常强烈的嘎裂声，以至于中间部分基频曲线完全断裂。其他上声字也都如此。

8. 嘎裂声作为声调特征

通过河北、北京、山西、山东、江苏方言的例子，我们看到官话中具有嘎裂声是非常普遍的。这些嘎裂声是有意而为，是用来凸显，甚至独显一个低调。换句话说，嘎裂声可以作为一个［＋low］的特征。

嘎裂声可以出现在声母上，如哈尼语（朱晓农、周学文2008），但一般出现在韵母上。它可以出现在凹调的中部，也可以降调的后部。在大部分情况下，它是作为凹调和降调的非音位性伴随特征出现的，河北省内大部分冀鲁方言中的嘎裂声即属于这种性质。但有时它也会成为音位特征，甚至会成为唯一的区别特征，例如元氏、井陉、任县话。

元氏话我们共调查了两位发音人，女性发音人 JH 家住县城，她的音系中共有四个声调：平声［52］、上声［44］、去声

[50]、入声 [324]。男性发音人 ZhXS 家住南因乡南凡村，他的音系中阴平和阳平还保留区别，共有五个调类：阴平 [42]、阳平 [52]、上声 [44]、去声 [50]、入声 [324]。我们知道，降调的语言目标(linguistic target)在声调曲线的起点高点处，因此元氏南因乡阴平和阳平的差别就在起点的高低不同上。但是，阳平和去声这两个降调的起点相同，例见下图。

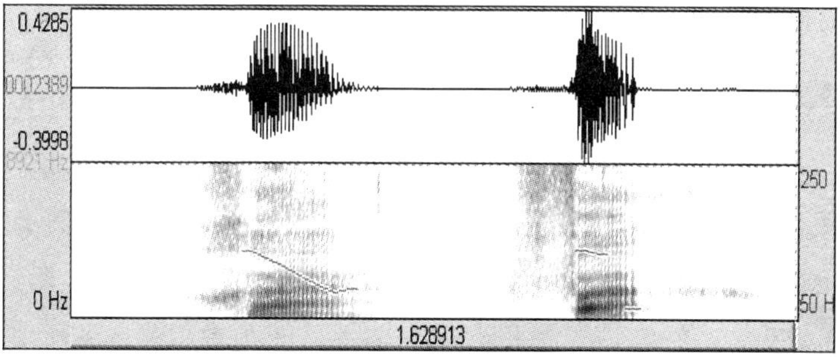

图 10. 元氏南因乡话(男)中的嘎裂声作为降调对立的区别特征。【左】阳平"寒"xan^{52}，调头起点 136 赫兹。【右】去声"饭"fan^{50}，起点 138 赫兹。此外，带嘎裂声的声调较短。

我们做了个当场听辨实验，发音人可以轻易地分辨出这是两个不同的调类，那么它们的分别是由什么决定的呢？这时候发声态的不同就要发挥作用了。阳平是用康洌嗓音清声态，去声是嘎裂声，因此两个用不同发声态发声的调类差别便产生了——去声听起来比阳平降得更低，而这全拜嘎裂声所赐。元氏城关的女性发音人 JH 的情形也如此，见下图。平声 [52] 和去声 [50] 的区别在于后者嘎裂声引致的低调性。我们可以把嘎裂声看作是元氏话音系中两个调类之间的区别特征，当然带嘎裂声的去声时长也稍短。

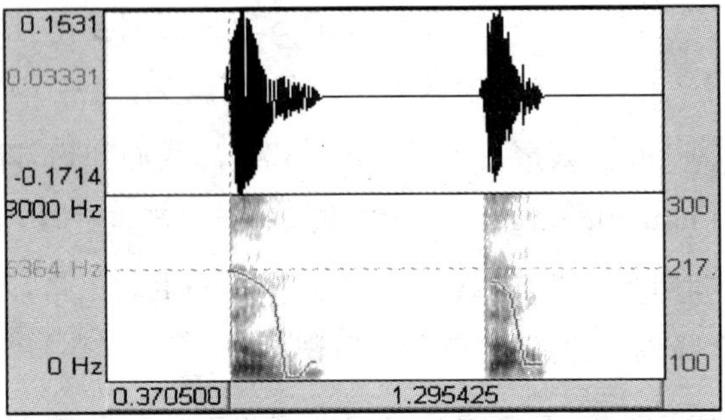

图 11. 元氏县城关话（女），【左】平声“灯” təŋ，【右】去声“凳” təᵑ。起点差 10 赫兹。由于嘎裂声作用，去声“凳”的鼻韵尾已大为减弱。

嘎裂声可以作为凹调对立的区别特征，这在上面铜山话例图（图 8）中已经看到。下面再举一个江淮官话嘎裂声的例子。下图是寿县话的一对例字。阴平［303］，阴上［323/³23］。两者音高起点、终点、时长都相当，唯一区别在于前者用嘎裂声，后者是常态发声。有一点可以补充，为了拉开区别，阴上可以发得如准凹调［³23］，甚至升调。

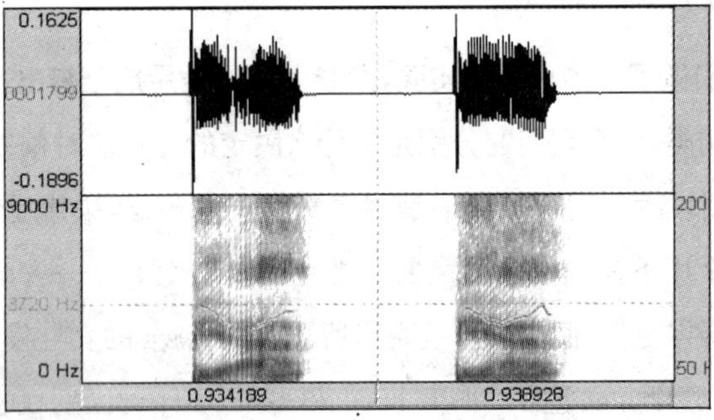

图 12. 嘎裂声作为凹调的区别特征。江淮官话安徽寿县众兴镇王安村男发音人。【左】阴平“边” piɛn³⁰³，调头起点 108 赫兹。【右】阴上“扁” piɛn³²³，起点 109 赫兹。时长相当。

9. 结语

通过河北省及其周边省市官话方言中普遍存在着的嘎裂声实例，我们发现嘎裂声不仅在南方方言如吴粤闽赣语中存在，在北方话中也大量存在。在北方话中嘎裂声作为一种特殊的发声态，出现于凹调的中部和降调的后部，用来凸显低调这一特征。有时候也会以僵声（即不足嘎裂声）的形态出现。在大多数情况下僵声类是作为低调的伴随特征，在这种情况下，顺着原有对声调的认识（即声调是且仅是音高区别）的路子，把嘎裂声处理为伴随特征也可以。但是，嘎裂声有时也能成为唯一的区别特征，这说明嘎裂声的辨义作用。例如降调，元氏话［52］和［50］的区别就在于后者的嘎裂声及其引致的低调性。又如凹调，铜山话［423］和［303］的区别在于后者的嘎裂声及其引致的低调性。此外，嘎裂声凹调还可用它的低调性与一个高平调起对立作用，如北京话的上声［303］（作为［323］的变体）和阴平［55］。

嘎裂声在有辨义作用的情况下，音节学上如何处理是个新课题，这实际上是会影响到音节学理论的。一种是比较保守的做法，也是我现在使用的，那就是仍然把嘎裂声表达为音高。但既然嘎裂声是断裂的音高，那么只能用［0］来表示，还是超出了四度或五度制。所以尽管这是种比较保守的做法，依然突破了五度制或四度制的框架。另一种处理理论上改变更为彻底，那就是把嘎裂声表达在低域中。那么，很多北方话也有了两个域。由于在发声态丰富的南方声调语中还未发现嘎裂声单独定义一个低域的情况，那么在官话方言是否有此必要，还在犹豫中。等我们把现已收集到的官话录音材料分析完了以后再来决定。

对河北省方言低调中普遍存在的嘎裂声性质的确认意义十分重要，它将我们过去对北方话中存在的韵母的"间歇/间断"现象的感性认识上升到一个理性的层面。此外，它对于今后我们进一步调查、描写官话方言也有相当的意义。

参考文献

刘勋宁 1995. 再论汉语北方话的分区.《中国语文》6:447—454.

麦　耘 2007. 广西贺州八步区八都话入声的语音分析.《桂林师范高等专科学校学报》1：1—7.

麦　耘 2008. 广西藤县岭景方言的去声嘎裂声中折调. 中国语音学第八次学术讨论会论文，北京.

钱曾怡 2001.《山东方言研究》. 济南：齐鲁书社.

朱晓农 2004. 浙江台州方言中的嘎裂声中折调.《方言》3：226—230.

朱晓农 2004a. 亲密与高调：对小称调、女国音、美眉等语言现象的生物学解释.《当代语言学》3：193—222.

朱晓农 2006.《音韵研究》. 北京：商务印书馆.

朱晓农 2008. 音节和音节学.《东方语言学》4：142—164.

朱晓农 2009. 发声态的语言学功能.《语言研究》3：1—19.

朱晓农 2009a. 重塑语音学.《中国语言学集刊》4.1：1—22.

朱晓农、寸　熙 2003. 韶关话的小称调和嘎裂声.《汉语方言语法研究和探索》(戴昭铭编)，346—354. 哈尔滨：黑龙江人民出版社.

朱晓农、周学文 2008. 嘎裂化：哈尼语紧元音.《民族语文》4：9—18.

Zhu, Xiaonong 2006. Creaky voice and the dialectal boundary between Taizhou and Wuzhou Wu. *Journal of Chinese Linguistics*, 34. 1: 121—134.

(原载《语言研究集刊》第 7 辑，2010。杨建芬合作撰写)

全浊弛声论*

——兼论全浊清化(消弛)低送高不送

1. 导言

1.1 清浊的传统含义

“清浊”是自有音韵探讨以来最古老的术语之一,例如陆法言《切韵序》中就提到“清浊”“轻重”。清浊的对立很可能在上古时代就已经存在,在中古以后的韵书、韵图中,对它们的描写分类做得相当细致而完备。以唐末三十六字母为例,声母可以按“全/次”“清/浊”两对概念的交互搭配分为四类:

【1】

听感类	古声母类				调音性质	发声性质
全清	帮端见	非精照知	心审晓	影	阻音	清不送气
次清	滂透溪	敷清穿彻			阻音	清送气
全浊	並定群	奉从牀澄	邪禅匣		阻音	浊
次浊	明泥疑	微来日娘		喻	响音	浊

* 香港研资局竞标专项拨款(HKUST 644509)和香港科技大学 DAG(S08/09.HSS07)资助项目。

用今天的语音学概念来看,次浊指响音,其余是阻音。阻音中全清是清不送气,次清是清送气。全浊是带声 (modal voice) 的音,如果是塞音(声母塞音包括爆发音和塞擦音),还是不送气带声音如 b, d, g。这是从陆志韦(1941)以来音韵学中的共识。不过,此前高本汉(1940/2005)构拟全浊塞音为送气浊音如 b‘ [bɦ],这个看法后来被认为从类型学上来说是不可接受的,同时与佛经译字相违。十几年前,黄笑山(1994)以日本吴音、麦耘(1998)以吴语为据,提出了从中古后期(中唐五代到宋)起全浊变为“清音浊流”或“气声化音”。最近,王福堂(2006)也提出相似的看法:中古全浊类似于现代吴语的“浊送气音——气嗓音”。

1.2 本文对清浊的看法

本文将在一个新的语音学发声框架中重新诠释古全浊:中古汉语(甚至更早)的全浊塞音声母和今天吴语、湘语、赣语、桂北土话、老湖广话中的“浊音”相同,也就是说今天吴湘赣语中的“浊音”自古以来就没发生过什么变化,就是继承了中古甚至上古的全浊声母的属性(严格地说,不是声母、而是音节的属性)。

那么,今天吴湘赣语中的“浊音”是什么样的呢? ——它不是传统我们所认为的类似英语、法语中的那种 modal voice (常态带声),而是听感“浑浊”的弛声 slack voice。弛声是音节特征,它表现在声母上主要是清的(清弛声),如 p̈a̤, t̤a̤, k̤a̤(弛声用加两点表示),少数情况下也可能是浊弛声,如 b̤a̤, d̤a̤, g̈a̤。弛声的声学性质主要表现在韵母的前半部分。所以如果在两字组的后字位置上,弛声一般消失,声母会变为常态带声,少数情况下也可能是清声;在发音较强的情况下,后字也可能保留弛声。尽管本文主要讨论全浊塞音,但全浊擦音甚至次浊也都是弛声。与此相应的是,“清音”则是听感上“清冽”的嗓音,它包括但不等于声带不振动的清声辅音;“清音”的外延大于清辅音。在此基础上,本文进一步提出:中古音韵学上的“全浊清化”(语音学上即是“弛声消失”)后,大部分官话中平送仄不送,其原因在于“低送高不送”,即“清化”(即“消弛”)时代如果是低调,那就变为送气,如果高调则变为不送气。

2. 弛声的性质和归类

2.1 弛声在发声态分类中的地位

清、浊、送气如 p, b, p^h,并不是我们过去所认为的音段的特征,而是发声态类别。发声态分为六类十三种(据朱晓农 2009 调整),见下表。清声类包括清送气、弱送气、不送气三小类。常态带声自成一类。气声是另一大类,包括浊送气、弛声、弱弛三小类。这些发声态可用以定义高中低三个声域。“洌嗓”就是常见的清洌嗓音(clear voice)。“非洌嗓”(non-clear voice)即是较为少见的“浑浊或尖厉嗓音”。欧洲语言、阿尔泰语群中的清声、带声都是清洌嗓音,它们也只有洌嗓语音,非洌嗓只有表达情绪的边缘语言学作用。

【2】音节学发声态种类以及与听感、声域的关系

声域	听感	类	发声态	种	次发声态	例
高域	非洌嗓	I	假声	1	假声	á
高/中	洌嗓	II	张声	2	前喉塞	ʔp
				3	喉塞尾	aʔ
中域	洌嗓	III	清声	4	清送	p^{h}
				5	弱送	p‘
				6	不送	p
低/中	非洌嗓	IV	僵声	7	喉堵态	a͇
				8	嘎裂声	a̰
				9	弱僵声	a̠
低域	洌嗓	V	带声	10	带声	b
	非洌嗓	VI	气声	11	浊送气	$b^{ɦ}$a̤
				12	弛声	p̈a̤
				13	弱弛	p̣ạ

2.2 清/带声和送气并不对称平行

明白了上述的发声态分类，就可以来澄清两个问题。

第一点是关于清声、带声、送气、不送气互相配合可以构成什么样的格局。一般认为可以构成以下那种两两平行的关系。

【3】不存在如下两两平行的清带、送气性关系

	不送气	送气
清声	p	p^{h}
带声	b	$b^{ɦ}$

现在我们知道，表 3 中的平行关系并不存在。首先，清声 p/p^{h} 和常态带声 b 属于清洌嗓音，而浊送气 b 属于"浑浊(或尖厉)"的非清洌嗓音。其次，清声分清送、弱送和不送三小类，但

常态带声不分类，仅不送气一种。第三，浊送气 $b^{ɦ}$ 不跟 b 或 p^{h} 配对，而是和弛声、弱弛同属“气声类”。

第二点是汉语中的清浊究竟是什么意思。一般认为汉语清浊就是 voicelessness（清声）和 modal voice（常态带声），并且理所当然地以为古汉语中也是如此。欧洲语言中的 p～b 的确是“清带”（清声和带声）对立。但是在汉语南方各方言（吴赣湘、桂北土话、老湖广话），以至南部亚洲的各个语系（苗瑶语、南亚语、南岛语、藏缅语，甚至来自欧洲的南亚语言如印地语和乌尔都语）中的“清浊”不是像欧洲语言中那样的清声和带声的对立，而是“清弛”（清声和弛声）的对立，这才是真正的“清浊”对立，即清洌嗓音和浑浊嗓音（弛声）的对立。

2.3 弛声的语音性质

弛声是“气声类”中最为常见的一种，所以在我们的陈述中往往会用“弛声”来代替“气声类”，就像用“嘎裂声”来替代“僵声类”。气声是音节学上的发声态种类。发声态是音节的属性。气声同样是整个音节的属性，它有强中弱三种形式，它们的语音表现形式为：

【4】气声类

分类	名称	声母	韵母
强	浊送气	浊爆音后的浊送气	韵母强烈气化
中	弛声	清或浊辅音弛化	韵母气化
弱	弱弛	清爆音软化	韵母微弱或并不总是气化

“气声类”包括强中弱三小类。强为声母浊爆音后的浊送气，韵母元音强烈气化。中为声韵母的弛化。弱为声韵母的软

化，如朝鲜语中的“软辅音”现象。称“软辅音”是传统上把发声态归于辅音（其实是声母）的片面看法，如 Ladefoged & Maddieson（1996， § 3.1）就是这样处理的。其实发声态是音节的属性，只不过有时在声母上表现明显点，有时在韵母上表现得明显点。朝鲜语的软音节中的“软元音”和吴语弛化元音在生理上、声学上、听感上都非常接近，除了一点，一般来说发软元音没有明显气化现象，不过最近我们的录音也发现了有气化元音。所以，朝鲜语辅音的“软化”游移于“弱送”（III 型 5 种）和“弱弛”（VI 型 13 种）之间，一般情况下它不气化，所以是（清）“弱送”，个别情况下也观察到有弱气化，那就是（浊）“弱弛”。所以，朝鲜语和后文中讨论的湘语“弱送～弱弛”成为“弛化”（即以前所谓“清音浊化”）和“消弛”（即以前所谓“浊音清化”）双向变化的桥梁（详细论述另文）。气声类前两种（浊送气和弛声）的有关性质见下表：

【5】

	声门状态	气流	语图表现
浊送气	打开，为呼吸时一半大小	大	浊爆音后有一浊送气段，后接元音上有较强噪声，即元音强气化
弛声	软骨声门打开，韧带声门微开	小	爆音后基本上无浊送气段，噪声表现在后接元音上，元音弱气化

浊送气主要声母浊爆发音的属性，不过也延伸至后接韵腹元音使之气化，所以所谓“浊送气”不是单单声母（更不是音节位置未知的辅音）的问题，而是整个音节的属性。有浊送气的语言不算少，主要在南亚地区，其中研究得最为充分的也许是印地

语，详见后。

弛声的综合物理性质（生理、声学和空气动力学）并不单单是声母塞音的特征，而是整个音节的属性，它的声学特征则主要表现在韵腹元音的前半部分有漏气，但也表现在声母上。如果声母是响音，也会有弛化现象。如果是爆发音声母，则要看是清还是浊。如果是弛声浊爆音，那么它和后接元音一样都有弛化现象。如果声母是清塞音，那么尽管本身声学上没有什么痕迹，但生理上也跟普通清声母有所不同。弛声音节的清声母爆发能量较小，听感较闷较软，声道壁较松软，呼吸肌力增长较慢，成阻接触面较小，成阻点后的气压较低，持阻时间较短，后接气化元音起音频率较低。弛声音节的声母为清阻音的大大多于浊阻音。“清爆音加浊送气”的现象罕见，但如果弛声强烈，有可能在弛声清爆音后有一小段浊送气（30 毫秒左右），吴语孝丰话中有这样的变体例子。因此，“清音浊流”的一般情况是指清爆音加气化元音如p̈a̤。极为偶尔的是指“清爆音加浊送气”pʱa̤一类。佤语、苗语中清浊阻音都存在，吴语中目前只观察到弛声清阻音（弛声响音当然也有，弛声浊阻音以前赵元任观察到宁波话中有），那就是语言学界名称耳熟能详但实质依然需要澄清的“清音浊流”。

【6】

	浊送气	弛声
清爆音	pʱa̤ 孝丰话中弛声变体	p̈a̤ 吴语、湘语、苗语（清音浊流）
浊爆音	bʱa̤ 印地语、乌尔都语	b̤a̤ 佤语、苗语

弛声的声学表现有以下一些特征。

（1）频谱斜率，Bickley（1982）提出一个确定气声的声谱特征：即第一谐波的能量大于第二谐波（H1＞H2）。Gordon & Ladefoged(2001)指出，在许多语言中，频谱斜率是区分不同发声类型的主要声学参数之一，常态元音、嘎裂化元音和弛化元音三种发声态在许多语言中 H1 与 H2 之间的差值关系为：弛化元音＞常态元音＞嘎裂化元音。

（1a）气化元音的 H1 与 H2 的能量差，显著地大于普通元音的 H1 与 H2 的能量差。图 1(左)中常态元音 H1＞H2，而图(中)弛声元音 H1＞H2，但 H1-H2 的差值要比图(左)的大。该方法在很多场合适用。

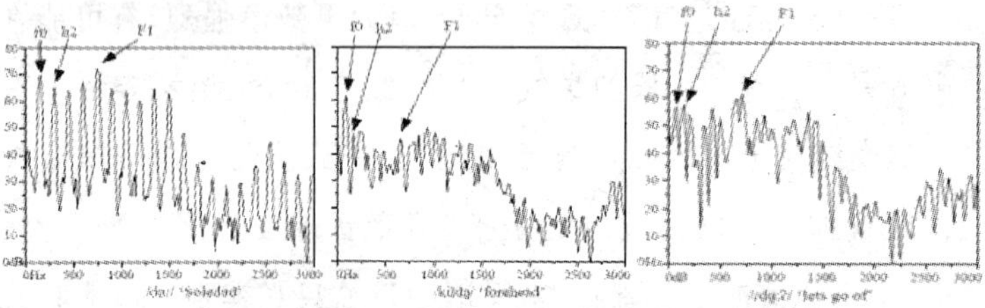

图 1. 引自 Gordon & Ladefoged（2001：398，Fig 7）

（1b）同样，浊声母也可以此测量。和元音对立一样，弛声浊爆音(H1-H2)的差值，大于常态浊爆音。图 2 左面两幅图中是常态浊爆音，左上图中的红色虚线通过浊爆音中间，此处获取的截面图显示在左下小图中。可以看到 H1 比 H2 小 3.4 分贝。右面两幅小图中是弛声浊爆音，在红竖虚线处获得的音强信息显示在右下小图中：H1 比 H2 大 6.1 分贝。

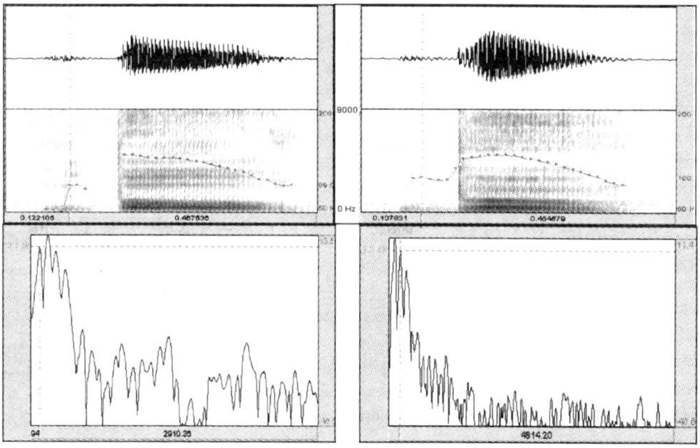

图 2. 佤语浊爆音。【左】常态浊爆音 bo“臼”,【右】弛声浊爆音 b̤o̤“夜晚”。

(2) 噪声干扰。

(2a) 宽带图表现。下图 3 为佤语男声常态 ta 和弛声 ta̤ 的语图,弛声元音的宽带图不那么“干净”,脉冲没常态元音那么黑白分明。由于有噪声干扰,右图弛声元音的共振峰结构显得模糊紊乱,而左图常态元音的四个共振峰规整、清晰。由于漏气而产生摩擦,弛声的高频区有较多乱纹,而左图高频区噪声能量低。又见下上海话例字,图 5 右面弛声宽带图中周期脉冲之间模糊一片,带有摩擦成分,不像左图脉冲一黑一白,脉冲清晰。说明发常态元音时声带振动比较规整,声门开闭有节,噪声干扰较少。而发弛声时闭相阶段声门关闭不严,有气流泄漏,声带振动同时,还有漏气的“浊流”,因而语图黑白间隙不明,脉冲不清。

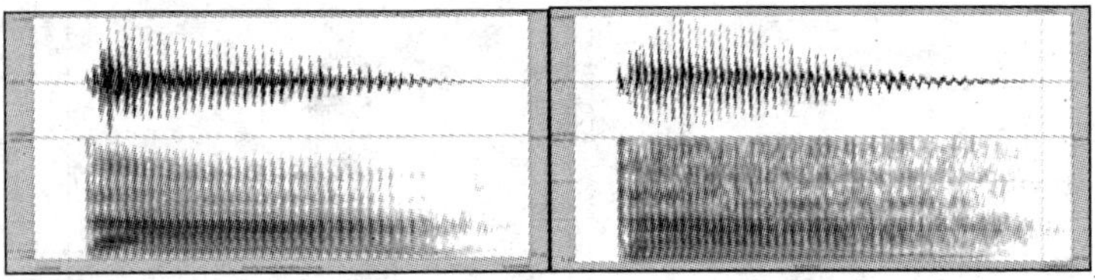

图 3. 佤语岩帅话,【左】常态音节 ta“苍白”,【右】弛声音节 ta̤“尽量”。

(2b) 波形图表现。图 4 是在常态和弛声音节的元音开始后取 30 毫秒的一段波形图。从图上可见,左图常态元音波形波峰与波谷分明,线条干净。而右图弛声元音的波峰到波谷之间表现出如锯齿状的不规则的小毛刺,这是由弛声中噪声能量干扰造成的。

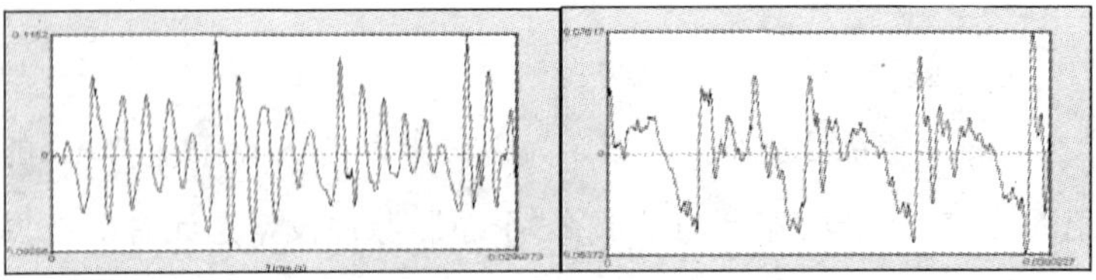

图 4. 放大波形图,图 2 例字除阻后 30 毫秒处的一段波形图。【左】常态发声 ta,【右】弛声 ta̤。

(3) 弛声元音的音强较普通元音为小,见下图上海话的例字。右小图是弛声音节,左图是作为对照的普通音节。两个音节的声母都是清爆音,但右图中弛化元音的能量较小,上半声波

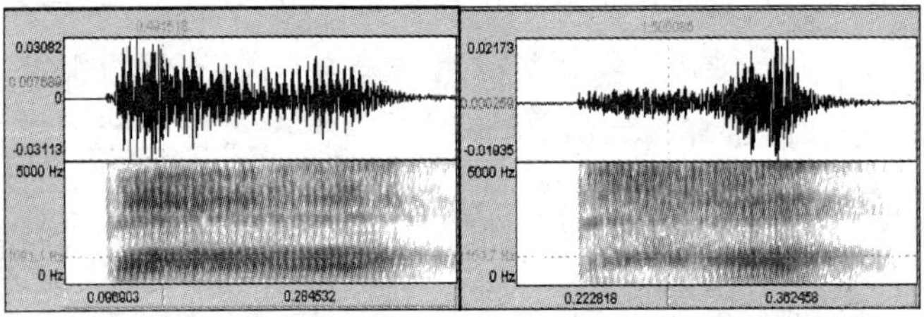

图 5. 上海话,【左】张声音节 pa“摆”,【右】清弛声音节 p̈a̤“败”。

图中振幅较小，下半宽带图中颜色较浅。

（4）音强衰减。弛声元音的能量衰减趋势比常态元音要平缓。图 6 是元音开始后 30 毫秒处的能量截面图，两条显示能量总体分布的曲线的趋势有差别，左边的下降急促而右边相对平缓。在图 6 的基础上进行 LPC 平滑后得到图 7。图 7 能更好地反映常态元音与弛化元音能量衰减的情况。图 7 左从最高点（约 71.5 分贝）开始，在约 4899 赫兹时降低到最低点（约 12.3 分贝）；图 7 右 从最高点（约 66 分贝）开始，到 6000 赫兹时还未降低到最低点。

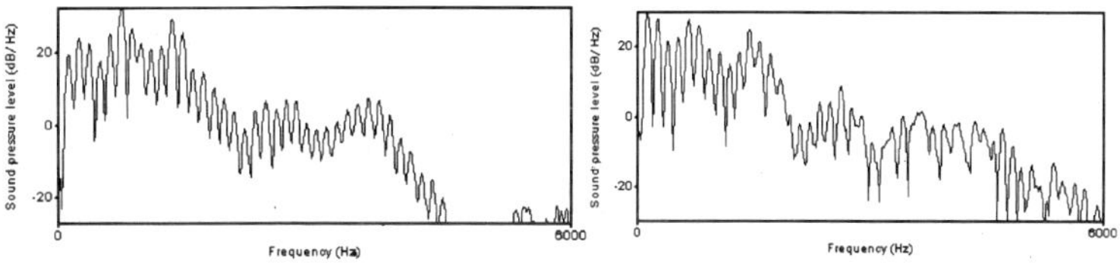

图 6. 元音开始后 30 毫秒处的能量截面图，【左】常态 ta，【右】弛声 ta̤。

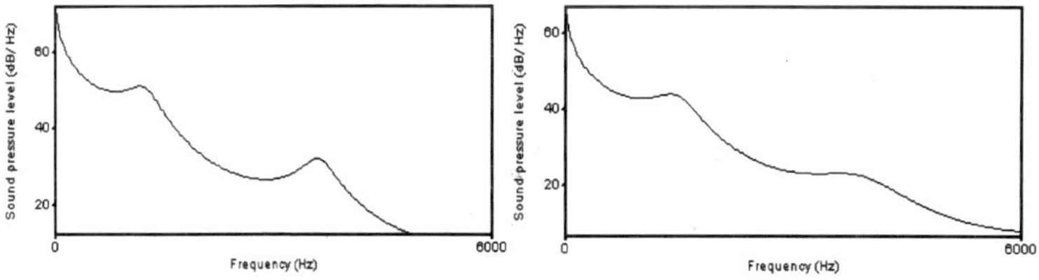

图 7. 把图 6 进行 LPC 平滑后得到的曲线，【左】常态 ta，【右】弛声 ta̤。

（5）弛化元音的音高起音较低。由于发弛声时声带较为松弛，所以音高较低，例如吴语中普遍存在的阳调类（弛声）的调头总是低于阴调类。

此外，还可以比较 H1 与 F1/F2 之间的能量差，与第 1 条 H1-H2 相似。弛声的其他声学和生理性质还可参看后文 3.4 节有关文献对印地语的研究（Dixit 1989，Kagaya & Hirose 1975，Catford 1988：55）。

2.4　弛声的音节学表达

发声态是音节的属性，不是如 Ladefoged & Maddieson (1996) 所认为的那样，是辅音[①]的特征。音节构成包括线性成分和非线性成分。下图是吴语中的一个例子。

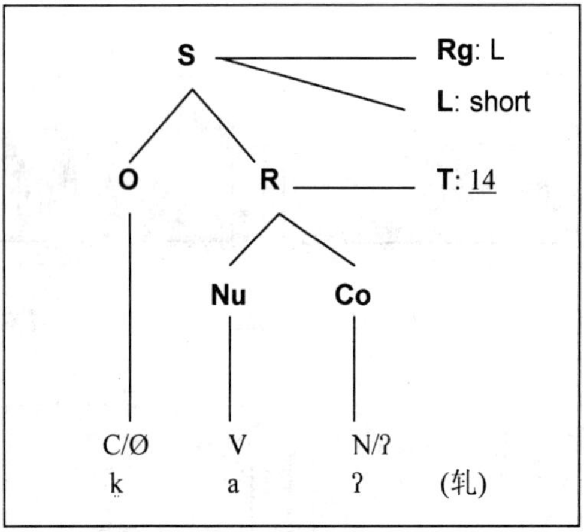

图 8. 音节结构

音节由音段和发声组成。音段是时间上的线性成分，横地

① 辅音，尤其是爆发音，作为声母或韵尾时，性质是很不一样的。但由于音节在西方的语音学和音系学中没什么地位，所以赖福吉他们想不到要交代是声母还是韵尾。从他们的例子来看，应该指声母塞音。

排列,发声则是非线性成分,竖地排列。线性成分分为必要的声母(O)和韵体(R),韵体分为必要的韵腹(Nu)和可省的韵尾(Co)。还有一个可省成分"介音"(M),它在不同的语言中,可能有不同的分析方式,或属于声母,构成复声母,或和韵体并列共同组成韵母,或介于声母和韵母之外称为一个独立成分。图8中"轧"字无介音,所以图中没表达出来。非线性成分包括声域(Rg)、长短(L)、高低(重音或声调)。它们都是音节的属性,但在音节中的位置有所不同。声域和长短连接最高层的音节,而高低则连接于韵体。

下文依次考察南部亚洲的弛声,汉语东南方言中的弛声,然后讨论古全浊的性质,再探讨浊音清化后的各种分布情况及其原因。

3. 弛声:亚洲南部语言的区域特征

亚洲南部包括中国长江以南地区,东南亚和南亚。在这片广大的热带和亚热带地区,普遍存在非冽嗓发声态。其中气声分布最为广泛。从最南部的南岛语,到南亚语,到汉语东南方言,还有系属有争议的苗瑶、侗台诸语。最为有趣的是南亚次大陆上的印地语、信地语、乌尔都语、旁遮普语,它们都属于印欧语系,五六千年前从欧洲迁徙至此,也获得了亚南地区的区域特征:气声。下面我们来看些详略不一的例子。

3.1 南亚语中的弛声

佤语属于南亚语系的孟—高棉语族。南亚语系尤其是孟—高棉语族中普遍存在弛声。佤语一向被认为有"松紧"元音之别,据朱晓农、龙从军(2009),佤语紧元音是普通发声,松元音是弛声。问题不仅于此,佤语的浊爆音也分松紧,紧音是常态浊爆音,松音是弛声浊爆音。因此,佤语松紧这种发声态的不同是整个音节的属性。佤语中弛声的声学表现见上§2.3,三类五种都给出了例子。

3.2　苗语中的弛声

苗瑶语系可能在发生学上与南亚语系有关,在区域接触上与汉语关系很密切。苗语中的弛声鼻音声母、弛声元音的例子请参看朱晓农(2007,2008,2009)。下面给出石门坎苗语中浊爆音弛声音节的一个例子。图中底线处两条小竖线之间是塞音持阻期,这儿有一排"浊声杠",表明是浊辅音 b。第二根小竖线处即爆音除阻时。后面元音阶段有相当一段音强较小,高频处脉冲直条不清晰,表示有漏气造成的噪声。

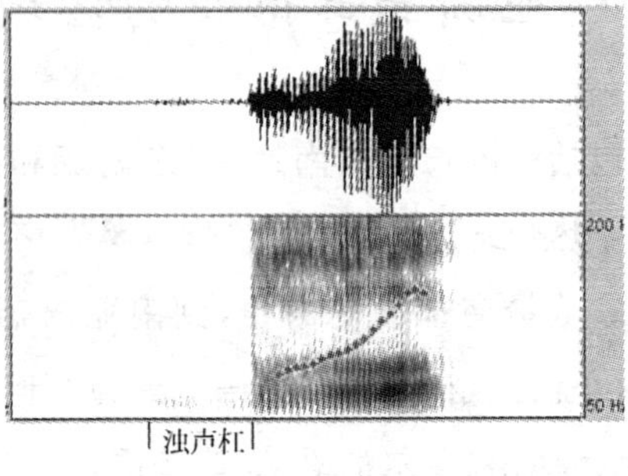

图 9. 石门坎苗语"浊弛声":b̤ə̤

3.3　南岛语中的弛声

爪哇语属于南岛语系,据 Ladefoged & Maddieson (1996),爪哇语中有弛声声母和清声母的对立。根据我的判断,这种清声母更像张声声母(听感上表现为硬而紧)。例如:

【7】

张声	paku“指甲”	tamu“客人”	tsariʔ“张(纸)”	ʈiʈʔ“小”	kali“河”
弛声	p̤a̤ku“标准”	t̤a̤mu“吹”	t̤s̤a̤rit“一种女装”	ʈ̤i̤siʔ“第一”	k̤a̤li“掘”

3.4 印地语中的强弛声

印地语属于印欧语系印度—雅利安语族，大约六千年前从欧洲迁移到印度次大陆，结果获得了热带地区的一个特征：强弛声，即声母浊送气。浊送气是音节的属性，主要表现在声母浊爆音上，也延伸至后接韵母使之气化。有浊送气的语言不算少，其中研究得最为充分的也许是印地语，下面是印地语塞音四分的例词和例图：

【8】

	双唇	齿	卷舌	软腭
清不送气	pal“照顾”	tal“打”	ʈal“打”	kan“耳朵”
清送气	pʰal“刀刃”	tʰal“牌”	ʈʰal“牌”	kʰan“煤矿”
带声	bal“头发”	dal“扁豆”	ɖal“扁豆”	gan“歌”
浊送气	bʱal“前额”	dʱar“刀”	ɖʱar“刀”	gʱan“一捆”

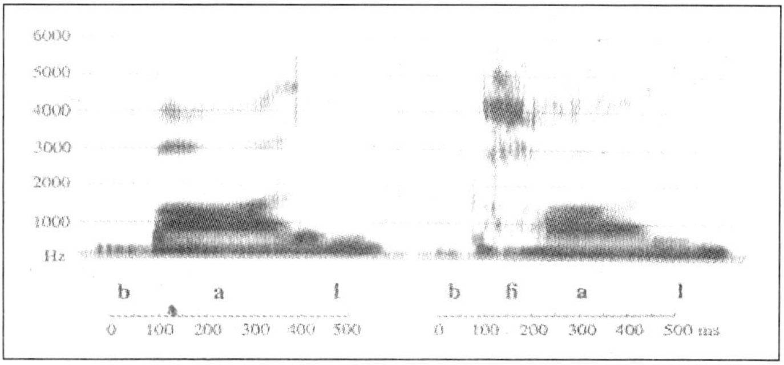

图 10. 印地语，【左】常态带声 bal“头发”，【右】浊送气 bʱal“前额”。据 Ladefoged & Maddieson 1996：59，Fig 3.6。

图 10 右小图是浊送气 $b^{ɦ}$，强摩擦出现在 4000～5000 赫兹处，3000 赫兹处有弱摩擦，这跟元音 a 的第三和第四共振峰相符。前面提到对送气浊爆音来说，“声带起振时”VOT 的概念不适用。左小图常态不送气浊爆音除阻前，左面有一段带声杠，起振时为 −100 多毫秒。右图 $b^{ɦ}$ 除阻前也有一段不到 100 毫秒带声杠，所以浊送气的 $b^{ɦ}$ 起振值也是个负值，无以区别于常态带声。

发印地语浊送气塞音时，环甲肌 CT 活动较弱，这表明声带较为松弛。声门的开放程度约为呼吸时的一半，高速口腔气流，喉下气压像清送气音一样急速下降，并给后接元音的高频处造成乱纹，基频的声学能量高于第二谐波（Dixit 1989）。Maithili 语的浊送气塞音情况类似。此外，浊送气音声门打开时间比清塞音晚（Kagaya & Hirosa 1975）。清不送气音声门打开是在除阻前约 80 毫秒，约与成阻同时。清送气音声门打开在除阻前 60～70 毫秒。而浊送气音声门打开是在除阻前 40 毫秒。声门打开程度方面，浊送气音与清不送气相当，都不及清送气音的一半。但是声门最开时，浊送气音与清送气音相当，都在除阻时，而清不送气音声门最开时是在除阻前 30～40 毫秒时。就是因为这种声门打开的时机，造成了浊送气音和一般浊音的声学区别主要在于后接元音上。因为除阻时声门还相当开放，所以在发后接元音时听得出有噪声。这在清喉擦音后更明显，如英语 happy 词首的 h 在从擦音过渡到后接元音的瞬间就有一小段“浊送气”（Catford 1988：55）。

3.5 其他(亚)热带语言中的强弛声

有强气声(浊送气)的语言不算少,大多在印度次大陆,与中国南部和东南亚的弛声(中气声)连成广袤一片:气声在此热带亚热带构成一个大区域特征。有浊送气的除了上面讲的印地语,还有其他印欧语系印度—雅利安语族的语言,如信地语、乌尔都语、Marathi 语、Gujarati 语、Nepali 语(印度、尼泊尔、不丹)。其他语系的如汉藏语系藏语支的 Newari 语(尼泊尔),以及印度南部达罗毗荼语系的 Teluku 语、南亚语系中的 Mundari 语等。亚洲南部以外,非洲中部语言也有气声,如中部非洲西部的尼日利亚的 Igbo 语,南非和斯威士兰属于南班图语的 Tsonga 语,博茨瓦纳的! Xóõ 语。美洲个别语言也有,如墨西哥 Mazatec 语。图 11 是西非 Igbo 语的两个例图,右小图中的浊送气大多变成了清送气。

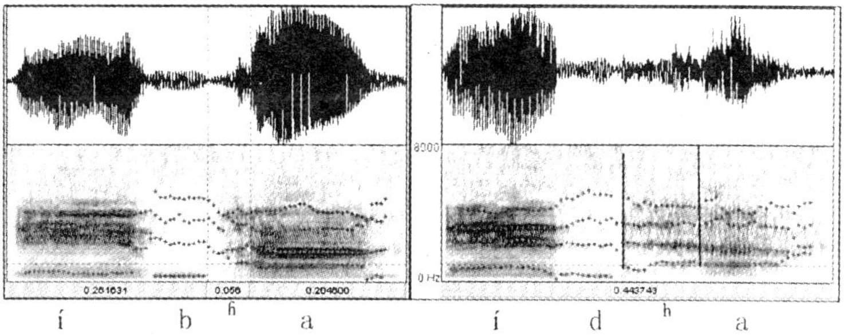

图 11. Igbo 语中的浊送气。【左】íbʱa"削皮",带声持阻,浊送气有 56 毫秒。【右】ídʱa"摔倒",送气段(两条蓝线间)只有前面一小段 10～20 毫秒是带声的,后面变为清送气,长达 100 毫秒。据 Ladefoged UCLA 语音库。

藏缅语中偶有浊送气的,图 12 是碌曲藏语中一个作为音位变体出现的例图(龙从军录音),浊爆音 g 很长,近 170 毫秒,前面小有漏气,接下来有一小段浊送气 33 毫秒,底线上有浊声杠,元音开始后有 80 毫秒气化很严重。

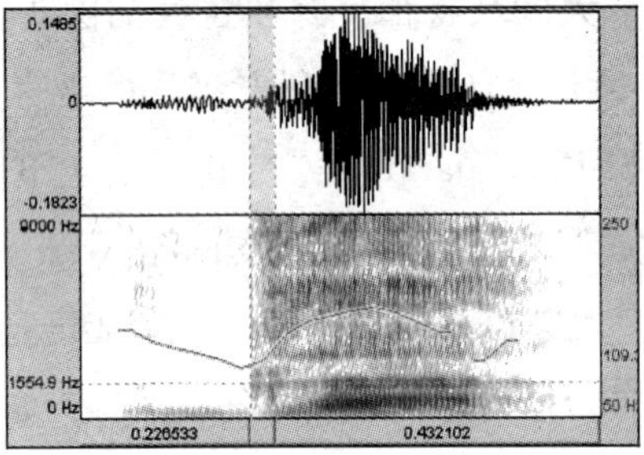

图 12. 碌曲藏语浊送气 $g^{ɦ}$ɐ“高兴”

需要指出的是,气声的强弱是个连续统,我们从中区分出浊送气、弛声、弱弛三类,是出于演化音法学的需要,而不是简单的对立不对立考虑。如果仅考虑辨义对立,那么气声是不用分类的,就一个“音位”够了。但问题是音位在语音演化中作用有限,甚至无用,这是高本汉(1954)很早以前就指出的。

4. 弛声:东南方言中的“浊音”

同样,汉语南方方言中,从吴语、赣语、湘语、桂北土话、到四川境内的方言岛——老湖广话中都普遍存在弛声。我们(林文芳、严至诚、洪英、焦磊、朱晓农)最近九个月来的调查发现,在连城多个互不通话的客家话、广东西北部的粤语、闽东福清话中都有弛声出现。

4.1 吴语中的“清音浊流”

吴语中的弛声主要是清弛声如p̈a̤,这种清弛声是一种很特别的“清声”,赵元任称之为“清音浊流”,并标为 pɦa, ɦa(或 $a_{\text{ɦ}}$)。据赵元任说,此前刘复告诉他,已用浪纹仪测到这类音节的声母是清辅音。再早,艾约瑟牧师(Edkins 1853/68)已发现这种特别的“清声”,并用斜体的 *p*, *t*, *k* 来表示。最近二三十年来,有了更多有关吴语弛声的研究,如曹剑芬(1983),石锋(1983),Cao & Maddieson (1992) 等。

上文图 5 给出了一个上海话中的弛声例子。弛声音节中弛声是主要特征,至于声母带声不带声,则是其次。一般而言,清爆音弛声如 p̈ 居多。不过有时也会有浊爆音弛声,如赵元任(1935) 70 年前发现当时的宁波话是浊弛声如b̤,不过总是和p̈成同一个音位的变体。苗语、湘语似乎也是这样。赣语中同样清、浊弛声都有,不过,初步的观察显示出浊弛声所占比重,比吴湘苗可能要多。

4.2 赣语中的“浊音”

赣语被认为有浊音,甚至浊送气,如赣语永修、德安(刘纶鑫 1999):拖驼 $d^{\text{ɦ}}$ | 拍白 $b^{\text{ɦ}}$。根据我们的调查,有浊音没问题,还有作为变体的内爆音,但没发现浊送气。所谓浊送气,其实是弛声。下面是湖口武山村的例字,左面的是清弛声,右面的是浊弛声。

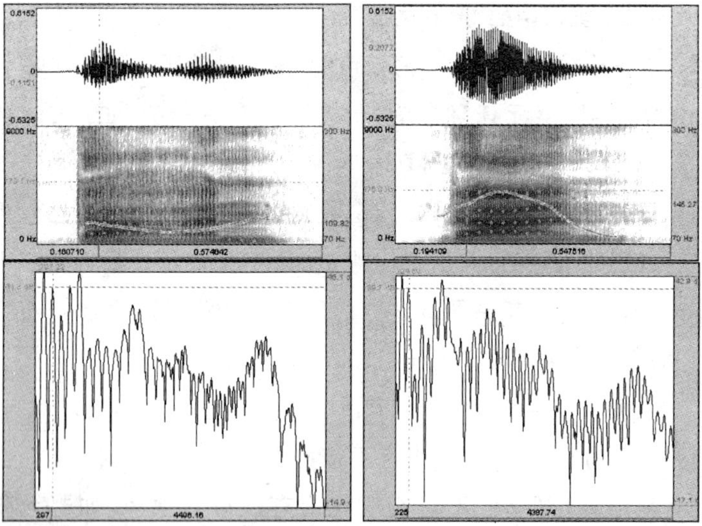

谈 tan，清弛声　　　　　　　　滩 dan，浊弛声

图 13. 赣语湖口武山村方言的弛声（陈凌录音）。【左】清弛声，【右】浊弛声。

4.3　湘语中的“浊音”

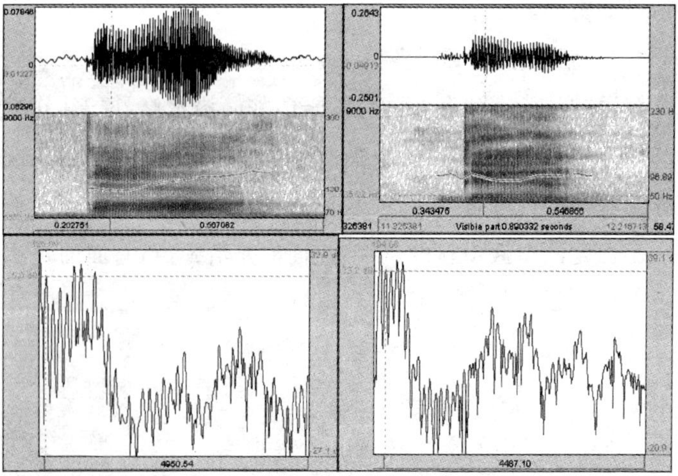

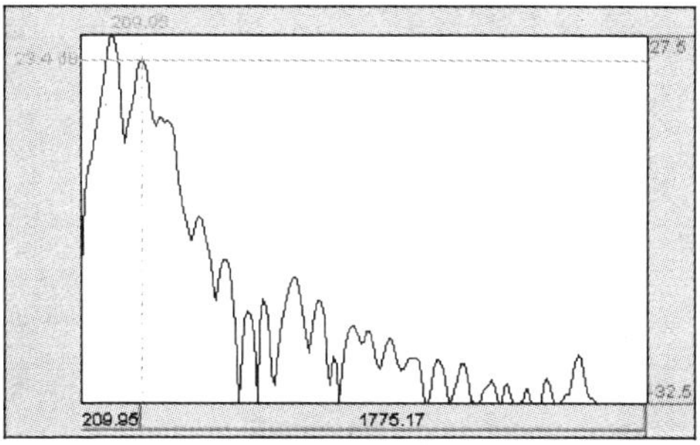

图 14. 湘语弛声。上两行【左】邵阳大祥区 清弛声“败”,【右】双峰话浊弛声“陈”din(杨建芬录音)。第三行,双峰话浊声母正中间的频谱图。

根据我们最近两三年来的田野调查,湘语从南到北广泛存在弛声,尤其是南部湘语娄邵片。和临近的苗语一样,湘语既有清弛声,又有浊弛声。下面是湘南娄邵片的两个例子,左面邵阳话中是清弛声,右面双峰话中是浊弛声。

最下面一个图是浊声母辅音中间的瞬时频谱图,可以看到,它的频谱斜率和韵母部位的表现一样,都是 H1＞H2。

4.4　桂北土话中的“浊音”

桂北土话的源头之一来自湘南(并可能受到西南官话的影响),所以发现有弛声不是奇怪事儿。在 20 世纪五六十年代进行的方言普查记录中,桂北的资源和全州都有浊爆音 b, d 等。朱晓农 (1987) 根据这些浊爆音与高调共存的记录,曾做过一个预言,认为不是普通的常态带声爆音,而是鼻冠爆音或内爆音(当时叫前喉塞)。朱晓农、关英伟 (2009) 报道了对桂北方言调查的发现,全州文桥镇仁溪村土话的“浊音”其实不是常态带声,而是 (1) 内爆音,(2) 弛声。所以文桥仁溪话音节在发声活动上分为四类，表现在声母上不但有自发演化的内爆音、清不送气、清送气，还有弛声清塞音，例如：

【9】

内爆音	ɓ 疤八把爸霸比	ɗ 刀到倒低竹底	
清不送气	p 步布倍饭败罢	t 动走煮争大	k 葵架过故减脚
清送气	p^h破偏怕拍踢	t^h太铁天错知	k^h亏考靠客裤康
弛声	p̈盘爬平皮菩	t̤ 同桃唐锄虫	

古全浊声母並和定按声调分化，平声读为弛声p̈/t̤，仄声清不送气 p/t。古全清大多读为内爆音（以及进一步的演变），少数为清不送气。帮母字逢阴声韵、入声韵读内爆音 ɓ-，如“布保疤霸北八白笔剥”；逢阳声韵则读为鼻音 m-，如“边变半本帮”。古端母字逢阴声韵、入声韵读内爆音 ɗ，如“刀到低赌斗得跌”；逢阳声韵读为鼻音 n，如“东短党胆灯懂凳”。读为鼻音是内爆音的进一步变化（逆同化），与浙南义乌、东阳一带相同，参看清浊音变圈（朱晓农、寸熙 2006）。

4.5　老湖广话中的“浊送气”

四川永兴、中兴等县的“老湖广话”，据报道不但有“浊不送气”，还有“浊送气”（崔荣昌、李锡梅 1986）。老湖广话是从湖南一带（还有江西）迁过去的，所以可预料它带有湘赣一带的弛声特征。我们最近对老湖广话进行了调查，没发现有浊送气，甚至连常态带声音也没发现，而发现的是我们所预期的弛声。下面就是一个被记为“浊送气”的例字。

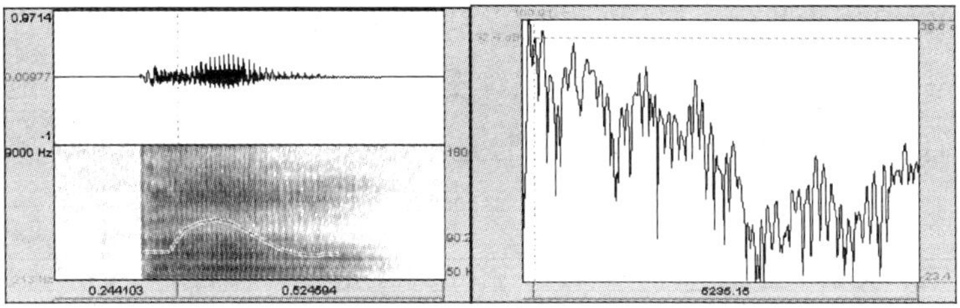

图 15. 老湖广话“盘” p̤̈æ̤n^{21}，原来被记为“浊送气”b^{ɦ}-。

5. 弛声：古浊音的语音实质

从上面的讨论来看，弛声是南部亚洲的区域现象。对此我们可以有两种可能的中古构拟。第一，早期中古汉语或者更早的上中古过渡期，即汉末魏晋南北朝初期，浊音是常态带声。东晋以后，汉语大规模南下，在南方获得或发展出弛声以及其他喉头发声活动。第二，上中古过渡期汉语即是一种有发声活动的语言，它在南方保留了下来，在北方随着气候的变化和阿尔泰人口的南迁而丢失了。下面来评估哪种假说可能性更大。

5.1 重新释读古文献，重新构拟古清浊

古浊音是常态带声（modal voice），过去都这么认为。但经过古上声重建（朱晓农 2007a）以后，我们变得不那么肯定了。古人在语音学概念方面也许没有我们今天这么清晰而系统（其实直到今天也不怎么样），但他们的听感及其描述一点儿也不会比我们差。例如他们所描述的“上声厉而举”，那个“厉”字用来描述高升以外的假声听感，是那么确切。而我们没能读出那含

义，是因为我们对假声的语言学功能没有概念。这说明读通古书并不仅仅会认字就行的，书读千遍，其义并非就见。照此，他们所描述的清浊，尤其是“浊”，是不是也有 voiced 以外的听感呢，比如就是“浑浊”的弛声？没准！

英语、法语里的 voiced stops 都是“常态带声”(modal voice)，是清爽亮冽(清冽)的嗓音(clear voice)，不是浑浊嗓音。上文已经看到，今天的汉语南方方言中的“浊音”，并非如同英语法语中那种“常态带声”的“清冽嗓音”，而真是“浑浊嗓音”，即“非清冽嗓音”(non-clear voice)。赵元任(1935)早就做过对比，他说吴语中的“清音浊流” p̈/$p^{ɦ}$，“从英美的耳朵听起来非但觉得添出来了一大些浊音的送气，并在音的本身上简直就没有什么浊音的 [b]”。

我们重建古汉语中浊音为弛声有两方面的理由：(1)把共时分布竖起来，作为历时来源和过程。今天吴湘赣语(还有客家、粤语的零星材料)中的浊音毫无例外，都是这种 non-clear voice (非清冽嗓音)的“浑浊之音”，而不是 clear voice(清冽嗓音)的常态带声(modal voiced)的音。(2)字面直接解读古籍，“帮端见”母是所谓“清音”，可以迂回释读为 voiceless(声带不振动的清声)，但更可以从字面上直接读为“清冽嗓音”(clear voice)。而“並定群”母释读为 modal voice(常态带声)更是迂回屈折，不如直接读为 muddy sounds，也就是“浊音”的本义——浑浊的音。

上述论断从影母字和喻母字的对比上可以看得更清楚。影母字如“衣”*$i_{平}$ 被认为是“全清”，而喻母字“移”*$i̤_{平}$ 或*$i_{ɦ平}$ 或*$ɦi_{平}$，被认为是“次浊”。影母和喻母都是零声母，即音节开头没有辅音，无所谓声母的带声与否。这儿透露出的信息是："清浊"其实不是单单的声母(当然更不是辅音)的特征，准确地说是音节的特征。所以零声母字如"衣""移"，它们的声学区别就在韵母元音上，包括音色、声调和发声态。由于音色大家都是 *i，声调中古都是不分阴阳的平声，所以区别就在于发声态。发韵母元音时声带当然都是振动的，所以区别首先在于"衣"*i 发声时，声带是不漏气地正常振动，也就是清冽嗓音(clear voice)的带声，跟英语中的 i 性质相同，这可以解读为古"清音"的含义。而"移"*i̤是浑浊嗓音(muddy voice)的弛声，所以是"次浊"，即发声时声带即使在闭相期仍然没有关闭严实，带有漏气(参看朱晓农 2007,2008,2009)，所以有浑浊的听感，这是古"浊音"的含义。所以"清浊"不是声母 voiceless ~ voiced (不带声～带声)的区别，甚至不是单单"清声"和"弛声"的区别，这些只是突出重点的说法。而是发声听感 clear voice ~ muddy voice (清(冽嗓)音～(浑)浊(嗓)音)的区别。清冽嗓音指的是清声、常态带声，以及上文没有涉及的张声(参看表 2)。张声主要指的是有前喉塞的音节，所以如果有人认为影母不是零声母，而是喉塞音声母，那仍然属清冽嗓音。与清冽嗓音逻辑上相对的是非冽嗓，包括假声、嘎裂声和弛声。假声和嘎裂声听感上是"嘶厉/断裂"的嗓音，只有弛声是浑浊嗓音。所以，(浑)浊(嗓)音(muddy voice) 只能以 non-clear voice("非清冽嗓音")中的"弛声"来解释。

5.2 关于中古全浊送气与否的讨论

我们的观点是建立在两项全新的独立证据上的，一是完整系统的发声态理论(见第2节),二是全国范围的一手录音材料。尽管如此,这个观点本身算不上全新,此前已经有过类似的看法。最早是高本汉(1915/2005)把“並定群”构拟为送气浊爆音 $b^{ɦ}$, $d^{ɦ}$, $g^{ɦ}$。他的理由是标准的历史比较法,构拟为浊送气比浊不送气(常态带声)更能解释今天的方言分布情况。但是,高本汉的构拟并没有得到多大支持,赵元任在译本中指出今天方言中有些情况(比如南昌和吴语)并不如高本汉所言。陆志韦(1941)、李荣(1956)从佛经翻译的用字造字出发,认为是不送气浊音 b, d, g。这个观点此后被普遍接受。到1990年代,类似高本汉的观点又有了复活。黄笑山(1994)从日语汉音以清音对译当时汉语的全浊声母为论据,指出全浊声母在中唐五代时已经清化,但又未与清声母相混,类似今日吴语的“清音浊流”,如並 $p^{ɦ}$,定 $t^{ɦ}$,群 $k^{ɦ}$。麦耘(1998)则从邵雍《皇极经世》中浊音分为两类,但不与清音合并的情况为论据,认为古全浊与现代吴语相似,是气声化音。最近,王福堂(2006)从吴语湘语“两个方言浊声母的音值和清化的情况”,“推测汉语的全浊声母在古代也是一种类似于现代吴方言的浊送气音——气嗓音”。

5.3 假定古浊音是常态带声

下面我们来逻辑评估古浊音是常态带声还是弛声这两个观点哪一个更可接受。

支持古浊音是常态带声的有以下三方面的论据。

有利情况——(1)从当代共时语音格局来看,弛声是南方特征,北方没有。假定上中古过渡期亦如此,这是一个简洁的假说。(2)魏晋以后汉语成规模地到南方,由接触而获得南方的区域特征——弛声,亦是合理的假设。

从共时平面看,弛声的确是南方语音现象,它出现于亚洲南部和非洲中部。但这种地理分布可以用气候分布来表述,弛声是热带、亚热带地区的现象。两千年前的黄河流域有大象、竹子、蚕桑,气候与今天江南、华南甚至东南亚相似。所以上述有利情况(1)可以被抵消,进而有利情况(2)也变得没必要了。气象、生态环境的研究表明,约从东汉起开始了一场气候由暖变寒的历史性大变化(王子今 2007:18)(汉语史上相应地进入了上古汉语的末期)。由此引发游牧民族的大规模南侵(许倬云 1983,朱立平、叶文宪 1992,等等)。人口大规模的减少和替换使得语言也在魏晋南北朝前期进入了上中古的交替期。

有利情况(3):有一种看法认为,高本汉把中古三套爆发音构拟为 p～ p^h～ b 不符合类型学格局,因为在 p～p^h～b～$b^ɦ$ 的爆音四分格局中,浊送气总是最后出现。换句话说,凡有浊送气必有浊不送气和清送气,即浊送气蕴涵浊不送气和清送气。所以,如果有三套爆发音,就只能是 p- p^h,以及浊不送气 b。

但是,我们在前面已经讨论过,在完整的发声态框架中,不存在如表【10】那样两两平行的格局。所以上述支持"全浊为常态带声"的类型学论据可以排除。新的类型学蕴涵特征应为:凡有浊送气,必有弛声。

【10】(重登) 不存在如下两两平行的清带、送气性关系

	不送气	送气
清	p	p^h
带	b	$b^ɦ$

5.4　假定古浊音为弛声

如果把古浊音重建为弛声，那么最为不利的情况是——在佛经翻译中，汉语全浊字（弛声）对译梵文常态带声，汉语另造字或加字来对译梵文浊送气，如 gɦ 译为“伽何”。初看是中古汉语浊音不送气，所以碰到梵文浊送气就要加上一个浊送气的“何”。

这的确是最为棘手的反对情况。不过也有几点说明可以纾解这个郁结。一是译音从来就不是一个充分的确证。例如 *Peter* [$p^h it^h ə$] (*Ladefoged*) 通常译为“彼得”或“彼德”，英语中送气的 p^h 和 t^h 翻过来都成了不送气的“彼”和“得/德”。第二是听感，我的语音学老师费国华先生（Phil Rose）认为，印地语的浊送气听上去一点不像吴语的清音浊流，尽管都叫“气声”，最像吴语清音浊流（中弛声）的是朝鲜语软塞音（弱弛声）。

反过来，支持古浊音为弛声的有利情况是——(1)早期上声是假声（朱晓农 2007a），即那时中原地区有非冽嗓发声态，那么假定同时还有弛声没什么不合理。(2)把中古全浊重建为弛声（清弛声为主，浊弛声为少量变体），可以省却无数麻烦。今天吴语、赣语、湘语、桂北土话、老湖广话（还有部分粤语、闽语、客家话）中普遍存在弛声，可以简单地看成是直接继承古浊音。而如果中古是常态带声，而现在全都是弛声，则要解释(a)是否可能这么变，(b)为什么要变，(c)为什么都变了，而没留下常态带声的痕迹。

5.5　证据的权重

上面在评估两个相反观点时碰到了材料冲突问题。这该怎么解决？其实，不同材料用作证据时各有不同的权重。我曾在

《构拟原则和证据权重》一文(2007b)中提出权重次序应以理性原则为准：如果能用理性的逻辑的解释，那就不要非理性的疏解论辩；理性的构拟比非理性构拟的可接受程度更高。理性的构拟中原理越普遍的权就越重，即越可接受。所以：

(1) 声学、空气动力学方面的证据权最重，

(2) 生理、心理因素、类型普遍性次之，

(3) 再次为集体无意识的产物如韵文、方言借贷等，

(4) 个人有意识创造但缺乏一以贯之逻辑标准的历史文献材料如韵书韵图和译音再次之，

(5) 然后是为构拟制订的条例，

(6) 为特定音变制订的特定理由排在最后。

总之，如果其他条件一样，越是普遍的原理，作为构拟证据的权就越重。译音的权重应该介于第3和第4等级之间。语言/方言的共时材料按处理程度处于第1和第2等级。所以，即使佛经译音没有其他干扰因素，其支持构拟的权重也远不足以跟数以千百计的现代语言/方言的声学材料相比。这可不是"千军易得，一将难求"那么个比喻说词能扛得住的。

6. 消弛：所谓"浊音清化"

6.1 历时对应：平送仄不送

中古以后发生了一起重要的音变"浊音清化"，在绝大部分官话方言中，阳调字重新归类的同时，原来的浊声母也分化为清送气和不送气，这就是耳熟意不详的"平送仄不送"。例如北京

话中弛声消失后，古阳平字今读第二声，声母送气：爬琶蒲葡菩陪皮袍跑便宜盘旁 p^h，驮图途台团谈唐堂 t^h。古阳去阳上今读第四声，声母不送气：罢部簿步币倍背被备暴抱方便伴 p，大度杜渡待代淡断道导 t。

6.2 新解释：低送高不送

现在我们认识到古浊音其实是弛声，那么“浊音清化”就得重新表述为“弛声消失”或简化为“消弛”。是什么原因引起消弛的？过去一直认为有一条“规律”，那就是“平送仄不送”。可是这条“规律”只适用于官话，还不是全部官话，到了中原官话和通泰官话中，就是全送气了。山西的方言中各形各式，晋北（秦晋官话）平送仄不送，晋中（秦晋官话）全不送，晋西南（中原官话）则是全送气。出了官话，客赣方言也是全送气。粤语中是阳平阳上送气，阳去不送。而歙县徽语则是入送舒不送。可见，“平送仄不送”和“全不送”“全送”“去不送其他送”“入送舒不送”一样，只是古代音类反映到现代方言里各种各样的地方性历时对应的概括，而不是全局性、因果性的语音解释，谈不上什么“规律”。

那么语音学上的原因是什么呢？——那就是“低送高不送”：在弛声开始消失时，如果当时的音节是低调，那么消弛后送气；高调则不送气。我们把中古四声重建如下图（根据朱晓农 2009a 调整）。阴平是“平道莫低昂”[中域 33]。阳平是低平调[低域 11]，因此在消弛后变为送气。与此相反，阳去是个高降调[低域 41]，因此消弛后变为不送气。阳上在消弛之前已经变入阳去(浊上变去[①])。

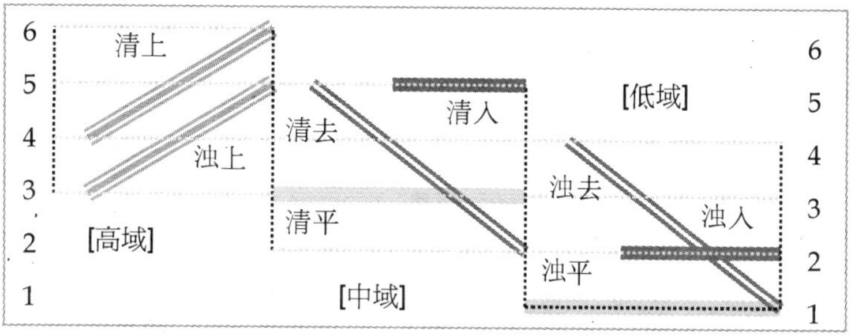

			阴上	阳上	平	去	入
高域	[3~6]	假声	46	35			
中域	[2~5]	清声			33	52	55
低域	[1~4]	弛声			11	41	23

图 16. 早期四声八调的三域六度格局的重建

低送高不送这个假说的音理根据在于,发低调时比发高调时声带更为松软、松弛,也就更容易漏气。更容易漏气的在以后的变化中就更容易归入送气类。下面几节分别从听感、途中演变、反向演变的启示等多方面进一步提供证据,支持"低送高不送"这一假说。

6.3 低送高不送:老湖广话误听误记的启示

老湖广话的记音中有浊送气和浊不送气(崔荣昌、李锡梅

---

① 浊上变去过去总想不通它的音理,上声升调,去声降调,怎么会一个翻转变过去呢?把古上声重建为假声加喉塞尾后,一切变得顺理而成章。现代温州话上声也带假声和喉塞尾,本地人郑张尚芳记为[35],而外地人赵元任则听成[53],附近人颜逸明记成[454]。假声加喉塞尾的是个陡升调,喉门一松回复初始态,就很容易引出一个回复到初始态[2]度的降调。在人口大流动的中晚唐,把带有非音位性降尾的升调过度改正(hyper-correct)为降调,这个设想有当代记音的例证。

1986)，如：

【11】

	不送气			送气
	阳平［14］	阳平［21］		阳平［21］
b	部步簿捕 u，败稗 ai，倍 ei，抱 au，伴拌办 an，便 ian，笨 ən，病 in，棒 aŋ	鼻脾皮避 i，白 e，薄婆 o，牌排 ai	b^h	葡 u，拔跋 a，培陪赔 ei，瓢嫖 iau，盘 an，便 ian，盆彭膨 ən，贫频瓶屏平萍坪评凭 in，旁 aŋ，朋棚蓬篷 oŋ
d	弟递地第 i，大 a，堕惰舵 o，袋 i，道稻盗 au，豆逗 əu，淡蛋弹 an，佃电 ian，段缎断 uan，邓 ən，定 in，洞动 oŋ	独读毒徒途涂图屠突 u	d^h	堤题提啼蹄 i，驼驮铎 o，台抬苔 ai，桃逃陶淘 au，条 iau，头投 əu，潭谈痰弹檀 an，田甜填 ian，团 uan，腾誊滕疼 ən，亭停廷庭 in，堂唐塘糖搪 aŋ，同桶铜桐童瞳 oŋ
g	跪柜 uei		g^h	葵逵 uei，狂 uaŋ

老湖广话有四个声调，五度制记为：阴平［55］，阳平［21］，上声［53］，去声［14］。阳上归去，所以涉及的消弛对象和北方话一样，主要是阳平和阳去。阳平低调［21］而阳去高调［14］。表 11 中被记为浊送气 b^h，d^h，g^h 的全是低调；而高调字全部归入不送气 b，d，g。少量低调字也归入不送气。这样的分布可表述为：低(大体)送，高(从)不送。这是因为如上所说，发低调时声带松弛，容易漏气或漏气多，听上去像送气；发高调时声带较紧，不容易漏气或漏气少，听上去不送气。下面两张例图也说明这一点。

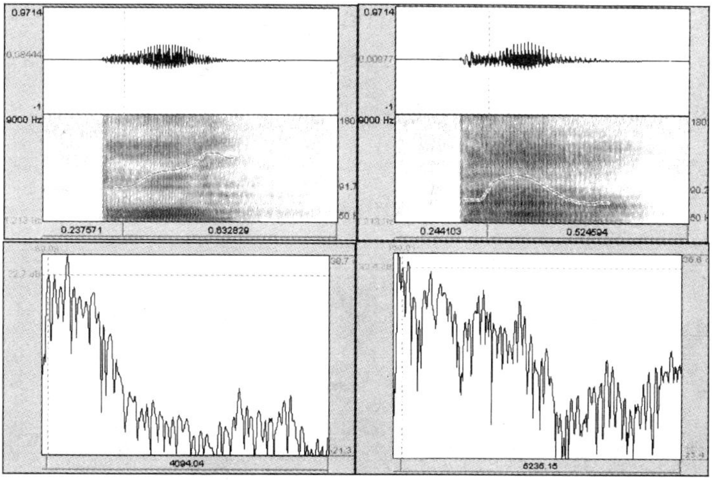

图 17. 老湖广话，【左】“部” p̈ụ^{14}，崔、李记为“不送气”b；【右】“盘” p̈æ̣n^{21}，崔、李记为“浊送气”b^{h}。

右小图“盘” p̈æ̣n^{21}，被记为“浊送气”b^{h}，下面瞬时频谱图中 H1-H2 为正值，上面宽带图中脉冲之间较模糊。左小图“部” p̈ụ^{14}，被记为“不送气”b。相比之下，H1-H2 差不多为零，脉冲之间较干净。这说明高调字“部”弛声很弱，所以被听作记作“不送气”的 b，而低调字“盘”有弛声，所以被听作记作“浊不送气”。

6.4　低送高不送：湘语“消弛”的途中演变

上面提到湘语中的浊音有常态浊声，也有弛声。本节内我们来看一个湘乡月山的例子（男性发音人，杨建芬录音），他的“全浊”变成了“送气清音”。但请注意，这儿的“送气清音”分为两类，一类是弛化音节，一类完全变成了清声音节。从声母辅音来看，大体上龈音 t^{h} 音节中的韵母弛化明显的多，其次为唇音 p^{h} 后的韵母，而软腭音 k^{h} 音节变为送气清声音节的多。湘乡月山话有五个声调。阴去像其他湘语方言如长沙、岳阳、湘阴一样，是个高域调①。两个低调，阳平是低凹调(次浊平没发现有明显不同)，阳去低平调，都有部分字带有弛声②。

高域 [3～6]				阴去 46
中域 [2～5]	阴平 55	阳平^{3}25	上声 42	阳去 33

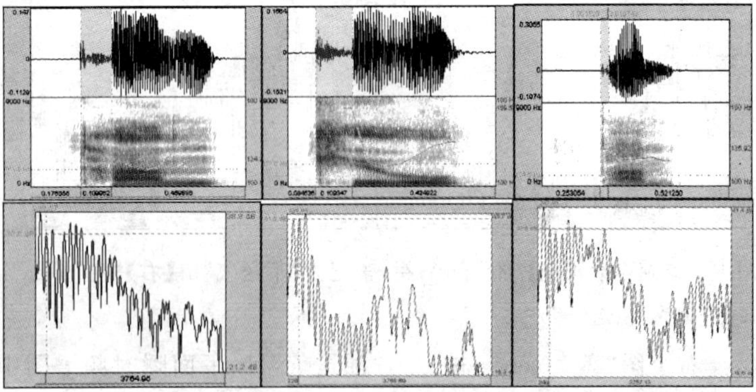

图 18. 湘乡话中古全浊在变为送气声母。【左】阳平“同”t^hɐŋ 是弛化音节，韵母漏气，而【中】阳平“球”k^hju 已是冽嗓音节了，韵母是常态带声，普通清声母引发高调头。【右】阳去“洞” $t^{(h)}$ɐŋ，强烈弛化，声母送气段满打满算只有 34 毫秒，算不上送气(当然比一般的不送气 t 稍长)，是一个消弛过程中变为清送气的过渡状态。下面三幅能量频谱图取自上面相应图中元音起始后约 40 毫秒处。

湘乡的例子显示了古全浊弛声音节正在消失过程中，这可以从两方面来看。(1)韵母：部分韵母(主要是龈音声母音节中)

---

① 因为是男性发音人，所以大多是用张声发的，基频二百多赫兹，少数用假声发，最高达 330 赫兹。没发现次清去有明显不同。

② 因为只是部分字，所以弛声还只是一个随机的伴随特征，所以声域上未考虑建立一个低域。

上还保留程度不等的弛声化，更多的已经变为常态浏嗓。(2)声母：有的已经变为清送气，如"球"送气段 109 毫秒；有的是弛声的清送气，如"同"送气段也是 109 毫秒；有的只是在送气和不送气的边缘，在由弛声变为清送气的途中，如"洞"送气段不过 34 毫秒。在 34 到 109 毫秒之间还有连续的过渡点。

例字	洞	第	渡	旧	大	平	爬	同	球
声韵母	t$^{(h)}$ɐŋ	t$^{(h)}$i	t$^{(h)}$u	k^{h}ju	t^{h}a	p^{h}iŋ	p^{h}a	t^{h}ɐŋ	k^{h}ju
VOT ms	34	45	50	60	65	71	77	109	109

一般而言，30 毫秒是不送气的上限，六七十毫秒是送气的下限。在这中间的可以看作"弱送气"。(清)弱送和(浊)弱弛之间很容易转化，这也构成清浊转化(即弛化和消弛)的桥梁。弱弛音节可逐渐绷紧声带而变为弱送音节(即逐渐消弛)。而弱送的送气段如继续增长，那么龈音 t^{h} 和唇音 p^{h} 音节也会像软腭音 k^{h} 音节一样，变为清送气。

顺便说一下，朝鲜语中的三分塞音被一些语言学家认为是唯一的，无法归类的。实际上在我们的发声态框架中很容易理解，它跟吴赣湘情况相似。它的硬辅音更像吴语，是前喉塞张声(II 型 2 种)及其变体清不送(III 型第 4 种)。它的软辅音更像本节内谈的湘语，是弱送(III 型 5 种)或弱弛(VI 型 13 种)，看它韵母有没有气化。一般情况下它不气化，所以是"弱送"，个别情况下也观察到有弱气化，那就是"弱弛"。与湘语(还有吴赣)很相似。

6.5 低送高不送：来自反向演变"弛化"的证据

上文讨论的是低调的弛声声母在"消弛"的过程中(即"浊音

清化”)，会变为送气的清声母(发声态变了)。反向的演变指的是送气的清声母如果带有中到低调，则可能脱离全清声母的阴调类，变为弛化声母。这就是太湖南岸吴语中有名的次清分调(部分赣语、湘语也有此现象)。吴语一般有八个调类，阴高而阳低。不过在太湖南岸吴江、黎里、嘉善等地有个变异现象：次清声调有脱离全清、趋向全浊的倾向。朱晓农、徐越(2009)考察了六个吴江发音人的声学材料，发现次清与全清没有分离时次清调头反而较高；次清如果脱离全清，则是由于发声态起了变化，由普通清声态变为弛声态 (slack voice)，从而靠近“清音浊流”的古全浊今弛声声母(这个“古全浊”现在看来也是弛声)。具体地说，吴江话次清分调发生于上、去声；部分见于入声；平声中无此现象。在调类制约的背后可能另有语音学原因：那就是音高。平声是高平调，保持高平调需要持续拉紧声带，容易保持常态发声而不漏气。全清上是高降调，声带先紧后松。全清去是个中到低调，声带较松。松弛的声带容易关闭不严而漏气(即弛声化)，尤其是在送气声母后。次清去原先应与全清去一样也是中低调，声带从声母阶段打开送气到韵母阶段较松，声母阶段的送气性得以延续下来，使得韵母也带上漏气性质。这是一个同化现象。次清上原先应与全清上一样也是高降调，声带状况由打开送气到绷紧(产生高调头)再到松弛。高调头时的声带可能受到来自两头的同化作用而不再绷紧，进而松弛漏气。入声是个短调，有位女发音人音高较低，次清也分调。其余五人较高，两人次清分调，三人仍与全清同调。从吴江话的材料来看，清送气声母在中低调时引发后接元音漏气，造成弛声化元音，后者又使基频下降，结果造成声调分化。这种情况扩散到短高降调（入声），在人群中发生了分化。而在高长调（平声）中仍保持不变。

这种清送气弛化的现象在北部赣语中也存在，只不过在吴语中叫作“送气/气流/次清分调”（分调以后大多归阳调，少数独立成类但接近于阳调），而在赣语中叫作“次清化浊”。

从以上两节中可以看到，由低调引发的发声态变化是双向的：弱弛←→弱送 /___低调。

6.6 低送高不送：邵雍的浊音

麦耘（1998）在探讨邵雍《皇极经世·声音倡和图》中的浊音分化时指出，《倡和图》把全浊声母分成两类，仄声跟全清音相从，平声跟次清音相从，如“百丙必（帮），步白备鼻（並仄），普扑品匹（滂），旁排平瓶（並平）”，这可分别构拟为：帮 p，並仄 $p^ɦ$，滂 p^h，並平 $p^ɦ$等。即全浊声母字中的阳去字因其高调头、阳入字因其喉塞音收尾而使气声化色彩减弱（用上标 ^{ɦ} 表示：$p^ɦ$），发音与全清音字相似，但尚未合并，故邵雍仍分列之。而全浊阳平字因其低调性而气化程度较强（$p^ɦ$）。此时的气声化音（包括已减弱了的）语音学上是清声母，音位学上仍可看作是“全浊声母”。

邵雍描述的中原方言中的“浊音清化”，跟上面引述的老湖广话的听感描写（崔荣昌、李锡梅 1986）如出一辙。麦耘为解释《倡和图》编排方式最早提出的“低送高不送”假说，在今天的方言中可以得到广泛的印证。

6.7 英语常态带声清化：高不送

英语中有“清带”对立，并伴有音高区别。清声母字如 *pit*，引发后接元音较高的基频起始，带声声母字如 *bit*，其后接元音的起始基频较低（Hombert，Ohala & Ewan 1979）。现代美国英语中有一种带声变清的趋向：*boy*＞pɔj，*boxing*＞pɔksɪŋ，在此清化的同时还伴有音高变高的现象。不过，两者可能都不是对方的原因，也就是说，不是带声在高调引发下清化，也不是清化导致高调。两者实际上是声带逐渐绷紧的共同效果，声带绷紧之后，一则基频随之上升，二来带声容易消失（如果不增加喉下压力的话）。

6.8 可能的反驳

“低送高不送”的观点可能会引起一种反驳意见：北京话平送仄不送，正好配低送高不送。但还有全送气的如客赣方言、中原官话、通泰官话，或者全不送气的如山西中部的方言，那又怎么解释呢？难道全送气的方言中阳调全是低调，而全不送气的方言中阳调全是高调吗？

这让我想起以前赵元任反对古清浊决定声调高低的驳论，赵元任在《语言问题》(pp. 73—74)中说，北京话阴平是高平，阳平是高升，“这个固然有时候像是可以用生理上的情形来解释，比方说［dʻ］的时候，舌尖还没有拿开，气还没有放松，喉音已经在哪儿颤动了，所以有浊音［dʻ］，因为有阻碍啊，它这个音就容易变低，所以起头儿是低的，等到韵母出来的时候再高起来，所以结果就变了从低望高，所以变了［35：］了。这种解释呐，在有的地方你安得上，好像解释得很好，可是有的地方就刚刚相反。所以这个解释也不一定完全可以成立。因为比方天津的阳平，它并不是底下望上，还有的地方念阳平是从上望下，那你怎么解释呐?”这种用现代方言中的对立来反驳自然音变原理的说法，忽略了音变发生的时间以及“浊音清化”后的音变情况。浊音清化后，阴阳调就只有名义上的区别了。也即此时叫“阴平”“阳平”只是习惯称呼，实质上两者毫无区别，你高调还是我高调并无清浊声母做制约因素。因此，在浊音清化后，千百年来阴调能发声多少种变化，阳调照样也能；阴调在现代方言中有多少种表现形式，阳调也同样可以有。反之也一样。（朱晓农 2006 / 1987：146）。

同样，低送高不送的“高低”是消弛时的情况。弛声消失之后千百年来，什么变化都可能发生。我们在现代方言的听辨、途中音变或共时变异中，发现的都是低送高不送。这是我们论证的基础和出发点，并由此上推古全浊在消弛时也是低送高不送。如果能发现途中音变或共时变异中有相反的“高送（低不送）”现象，那才是决定性的反驳。

另外还有一种可能，那就是弛声消失之前先阳调合并，如今天上海话三个舒声阳调合并成了一个低调头的阳去［13］，如果将来消弛，则所有舒声阳调都会变成清送气（因为是低调）。

7. 结语

浊音的含义一向是不言而喻的，这是因为从有语音学以来我们所受的教育就是“voiced consonants”，也就是发音时声带要振动的“常态带声”辅音。而我们现在对古汉语浊音的解读是：发音时声带振动不振动不是主要的（不是区别因素，大部分场合是不振动的），而在此之外声带的松弛（以及相应的发音器官的松软），从而引起韵母的漏气、共现的低调和较小的音强、浑浊的听感，才是生理、声学、听感上的区别因素所在。与此相关的是，古“清音”是“清冽嗓音”(clear voice)，而不是声带不振动(voiceless)的声母辅音。能对“清浊”做出这样解读，是因为我们现在对于发声态有了一个全面的了解，对它们在语言学中的作用以及在音法学中的分类系统都做了充分的研究。“清浊”这对概念如果还要继续用于音韵学或音系学，那么我们对其语音学实现应该有个透彻的了解，其中最常见的两种语音实现是：(1)“清带”对立，语音学上与“清声”相对的可以是欧洲和阿尔泰语言中同为清冽嗓音的“带声”，(2)“清弛”对立，语音学上与“清声”相对的也可以是南部亚洲语言中听感上浑浊的“弛声”，那也是“浊音”的本来意义。

我们曾经用实验语音学原理和田野语音学发现，成功地解读了古书记载“上声厉而举”（朱晓农 2007a）。现在，我们同样用这两项工具来解读“清浊”。向来古书记载被认定为历史过程的“铁证”，其实你只要看看前些年足球报刊就能明白五百年后是否能靠它来写足球史。其实，古人并未告诉我们清浊就是声带振动与否，你要如此解读，说好听点是从现有英法语语音知识倒推回古汉语中去的假说，不好听点，不过以私意揣度而已。有人以为读古书不要什么假说，要的就是“事实”——私意得可以，说你是“假说”，还是“说得好听点的”。古书记载难以作为现代科学论证的绝对依据。相反，古书记载（差不多都是未加定义的含混说法）只是我们研究的出发点（例如我们可以假定古汉语中有“清浊”两类的区别)，但最终需要得到现代科学和演绎推理的解释——此所谓“音变在昨天，答案在今天”(方法论语条儿之十二，见朱晓农 2008)。

【附记】感谢如下同行提供录音材料或协助录音：黄行(佤语岩帅话)、寸熙(苗语石门坎话)、龙从军(藏语碌曲话)、徐越(吴语孝丰话和松陵话)、陈凌(赣语湖口话)、杨建芬(湘语湘乡话和双峰话)、关英伟(桂北土话)、郭萍(四川老湖广话)。

参考文献

曹剑芬 1982. 常阴沙话古全浊声母的发音特点.《中国语文》4:273—278.
崔荣昌、李锡梅 1986. 四川境内的“老湖广话”.《方言》3:188—197.
高本汉 1954. A Compendium of Archaic and Ancient Chinese. *BMFEA*. 《中上古汉语音韵纲要》(聂鸿音译). 济南：齐鲁出版社，1987.
高本汉 1915/2005.《中国音韵学研究》，赵元任、罗常培、李方桂译. 北京：商务印书馆.
黄笑山 1994. 试论唐五代全浊声母的“清化”.《古汉语研究》3:38—40.
李　荣 1956.《切韵音系》. 北京:科学出版社。
刘纶鑫(主编) 1999.《客赣方言比较研究》. 北京:中国社会科学出版社.
陆志韦 1941. *The Voiced Initials of the Chinese Language*.《燕京学报》单刊.
麦　耘 1998. “浊音清化”分化的语音条件试释.《语言研究》增刊:25—31.
石　锋 1983. 苏州话浊塞音的声学特征.《语言研究》4: 49—83.
王福堂 2006. 古全浊声母清化后塞音塞擦音送气不送气问题. 第一届湘语国际学术研讨会论文，长沙.
王子今 2007.《秦汉时期生态环境研究》. 北京:北京大学出版社.
许倬云 1983/2002. 汉末至南北朝气候与民族移动的初步考察.《许倬云

自选集》.上海:上海教育出版社.

赵元任 1935. 中国方言当中爆发音的种类.《史语所集刊》五本四分.

朱立平、叶文宪 1992. 气候变化和民族迁徙.《新史学》6.

朱晓农 2006/1987. 声调笔记五则.《音韵研究》. 北京:商务印书馆.

朱晓农 2007. 说鼻音.《语言研究》3:1—13.

朱晓农 2007a. 证早期上声带假声.《中国语文》2:160—192.

朱晓农 2007b. 构拟原则和证据权重.《东方语言学》2:153—156.

朱晓农 2008. 说元音.《语言科学》5:459—482.

朱晓农 2008a.《方法:语言学的灵魂》.北京:北京大学出版社.

朱晓农 2009. 发声态的语言学功能.《语言研究》3:1—19.

朱晓农 2009a. 声调起因于发声.《语言研究集刊》6.

朱晓农、寸 熙 2006. 清浊音变圈:兼论吴、闽语内爆音非出于侗台底层.《民族语文》3:3—13.

朱晓农、关英伟 2009. 全州土话音节的四分发声活动. 首届演化语言学论文,广州.

朱晓农、龙从军 2009. 弛声化:佤语中的松元音.《民族语文》2:69—81.

朱晓农、徐 越 2009. 弛化:探索吴江次清分调的原因.《中国语文》4:333—342.

Bickley, Corine 1981. Acoustic analysis and perception of breathy vowels. *MIT Speech Communication Working Papers*. Vol. 1: 71—81.

Cao, Jianfen and Ian Maddieson 1992. An exploration of phonation types in Wu dialects of Chinese. *Journal of Phonetics* 20, 77—92.

Catford, John C. 1988. *A Practical Introduction to Phonetics*. Oxford: Clearendon.

Dixit, R. Prakash 1989. Glottal gestures in Hindi plosives. *Journal of Phonetics* 17, 13—237.

Edkins, Joseph 1853. *A Grammar of Colloquial Chinese as exhibited in the Shanghai dialect*. Shanghai: Presbyterian Mission Press, 1868.

Gordon, M. & P. Ladefoged 2001. Phonation types: a cross-linguistic overview. *Journal of Phonetics* 29, 383—406.

Hombert, Jean-Marie; John Ohala and William Ewan 1979. Phonetic explanations for the development of tones. *Language* 55. 37—58.

Kagaya, Ryohei and Hajime Hirose 1975. Fiberoptic, electromyographic and acoustic analyses of Hindi stop consonants. *Annual Bulletin of the Research Institute of Logopedics and Phoniatrics* 9: 27—46.

Ladeforged, Peter & Ian Maddieson 1996. *The Sounds of the World's Language*. Oxford: Blackwell.

（原载《语言研究》第 3 期，2010）

第三部分

声调的演化

声调四维度*

1. 引言

声调是音高在语言中系统地用以区别词汇意义、具有音位意义、落实在音节上并多于两个的类别。声调四维度指的是系统描写所有声调所需的四个参数：一个必要参数音高，三个次要参数：声域、长短和音段。历来的观点是声调是且仅是音高的不同，这个看法需要修订。音高的确是定义所有声调系统不可或缺的参数，但有相当一部分声调系统，其语音性质要比我们原来了解的丰富得多，单单用一个音高还不足以应付。要刻画迄今所知的所有声调系统，我们需要有一个包括以下四个参数的普适框架：

(1) 描写声调需要分声域。声域由发声态定义。使用不同发声态发出的声调，其间具有不可比性。本文将清理一下这几年来在这个方面的发现。

(2) 描写声调还需要分长短。长短不是一个陌生的概念，

* 香港研资局竞标专项拨款(HKUST 644509)和香港科技大学 DAG(S08/09. HSS07)资助项目。

入声一般都是短调。但由于入声一般都带有塞音尾，所以长短可以不作为区别特征，至少不是造成对立的唯一特征。本文将讨论一种由长短作为唯一区别特征的现象，所以，长短是一个独立的音系学参数，是刻画声调普遍特征所不可缺少的维度。

（3）音高是声调描写中首要参数，其所以不放在第一点里来讲是因为首先要分声域和长短。过去描写声调一般用五个音高高度［1～5］，但这用于有两个声域的语言较合适。在一个声域中用四度就够了。声调曲线有平升降凹凸五种，另有一种两折调有待于进一步核实。

（4）音段，指与入声形成和演化有关的韵尾塞音。近来发现的例子告诉我们，在时长与音高均相同的时候，仅仅依靠音段中的韵尾区别也能产生对立。一般情况下，这种对立可看作是音段的对立。但由于这主要涉及入声类，而入声历来被看作是独立的调类，所以单由入声韵尾塞音造成的对立也应看作是声调的性质。

2. 声域

2.1　声域由发声态定义

音系学中的声域由语音学中的发声态来定义。发声态指的是说话时喉部活动的各种状态。在声调音系学中，声域不算新概念，但严格按照发声态来定义的声域则是个新概念。本文将清理一下这几年来在这个方面的一些发现。

在朱晓农(2005)所提出的“词几何”模型中，声域作为音韵词的一个性质，与音高共同承载声调信息。传统和生成语言学中，声调作为超音段成分，仅仅考虑声调的音高与走向，而未考虑发声态问题。而传统的发声态研究，将清浊之外的发声态常常作为边缘语言学的特征，而并不认为其具有音系学功用。在常态情况下，也就是语言中仅存在单一声域的时候，这样的做法问题不大。但是，如果某种语言中存在伴随声调特殊的发声态，则声域区别对声调的感知、分类和音系处理都有决定性的影响，此时如果忽略发声态区别，就会严重影响声调描写的精确性，甚至会扭曲声调事实。对声调事实的共时描写手段的缺失，会造成跨语言声调比较和声调的历史演化都无法有效进行。因此，有必要采用一种将发声态研究与声调研究结合起来构筑一种分域四度的标调制。这种标调框架的充分性与必要性，朱晓农(2005：221—231，2006：170—187)做过详尽讨论。此处举两个例子。北京话有个[35]调，温州话也有；北京话有个[55]调，岳阳话也有。但由于温州话的[35]和岳阳话[55]都是用假声发的，所以从基频高度到听感都跟北京话大相径庭。用了同样的数字来描写，便扭曲了事实，把不可比的东西描写成了相同的东西。

从语言语音学上看，分得细的话一共有九种发声态：普通不送气清声、送气清声、浊送气、弛声(slack voice)、常态带声、张声、嘎裂声、假声、喉闭态(前喉塞)。分得粗点是六种，即送气不送气清声合成一个“清声”；浊送气和弛声合为一个“气声”，浊送气是强气声，弛声是弱气声；前喉塞并入张声。无声调语言中也有多于一种发声态，它们有时有音位对立，有时只起边缘语言学的作用。对于声调语言来说，由发声态定义的声域区别对声调感知、分类、音系处理都有决定性的影响。在声调语言中，有的发声态不会同时出现，即不会起区别声域的作用；或者即使同时出现，也只是互为变体。从经验上来看，定义三个声域就够了。与之相应的发声态也可归并为三大类：高域（包括假声，以及前喉塞/张声 stiff voice II 或 tense voice）、中域（清声）、低域（包括常态带声、弛声和浊送气、嘎裂声及其变体僵声 stiff voice）。这三个声域及定义声域的十种发声态，按可能引起的音高高低排列如图 1。

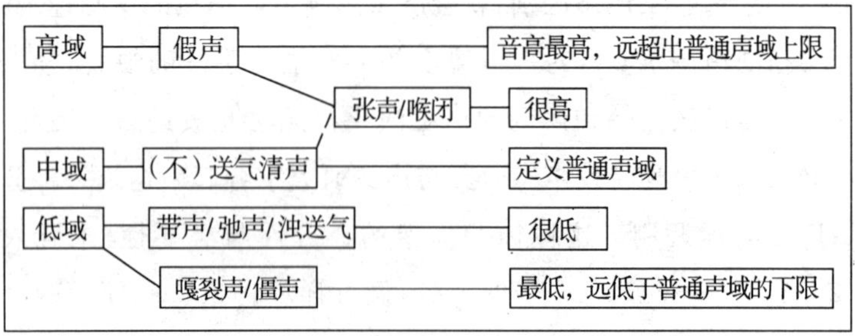

图 1. 定义"高、中、低"三个声域的九种发声态

高域由假声（以及作为变体的张声/前喉塞）定义。张声一般不能独自定义一个声域，有时它是清声的一个变体，但如果假声出现，张声就会和假声共组一个高域。中域由清声定义，包括不送气和送气两种。低域由浊声和气声（包括浊送气和弛声）定义。这个低域能成立需有个条件，那就是有浊爆音，不是单靠元音和响音就能定义一个低域的。还有一个嘎裂声，是否能独自定义一个独立于低域的超低域还未有定论，最有可能它只是低域的一个实现变体。嘎裂声有个变体：僵声，即声带的中央收缩（medium compression）很紧，临近但还没有产生嘎裂声。

Ladefoged & Maddieson (1996) 定义的 stiff voice，其实可以分成两个概念，一个是与高调相关的、涉及声带纵向紧张(longitudinal tension)的张声(也许可用 fortis voice)，一个是与低调相关的、涉及声带中央收缩的僵声(stiff voice)。

使用由发声态定义的三个声域，以及每个声域中的四度音高，可以得到一个分域四度的声调模型，见图 2。

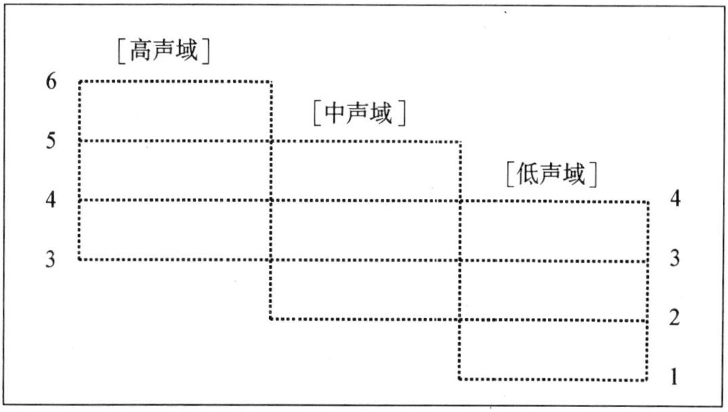

图 2. 三域六度的声调模型

发声最简单的语言只有一个中域，官话、粤语方言是单声域的。分两个域的语言理论上多于只有一个域的语言，因为有清浊塞音对立的语言占全部语言的三分之二，而只有清塞音的语言只占三分之一。不过在汉语方言中，有两个域的方言主要在吴语和湘语中，或中域和低域(气声)，或中域和高域(假/张声)。分高中低三个域的语言极少见。有四种发声态并构成对立的只见过一例报告，其确切性有待核实。所以四个声域是按“最大限度”区分出来的，并不表示一定要有或会有四个区别性声域的语言，即使实际语音有多于三个发声态。在我们的实地调查材料中，最多只需三个声域。从经验上来说，三域六度是最多的了。所以在标写吴语、湘语的声调时用两域共五度，标写官话、粤语、客家话时就用单域四度。这样做的好处之一就是单声域中的声调（如天津话声调），可以和吴、湘语双声域的中域中的声调（如苏州话的阴调类、岳阳话的中域调）进行比较。还有一点要注意，高中低域的区别原则也是相对的，例如有假声时，张声往往作为假声的变体处于高域，但如果没有假声，它会作为清声的变体处于中域。下面我们来看一些方言声调的表达形式。

2.2　分域四度表达式

单域四度——如果没有发声态区别，那么这是一个单声域的声调系统，可以用四度表达式。单声域就是一个中域，调值从［2］度到［5］度。下面以北京声调为例来看它的表达式。

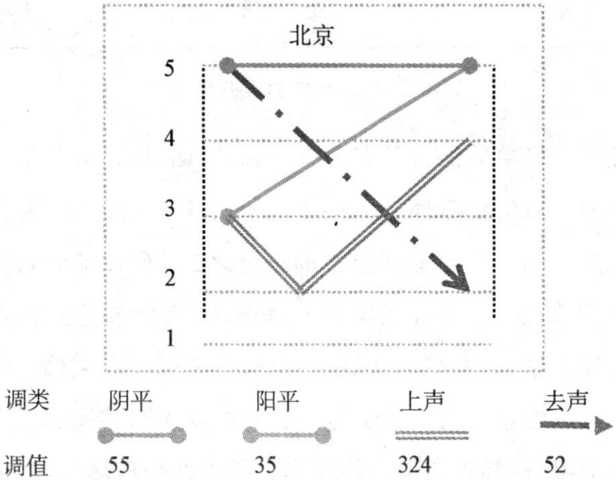

图 3. 北京话单域四度的声调表达

北京话的发声态只有一个清声，所以只有一个中域。中域调值的起点为[2]，上声和去声分别记成[324]和[52]。北京话上声偶尔会出现嘎裂声，但只是偶发性的自由变体，所以无须分域。

两域五度——双声域的方言主要在吴语、老湘语、部分赣语。图 4 是吴语上海话和湘语岳阳话的分域四度的表达方式。

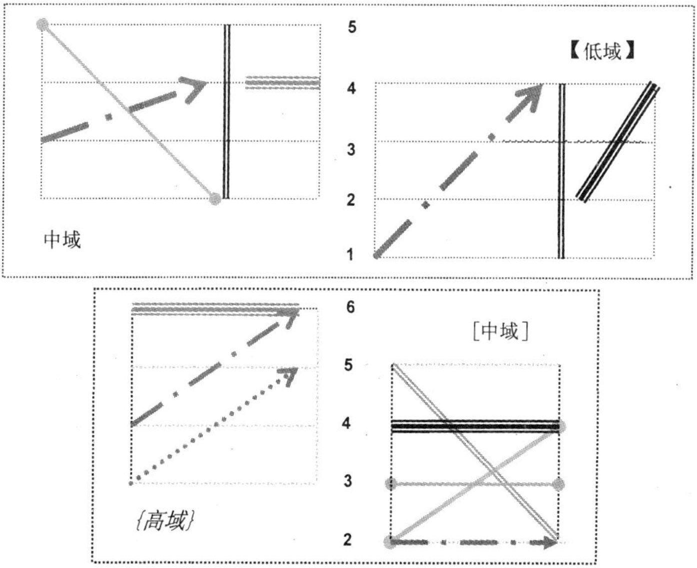

	上海话			岳阳话				
高域 3～6						阴去 46	次阴去 35	阴入 66
中域 2～5	阴平 52	阴去 34	阴入 <u>55</u>	阴平 33	阳平 $^{3}24$	上声 52	阳去 22	阳入 44
低域 1～4		阳去 14	阳入 <u>24</u>					

图 4. 两域五度的声调表达。【上】上海话五个声调，【下】岳阳话八个声调。

上海话和岳阳话都有两个声域，但高低不同。上海话是中域加低域，因为它有个较低的弛声（弱气声）；岳阳话是中域加高域，它有个较高的假声，以及作为变体的张声。上海话有五个调类，其中两个是入声短调，另三个分在两个域中，所以音位负担特别轻，只有阴平高降调和阴去中升调有别。岳阳话有七个声调，阳上归去。不过阴去中分化出一个次清阴去，稍低于阴去。这两个声调再加上阴入都在高域中，其余五个声调在中域中。

三域六度——三声域的语言相当罕见，温州话是一个。附近的温岭、永嘉等可能也有。温州话有八个声调，古入声已舒化，阴阳上声具有假声/张声性质，其余阳声类为弛声。使用分域四度制，可以表达如下。

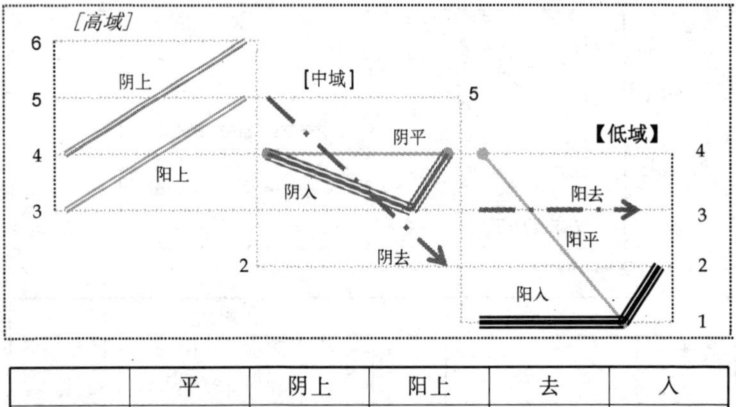

	平	阴上	阳上	去	入
高域		*46*	*35*		
中域	44			52	43[4]
低域	**[3]41**			**33**	**11[2]**

图 5. 温州话八个声调的三域六度表达式

温州话保留着中古八个调类，入声调舒化变成无塞音尾的长调。八个调类如果不分域，挤在一个五度框架里，那么调形区别会不堪重负。幸好它有三个声域，高域中有阴上和阳上，表现为假声或张声。三个阴调在中域中。三个阳调则在低域中，表现为弛声或浊声。三域六度的调形格局也许是极限了。

2.3 由发声态变化引起的声调演化

上面讲的是共时描写中需要分声域，一旦这个概念成立，还会对历时音变研究做出贡献。例如闽南话中有个现象：入声变得阴低阳高。这就是王士元先生说的 flip-flop，并作为音变是突变的证据之一。朱晓农等(2008)最近发现潮安闽语的入声变得阴低阳高是由发声态引起的。潮安位于粤东的潮汕地区，属于闽方言区闽南片潮汕小片。单字调仍是 8 个，见图 6。

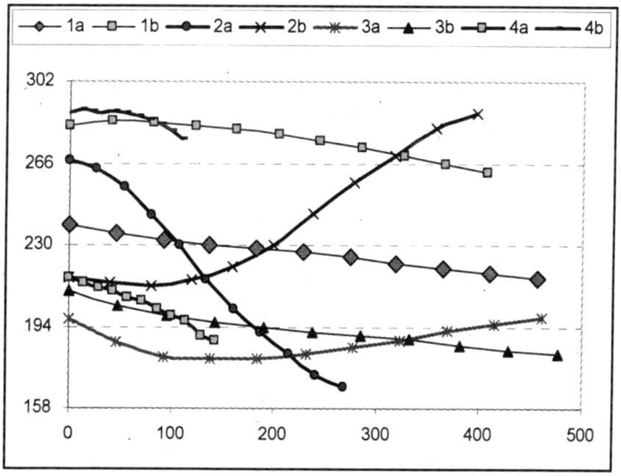

调类	阴平	阳平	阴上	阳上	阴去	阳去	阴入	阳入
调值［2～5］	33	55	52	35	³23	22	<u>30</u>	ʔ<u>55</u>

图 6. 潮安闽语声调格局，纵轴赫兹，横轴毫秒。阴入带嘎裂声，用“0”表示。

潮安闽语的入声分阴阳，均为短调，但阴低而阳高。阳入韵尾为喉塞音-ʔ 或唯闭音-k˺ 。阴入声伴随有嘎裂声（creaky voice）。发阴入声和阳入声时，都有所谓的"紧喉"作用，感觉得到喉头处非常紧张，但也可以感觉得到紧张方式的不同。发阳入时和其他方言中的喉塞音一样，声带绷紧而基频提高。发阴入时声带强烈地往中心收缩，基频降低时而造成嘎裂声。由于发声原理的不同，因此在听感上造成阴低阳高的听感区别。下面图 7 是一个阴入声例图。

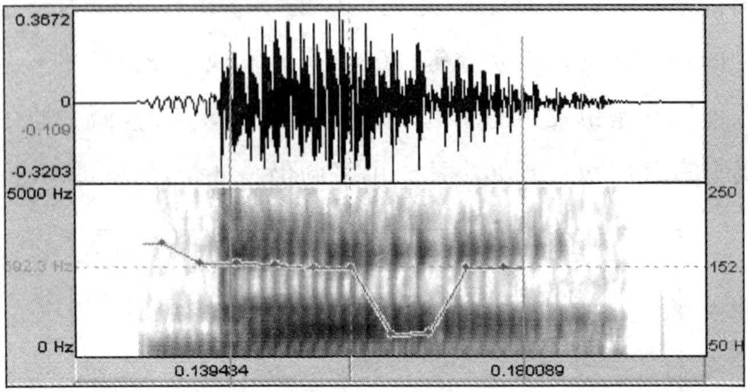

图 7. 桌ɗo̰^{30}（潮安男发音人 WZM）

从图 7 中可以看到，元音长约 170 毫秒（两条实线之间），大约从元音的五分之二的虚线处（68 毫秒），波形变得不规则，间隔增大，基频从 152 赫兹跌落一半至 76 赫兹，显示出双周期波，这是典型的嘎裂声特征。音节最后阶段还有嘎裂声（如果把这一段算进去，那就差不多有 200 毫秒了）。也就是说，潮安闽语的入声的音高演变，是通过发声态转换后进行的，即用挤紧喉头的方式来替换绷紧喉头，结果喉塞音变成了嘎裂声。嘎裂声导致了基频下降，不但在听感上造成了阴低阳高的区别特征，而且在喉塞韵尾脱落后，成为了阴调入声的主要区别特征。同时它的时长也超过了阳入（凡是带喉塞尾的，阴入都短于阳入），均值达一百五六十毫秒——在悄悄长化。它的演变过程是：v̌ʔ＞v̰̌＞v̰。像图 7 这种明显的嘎裂声不是每个人每次说话都表现出来的；有些发音人在随意说话中只是出现喉门挤紧的感觉，导致声调下降，这是一种僵声（stiff voice）。

闽语声调的阴高阳低现象，在王士元早年提出的词汇扩散论里叫作 flip-flop（跳跃翻转），作为语音上突变的证据之一。现在看来，这种情况在语音上是可以连续变化的，阴入沿着发声态这一维度连续变，同时音高也连续变低；而阳入则沿着音高这一维度连续变高。由于发声态不同，两者的音高不会中间碰到而合并。

3. 长短

声调的长短不是一个陌生的概念，在现代汉语尚保留入声调的方言中，舒声都是长调，而入声大多是短调。由于短调入声一般都带有塞音尾，所以长短不是入声的区别特征，至少不是唯一的特征。例如下面上海话的入声例子：时长短并且带有喉塞音韵尾，基频经过 Log Z-score 归一化处理（归一化方法见朱晓农 2005）。

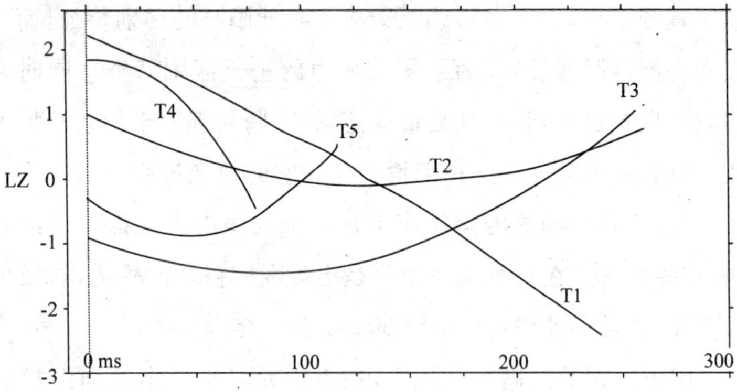

图 8. 上海话五个声调的格局

上海话有五个声调：三个舒声调，阴平 T1、阴去 T2、阳去 T3；两个入声调，阴入 T4、阳入 T5。入声带喉塞尾，并且时长较短。从图中可以看到，入声的时长大约在 90～120 毫秒之间，而舒声的时长则在 250 毫秒左右，入声的时长只有舒声的一半。因此，在对上海话声调进行描写时，最好把舒声调与入声调表达在不同的框格内，见上面图 4。尽管时长在该图中做了不同的处理，但由于短调还带有喉塞尾，时长并不一定是区别特征。

3.1 长短作为开音节的唯一区别特征

下面来看一种由长短作为唯一区别特征的现象：吴语德清话入声韵尾失落，仅仅靠时长与同形舒声调构成对立。德清位于浙江省西北部，属于吴方言区太湖片的湖州小片，有 8 个声调。入声据记载（蔡剑飞 1992，俞允海 2000），均为带有喉塞尾的短调：阴入调值为 ʔ<u>55</u>，阳入调值为 ʔ<u>33</u>。2007 年 6 月我们调查了包括德清在内的浙北部分吴语方言的声调。发音人 ZY，女，26 岁，德清县城关人，硕士文化程度，目前在杭州工作。调查所得的德清声调系统用分域四度制表示在图 3 下。与以前一些记载不同的是：入声是个短调，但没有喉塞尾。这八个声调的基频曲线按中域（阴声）和低域（阳声）格局分开画在图 9 两个小图中。

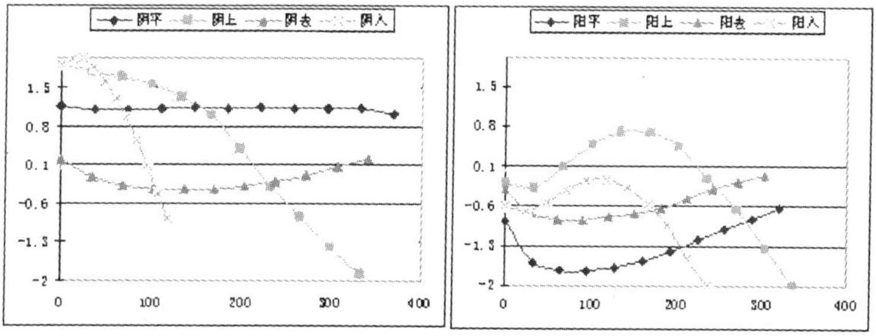

	平	上	去	入
中域［2～5］／阴声	55	52	$^{4}34$	52
低域［1～4］／阳声	$^{2}12$	341	$^{3}23$	231

图 9．德清方言声调格局。【左】中域，【右】低域。横轴毫秒，纵轴 LZ-score。

德清方言的入声字与上海话存在区别。从听感上来说，德清入声字还听得出时长较短，但没有喉塞骤然关闭的听感。从频谱图上来看，德清方言的入声字则已经失去了吴语入声中普遍的喉塞尾。值得注意的是，德清话的入声调形与同声域的上声调形大致相同，其区别仅仅在于时长。下图中是两对例字：阴入“拍”与阴上“岛”，阳入“白”与阳上“杜”。

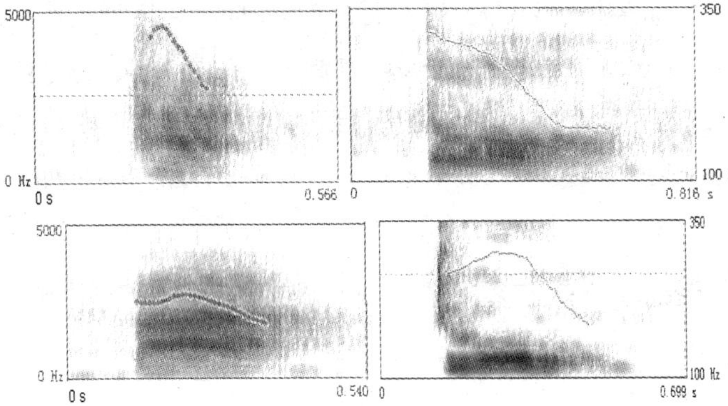

图 10. 德清方言,【左上】阴入“拍”$p^{h}a\,\underline{52}$,【右上】阴上“岛”$tɔ^{52}$,【左下】阳入“白”$ba\,\underline{231}$,【右下】阳上“杜”du^{341}。

图 11 给出德清话各声调的平均时长、舒声均值、总均值。时值条上的短竖杠表示正负标准差。可以看到德清话的阴入声明显地短。阳入则是中等长度,比舒声均值短差不多 100 毫秒,比阴入长 100 多毫秒。

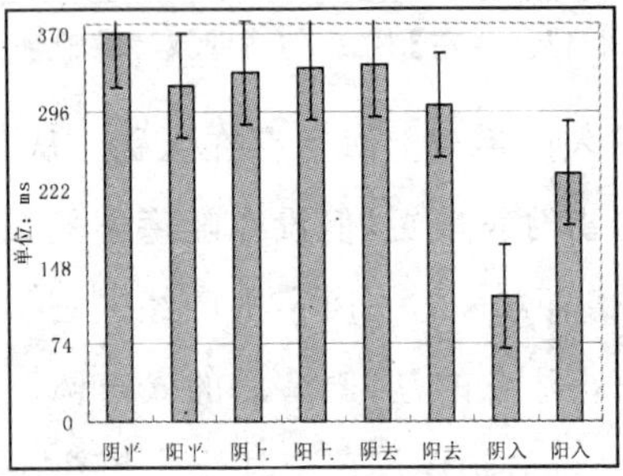

	阴平	阳平	阴上	阳上	阴去	阳去	阴入	阳入	舒声均值	总平均
时长 ms	370	326	333	340	341	303	119	237	336	296
标准差 ms	40.4	31.2	46.5	49.9	36.0	40.1	16.2	37.7		

图 11. 德清方言声调时值比较图

德清方言中两个入声都有与之调形完全符合的对应声调。阴入和阴上都是高降调，阳入和阳上都是凸调——两者以时长作为唯一区别。如果入声最后完全舒化，则很有可能与对应的舒声调发生相近合并，下图是把这两对声调分别画在等长的轴上。我们可以看到，两组声调大致相当，阴入很像阴上，只是降得不像阴上那么低；阳上很像阳入，只是峰点没那么高。

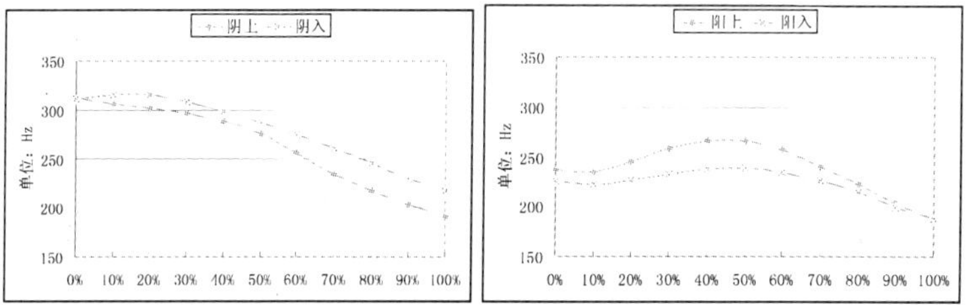

图 12. 德清方言，【左】阴入与阴上声调等长曲线图，【右】阳入与阳上声调等长曲线图。

德清话两组对应的上声调与入声调之间的关系，无论是从语音学还是音韵学角度，都是长短相配的：一对是长短相配的全降调，一对是长短相配的凸调。这跟上海话中阳去低升长调 T3 与阳入低升短调 T5 之间的长短配对关系（朱晓农 2005：221）相仿。存在配对关系的短调和长调之间共享相同的语言学目标。对于降调和凸调，它们的语言学目标都是在高点上。除去起点处受声母影响，德清高降调的语言学目标约在 10％～30％ 时长处，德清凸调的语言学目标则在中间 30％～60％ 时长处。声调的语言学目标的满足，需要有足够的时长来实现。由于短调的时长远短于长调，因此很难在不足的时长内达到其语言学的基频目标。阴入起点与阴上一样高，但缺乏时间降到一样低。阳入起点稍低于阳上，没等升到阳上那么高马上急急忙忙要折降。

3.2　粤语入声的长短区别

再看一个粤语中的例子。粤语入声大多仍保留中古特征：短且以唯闭音收尾，但在广州话中阴入和阳入都根据时长分成两类（朱晓农等 2008），但唯闭韵尾都仍保留。阴入分化为短阴入（119 毫秒）和中阴入（196 毫秒），短阴入音高较高；阳入分化为短阳入（122 毫秒）和中阳入（185 毫秒），音高两者相若。

调类名	调值[2～5]	例字
短阴入	55	急七湿德北不则 ɐ|福菊足祝 o
中阴入	43	夹插搭百甲 a|赤 ɛ|角 ɔ|接切 i
短阳入	44	六局读毒熟木肉 o|敌食 e|合拔 ɐ
中阳入	43	杂白贼辣 a|莫薄 ɔ|药 œ|笛 ɛ|勒佛 ɐ|叶 i|力 e

图 13 是广州话入声的声调格局和时长比较，材料根据两位发音人（一男一女），基频进行了归一化处理。短入的相对时长不到均值的一半（0.475），中入为四分之三（0.755），即中入的时长正好在短入和均值的中间。中阴入和中阳入基频和时长都几乎相同，它们与短阳入之间基频也没区别，唯一就是时长较长。与此大致相关的是元音区别。短入字一般是所谓的“短元音”o, e, ɐ 等，中入字大多是“长元音”a, ɔ, œ, ɛ 等（听上去像同义反复）。不过其间界限并不很严格，有些“短元音”字如“勒佛力”等也读如中入。详情我们另外为文。

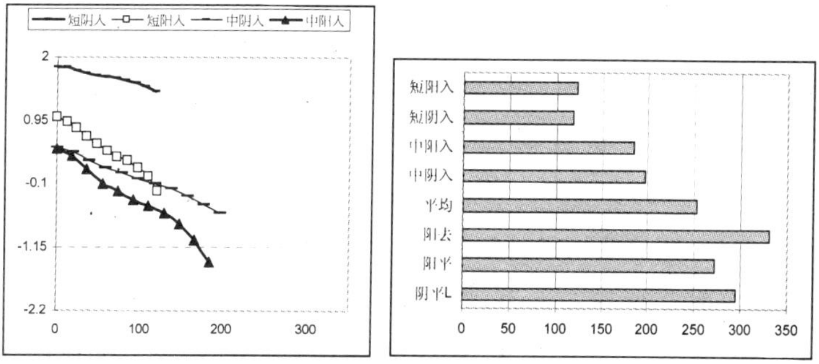

图 13. 广州话,【左】入声声调格局,【右】部分声调时长比较(单位:毫秒)。

上面讨论了声调时长所可能出现的两种不同形式,第一种吴语德清话,其声调的时长与元音的性质无关,时长是唯一的区别特征。第二种粤语广州话,声调的时长区别仍与所附元音的音质大体相关。这种共生特征往往是启动音变的来源之一。广州话一个世纪前阴入内部由于元音音质导致的分化,最终演变为新的中阴入调类。这也很可能是引发阳入分化的动因。可见时长这个参数,不但在声调的共时描写,而且在历时演化中都有必要。

4. 音高

与发声态和时长的研究不同,音高是传统声调描写的重中之重,甚至可说是唯一目标。不过,随着田野语音学、实验语音学、音节学(syllabics,以音节为中心概念的音系学)的进展,我们对声调音高有了很多新的认识。

4.1　音高需要分几度?

建立了“声域”概念以后,每个声域内有四度就够了。如果一个语言或方言中只有一个普通清声态,那么不用分域,也就是只有一个中域,用[2-5]度就够描写该语言的声调。如果有两个发声态,最常见的是清声态和带声态,也有少见的是清声态和气声态,那么要分开两个声域描写,一个中域(清声)用[2-5]度,另一低域(带声或气声)低一度,用[1-4]度描写。个别语言要分三个声域,如高域(假声)、中域(清声)、低域(带声),或者别的发声态组合。高域用[3-6]度,中域用[2-5]度,低域用[1-4]度描写。

前面我们看到北京话和天津话的声调系统没有声域区别,调类也很少,只有四类,使用四度表达式足够,而且可以减少表达的歧义。但是有些单声域的语言有很多个调类,例如广州粤语除去三个入声,还有六个舒声调类,阴平还有两个变体,四度的表达式是否够用呢?请看下面图14广州声调表达式。

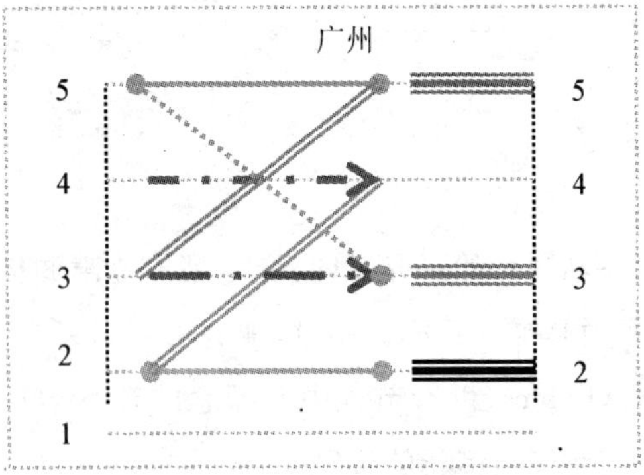

	阴平	阳平	阴上	阳上	阴去	阳去	上阴入	下阴入	阳入
广州话	55/53	22	35	24	44	33	55	33	22
例字 si(k)	诗	时	死	市	肆	事	析	锡	食

图 14. 广州话九个声调的单域四度表达

广州话的调形格局区别度属于较小的，尤其引人注目的是四个平调，这是单声域内平调数的极限。广州粤语共有九个声调，却只有两个常态调形：平、升。这种避而不用音高曲线的对立，却偏爱音高值的最小区别的情况，从声调实现的角度来看，在所有声调语言中都十分少见（Rose，2000：198）。不过，它的阴平［55］有个高半降的变体［53］，阳平［22］通常实现为低降［32］，并有个带嘎裂声的变体，所以减低了平调的辨义负担。

4.2 曲线走向：调形

音高曲线走向首先可以分为平和仄。平即为平调；仄调包括升调、降调、凹调、凸调和两折调。如果根据音高曲线中折点的数量，可以分为无折调、一折调和两折调。无折调包括平调、升调和降调；一折调包括凹调和凸调；两折调指的是音高曲线中有两个折点的调形，具体来说包括“降—升—降”和“升—降—升”两种。赵元任（Chao 1930）将这种两折调称为 double circumflex tone，但没发现能区别词义的实际例子。近年来我们在浙南和湘南发现两处“降—升—降”的方言，不过，这是否具有语言学意义，还是仅仅是某种特殊的情况，还有待进一步探讨。在下面的曲线分类表中暂且给它留个位置。音高曲线的走向共包括平、升、调、凹、凸、两折六种调形。

<table>
<tr><td>平</td><td>平调</td><td rowspan="3">无折调</td></tr>
<tr><td rowspan="5">仄</td><td>升调</td></tr>
<tr><td>降调</td></tr>
<tr><td>凹调</td><td rowspan="2">一折调</td></tr>
<tr><td>凸调</td></tr>
<tr><td>两折调</td><td>两折调</td></tr>
</table>

判断调形很重要。平调一般总是带有一点降尾，这是基频衰减的效果 F0 declination。普通说话状态下我们的初始调为中域的[3]度，这会使低调形成降头，高调带有升头。低升调总是带有降头，即形状有点凹。它跟真正凹调的区别在于拐点的位置，凹调的拐点一般在 40%或其后的时点上，低升调的拐点较靠前。低平调也有个降头 [^{3}22]，整个调形常表现为低降[32]。高平调总有个升头 [^{4}55]，或整个调形表现为高升[45]。

4.3 声调格局

一个语言中音高曲线的走向综合在一起，就构成声调格局。

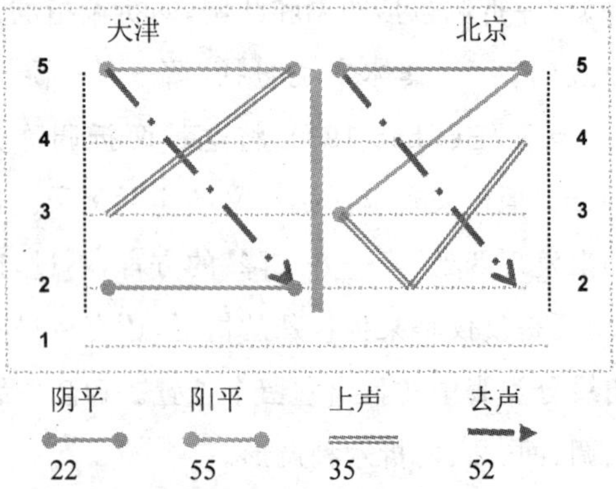

图 15. 单域四度的声调表达

在单声域的声调系统中，最佳的格局就是高低升降的最大差别的搭配。天津官话是单声域四个声调，其调值称得上最佳搭配。

天津话阴平一般记为一度跨度的低降调［32］（五度制为［21］），分域四度制中为［22］；阳平一般记为一度跨距的高升调［45］，改为［55］。五度制音位冗余度大，所以，允许［45/54/21/12］一类含糊的表示，游移于平调和仄调之间。四度制在高频区和低频区一般不用一度跨距的仄调形。实际上，由于起音是从初始态开始的，低平调［22］总是带有一个下降调头，即语音学上总是实现为［32］或［^{3}22］的；高平调［55］总是带有一个上升的调头，即语音学上总是实现为［45］或［^{4}55］，而且同一声域中的低平［22］和低降［32］从来没有音位对立，高平［55］和高升［45］也没有音位对立，所以我们把天津话的四个声调表达为［22，55，35，52］，高低（平）升降。这实际上也是四声调体系具有最大区别功能的最佳格局。北京话的调形格局相似：高（平）、低凹、升、降，由于低凹在很多场合实现为低平，所以北京话和天津话的调形格局差不多，都属于最佳区别格局。

4.4 声调的音高目标

本文开头给出声调的定义是“音高在语言中系统地用以区别词汇意义、具有音位意义、落实在音节上并多于两个的类别”。在声调系统内部，还有一个辅助性、技术性的定义：声调是说话人有意去实现的音高语言目标。一个声调有时间延续，在这时间延续中，有某些部分比另一些部分对于声调的辨认更重要。那些对于辨认声调来说重要的部分就是“声调的语言学目标”。那些对于辨认声调不重要的部分则是“声调的羡余成分”。从这个定义来看，不同的调形，语言学的目标有所不同：平调从头到底都是语言目标，理论上如此。升调的语言目标是在调尾终点处的峰点。降调的语言目标是起点，或在时长最初的5%～20%的调头与调干交界的峰点处；如果有类似降调对立，则终点也可能是语言目标。凹调和凸调最主要的语言目标是拐点。

4.5　推进声调类型和共性的测量和界定

很多年前，大约1982年朱晓农搜集到1071个汉语方言点的声调描写资料，当时想进行一次类型概括。但随着田野调查的进展，发现很多资料的精确度有待核实，于是就放弃了。时隔多年，现在我们有了实验语音学的工具，有了声调描写的音节学框架，有了可以进行跨方言比较的声调归一化方法，声调类型和共性的探索就提到议事日程上来了。以往对于声调共性的一些认识需要在更为可靠的资料中重新核实。例如以前有一条最重要的"声调共性"，认为平调是最常见的，是任何语言中都有的。其实这是错的。有不少语言，比如上海话就没有平调。降调才是最常见的，是任何语言中都有的。任何语言中都有的底伏(default)调就是一个中域低降调[32]（朱晓农2006）。

5. 塞音韵尾

塞音韵尾和短时性是入声的两大特征，但哪一个是最主要的区别特征呢？从前面"时长"一节来看，现代方言中的舒入对立可以无需塞音尾，仅依靠时长的不同就可以区分。因此时长是个不可或缺的参数。那么，塞音尾是否可以处理为伴随特征而不作为描写的参数呢？不可，因为还存在着时长与调值相同，而仅依靠韵尾音段的不同进行区别。从而需要将音段纳入声调描写的框架中，成为描写声调的一个参数。

我们来看一个粤语的例字。粤语增城话有五个舒声调，阴去并入阴平。入声出现了时长（短、中、长三种）和韵尾（开尾、喉塞尾）的多种变体，显示出渐变的过渡状态，下面是一些例字。短阴入和长开舒阴入只有个别字。

阴入	阳入
短 ʔ:滴	
中 ʔ:福切铁脱剥	中 ʔ:六局食读肉
中开:急竹得笔一脚黑尺拍	中开:杂白合薄毒熟十木敌
长开:八	

下图左是声调格局，画入了五条舒声曲线和四条中入曲线（据一位年轻男发音人），中 ʔ 阴入和中开阳入的终点太高或太低未在图中。下图右是六种入声变体和一些舒声的时长比较。

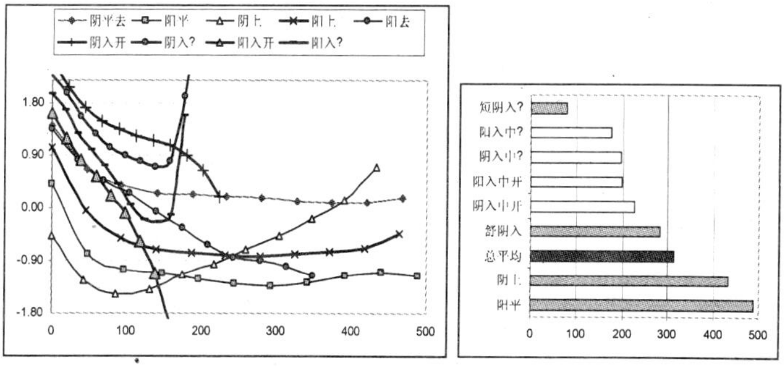

图 16. 增城话，【左】声调格局，【右】时长比较（单位：毫秒）。

从上图可以看到，增城话中开阴入和中ʔ阴入，中开阳入和中ʔ阳入在时长上并没有很大区别（其均值±标准差存在交集），不足以构成对立。音高调头和主干都相同，调尾由于一个带有喉塞尾而高挑。因此，区分这两个调类的特征是有无韵尾这一音段特征，以及伴随的调尾音高。因此，只要入声算是声调类，则作为音段特征的韵尾也是必要参数之一。

再看一个粤语例子（朱晓农等 2008）。香港粤语的带塞尾的阳入分化为两类：一类短P阳入[33]（m=139 ms，sd=19.6 ms，时长单位 ms，下同）：读仆 o｜敌 e｜突特拔入疾 ɐ。另一类长P阳入[33]（m=269ms，sd=22.4ms）：踏白达 a｜薄 ɔ｜夺 y｜别碟秩 i，其中有些字很长：达（296ms）、薄（287ms）、别（278ms）。调形也跟短P阳入有所区别。长P阳入仍有唯闭音尾，但与舒声长度相当，统计学上与阴上（m=284ms，sd=25.1ms）无显著区别（α=0.05）。图17是声调格局以及有关声调的时长比较。

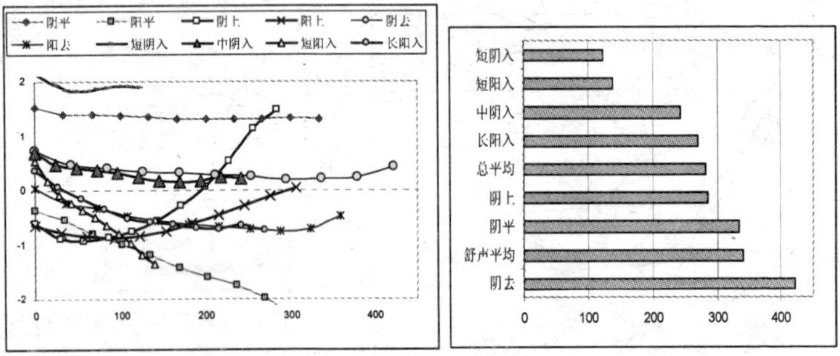

图17. 香港粤语，【左】声调格局，【右】部分声调的时长比较（单位：毫秒）。

可以看到，阳入字分成了两个在调长与调形上都有区别的声调。长 P 阳入（m＝269ms，sd＝22.4ms）与阴上（m＝284ms，sd＝25.1ms）时长无显著区别。与阳去（m＝360ms，sd＝31.6ms）曲线基本重合，长阳入虽然比阳去短些，但听感上听不出区别，唯一的区别在于长阳入仍保留唯闭韵尾。由于在基频和时长上无显著区别，长阳入和阳去这两个声调是靠韵尾音段来区分的。在这里，韵尾音段起到了唯一区别作用。由此也可见声调的区别不仅仅是音高，也不仅仅是超音段成分的区别，而是一个跨层次的综合特征。

6. 小结

描写声调需要一个基本参数音高和三个次要参数：声域、时长、韵尾塞音。音高是描写任何一个声调系统都不可或缺的。而三个次要参数则是在有需要的情况下才使用。下面是一个完整的声调刻画框架。

声域	单声域		清	
	双声域	清—带/气	假—清	
	三声域	假—清—带	假—清—气	
音高	高度	[1～4]	[2～5]	[3～6]
	走向	平	平	无折
		仄	升、降	
			凹、凸	一折
			降—升—降	两折
时长	无长短区别		全长型	

（续表）

	有长短区别	长—短	长—中—短	
韵尾塞音	无		-Ø/G/N	
	有		-p/t/k/ʔ	

考察一个声调系统，先看是否有发声态区别。如果有，则要设立两个或三个声域；如果没有，则可在单声域，也就是“中域”中描写。然后看各个声域中的音高曲线，这要进一步分两个小参数：高度和走向。每个声域中分为四度。走向则分平升降凹凸五种（可能还有两折调）。还要检查各声域中的声调是否有长短区别，如果有，则要分长短，如果没有，则在单时长维度中刻画。在有入声的调系中，还要注意韵尾塞音是否造成对立。

四维度的声调描写框架确定之后，我们可以据此厘清以往的声调记录中的问题，在描写新的声调时也可以让我们预先做到心中有数。

参考文献

蔡剑飞 1992.《德清县志·方言志》. 杭州：浙江人民出版社.

俞允海 2000. 德清话声韵调之研究.《湖州师范学院学报》5：1—7.

朱晓农 2005.《上海声调实验录》. 上海：上海教育出版社.

朱晓农 2006. 论分域四度标调制.《音韵研究》. 北京：商务印书馆.

朱晓农、焦　磊、严至诚、洪　英 2008. 入声演化三途.《中国语文》4：324—338.

Chao, Yuen Ren 1930. ə sɪstəm əv toun lɛtəz. *Le Maître Phonétique* 45, 24—27.

Ladeforged, Peter & Ian Maddieson 1996. *The Sounds of the World's Languages*. Oxford: Blackwell.

Rose, Phil 2000. "Hong Kong Cantonese citation tone acoustics: A linguistic-tonetic study". In Michael Barlow (ed.) *Proceedings of the 8th Australian International Speech Science and Technology Conference*. 198—203. Canberra: Australian Speech Science and Technology Association.

Zhu, Xiaonong 1999. *Shanghai Tonetics*. Muenchen, Germany: Lincom Europa.

（原载《研究之乐：庆祝王士元先生七十五寿辰学术论文集》，潘悟云、沈钟伟编，上海教育出版社，2010。焦磊、张偲偲合作撰写）

高坝侗语五平调和分域四度制

1. 问题的提出

本项研究旨在检验一种新的“分域四度”的标调法。汉语声调描写一直采用赵元任（1930）发明的五度制，那对于声调描写来说是个里程碑。五度制蕴涵的假设前提之一是声调的高低起伏是且仅是个基频问题。现在我们知道声调不但跟声带的振动快慢，也就是基频有关，同时还跟声带在振动时的陪伴的发声状态（phonation types）密不可分。如果某个语言里有某种特别伴随的发声状态，就会严重影响声调的纯五度描写。因此，描写声调需要使用两个参数：发声和音高。不是每个语言都有发声状态的区别，如果没有，那就不分域。如果有，则需先分两个或三个域，然后每个域中各分四度来描写音高。朱晓农（1996,2004,2005）提出这样一种分域四度标调法，以弥补五度制的不足。图 1 就是分域四度制的表现形式之一：三域共六度。每域各四度，相邻两域各差一度，加起来共六度。从经验角度来看，这大概是声调域数和度数的极限了。有关分域四度制的优点在第 4 节中讨论。

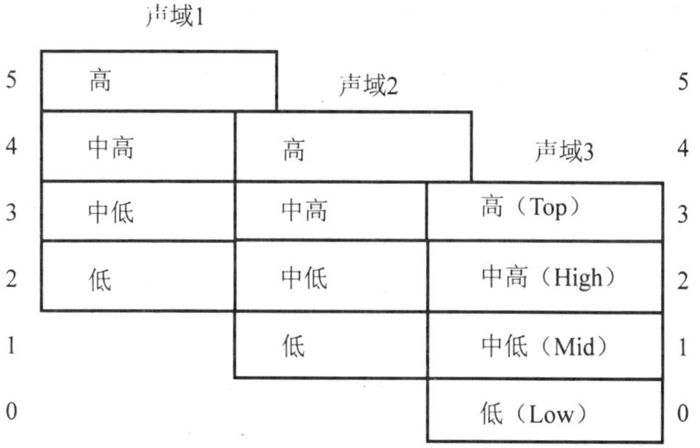

图 1. 三域六度的声调模型

当初提出这个标调法时曾注意到有两三个可能的反例，它们都有五个平调。四度制有可能容纳不了它们。

(1) 第一个可能的例外是贵州台巩县清江施洞口黑苗方言。清江苗语是李方桂 1940 年代调查的，张琨（1947）曾引用，后来由关瑾（Gwan 1971）整理发表。不过，仔细检查关文的描写，可以看到清江苗语中有两个声域。最低的那个［11］调发声时是“浊送气”。所以清江苗语不但不是例外，而且还是分域四度的例证。

(2) 第二个可能的例外是贵州永从县西山街大花瑶（张琨 1947，Chang 1953）。该语言的调查材料较简单，地名和语言名称不是很清楚。可能是今天从江县西山镇的巴亨语。确切情况有待核实。

(3) 第三个是贵州高坝侗语。这是石锋、石林、廖容荣（Shi，*et al*. 1986）调查，并测量了基频值。五个平调描写得详尽而可靠。这是对分域四度制最大的考验和挑战。

标调制是一个形式系统。好的形式系统不容许有反例。所以,尽管相对于数千正例来说,一两个反例微不足道。但就这一两个潜在反例让这标调法有所不安。问题在于,是不是这五个平调都在一个声域中？如果它们不在一个声域中,那么这不但不是问题,反而是支持分域四度制的证据。本项研究就是对最有可能的反例——高坝侗语的五个平调的进一步考察。结果显示,一如朱晓农（2004）所预言的,高坝侗语有声域区别。最高的平调［55］在假声域中,其余四个在普通声域中。使用两域四度制完美地描写了这个特殊的声调系统。

2. 高坝五平调的分域处理

2005年8月,我们在贵州省锦屏县对高坝侗语进行了一次实地调查。高坝侗语共有九个声调,调类、调值和例字见表1。

表1

T1	［45］	ma	菜	tjəm	头发	kəm	侗族
T1'	［11］	ɕa	车	pan	甜	paŋ	高
T2	［22］	pi	肥	pan	盘子	naŋ	竹笋
T3	［33］	ʔəi	姐	te	梯子	ƫa	父亲
T3'	［13］	to	独	ta	公(牛)	ma	墨
T4	［31］	məm	虎	noŋ	弟弟	pu	叔叔
T5	［55］	ʔu	祖父	ɕoŋ	枪	təi	娃娃鱼
T5'	［24］	pa	帕子	toi	退	ta	木钉
T6	［44］	ɕo	筷子	jaŋ	被子	ti	地

在这九个声调中有五个是平调：T1' [11]，T2 [22]，T3 [33]，T6 [44]，T5 [55]。这五个平调的调类、调值和用作发音的例字见表 2：

表 2

	T1' [11]	T2 [22]	T3 [33]	T6 [44]	T5 [55]
pa	灰色	耙	(两)把	糠	叶子
ta	抓	个	硬	过	中(间)
to	拖	牛	舀	豆子	落(雨)
taŋ	汤	糖	挡	(瓜)蔓	凳子
ma	来	舌条	软	嚼	砍
	kwa 狗	ha 药	na 脸	ŋa 馋	nu 看
	ka 耳朵	ja 二	ha 杀	pe 背	ɕa 晒
	wa 花	wi 水牛	ɕa 写	ɕu 就(去)	ȶo 锯子
	ɕa 车	pi 肥	ʔəi 姐	ɕo 筷子	ʔu 祖父
	pan 甜	pan 盘子	te 梯子	jaŋ 被子	ɕoŋ 抢
	paŋ 高	naŋ 竹笋	ȶa 父亲	ti 地	təi 娃娃鱼

本文的主要发音人 YChG，男，65 岁，高坝人，中学退休老师。录音是在锦屏县城一个安静的房间里，用 Praat 软件直接录入电脑。念字表时不用负载句，每个字都单念。念的时候分三部分，表中用黑线分开。先念第一部分。发音人按顺序一个字一个字往下念。每个字之间停顿约两秒钟。念完一遍后稍停几分钟，开始念第二遍。一共念三遍。然后开始第二部分的录音，重复前面的程序。最后是第三部分。每个声调都有 11 个例字，33 个读例。

声调的基频是用 Praat 软件测量的。图 2 是五个平调的例图，一个平调一个。最低的[11]调大约在125赫兹，次低的[22]调约150赫兹，中平调[33]180多赫兹，次高调[44]约230赫兹，最高的[55]调突然跃起达到360多赫兹。

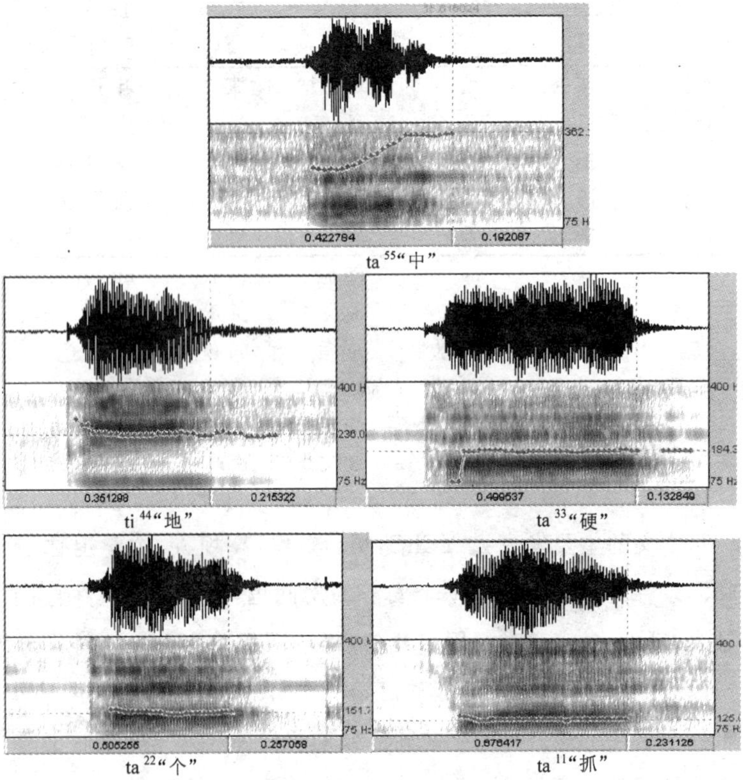

图 2. 高坝五个平调的例图

表 3

Hz	0	1	2	3	4	5	6	7	8	9	10	ms
T5	260	256	256	275	295	325	345	359	357	362	363	250
T6	222	221	222	225	222	215	218	216	216	220	215	329
T3	183	185	188	186	182	186	184	183	184	187	185	348
T2	163	156	155	154	151	147	148	148	148	151	146	308
T1'	158	153	142	137	134	132	133	133	135	136	134	297

表 3 是五个平调的平均基频（Hz）和时长（ms），$n=33$。每个例字的声调长度都从韵母算起，测量程序可参看朱晓农（2005，§3）。基频的测量是用 Praat — pitch — pitch list 的程序自动完成，然后每隔时长十等分提取所需基频值。表 3 中的数据以赫兹（Hz）为纵轴，毫秒（ms）为横轴画在图 3 中。

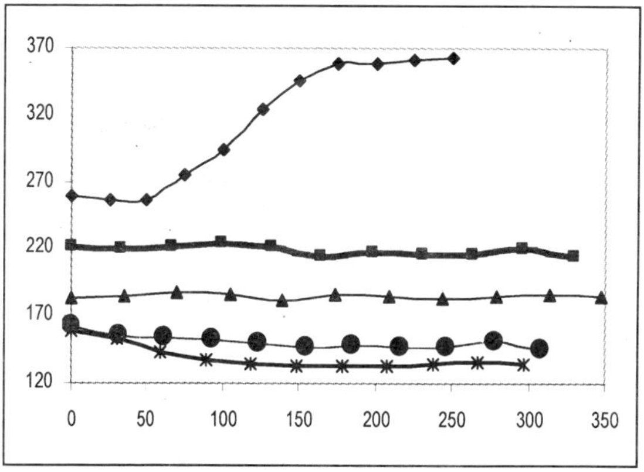

图 3. 高坝侗语五个平调的平均基频图

从图 2 和图 3 中可以看到，从[11]到[44]四个平调均匀地分布在 130 到 220 这 90 赫兹 的区间，每两个相邻声调之间的间隔为 20～30 赫兹。这是发音人在普通发声状态下的调域区间。而最高的[55]则突然跃起100～150赫兹，跳到360赫兹以上。发这个声调(T5)时发音人使用假声，并且从喉门到上声道全体紧张。

高坝侗语的五个平调当然可以按五度制来标示，因为五度制描写的是相对高度。不过，图3中如此不正常的基频曲线分布使我们有足够理由怀疑五度制的合理性。按照比例来说，那个最高的声调应该标为［699］才像话。这就是为什么要设计一个分域四度制标调法的理由之一，图4就是这么一种表示法。高域是假声域，低域是普通发声域。四个普通发声的平调在低域中，超高的用假声发的T5在高域中。两个域每个域中各四度，合起来还是五度。

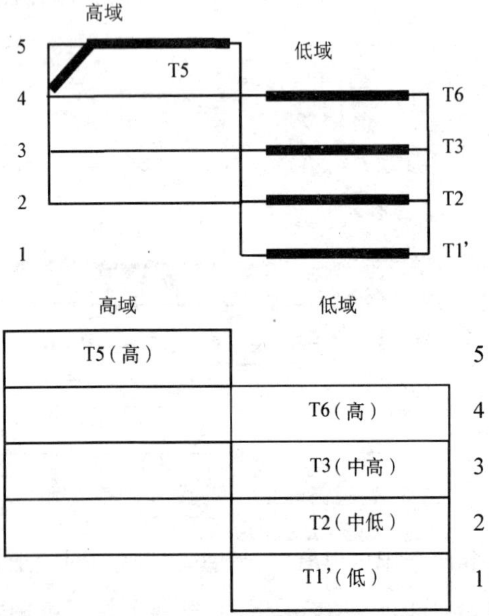

图4. 高坝五个平调的两域四度标示

3. 分域四度制的优越性

以上分析表明,高坝侗语的五个平调可以容纳进两域四度的标调系统中。那为什么不直接用五度制来标写呢？这就是这一节要简单讨论的（另可参看朱晓农 2005，§9.4)。标调框架是一种描写系统,可以看作是一种特定的形式系统。一般形式系统的优劣可以由三个标准来进行评估,即自洽性,简洁性,完备性。自洽性即无矛盾性,这是首要的。简洁性体现为充分必要性,即少一分不足区分,多一分便成赘冗。完备性体现为普遍性:(1)包容所有有关现象（能标识所有声调系统),(2)甚至能说明原先不认为有关的现象。

3.1 第一个要讨论的问题是:为什么要分域?

很多语言/方言中有声域对立,不分域无法达到描写的充分性,亦即单纯的五度制在描写这些语言的声调时是不充分的。例如:(1)上海话的阴平降调有不下四五种描写：按听感描写[53，52，42],按基频描写[51，41]。(2)对温州话阴上的描写连调型都不同了,有高降[53]（按赵元任 1928 的乐谱折算),高升[45]（郑张尚芳 1964),还有把这两个拼起来的高凸[454]（颜逸明 2000:15)。与此相仿的调型不同的描写还有河南宝丰的上声[54 ～ 45]。(3)更麻烦的是台州方言中的“中折调”。赵元任（1928）把黄岩话的中折调记为“中喉塞”:[31ʔ3],郑张尚芳把邻近的天台话中相应的声调记为“喉塞尾”:[ʔ324],而戴昭明的天台话描写（2003,天台话是他母语）则没有任何喉塞音:[324]。

一个声调如果如此记不清楚,而记音人都是高手,往往不单单是个基频或音高的问题了,它跟发声或其他因素就会有关。上海话有清声和哞声(murmur)两个声域。台州方言的上声带嘎裂声。温州话则有三个声域:清声、哞声和假声,这样的声调描写就需要“三域六度”(朱晓农 2005a)。至于在音系学层面是否都要把不同的声域单列出来,得综合考虑音系中的各种情况,以决定它们是否有必要设为音位。

由于存在以上这些与发声有关的例子,所以我们提出一种先分域再分度的标调方式。常见的发声态有六种:清、浊、哞声、嘎裂声、假声和耳语声。后两种(假声和耳语声)过去通常认为不起音位作用,最近我们发现假声在音位甚至形态音位上都有辨义作用(朱晓农 2004a, 2005a, 以及本文所描述的高坝侗语)。所以声域可以由前五种发声态来定义。另外可能还有一种从喉部到上声道都紧张的全紧状态。清声域是常态声域,每个语言中都有。浊声域以具备浊爆发音来定义。发声态能决定声调的很多性质。例如,声调在清声域中相对较高,在假声域中最高,在浊声域和哞声域中较低,而在嘎裂声域中最低,可以低到听不见,声调像是断裂、“中折”了。不同声域的两套声调在共时体系中可能会完全平行,仅仅是声母或韵母音位的伴随特征;而在历时演变中会走不同的路。所以把它们分开描写既有利于共时音系学的处理,又有利于历时追踪,还有利于类型学比较。

3.2 第二个问题是：为什么只需要四度？

对此最直截了当的回答就是：四度够了。很多语言中没有发声态的区别，那么，描写它们的声调就只需要一个声域，或者说不分域。这种单声域的声调语有四度就够了，五度没必要，因为它多定义了一个平调。例如广西龙胜伶话就是四个平调：宽 $hɔ^{55}$｜干 $hɔ^{44}$｜火 $hɔ^{33}$｜黄 $hɔ^{22}$（王辅世 1979），粤语也是四个平调。还有种情况是缺了某一度，也就是意味着只要四度就够了。如赤峰：[55，335，213，52]，海拉尔：[55，35，213，52]，石家庄：[23，53，55，31]，唐山：[55，22，213，52]，这几个北方话的声调描写都缺了个 [4] 度。

上面说的是五度制多定义了一个平调，从仄调来看，五度制的冗余度就更大了。“分四制”定义的仄调更确切地反映了实际情况。假定用至少为两度的跨距来定义“显豁的仄调”，四度框架定义了三种降调：[41，42，31]，而现有的方言资料正好最多是三个降调（如安徽祁门徽语、江西瑞金县象湖镇叶坪客家话、浙江嵊县吴语）。四度框架所定义的显豁升调也是三种：[13，24，14]，现有的语言资料正好最多也是三个升调（如安徽泾县徽语、贵州高坝侗语）。与此相对的是，如果用五度制，如果也是至少两度区别，它能定义的升调有六种：[13，14，15，24，25，35]，降调与升调成镜像也是六种。相对于实际情况最多只有三种，五度制多定义了三个升调、三个降调，冗余度太大、预测性太小、必要性太低、定义性太差，结果就是造成对同一声调多种“差不多”的描写。更严重的是，是五度制本身的这种冗余度制造了歧义表达。这是制度内部的固有问题，你没法靠更精确的测量或听辨来消除，这就是下一小节所要讨论的。

3.3　分域四度制能减少歧义

不充分也不必要的结果就是滋生歧义。上海阴平在五度制中的五种描写：[52，53，42，51，41]，在“分四制”中歧义就减少到最多只有两个描写：[41^{i}] 和 [42^{i}]（上标^{i}指高域）。如果再加一个类型学限制——如果只有一个降调，有可能是全降或是低降，而不可能是高半降——那么，就只有 [41^{i}] 这么一个确切的描写了。这符合“描写充分性”这条原则。又如，五度记音中常常会碰到一个高升调是 [35] 还是 [24] 这种上下为难的问题。这其实是五度制本身滋生的歧义，怪不得记音人的耳朵。举个典型点儿的例子，苏北淮阴话的阳平有 [35] 和 [24] 两种记法，阴平也有两种描写：[42] 和 [31]。四度制中前者只有 [24] 一种记法，后者只有 [31] 一种描写——歧义消除了。

平调就平调，升调就升调，降调就降调，如果一个声调既可描写成平调，又可描写成仄调，甚至既可描写为升调，又可描写为降调，那么它就引出了矛盾。也就是说，不符合自洽性的基本要求。五度制由于分别太细，不可抑制地滋生出众多问题。例如，同一个一度仄调，可能被处理为平调，也可能被处理为显豁的仄调。例如在同一本《湖南方言调查报告》（杨时逢，1974）中，同样一个“由‘半低’降到‘低’的低微降调（21）”，吴宗济（祁阳白水话）和董同龢（醴陵清水江话）都处理为 [11]，而赵元任（嘉禾城里话）则处理为 [31]。再如不同的一度仄调，一个升调，一个降调，可能都被处理为平调。例如吴宗济（祁阳白水话的上声）把“由‘高’降至‘半高’的高微降调（54）”处理为［55］；而董同龢（醴陵清水江话的阴平）则把“由‘半高’升至‘高’的高微升调（45）”处理为［44］。这种不一致的处理方式在同一个人身上也有。例如上面吴宗济把“微降”［21］和“微降”［54］都处理为“平”（分别为［11］和［55］），好像他倾向于用平调符号来处理一度差距的微仄调。但是他把会同城里话的阳平“微降”［43］处理为中降［42］，把阴去“微升”［45］处理为高升［35］，又变成取仄调符号来处理一度微仄调。上面赵元任把嘉禾微降［21］处理为真降［31］，但是对于汝城上声［21］，则处理为平调［11］。可见这里还没定好规矩。改用分四制，由于间隔增大，会大大减少歧义。

在减少描写上的歧义之后，还能消除如北京话“上上”连调是［35＋214］，还是［24＋214］这样的假问题，这种看法分歧纯粹是由五度制带来的歧义空间造成的。分域四度模型还能解释某些声学和听感之间不对应的描写。例如上海话阴平的听感描写是［52］，而阳去是［²14］，但是阴平的基频降得远远低于阳去的拐点凹调的基频。也就是说，上海话降调基频的终点低于凹调的拐点，但听感上却高于后者。这种基频和音高，或者声学和听感的矛盾在“两域四度”模型中很简单地解决了（见图5）。这是因为降调在清声高域中，凹调在哞声低域中。后者比前者低一度，所以凹调的最低点低于降调的最低点。

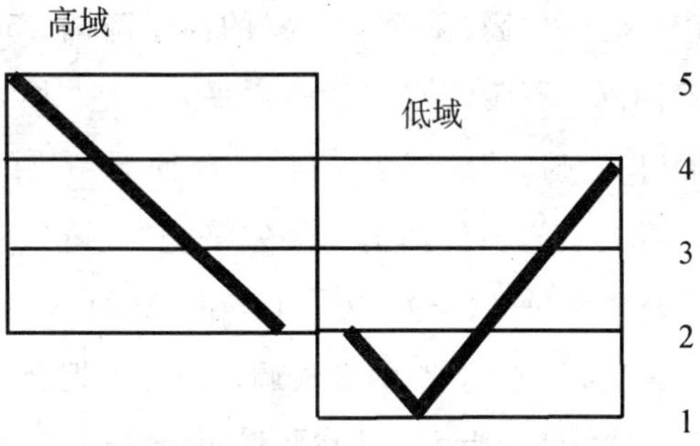

图 5. 上海话的阴平（降调）在高域中，阳去（凹调）在低域中。

此外，辨认出不同的声域并确立它在音系学中的地位，不但对处理声调有利，甚至对处理具有松紧元音的系统也有利。像门巴语、载瓦语、哈尼语都有两套元音，可能都跟发声有关，所以用两个域来描写可以简化系统。

3.4 分域四度制的理论优越性

在分域四度制中，声域数和度数相互决定对方，因此能够做以下推断：(1) 如果没有声域对立，最多可以有四个平调。如果多于四个平调，则一定有声域对立。(2) 如果有两个声域，最多可以有五个平调。如果有五个平调，则至少有两个声域。第1节中提到有三处五平调报道。分域四度制预言这样的语言中有声域对立。现在看来，高坝侗语和清江苗语都有发声对立，可以据此分域。只有一处比较简略的记载还需核实。(3) 如果有三个域，最多可以有六度。如果有区分六度的必要，则一定有三个声域，如温州吴语分清声、哞声和假声三个域。

从理论上来说，一个声调模型在容纳数以千计的声调系统时，应该是充分而又必要的。所谓“充分而又必要”，就是多一度便成赘冗,少一度便不足以区分。就像元素周期表容纳各种元素一样。这一"充要性"原则实际上也是制定任一分类系统时,仅次于"无矛盾"的第二个原则。"无矛盾"原则决定对错。"充要性"原则决定好坏。五度制在语音学上来说不够细,但从音系学上来说又太多。从音系学或音位学角度来看,四度是充分的、足够的;五度有冗余,是不必要的,并且自我滋生歧义。四度制比起五度制,音系学上"粗"了点,但更加"音位化"了;从定义的精确性、形式化的简明性,以及可预测性三方面来说,都有了很大改进。当然,从语音学上来说,比五度制更粗了。这也是我们所追求的目标之一:分工明确。语音学上的声调描写,实际上是应该经对数归一化处理后,用一元二次方程($y=ax^2+bx+c$)来表达,见朱晓农(2005:234—235)。

20年前曾有人建议分九度,从音系学上来看,就更没必要了。至于从语音学角度来看,任你分多少度也是不够的。后来还有三域九度的模型,同样没有必要。说到底,声调不像音段,可以有声学定义。你这九度是没法去对应赫兹的。声调在音系学中只是一个相对的音高概念。另一方面,碰到只有一个域,或同一个域内,有四个平调的语言,就不足以描写了,比如广西龙胜伶话和高坝侗语都是在一个声域中有四个平调。简单地说,从音系学角度看,这种声调模型总的度数太多(不必要),而每个域中的度数又太少(不充分)。从"充要性"原则这一基本要求来看,分四制优于五度制,更不必说单域九度或三域九度制了。

分四制优于五度制的又一个方面是:分四制定义的平调(4

个）多于降调（3个），但五度制定义的平调（5个）却少于降调（6个）。分四制实际上反映的是听感的基础，而从听感上来看，平调区别度最大，可资利用率最高，因为从头到尾都可以用来区别其他平调。与此相反，仄调因为要跨越2～3度，能够用来区别的往往要么是起点（降调的情况），要么是终点（如果是升调）。听话人如果错过了这一刹那，就难以区分了。因此，一个合理的声调描写框架所定义的平调应该多于仄调，而不是相反。

4. 结语

分域四度制实际上是五度制的细化和简化。分域是细化，四度是简化。这是五度制在不同语言或方言中的具体体现。细化的意思是当一个语言有两个域时，五度制要相应地拆成两个四度，这两个四度大部分重叠，实际上只差一度，所以加起来还是五度。比如说，某个语言有“清、带”爆发音的对立，那就会有“阴阳调”的区别。阴阳调就应该分开描写：各用四度，合起来还是五度。如果没有“清浊”“阴阳”的实质性声域区别，那么五度就可以简化为四度，如北京话四声可描写为[44，24，213，41]。声调的两个“域”是现代术语，它实在不是什么新发现，用老话说就是“阴阳调”。声调阴阳最初由声母清浊决定，声母清浊是喉部发声态的区别，不是上声道调音的音段区别①。现在有了实验语音学，我

① 当发声区别消失，即浊音清化后，阴阳调的区别就只是类名的区别，语音上没有制约因素了（朱晓农 1987）。

们对发声状况有了了解,就可以对“轻清重浊”“阴阳调”作实质性的定义了。四度的设想也不是什么新发明。比如 Pike (1948) 在描写美洲语言的声调时用的就是四度制。在汉语方言研究中,也有好些“挂五度、用四度”的情况。有的可以认为他是训练不足,或者不理解五度制的相对意义,所以缺了个 [5] 或 [1]。但像袁家骅 (1983) 和罗杰瑞 (Norman 1988) 在描写上海话时只用四度而没有 [1],你就不能这么认为了。这只能说他们的潜意识中的确认为只需四度就足以描写了。

因此,我们可以说,“两域”“四度”都是老范畴,新定义。分开来的“两域”“四度”,“乃述群贤遗意”;合起来的“两域四度制”,“却是小子专辄”。

参考文献

戴昭明 2003.《天台方言初探》. 北京:中国社会科学出版社.

王辅世 1979. 广西伶话记略 (1, 2).《方言》2:137—141;3:231—240.

颜逸明 2000.《浙南瓯语》. 上海:华东师大出版社.

杨时逢 1974.《湖南方言调查报告》. 台北:史语所专刊之 66.

袁家骅 1983.《汉语方言概要》. 北京:文字改革出版社.

张 琨 1947. 苗瑶语声调问题.《史语所集刊》16.

赵元任 1928.《现代吴语的研究》. 北京:清华学校.

郑张尚芳 1964. 温州音系.《中国语文》1:28—60.

朱晓农 1987. 声调笔记五则.《文字与文化》丛书 2:117—124. 北京:光明日报出版社.

朱晓农 1996. 上海音系,《国外语言学》2:29—37.

朱晓农 2004. 论分域四度标调制. 第 12 届国际中国语言学学会年会论文,天津.

朱晓农 2004a. 亲密与高调:对小称调、女国音、美眉等语言现象的生物学解释.《当代语言学》3：193—222.

朱晓农 2005.《上海声调实验录》. 上海：上海教育出版社.

朱晓农 2005a. 证早期上声带假声. International Symposium on Old Chinese Phonology 论文，上海。

Chang，Kun 1953. On the tone system of the Miao-Yao languages. *Language* 29：4，374—378.

Chao，Yuen Ren 1930. ə sɪstəm əv toun lɛtəz. *Le Maître Phonétique* 45，24—27.

Gwan，Julia Jin 1971. Ch'ing Chiang Miao phonology. *Tsing Hua Journal of Chinese Studies*. New series 9，289—305.

Norman 1988. *Chinese*. Cambridge University Press.

Pike，Kenneth Lee 1948. *Tone Languages：a Technique for Determining the Number and Type of Pitch Contrasts in a Language，with Studies in Tonemic Substitution and Fusion*.

Shi Feng，Shi Lin and Liao Rongrong 1986. An experimental analysis of the five level tones of the Gaoba Dong language. *Journal of Chinese Linguistics*，15 (2)，335—361.

（原载《语言研究集刊》第 4 辑，2007。吴和得合作撰写）

嘎裂化：潮州话入声的阴低阳高*

1. 导言

本文的研究材料取自潮州市区话，潮州话属于闽南话的潮汕片。潮州话有复杂的音韵系统，共有94个韵母（林伦伦、陈晓枫1996：83）。其中入声韵母有41个，包括-p/k唯闭韵尾的16个，喉塞尾25个。声调8个，按林/陈所记如下：

阴平	阳平	阴上	阳上	阴去	阳去	阴入	阳入
33	55	53	35	213	11	$\underline{22}$	$\underline{55}$

关于闽南话的入声韵性质，岩田礼（1984，1992）用光纤维镜（fiberscope）和肌电仪（EMG）进行观察，发现闽南语和广东话的唯闭韵尾存在着早先赵元任（1928）指出的口腔及喉头的双重闭锁及紧喉现象。岩田礼说：韵尾塞音-p/t/k发音时，除了声门关闭外，声门上部也发现了显著的收缩。他进一步发现：这种紧喉运动在-p/t/k音段之前即已发生，但紧喉运动在口腔闭锁之后才显著；如果没有唯闭音尾，而是单纯的喉

---

* 香港研资局竞标专项拨款（HKUST 6426/06H）和香港科技大学竞标研究拨款（RPC06/07.HS03）资助项目。

塞-ʔ韵尾，紧喉作用则在元音的音段已经显著了。换言之，无论是上述哪种韵尾，入声都有一个喉塞音收尾。岩田礼这一重要的发现印证了赵元任的判断，即有-p/t/k的方言，其实际音值应该是-pʔ，-tʔ，-kʔ。他进一步指出：粤语、闽语和苏州话的入声音节很短促，苏州和闽南的-ʔ音节整个韵母就“喉化”。既然紧喉作用从元音就开始了，那么无论是喉塞尾-ʔ还是塞音尾-p，-t，-k，都是带有这种发声类型的，“-p，-t，-k＞-ʔ，一般认为是发音部位的后移，这显然不妥，应该是口腔内封闭的消失，剩下的就是喉塞音”。而后台湾学者洪惟仁(1997)根据岩田礼的发现对闽语特别是闽南话做了进一步的说明，他总结道：“闽南语入声韵尾是一种紧喉运动，即喉塞音韵尾。”岩田礼、洪惟仁似乎是把喉塞尾等同于紧喉。孔江平(2006)观察到各语言记为ʔ的喉塞音性质有很大的差别。根据我们的梳理(朱晓农 2005)，“松/紧喉”在中文文献中有多达八类十六种不同的含义，用来描述性质迥异的声或音。涉及气流机制的有“1 内爆音”“2 喷音”；涉及调音的如“3 鼻冠音”；涉及发声的如“6 嘎裂声”“7 假声”“8 气浊声”(这是“松喉”)。两个最大的类“4 喉塞”和“5 紧音”夹杂了发声和调音。那么潮州话的入声情况中，紧喉属于哪一种呢？为了理解入声的性质、紧喉的性质、入声与紧喉的关系，我们先要弄清楚发声态。从生理学和语音学角度来看，发声态有很多种类，但具有语言学功能的只有六类十一种(据朱晓农 2009)，见表 1。

表 1. 六类十一种发声态

非冽嗓	1	假声		1
冽嗓	2	张声,依音节位置分两种	前喉塞	2
			喉塞尾	3
冽嗓	3	清声,分强弱两种	弱为不送声清声	4
			强为清送声	5
冽嗓	4	浊声		6
非冽嗓	5	气声,按音节位置/强弱分两种	弱为声韵母的弛声化	7
			强为声母爆音的浊送气	8
非冽嗓	6	嘎裂声,分强中弱三种	弱为僵声	9
			中为嘎裂声	10
			强为喉堵状态	11

其中第 1、第 2 类是一种涉及声带纵向紧张、引起高调的"紧喉",第 6 类是涉及中央收缩和外展紧张、引起低调的"紧喉"。那么潮州话入声是哪一种紧喉呢?潮州话中的入声被认为是喉塞尾,而且还是阴入低而阳入高,这是一种长期以来不得其解的现象。本文对潮州话的入声字从发声态角度出发进行了系统的考察,发现阴入是嘎裂声,这也是为什么阴入低的原因。阳入比较复杂,它可能有两个变体。一个是喉塞尾,另一个是也具有嘎裂声性质,但可能是一种很特殊的假声嘎裂声的复合发声态。

2. 潮州入声性质的初步鉴定

近年来我们在考察古入声舒化的路径和阶段时发现,潮汕闽语的入声实际上还伴随着发声态的特征,阴入声伴随着嘎裂声，而阳入声是喉塞尾，从而在听感上造成“阴高阳低”的现象（朱晓农等 2008）。“嘎裂声元音在波形图上表现为脉冲周期及振幅的变化都比较大，语图上的表现主要为音高曲线起伏比较大甚至发生断裂。与常态元音相比，嘎裂声元音的音高线呈现强烈的波浪形，相比平调的嘎裂声元音，降调的嘎裂声元音的音高线往往出现断裂，这是因为发嘎裂声时候，声带向中心收缩压紧，声门变小甚至偶尔关闭，造成声门波频率下降并变得不规则，而降调元音本身就意味着声门波频率的下降，两种机制的联合作用使得声门波频率又低又不规则，当它低于语音分析软件设定的最低基频（F0）阈值或者由于声门波脉冲频率的剧烈变化使得语音分析软件把该发音段认定为非周期音时，音高曲线就出现空白（断裂），当声带恢复规则振动时，音高线重新出现。”（朱晓农，周学文 2008）

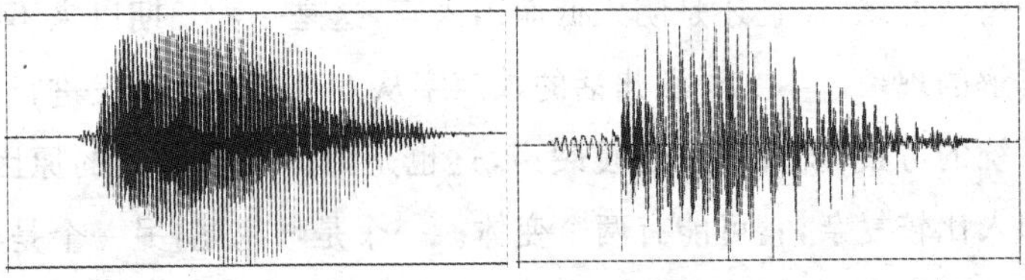

图 1. 声波图比较。【左】舒声字“多”ɗo^{30}，【右】阴入字“啄”ɗo̰^{30}。（顺便说一下，潮州话有系统的内爆音。）

观察图 1 的一对舒入声对立词的声波图，舒声字的脉冲波形的幅度呈现从小逐渐均匀增大、然后稍微减小、然后保持稳定的趋势，相邻脉冲的周期变化不大，并且脉冲之间比较“干净”，说明舒声元音的周期性较好，噪声幅度较小。入声元音的脉冲波形的幅度不太有规律,时大时小,且脉冲间的间隔(即相邻脉冲的周期)变化很大,说明入声元音脉冲的周期性较差,脉冲之间不很“干净”,意味着周期振动中明显夹杂着噪声能量,即有噪声存在,语音质量较差。

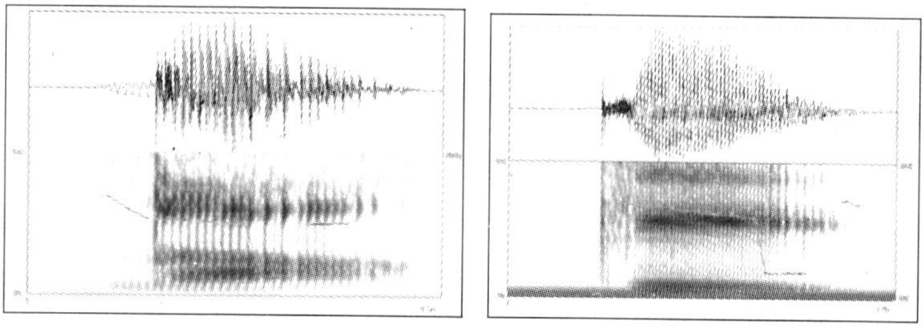

图 2. 阴入字例图。【左】“啄”ɗo̰$^{\underline{30}}$,【右】“砌”kḭ$^{\underline{30}}$。

从图 2 左“啄”字语图可以看到,元音中间波形突然变得不规则,间隔增大,基频从 150 赫兹跌落一半至 75 赫兹,显示出双周期波,这是典型的嘎裂声特征。从图 2 右“砌”的语图可以看到,在韵母结尾处波形变得不规则,间隔增大,下面的宽带图从这地方起变得稀疏,基频突降,以致基频曲线出现中断。下面图 3 是一组阳入字的情况,可以很明显看到和阴入字类似的表现,脉冲间隔变大,基频曲线都是在音节的后半部断开或跌落。

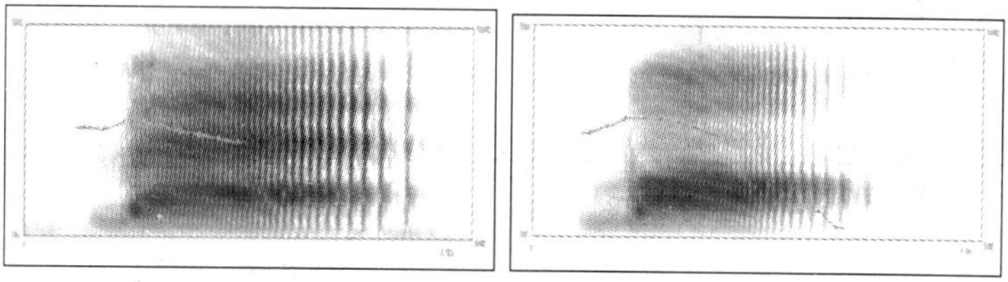

图 3. 阳入字例图。【左】“白”ɓḛ$^{\underline{50}}$,【右】“薄”ɓo̰$^{\underline{5}}$。

3. 量化实验

上文我们从语图上看到了潮州嘎裂化入声字的声学性质，进一步的量化可以从频谱斜率(Spectral tilt)和谐噪比 HNR (Harmonics to Noise Ratio)这两个参数上来界定。为了获得系统的数据，我们对一位潮州发音人进行了录音，所用材料有200多对入声和舒声对立的字，对多项语音参数进行测量并做了统计检验。这位发音人是一个青年男性，他说的是潮州湘桥市区话(亦即府城话)。录音材料由朗读而得。字表中包括潮州方言阴入、阳入字各100个，另外选取不同声调的100个舒声字，以平调为主。表2中为部分例字，声母类型各异(爆、擦、鼻、边)，韵母为单元音的i、u 、a、o、e。

表2. 部分例字

古韵摄	阴入例字	阳入例字
咸深摄	答、塔、插、甲、鸭、押、插、恰、汁	合、盒、蜡、集、习、及、立、十、达
山臻摄	割、葛、八、薛、室、铁、节、浙、结、脱、七、雪、窟、漆、不	别、裂、舌、夺、绝、密、实、日、逸突、没、核、滑、律
宕江曾梗通摄	托、索、阁、胳、博、恶、约、驳、桌、啄、角、百、伯、拍、剥、格、客、摘、责、策、责、册、格、隔、北、塞、壁、积、迹、惜、则、逼、息、国、谷、滴、绩、刻、宿	落、诺、薄、缚、岳、白、或、直、力、麦、逆、笛、族、毒、陆、牧、肉、六、俗、辱、玉、局、鹿、读、独、历、熟、脉、极、翼、择、浴、轴、服、木、敌

录音——录音设备采用 Realtek 的 AC 97 声卡、普通麦克，录音软件采用 Pratt，采样率为 22K，语音分析软件采用 Pratt。本文测量的声学数据主要是频谱斜率和谐噪比。

4. 频谱斜率

本节先讨论瞬时频谱斜率。频谱斜率指的是语音的 FFT 频谱的高次谐波(本文取第二谐波 H2)与元音的基频 F0(亦即第一谐波 H1)的音强差。Ladefoged & Gordon (2001) 认为,此差值可以相当可靠地区分很多语言中的不同发声类型,常态元音、嘎裂化元音和气化元音在该参数上的取值明显不同。在一般情况下,嘎裂化元音的 H1-H2 值小于常态元音 H1-H2 值,即常态发声的第一谐波能量较强,而嘎裂声的第二谐波能量较强。为了在统一的基础上进行统计和比较,FFT 频谱截面(Spectral Slice)的取值点均取在元音时长的一半处,这个时候入声元音嘎裂化明显,基频开始突降。图 4 是一幅例图,横轴为频率,单位 Hz,纵轴为音强,单位 dB。H1-H2 为 H1 和 H2 的音强差,例图中的频谱斜率值约为 5 dB。

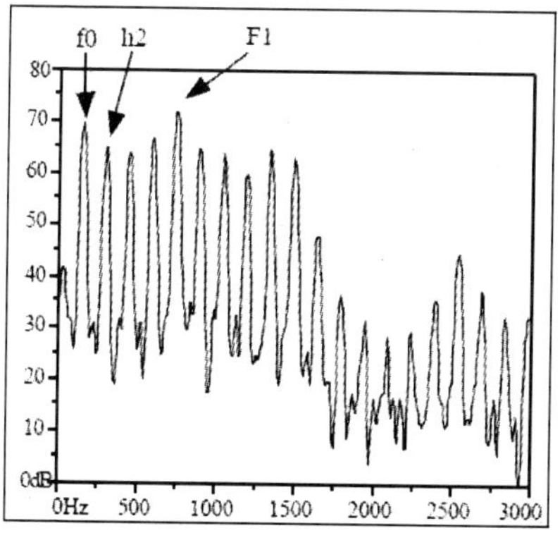

图 4. 语音的 FFT 频谱截面

以下图表使用的语音材料分别为 12 对阴入和阳入字和相近舒声字的最小配对。为了比较方便，入声字一律采用非唯闭韵尾的字，元音为 a、i、e、o。舒声字采用阴平和阳平字，分别对应阴入和阳入字。这里需要说明一点的是，虽然从基频曲线图上看阴入和阳去调的调值最接近，但是由于阳入调的基频很低，导致有些音节出现了气化的现象，不利于进行比较。所以我们还是采用阴平字进行比较，这时声带处于自然状态，能够比较好地反映普通元音的发声状况。所以下面表 3 中是舒入声元音的瞬时频谱斜率数据以及两者之间的差值。

表 3. 单元音的平均频谱斜率（单位:分贝）

	①阴平字	②阴入字	③平入之差	④阳平字	⑤阳入字	⑥平入之差
元音	H1-H2	H1-H2	①-②	H1-H2	H1-H2	④-⑤
a	1.5	0.7	0.8	1.05	−1.5	2.55
i	−1.5	−3.5	2	−0.7	−7.83	7.13
e	1	−2.2	3.2	0.05	−2.63	2.68
o	0.33	−1.83	2.16	0.13	−2.73	2.86
均值	0.33	−1.71	2.04	0.13	−3.67	3.81

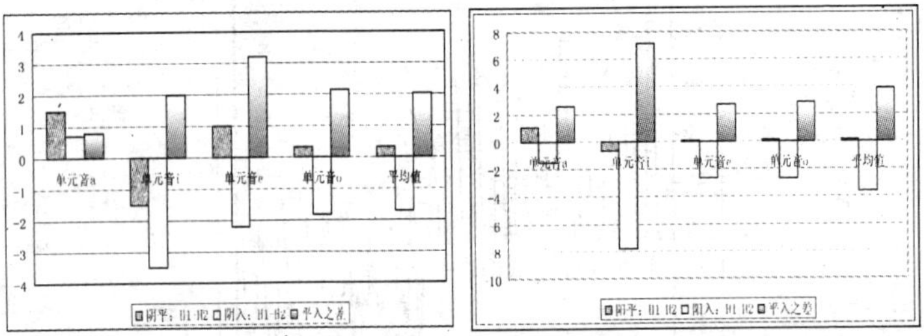

图 5.【左】阴平字和阴入字的平均频谱斜率比较（按元音类型分类），【右】阳平字和阳入字的平均频谱斜率比较（按元音类型分类）。（单位:分贝）

图5和表3显示,所有类型元音的12对样本例字的谐波斜率均符合入声元音小于舒声元音,阳入字尤为明显。其中以单元音e的斜率差最大,阴平字中只有元音i斜率为负,但其斜率差仍然为正。数据说明,潮州话的入声和舒声确实在谐波斜率上有所反映。

5. 谐噪比

谐噪比(HNR)指的是语音信号中周期信号的能量和噪声的能量的一个比值,这也是考察声音质量的一个重要参数。HNR值越大,意味着语音中周期成分的比例越高,语音质量越好,听感越清洌悦耳。HNR值越小,则噪声成分的比例越高,听感上不清洌。语音中的噪声包括附加噪声、脉冲的频率扰动(jitter)和幅度扰动(shimmer)。附加噪声主要是由于气流通过收紧的声门引起的湍流造成的,它与发声态,主要是气声有关;频率扰动和幅度扰动是由于基频周期和幅度的不规则变化引起的,主要与发声质量有关,例如嘎裂声的扰动较大,而常态浊声的扰动很小。常态浊声元音的谐噪比大于嘎裂声元音的谐噪比(参看朱晓农、周学文2008)。

在相同的条件和环境下,常态元音要比嘎裂化元音谐噪比大。但因为元音的不同时段的谐噪比是不同的,为避免在不同元音的不同段比较它们的谐噪比造成的误差,我们取整个元音段的谐噪比,这样也许掩盖了不同元音之间在不同时段谐噪比的特点,但总的平均结果是可以反映元音的音质差异的,比较结果是稳定的。

表 4. 单元音的谐噪比（单位:分贝）

	①阴平	②阴入	③平入之差	④阳平	⑤阳入	⑥平入之差
元音	HNR	HNR	①-②	HNR	HNR	④-⑤
a	15.9	2.7	13.2	15.7	2.1	13.6
i	20.7	5.8	14.9	16.5	10.7	5.8
e	16.8	2.5	14.3	21.6	6.4	15.2
o	20.4	4.5	15.9	18.5	5.7	12.8
平均值	18.5	3.9	14.6	18.1	6.2	11.9

从表 4 看出，平声字的谐噪比(HNR)要比阴入字和阳入字高得多，各种类型元音表现出来的谐噪比也不一样，元音 a 的谐噪比最低。从调类来看，阳入字的谐噪比要比阴入字的谐噪比略高，但仍远低于平声，这说明由嘎裂声引起的入声字发声质量不高，实验达到了预期的效果。

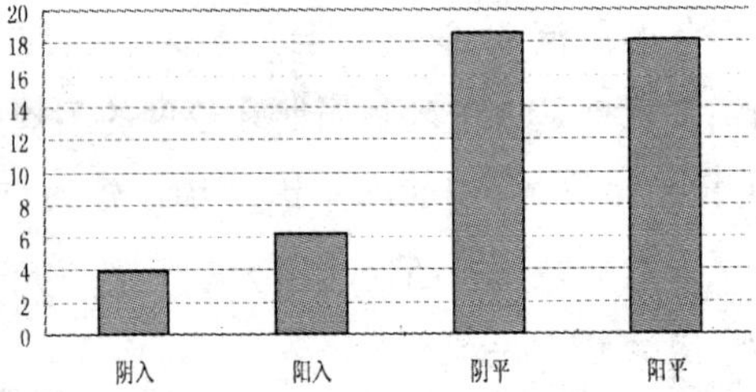

图 6. 阴阳入和阴阳平谐噪比的比较(单位:分贝)

图 6 显示，平调 HNR 远大于阴入和阳入的 HNR，除了 HNR，本文也就舒入元音的频率扰动(jitter)和幅度扰动(shimmer)做了测量，结果与 HNR 在舒入元音的表现类似，进一步证

实了舒入元音在发声质量上的区别。

6. 阳入的发声类型

上面我们通过实验证明了潮州话的入声虽然都属于嘎裂声的发声类型,但阳入的情况显然更加复杂。前面讲过,嘎裂声导致低调,但是潮州话的阳入调却是例外,其基频远高于其他调类。我们原先认为阳入是喉塞尾(朱晓农等 2008),但检查了更多的例字之后,发现阳入有个变体也伴随着嘎裂声,但有其他因素影响了它的基频,所以我们有必要做出进一步的考察。下面表 5 是潮州话 8 个声调的平均基频(单位:赫兹)和时长。

表 5

Hz	0	1	2	3	4	5	6	7	8	9	10	ms
阴平	117	117	116	116	116	115	115	115	115	115	115	245
阳平	124	124	124	123	123	123	123	123	123	123	123	269
阴上	124	122	120	118	116	113	109	106	102	100	99	225
阳上	101	101	101	102	103	105	107	110	114	126	132	258
阴去	90	88	86	85	86	90	94	96	98	100	104	286
阳去	110	107	105	105	105	105	105	104	103	102	101	240
阴入	111	109	106	104	101	98	96	94	89	82	80	105
阳入	139	136	134	132	130	129	128	127	126	125	123	90

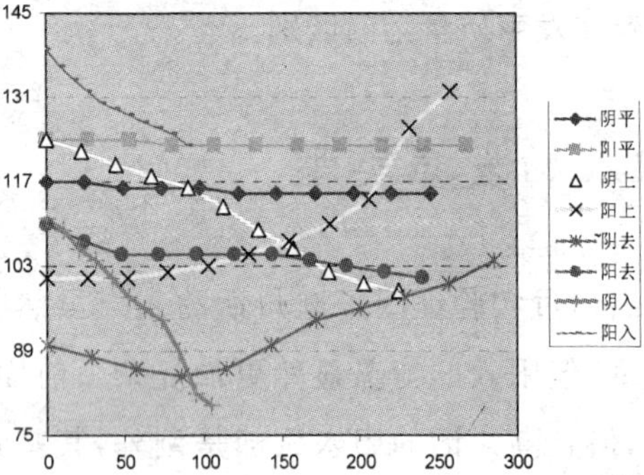

图 7. 平声和入声基频归一化曲线

从表 7 可以看到，潮州话的 6 个舒声调大致分布在 80 到 130 这 50 赫兹的区间，这是发音人常态发声状态下的调域区间。阴入调的起始调头中等高度，音节的后半部由于嘎裂声的影响，导致了低调，以致最后几个点上常常测不到基频，表中那几个数据都排除了测不到的例字。阳入调的起始状态则高出高平（阳平）和高降（阴上）的调头大约 15 赫兹，比其他声调高得就更多了。这种情况可能是由一种假声和嘎裂声复合的嘎裂假声发声态引起的。

7. 余论

入声的性质和入声的演变一直都是汉语方言学、语音学、历史音韵学和音系学等多个学科中的研究热点。本文对潮州话入声字进行了系统的考察，对其元音进行声学分析、提取频谱斜率、谐噪比等参数值，与舒声字的相关参数值加以比较，结果发现两者有统计学上的差异,从而明确地界定潮州话的阴入带嘎裂声,而不是以前所认为的喉塞尾。阳入字情况较为复杂,它可能有两个变体,一个是普通喉塞尾,另一个可能与假声有关。进一步的研究在准备中。

汉语中和入声韵关系最为密切的是喉塞尾以及唯闭韵尾。从生理语音学的角度看,喉塞尾是一种发声态:喉闭态。从音节学角度看,喉塞尾是张声的一种变体(张声的另一种变体是前喉塞)。喉塞音和嘎裂声并不是一目了然可分辨的,例如台州吴语和韶关土语中的嘎裂声曾被长期认为是“中喉塞”(例如赵元任1928)。嘎裂声还有一个变体“喉堵态”,跟喉塞音就更容易相混,好在汉语中的声调系统很容易帮助我们区别两者:喉塞音(张声)导致高调,嘎裂声(包括喉堵态)引致低调。嘎裂声在汉藏语中作为一种具有语言学功能的发声态是近年来逐渐认识到的(Zhu 2006;朱晓农 2004a,2004b,2005 等;麦耘 2007;朱晓农等 2008)。潮州话(以及其他同类的闽南话)入声如果原先和汉语其他方言一样,经历了一个喉塞尾的阶段,那么在此阶段它又发生了一种其他方言还未发现的独特变化:由阴入的喉塞音变为嘎裂声/喉堵态,从而降低了音高。而这又推动阳入声调高化。

参考文献

高本汉 2003. 中国音韵学研究. 赵元任、李方桂、罗常培合译. 北京:商务印书馆.

洪惟仁 1997. 闽南语浊音与鼻音的互补分布. 第二届闽方言研讨会论文,

泉州.
孔江平 2006. 现代语音学研究与历史语言学,《北京大学学报》2:34—38.
林伦伦、陈晓枫 1996.《广东闽方言语音研究》. 汕头：汕头大学出版社.
麦 耘 2007. 广西贺州八步区八都话入声的语音分析.《桂林师范高等专科学校学报》1：1—7.
岩田礼 1984. 南部中国语の音节末闭锁音. 言语研究 87：21—39.
岩田礼 1992. 汉语方言入声音节的生理特征——兼论入声韵尾的历时变化. 台北:中研院史语所《中国境内的语言暨语言学(第一辑)汉语方言》.
赵元任 1928.《现代吴语的研究》. 北京:清华学校.
朱晓农 2004a. 亲密与高调：对小称调、女国音、美眉等语言现象的生物学解释.《当代语言学》3：193—222.
朱晓农 2004b. 浙江台州方言中的嘎裂声中折调.《方言》3：226—230.
朱晓农 2005. 实验语音学和汉语语音研究.《语言学前沿与汉语研究》(刘丹青编)，225—257. 上海:上海教育出版社.
朱晓农 2006.《音韵研究》. 北京：商务印书馆.
朱晓农 2009. 发声态的语言学功能.《语言研究》3:1—19.
朱晓农、焦 磊、严至诚、洪 英 2008. 入声演化三途径.《中国语文》6：324—338.
朱晓农、吴和得 2007. 高坝侗语五平调和分域四度标调法.《语言研究集刊》4：306—317.
朱晓农、周学文 2008. 嘎裂化:哈尼语紧元音.《民族语文》4:9—18.
Ladefoged, Peter & Matthew Gordon 2001. Phonation types: a cross-linguistic overview. *Journal of Phonetics* 29, 383—406.
Zhu, X. 2006. Creaky voice and the dialectal boundary between Taizhou and Wuzhou Wu. *Journal of Chinese Linguistics* 34.1: 121—133.

(原载《中国语言学集刊》第 4 卷第 1 期,2009。原题《潮州话入声的阴低阳高》。洪英合作撰写)

声调起因于发声*

——兼论汉语四声的发明

1. 题解

本文题目原先考虑过“起源”“来源”“四声”“发明”等词儿，折腾了五六回，最后用了现在的题目，原因在于：“起源”探讨的是谱系发生，“来源”既有谱系发生的含义，又增加了接触含义，“四声的发明”则是声调在特定语言中的特定发生。这些都是脱离不了特定地域的历史范畴的课题，尽管在讨论中要涉及一些一般性原理。本文所要讨论的“起因”问题，则是脱离了时空限制的、古今中外都通用的一般原理。谈到汉语的四声来源只是以此为例而为其作注。

题目中的“发声”(phonation)，相对于“声调来源”的讨论，是个较新的概念。生理学、声学上是在最近二三十年来才对它有所了解，而语言学、音节学、演化音法学中对它的研究还刚开始。最近我们(朱晓农 2009a)制定了一个语音学～音节学的发

* 香港研资局竞标专项拨款(HKUST 644509)和香港科技大学 DAG(S08/09.HSS07)资助项目。

声态分类，并与音节学中的分域四度标调制、元音松紧、辅音硬软、内爆音等统一了描写参数，才使我们从语言语音学到音节学对发声态有了一个头绪。音节学中的发声态分为六类十三种，见表1。发声态是音节的属性，它们有多种声学和生理特征，首先是嗓音的声质（voice quality），其次为音高。表中“洌嗓”为“清洌”或“康洌嗓音[①]”（clear voice）之简，“非洌”即“非清/康洌嗓音”。清声是底伏发声态，由它所定义的中域是每个语言都有的。带声由带声塞音定义，不是每个语言都有。音节学的低域不是每个语言都有的，它是由气声或带声定义的，也不是每个语言都有的。可以作为清声变体的张声语音学上可能每个语言都有，因为喉塞音是普遍存在的。高调性质的假声和低调性质的气声、嘎裂声，都不是每个语言都有的，或者有了也不一定有辨义作用。“洌嗓”“非洌嗓”是听感上的概念，因为正好和常见、不常见的发声态相合，所以在我们的模型中也有用。

表1

声域	听感	类	发声态	种	次发声态	例
高域	非洌嗓	I	假声	1	假声	á
高/低	洌嗓	II	张声	2	前喉塞	ʔp
				3	喉塞尾	aʔ
中域	洌嗓	III	清声	4	不送	p
				5	弱送	p‘
				6	清送	p^h

① 欧美有 pathological phonetics 和 speech pathology，研究的是如何康复非康洌嗓音，不过此处的康洌并无此意，只是音译 clear。

（续表）

低/中	非冽嗓	IV	僵声	7	弱僵声	a̱
				8	嘎裂声	a̰
				9	喉堵态	a̳
低域	冽嗓	V	带声	10	带声	b
	非冽嗓	VI	气声	11	弱弛	p̣ạ
				12	弛声	p̈a̤
				13	浊送气	bʱa̤

本文认为：所谓声调发生，指两个过程：(1)音高模式的形成，以及(2)这个音高模式的音法化（或者语法化、范畴化）。这两个过程对应于语言演化中的两个基本过程：变异和选择。第一个过程中又有两个小步骤，具体见下。

(1) 音高模式的形成。这又分两步：

A. 音高差异出现，这取决于发声态的不同。

B. 这种音高差异的显化，这有赖于音节结构的简化（单音节化、乐音性加强等）。

说明：音高模式的形成主要出于内部因素，即自然音理导致的“变异”。这个主要是语音学问题。

(2) 音高模式的音法化，即把上述显豁了的音高差别接纳为音法（或语法）范畴——声调类。

说明：音高模式的音法化，则出于自然音变、音系内部调整、社会心理、接触等因素的“选择”。这个主要是音节学问题。

下面在正式讨论声调起因和汉语四声来源前，先做一简要的文献回顾。

2. 起源假说回顾

声调的来源问题由来已久，探索大体上沿着两条路：一是从陈第、顾炎武开始的以汉语为对象，探索四声的出现和分合，主要是音类问题。另一是从1950年代开始的，以东亚语言为对象，从音理上探讨声调起源的一般性问题（当讨论具体语言情况时也涉及具体的问题，包括接触因素）。下面分头进行评述。

2.1　四声起源：调类的分合

从陈第开始，古人认识到语音是会"转移"的，而声调也是后起转移的结果，因为他说"四声之辨，古人未有"（《读诗拙言》）。到顾炎武，他有个著名的"四声一贯说"（《音学五书·音论·古人四声一贯》）："四声之论虽起于江左，然古人之诗已自有迟疾轻重之分；故平多韵平，仄多韵仄。亦有不尽然者，而上或转为平，去或转为平上，入或转为平上去，则在歌者之抑扬高下而已，故四声可以并用。"这"迟疾轻重"是不是就是声调呢？顾氏未明言，所以引起后世史家争议。大多数人还是认为顾氏心目中是古有四声，只是在诵诗时，可以临时改变韵脚字的声调以求相协（朱晓农1989/2006）。顾炎武以下，基本上都认为上古有声调。江永说："四声虽起江左，按之实有其声，不容增减，此后人补前人未备之一端。平自韵平，上去入自韵上去入者，恒也。亦有一章两声，或三四声者，随其声讽诵咏歌，亦有谐适，不必皆出一声，如后人诗余歌曲，正以杂用四声为节奏。诗韵何独不然？"（《古韵标准·例言》）。江永认为上古实有四声，只是可以异调相押，像后来的词曲中异调相押一样，而不是临时变调。这是陆德明“古人韵缓不烦改字”的翻版。

上古有声调的看法统一了，但具体到哪几个声调仍有出入。最著名的是段玉裁“古无去声说”(《六书音韵表·古四声说》)：“古四声不同今韵，犹古本音不同今韵也。考周秦汉初之文，有平上入而无去；洎乎魏晋，上入声多转而为去声，平声多转为仄声。于是乎四声大备，而与古不侔。上声备于三百篇，去声备于魏晋。”与此相对的是孔广森的“古无入声说”(入归去)。古有四声论到江有诰才确定下来，他本人也经历了一个认识过程：“有诰初见亦谓古无四声，说载初刻《凡例》。至今反复紬绎，始知古人实有四声，特古人所读之声与后人不同。”(《唐韵四声正》《再寄王石臞先生书》)王念孙原从段玉裁说，但晚年改定《合韵谱》时认定古有四声。

到了近代，王力承续段玉裁并加以发展。他主张上古声调分为舒促两类，都有音长区别：“我所订的上古声调系统，和段玉裁所订的上古声调系统基本一致。段氏所谓平上为一类，就是我所谓舒声；所谓去入为一类，就是我所谓促声。只是我把入声分为长短两类，和段氏稍有不同。为甚么上古入声应该分为两类呢？这是因为，假如上古入声没有两类，后来就没有分化的条件了。”王力用了舒促、长短、高低来刻画上古四声，由于高低和长短的关系必然(长必高，短比低)，所以是冗余的：长(高)舒是平声，促为去声；短(低)舒声是上声，促为入声。王力论证的出发点是历史比较语言学的基本信条：今天的区别是古有来源。这在当时是标准做法，但他所构拟的调值只是一种合理程度不高的可能性。同样的材料（诗韵、谐声和异读声训等）也可以得出其他结论，如陆志韦（《古音说略》）“长短去说”（听上去更合理），认为“上古有两个去声，一个是长的，跟平上声通转；又一个是短的，跟入声通转。……上古的短去声通入声，因为音量的相像。后来混入长去声，因为调子的相像”。又如李新魁（1979，1986）“次入喉塞说”，与王力一样也分两类入声，前《诗经》时代为长短之别，到《诗经》时代，长入 p，t，k 韵尾已变为次入喉塞韵尾 ʔ，两类入声的区别主要为韵尾不同。除此之外，黄侃还提出古无上声说。不过，更多的人则承续江有诰，如周祖谟、严学宭、张世禄、李方桂等，都认为古有四声。

以上观点形形色色，使用材料却同出一辙，这说明要么材料不充分，要么方法出了问题。各家都认为考察上古声调最重要的材料是《诗经》押韵，其次为谐声系统。这两项都是比较系统的材料。另外还有古籍中去入通假、声训、异文材料和《广韵》中的两读字。谐声因为同音要求更低，统计材料不能显示有意义的结果，所以在这问题上不重要。关键还是在于《诗经》的押韵比例。面对相同的材料，共同的认识是中古去声与入声在上古关系密切。但如何去解释，如何看待中古去声在上古的性质，分歧众多：去归入？入归去？各自独立？还是大类去归入，但另立小类？进一步还牵涉到阴声韵和入声韵的关系，阴声韵的结构问题，所以，去入关系被认为是古音研究中的一个重要问题。而解决这个问题的关键不在于材料，而在于方法。确切地说，在于数理统计方法，以及相关的统计单位。去声和平上入按“韵段”点数的押韵比例大约是 85％左右独用/分用，15％左右混押/同用。用这样的分用一同用比例估计调类或韵类是分还是合，这是以《诗经》为首要材料研究上古韵母的普遍问题。比如王力(1937)主张脂微分部，但又说："如果谈古音者……不把脂微分开，我并不反对。"《诗经》110 例脂微韵段，26 处合韵，84 处分韵。分用率 76.4%，同用率为 23.6%。对这个比例各家估计有不同倾向：有人感觉是分，有人感觉像合。去一入分用同用比例提高到 85：15 时，大家感觉上分的倾向就大了。

这就是问题所在，从最早宋代吴棫、郑庠试图为上古音分韵部开始，到江有诰的"反复细绎"法，到现代点数算比例加以估计，都缺乏有效方法，因此各式结论都不能算是得到了严格证明。同用同到什么程度可以算合，分用分到什么比例可以认为是分。要解决这个千年难题的关键、要处理韵文反切等大数量音韵材料的不二法门即是数理统计方法。详细讲解这个方法可参看朱晓农(1989，2006)，此处只指出两个重要程序：(1)统计单位要用"韵次""字次"，而不能用"韵段/组/例"；(2)判断韵母分合不但要看分用率(韵次的比例)，还要看用字量(字次)。总之，要解决这问题不是"三七开""二八开"能行的。不过，此处不纠缠这问题，因为押韵比例对声调的起源问题实际上不起关键作用，它最多能说某类跟某类是分还是合，对实际语音情况并不能说什么。即使分，我们也不知道是声调使然，还是韵尾使然；即使合，韵辙内部仍有语音差异，依然不能确定是否有语音差异。所以，对声调起源问题的探讨就进入到了音理阶段。

2.2 声调起源：音理的探索

2.2.1 引言

从音理上探索声调起源是从1950年代开始的。历史语言学界有个公认观点:声调不是与生俱来的,而是由某种非声调成素演变而来。那么它是从什么变来的呢?半个世纪来提出了很多看法,尤其是最近二三十年参与讨论的文章很多,各种观点很热闹。其中最有人气的假说有两个。一个是奥德利古(Haudricourt 1954, 1954a)的"前后辅音说":声母清浊定高低,韵尾辅音定升降。这个观点得到最广泛的拥护。另一个是"松紧元音说"(或松紧喉),也有很多信奉者,如严学宭(1959)、马蒂索夫(1973)、包拟古(1980)、李方桂(1980)、袁家骅(1981)、马学良(1991)等。后一个观点到包拟古(Bodman 1995: 60)的"紧喉"说、江荻(1998)的"嗓音发声说"、Thurgood(2002)的"喉音解释"(a laryngeal account),就更为明确地提到了喉部特征。现在看来这两种观点都与发声态有关,在我们的"发声起因论"中可以得到重新表述。本节内我们先来评价松紧说和前后辅音说,然后看哪些成素不可能产生声调。

2.2.2 松紧元音说

常态元音之外还有与发声态相关的松紧元音。松紧元音或松紧喉产生声调是个很通行的观点。不过,此说最大的问题在于当初提出时实验语音学尚未成型,什么是松、什么是紧,是个笼统懵懂的说法。据不完全统计,"松/紧喉"一共有16种含义(朱晓农 2005a),有指元音的,也有指不同气流机制的辅音的(如内爆音、喷音),有涉及调音部位的(如鼻冠音),更有指最近20年来才逐步了解的喉部状态的(如嘎裂声、假声、气声)。还有两个大类"喉塞"和"紧音",夹杂了发声和调音。发这些声音都会引起不同部位或不同程度的喉部紧张或松弛，所以叫“紧喉”“松喉”都没错。单单涉及调音的，容易辨认。例如英语的松紧元音，主要是部位和时长问题。单单涉及发声或气流机制，也不算太难。最难的是各种因素夹杂的“紧音”类，乱得一塌糊涂。有鉴于此，各家的说法自然不得要领。让我们来看几个例子。

马蒂索夫（Matisoff 1973）列了一张紧喉、松喉的表现特征表，例如紧喉与高调、喉塞尾、清声母、舌根后缩、嘎裂声、喉头抬高（上声道缩小）相关，松喉与则低调、喉擦尾、舌根前伸、浊声、气声、喉头下降（上声道扩大）相关。其中“喉塞/喉擦尾”“清/浊、气声”，重复奥德利古的发现，这实际上不是一般的“音段”，而是发声态。“舌根缩/伸”与音高关系不清楚。喉头紧张和喉头上升并不一定相关，喉头放松和下降也是。最成问题的是“高调/升调”与“嘎裂声”放在一类里，那可是互相矛盾的。

沙加尔（Sagart 1986）认为去声来源于“紧喉”，他提供的现代方言例证包括浙江温州、黄岩（赵元任 1928）、乐清（Nakajima 1983），福建浦城、建阳，海南定安、文昌、澄迈、海口、万宁（Ting 1982），广东南雄（Egerod 1983）等。此处最严重的问题是材料的非同质性。温州上声是假声（及变体张声）。黄岩不是喉塞尾，也不是中喉塞，而是嘎裂声（Zhu 2006），乐清可能也不是。南雄情况不肯定，但它边上韶关的中喉塞，其实也是嘎裂声（朱晓农、寸熙 2003）。沙加尔把那么多性质迥异的喉塞尾、嘎裂声、内爆音、假声/张声全当成一回事用来支持“紧喉”构拟，你能想象得出他的构拟结果，应该是想象不出所构拟的是个什么麒麟儿。

相比之下，严学宭(1959)的看法单纯而明确，所以也容易对之进行评估。他说："多半是紧元音念高一点，松元音念低一点，结果有的语言有了高低之分，而消失了元音的松紧，于是产生了声调。""在汉藏语系里，声调的产生和元音松紧的转化有着密切不可分割的关系。""原始汉语也是以元音的松紧区分音位的，声调只是伴随现象。后来声调的高低跟元音的紧松相应结合趋于稳定，成为区分元音音位的组成部分，才逐渐区分词义，转化为声韵调三足鼎立之势。"这种看法看到了一面(有些语言中紧高而松低)，但漏了另一面(另一些语言中松高而紧低)。图1是我们对于与发声态有关的松紧概念的研究结果(朱晓农、周学文2008；朱晓农、龙从军2009)：有时紧一紧高了，有时紧一紧低了——全看你紧的是喉部哪个部位。喉部紧张有两种机制：一是声带紧张机制(vocal fold tension mechanism)，涉及声带纵向紧张(longitudinal tension)；另一是横向"展收"机制(the abduction-adduction mechanism)(Benguerel *et al*. 1978)，包括声带中央收缩(medial compression)和勺状软骨内收紧张(adductive tension)。弄清这两类紧张机制对理解声调的声域、理清各类松紧音有关键作用。图1右是根据纵向紧张度来排列的发声态，从高到低是"假声＞……＞浊声＞气声＞嘎裂声"，与音高高低相符。这是制定声调分声域的依据。但是元音的松紧不是根据纵向紧张度，而是根据图左的横向展收机制。在中央收缩和内收紧张度上，从紧到松都是"嘎裂声＞浊声＞气声"，而音高却是浊声较高，气声较低，嘎裂声最低。对照图1右可以看到，展收紧张对于音高的影响，与纵向紧张对于音高的影响是不一样的：嘎裂声的位置改变了。在构成松紧元音对时，常态带声元音是底伏的，总是出现的，它可以和另两个带非浏喉发声态的元音分别构成松紧对立。第一种 B(reathy)类松紧对立是带声和气声(弛化元音)的对立，气声为松，带声为紧，如南亚语的佤语，展收机制紧一紧音高提高了。第二种 C(reaky) 类松紧对立是带声和嘎裂声的对立，嘎裂声为紧，带声为松，如缅彝语的哈尼语、彝语，南亚语的德昂语，展收机制紧一紧音高降低了。

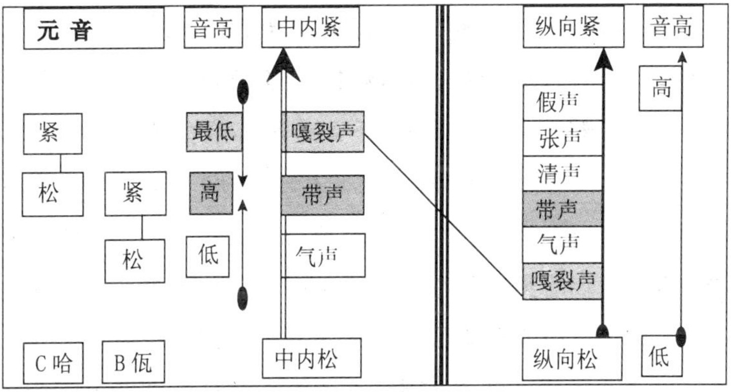

图 1.【左】与中央、内收紧张度相关的元音松紧，【右】与纵向紧张度相关的发声态。

澄清了松紧元音在发声态上的多种含义以后，改用发声态的概念，我们可以回过头去重新理解松紧喉对声调起因的作用：相对于清声和带声，气声和嘎裂声会导致低调，详见下 3.1。顺便说一下，那些有松紧元音的语言大多是无声调，或者声调还在初起时，所以这些发声态对立处理为元音松紧对立。在声调语言中，如苗语、吴语有气声，越南语、台州话有嘎裂声，温州话、岳阳话、长沙话中都有假声/张声，按说也可与常态元音构成松紧对立，但在声调已经根深蒂固的语言中，发声态区别都处理为声调区别（如吴语是阴阳调，苗语是单双数调），在我们的分域四度制中是声域区别，而不用松紧元音对立来处理，见后4.2。松紧还涉及辅音的发声态，大体上也是根据图右的纵向紧张度来安排的，与声调分域图相配，此处不赘。

2.2.3 前后辅音说

奥德利古（1954，1955）先是在越南语、然后在汉语中提出了一个声调来源的天才想法：声母清浊定高低，清高而浊低，这是阴阳分调的来源；韵尾定升降，开音尾平调，喉塞尾-ʔ导致升调，喉擦尾-h（<-s）引致降调，这是平上去声的来源。这些设想后经 Hombert *et al*.（1979）对非声调语言如英语、阿拉伯语中词语的音高表现的实验证实，音理上最有说服力，也得到最广泛的认可。跟上一小节松紧元音一样，此处"前后辅音"（清带声母，喉音-ʔ/h 韵尾）所涉及的实质上也是发声态问题，但由于那个时候对于发声态还未有系统认识①，加上欧洲语言中发声情况简单，所以尽管清声、带声是喉部状况不同是很早就知道的，但在具体处理时便便宜行事，把清阻音和带阻音的对立看作音段差别。至于表现为喉音（喉塞音和喉擦音）的喉闭态和喉开态则在

① 语音学上对发声态进行系统研究的是 Catford（1964，1977），Laver（1980）。音系学上对发声态进行定位的是 Zhu（1995/1999），朱晓农（2005，2006）等。

整个语音系统中地位特殊，或者说别扭[1]，对其认识极不充分。我们现在知道，喉音和清带都属于发声态中的类别。所以，奥德利古的观点可以在我们的模型中的一个局部得到重新诠释。

2.2.4 否定音强、时长、纯音段

在讨论了松紧元音和前后辅音之后，我们再来看更为一般的情况。先来看三个基本观点：

(1) 在通行的语音学理论中，语音有四个要素：音高、音长、音强、音色(用以描写音段)。

(2) 传统的音系学和音韵学认为，声调是范畴化或音法化了的音高。

(3) 历史语言学中有个公认的观点：声调由非声调因素演变而来。

声调如果不是与生俱来，而是从非声调因素转化而来，那么就应该是从音高以外的其他三个要素——音长、音强或音段——中发展而来。但实际上从这三个成素中都不可能产生出声调。

非声调因素包括时长、音强（包括响音性 sonority)、音段，见图 2，语音的四个要素放在双线框里。音段又专门按音节成分区分了声母辅音、韵腹元音和韵尾辅音(再分鼻音和喉音)。另外在图的右上角还放了个 X 因素。下面就来看看时长、音

① 在 Jacobson *et al*.（1952）的区别特征表中它们是 {-consonant,-vocalic}“非辅音也非元音”。其所以如此特殊，就因为它们的调音部位就在发声源处——喉门。所以，它们不但元辅音难定义，甚至连是“音”(调音)还是“声”（发声）都难以定义。

强、音段哪个因素可能导致声调产生。

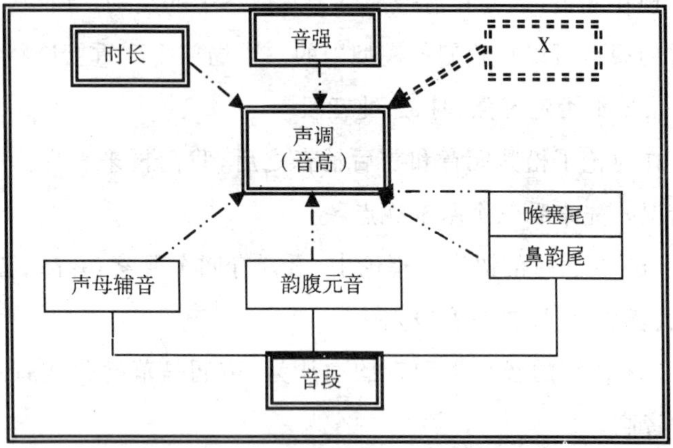

图 2. 语音四要素：三要素哪个可能导致声调（由第四要素音高定义）产生？

在这三个候选因素中，(1)时长不影响基频，因为长元音可以带高调，也可以带低调；短元音亦可高可低。所以长短对立不会产生系统的声调对立。不过存在着一些影响音高的时长因素，例如一个音素拖长了，基频会有自然衰减，即音高下降的倾向。这种衰减倾向有可能导致调形变化，这在声调发生以后的长期演化中可能偶有体现。

(2) 音强对基频起的作用是，在非声调语言中重读元音的基频高，弱读元音基频低。这能产生高低两类不同，但我们不知道它能否导致高中低三类不同，如果能，则可能会产生类似非洲的高低型声调 register tone；但这不能产生系统的升降调形区别，也就是不能产生亚洲的平仄型声调 contour tone。再则，在声调语言中弱读（轻声或零调）不一定低，例如普通话“上声＋

轻声”组合（如“好的”）的调值是{21+4}，弱读的轻声要高于重读的前一声调。元音的响音性与音强正相关。自Jespersen（1904）以来一直认为，其他条件相同的话，低元音响度大，高元音响度小，中元音居中（参看Lehiste 1970：120）。汉语方言中的实验也证明了这一点（朱晓农2005：107—112）。但由于声调类并不与元音高度相配，也就是说，高调类中有高元音，也有低元音，低调亦然，所以响度因素可以排除。还有一种可能与音强有关的声母响度论（徐通锵1998），所论不详，无法深究。

(3) 排除了时长和音强（及响音性）以后，再来看音段因素。会导致基频高低有异的音素包括以下四项：(a)一般韵腹元音（松紧元音前面谈过）、(b)鼻韵尾、(c)声母辅音、(d)喉音韵尾等。这些音段因素虽然能引起基频变化，但不可能导致系统的调形对立。先来看前两项纯音段方面。

3a) 元音因素——如果其他条件相同，高元音基频高于低元音。此所谓元音内在基频Intrinsic vowel F0（Lehiste 1970：68—74，Zhu 1992）。比如同样是{55}调，“衣”i比起“阿”a来，可能要高出几个到十几个赫兹，女声甚至可能高出30赫兹。但是，除非声调类与高低元音类相配（即高元音的都是高调类，低元音的都是低调类），否则就可排除元音因素。所以，尽管语音学上高低元音会导致系统的音高不同，但它们是否能成为音位，形成不同的调类，这样的看法还得不到支持。

3b) 鼻韵尾因素——鼻韵尾会引起基频微升，例如$piŋ^{33}$，平调的尾部会有微升，明显时会差十几赫兹。这在汉语方言中已经观察到（Rose 1992；Zhu 1999，§10）。但是，除非声调类与阴声韵和阳声韵相配（例如平调类都是阴声韵、升调类都是阳声韵），否则可以排除鼻韵尾。

后两项传统上看作音段的成素，(3c）清带辅音和（3d）喉塞音韵尾，都会导致音高的系统差别，见上。清带会导致调头高低，对调形影响至少是前段清高带低（Hombert *et al*. 1979）。喉塞尾会引起调尾上升。但要注意的是：清带是发声态（清声，常态带声），喉塞音也是发声态（张声），它们都不是纯音段。其实，喉塞音 ʔ（还有喉擦音 h，ɦ）的音段地位一直很可疑。在 Jacobson *et al*.（1952）的区别特征表中它们既非元音性的，也非辅音性的。它们不但元辅音难定义，甚至连是“音”（调音）还是“声”（发声）都难以定义。其所以如此特殊，就因为它们理论上的调音部位就在发声源处——喉门。

前面说了，声调如果不是与生俱来，而是从非声调因素转化而来，那么就应该是从音高以外的其他三个要素——音长、音强或音段——中发展而来。但实际上从这三个成素中都不可能产生出声调。那么，推论就是，(1）要么声调是从音高中发展出来的，这等于没说，因为声调就是音法化了的音高，那么(2)就该解释为声调一开始就有的，或者(3)要么语音的要素不止这四个，还是什么因素过去的语音学、音系学、音韵学没注意到。

这就是发声态！

3. 声调起因于发声态

3.1 引言

在上一节否定各种因素的论证中，实际上已经给出了我们的答案：声调产生于发声态。“前后辅音”和“松紧元音/松紧喉”的说法如果重新诠释为发声态，就接近我们的看法了。“松紧喉”的观点到包拟古（Bodman 1995：60）的“紧喉”说、江荻（1998）的“嗓音发声说”、Thurgood（2002）的“喉音解释”（a laryngeal account），就更为明确地提到了喉部特征。朱晓农（2007）则非常明确地把早期上声重建为假声。现在已经到了可以全面彻底解决声调问题的时候，包括起因问题，这需要一个完整的关于“喉头发声活动—声域—声调”的音法学理论：先要有一种方法（声调的归一化）把共时声调描写清楚，然后要有一个系统的音节学理论框架（分域四度标调制）以认识声调的性质，并使得跨语言的声调比较成为可能，还要有一个完整的理论统一处理声调和发声态（以“声道调音活动～喉头发声活动”为基本范畴的语音学新框架，见朱晓农 2009a）。系统地认识到声调由发声态和音高两个成素构成的看法始于朱晓农（Zhu 1995/1999；朱晓农 1996，2005）。最近七八年来，我们的研究越来越多地揭示出发声态在共时声调系统中的角色（朱晓农 2004，2004a，2006；Zhu 2006；朱晓农、吴和得 2007，等等），以及在起源中的作用（朱晓农 2007，朱晓农等 2008）。有了这些基础性研究，水到渠成，我们可以系统阐述声调发生的起因问题了。

如前所述，所谓声调发生，指两个过程：(1)音高模式的形成（这又包括两个小过程），以及(2)这个音高模式的音法化（或者语法化、范畴化）。下面就分节讨论这两个过程。

3.2　音高差异伴随发声态出现

音高模式的形成是自然音变的结果。这是一个语音学过程，其中又有两个步骤：(1)音高差异出现，这取决于发声态的不同。(2)这种音高差异的显化，这有赖于音节结构的简化。

本节讨论第一个过程，下节讨论下一个过程。复习一下表1发声活动，共分四类：发声态、次发声态、超发声态、类发声。发声态包括六大类：假张清嘎带弛。声调/音高属于“超发声态”，和发声态一起同属“发声活动”。所以，发声态影响了超发声态，再自然不过了。六大类发声态影响音高各不相同，假声引起超高调，张声导致高调，气声、带声、僵声导致低调。清声导致中等高度的音高。下面是侗语、湘语、吴语中的一些例子。

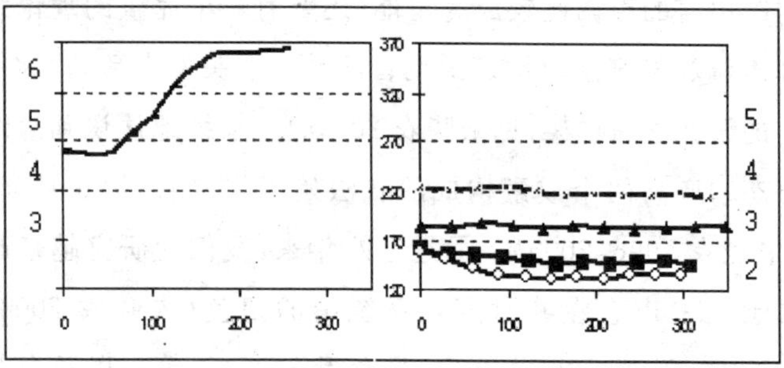

侗语

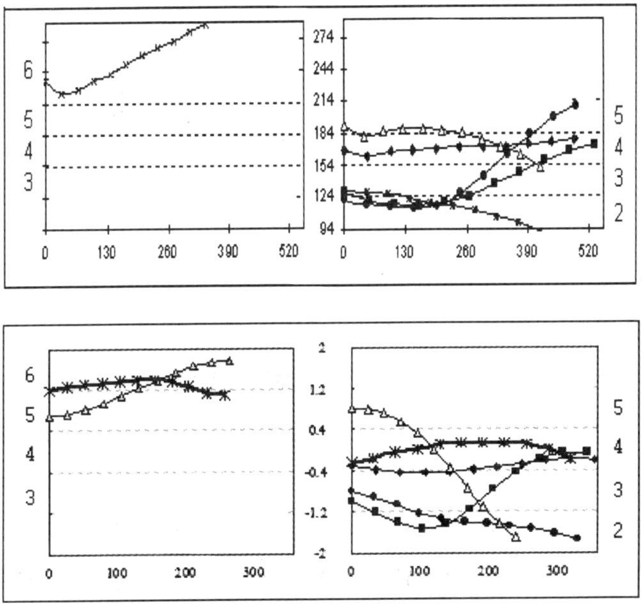

长沙

岳阳

图 3. “高—中”双域五度的声调系统。【上】高坝侗语五个平调，T5 假声超高调，在左面高域里，另四个中域平调。【中】长沙湘语六个声调，阴去为假声超高调，在左小图的高域中。其余为清声，在右小图中域里。【下】岳阳湘语七个声调，两个假声超高调（阴入和阴去）在左面高域中，其余五个是清声中域声调。

图 3 给出三个声调系统的例图。这三个声调系统都是由两个调域。一个中域，是普通清声态，在右面的小图。另一是高域，由假声定义。从左面的三个小图可以看得很清楚，这些假声超高调高高跃起，远远超出普通的声调音高范围。

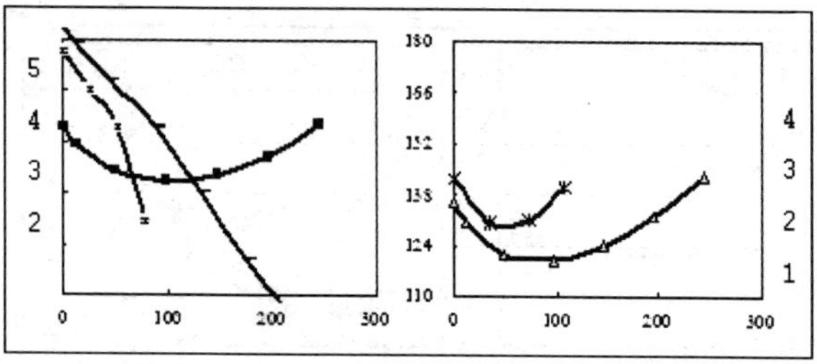

上海

图 4. “中—低”双域五度声调系统。上海吴语五个声调，左小图中三个中域清声态声调（阴调），右小图中两个低域弛声态声调（阳调）。

吴语中除了清声，还有弛声，即一向所谓的“浊音”，这对清弛正好跟阴阳声调相配。清声阴调，音高较高，弛声阳调，音高较低。图4给出一个双域声调系统。个别图3不同的是，上海话没有假声，所以没有高域。它的两个域是中域和低域。中域是普通清声态，在左面的小图里。右面是低域，由弛声定义。图中可以看得到，清声的中域阴调总体高于低域的弛声阳调，尤其是调头部分①。

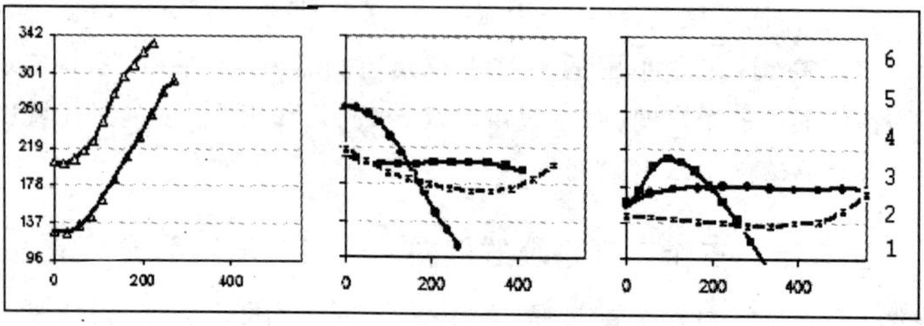

图 5. “高—中—低”三域六度声调系统。温州吴语八个声调一个发音人（男，2003 年录音时 60 岁）的平均基频。左图两个高域上声，急升调带假声。中图三个中域清声阴调，右图三个低域弛声阳调。

---

① 弛声主要表现在韵母的前半部分，大约 150 毫秒（朱晓农 2005）。

图5是一个三域声调系统的温州话例子，浙江东南部的瓯江片已经临近的台州片南部如温州话、永嘉话、瑞安话、温岭话都有假声，当然也有吴语的一般特征弛声。所以温州话就有了假声高域、清声中域和弛声低域三个调域的声调。温州话有八个声调，入声已舒化，若全部靠音高区别，简直不堪重负。这位老年男发音人音高范围，从最低的阳平（低域凸调）降尾90赫兹（下跌出图例标尺），到最高的阴上（高域高升调）调尾334赫兹，跨度244赫兹，极为广阔。所以伴随有发声态区别，包括假声、弛声，还有张声喉塞尾。注意：中域和低域中两个低平调（断续曲线上带有*号的）是舒化了的入声，音节最后有喉塞尾，所以调尾上挑。

第一章里两大音法类型，发声型语言除了普通的清声外，还有非洌嗓发声态，首先是弛声，其次是假声存在，那么就必然会伴随低高不同的音高形式：弛声与低频相关，假声与高频相关。相比之下，清声音节的音高为中等程度。一个语言如果还有喉音韵尾（张声和清声韵尾），那会引起音高曲线的走向不同：张声喉塞尾-ʔ导致基频上升（见图5中域和低域里两个带*号的入声低平调），清送气喉擦韵尾-h导致基频下降。相比之下，开音节的调尾不升不降。

3.3 音高差异的模式化

上一节观察到的现象可以在发声态理论框架中加以系统化模式化。

一个音节有一个总体的发声态。发声态有六种，其中三种（清弛假）在决定高中低三个调域的过程中起主要作用：(1)清声作为底伏调域，定义中域；(2)假声定义高域（张声一般不独立定义一个域，它可以作为假声或清声的变体）；（3）弛声定义低域（带声常与之交替，共同定义低域，僵声大多作为中域或低域的变体，极少情况下定义一个低域）。这就是前几章讲了又讲的三域标调法。一个原始语言或者一个现代语言，如果具备两个（假清或清弛）或三个发声态，就附带着有个高中低三个域不同高度的音高，如下图所示。这张图很像前面的三域六度图，原理也是一样的。正是有了前面的对上千声调系统的第一手描写材料的理论概括，才很自然地延伸到声调的起因上。原理是一样的：今天怎么描写，历史上也就是怎么产生的。

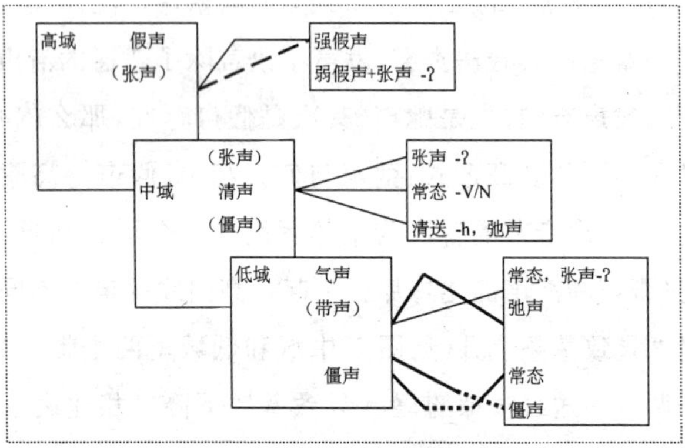

图 6. 发声态决定调域（高低）和调形

这张图这么读：清声是底伏发声态，所以中域总是有的。除了清声，如果还有假声或弛声，那么相伴随的就有了两种高低不同的音高，日后可能导致高低两类声调。如果“假清弛”三态俱备，那么相伴随的就有三种程度的音高，日后可能导致高中低三类声调。声域尽管是整个音节的属性，但声学上不同的发声态可能实现在音节的不同成分上，见表 2。

表 2

塞音声母	韵腹	发声态	声域	调体音高	调头
硬清	假声	假声	高	最高	
硬清，前喉塞	常态	张声	高/中	次高	很高
清	常态	清声	中	高	高
清/带/僵/嘎	嘎裂	僵声	低/中	低至断裂	
带塞音	常态	带声	低	低	低
浊送气/弛声	弛声	气声	低	很低	很低

从表 2 中可以看到发声态对调头、调体的影响，清声的声学特征表现为清塞音声母为静波以及后接韵体元音的中等偏高的调头上。假声主要表现在韵体中到后部，调体、调尾音高超出常态音高范围。由于太高，调头需从较低处出发。气声的最常见形式是弛声，声学表征为声母、韵体前段气化和低调头。带声常常作为弛声的变体出现，表现为塞音声母带声以及后接元音较低的调头上。张声表现为带前喉塞的硬紧(fortis)清声母以及很高的调头上。嘎裂声主要出现在韵体中段或后段，较少出现在韵体前段和声母上，表现为极低甚至断裂的音高。由于影响调头所以也影响调形。张声、清声会产生高起音，也就是一个下降的调头；声母的气声、带声、嘎裂声会产生低起音，也就是上升的调头。前文图 5 是一些实例。

音节的总体发声态对立会系统影响听感的整体高低，决定调域，主要表现在调头和调干上。对于调尾的影响各不相同：假声会保持高调尾，嘎裂声可以影响调尾也可以不，弛声一般不会保持到调尾。所以，实现在韵尾上的调尾，在发声态上可以有一些独立于音节整体发声态的局部调整：常态（三种洌嗓清带张的中和化），假声，僵声（弱僵、嘎裂、喉堵），弛声，张声喉塞尾，清送气。这些调尾的局部发声态表现，在不同的调域中，会引发不同的调形走向。图 6 给出了这些调形。

（1）先来看最普通的中域，调尾分三种情况：常态，喉塞，“喉擦”（包括清擦和弛声），导致不同调形走向。喉塞、喉擦是所谓的“声音交集”（发声、调音定义交叉）的音，它们在韵尾位置上会系统地影响音高。调尾的这三种在 Hombert *et al*.（1979）中都做过实验，除了弛声没提到。

1a）调尾如果是常态，那么声调无明显起伏，除了基频自然衰减，这种情况下是平调。

1b）张声喉塞音提升调尾，造成整体升调，如上海入声和阴去；或部分升调，如温州阴入、阳入。

1c）韵尾如果是清送气-h，则会降低调尾。中域调到最后还有可能带上弛声，同样泄低调尾。

（2）再看高域，假声表现在韵母上，会产生一个急升的调头。调干部分有可能平调，如高坝侗语 T5。也可能以喉塞尾急速收束，时长很短，导致一个升调，如温州阴上、阳上。

（3）低域的情况最复杂：

3a）气声（以及常作为变体的带声）低域调导致低调头，如果韵尾是常态或张声喉塞尾，那形成升调。另外它还可能造就拱调，有人把它看成是带有调头（depressor）的降调变体。

3b）嘎裂声的实现位置可以是调干，或调尾（偶尔提前实现在调头甚至声母上），引出不同形状的调形：嘎裂降调，或嘎裂中凹调。

发声态引发声调，并且是唯一的语音因素。要论证这个观点，简单得难以想象，只需进行那种近乎同义反复的推理——

- 发声指的是声门在调节气流时的各种活动（主要是声带，再加相关的喉部组织），
- 声调是声门活动的结果（加上一个音法化过程），
- 活动会引出活动结果，
- 声门的各种活动会引出声门活动的各种结果，
- 发声导致声调的产生和演变。

3.4 音高差异的显化

我们已经看到，音高差异天然伴随不同发声态，所以有不同发声态的语言便有了产生声调的天然物质基础——这是一个语音学的过程。发声态是产生音高高低升降的充分条件：凡有发声态区别，就有音高高低或升降的区别。发声态又是声调类产生的必要条件：(1)没有清洌～非洌发声态区别的语言是不会产生声调，(2)有了清洌～非洌发声态对立的语言，还不足以马上产生声调，接下来需要有两条音节学方面的支持因素，以凸显出上述的音高差别，强化上述音高模式，以利于这些音高模式的音法化、范畴化，即促使音高成为音节成分——这是一个涉及音节结构，甚至语素结构的音法学和形态学过程。下面来看有利于音高范畴化的两大促进条件。

真正的声调是亚洲平仄升降型声调，非洲高中低型声调是一种重音系统的扩展，离轻重音近而离平仄型声调远。两者的主要区别之一在于语素结构和音节结构不同。下面的有利条件

都是亚洲语言的，不是非洲语言的。

(1) 音节结构：乐音性强。声调曲拱的载体必须乐音性强。音高实现在乐音上，一般是元音，偶尔是响音。所以音节结构要简化——

1a) 声母和韵尾的辅音丛要简化，否则容易占据太多时长而把同一音节中的韵腹元音挤短。与此相关的是——

1b) 韵腹元音要清晰要足够长，较少弱元音(schwa)。弱元音减低乐音性，容易失落而导致音节消失，并产生复辅音。反过来也成立，弱元音丰富的语言，平仄型声调的作用就会减低。

(2) 语素结构：单音节性，即单音节语素占大部分。语素的单音节性保证了每个音节有足够的时长，而这为升降凹凸调的调形的实现提供足够的时间。从经验上来看，韵体至少要 200 多毫秒，一般需 300 毫秒或以上。

这两个因素实际上有关联，辅音简单而元音“饱满”的音节，往往时长较长。时长较长的音节是单音节语素的必要条件；也是多音节语素的阻碍因素。所以，较长的音节和较多的单音节语素之间有相关性，例如，粤语和南部吴语的音节都很“饱满”，比较长，相应地单音节语素也较多。像上面的温州话，八个声调平均时长为 386 毫秒，如果这样组成一个三音节词，会有 1 秒多长，显然太长太浪费了，不利于交际。相比之下，英语的音节长度为 160 毫秒左右(Lieberman 195X)。

3.5 音高模式的音法化

声调产生的最后一步，即是把上述显豁了的音高差别接纳为音法(或语法)范畴——声调类。这当然是个音法学过程。与音高音法化过程相伴随的，是发声态的语音性质逐渐弱化，音节功能逐渐衰退。在这漫长的过程中，发声态按强弱表现，会出现各种共时形态：

(1) 最强的表现是，发声态成为声调唯一的区别特征，而音高在此情况下基本不起作用。如连云港到徐州一带中原官话中两个凹调的唯一区别就在于调干中的嘎裂声，秦晋官话元氏方言的两个降调主要区别也在于调尾嘎裂声。

(2) 和音高(甚至声母)同时成为音节的共同特征，如吴语的阴阳调和清浊声母都与"清弛"区别相关。

(3) 形成新的声调类，如太湖南部吴语的次清分调和赣语的次清化浊。

(4) 成为凸显特征，如嘎裂声在冀鲁和中原官话中作为低调的凸显特征。

(5) 也可能成为伴随特征，如北京话第三声、香港粤语的阳平常常伴有嘎裂声。

(6) 最终完全消亡，如大部分官话方言、客家话方言。

在声调产生的第一阶段，即上两小节所论，音高是发声态的伴随特征，发声态是区别特征。到声调产生的后一阶段，即本小节所论，两者的音节学作用互换，音高成了区别特征，而发声态退化为伴随特征。这种变化在我们的音法分析中好像是一个即时的突变，但这只是概念论述的需要。而在实际过程中，则可能很快，也可能是一个漫长漫长的过渡，可能几代人，甚至几百年，其间有很多两可模糊之处。也许我们说"过渡"，是因为我们科学研究中的逻辑概念需要表达为"A 即是 A""A 不是非 A"这样的形式，所以会把那么多那么久远的“过渡”“交叉”状态看作是“例外”。也许两个因素共同起作用，不分或难分主次的就是事实上的常态。而我们说“过渡”“交叉”是出于我们理解上的需要。

下面把上一节中提到的几个分域声调系统表达在音节学的分域四度声调模型中。两个是两声域的，一个三声域。这对理解下文重建汉语四声有帮助。如果一个语言只有一个声域，那么发声态就是清声——这是底伏状态。如果有两个，可以加上一个低域的气声，如上海声调示意图；也可以加一个高域假声（岳阳图）。张声一般不能独自定义一个声域，而是作为清声或假声的变体，取决于整个音节是清声音节还是假声音节。偶然会有三个声域，则加一个高域的假声和一个低域的气声（温州图）。

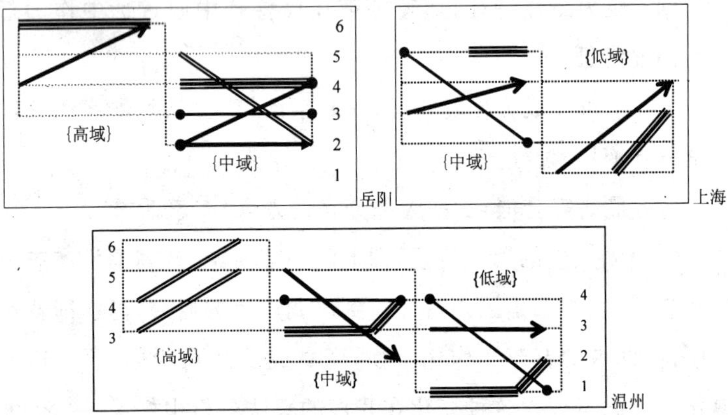

图 7.【左上】岳阳话七个声调，表达在高域和中域里。【右上】上海话五个声调，表达在中域和低域里。【下】温州话八个声调，表达在高、中、低三个声域里。【图例】两头小圆圈的平声、双线上声、带箭头的去声、三重线入声。虚线次浊。

3.6 小结

现在来小结一下，导致音高高低升降的语音因素是发声态。它决定了声调的高中低调域格局。清声总是出现，单独一个中域的是0型。如果第二个发声态出现，是气声那就是第I型“中低”调域格局；如果是假声，那就是第II型“高中”格局。如果假声和气声都出现，那就是“高中低”三域格局。

		0	I	II	III
高域	假声（张声）			√	√
中域	清声（张/僵声）	√	√	√	√
低域	气/僵声		√		√

不同声域中声调的调尾可以有局部发声态调整，最常见的中域中，由调尾的常态、张声或“喉擦”引出平、升、降三种调形。高域中有中等时长的超高升或超高平。低域中有弛声低升或凸调，以及嘎裂降调或低（凹）调。

这些语音学上由发声态决定的音高伴随模式，如果得到音法学的两个条件的加强，就会发展出音法学的声调范畴。这两个条件一个要求音节简化，复辅音消失，元音饱满足够长。另一个要求语素大多是单音节，以保证足够时长能操纵音高升降凹凸。

只有洌嗓发声态（清带张）的语言中很难自然发展出声调，因为它们之间的音高差别还不够显豁。如果还是多音节语，那就更无法发展出升降型真正的声调。奥德里古的前后辅音声调起源假说，按他的“原生状态”，当然概念不准确。如果使用我们发声态的观点来重新表述，那么对于清声的三种情况，可以作为一个近似表达。对于带声则有些问题,因为带声并不能独立定义或产生一个调域。

4. 语音格局及语言类型

4.1　喉头发声活动

根据我们对发声态、声调、语音演化、语音分布的研究,发现要描述、分类世界语音系统,需要对语音学的基本概念需要进行重组。喉头活动的总体分类见下表 3(据朱晓农 2009a 调整)。

表 3. 喉头发声活动总览

<table>
<tr><th>声域</th><th>听感</th><th>发声态</th><th>次声态</th><th>例</th><th colspan="2">超发声态</th><th>类发声</th></tr>
<tr><td>高域</td><td>非冽嗓</td><td>I. 假声</td><td>1. 假声</td><td>á</td><td rowspan="3">时长</td><td>长</td><td>内爆音</td></tr>
<tr><td rowspan="2">高/低</td><td rowspan="2">冽嗓</td><td rowspan="2">II. 张声</td><td>2. 前喉塞</td><td>ˀp</td><td>中</td><td>喷音</td></tr>
<tr><td>3. 喉塞尾</td><td>àʔ</td><td>短</td><td rowspan="11"></td></tr>
<tr><td rowspan="3">中域</td><td rowspan="3">冽嗓</td><td rowspan="3">III. 清声</td><td>4. 清送</td><td>pʰ</td><td rowspan="6">音高</td><td rowspan="2">两度高低
重音</td></tr>
<tr><td>5. 弱送</td><td>p‘</td></tr>
<tr><td>6. 不送</td><td>p</td><td rowspan="2">三度高低
高低调</td></tr>
<tr><td rowspan="3">低/中</td><td rowspan="3">非冽嗓</td><td rowspan="3">IV. 僵声</td><td>7. 喉堵态</td><td>a̳</td></tr>
<tr><td>8. 嘎裂声</td><td>a̰</td><td rowspan="2">三类升降
平仄调</td></tr>
<tr><td>9. 弱僵声</td><td>a̱</td></tr>
<tr><td rowspan="4">低域</td><td>冽嗓</td><td>V. 带声</td><td>10. 带声</td><td>b</td><td colspan="2" rowspan="4"></td></tr>
<tr><td rowspan="3">非冽嗓</td><td rowspan="3">VI. 气声</td><td>11. 浊送气</td><td>bʱa̤</td></tr>
<tr><td>12. 弛声</td><td>p̤a̤</td></tr>
<tr><td>13. 弱弛</td><td>p̣ạ</td></tr>
</table>

语音学中的基本范畴对不是“音段～超音段”,而是“声道调音～喉头发声”活动。调音而成的音段是每个语言都有的,所起

作用也一样。喉头发声活动包括发声态、次发声态、超发声态，类发声(指喉头气流机制的内爆音和喷音)。喉头发声活动尽管也是每个语言中都有的，但在欧洲语、阿尔泰语中只有普通的康洌嗓音(清声、浊声)，两度音高区别(重音)，音长作为音段处理(长短元音/辅音)，即表3中有阴影的T形部分。汉藏、南亚、南岛语(还有很多非洲和美洲语言)有所不同，有较为少见的非康洌嗓音(嘎裂声、气声、假声)，三度或更多的音高区别及升降区别(声调)，类发声等，即表3中全部的喉头活动。

4.2 基于喉头活动的语言类型

按照"声道～喉头活动"范畴构建的语音学框架，可以根据喉头活动在音节中的地位及其与音段的配合关系，来看语言类型及其地理分布，见表4。

表4. 喉头发声活动在东亚语言中与音段的配合关系以及地理分布

型号	语言类型	语言	音节	声调	超声态处理为	发声态处理为	
						洌嗓	非洌嗓
1	重音/长短型	阿尔泰，英语	多	无	重音长短音	音段	无
2	纯声调型	官话，客家话	单	有	声调	音段	无
3	分声域声调型	老湖广、吴，湘、赣、闽、粤、粤北、桂北、苗瑶，侗台	单	有	声调	声域(阴阳调)	
4	声域为主声调初起	南亚(佤语、德昂)，藏缅(哈尼、彝、载瓦)	单/多	初起	声调	音段(松紧元音)	
5	声域型	南亚孟高棉、南岛爪哇(甚至) Hindi, Punjabi	多	无	音段	音段	

表4中第1型和第5型是多音节语素的语言，都没声调。但两者用的喉头发声活动不同。南部第5型的南岛语和部分南亚语有气声、嘎裂声等，但都处理为音段不同，这是以发声态来定义的声域型语言。北部第1型用长短音和轻重音(即两度音高对立)，属重音型语言，阿尔泰语和欧洲语属此类。由于没有发声态，所以第1型语言的音段组合形式较丰富，包括复辅音、多音节等。

中间三型语言/方言基本上是单音节语素，并都有声调。音高区别多于两类时，重音就变成了声调。第2型官话用的喉头发声活动与阿尔泰接近，即把轻重音增加一度两度，同时也运用长短(轻声是短音)。这是纯声调型语言。重音型语言中音高不作为声调，纯声调型语言中长短却作为声调。

亚洲中南部第4型藏缅语和部分南亚语中有的有声调，有的声调还在初起时，同时有元音的松紧对立。也就是说，发声态到音节学中主要还是定位于音段，而不是声调(更不是音节)。第4型是从第5型变为第3型的过渡型。

亚洲正中部是第3型语言，包括南方汉语方言、苗瑶、侗台、部分藏缅语。此型语言中发声态传统上定位于声调，即阴阳分调(但现在我们定义了音节学的声域，就可以在音节层次上容纳发声态了)，是分声域的声调型语言。其中侗台语还有长短区别。比较本型内吴语的元音和第4型佤语的元音很能说明问题。两者语音学上完全一样，都是一套常态元音，一套弛化(弱气化)元音。佤语中处理为紧/松元音对立，声调是伴随特征(朱晓农、龙从军2009)。但吴语中音段区别被忽略了，连伴随特征都不提，只是作为调类区别，阴调类为普通元音，阳调类是弛化元音。苗语因为声调已经充分发达，所以也跟吴语一样处理，而跟佤语处理不同。第 3 型语言像是第 2 和第 5 型叠加出来的。

上述根据喉头发声活动而定的语言类型，在亚洲东部大致上根据地理有个推移过程（这让我们想起桥本万太郎（2008）的语言地理类型学的先驱性观点）。南部第 5 型以发声态为主，因为发声态蕴涵音高，所以音高是伴随特征。从南往北，发声态的音节学作用逐渐减弱，作为伴随特征的音高开始音法化（第 4 型），然后第 3 型中以音高为主，发声态为辅（处理为调类：阴阳调），再到第 2 型成了纯音高声调（3 到 4 度），发声态不起音节成分（音位）作用。到最北部第 1 型，音高作用也减弱，只剩下 2 度音高了，而作为代偿，音段组合变得复杂或加多音节构词。

在地理分布上有点不符的是客家话跑到第 2 型里去了。中部的闽语、赣语、桂北土话等时不时地自发生出浊声、弛声，内爆音。内爆音在一般语音学中看作是气流机制不同的辅音，但实际上它的发音依赖于喉头升降，可认为是一种“类喉头发声活动”。联系到吴、闽（海南和潮汕漳泉）、粤、赣北、湘南、桂北平话、侗台、佤语中普遍存在的自发内爆音，可知在中、南部语言中喉头发声活动是个随时可调用的天然语音资源，首先是发声态、然后是声调、内爆音等的产生都是喉头活动这个天然语音资源音法化的结果。

比较表 1、2 和表 4——最简单的发声态也是最常见的康洌嗓音，清声（及其变体张声）和浊声，清声的次声态（送气性），以及超发声态（长短、高低）。如果一个语言的词是多音节性并且没有非康冽噪音，那么，清浊、送气性都处理为音段的对立，音高和长短则是“超音段”。欧洲语言如英语就是这样的语言，跟表3第1型的阿尔泰语类似。如果是单音节性，那么清浊及送气性还是处理为声母的性质（这更多地是出于一种习惯和培养这种习惯的现成字母），音高如果多于两个类则变为声调，长短也处理为声调（如轻声、入声），如第2、第3型语言。

关于音长在声调演化中的作用。§2.2.1中提到音长不能引发三个类的声调的系统区别。不过，由于音长也是一种喉头发声活动，因此它对音高也会有某种影响。在声调产生之后的演变过程中有可能起某些作用，比如说，特短的声调总是和某种发声态相关：最常见的是张声（前/后喉塞）、嘎裂声等，从而导致某些确定的音高模式。特长的声调有两种变化可能，一种是为了维持，往往会加重音强或拉紧声带，结果会有升尾；另一种则是自然衰减，导致降尾。这两种情况都有可能产生新的调形。

5. 四声的发明

本节内来重建古四声，并讨论相关问题。

5.1　早期四声的听感

早期四声指的是传统上所谓四声“发明”时代，亦即沈约（公元441—513）说：“一简之内，音韵尽殊；两句之中，轻重悉异”（《宋史·谢灵运传论》，公元488）之时。Mair & Mei (1991) 发现，梵文的长短音在诗律中叫轻重音（梵文 laghu “轻”，guru “重”）。沈约借用梵文诗律的“轻重”来指汉语声调的长短区别，也就是说，南北朝诗律所基于的物质基础是声调或韵体的“长短”，这跟盛唐诗律所基于的“平仄”（调形走向）有所不同。早期四声时代起自南朝宋齐以迄盛唐，也就是《元和韵谱》所描绘的“平声者哀而安，上声者厉而举，去声者清而远，入声者直而促”①的那个声调时代。《元和韵谱》撰于九世纪初（唐元和从公元 806 至 820 年）。书面记载总是滞后于实际语言变化。日本平安朝前期出了很多悉昙家，大体上相当于晚唐，如安然《悉昙藏序》云“于时日本五十五叶元庆少主即位四年岁次庚子二月朔”，元庆四年即公元 880 年，唐末僖宗广明元年。但他们描述的有区别意义的八声或六声反映的是百多年前盛唐至中唐各地的声调情况。早期四声时代应早于悉昙藏所反映的“八声时代”。据空海（公元 774—835）《文镜秘府论·四声论》所辑隋刘善经《四声指归》说：“宋末以来，始有四声之目。沈氏乃着其谱论，云起自周颙。”如果宋末发现四声也是滞后的，那么至少要把整个刘宋朝（公元 420—479），甚至东晋（公元 317—419）后期也包括进去。即四声时代至晚起自五世纪初（最早四世纪前期），历经六、七世纪，最晚到八世纪前期，即东晋末至盛唐之前，大约三四百年。它所代表的语言是以洛下、金陵一脉相承的书音系统。

① 沙门神珙《四声五音九弄反纽图》（附于四部备要本《玉篇》卷末）序云：“沈约创立纽字之图，皆以平书碎寻难见。唐又有阳宁公、南阳释处忠，此二公者，又撰《元和韵谱》……谱云：‘平声者哀而安，上声者厉而举，去声者清而远，入声者直而促。’”

5.2 早期四声的重建

5.2.1 声调的音法化

四声作为音位产生的顺序:首先是去声的产生,即去声-h 韵尾(喉开态)的失落,导致舒声化(开音或鼻韵尾),从而与同样是舒声的平声造成音高的最小对立,结果音高音法化了。此时音法化的含义有两种,即音节学中有两种处理方式。第一种认为范畴化的声调类由此诞生,因为平声和去声有三度音高区别,平声为[中],去声由[高]到[低]。第二种是把这范畴化的音高对立处理为“轻重音”(长短),因为只有两类音高区别:平声为[重](长),去(上、入)声为[轻](短)。“轻声”(短音)内可进一步按发声态(上声带假声)和韵尾(入声带-p/t/k 尾)加以区别。综合这两种论证可以说,音高的范畴化在魏晋时由于去声韵尾喉开态的失落而启动,而最后等到上声丢失假声和韵尾喉闭态(喉塞尾),也变为舒声,才和平声、去声构成三类的音高区别,这才完成声调类的音法化,时间是在初唐至盛唐。不过我们现在的重建四声的步骤与之相反:先上声,再平声和入声,最后去声。这是因为构拟了上声才确定了早期四声的三个声域的基本格局。

5.2.2 上声的重建

关于上声的重建我写过一篇《证早期上声带假声》(朱晓农 2007) 可参考。“上声”的字面意义就是上升的调形。“上声者厉而举”更明确地指出是高升,低升是“提”“抬”而不是“举”,“厉而举”描绘的是尖厉高升的听感。我们检查了各种可能造成这听感的因素,如音长、音强、元音、声母辅音、鼻韵尾、各种发声态等。然后一一排除,最后只剩下假声和喉塞尾两个因素有可能导致“厉而举”的调形。喉塞尾会引起升调是奥德利古当年的观点，这在语音学上是合理的。不管是高调，还是低调，凡音节末尾有喉塞尾的，都会引起基频上升，少则 9 赫兹，多达 48 赫兹的上升（Hombert *et al*. 1979），除非是特短的清入声字（朱晓农 2005）。发声态中能引致尖利听感的只有假声。浊声、气声、嘎裂声产生低调。耳语声没有音高。张声和假声会产生高调，而只有假声会产生尖厉的高调。它可能是较短的高升调，或带有急升的高平调。在比较了两种现实语言中厉而举的例子（高坝侗语 T5 和温州吴语阴上）后，我们选择了温州上声（见图 3 和图 5）作为早期上声的原型：假声、喉塞尾、急升、中长（为平调的三分之二）。这还得到四方面文献材料的支持：(1)平仄的含义，(2)王梵志的韵式按时长分押，(3)可延长性，(4)梵汉对译。

5.2.3 其余三声的重建

平声调形的构拟没有什么争议，但高度仍稍有分歧。从“平声”的得名，从“哀而安”“莫低昂”一类描写，平声是个中平调。清平为中域［44］或［33］，浊平则为低域［33/22］。

入声的构拟亦无悬念。入声从古到今，凡有塞音韵尾，基本上是个短调（粤语里变化中的入声例外），清高而浊低（除非有嘎裂声因素）。从音位角度来说，把阴入构拟为［55/44］，阳入［12/13］，应无问题。从声学和听感两方面说得细致点，听感上由于阴入极短，一般不足 100 毫秒，甚至只有七八十毫秒，所以听起来只是一个高而短的平调［55/44］，尽管基频由于清声母和辅音尾影响而呈下降状。阳入稍长，可达 120 毫秒，并由于浊声母的缘故，基频都有些上升，听起来也有升调感：［12/13/23］，甚至［14］。

去声在中唐以后变化复杂，根据悉昙资料，可以看到某些方言中的去声为升调。不过在早期中古书音中，去声没有别的选择，只能是降调。因为在这声调系统中，没有别的降调，而降调是声调系统中最常见的调形，一个没有降调的声调系统是最为罕见的。

5.2.4 四声八调的格局

四声时代只有四个辨义的声调：平上去入。各按声母清浊高低略有不同，清高而浊低，但调体平行，因此语音学上是八调，但相应的清浊调之间无音位区别，是声母的条件变体。图 8 是初期四声八调的格局，表达在三域六度的模型中。声域按发声分为假声、清声、浊声三档。清声母声调在中域中，浊声母声调在低域中。带有假声的清上、浊上在高域中。时长格局似与顾炎武的推测相仿，“平音最长，上去次之，入则诎然而止”（《音论卷中·古人四声一贯》）。温州平调长而升降调短的时长格局（见图 3），正可作为早期平声和上去声对立的现代写照。根据现代方言的测量资料大体上是：入声短调 100 毫秒上下，降调和带假声的升调 200 毫秒稍多，平调、凹调和普通升调 300 毫秒以上。

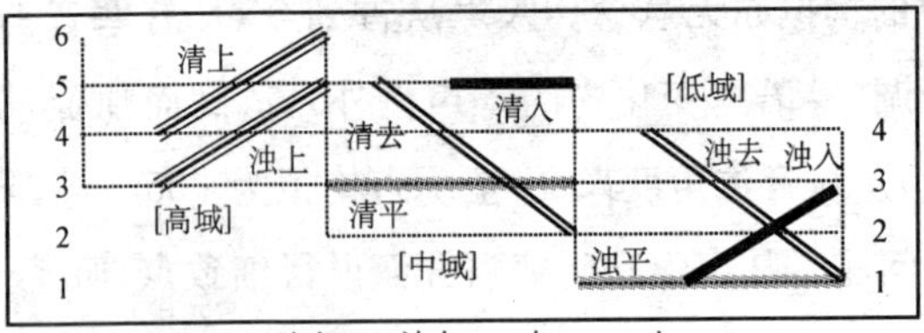

	平	清上	浊上	去	入
假声		[46]	[35]		
清声	[33]			[52]	[55]
弛声	[11]			[41]	[13]

图 8. 早期四声八调的三域六度格局的重建

早期四声指的是音高从伴随特征开始成为区别性的、音位性的声调之时。与此同时，韵尾的发声态开始退居为伴随特征。这只是一种逻辑上的分析结果，一种认识程式。具体情况则可能是两者长期共存，说话人和听话人对何者为主，何者为副可能并无意识。就像今天上海话阴去～阳去的区别，既有调型不同[34～14]，又有清声～气/浊声的不同。尽管语音学上有理由认为发声态为主，调形为伴随，但音系学上把何者处理为区别特征，何者为伴随特征并无绝对标准。广东话的两个低元音也是如此，它们既有音质区别 a～ɐ，又有长短区别（石锋、麦耘 2003），音位学的两种处理均出于各自的理论一致性考虑，而不是听感上以何者为主。初期四声也是如此，声域与音高的高低/走向（height/contouricity）共存，理论上原先前者是区别特征，后者是伴随特征。到上中古过渡期，音高走向在理论分析上成为区别特征，发声态则成了伴随特征，四声就在此时成为区别性的音位。然后发声态消失，四声成为唯一特征。不过，此时音高的高低依然与清浊声共存，音法分析上我们把声域的清浊作为区别特征，音高高低作为伴随特征，结果是四个声调类，八个语音变体。图 6 中的四声构拟就是基于如上考虑。四声中除了上声，其余各按清浊声分在两个域中，低域中的三个浊声调可以看作无音位区别的条件变体。浊上和清上因为假声而都在高域中，因调头而分两个变体。每一对变体调干基本相同，但调头清高浊低。所以平声都是[33]，只是浊平带个低调头。上声都是高升调，而浊上起音较低。去声都是高降，由于两个变体在不同声域中，所以清去高于浊去一度，浊去同时还有个低调头。入声由于是短调，声母/声域清浊影响调头的同时，也影响了调干（有关的语音学研究可参看朱晓农 1999，2005）。从纯粹构拟来说，当然也可以把浊平拟为［22］，浊入拟为［11］。图 6 中的构拟是考虑到每一对清浊变体尽可能地接近，语音上又尽可能合理。

最后需要说明的是，理论上的分析是截然的、突变的、范畴性的，但事实上的变迁则是长期共存，在听感、词汇、人口上都可能是渐变的。

5.3 四声产生的年代

四声产生是在什么时候呢？对这问题的看法分歧很大，从前《诗经》甚至谐声时代到魏晋时代，相距上千年。从我们构拟上声调值的结论来看，声调取代韵尾成为区别特征，可能离沈约“发明”四声时相距不远。因此，早期四声指的是从刘宋（五世纪初）或更早的东晋末，到初唐（七世纪）三百年，其间调形尚无大变。如果声调作为区别特征出现是在春秋时代，甚至更早的谐声时代，则离初唐有上千年，相距太远。我们知道，调形是最易变化的。由此而得的推论有二：(1) 要么有音段制约，调值不易变化，(2) 要么去古未远。如果还有音段制约，那么音高就可能仍是伴随特征。所以，声调成为音法学上有意义的范畴出现，可能是在上古晚期或上～中古交替期，即魏晋至南北朝初之时。这是上～中古过渡时代，有一连串重要并且相关的语音变化标志着这个时代交替，其中四声出现就是重要的一环：

(1)【声母—音节】汉末魏晋时复辅音开始消失，导致音节结构简化，清浊声母的对立系统化，使得 1)阴阳分调成为可能，2)乐音性增强，这都是产生声调的有利条件。

(2)【元音】三等韵增生i介音并成为长韵母，从而能够负载平仄型音高。三等韵的这项变化与声调产生的关系，过去我一直以为是三等音变在前，声调产生在后。但现在看来，这两项音变都是持续很长的过程，声调的逐渐形成也可能促使长短音的音位对立逐渐消失(见后类型学一节)。三等韵的音变意义重要，它影响了以下三项音变。

(3)【元音】首次元音推链高化(歌鱼侯幽)。推链高化的参与者一般是长元音(朱晓农 2005b)。

(4)【声母】群母一二四等洪音字擦化，而三等字由于i介音的存在保留了塞音性(朱晓农 2003)。

(5)【声调】成为音节成分(或音位)——去声-h尾消失，导致平去对立从韵尾的发声态转移到音高(段玉裁云:“去声备于魏晋”)，作为音节成分的音位性声调由此产生(段玉裁云:“洎乎魏晋……四声大备”)。

四声成为音位是声调在汉语音法史上的第一次重大演变，和复辅音消失、歌鱼侯幽元音大转移、三等韵长化并增生i介音、洪音群母擦化等一起定义了上、中古的分期。声调的第二次大变动是阴阳分调，各自都成为音位，而声域/声母清浊退居为伴随特征，这是中唐以后的变化。与麻歌鱼侯幽第二次元音大转移一起标志着进入中古后期。

5.4 四声发明的地方

沈约于江左发明四声。沈约浙北德清人，父殁葬于相邻的乌镇，沈约于此守制并教梁昭明太子读书。王力曾说，声调不是个人所能“发明”的，沈约不过是“发现”了当时语言中存在的四声。我在讲课时为沈约辩护，说是他"发而明之"发明的。现在看来，还真是沈约发明(invent)的，是他和周颙等人把声调音法化为四个类，创造了声调这个概念，建立起这样的认识，也创造发明了语言中这样的范畴。这么说当然不是"唯心主义"，而是说，声调这样的概念是人类认识的产物，而不是客观世界的自然之物。自然之物只是一些声带变化引起的发声和音高的变化，而在沈约把它概念化、范畴化之前，当然没有声调。就像今天在一些藏缅语言中，有没有、有几个声调，不要说当地人，就连学者都可能有分歧。即使被确定有声调的语言，到底是"四声""八声""九声"，还是"六声"，同样是不同学者的发明，你很难说客观上有"几声"。比如广东话，从丹尼尔·琼斯到赵元任都沿袭了西方语音学中的长短音概念，把入声短调配相应长调，结果粤语给发明了个"六声"[①]。这从上一节"语音格局"的表3可以更清楚地看到，长短区别在第2类语言中是要处理为声调类的。前文提到的广东话两个低元音 a～ɐ 也是如此，它们是否有长短区别，是概念问题、理论问题，而不是简单的"客观""事实"问题。

5.5　解释一个问题

在现代北京话中并列式合成词的语素排列有个大致的次序，即按阴平、阳平、上声、去声的顺序构成（丁邦新 2008，陈爱文、于平 1979），例如：教学（阴—阳），风雨（阴—上），夹带（阴—去），南北（阳—上），行动（阳—去），买卖（上—去）。如果没有其

---

① 这样做对帮助西方人学习粤语声调这么个实用目的当然有利，但对跨语言比较的理论研究很是不利。

他因素影响，十之八九的并列词符合这倾向，例外不过一二。这样的语素顺序倾向也存在于上古的并列式合成词中，前后两个字大体上是按照平上去入的次序（丁邦新 2008a），如：

平上	平去	平入	上去	上入	去入
君子	忠信	夷狄	礼让	耻辱	社稷
奔走	弘毅	容貌	鲁卫	酒食	卉木

这种语素顺序一般被作为上古有四声的证据。其实还可以有其他的解释，其深层原因与其说在于音韵学中的类别，不如说是降调后置这样一种语音因素。自然话语中音高、音强有自然衰减下降的倾向，所以双音节语序在语音上倾向于平升调在前，降调在后。而平声平调、去声降调的音高模式，因受制于韵尾的发声态因素，周秦时代已经存在。但那时音高仅是伴随特征，至汉末魏晋因去声-h 尾失落而形成与平声的音高最小对立，于是音高曲线音位化，形成了声调范畴。

6. 汉语声调和民族语声调

说沈约创造发明四声，也就是承认南朝书音比北朝书音更早把音高音法化，所以，顾炎武“四声起于江左”这话应该不错。接下去的猜想是：南朝能够先把四声范畴化，可能与语言接触有关。南方的壮侗苗瑶语中喉头发声活动活跃，有气声、假声、嘎裂声等各式非洌嗓发声态以及喉头气流机制的内爆音，那么是不是有可能是南方民族语影响到汉语声调的音法化？魏晋以下汉语大规模南下，与壮侗苗瑶语发生全面接触，撇开两者声调同源和上古各自独立自发产生这两种本文论证下不太可能的情况，两者的声调发生便有如下三种逻辑上的可能性：

(1) 壮侗苗瑶语声调先于汉语并影响汉语使之音法化；

(2) 两者声调同时激发而起；

(3) 壮侗苗瑶语声调受汉语影响而后起。

上述第3点是历来通行观点，现在看来可能性程度也许最低，而第1点可能性也许最大。注意：即使我们有了这样的猜想，有一点要强调，汉语声调是自生的，是自然演化的结果，发声态是声调产生的原因(cause)，音节结构是内部的有利条件，跟其他有发声态语言的接触是外部的缘或机遇(opportunity)，提供了触发或激发的媒介，促使声调范畴化的进程加快，或者声调类更容易定型，也可能启动范畴化的进程。这也能说明亚洲北部的声调情况：一方面北方汉语即使跟无声调、无发声态的阿尔泰语接触，依然能够把声调范畴化；另一方面，满语、蒙语即使跟汉语长期而深度接触，却接触不出来声调——这都是因为发声态这个内因在那儿起着主导作用。

过去我们看问题有两个出发点：一是文献主宰论，以为文献有记载的，就是铁证，能说明一切；文献没记载的，就什么也不能说。这种看法从科学角度来看是错误的。文献记载有的，固然可以作为假设的出发点，但要最终得到现代科学的解释才算得到证明。文献没记载的跟没有存在(过)可不是一回事儿。苗瑶、侗台缺乏历史文献，但这并不能证明历史上他们就没有声调。第二个出发点是汉语中心论。“中心论”是把双面刃，可以批判他人，也易伤及自己。我们对"欧洲中心论"很义愤填膺，但却很容易"汉语中心论（对少数民族语）"或"官话中心论（对其他方言）"。碰到事情，想也不想就会认为是汉语影响民族语而不是相反，尤其是在大事件上。在做全局性的历史研究、社会考察时，对这两点都必须要有警觉。

7. 结语

声调讨论历经数百年，开始时是对类的分合进行探讨，这项工作至今犹有余续。从1950年代起，奥德利古的敏锐观察开启了一个探讨音理的新方向。最早认识到声调由发声态和音高两部分构成见于朱晓农的博士论文（Zhu 1995，朱晓农 2005）。奥德利古的声调起源观（清浊定高低；不过那时还未意识到喉音也可看作发声态）暗含了发声态的作用。江荻则是首次明确了发声态的作用。不过，直到最近几年对发声态的研究有了突破性的事实发现和对语音学的基本范畴有了实质性的理论进展之前，对于声调的本质和起源的理论探讨和材料解释一直处于瓶颈口，好像感觉得到是怎么回事，但又难得其要领。音高是一种超发声态，它和发声态一样，是喉头发声活动。声调是音法化了的喉头活动：包括发声态和音高。在起因问题上是前者决定了后者。

汉语四声的产生是一个漫长的过程。清儒当时的一些论断现在看来大致不错，如"洎乎魏晋……四声大备"（段玉裁），"四声起于江左"（顾炎武）。上古时代"四声"的音高区别只是发声态的伴随特征，到魏晋南北朝初，去声失落韵尾的喉开态(-h)而与平声对立，从而启动了声调的范畴化进程，直到初唐后上声失落假声和韵尾喉闭态(-ʔ)才完成四声的音法化。四声的音法化起于上中古过渡期的南方。侗台苗瑶的声调可能不是受汉语影响，相反，很可能是汉语声调的语音因素(声域和音高)是在江南受到侗台苗瑶的激发而音法化为声调类。

参考文献

陈爱文、于　平 1979. 并列双音词的字序.《中国语文》2:101—105.

丁邦新 2008. 国语中双音节并列语两成分间的声调关系.《中国语言学论文集》315—251. 北京:中华书局. 原载《史语所集刊》39.2: 155—174, 1969.

丁邦新 2008a.《论语》《孟子》及《诗经》中并列语成分之间的声调关系.《中国语言学论文集》315—251. 北京:中华书局. 原载《史语所集刊》47.1: 17—52, 1975.

江　荻 1998. 论声调的起源和声调的发生机制.《民族语文》5:11—23.

李方桂 1980.《上古音研究》. 北京:商务印书馆.

李新魁 1979.《古音概说》. 广州:广东人民出版社.

李新魁 1986.《汉语音韵学》. 北京:北京出版社.

陆志韦 1947.《古音说略》.《燕京学报》专号之二十.

马学良等 1991.《汉藏语概论》. 北京:北京大学出版社.

桥本万太郎 2008.《语言地理类型学》，余志鸿译. 北京:世界知识出版社.

石　锋、麦　耘 2003. 广州话长[a]和短[ɐ]元音的听辨实验. 香港《中国语文研究》2: 67—71.

王　力 1982. 古无去声例证.《龙虫并雕斋文集》第三册，93—122.

王　力 1937. 上古韵母系统研究.《清华学报》3.

徐通锵 1998. 声母语音特征的变化和声调的起源.《民族语文》1: 1—15.

严学宭 1959. 汉语声调的产生和发展.《人文杂志》1.

袁家骅 1981. 汉藏语声调的起源和演变.《语文研究》2:2—7.
赵元任 1928.《现代吴语的研究》. 北京：清华学校.
朱晓农 1989/2006. 顾炎武的四声一贯说.《音韵研究》. 北京:商务印书馆.
朱晓农 1996. 上海音系.《国外语言学》2：29—37.
朱晓农 2003. 从群母论浊声和摩擦：实验语音学在汉语音韵学中的实验.《语言研究》2：5—18.
朱晓农 2004. 亲密与高调：对小称调、女国音、美眉等语言现象的生物学解释.《当代语言学》3：193—222.
朱晓农 2004a. 浙江台州方言中的嘎裂声中折调.《方言》3：226—230.
朱晓农 2005.《上海声调实验录》. 上海:上海教育出版社.
朱晓农 2005a. 实验语音学和汉语语音研究.《语言学前沿与汉语研究》(刘丹青主编)，253—275. 上海教育出版社.
朱晓农 2005b. 元音大转移和元音高化链移.《民族语文》1:1—6.
朱晓农 2006.《音韵研究》. 北京：商务印书馆.
朱晓农 2006. 论分域四度标调制.《音韵研究》. 北京:商务印书馆.
朱晓农 2007. 证早期上声带假声.《中国语文》2:160—168.
朱晓农 2009. 发声态的语言学功能.《语言研究》3:1—22.
朱晓农 2009a. 重塑语音学. 首届演化语言学暨演化音法学研讨会论文，广州.
朱晓农、寸 熙 2003. 韶关话的小称调和嘎裂声.《汉语方言语法研究和探索——首届国际汉语方言语法学术研讨会论文集》，戴昭铭主编. 哈尔滨:黑龙江人民出版社.
朱晓农、龙从军 2009. 弛声化:佤语松元音.《民族语文》2:69—80.
朱晓农、吴和得 2007. 高坝侗语五平调和分域四度标调法.《语言研究集刊》4:261—266.
朱晓农、焦 磊、严至诚、洪 英 2008. 入声演化三途.《中国语文》4：324—338.
朱晓农、周学文 2008. 嘎裂化:哈尼语紧元音.《民族语文》4:9—18.
Benguerel, A.-P., H. Hirose, M. Sawashima & T. Ushijima 1978. La-

ryngeal control in French stop production: a fiberscopic, acoustic and electromyographic study. *Folia Phoniat*. 30: 175—198.

Bodman, N. 1980. Proto-Chinese and Sino-Tibetan. In F. van Coestem and. L. Waugh (eds.), *Contributions to historical linguistics*. Leiden: E.J. Brill. 潘悟云、冯蒸译《原始汉语与汉藏语》.北京:中华书局, 1995.

Catford, John C. 1964. Phonation types. In *In Honor of Danial Jones*. London: Longmans.

Catford, John C. 1977. *Fundamental Problems in Phonetics*. Edinburgh University Press.

Egerod, S. 1983. The Nanxiong dialect. *Fangyan* 2: 123—142.

Haudricourt, A. G. 1954. De l'origine des tons en viêtnamien. *J. Asiatique* 242. 1:68—82. 冯蒸译"越南语声调的起源",《民族语文研究情报资料集》第七期, 中国社科院民族所语言研究室编印, 1986.

Haudricourt, A. G. 1954a. Comment reconstruire le chinois archaïque. *Word* 10: 351—364.

Hombert, Jean-Marie; John Ohala and William Ewan 1979. Phonetic explanations for the development of tones. *Language* 55. 37—58.

Jakobson, R., Fant, C. G. M. and Halle, M. 1952. *Preliminaries to speech analysis: the distinctive features and their correlates*. Cambridge, Mass.: MIT Press. (MIT Acoustics Laboratory Technical Report 13.)

Laver, John 1980. *The Phonetic Description of Voice Quality*. Cambridge University Press.

Laver, John 1994. *Principles of Phonetics*. Cambridge University Press.

Mair, Victor H. and Mei, Tsu-lin 1991. The Sanskrit origin of recent style prosody. *Harvard Journal of Asiatic Studies*, Vol. 51, pp. 375—470.

Matisoff, James 1973. Tonogenesis in Southeast Asia. In Larry M. Hyman, ed., *Consonant Types and Tone*, pp. 71—95. Southern California Occasional Papers in Linguistics, No. 1. Los Angeles: UCLA.

Nakajima, M. 1983. *The southern Chekiang dialect*. Institute for the study of languages and cultures of Asia and Africa. Tokyo: Tokyo Gaikokugo Daigaku.

Sagart, Laurent 1986. On the departing tone. *Journal of Chinese Linguistics* 14, 1: 90—113.

Thurgood, Graham 2002. Vietnamese and tonogenesis: Revising the model and the analysis. *Diacronica* 19:333—363.

Ting, Pang-Hsin 1982. Some aspects of tonal development in Chinese dialects. *BIHP* 53.4: 629—644.

Zhu, Xiaonong 1995/1999. *Shanghai Tonetics*. Muenchen, Germany: Lincom Europa. PhD dissertation, ANU, 1995.

Zhu, Xiaonong 2006. Creaky voice and the dialectal boundary between Taizhou and Wuzhou Wu. *Journal of Chinese Linguistics* 34. 1: 121—133.

（原载《语言研究集刊》第 6 辑，2009）

证早期上声带假声

1. 引言

本文是一项“实验音系学/历史音法学”的研究。文题中的“早期” 指的是“四声时代”,大体上从刘宋至初唐两百余年。本文以实验语音学的知识来释读古籍中有关声调描写的记载。声调是从非声调因素发展而来,这些非声调因素包括四个语音学上的候选者:时长,音强,音段和发声。音段和发声还包括更多的次因素,如声母辅音、元音、鼻韵尾、喉塞尾、浊声、清声、哞声、假声等等。早期上声是个“厉而举”的调形,本文一一考察上述各种因素,结论是能造成这种调形的因素只有假声和喉塞尾。同时,我们通过田野考察,发现高坝侗语和温州吴语中“厉而举”的声调正是由假声造成的,由此进一步推导早期上声的语音性质及其来源。结论是早期“厉而举”的上声是由假声引起的,并可能附有一个喉塞尾。

2. 上声的含义和四声格局

我们从以下两个观点出发来展开讨论。

（1）汉语声调不是与生俱来的，而是由某种非声调因素变来的。

（2）四声时代的上声是个强烈的高升调。

先来看第二个观点，下面是两条最基本的理由：

（1）“上声”的字面含义就是上升的调形，这是上声是升调的最直截了当的理由。考虑到声母清浊制约的因素，至少清上是高升调。

（2）“上声者厉而举”（《元和韵谱》）更明确地指出只能是高升，并带有某种尖厉听感。这儿的听感描写“厉”是“尖厉”；“举”是高升，低升只能是“抬”或“提”，也不是“高平”。“厉而举”描绘的是尖厉高举的听感，即某种导致“尖厉”听感的紧喉特征附加于一个高升调。

一般认为早期的四声调形格局是：平声平调，上声升调，去声降调，入声短调。即《元和韵谱》所描绘的：“平声者哀而安，上声者厉而举，去声者清而远，入声者直而促。”[①]“早期声调”指的是南朝刘宋以下两个多世纪的“四声时代”。《元和韵谱》撰于九世纪初（唐元和从公元806至820年）。书面记载总是滞后于实际语言变化。日本平安朝前期出了很多悉昙家，大体上相当于晚唐，如安然《悉昙藏序》云“于时日本五十五叶元庆少主即位四年岁次庚子二月朔旦”，元庆四年即公元880年，唐末僖宗广

① 沙门神珙《四声五音九弄反纽图》（附于四部备要本《玉篇》卷末）序云：“沈约创立纽字之图，皆以平书碎寻难见。唐又有阳宁公、南阳释处忠，此二公者，又撰《元和韵谱》……谱云：‘平声者哀而安，上声者厉而举，去声者清而远，入声者直而促。’”

明元年。但他们描述的有区别意义的八声或六声反映的是一二百年前盛唐至中唐各地的声调情况。早期上声所处的“四声时代”或“早期声调时代”应早于悉昙藏所反映的“八声时代”。据空海(公元 774—835)《文镜秘府论·四声论》所辑隋刘善经《四声指归》说:“宋末以来,始有四声之目。沈氏乃着其谱论,云起自周颙。”如果宋末发现四声也是滞后的,那么至少要把整个刘宋朝(公元 420—479),甚至东晋(公元 317—419)后期也包括进去。即四声时代至晚起自五世纪初,至七世纪某个时期,即东晋末至初唐。他所代表的语言是以洛下、金陵一脉相承的书音系统。

四声时代只有四个辨义的声调:平上去入。各按声母清浊调头略有区别,清高而浊低,但调干大体一致。因此,实际调值是八个,但相应的清浊调之间无音位区别,是声母的条件变体。图 1 是初期四声八调格局的设想,从中可以看到上声与其他三声的分布关系,四声构拟及其论证另外为文。早期四声八调表达在三域六度的模型中。声域按发声分为假声、清声、浊声三个声域。清声母声调在中间的清声域中,浊声母声调在最低的浊声域中。带有假声的清上、浊上在最高的假声域中。对假声“超高调”超出五度制的描写方法,在很早以前的共时方言描写中就使用了(叶国泉、唐志东 1982,可参看朱晓农 2004b 中有关论述)。后文展示了高坝侗语和温州吴语的假声超高调后,读者就更能明白分域标调制的必要性(参看朱晓农 1996,2004,2005:221—232;朱晓农、吴和得 2005)。

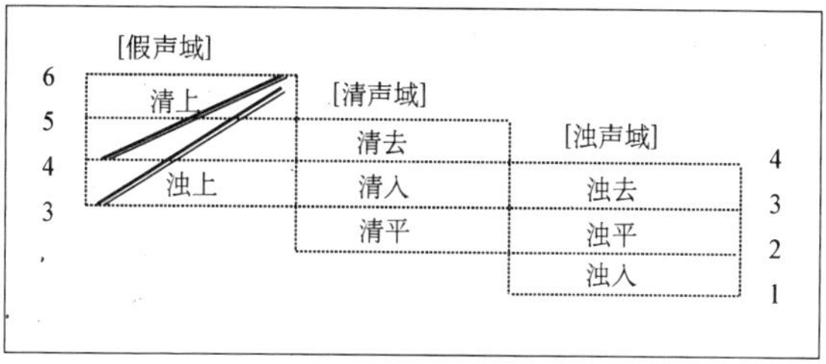

图 1. 早期四声八调的三域六度格局

3. 时长、音强、纯音段可排除

现在来看公认的观点一:声调由非声调因素演变而来。非声调因素包括时长、音强(包括响音性 sonority)、发声、音段,见图 2。当然,总有可能还存在现在未知的因素 X,对此我们只需保持一个警觉即可。我们的工作就是要确定哪个因素最有可能导致"厉而举"这样的调形调感。音段包括声母辅音,元音和鼻

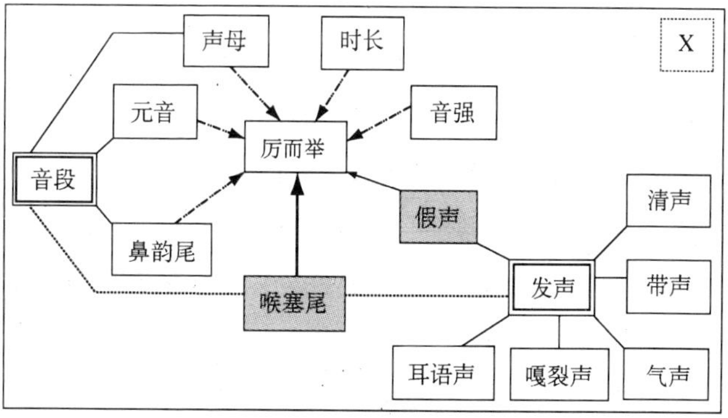

图 2. 导致"厉而举"上声的可能因素

韵尾。喉塞音 ʔ（还有喉擦音 h，ɦ）是与发声相关的很特殊的音段，在 Jacobson *et al*. (1952) 的区别特征表中它们既非元音性的，也非辅音性的。它们不但元辅音难定义，甚至连是“音”（调音）还是“声”（发声）都难以定义。其所以如此特殊，就因为它们理论上的调音部位就在发声源处——喉门。所以图中就用虚线把它同时和音段和发声连接了起来。

在这四个候选因素中，时长不影响基频，因为长元音可以高声调，也可以低声调；短元音亦可高可低。

音强对基频起作用，在非声调语言中重读元音高，弱读元音低。但这只能产生高低不同，不能产生系统的调形区别。况且在声调语言中弱读（轻声或零调）不一定低，例如普通话“上声＋轻声”组合的调值是 [21＋4]，弱读的轻声要高于重读的前一声调。元音可以承载声调信息（包括基频和发声），其响音性与音强正相关。自 Jespersen (1904) 以来一直认为低元音响度大，高元音响度小，中元音居中（参看 Lehiste 1970：120）。汉语方言中的实验也证明，其他条件相同的话，低元音音强大，高元音音强小（朱晓农 2005：107—112）。但由于声调类并不与元音高度相配，也就是说，高调类中有高元音，也有低元音，低调亦然，所以响度因素可以排除。

排除了时长和音强（及响音性）以后，再来看音段因素。会导致基频高低有异的音素包括声母、元音、鼻韵尾，这些纯音段因素虽然能引起基频变化，但不可能导致系统的上升调形。

元音因素——如果其他条件一样，高元音的基频一般高于低元音，此所谓元音内在基频（Lehiste 1970：68—74，Zhu

1992）。比如同样是［55］调，“衣”i 比起“阿”a 来，可能要高出几到十几赫兹，女声甚至可能高出 30 赫兹。但由于上声并不只限于高元音类，而其他声调类也有高元音，所以元音因素可以排除。

鼻韵尾因素——鼻韵尾会引起基频微升，例如 $piŋ^{33}$，平调的尾部会有微升，明显时会差十几赫兹。这在汉语方言中已经观察到（Rose 1992；Zhu 1999，§10）。但由于上声并非只限于阳声韵类，而其他声调类也有阳声韵，所以鼻韵尾也可排除。此外，没有证据说其他辅音韵尾会影响音高。

声母清浊因素——清浊会导致调头高低，对调形影响至少是前段清高浊低（Hombert *et al*. 1979）。如果底层声调是个中平或高平调，则浊声母会引出一个较低的调头；如果再加上韵母较短，那么表层的调形便会呈现升调形。因此以声母清浊来考虑升调，浊上不可排除。但由于上声还包括清上，而清声母则可能导致高调头（朱晓农 2005：125—126），所以声母因素可以排除。

4. 举：喉塞尾引致升调

现在只剩下喉塞尾和发声两个因素需加考虑。先看喉塞尾。喉塞尾会引起调尾上升在语音学上是很容易解释的。不管是高调，还是低调，凡音节末尾有喉塞尾的，由于声带迅速拉紧，都会引起基频上升。例如，阿拉伯语中的喉塞尾引起少则 9 赫兹，多至 48 赫兹的基频上升（Hombert *et al*. 1979）。根据我们对上海话阴去（T2）和阳去（T3）的系统观察，尽管两者都是传统意义上的舒声长调，但在认真单念字表时，绝大部分人都带有非音位性的喉塞韵尾，结果造成上海话阴去是个微升调［34］（见图3左图）。阳去可能原来就是个升调，而现在升的幅度更大，成了［14］（图3右图）。注意：图5中绝大部分声调上升到顶点后有个突降，这是喉塞尾的效果，是声门突然拉紧关闭后，喉下气压仍然很高，冲破声门又有了几下余振，结果造成这个纯粹生理而非语言目标的降尾（Rose 1989，朱晓农 2005：127）。

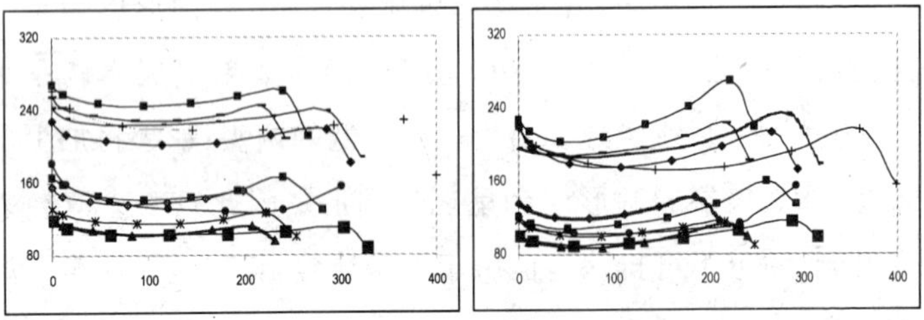

图3.【左】上海阴去［34］，【右】阳去［14］。纵轴基频（赫兹），横轴时长（毫秒），11个发音人。

如果假定最早的上声音节带喉塞尾，那么可以预期清上是个高升调，浊上可能是个调头较低的高升调，也可能是个与高升调平行的低升调。考虑到早期相应清浊调的相似性，可以认为两者都是高升调，浊上的调头较低。用三域六度制，阴上是［46］，阳上是［36］，见图1；又见下温州上声。

5. 厉:假声导致尖厉感

简单发声态一般指以下六种(图 2 右下):清声(voiceless),常态带声(modal voice),哞/气声(murmur/ voiced aspiration),嘎裂声(creaky voice),假声(falsetto),耳语声(whisper)。其中带声、气声、嘎裂声产生低调。清耳语声没声调,浊耳语声效果同气声。只有清声和假声会产生高调,而只有假声会产生尖厉的高调。它可能是个高升调;或带有急升的高平调,前半段急升段的时长有可能长于后半段的高平调——这就是我们下面要讨论的"厉而举"的两种情况之一:高坝侗语的第 5 声(T5),见图 4 左图。另一种情况下一节讨论。

图 4 的左图是带假声的[55]调,高达 362 赫兹。右图:普通清声的[44]调,235 赫兹。这位男性发音人的普通发声态中的低调在 120 赫兹左右,最高在 230 多赫兹,但带有假声的[55]调突然跃起,增加了 140～150 赫兹,达 370 赫兹,这对于女声来说都是很高很高的①。下面图 5 中是高坝五个平调的平

① 有一则匿名审稿意见问:高调和假声孰为因果?是否可能高调导致了假声?两个伴随现象之间谁因谁果往往很难回答,有时还可能"因"在两者之外。不过在这问题上,可以说假声为因,高调为果,理由有四:(1)从历史构拟角度看,以"所有声调都有个非声调因素的来源"这个共识为前提,假声如果是高调之"果"的话,那又得去找"高调之初"的"因"了。根据奥卡姆剃刀原则,一个假声因素能解释"调之前"和"调之初"的高调情况,就不必去多假设一个缺乏证据的其他因素。(2)从发音生理看,男性用普通发声难以发出 370 赫兹的高调,除非换用假声。(3)从逻辑观点看:凡假声必高调,然高调不必假声。(4)从共时分布来看,几乎所有声调语言/方言都有高调,但仅有极少数才有假声高调。

均基频曲线，从 [11] 到 [44] 普通发声的四个声调在 120～220 赫兹之间，那个超高的高平调按比例标为 [56] 都不够，简直可以标成 [599]。调形是前半段急升，后半段超高平。

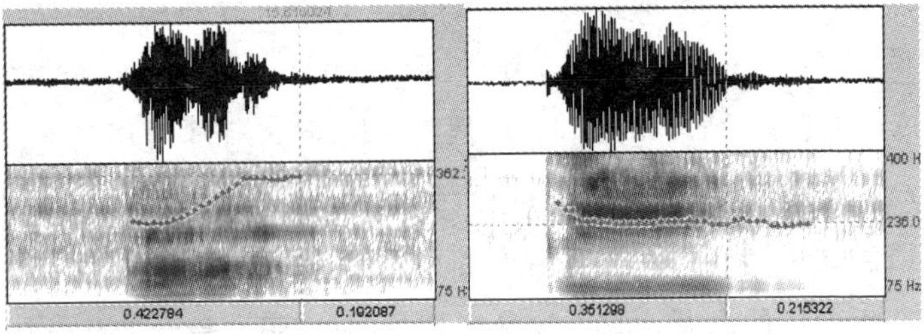

图 4. 高坝侗语男性发音人，【左】尖厉高调 T5 [55]，【右】普通高调 T6 [44]。

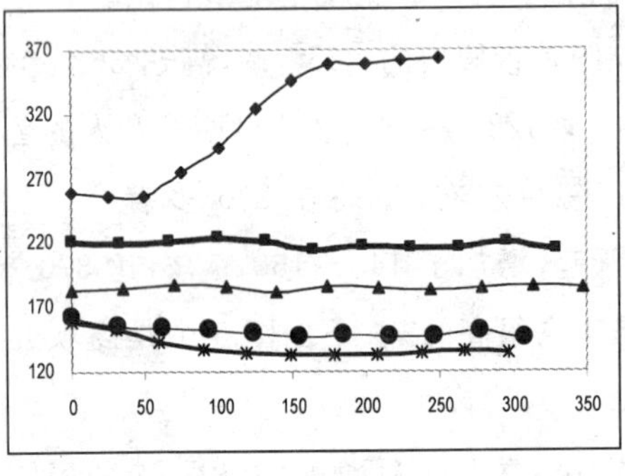

图 5. 高坝侗语的五个平调的平均基频曲线，最高的平调带假声。

6. 厉而举：假声加喉塞尾

"厉而举" 的另一种情况是温州吴语两个上声的调形。图 6

是阴上和阴去的例图。温州阴上和阳上带假声和喉塞尾，这位男性发音人的阴上高达350多赫兹。阴去是普通发声态高降调，调头起点为260多赫兹。在一个没有假声的声调系统中，全降调的调头总是调域的高限。例如上海话阴平［52］的起点是上海声调系统中调域的最高点，北京话去声［51］的起点是北京话声调系统中调域的最高点。而现在温州话高升调的峰点比起高降调的起点还要高出80多赫兹，全靠假声的作用。图6左图中温州阴上上升到顶点后有个小段突降，是由喉塞尾引起的纯粹生理而非语言目标的降尾。温州话八个声调俱全，阴平是高平。入声已舒化，阳入是低平带微升的调尾。阴去是高降。另外三个声调基本上介于高平调（阴平）和低平调（阳入）之间（只有低降形阳平的终点降得很低）。图7是温州话的两个带假声“厉而举”的上声以及另外三个作为对照的声调的平均基频。经归一化计算，那个高降调的调域范围（－2.78～2.29）大体上是在两个半标准差之内，这也大致上是一般发声的调域范围。而假声域中的两个上声明显高于其余声调。

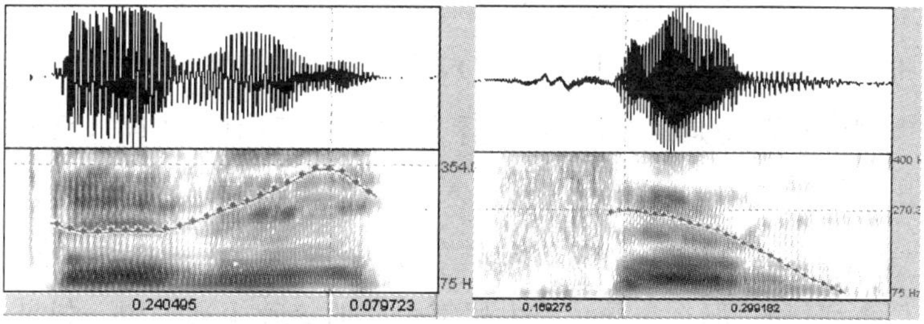

图6. 温州吴语男性发音人，【左】阴上 tuŋ“董”，【右】阴去 fəŋ“粪”。

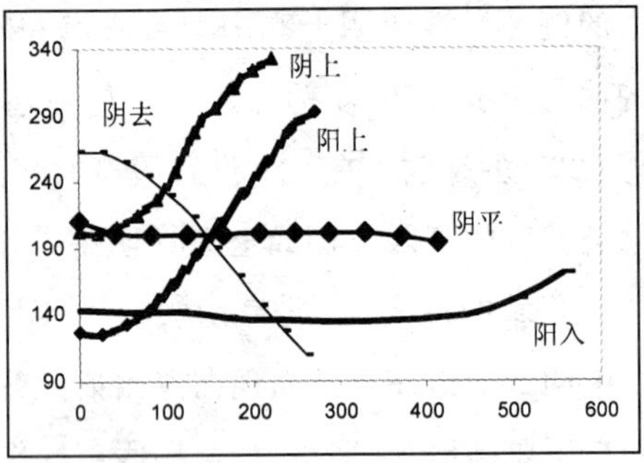

图 7. 温州带假声急升的阴上和阳上，另三个声调作调域参考。横轴时间（毫秒），竖轴基频（赫兹）。

7. 早期上声：高坝型还是温州型？

高坝侗语 T5 是假声无喉塞尾，温州上声是假声加喉塞尾。两者都产生了“厉而举”的调形调感。区别在于：(1)高坝 T5 由于无喉塞尾，所以，尽管时长前半段是个升调，后半段还有个高平段。而温州上声有喉塞尾，所以是个纯升调。(2)高坝 T5 是个舒声长调，比其他平调仅稍短百分之一二十（见图 5）。而温州上声不及平调的一半（见图 7），甚至比降调还短（一般而言舒声调中降调总是最短的，可参看朱晓农 2005：215—217），只是比其他吴语方言中作为促声的入声稍长[①]。现在的问题是：哪一个更接近于早期上声“厉而举”的调形调感？如果早期上声是高坝型的，那么它是一个由假声引起的陡升超高平调。如果

① 例如上海话阴入平均不到 80 毫秒，阳入不到 120 毫秒（朱晓农 2005）。

早期上声是温州型的，那么它是由假声加喉塞尾引起的较短的超高急升调。不管是哪一种，至少早期上声与假声共生。

选择温州型作为早期上声原型的直观理由有二：(1) 温州是汉语方言，更可能直接秉承早期上声的特性。(2) 从调形看，温州的陡升调形更接近“厉而举”的描述。选择高坝型作为早期上声的原型的理由是：根据奥卡姆剃刀（Occam's Razor）原则，不必要的东西剃掉它。也就是说，其他情况一样的话，简单的处理是首选。以上理由双方都不算太充分。此处有个关键点：时长。如果早期上声是舒声长调，那么就更可能像高坝的超高平舒声长调。如果早期上声是个较短的调，那么就更像温州的较短的陡升调。以下几项材料说明早期上声是个感觉得到的比平声为短的调，因而更像是温州型假声带喉塞尾的超高陡升调。

第一，平仄的含义。一般认为平仄的字面含义就是调形的平和不平。平声是平，上去是升或降，这都没问题，但是入声尤其是清入一般没有感觉得到的调形升降。平仄的另一种解释是认为它们实际上是长短区别。周法高(1948：162）说：“在唐初或在较早的时候，四声中平仄有长短的区别。这区别构成了当时韵文中平仄对立的主要音素。” Mair & Mei (1991)发现，梵文的长短音在诗律中叫轻重音(梵文 laghu “轻”，guru “重”)。沈约(公元 441—513)《宋史·谢灵运传论》(公元 488 年撰)中的“一简之内，音韵尽殊；两句之中，轻重悉异”的“轻重”相当于后代的“平仄”，来源是梵文诗律里的“轻重音”，沈约借用了梵文诗律中的“轻重”来指汉语的声调长短。空海(公元 774—835)

《文镜秘府论》引王昌龄《论文意》，也用“轻清”，“重浊”来指平仄。

第二，王梵志的韵式。唐初诗僧王梵志留下391首以白话写就的诗[①]。除去8首韵例不明，64首入声自押，剩下的平声自押215首，上去同用103首，平上去混押仅1首。这种三分押韵体例很难从音高调形上去理解。入声与舒声有音段差别，可以不论。但是，上去声一升一降，调形截然不同。相比之下，各自更接近平调：即升调与平调的调形区别，比升调与降调的区别要小；降调亦然。所以，以调形平与不平来分押难以说通。汉语诗歌从来没有按重音强弱来押韵的，所以剩下来的因素只能是按时长分押了。这也和以下对平仄的另一种理解相符。

第三，平声可延长，仄声不可延长。张洪明(1987)称之为“隐形特征”，是要在吟诗时才表现出来。不过，有些带升的调形也可以延长，如高坝T5先升再平(图4)，又如温州阳入低平带升尾，比一般平调还长(图6)。一般的升调(带微凹形)在语言中都可能比平调更长(Howie 1976，Rose 1981，朱晓农2005：216)。只有急升调才难以延长，比如带着特殊发声的温州阴上阳上，才与降调时长相仿(图6)。因此，王梵志诗韵透露的是一种按三种时长的押韵体例。

① 举两个例子，可以看到他的口语诗风及上去混押。“自死与鸟残，如来相体始上。莫养图口腹，莫煞共盘箸去。铺头钱买取，饱啖何须虑去。傥见阎罗王，亦有□分取上。”“敬他保自贵，辱他招自耻上。你若计他，他还计你上。勾他一盏酒，他勾十巡至去。子细审思量，此言有道理上。”我的统计把残篇都算在内，与张鸿魁(1992)的数据稍有一二出入，但无关大局。

第四，梵汉对译。据周法高(1948)，初唐（七世纪）梵汉译音一般情况下不区别梵文长短元音，“但是当声韵方面的条件都一样，只有长短音的分别，而又有分别的必要时，就用声调来区别它们”。如玄应《一切经音义》(唐贞观末公元649年撰）卷二《大般涅槃经·文字品》音义中“字音十四字”对译梵文七对长短元音，用上声字“裀坞理”，入声字“壹”对译梵文短音，平声字“阿伊乌厘”表示长音。又如安然《悉昙藏》卷二和卷四（大正大藏经卷八十四，页380，408）引武周时高僧义净（公元？—713）《南海寄归内法传》(天授元年至如意元年，公元690—692年撰）云：“‘脚’等二十五字并下八字，总有三十三字，名初章，皆须上声读之，不可看其字而为平去入也。”义净的“十二声者”用上声“枳矩”、去声“计告”、入声“脚”表示短音，用平声“迦鸡俱孤”代表长音。

以上这些都表明四声时代上声短于平声。早期声调的时长格局似与顾炎武的推测相仿，“平音最长，上去次之，入则诎然而止”(《音论卷中·古人四声一贯》)。图7中温州平调长而升降调短的时长格局，正可作为早期平声和上去声对立的现代写照。

8. 相关的来源问题

上面讨论了早期上声的语音性质。有关上声起源，有多种假说。最早是奥德利古（Haudricourt 1954）的喉塞尾-ʔ起源假说，然后是包拟古（Bodman 1995：60）的“紧喉”说[1]。最近20年来国内又有很多别的意见，如来自松紧元音，长短元音，辅音尾，声母清浊，元音响度，等等。本文虽未直接涉及上声的起源问题，然所论早期声调的语音性质与来源问题密切相关，甚至可以说早期的语音秉承了起源时的性质。只要再往前跨一步，就可以推断上声的起源与演变途径：(1)“调之前”时期假声是区别特征，并必然有高调伴随；(2)“调之初”时期高调成为区别特征，并伴有非必然的假声；(3)假声失落，成为普通发声的高调；(4)失去发声(及音段)制约的高调变为各种调形。此外还有个与起源相关的问题，即声调是什么时候产生的。对这个问题的看法同样分歧很大，从“前上古”到“上～中古过渡期”，跨度相差上千年。如果是下限，即上～中古过渡期，那么跟本文所论就能衔接。从本文的结论来看，声调(音高)取代发声和韵尾成为区别特征，可能离沈约“发明”四声时相距不远。如果声调作为区别特征出现是在春秋时代，甚至更早，则离隋唐有千年之遥，相距太远。我们知道，调形是最易起变化的。由此而得到的推论是：(1) 要么有音段或发声的制约，调值不易变化，但这意味着声调仍是伴随性特征；(2) 要么去古未远，因此，声调成为音系学上有意义的类——音位/调位——出现，可能是在上古晚期，即汉末魏晋之时。详论这些问题我们另外为文。

---

① “紧喉/喉化”是个含糊笼统的词，据朱晓农(2003,2005a)，“紧喉”有13种用法，再加“喉化”3种，共16种理解。

9. 结语

本项研究有效地利用了各类文献资料。古人的记载如“厉而举”并不是专为语言学而作的描写，对此类记载无视他固然不对，而绝对据此立论就更糟，那就会招致历史上常见的“纸上谈韵”式主观玄辩。我们的文化传统中有一种中庸而健康的读书态度，就是在“不信书”和“尽信书”之间保持适度平衡。可取的态度是以古人记载为出发点，假定历史上发生过这件事，然后以今天的知识为依据，穷尽各种可能性，再提出一个最佳方案去解释它。以本项研究来说，我们以历史上有过“厉而举”的上声为出发点，然后在实地田野调查中发现假声高调的两种情况，再从发音上穷尽考察导致“厉”“举”的所有可能与不可能因素（以上是做此项研究的实际工作程序，而不是文章叙述的次序），由此得出四声之初上声带假声，再辅以各种相关文献，补上一个喉塞尾。

本文根据多项性质迥异，但指向同一的证据，来重建早期上声的语音特征“带假声和喉塞尾的超高陡升调”。这种结合文献、现代科学、方言民语田野调查材料，综合考察历史音韵演变的“实验历史音法学”的方法和取向可以用两句名言来概括。第一句是“以今释古”。这句话过去被当成贬义，但自从社会语言学兴起，从共时变异来探讨历史音变已经发展成系统方法。拉波夫（Labov 1975）有篇文章就用“以今释古”来题名。第二句是“上穷碧落下黄泉，动手动脚找东西”（中研院史语所筹备处，

1928)，此为当年史语所的开办宗旨。研究语音演化就是要上穷千年历史文献，下尽远乡僻壤的"别国方言""绝代语"，再以现代科学的方法去以今释古。

参考文献

张鸿魁 1992. 王梵志诗用韵研究.《隋唐五代汉语研究》(程湘清主编)，510—553. 济南：山东教育出版社.

张洪明 1987. 汉语近体诗声律模式的物质基础.《中国社会科学》4：185—196.

中研院史语所筹备处 1928. 历史语言研究所工作之旨趣.《史语所集刊》1：3—17.

周法高 1948. 说平仄.《史语所集刊》13：153—162.

朱晓农 1996. 上海音系.《国外语言学》2：29—37.

朱晓农 2003. 解开紧喉之谜. 第3届吴语国际学术研讨会论文，上海.

朱晓农 2004. 论分域四度标调制. 第11届国际中国语言学学会年会论文，天津.

朱晓农 2004a. 基频归一化：如何处理声调的随机差异?《语言科学》1：3—19.

朱晓农 2004b. 亲密与高调：对小称调、女国音、美眉等语言现象的生物学解释.《当代语言学》3：193—222.

朱晓农 2005.《上海声调实验录》. 上海：上海教育出版社.

朱晓农 2005a. 实验语音学和汉语语音研究.《语言学前沿与汉语研究》(刘丹青主编)，225—257. 上海：上海教育出版社.

朱晓农 2006.《音韵研究》. 北京：商务印书馆.

朱晓农、吴和得. 2005. 高坝侗语五平调和分域四度标调法. 第38届汉藏语年会论文，厦门.

Bodman, N. 1980. Proto-Chinese and Sino-Tibetan. In F. van Coestem and. L. Waugh (eds.), *Contributions to historical linguistics*. Leiden: E.J. Brill. 潘悟云、冯蒸译《原始汉语与汉藏语》. 北京：中华书

局，1995.

Haudricourt, A. G. 1954. Comment reconstruire le chinois archaïque. *Word* 10: 351—364.

Hombert, Jean-Marie; John Ohala and William Ewan 1979. Phonetic explanations for the development of tones. *Language* 55. 37—58.

Howie, John Marshall 1976. *Acoustical Studies of Mandarin Vowels And Tones.* Cambridge University Press.

Jakobson, R., Fant, C. G. M. and Halle, M. 1952. *Preliminaries to Speech Analysis: The Distinctive Features and their Correlates.* Cambridge, Mass.: MIT Press.

Jespersen, Otto 1904. *Lehrbuch der Phonetik.* Leipzig and Berlin. Cited in Lavoie, Lisa 2001. *Consonant strength.* New York: Garland.

Labov, William 1975. On the use of the present to explain the past. In L. Heilmann (ed), *Proceedings of the 11th International Congress of Linguistics*, 825—851. Bologna: Il Mulino.

Lehiste, Ilse 1970. *Suprasegmentals.* Cambridge, MA: MIT Press.

Mair, Victor H. and Mei, Tsu-lin 1991. The Sanskrit origin of recent style prosody. *Harvard Journal of Asiatic Studies*, Vol. 51, pp. 375—470.

Rose, Phil 1981. *An Acoustically based Phonetic Description of the Syllable in the Zhenhai Dialect.* PhD dissertation, The University of Cambridge.

Rose, Phil 1989. Phonetics and phonology of Yang tone phonation types in Zhenhai. *CLAO* 18:2, 229—245.

Rose, Phil 1992. Bidirectional Interaction between Tone and Syllable-Coda: Acoustic Evidence from Chinese. In J. Pittam (ed.) *Proc. 4th Australian Intl. Conf. on Speech Science and Technology.* Australian Speech Science and Technology Association, 292—297.

Zhu, Xiaonong 1992. Intrinsic vowel F0 in a contour tone language. *Proceedings of the 4th Australian International Conference on Speech*

Science and Technology. 501—506. Australian Speech Science and Technology Association, Canberra.

Zhu, Xiaonong 1999. *Shanghai Tonetics*. Muenchen, Germany: Lincom Europa.

（原载《中国语文》第 2 期，2007。初稿曾在“汉语上古音构拟国际学术研讨会”（上海，2005－12）上报告）

入声演化三途*

1. 引言

语言学界对于入声的认识相当一致，古入声有两个其他声调不具备的特点：短时性与唯闭塞音尾。演变到现代汉语各方言，有三种主要表现形式。一是保留古入声特点，如粤语。二是唯闭音尾变为喉塞音并保持短调，如吴语。三是完全舒化，即“长化”并且“开音节化”（塞音尾失落），如大多数官话。

近年来，随着田野语音学和演化音法学的进展，我们得到了很多第一手的新材料，对于入声的共时语音性质和历时演变道路都有了新的认识。描写入声需要四个参数：时长、音段、声域、音高。前两个参数涉及我们熟悉的短时性和塞音尾。第三个参数声域，是近年来我们逐渐有所了解的①。第四个参数是已知的，但因其简单而较少讨论。本文从这四个参数入手，使用吴

---

* 香港研资局竞标专项拨款（HKUST 6426/06H）和香港科技大学竞标研究拨款（RPC06/07. HS03）资助项目。

① 声域（register）由发声态（phonation types）定义，例如假声、嘎裂声、气声等。近年来，这些发声态在汉语和民语中陆续被发现具有区别特征的含义，可参看朱晓农 2004，2004a；朱晓农、吴和得 2007；麦耘 2007。

语、粤语、湘语、赣语、闽语中新得到的材料来考察古入声演化的路径和阶段。并顺带讨论几个与此相关的问题,例如入声的短调性和塞音尾之间孰为主次,谁是导因性因素,谁是伴随性因素,又如入声舒化后的调形调类问题等。结论是:

(1) 声调的基本性质体现为音高走向;

(2) 另有三个次要、独立的因素影响声调的性质:时长、音段、发声态;

(3) 入声演化沿着上述三个次要因素有三条独立途径,一条是先开化(音段变化),一条是先长化(时长变化),一条是先变声(发声态变化);

(4) 前两条是主要的演化之路,从这两条路走到舒化之前存在七个中间阶段;

(5) 入声舒化后最大的可能是与同形舒声调合并,不过不排除保留自己调类的可能性;

(6) 第三条发声态发生变化的只发现极少例子,但可能引起理论上极有趣的 flip-flop(跳跃翻转)变化。

入声的四个参数在演化过程中的权重是不一样的,头两项,时长和音段最重要,因为这两项是造成入声区别于舒声的特征。另两项,发声态和音高并不是它特有的。发声态只在有限的入声演化场合起作用。音高变化是声调的常态变化,可能但不必然涉及那三项次要因素。

2. 入声演变的两条主要路向

古入声字有两项众所周知的音韵特点：一是时长短促；二是有塞音韵尾。如果再细一点，可以把塞音尾分为-p/t/k 无声除阻塞音尾（唯闭音，用-P 来表示）和喉塞尾-ʔ 两类。从这两个参数来考察，古入声演化至今逻辑上可以有六种现代形式，分布于“演变路向”图 1 的左右两列。如果进一步考虑时长的中间过渡状态，那么还有中列的三种入声形式。本文用的缩略语和符号意思如下：“短”或 v̆ = 入声短元音，“长”或 V = 舒声长元音，“中”或 v = 中等长度的元音，比 v̆长、比 V 短，开 = 开音节尾，C = 辅音，P =-p/t/k 唯闭音尾，ʔ = 喉塞尾。

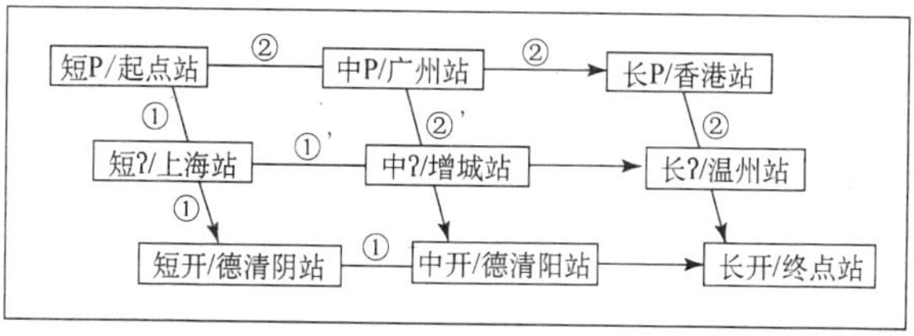

图 1. 入声演变路向图

图中三横行三斜列。第一列都是短元音，第三列是长元音，中间第二列表示一个过渡阶段的时长——中等长度的元音。作为一条经验概括，入声短调在 100 毫秒上下，中长调 200 毫秒上下，舒声长调约为 300 毫秒或以上（高降调短点）。图中第一行是唯闭-P 尾，第二行是喉塞-ʔ 尾，第三行是开音尾。图中九个方框，代表演化的九个阶段，或者“站”。每个演化阶段的语音性质缩写在框内，如左上第一站“短 P”表示短元音加唯闭音尾，第一列第二站是“短元音加喉塞尾”阶段，第三站是“短元音开音节尾”。框内斜线后是例子，比如德清阴站表示德清阴入是短开型，“广州站”表示广州中阴入是中 P 型等等。从起点站演变到终点站有很多过渡阶段，用个站名便于称说、便于记忆。左上角短 P 起点站是没有发生变化，保留古入声的短元音和唯闭音尾，现在的很多粤语、闽语方言还停留在这变化的起点上。右下角长开站是变化的终点，即入声完全舒化：时长变长，与其他声调类相似；并且塞音尾消失，韵母变为开音节舒声韵。终点站有两个停车场，一个是“岳阳停车场”，指的是舒化了的入声保留独立调类及调值，如岳阳话和一些湘方言。另一个是“北京停车场”，入声不再独立成类，而是并入其他舒声类形成“入派三声”，这是汉语方言中最普遍的情况。

从起点站到终点站之间，有两条变化路径：第①条路是先下行的“开化路”，先开音节化，再长化。第②条是先横行的“长化路”，先长化，再开音节化。这两条路径中各有几个中间阶段。其中中列的“中”字阶段指的是韵尾不变，而元音从短变成半长，但还没舒声那么长：在短 P 和长 P 之间有个中长并且唯闭音尾的阶段，在短开和长开之间有个中开等。由于元音长短是个连续统，所以实际上可以存在(无数)多种可能的长度；但由于时长的最小区别很少有多于两个的，所以图 1 中列出一种过渡状态在音系学上足够了。第①条路到上海站后有一条岔路①’，第②条路到广州站后也有一条岔路②’，两条岔路相交于“中 ʔ”站，具体例证稿件寄出时还在说“有待新的田野材料”，巧的是在定稿前两天发现了增城粤语的例证。下面分阶段考察。

3. 第①条"开化路":吴语型

入声舒化的第①条路是"开化路",先开音节化,再长化:短P>短ʔ>短开>中开> 长开。在此路径中,入声唯闭韵尾变为喉塞韵尾进入"短ʔ"阶段,如吴语和相当一部分官话。然后塞音尾失落,但仍保持原有的短调性质进入"短开"阶段,如吴语德清话阴入字。然后短调长化,经过一个"中开"阶段,如德清话阳入,最后到达完全舒化的"长开"阶段。第①条路径中有一条岔路,在上海站之后不是先失落喉塞尾然后长化,而是先长化再失落喉塞尾,走的是"短ʔ>中ʔ>长ʔ"之路,见后文§5。下面先简单谈一下短ʔ阶段的情况,然后着重讨论短开和中开阶段,这是"开化"途中的必经站,只是这种途中演变的活例很少能活生生抓到。

3.1 吴语入声的一般情况

吴语的入声基本上都处于"短ʔ"阶段,此时的入声与舒声相比,一个是在时长上为短调;一个是在音节结构上具有喉塞音韵尾。下面以上海话为例来看这种声调格局,见图2。

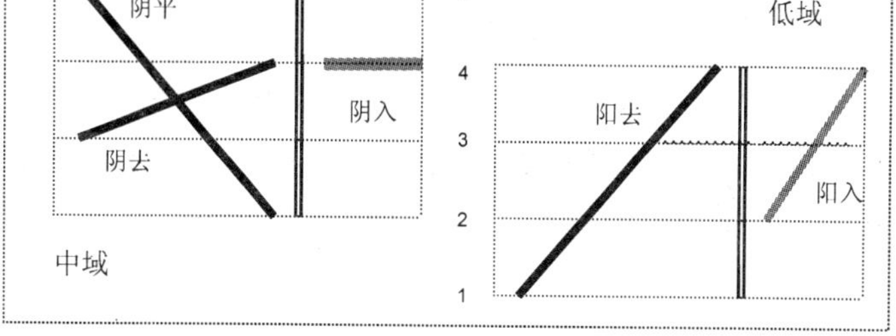

	平	上	去	入
中域(阴调)[2～5]	52		34	ʔ44
低域(阳调)[1～4]			14	ʔ24

图 2. 上海话单字调的分域四度标调示意图

上海话有五个声调：三个舒声，两个入声。入声带喉塞尾，时长在 70～120 毫秒之间，而舒声调的时长则在 240～270 毫秒(朱晓农 2005)。阳入比阴入稍长，但比起舒声调的均值来，不到一半。此外，阴调类(清声态)和阳调类(弛声态 slack voice)有发声区别。这也是绝大部分吴语方言入声的基本形态。因此，在对吴语声调进行描写时，一是需要分声域，二是可以分长短。由于吴语入声与舒声有音段区别，时长不是唯一区别，所以也可把舒声调与入声调表达于同一个框架里。不过，下面马上就会看到，吴语德清话中入声已经失去喉塞尾，但还保持短时性，跟上声仅仅靠时长构成对立。因此，时长最好如图 2 那样表达出来。

3.2 德清话的声调格局

德清位于浙江省西北部，属于吴方言区太湖片的湖州小片。德清话有 28 个声母(蔡剑飞 1992，俞允海 2000)，有吴方言常见的弛声声母；韵母为 35 个(蔡剑飞 1992)。声调 8 个，入声据两人记载，均为带有喉塞尾的短调：阴入 ʔ55，阳入 ʔ33。2007 年 6 月我们调查了包括德清在内的浙北部分吴语方言的声调。发音人 ZY，女，26 岁，德清县城关人，硕士文化程度，目前在杭州工作。调查结果与以前描写不同的是：入声是个短调，阳入字和大部分阴入字都已没有喉塞尾[①]。阴入字如：百伯柏擘 pa $^{\underline{52}}$ ｜八博北剥 po $^{\underline{52}}$ ｜ 德得掇 tə $^{\underline{52}}$；阳入字如：别鼻弼比 bjə $^{\underline{231}}$ ｜ 乏伐筏罚 va $^{\underline{231}}$ ｜ 莫摸木目 mo $^{\underline{231}}$ ｜立列烈力律 ljə $^{\underline{231}}$ ｜ 屋沃 wo $^{\underline{231}}$。这八个声调的基频曲线按中域（阴调）和低域（阳调）格局分开画在下面两个小图中，各分四度，基频经过由朱晓农（2005）设计的 LZ-score 归一化处理。

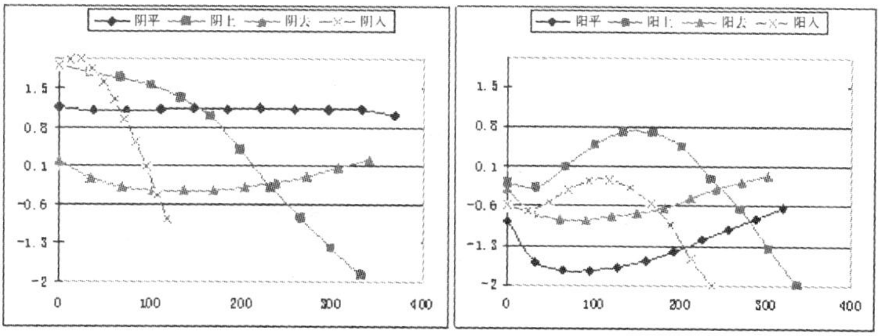

	平	上	去	入
中域（阴调）[2～5]	55	52	$^{4}34$	$\underline{52}$
低域（阳调）[1～4]	12	341	$^{3}23$	$\underline{231}$

图 3. 德清方言声调格局。【左】中域声调，【右】低域声调。横轴毫秒。

从听感上来说，德清入声字还听得出时长较短，但没有喉塞骤然关闭的听感。值得注意的是，德清入声调形与同声域的上声同调形，只是较短，已失去吴语入声中普遍存在的喉塞尾，仅仅靠时长的不同区别于同域的上声字。表 1 给出德清话声调数据：平均时长、总均值、每一调类的读例数，以及归一化后的相对时长，也就是绝对时长与总均值之比（可参看朱晓农 2005）。

① 有部分阴入字还保留（疑似）喉塞尾，如：滴 tiɪʔ，笔 piɪʔ，等等。

表 1. 德清话声调时长

	阴平	阳平	阴上	阳上	阴去	阳去	阴入	阳入	总平均	舒声均值
时长 ms	370	326	333	340	341	303	119	237	296	336
标准差 ms	40.4	31.2	46.5	49.9	36.0	40.1	16.2	37.7		
读例数	18	14	17	9	15	17	16	15		
相对时长	1.25	1.10	1.13	1.15	1.15	1.02	0.40	0.80	1.00	1.13
演化阶段							短开	中开		

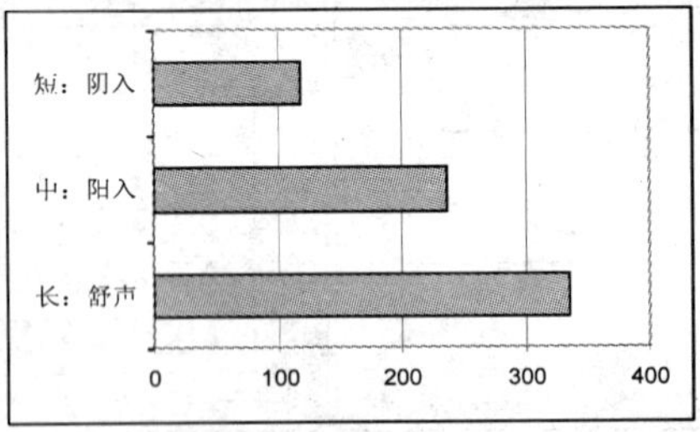

图 4. 德清话舒入时长比较

图 4 是根据表 1 中有关数据所画的时长比较图。可以看到德清话的阴入很短，约为舒声调的三分之一；而阳入是阴入的两倍，舒声的三分之二，恰好在长化的半途。德清话入声正开始脱离吴语主流向舒化演进：阴入进入短开站，而阳入则到了中开站。喉塞尾消失后的入声韵有三个元音：ə̆ ŏ ɑ̆。舒声韵中没有ə，舒声元音 ɔ 与 ŏ 明显不同。但是舒声韵中有 ɑ，与开化了的入声 ɑ̆ 形成长短对立，例如（带声符号表示弛声）：

	阴					阳				
	p	k^h	s	ɕ	Ø	b	g	z	ʑ	m
上 ɑ	摆	卡	洒	写	矮	霸	解	惹	斜	埋
入 ɑ̆	百	客	杀	削	鸭	拔	轧	石	嚼	麦

德清方言的短/中开现象并非孤例，以往的调查已有零星听感报道。浙江遂安(狮城)方言中个别发音人有类似遗留现象："在遂安方言里，古入声韵母今天虽然已经失去塞音尾，但龙门，汾口至今仍保留着独立的阴入调和阳入调，绝大部分地点仍保留着独立的阴入调。狮城有的发音人的阴入调还在一定程度上保留着短促的特点。"(曹志耘 1998:94)宣州片的泾县吴语中也发现了喉塞尾弱化现象(朱蕾 2007)。在泾县吴语的章渡、茂林、岩潭、赤滩方言中，入声的调形都表现出与舒声调对应的情形。岩潭、赤滩两个方言的入声则已经与对应的舒声调合并。而章渡方言则表现出喉塞韵尾弱化的情况，与德清话的表现相似。湘语中也有类似变化，入声一般元音较短，有些地方(如荣家湾)还存在失去了喉塞尾的入声由于元音读音长短而分调的情形(李星辉 2005)。

4. 第②条"长化路"：粤语型

入声舒化的第②条路是长化路，先长化，再开音节化：短P>中P>长P>长ʔ>长开。在此路径中，入声"短P"保留唯闭韵尾而韵核逐渐变长，经过"中P"站，到达"长P"站，然后韵尾弱化或失落，最终变为"长开"。中P、长P和最后长开阶段的例证都在粤语方言中发现了。下面逐个考察。

4.1 广州粤语的"中P"阴入

粤语的入声大多还保留着中古特征：短且以唯闭音收尾，但它的入声有分化之势。以广州话为例(据我们的录音材料)，阴入和阳入都根据时长分成两类，唯闭韵尾都仍保留。

类名	调值[2～5]	例字
短阴入	55	急七湿德北不则 ɐ|福菊足祝 o
中阴入	44	夹插搭百甲 a|赤 ɛ|角 ɔ|接切 i
短阳入	33	六局读毒熟木肉 o|敌食 e|合拔 ɐ
中阳入	33	杂白贼辣 a|莫薄 ɔ|药 œ|笛 ɛ|勒佛 ɐ|叶 i|力 e

“短/中”阴入即一般文献中所谓的“上/下”阴入，后者是按照音高高低来命名的。我们从时长方面来命名是因为：(1)其时长也有差别，上阴入很短，下阴入稍长。(2)阳入也有时长之分，但无音高之别，阴入选择相同的描写参数保持一致较好，若分上下恐会引起误解。(3)最重要的是在本文框架中长短是个参数，上下则无关紧要。图 5 是广州话的声调格局(上)和时长比较(下)，表 2 是时长数据。材料根据两位发音人(一男一女)，基频进行了归一化、时长做了平均处理。从语音学上来看，广州话声调有十一类。

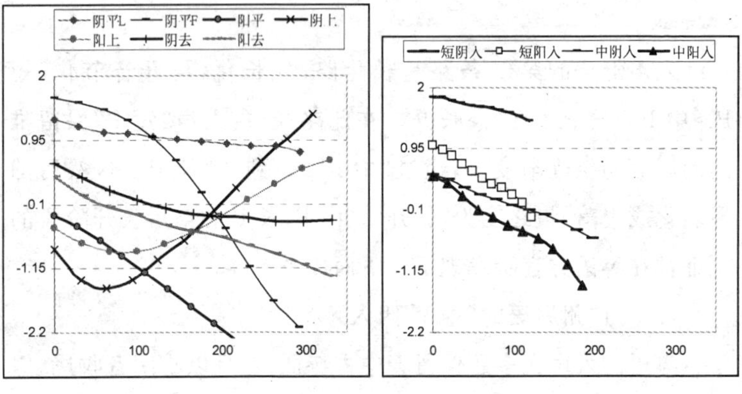

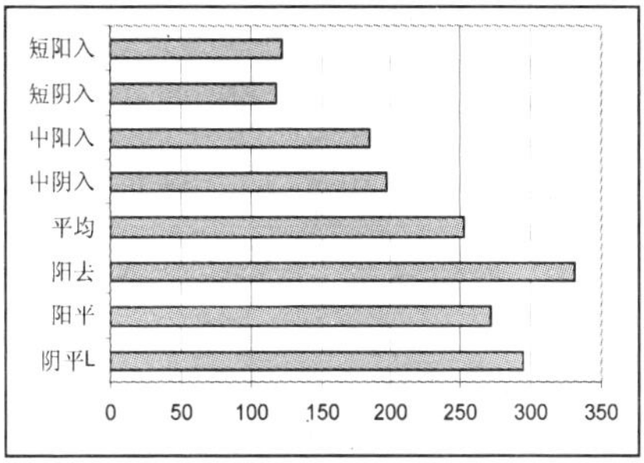

图 5. 广州话,【上】声调格局,上左:舒声长调,上右:入声短调和中长调;【下】部分声调时长比较(单位:毫秒)。

表 2. 广州话声调时长(两位发音人)

	阴平(平)	阴平(降)	阳平	阴上	阳上	阴去	阳去	短阴入	短阳入	中阴入	中阳入	总平均	舒声平均
时长 ms	294	292	272	309	329	332	331	119	122	196	185	253	308
标准差 ms	32.3	36.2	42.1	38.4	22.9	46.5	36.3	9.9	16.5	14.9	13.6		
读例数	17	19	34	34	20	32	33	22	24	23	8		
相对时长	1.16	1.15	1.08	1.22	1.30	1.31	1.31	0.47	0.48	0.78	0.73	1.00	1.22
演化阶段								短 P		中 P			

从图表中可以看到,短入的相对时长为均值的近一半(0.475=(0.47+0.48)/2),中入为四分之三(0.755=(0.78+0.73)/2),即中入的时长正好在短入和均值的中间,也即处于第②条舒化路上的第一站,即图 1 中的“中 P”站——这是“中入”而不是“长入”,长入的长 P 站 § 4.2 马上要讲,长 ? 站见 § 5.2。

广州话阴入分化为上/下或短/中两类大约发生在19世纪[①]。一般认为这与元音的长短有关，短元音归短阴入（ɐ、o、e等），长元音归中长阴入（a、ɔ、u等）。（这话听起来有点像同义反复。）从上面的例字表来看，阳入也分出短/中两类。再者，原先认为的短元音如e与ɐ，也出现在中长调中，如：力｜勒佛。两者畛域已非划然。有关详情我们正在另外写文章。

4.2 香港粤语中的"长P"阳入

从广州话"中P"再长一步，就到了"长P"香港站。这个阶段在长化链"短P>中P>长P>长ʔ>长开"上至关重要，因为至此确定了长入与舒声相同的时长地位，接下去变"长开"几乎不可避免。我们在一位香港男性发音人口中不但录到像广州话那样的中P例字（阴入分短/中），更重要的是还发现阳入中分化出来的长P例字：达（296毫秒）、薄（287毫秒）、别（278毫秒）。广州话两类阳入是短/中有别，调形基本一致。香港话阳入也分两类，一类短阳入（平均139毫秒），另一类已经不是中阳入，而是长阳入了（平均269毫秒）。同时，调形也跟短阳入有所区别。长阳入仍有P尾，但与舒声长度相当，统计学上与阴上（284毫秒）无显著区别（$\alpha=0.05$）。其实，连中阴入的长度都已很接近长阳入和阴上了。下面是四类入声例字，图6是声

① 广州话的阴入分化是最近一个半世纪来的演变。粤语罗马字文献 *Chinese Chrestomathy* (Bridgman 1841)及书中所记载的清初粤语韵书《分韵撮要》(1782)，只有阴入与阳入，没有第三个入声。我们所见到的最早记载三种入声的文献是 Ball (1888) *Cantonese Made Easy*，书中称三种入声为"上入""中入""下入"，而且指出中入基本上只含长元音，上入和下入则长短元音俱备。

调格局以及有关声调的时长比较，表 3 是时长数据。

调类名	调值[2～5]	例字
短 P 阴入	55	不得汁 ɐ ｜ 屋卜督 o ｜ 逼的 e
中 P 阴入	44	八百答压 a ｜ 博恶 ɔ ｜ 啄 œ ｜ 跌 i
短 P 阳入	33	读仆 o ｜ 敌 e ｜ 突特拔入疾 ɐ
长 P 阳入	33	踏白达 a ｜ 薄 ɔ ｜ 夺 y ｜ 别碟秩 i

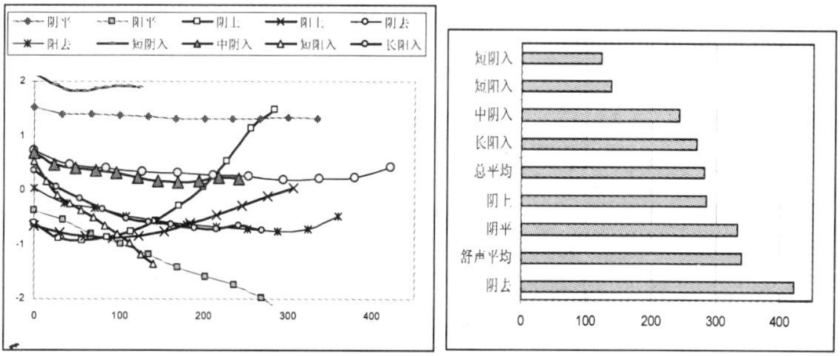

图 6. 香港粤语，【左】声调格局，【右】部分声调的时长比较（单位：毫秒）。

表 3. 香港话声调时长

	阴平	阳平	阴上	阳上	阴去	阳去	长阳入	中阴入	短阴入	短阳入	总平均	舒声平均
时长 ms	334	338	284	307	422	360	269	242	123	139	282	341
标准差 ms	39.4	44.9	25.1	36.3	36.2	31.6	22.4	24.6	19.9	19.6		
读例数	16	16	16	16	16	16	16	16	16	16		
相对时长	1.18	1.19	1.00	1.08	1.49	1.27	0.95	0.85	0.43	0.49	1.00	1.20
演化阶段							长 P	中 P	短 P			

长 P 阶段的唯闭韵尾可能会变成喉塞尾（长 ʔ 站），也可能直接到达长开终点站。长 ʔ 站是长化路上可能的一站，也可能来自开化路的一条岔路，由“短 ʔ”阶段长化而来，见 § 5。

4.3　东莞粤语的"长开"阴入

从长P香港站可以直接到达长开终点站，即入声字完全舒化。陈晓锦(1987,1993)报道过东莞莞城镇与宝安沙井镇方言中的舒化情况。莞城话舒化入声字有：塌 t^ha | 八 pɛ | 锡 sø | 各 kɔ。沙井话舒化入声字有：八百 pæ | 瀑曝 pou | 雀鹊绰 $ʦ^hiɔ$ | 甲挟鸽 ka | 协歇怯 hie。

我们的三位东莞发音人(两位厚街镇、一位莞城镇)材料量化证实了以上观察。下文讨论根据厚街一位50多岁女性发音人的材料。厚街话有六个调类，四个舒声：阳平、阴上、阳上/阴平、去声/舒阴入，两个入声：短阴入、阳入。图7是声调格局和时长比较，时长数据见表4。厚街话入声分三类，其中短阴入与阳入仍保持带有唯闭塞音尾的极短调，只有均值的三成长短。而舒阴入则完全舒化，时长甚至长过去声，两者调形已无大区别。东莞厚街话中的舒阴入字与广州话的中阴入字大部分相同，韵核大多为中低元音。

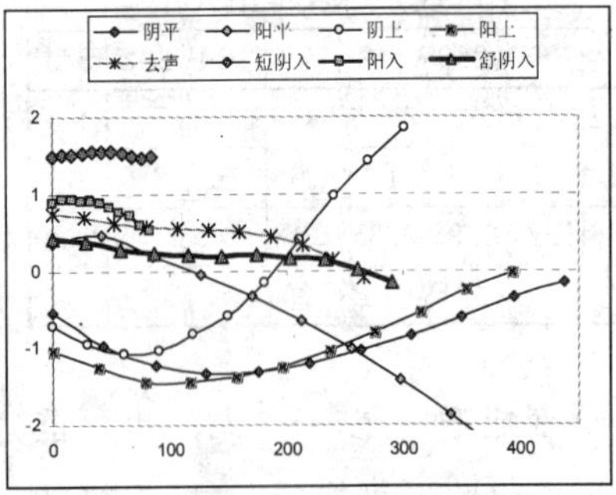

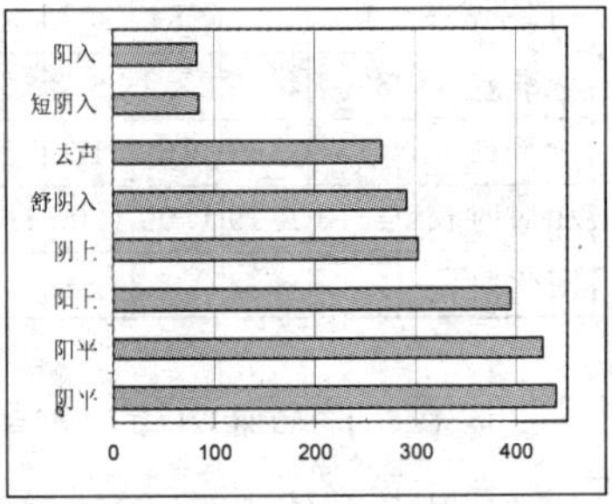

图7. 东莞厚街话，【左】声调格局，【右】时长比较(单位：毫秒)。

表 4. 东莞厚街话声调时长

	阴平	阳平	阳上	阴上	长阴入	去声	短阴入	阳入	总平均	舒声平均
时长 ms	438	425	393	301	290	266	84	82	285	365
标准差 ms	69	43	60	13	37	47	18	28		
读例数	18	19	16	16	12	22	12	15		
相对时长	1.54	1.49	1.38	1.06	1.02	0.93	0.29	0.29	1.00	1.28
演化阶段	长						短			

5. 岔路的交会站

5.1 交会中央站:增城站

图 1 中除了第①、第②条路以外,还有两条穿过“中?站”的岔路:①’和②’,它们的交会点便是中央的增城站。增城在广州东北数十公里,增城话有五个舒声调,阴去并入阴平;入声出现了时长和韵尾的多种变体,显示出渐变的过渡状态,下面是一些例字。

阴入	阳入
中?:福切铁脱剥	中?:六局食读肉
中开:急竹得笔一脚黑尺拍	中开:杂白合薄毒熟十木敌
短?:滴 | 长开:八	

其中短阴入和长开舒阴入只有个别字。表 5 是五个舒声调类和入声的六种变体的时长数据和两个均值(据一位年轻男发音人)。“六熟剥”只有一百三十五十毫秒,长度在短和中之间。图

8 右是六种入声变体和一些舒声的时长比较。图 8 左是声调格局，画入了四条中长曲线，中？阴入和中开阳入的终点太高或太低未在图中。

表 5. 增城话声调时长

	阴平	阳平	阴上	阳上	阳去	舒阴入	中阳入	中阴入	中阳入	中阴入	短阴入	总平均	舒声平均
时长毫秒	467	489	434	464	430	287	198	225	175	195	79	313	457
标准差毫秒	31	30	39	39	56		26	18	25	23			
读例数	32	17	17	16	17	1	8	9	7	6	1		
相对时长	1.50	1.57	1.39	1.49	1.38	0.91	0.63	0.72	0.56	0.63	0.25	1.00	1.46
演化阶段	长						中开		中？		短？		

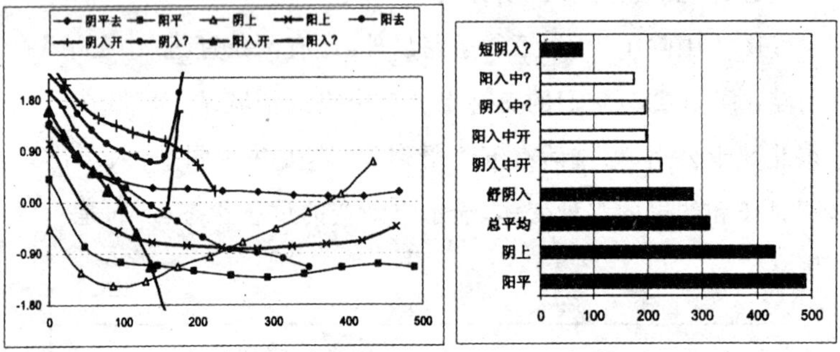

图 8. 增城话时长比较（单位：毫秒）

增城话入声初看杂乱无章，对照图 1 或图 9，可以看到它走的是 ①>①'>②'>① 这么条线路，个别字滞留在上海站，绝大部分字在增城站和德清阳站，个别字先行向终点站迈进。当然，由于考察的字不够多，不排除它同时走②号路，经由广州站过来。

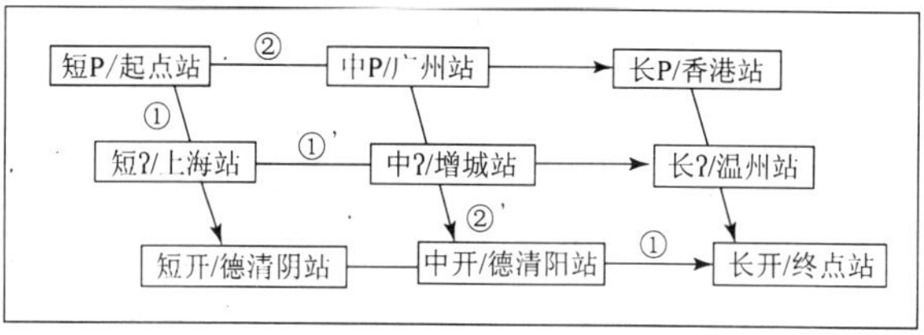

图 9. 开化和长化岔路上的交会点：增城站

5.2 温州吴语中的“长 ʔ”阴阳入

增城站往东是温州站，从吴语的情况来看，温州入声的“长 ʔ”状态最可能是从“短 ʔ 上海站”→“中 ʔ 增城站”一路过来。温州话保留原有八个声调类，入声已长化，但在绝大部分例字中喉塞尾依然存在。图 10 是温州话的归一化后的声调格局图（据一位老年男性发音人）。阴入（中图）和阳入（右图）的曲线用方框粗线，走向基本为平，但调尾上挑，时长与两个平调（阴平和阳去）相仿，甚至长些。调尾突然上翘是喉塞尾的标志，这不是个人特点。我们又检查了另一份温州话录音材料（侯精一 1999），那位发音人阴阳入的调尾也突然翘起带喉塞尾。看来这个喉塞尾是入声遗留，不是新起特征。同样情况也存在于长沙湘语的高升入声中。

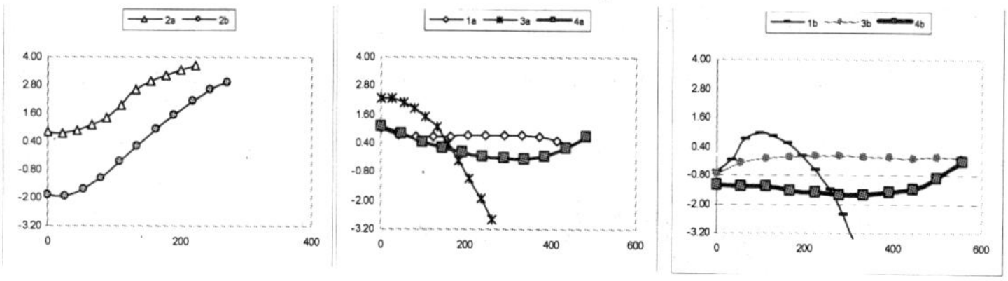

左图	高域［3～6］	阴上 46	阳上 35	
中图	中域［2～5］	阴平 44	阴去 52	阴入 ʔ43^4
右图	低域［1～4］	阳平 341	阳去 33	阳入 ʔ22^3

图 10. 温州话八个声调的基频曲线

温州话入声固然最有可能是从上海站和增城站而来，但不排除温州站的入声走第②条路，从广州站和香港站过来。无论是第①条开化路还是第②条长化路都有可能经过“长ʔ温州站”。

6. 终点站的思考

6.1 长开后的调形

终点站有两个停车场：入派三声的北京站和舒入自成一类的岳阳站。北京站是个大站，绝大部分入声舒化的方言都是入派三声，只有少数一些方言入声舒化后停在岳阳站。

从开化路通过两个德清站到达北京站是非常自然的演化。失去了喉塞尾的德清入声短调，出于节律压力会逐渐长化而最终到达长开阶段，这大概不会有疑问。但它们最终是会成为独立的入声长调类，还是会“入派三声”与其他声调合并，则取决于整个声调系统的音高曲线的格局和拥挤程度，可能还有目前还不明了的因素。一般认为失去塞音韵尾并舒化的入声调与其他声调合并的原因，是由于调值的相同或相近（如蒋平、谢留文 2004）。德清话的两个入声分别与同域的上声的调形完全对应，图 11 是把这两对声调分别画在等长的时间轴上。我们可以看到，两组声调大致相当，阴入与阴上同为高降调，只是降得不像阴上那么低；阳入和阳上都是凸调，只是峰点没那么高。

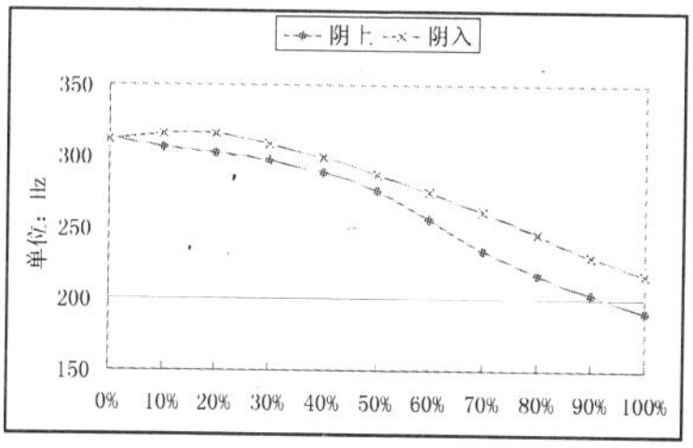

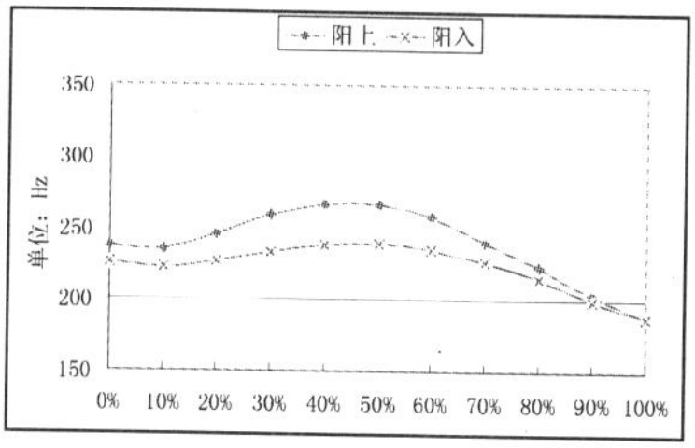

图 11. 德清方言，【左】阴入与阴上声调等长曲线图，【右】阳入与阳上声调等长曲线图。

朱晓农（2005：221）讨论过上海方言中阳去低升长调 T3 与阳入低升短调 T5 之间的关系，认为“不管是从语音学还是音韵学角度，T5 都是跟 T3 相配的短型”。德清话两组对应的上声调与入声调之间的关系亦是如此：一对是长短相配的全降调，一对是长短相配的凸调。存在对应关系的短调和长调之间共享相同的语言学目标。对于降调和凸调，它们的语言学目标都是在高点上。不过，由于声调目标的满足需要有足够的时长来实现，而短调远短于长调，因此很难在不足的时长内达到其语言学的基频目标。阴入起点与阴上一样高，但缺乏时间降到一样低。阳入起点稍低于阳上，没等升到阳上那么高马上急急忙忙要折降。假如阴入和阳入有足够的时长，也就是假如它们长化之后，可以预期它们会分别与其对应的上声发生合并。

另一条从长化路上过来的广州话也有类似情况，它的中阴入如果继续变长，则可能最终像东莞话舒阴入一样舒化。图 12 是广州话阴去和中阴入的基频曲线。两者的调形极为相近，因此中阴入如果舒化，则有可能并入阴去。

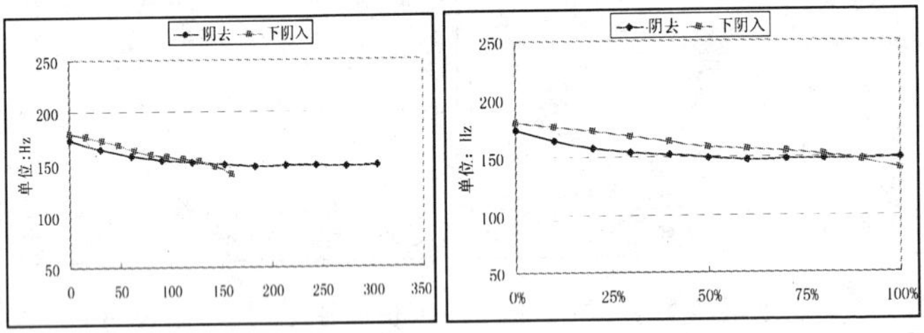

图 12. 广州话阴去和中阴入基频曲线。【左】实时图（单位：毫秒），【右】等长图。

最后重申一下，虽然相近调形合并（入派三声）是条可能的演变路，而且可能性最大，但仍有岳阳型的可能性，即舒化的入声自成一类。岳阳话有八个调类，其中假声高域调三个，调值从[3]度到[6]度，中域调五个，调值 [2～5]度，调形和调值见图 13 三位发音人的平均归一化曲线。两个入声都已完全舒化，图中用方框粗线表示。左图中阴入超高平 [66]，右图中阳入高平 [44]，都自成一类，不派入其他声调。

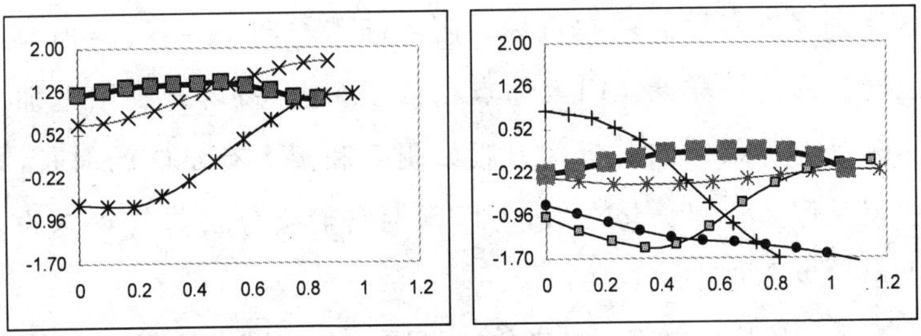

左图	假声高域[3～6]	阴去 56	次阴去 35	阴入 **66**		
右图	清声中域[2～5]	阴平 33	阳平³24	上声 52	阳去 22	阳入 44

图 13. 三位岳阳发音人的平均 LZ 基频曲线，横轴为归一化时间，1 个单位＝297 毫秒。

湖北孝感话中有六个调类(王求是 1996)：阴平 [44]，阳平 [21]，上声 [52]，阴去 [35]，阳去[55]，入声 [13] 已舒化，但独自成类。又如温州话阳入 [ʔ112]，即使以后喉塞尾丢了，最大的可能就是变成 [11]，离最近的阳去 [33] 还有很远距离，完全可能依然自成一类。

6.2 塞音尾和短调性

对于入声的短时性和塞音尾这两个不同于舒声的语音性质，以往有个争论：究竟是短性决定塞尾，还是塞尾造成短性。也就是说，入声的语音“本质”是什么？赵宏(1997)提出短调性是入声的主要特征，由于短调的“客观生理要求”，为求其短，除了快速停止发声之外，还必须在声门处或是声道内造成阻塞以截断声波的传递，因此要求伴随塞音尾。而夏中易(2006)则认为短调是塞音尾截断造成的附加特征，而非入声本身的主要特征。从上文讨论来看，短性与塞尾这两个特征是可以相互独立。(1)短调可以独立存在，而不管塞尾是否已经丢失，如德清话短而开尾的入声。(2)塞音尾可以独立存在，而不管时长是否已经拉长，如广州话的中 P 阴入、香港话的长 P 阳入、温州的长 ʔ 入声。

尽管如此，粤语中的长化 P 尾型和德清话开化短调型，这里是否有什么制约关系呢？先看以-p/t/k 作为韵尾的，不管它们是爆发的还是唯闭的，似与前面的韵核的长短没必然关系（见下英语例子），因此在时长没有对立的情况下，更容易出现塞尾长调的音位变体。

短韵腹	pick [pʰɪk]	foot [fʊt]	caught [kʰɑt]
长韵腹	peak [pʰiːk]	food [fuːd]	cart [kʰɑːt]

相比之下，喉塞尾似乎与短时长关系更密切。喉塞尾尽管也不一定非得出现在短韵体中（例如增城的中ʔ型和温州话长ʔ型），但停止声带振动最省事的办法就是直接关闭声门。因此，虽然两者可以互相独立，但是在短韵体中常常会伴随喉塞尾的出现。入声舒化路向与塞音韵尾类型之间也许高度相关：-p/t/k尾倾向于先长化、再开化；-ʔ韵尾倾向于先开化，然后长化——尽管有些反例。

6.3 时长作为声调特征第三维

过去认为声调是单维的，只需一个基频高低就足以描写了。随着田野语音学的进展，我们发现声调描写还需要第二个参数，即由发声态定义的声域（朱晓农 2006，朱晓农、吴和得 2007）。现在看来，还需要一个第三维：时长。声调有长短并不新鲜，但短调只是入声音节的附带特征。本文发现时长在某些声调系统中起到区别作用：(1)德清吴语的阴入和阳入都已丢失喉塞尾，它们的调形分别近似于阴上和阳上，区别仅在于时长不同，在a元音上有长短对立。(2)粤语的声调长度需要有三个取值：长、中、短。因此，一个完整的声调模型应该是三维的。

带有塞音尾入声类的粤语、闽语以及某些官话（秦晋、西南、江淮)的声调系统,原先我们把它们处理为单维系统,因为时长可以看成是入声韵音段的附带特征。不过现在既然发现德清话把时长作为唯一的区别特征,因此把时长作为独立的超音段参数来刻画粤语等的入声类,比用音段特征来描写更好。声调系统按照在这理论三维空间(频、声、时)中的地位,可以分为三种:

(1) 单维系统,仅需四度音高就可描写所有声调,如北京话、天津话。

(2) 两维系统:a)"频声"两维系统,先分声域,再定音高,如三声域的温州话。b)"频时"两维系统,先分长短,在定音高,如粤语方言。

(3) 三维系统,先分声域、时长,再定音高,如吴语,尤其德清话。

7. 第③条"变声路":余干和潮安

上面考察了入声演化的两条主要途径,是沿着时长和音段两个参数进行的,这最后是条初看之下难以理解的演化岔路:由发声态变化引起的极为罕见的入声变化。发声态如假声、嘎裂声、气声在汉语方言和壮侗语中起到区别特征的作用,这是近年来我们逐渐获得的新知识。涉及入声演化的发声态主要是嘎裂声,由此而引出两个结果:潮安型的阴低阳高和余干型的间歇调。入声在潮安话和余干话中原来都是喉塞尾,发声时声带前后拉紧。但要是在发音或传播过程中,用另一种紧喉,即挤紧声带来发的话，结果就成了嘎裂声。这是一种可能由说者，也可能由听者启动的音变（参看朱晓农 2005a）。

7.1　潮安闽语的“阴低阳高”

潮安闽语的入声变化之道截然不同于吴语开化型和粤语长化型。潮安位于粤东的潮汕地区，属于闽方言区闽南片潮汕小片。单字调仍是 8 个，见图 14。

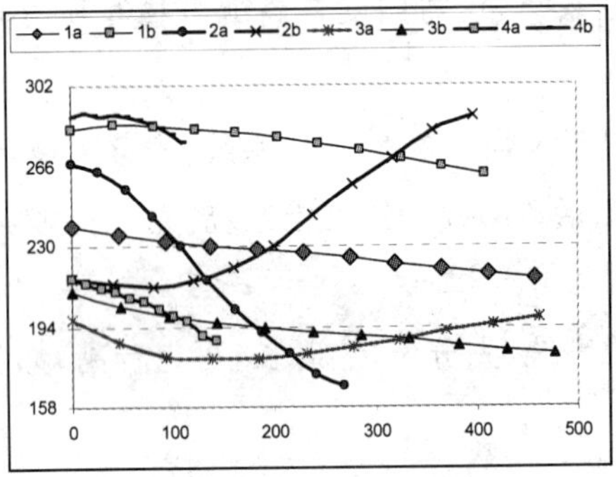

调类	阴平	阳平	阴上	阳上	阴去	阳去	阴入	阳入
调值[2～5]	33	55	52	35	$^{3}23$	22	30	ʔ55

图 14. 潮安闽语声调格局。纵轴赫兹，横轴毫秒。阴入带嘎裂声，用“0”表示。

潮安闽语的入声分阴阳，均为短调，但阴低而阳高。阳入韵尾为喉塞音-ʔ 或唯闭音-k˺ 。阴入声伴随有嘎裂声。发阴入声和阳入声时，都有所谓的“紧喉”作用，感觉得到喉头处非常紧张，但也可以感觉得到紧张方式的不同。发阳入时和其他方言中的喉塞音一样，声带绷紧而基频提高。发阴入时声带强烈地往中心收缩，基频降低时而造成嘎裂声。由于在发声原理的不同，因此在听感上造成阴低阳高的听感区别。下面图 15 是一个阴入声例图。

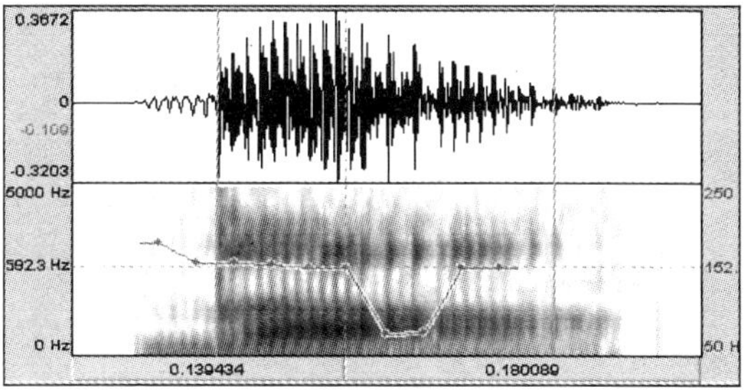

图 15. 桌ɗo̰^{30}(潮安男发音人 WZM)

从图 15 中可以看到,元音长约 170 毫秒(两条实线之间),大约从元音的五分之二的虚线处(68 毫秒),波形变得不规则,间隔增大,基频从 152 赫兹跌落一半至 76 赫兹,显示出双周期波,这是典型的嘎裂声特征。音节最后阶段还有嘎裂声(如果把这一段算进去,还要长二三十毫秒)。也就是说,潮安闽语的入声的音高演变,是通过发声态转换后进行的,即用挤紧喉头的方式来替换绷紧喉头,结果喉塞音变成了嘎裂声。嘎裂声导致了基频下降,不但在听感上造成了阴低阳高的区别特征,而且在喉塞韵尾脱落后,成为了阴调入声的主要区别特征。同时它的时长也超过了阳入(凡是带喉塞尾的,阴入都短于阳入),均值达一百五六十毫秒——在悄悄长化。它的演变过程是:v̆ʔ＞v̰̆＞v̰。像图 16 这种明显的嘎裂声不是每个人每次说话都表现出来的;有些发音人在随意说话中只是出现喉门挤紧的感觉,导致声调下降。

闽语声调的阴高阳低现象,在王士元早年提出的词汇扩散论里叫作 flip-flop（跳跃翻转），作为语音上突变的证据之一。现在看来，这种情况在语音上是可以连续变化的，阴入沿着发声态这一维度连续变，同时音高也连续变低；而阳入则沿着音高这一维度连续变高。由于发声态不同，两者的音高不会中间碰到而合并。

7.2　余干赣语的“间歇调”

最后这一条演化岔路最为罕见：从喉塞韵尾变为鼻音韵尾（阳入对转）。赣语余干方言中有一种奇特的现象（陈昌仪 1992），入声字在塞音韵尾之后，有一个短暂间歇，然后带出一个同部位的鼻音韵尾，如：搭 tat..n｜跌 tiɛt..n｜石 ʃak..ŋ｜逼 pik..ŋ。阴入调值记为［21..5］，阳入记为［21..1］（刘伦鑫 1999：57）。

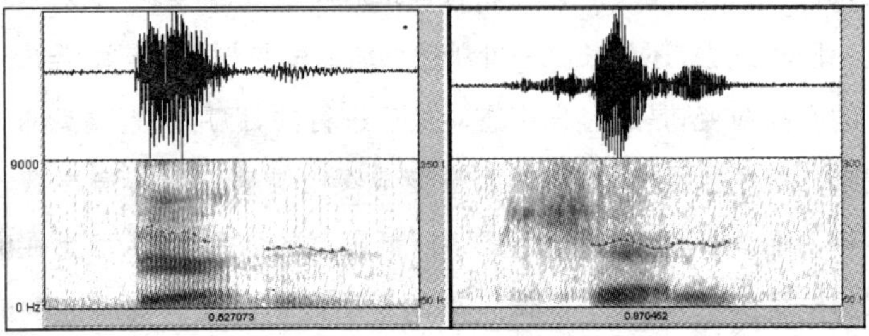

图 16.【左】“滴”tɪ̰k̰ŋ，【右】“舌” ʃɛ̰t̰n。

我们录了六个余干发音人，都有鼻音尾，原来的塞音尾被吞没，不过，中间断裂现象人各有异。大体上是年长的明显些，年轻的不太明显。图 16 是两位发音人的例字，左小图一位年长男性，断裂明显。右小图一位年轻男性，“舌”发得中间没有完全断裂，但可以听到在 t 后面是一种类似嘎裂声的喉门挤紧，基频曲线有抖动，听感上有明显的两段。这些都是由嘎裂声造成的。入声原来是唯闭音尾如 k'，设想它伴随有喉塞尾如 k'ˀ（这种情况很普遍，英语、粤语中都有），以后在演化—传播过程中，用挤紧喉头的嘎裂声来替换绷紧喉头的喉塞音：-v̌k'＞-v̌k'ˀ＞v̰k̰'。由于嘎裂声最后阶段音高极低，而入声的唯闭音尾使得音高无法再恢复。所以这样发的入声往往又短又低。如果出于听感上的清晰要求，要让音高在最后阶段再恢复过来，那么最简单的办法就是在唯闭音的同部位"嗯"一声，也就造成了鼻音韵尾：v̰k̰'＞v̰k̰'ŋ。标音上不用夹两个点 .. 表示断裂，嘎裂声符号下加浪线已经表示有断裂的可能。

8. 结语

上文讨论了入声舒化沿着时长、音段、发声三个维度演化的过程，并找到了各种中间阶段的例证。前两条开化路和长化路较为常见，第三条变声路很是特别，我们只看到一个实际的潮安例和一个"前半实际、后半推断"的余干例。本文所描绘的三条入声演化路仅是一个大框架，在这大框架内还有很多更具体的问题需要进一步更细致的观察。例如唯闭尾如何变为喉塞尾，这也涉及本文未发现实例的长 P 如何变为长 ʔ，又如在变声路上是否能发现次清分调的踪迹。所有这些都有待跟进研究。

从共时语音材料沿着语音原理来追踪入声的历时变化，这是一种"演化音系学"的研究。它要求我们一方面进行语音实验工作,一方面进行田野调查工作。也就是说,把探索语音的演化研究建立在"田野语音学"和"实验室语音学"的基础上。有了这两个坚实的科学基础,我们就可以把过去做的那种从古类到今类的历时对应工作,进一步发展为实际语音演化的细节探索。

参考文献

蔡剑飞 1992.《德清县志·方言志》. 杭州:浙江人民出版社.

曹志耘 1998. 汉语方言声调演变的两种类型.《语言研究》1:89—99.

陈昌仪 1992. 余干方言入声调的不连续成分.《方言》2:125—127.

陈晓锦 1987. 广东莞城语变入初析.《中国语文》1:34—35.

陈晓锦 1993. 宝安沙井话入声舒化现象:对粤方言入声现状的再探讨.《中国语文》4:292—294.

侯精一(编) 1999.《现代汉语方言音档》. 上海:上海教育出版社.

蒋 平、谢留文 2004. 古入声在赣客方言中的演变.《语言研究》4:71—78.

李星辉 2005. 论湘语入声的发展轨迹.《湖南人文科技学院学报》6:105—107.

刘纶鑫(主编)1999.《客赣方言比较研究》. 北京:中国社会科学出版社.

王求是 1996. 孝感方言的入声.《方言》2:143—145.

夏中易 2006. 论"入声短促急收藏"——入声论之九.《成都大学学报(社科版)》3:88—90.

俞允海 2000. 德清话声韵调之研究.《湖州师范学院学报》5:1—7.

赵 宏 1997. 浅谈汉语入声韵塞尾消失的原因.《贵州民族学院学报(社科版)》2:62—65.

朱 蕾 2007. 皖南泾县吴语入声的演变.《语言科学》5:77—82.

朱晓农 2005.《上海声调实验录》. 上海:上海教育出版社.

朱晓农 2005a. 元音大转移和元音高化链移.《民族语文》1:1—6.

朱晓农 2006. 论分域四度标调制.《音韵研究》. 北京:商务印书馆.
朱晓农、吴和得 2007. 高坝侗语五平调和分域四度标调法.《语言研究集刊》4:306—317.

（原载《中国语文》第4期,2008。焦磊、严至诚、洪英合作撰写）

入声唯闭韵尾的共时变异和历时演化*

——香港粤语个案研究

1. 引言

1.1 本文研究的背景及要旨

现代汉语方言的入声，主要有三种表现形式：保留古入声的唯闭音韵尾和短时性（如粤语），喉塞音韵尾仍保持短时性（如吴语），以及完全舒化（"长化"及塞音尾失落，如大多数官话）。我们（朱晓农等 2008）曾根据吴粤闽赣的材料，探讨古入声演变为上述形式的三种途径：开化路、长化路、变声路。在讨论粤语的部分，我们曾以广州、香港、东莞、增城话为例，指出入声长化之路，可是对于入声塞音韵尾的语音性质并未予以详细的考察。本文就是以香港粤语为对象做进一步更微观的考察。

香港粤语塞音韵尾一般被描写为除阻不明显的（no audible release）唯闭音（如 Bauer & Benedict 1997）。不过，这很可能只是一种关注大势的笼统说法。本文发现除此之外还有另外三种

---

* 香港研资局竞标专项拨款（644509）和香港科大 DAG（S08/09. HSS07）资助项目。

变体:(1)较少了解但不一定较少出现的同时性喉闭态(喉塞音)-p^{ʔ}、-t^{ʔ}、-k^{ʔ},(2)纯喉塞韵尾-ʔ(-k 尾的变体),(3)很少见的伴有喷音色彩的韵尾-k' 及-t'。弄清入声塞音韵尾各种共时变体的语音性质,不但对音节学分析和类型学研究至关重要,而且对演化音法学来说都不可缺少,因为这些共时变异实际上反映了历时的演化。

1.2 对香港粤语塞音韵尾的现有描写

在 Yue (2002)的香港粤语材料中,-p、-t、-k 三种塞音尾都还保存着,但在其他粤方言中则有各种变化。总的来说,一是变成-t,二是变成-k,三是变成-ʔ,四是变成-Ø(舒化)。Yue 认为这些变化是受元音性质(高低懒镫[①])影响的(带 * 表示粤语早期形式):高元音后 *-p>-t,低元音后 *-p/t>-k;懒元音后 *-p/t/k>-ʔ,镫元音后 *-p/t/k>-Ø (p 还可能变为 ʔ)。但根据 Zee (1999)的观察,香港粤语有-t 尾变为-k 的情况,但只见于低元音-ɔt、-ɔn、-at 韵,这一点与 Yue 相合。可是 Zee 同时亦指出年轻一辈的香港粤语中,含低元音的-ak 有变为-t 韵尾的相反情况。Yue (2002)没有列出 *-k>-t 的条件,这也由于在其粤方言材料之中,这种情况既有见于高元音的(大部分粤方言),也有见于低元音的(如乐昌话,Yue 认为或与客语的影响有关)。在我们的录音材料中,发音人 A 确有-k 变为-t 的情况,但只见于

---

① "懒镫"(lax/tense vowels)一般译为"松紧"元音,但由于"松紧"有十六种含义(朱晓农 2005,2008b,2008c),为防止歧混,本文就将就地译为懒镫元音了。Yue 的懒元音于香港粤语相当于一般所谓的短元音,镫元音则相当于一般之中长元音。

ɐk 韵的几个字："北默得特则塞黑侧"。这样的情况与 Yue 对大部分粤方言的观察相合。由此看来，香港年轻一辈的入声韵尾的变化，并不是由元音高低长短决定的，而是在具备同一元音的情况下（低元音 a），变-t 与变-k 互有渗透的。这种情形可以理解为当入声开始变化，语言使用者不能分辨不同的韵尾塞音时，口腔内的任何阻塞已经可以达到入声的效果；再进一步，就是声门仅关闭一下造成阻塞而变为喉塞音-ʔ 了。

1.3　英语清塞音尾的情况

香港粤语的三种入声尾-p、-t、-k 同样见于英语之中，所以先来看一下研究得较为透彻的英语情况。根据 Ladefoged (2006)、Cruttenden(2001)及 Rogers(2000)的描述，英语的清塞音尾-p、-t、-k（以下以-C 表示）可以有如下变体：(1) 不送气塞音，标作-C。(2) 送气塞音，标作-C^h。(3) 唯闭音，标作-C˺。(4) 塞音尾稍前或同时伴随有喉塞音 ʔ，而且塞音尾可以是不送气、送气、唯闭音的，分别标作-ʔC、-ʔC^h、-ʔC˺（此处的喉塞音问题下文要详论）。(5) 读作喉塞音-ʔ，而且与-C 同样有令前面元音音长缩短的作用(pre-fortis clipping)。其中以-t 变-ʔ 为常见，-p、-k 读-ʔ 较少见，除非后随音节的辅音为同部位音。另外，Cruttenden (2001) 指出在 RP 中，当相连的两个词的第二个词的开首部分为元音的时候，喉塞 ʔ 往往用为音节界限的标记；这种现象也见于广州话，而赵元任(1935)亦早已指出，详下文。英语韵尾塞音的变体表明，粤语的入声韵尾的情况并非偶然现象，而是语音的自然演化表现。

[redacted]

2. 本项研究所用字表和发音人

香港粤语有 17 个入声韵类，见表 1。

表 1. 香港粤语的 17 个入声韵

长元音							短元音			
-p	-t			-k			-p	-t	-k	
ip	it	yt	ut							
			ɔt	ɛk	œk	ɔk		øt	ek	ok
ap		at			ak		ɐp	ɐt	ɐk	

我们准备了一张包含 173 字的入声字表，长短元音例字数目大致相当，见下。

表 2. 例字表

摄	长元音例字	短元音例字
咸	答腊闸甲鸭 ap｜猎接腌贴碟 ip	
深	立集 ap	粒汁入急 ɐp
山	达辣擦八扎滑挖刷刮发 at｜割渴 ɔt｜别热节切洁 it｜泼末括阔活 ut｜脱夺雪月血 yt	罚袜 ɐt
臻	没 ut	笔蜜七疾失质实日吉一突骨佛物屈掘 ɐt｜出术 øt
宕	薄莫托踱落作凿各鹤恶郭廓镬 ɔk｜略着~衫药脚却约 œk	
江	剥角确壳学 ɔk｜桌 œk	捉 ok｜握 a/ɐk
曾	贼或 ak｜国 ɔk	北默得特则塞侧 ɐk(测 ɐ/ak)｜逼力即色直食极亿翼域 ek

[redacted] （续表）

梗	伯拍白拆窄格客额擘责隔 ak｜剧只赤尺石劈踢笛吃 ɛk	麦 ɐk｜惜斥益壁的敌历绩戚激 ek
通		卜仆木秃读谷哭屋笃毒福服目六叔竹熟肉菊郁足粟俗束属浴曲局 ok

两位女发音人依次逐一读出。发音人 A 29 岁，发音人 B 58 岁，代表新旧两派的香港粤语。在我们的录音材料中发现了一些有趣的现象，总括而言，除了一般认为的唯闭韵尾，还有带有同时性喉闭态（喉塞音）的唯闭韵尾 -pˀ、-tˀ、-kˀ，纯喉塞韵尾-ʔ（-k˺尾的变体），以及带喷音色彩的唯闭韵尾-t'、-k'。下面分节讨论。

3. 变体一：带同时性喉塞音的唯闭音韵尾-C

香港粤语入声的这种变体是在-p˺、-t˺、-k˺成阻时，声带差不多同时拉紧，形成喉塞，止住肺部的气流，产生戛然而止的感觉，可以标为 -pˀ、-tˀ、-kˀ。在这类闭喉的塞音韵尾中，喉塞形成可能在口塞音之前、同时或稍后。在发音人 A 的录音中，我们发现了大量带闭喉作用的入声韵尾，而且长、短两种元音的韵母都有这种情况，例如：-ipˀ 腌贴碟｜-ɐpˀ 汁入急｜-atˀ 达辣擦八滑挖｜-ɔtˀ 割渴｜-utˀ 括阔活｜-ekˀ 逼力即色直食极亿｜-akˀ 测，等等。

其实，这种“喉塞兼唯闭尾”的情况在广州粤语的语流中早就被观察到了，赵元任(1935)曾经提及广州话入声在语流中为避免与下字连读而产生一种闭喉作用：

> 有两类爆发音在中国的方言里还没有发现过呐①。一类是带闭喉作用的清音[pˀ]，[tˀ]；[kˀ]，像美国印第安语的Chipweyan语里所有的。南部方言里的入声的闭音韵尾可以算是跟它比较相近的。例如“急”广州［kɑp］②。在一个短语或句子的末尾，听起来跟第一类［p］没有什么区别，只是不爆发出来就是了。但是假如后头有元音起头的字连接起来就有刚刚一点闭喉作用，阻止它跟下字的元音相连。比方广州“乞儿”[hɑt(ʔ)i]，从来不读[hɑt̬i]。这个闭喉作用可是没有像美国印第安语那么强而读成[hɑtʔi]，那就不像广东的音了。(2002：448)

其实不但元音(包括半元音 j-、w-)前的塞音尾会带闭喉作用，赵氏等在翻译高本汉的《中国音韵学研究》(1940)时指出鼻音(同是响音)前面的入声尾也有闭喉的情况：

> 据译者观察，中国有-p，-t，-k尾的方言，例如广州，大都同时带一点喉头塞音ʔ的作用，结果“十文”(-p　m-)，“一年”(-t　n-)，“六艺”(-k　ŋ-)中的各闭音并不像英文“Chapman，at night”，那么直接从软腭向鼻腔爆发。“广东英语”好像有把 -p，-t，-k 都吞了下去的倾向也就是因为加

---

① 按：两类塞音指本段所论的“带闭喉作用的清音”，以及“介乎送气与不送气之间的清音，像英文日文那类的音”。

② 按：赵氏的 ɑ 元音今一般标作 ɐ，下同。

了喉头作用的缘故。(2003：170)

赵元任观察到，一方面，其实广州话的入声韵尾是唯闭音，与美国印第安语的"带闭喉作用的清音［pˀ］，［tˀ］，［kˀ］"是不同的，另一方面，在语流中，为避免与下字连读，会产生一个喉塞音。其实，赵元任观察到的这种连音中的喉塞音，与其看作是前字韵尾增生了个喉塞尾，不如看作是后字共振音(元音和响音)声母有个前喉塞。而现在在我们的录音材料中，是明确无误地口塞音韵尾同时增生了个喉塞音-pˀ、-tˀ、-kˀ。

4. 变体二：喉塞音韵尾-ʔ

上文提及英语的塞音韵尾-p、-t、-k 读为喉塞尾-ʔ 的，以-t 较为常见。可是在我们香港粤语的录音材料中，只有-k 韵尾的字有喉塞尾-ʔ 的变体①，如发音人 A：薄莫托踱落作凿各鹤恶略着~衫药脚却约郭廓镬剥桌角确壳学或。细心观察，我们不难发现-k、-ʔ 不是自由变体——在发音人 A 和 B 的录音材料中，主要是ɔk、œk 韵中的-k 有读为喉塞音-ʔ 的，其余各韵(含 a ɐ œ e o 诸元音)基本上没这情况(例外如"或"-ak)。Yue (2002)认为粤方言入声尾演变与元音的懒或镫(即短或长)相关：懒短元音后的塞音尾变喉塞音，镫长元音音节则完全舒化。但其实在她的材料里也有镫长元音后的塞音尾变成喉塞-ʔ 的。香港粤语的

① Jones & Woo(1912：xi)则注意到在语流中广州话的-t、-k 韵尾，若后接声母 h-、j-、w-，往往会读为喉塞音-ʔ。

这种与元音性质相关的入声塞音尾的演变，与其他粤方言有共通之处，只是香港粤语似乎正处于演变的初步阶段，所以只见于某些元音的入声音节之中。

不过，香港粤语的-ɔk＞-ɔʔ也许与元音的所谓"长短懒镫"无关。香港粤语的ɔ是后次低元音，在发音人A的录音材料当中，这个-ɔ元音略带咽化，后舌体因为咽化的关系退得有点后，感觉上甚且近乎会厌了，故此在带-k尾时就索性不往软腭上靠，而改用声门发出喉塞音-ʔ来代替软腭与后舌体的阻塞-k˺。可以说，-k尾变体喉塞音-ʔ的出现，往往伴随元音的咽化；而元音的咽化，又往往出现于后低元音中。咽化只见于在-k(-ʔ)前出现的后次低元音ɔ，原因不难理解——-k本来就是后舌体与软腭成阻的音，发音部位靠得很后；其变体喉塞音-ʔ发音部位在声门，在发音人的感觉而言当然还要比-k来得更后。一旦ɔ元音后随的是比-k"更后"的喉塞音-ʔ，舌根往往向后缩而造成咽化。我们在发音人A的录音材料中发现的一些例子，如"各郭廓镬角"不但都是喉塞尾-ʔ，甚至连声母都是发音部位靠后的软腭音k-、k^h-、w-。在这种情况下，元音舌位的后移甚至咽化，似乎是很自然的。由此可见-k、-ʔ两者的分布是有不同倾向的：后低元音倾向于-ʔ，前高元音则倾向于-k。由香港粤语的情况出发，其他粤方言中韵尾-p、-t、-k变成喉塞尾-ʔ的变化，很可能也先由后低元音（甚至咽化元音）后的-k开始，再逐步扩散到其他元音后的-k尾去（如发音人A的œk韵字），最后才影响-p、-t两种韵尾。

5. 变体三：带喷音色彩的韵尾-C'

由唯闭-C˺到带喉塞的-Cˀ 再到喷音(ejective)-C' 这一连串的情况，并不是孤立的，而是语音演化的一系列过程。喷音-C'是由-Cˀ 进一步变来的——发音人要加强入声“急收藏”的感觉，在发-C˺的时候拉紧一下声带把气流堵住，造成伴随有紧喉状态的-Cˀ。这个时候口腔内有成阻点，声门又紧闭着，若发音人的喉头稍稍提升，然后才口腔除阻，就会造成喷音-C' 了。正因为喷音-C' 是由同时性喉塞唯闭音-Cˀ 进一步变来的，所以它的出现也证明了-Cˀ 的存在。Ladefoged & Maddieson (1996：78) 曾经指出，伦敦英语中的塞音或会伴随有喉塞音，如 rat 读作 ɹæʔt，或会因喉头稍为上升而产生轻微喷音。在发音人 A 的录音材料中，除了唯闭-C˺和带喉塞的-Cˀ 两种塞音韵尾，也在一部分-t 及-k 尾字中发现了喷音的例子。

喷音的声学性质及发音过程有点特别(参看朱晓农 2008a)。喷音在辅音分类中被归入“非肺部气流”辅音，但在我们最新的语音学概念系统中，它和内爆音一起被归入“喉头发声活动”，因为发喷音时喉头往上提，把喉头与口腔成阻点之间的空气压缩，利用上升的空气压力做喷射的动力。由于发喷音时声带处于紧闭的状态，气流不能通过，所以喷音都是清声。另外，处于声母位置的喷音，除阻后到元音起始之间的一段间歇期，也较普通清塞音为长。以 k' 为例，发喷音有以下几个步骤：(1)喉门关闭，同时软腭(上声道内某处)成阻；(2)关闭了的喉头往上提高；(3)咽腔内(喉头到上声道成阻点之间)的空气被压缩；(4)舌体中后部下降除阻(上声道成阻点除阻)，咽腔内的空气喷发而出；(5)喉塞除阻。

喷音做声母时是很容易把它跟普通爆发音区分开的。Ladefoged(2005：148)曾指出，喷音比普通塞音略为大声一点(要不是它难发，在世界语言中的分布还应该更多些)。在喷音除阻及稍后的一段短时间内，声门仍旧是关闭的。因此在听感上，除阻后所跟随的是无声时段，而非送气或带声起始。从语图上看就是冲直条与元音之间有一小段空白时间(Ashby & Maidment 2005：106)。但要是做韵尾，由于是随机变体，并非有意提升喉头，所以咽/口腔内的压力并不很高，爆发的强度因而较低。换句话说，在一般语流或较嘈杂的环境中不是很明显。不过，在安静的录音材料中，喷音尾仍然可以听得很清楚。在发音人A的173个入声读例中观察到13例喷音韵尾(国束属窄客隔赤尺仆服麦刮佛)主要出现在原 /-k/ 尾字。韵尾位置上的喷音虽然轻微，例如“客”hak’(见图1)，但在听感上仍足以区分于几乎无声的唯闭尾和喉塞尾，如“绩”tsek˺、“格”kak。

“客”hak’ 的这种发音动作与伦敦英语情况相同(Ladefoged & Maddieson 1996：78)，都是塞音韵尾同时带有喉塞音，喉头轻微上升而产生轻微的喷音。在发音人A的13例喷音读例中，10例是软腭-k’，其余3例是齿龈-t’，没有唇音-p’。这种有偏爱的分布在世界的语言中并不是孤立的现象。奥德利古(Haudricourt 1950)即注意到喷音主要出现于后部的调音部位。其原因在于:成阻点在后的,更容易聚起较高的气压以做喷射动力(朱晓农 2008a: 112—113)。由于-p、-t 两者远离喉头,喉头上升所导致口腔气压的增高较少,也就较难导致喷音的产生。

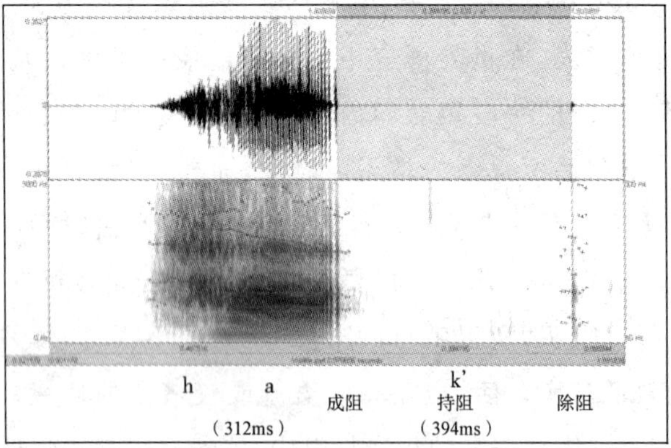

图 1. 香港粤语发音人 A“客”(-k')字的声波及宽带图

喷音这个概念有点生疏,但实际上产生的原理并不复杂。尤其在有同时性口塞加喉塞 $k^{ʔ}$ 的情况下,就已经具备了产生喷音的前提条件。此时只要喉头稍稍提升,并且软腭处的除阻稍早于声门打开(两个调音动作的时间错配),喷音就会自然产生;并不需要刻意地去模仿,那反倒显得很难了。还有一点可注意,上述的“客”有 394 毫秒的持阻时段,比声母及韵腹 ha 的总和还要长(312 毫秒);最长的“国”kwɔk' 其韵尾持阻时段甚至长达 466 毫秒。

6. 变体总结

下面把两位发音人的情况总结如下表。

表 3. 发音人 A 及 B 各种塞音尾数量统计

原读	/-p/ *p˥			16	/-t/ *t˥			49	/-k/* k˥				108	173	
现读	p˥	$p^{ʔ}$	p^{h}	共	t˥	$t^{ʔ}$	t'	共	k˥	$k^{ʔ}$	ʔ	k'	共	总	比例
A C˥	6				32+2				22					62	35.8%
$C^{ʔ}$		9				14+6				42				71	41.0%
ʔ											26			26	15.0%
C'							3					10		13	7.5%
C^{h}			1											1	0.6%
共				15				57					100	173	100.0%
B C˥	13				49				92					154	89.0%
$C^{ʔ}$		3				0+1				13				17	9.8%
ʔ											2			2	1.2%
共				16				50					107	173	100.0%

我们考察的入声例字一共 173 个，原 /-p/ 尾字 16 个，原 /-t/ 尾字 49 个，原 /-k/ 尾字 108 个（表 2 最上第一行）。它们原来都应该是无声除阻的唯闭韵尾：-p˥、-t˥、-k˥。

原来的 /-p/ 尾字现在还都是 /-p/，只是具体音值已不仅仅是-p˥，而是有三种：(1)唯闭 p˥，发音人 A 是 6 个（如：甲碟立集），B 是 13 个；(2)带同时性喉塞的 $p^{ʔ}$，A 是 9 个（如：鸭贴入急），B 是 3 个；(3)发音人 A 还有 1 个"答"字读成有弱爆发的 $-p^{h}$（见下图），这是仅有的一例。

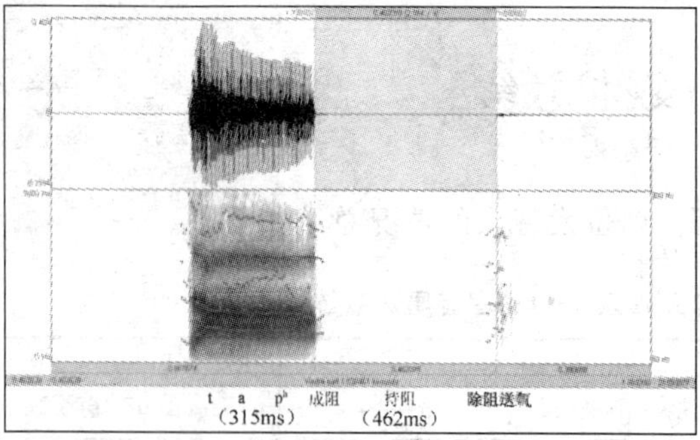

图 2. 香港粤语发音人 A“答”($-p^h$)字的声波及宽带图

原来/-t/尾的例字有 49 个，现在同样有三个变体：(1)保有唯闭韵尾 t˺，发音人 A 是 32 个，另有两个来自原/-k/尾，所以一共 34 个，发音人 B 是 49 个。(2)发成带同时性喉塞 tˀ，A 是 14 个，还有 6 个来自原/-k/尾，所以一共 20 个。发音人 B 只有一例，还是来自原/-k/尾。(3)发音人 A 还有 3 例发成喷音 t'。

原/-k/尾字变体最多，尤其是发音人 A 一共有六种变体，唯闭韵尾 22 例，同时喉塞 42 个，单纯喉塞尾 ʔ 有 26 个，喷音 k' 有 10 个，另有两种变体是 t˺(侧黑)和 tˀ(如：北墨得塞)。原/-k/尾字发音人 B 只有三种变体：唯闭 k˺、同时喉塞 kˀ、纯喉塞 ʔ。

纯喉塞韵尾-ʔ 只出现于原/-k/尾字。

两位发音人中，发音人 B 的入声尾较稳定，主要还是无声除阻的塞尾-C˺。同时带喉塞的-Cˀ不多（17 个，占总数9.8%)；而纯喉塞尾-ʔ 的仅有两例(仅占 1.2%)，都见于 a 元音后(伯白)。

发音人 A 的无声除阻尾-C˺(62 例,35.8%)明显减少,而带同时喉塞的韵尾-Cˀ(71 例,41.0%)则很多。有声除阻(很微弱的爆破)仅 1 例。只见于原 /-k/ 尾的现有变体包括:喉塞音有 26 个,主要见于 ɔ 元音后,占总数 15.0%。原 /-k/ 尾读成-t˺、-tˀ的有 8 个,主要见于 ɐ 元音后,占 108 个原 /-k/ 尾字的 7.4 %。读为喷音-k' 的有 13 例,占总数 173 个的 7.5%;其中软腭韵尾 k' 的多(10 例),齿龈 t' 的少(3 例),唇音韵尾的没有。

7. 讨论一:喉塞音和喉闭态

本文所讨论的现象在用音标表示时有分歧,Ladefoged(2006: 61)及 Cruttenden(2001: 169)指出喉塞音出现于音节末尾的清塞音之前,标为 ʔt。Catford(1977: 190)、Ladefoged & Maddieson(1996: 73—74)及 Trask(1996: 160)则认为是口塞音同时伴随有喉塞,更用相连号将喉塞音与清塞音连在一起表示,如 ʔ͡t。就是上引赵元任对美国印第安语的描写,也有把喉塞音标写在口塞音后的,如 hɑtʔi 和上标的 pˀ、tˀ、kˀ两种。这里牵涉到一个对喉塞音的认识问题——它是一个独立的音段,还是清塞音尾的附加色彩或作用?或者说得更清楚点:“ʔ”是一个调音的“音”,还是一种发声的“声”?这关系到语音学的基本范畴和构架。

喉音(喉塞和喉擦)从很早起就是个麻烦。在雅各布森的语音分类系统中(Jakobson *et al*. 1952),有元音[+voc,-cons],

有辅音[-voc，+cons]，有响音[+voc，+cons]。还有独特的一类“喉音”[-voc，-cons]，既非元音性的，也非辅音性的，那还算什么音呐？问题就在于此，喉塞音其实不是一种音，调音的“音”，而是“声”，是一种发声态。从生理学角度看有六种单一发声态：带声、嘎裂声、假声、喉开态、耳语声、喉闭态（参看朱晓农2009）。喉闭态即喉塞音，喉开态（清声）如果打开缝隙小些，即为喉擦音。

喉闭态 ʔ 可以附着于音段，岩田礼（1992）曾用光纤维镜（fiberscope）及肌电仪（electromyography）对香港粤语以及其他几个方言的入声韵尾进行观察，发现入声韵尾-p、-t、-k 带有紧喉运动，就是声门不但关闭，而且在口腔成阻后假声带也向内转动。岩田礼（1992：532）指出在发-p、-t、-k 时，喉头 ʔ 的封闭和口腔内的封闭同时形成，这种情况（即同时性的口塞加喉塞-$k^ʔ$）有人认为是双重发音（double articulation）。这种说法对不对，全看你对“发音”一词如何理解。广义的“发音”分为“调音”（上声道活动）和“发声”（喉部活动）。狭义的“发音”等同于“调音”。所以，说同时性的塞音加喉塞 $p^ʔ$ 是双重发音（广义）：一重是上声道调音，另一重是喉部关闭发声，那么也没什么错，只不过容易误导（说不定说的人本人已经误了）。其实，几乎所有的音（不算喉音）都是由喉头调节（laryngeal control）和上声道内的某种阻碍协作而产生出来的。比如 p 就是上声道的双唇阻塞加喉部的清声态（voiceless）发出的，d 则是上声道的齿龈阻塞加喉部的带声态（modal voice）发出的。所以“双重发音”不是个好词。最早用这词的意思实际上是“双重调音”，指的是上声道内的双重成阻，如 w 同时双唇和软腭处成阻。而同时性的 $p^ʔ$就不是“双重调音”。这种前后或同时性喉塞在我们的音节学发声态系统中，叫作“张声”，见下表第 II 类（据朱晓农 2009 调整）。

表 4. 六类十三种发声态

声域	听感	类	发声态	种	次发声态	例
高域	非沵嗓	I	假声	1	假声	á
高/低	沵嗓	II	张声	2	前喉塞	ʔ-
				3	喉塞尾	-ʔ
中域	沵嗓	III	清声	4	不送	p
				5	弱送	p‘
				6	送气	p^h
低/中	非沵嗓	IV	僵声	7	弱僵声	a̠
	非沵嗓			8	嘎裂声	a̰
	沵嗓			9	喉堵态	a̳
低域	沵嗓	V	带声	10	带声	b
	非沵嗓	VI	气声	11	浊送气	$b^{ɦ}$a̤
				12	弛声	p̈a̤
				13	软化	p̣ạ

喉音跟其他发声态相比还有个特殊之处，它们可以独立占有时段，不像其他发声态一定要附着于某个音段。所以 ʔ 又是一种音段——喉塞音，h 也是一种音段——喉擦音。在发声和调音两分概念系统中，喉音的特别在于它们的发声器官也就是调音器官：声带。它们在发声和调音的交汇处，同时具有发声和调音的双重特征，而且可以同时分别操纵。所以音节学上一个同时性的 tʔ，具体发起来，ʔ 成阻可以稍前、稍后或正好同时：

ʔt，tʔ，$\widehat{ʔt}$；而除阻也可以稍前或正好同时（那就还是 t˺）、稍后（那就可能变为 t'）。

紧喉作用不但没有专用符号，甚至连相关名称的定义及用法在不同的语音学著作中也有分歧。根据 Trask(1996：160)，与英语清塞音-p、-t、-k 伴随有喉塞状态情况相关的术语，就包括 glottalization、glottalized、glottalling、glottal reinforcement，其中头三项都有歧义。Glottalization 可包括与喉部活动有关的一些不同现象，起码包括 glottalling、glottal reinforcement、creak voice（嘎裂声）、glottalic airstream mechanism（喉头动力源）数种；Glottalized 既可以指与 creaky voice（嘎裂声）有关的，也可以指发口腔音时同时伴随有喉塞音的音（oral-glottal stop），甚至可以指与喉头动力源（glottalic airstream mechanism）有关的；glottalling 除了指口塞音为喉塞音所取代的现象（英语 butter 读成 ˈbʌʔə），也指 glottal reinforcement（口塞音同时有喉塞音强化）。有关术语的混乱与分歧，于此可见一斑，这说明我们过去的认识有限。有关“松/紧喉”的歧义，可参看朱晓农（2005，2008b，2008c），有关喉塞音的发声态地位可以参看朱晓农（2009，2010）。

8. 讨论二：唯闭韵尾的演化

本节内讨论有关入声唯闭塞音韵尾演化的问题。陈渊泉（Chen 1973）为汉语方言入声韵尾的演化，设想了一条调音部位由前向后的单行线，从-p 尾变为-t 尾，然后变为-k 尾，最后再由

-k变成喉塞音-ʔ:-p>-t=>-t>-k=-k>-ʔ。而这条变化路径，与他设想的汉语方言鼻音韵尾的演变是平行的。以下是他根据约20种方言的材料，对汉语方言入声及鼻音韵尾的演化所作的示意图：

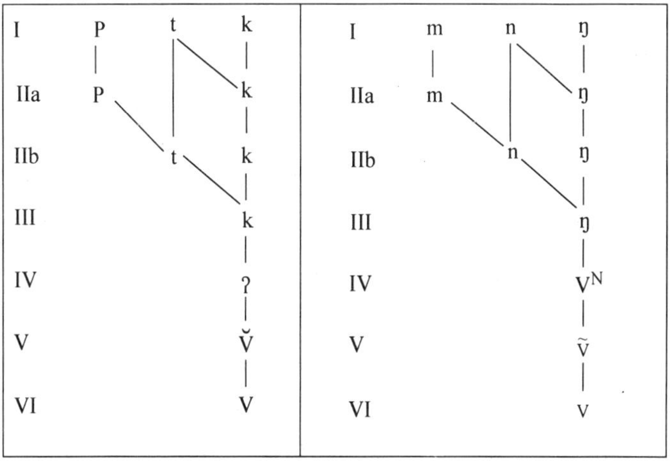

图3. 陈渊泉的入声演变设想图

鼻音韵尾演变的问题，不在本文讨论的范围之内，不过我们想指出的是，香港年轻一辈有-ŋ>-n的变化趋势，可是把-n读为-ŋ却不为一般人所接受，这与Chen(1973)关于鼻音尾演变的设想(-n>-ŋ)相反。撇开鼻音，单就Chen对入声韵尾演变的假设而言，亦有可商之处。从上文第2节，我们知道香港粤语入声韵尾-p、-t似乎不是单方向的都变成-k再变成-ʔ，也有不少是-k变成-t的，例如本文发音人A的ɐk韵母字"北默得特则塞黑侧"都变成了ɐt。Zee(1999a)也曾指出同样的低元音，既有-t>

-k，也有-k＞-t 的相反情况。

许宝华（1984）与 Chen（1973）有相同的观点，三种中古入声韵尾中-p 与-t 较先失落，（Chen 的阶段 IIa、IIb，以及许宝华下图中变化的第一步）。有些不同的是，Chen 认为-p、-t 都趋同于-k，最后-k 尾才转而为喉塞音-ʔ。可是在许宝华的设想中，喉塞音-ʔ 在-p、-t 开始失落时就已经出现，直到成为剩下来的-k 或-p 的归宿；另一方面，最后失落的不一定总是-k，也可能是-p。其对入声韵尾历史演变所假设的过程是这样的（1984：446）：

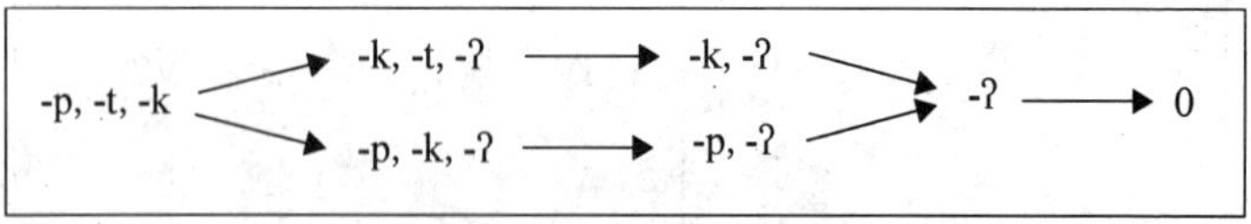

图 4. 许宝华的入声演变设想图

上述 Chen 或许宝华的设想都是根据某些方言的听感材料进行概括的结果，似乎无法适用于所有方言。就是许宝华自己也指出：汉语在谐声时代，甚至原始汉藏语时代，-p、-k 似乎都曾受元音的影响而变为-t；某些方言的-t 又比较特殊，如唐五代西北方音、现代江西昌都话和湖北通城话的-t 变为-r 或-l——“汉语入声韵尾的失落并没有普遍适用的模式，各种方言往往有它自己独特的过程”（1984：443）。因此，不论是 Chen（1973）-p＞-t＞-k＞-ʔ 这样一条单向的变化路线，还是许宝华（1984）所假设的两条朝向喉塞音-ʔ 的岔路，都不能涵括香港粤语入声韵尾的变化（香港粤语似乎是-p 跟-t 较稳定，-k

却可变为-t或-ʔ)，更遑论数目更为庞大、变化也更为复杂的其他汉语方言了。

与入声舒化相关的另一点是次序问题，Chen认为入声音节是塞音韵尾先失落(先开化)，然后长化(阶段V到VI)。但是，根据我们(朱晓农等2008)早先的实地观察，先开化还是先长化，都有其例。从香港粤语和东莞厚街话变化趋势来看，入声音节是先长化、后开化。短音节塞音韵尾演化之复杂(还可参看徐越、朱晓农2009)，在演化音法学深究共时"微音"(micro sounds)之前是很难设想的。

岩田礼(1992)对这个问题的讨论，则集中于-p、-t、-k是如何变成-ʔ的，他认为：中古的入声塞音尾皆是带紧喉状态的，即-pˀ、-tˀ、-kˀ，所以只要-p、-t、-k尾一失落，剩下来的就只得喉塞音-ʔ了，如下图：

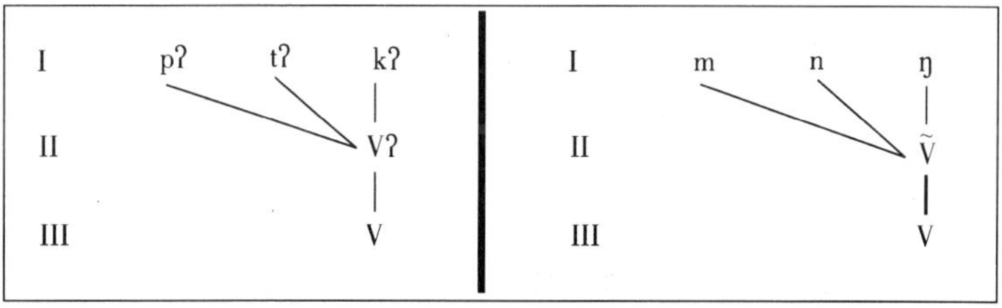

图5. 岩田礼的入声演变设想图

岩田礼的发现中还有些关键问题有待澄清，例如喉塞尾(发声态第3种)与喉堵态(第9种)的区别。不管如何，他的光纤维镜和肌电数据发现很有价值。不过，他的中古构拟却没必要；不但没必要，反而徒生滋扰。如果像他那么构拟，中古是同时性的喉塞加唯闭韵尾，那么粤语的现状就得解释为喉塞尾在消失中——这恐怕说反了。粤语中同时性喉塞尾是后起现象或共时变异现象，不是中古传下来的。我们的两位发音人，年长一辈的B很少有喉塞尾，而年轻一辈的A有很多喉塞变体（不管是与唯闭韵尾同时，还是纯喉塞韵尾）。因此，中古入声仍是单纯的唯闭韵尾，没必要如岩田礼那样构拟。

岩田礼的构拟想法可能来自谱系树信念：今天方言里都有的就应该来自共同的祖语。其实，这个假设或信念没有必要。同时性的喉塞尾是可以随时随地自然增生的。如果没有增生，那就还保持中古纯唯闭韵尾的状况（如发音人B）。而如果在某个方言或语言中增生了（如发音人A），就可能会渐渐走上变为纯喉塞音韵尾的道路（当然也可能长期共存）。这样的普遍音理解释要自然、简单得多。

9. 讨论三：入声演化模式补充

我们（朱晓农等 2008）曾提出一个入声演变路向图（见下图），后又加上“1b”那条红双线（徐越、朱晓农 2009），现在似乎还需加上三个小站，见图中三个 $C^{ʔ}$ 的字框。

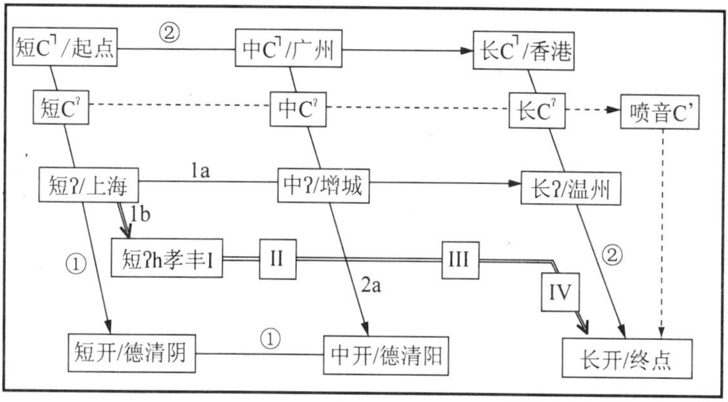

图 6. 入声演变长开路向图

从唯闭韵尾 C˺ 变到喉塞韵尾 ʔ 之间有个同时性的唯闭加喉塞 Cˀ 阶段：C˺＞Cˀ＞ʔ，不管声调（以及韵母）是短调还是长调还是中调。在我们的材料里理论上只有短调 Cˀ 和中调 Cˀ，但不排除有长调 Cˀ 的存在。此外，同时性唯闭加喉塞还可能，是很可能变为喷音，如图中的灰色虚线。

图 6 经过三项研究（朱晓农等 2008，徐越、朱晓农 2009，本文）草创增补，羽翼日渐丰满，但仍有可能还有别的支路，比如唯闭韵尾直接失落，或变为近音-j/w 韵尾、边音-l 尾、呼音-β 尾。还有更让人困惑的是如何把图中的两条主路（长化路和开化路）和第三条没在图中的变声路协调起来，画成一个立体演化图，这是可能的，因为喉塞音是一种跨发声和调音的“声音”，但却是极为困难的课题。

10. 结语

本文详细检查了香港粤语入声韵尾的共时变异情况。过去一般认为粤语入声韵尾就是唯闭韵尾-C˺，它的演变无非就是合并再变为喉塞韵尾，然后失落。我们的系列考察（朱晓农等2008，徐越、朱晓农 2009，本文）发现，上述共时描写显得笼统，历时构拟则想象得有点简单。共时的细节检查让我们发现一些可称为"微音"的现象：同时性的唯闭加喉塞韵尾-Cˀ，纯喉塞韵尾-ʔ，以及-C' 喷音韵尾。在此细节发现的基础上，我们对此前入声韵尾演变过程的一些设想做了检讨。我们赞同唯闭韵尾变为喉塞韵尾中间经过一个同时性的喉塞加唯闭韵尾的阶段，这在短、中、长的音节中都可能出现。不过我们不同意把中古入声构拟为同时性的唯闭加喉塞尾。中古入声仍是唯闭韵尾，以后很多方言，如吴语、西南官话、江淮官话、秦晋官话，还有一些客家话中入声变为喉塞韵尾，中间经过了一个同时性唯闭加喉塞韵尾的阶段。不过不能排除唯闭韵尾消失的其他途径（比如直接失落），或其他归宿（如近音、呼音、边音韵尾）。

参考文献

高本汉 2003.《中国音韵学研究》，赵元任、李方桂、罗常培译. 北京：商务印书馆.

岩田礼 1992. 汉语方言入声音节的生理特征——兼论入声韵尾的历时变化. 台北：中研院史语所《中国境内语言暨语言学》第一辑《汉语方言》.

徐　越、朱晓农 2009. 喉塞尾入声是怎么舒化的:孝丰个案研究. 第 15 届全国方言学年会论文,澳门.

许宝华 1984. 论入声.《音韵学研究》第一辑. 北京:中华书局.

赵元任 1935. 中国方言当中爆发音的种类.《中央研究院史语所集刊》第 5 本第 2 分. 此据《赵元任语言学论文集》,北京:商务印书馆,2002.

朱晓农 2005. 实验语音学和汉语语音研究.《语言学前沿与汉语研究》(刘丹青主编),253—275. 上海:上海教育出版社。

朱晓农 2008a. 非肺部气流辅音.《东方语言学》3.

朱晓农 2008b. 关于中文语音学术语的几点看法.《中国语音学报》1:71—76.

朱晓农 2008c. 术语命名的原则、方法、标准——辨析一些中文语音学术语.《语言研究集刊》5:1—17.

朱晓农 2009. 发声态的语言学功能.《语言研究》3:1—19.

朱晓农 2010.《语音学》. 北京:商务印书馆.

朱晓农、焦　磊、严至诚、洪　英 2008. 入声演化三途.《中国语文》4:324—338.

Ashby, Michael, & John Maidment 2005. *Introducing Phonetic Science*. Cambridge University Press.

Bauer, Robert S. & Paul K. Benedict 1997. *Modern Cantonese phonology*. Berlin; New York: Mouton de Gruyter.

Catford, John Cunnison 1977. *Fundamental Problems in Phonetics*. Edinburgh: Edinburgh University Press.

Cruttenden, Alan 2001. *Gimson's Pronunciation of English* (6th edition). London: Edward Arnold.

Haudricourt, Audre-Georges 1950. Les consonnes préglottalisées en Indochine. *Bulletin de la Société Linguistique de Paris*, 46: 172—182.

Chen, Matthew 1973. Cross-Dialectal Comparison: A Case Study and Some Theoretical Considerations. *Journal of Chinese Linguistics*, 1.1, 38—63.

Jakobson, Roman; Gunnar Fant and Morris Halle 1952. *Preliminaries to*

Speech Analysis. Cambridge MA：MIT Press.

Jones，Daniel，& Kwing Tong Woo 1912. *A Cantonese Phonetic Reader*. London：London University Press.

Ladefoged，Peter 2005. *Vowels and Consonants*（2nd edition）. Malden，MA：Blackwell Publishing.

Ladefoged，Peter 2006. *A Course in Phonetics*（5th edition）. Boston：Thomson Wadsworth.

Ladefoged，Peter，& Ian Maddieson 1996. *The sounds of the world's languages*. Oxford：Blackwell Publishing.

Rogers，Henry 2000. *The Sounds of Language：an Introduction to Phonetics*. Harlow，England：Longman.

Trask，R. L. 1996. *A Dictionary of Phonetics and Phonology*. Routledge，London；New York.

Yue，Anne Oi-kan（余霭芹）2002. Development of the Stop Endings in the Yue Dialects（粤语方言入声韵尾的发展），in *Dialect Variations in Chinese*（南北是非：汉语方言的差异与变化），ed. by Ho Da'an（中研院语言学研究所筹备处），Taibei：217—245.

Zee，Eric. 1999. Change and Variation in the Syllable-Initial and Syllable-Final Consonants in Hong Kong Cantonese. *Journal of Chinese Linguistics*，Vol. 27，No. 1.

（原载《南方语言学》第1辑，2010。严至诚合作撰写）

喉塞尾入声是怎么舒化的?*

——孝丰个案研究

1. 引言

入声舒化演变有三条途径:(1)开化、(2)长化、(3)变声。吴语入声大多走第①条开化路,粤语入声走第②条长化路(朱晓农等2008)。这两种演化较为常见,可以表达在一个四边形中,见图1。

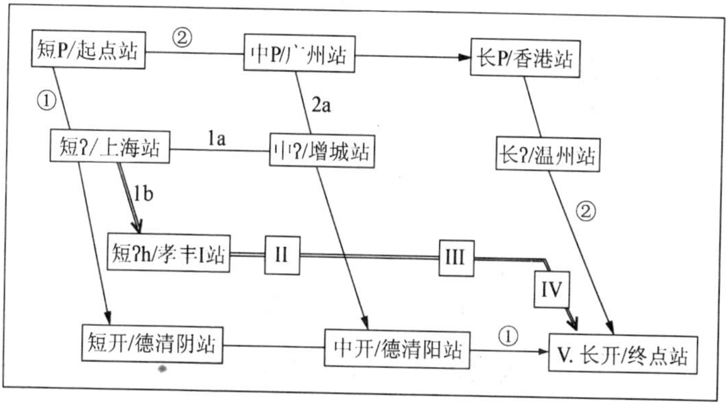

图1. 入声演变路向图

* 香港研资局竞标专项拨款(HKUST 644509)和香港科技大学DAG(S08/09.HSS07)资助项目。

本文报告吴语湖州孝丰话入声喉塞尾弱化并逐渐长化的过程。孝丰入声字从吴语的一般情况“短ʔ/上海站”出发，但既不沿着①号线走一般的开化路，也不沿着1a线走单纯的长化路，而是走一条长化与开化混合的“1b”支路，见图1中的双线。

孝丰方言入声的这条长化与开化混合性支路在图中标示为“ʔh”。这是一个喉塞尾ʔ不断弱化而漏气h程度不断增加的过程，从而使得孝丰方言的入声逐渐地开化与长化(这也即舒化的两项标志)。图2中给出两位发音人的两个例图。左小图女2号的“剥”字，调长到124毫秒处有个弱喉塞，喉门绷而不紧后，没关严实，所以使得喉塞之后带有一段明显的拖音，长达230毫秒(按Praat自动测定的基频算)。右小图男1号“白”字，调长到112毫秒处有个喉塞，其后拖音长达215毫秒。

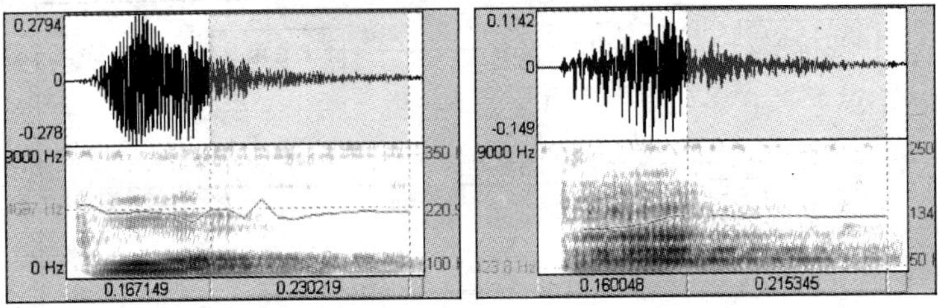

图2. 孝丰入声例字(第Ⅱ阶段)。【左】女2号阴入“剥”,【右】男1号阳入“白”。

吴语入声的普遍情况是：(1)喉塞尾强烈，即发喉塞音ʔ时声带绷得很紧、喉门关得严实，喉塞之后有时会有几下余振，但没有拖沓的漏气现象，没有拖音；(2)时长很短，阴入通常不到八九十毫秒，甚至短到40～60毫秒；阳入通常在100毫秒上下，长的可达120毫秒左右。下面图3是嘉善方言的对照例字，阴入字“剥”时长 48 毫秒（如果最后一下余振不算在内，则只有 38 毫秒），阳入字“白”时长 96 毫秒。

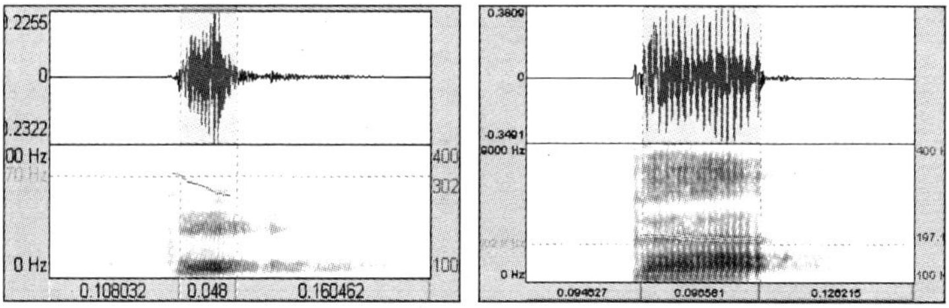

图 3. 嘉善方言反映吴语一般特征的入声例字。嘉善方言女发音人，【左】“剥”，【右】“白”。

我们在过去几年中曾经对湖州一带的入声有过初步的探讨，徐越（2007）发现湖州话喉塞韵尾较弱，尤其在后字，但一般不与非入声韵相混。只有在强调时念舒声调，阴入接近阴上，阳入接近阳上。朱晓农等（2008）发现德清话中的入声逐渐开化，见图 1 的“短开”“中开”站。

为了弄清入声喉塞尾的舒化过程，我们于 2008 年 10 月进行了一次实地调查，一共录了四位发音人，发音人情况见下表 1。录音地点为原孝丰县报福镇报福村（孝丰县于 1958 年并入安吉县，但现安吉县仍分孝丰话和安吉话）。表中年龄指录音时的年龄。录音材料使用的是一张包括 1000 个常用字的调查表，按平上去入四声排列。其中入声字有 77 个。字表做成幻灯片，逐一在电脑屏幕上以手动形式播放，发音人一一照念，直接用 Praat 录音。发音人的音量以手动控制调节。最后从 77 个入声字中挑出适宜于测量的例字，四位发音人用于测量的有效例字共

294 个。有效字时长的测量分喉塞前和喉塞后两段,分别进行测量,后段的时长以能同时测量到共振峰频谱和基频曲线为准。

表 1. 发音人情况

性别与编号	姓名缩写	年龄	文化程度	职业
女 1 号	ZGN	56	小学	农民
女 2 号	LXH	52	初中	农民
男 1 号	WBY	50	初中	农民
男 2 号	GFP	60	小学	农民

2. 分布与演化

2.1　演化的各个阶段

为考察孝丰方言入声字的舒化渐变过程,我们以各人舒声调的时长为参照值,首先算出四位发音人各自平上去三声中有效例字的平均时长(各人阴调类和阳调类时长之间无统计差别),再分别算出四人舒声调的平均时长,详见表 2。

表 2. 四人舒声调的平均时长(单位:毫秒)

	男 1 号		男 2 号		女 1 号		女 2 号	
	时长	字数	时长	字数	时长	字数	时长	字数
阴平	207	28	241	28	334	20	311	33
阳平	244	36	264	41	326	12	336	38
阴上	203	32	181	34	254	29	336	37
阳上	235	26	195	27	294	28	379	23
阴去	281	32	227	26	299	28	323	38
阳去	267	25	260	38	309	26	347	26
总平均	240		228		303		339	

我们以表 2 各人舒声调的平均时长值为参照，分别算出各人 33%、50%、67%、80% 时的时长值，以此来确定各人入声逐渐长化的各个演变阶段。根据朱晓农等(2008)的经验概括，入声短调一般为舒声调的三分之一长，而中长调为三分之二长，两者之间的一半作为过渡阶段。33%以下为第 I 阶段，即入声原有时长阶段。[33%～50%) 为第 II 阶段，开始舒化阶段。[50%～67%) 为第 III 阶段，逐渐达到中长阶段。[67%～80%) 为第 IV 阶段，由中长向长开终点站演化阶段，80%以上则已舒化，即已到达终点站，表中用第 V 阶段表示。详见表 3，表中圆括弧“( )”指不包括(开区)，方括号“[ ]”指包括(闭区)。

表 3. 四人入声长化的各个阶段(单位：毫秒)

阶段	时长比例	男 1 号	男 2 号	女 1 号	女 2 号
I	33%以下	79 以下	75 以下	100 以下	112 以下
II	[33%-50%)	[79-120)	[75-114)	[100-151)	[112-169)
III	[50%-67%)	[120-160)	[114-153)	[152-203)	[169-227)
IV	[67%-80%)	[160-192)	[153-182)	[203-242)	[227-271)
V	[80%以上]	[192 以上]	[182 以上]	[242 以上]	[271 以上]

2.2 各个阶段的描写

孝丰话的入声已经偏离吴语的一般情况，它的入声演化过程分布在以下五个阶段。

第 I 阶段——喉塞比较强烈，仍处于原有时长(显性时长)阶段。但已经开始出现喉门漏气的现象，见图 4 点亮部分后的基频线。这段漏气部分是一种听感上难以觉察到的拖音，由于这是初始状况，常常不太稳定，时而出现断续。这段拖音因为听不到，所以我们称之为“隐性时长”。显性时长加隐性时长是入声演化的“舒化时长”。所谓喉塞尾入声的舒化过程，就是这两种时长前增后减的比例调整过程。此阶段四人的显性时长分别为：男 1 号 79 毫秒以下、男 2 号 75 毫秒以下、女 1 号 100 毫秒以下、女 2 号 112 毫秒以下。如图 4 所示，男 1 号发音人“托”字时长 56 毫秒，女 2 号发音人“百”字时长 68 毫秒。

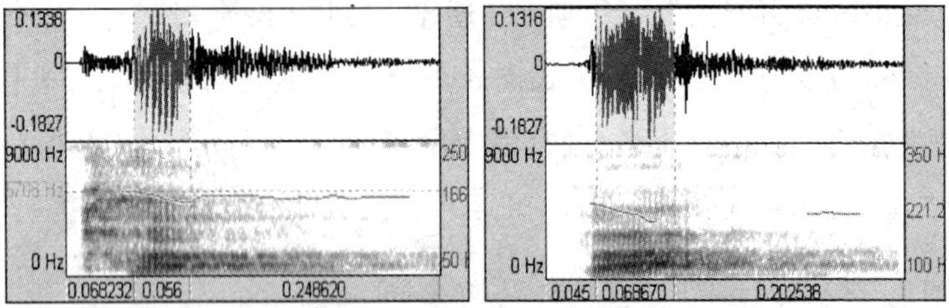

图 4. 第 I 阶段例图。【左】男 1 号“托”，【右】女 2 号“百”。

第 II 阶段——喉塞尾已经没那么强烈，但听感上还很容易判别出有喉塞尾。显性时长开始变长，喉塞后的拖音更为稳定而明显。隐性时长一般在一百多毫秒，个别可长至 300 毫秒，见上第一节“引言”中的图 2。此阶段各人的显性时长为：男 1 号 79～119 毫秒、男 2 号 75～113 毫秒、女 1 号 101～150 毫秒、女 2 号 112～168 毫秒。

第 III 阶段——喉塞尾明显弱化。显性时长进一步增长。隐性时长相应地开始减短，不如上一阶段那么明显了。换句话说，第 II 阶段的隐性时长的前段已经变为第 III 阶段显性时长的后段了。此阶段各人的显性时长为：男 1 号 120～159 毫秒、男 2 号 114～152 毫秒、女 1 号 151～202 毫秒、女 2 号 169～226

毫秒。图 5 中两个例字，男 2 号“一”字显性时长 121 毫秒，女 1 号“踏”字 177 毫秒。

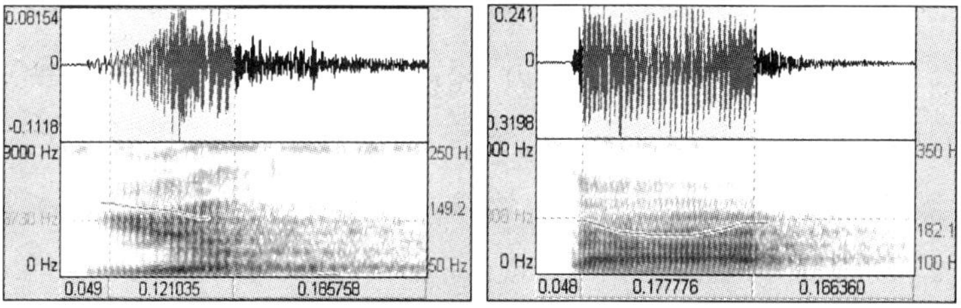

图 5. 第 III 阶段。【左】男 2 号“一”，【右】女 1 号“踏”。

第 IV 阶段——喉塞已经减弱到几乎无法觉察的程度。显性时长继续增长。第 IV 阶段的显性时长男 1 号为 160～191 毫秒、男 2 号 153～181 毫秒、女 1 号 203～241 毫秒、女 2 号 227～270毫秒。此时似有若无的喉塞音可以看成是(微)升调的伴随特征，其存在与否与调形相关。从这意义上来看，第 IV 阶段可以看成舒化完成了一项指标：开化，而第二项长化已达到“中长”阶段(半完成)。图 6 给出两个例字，男 2 号“别”字线性时长为 162 毫秒，女 1 号“毒”字的线性时长 209 毫秒。

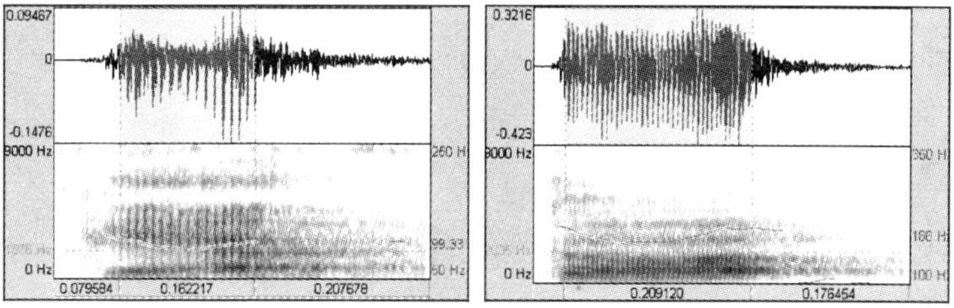

图 6. 第 IV 阶段。【左】男 2 号“别”，【右】女 1 号“毒”。

从第 IV 阶段再进一步，当显性时长增长到舒声调平均时长的 80% 以上，即男 1 号 192 毫秒及以上、男 2 号 182 毫秒及以上、女 1 号 242 毫秒及以上、女 2 号 271 毫秒及以上，可以看作完全舒化，即进入图 1 的“长开”终点站，在我们的图表中用第 V 阶段表示。图 7 给出每人的例字，男 1 号“白”字显性时长为 199 毫秒，男 2 号“肉”字 195 毫秒，女 1 号“盒”字 245 毫秒，女 2 号“肉”字 328 毫秒。

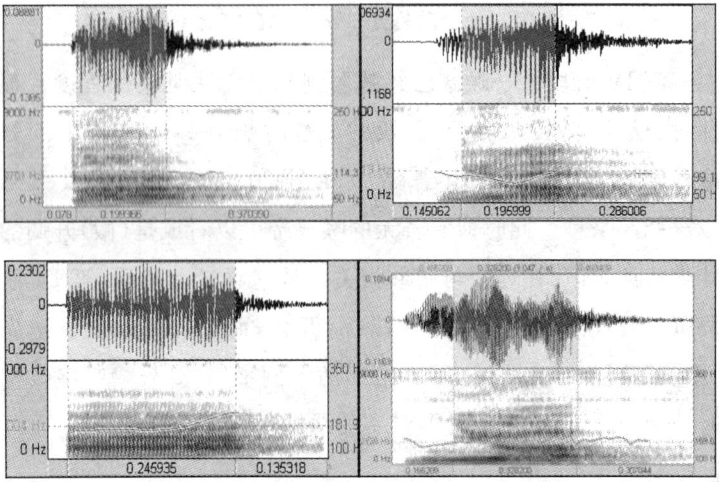

图 7. 第 V 阶段。【上】男 1 号“白”、男 2 号“肉”，【下】女 1 号“盒”、女 2 号“肉”。

2.3　分布的统计数据

以上描写了喉塞尾入声舒化的五个演化阶段。下面我们分发音人、分演化阶段，进一步详细考察各种分布情况。表 4 是各项统计数据，图 8 是由表 2 数据生成的折线图。

表 4. 四位发音人入声字分布的统计数据

	阴入						阳入					
发音人	I	II	III	IV	V	共	I	II	III	IV	V	共
男 1	24	19	3	0	0	46	0	5	18	4	3	30
男 2	29	14	1	0	0	44	0	0	1	4	18+1	24
女 1	34	8	2	0	0	44	0	0	8	12	11+2	33
女 2	37	6	0	0	0	43	0	1	4	4	6+15	30
共	124	47	6	0	0	177	0	6	31	24	38+18	117
比例	70.0%	26.6%	3.4%	0%	0%	100%	0%	5.1%	26.5%	20.5%	47.9%	100%

字数(男 1 号除外)	0	1	13	20	53	87
比例(男 1 号除外)	0%	1.1%	14.9%	23.0%	60.9%	100%

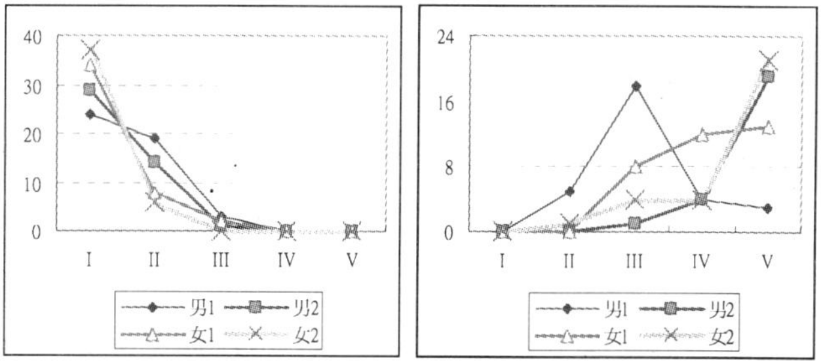

图 8. 四位发音人入声字演化的分布图。【左】阴入，【右】阳入。

四位发音人的演化分布的共同之处有三点：

同 1——阴入字主要分布在前两个阶段，其演化进程整齐划一，整个过程呈递减状分布，大部分(70%)在第 I 阶段，小部分(26.6%)在第 II 阶段，少数(3.4%)已进入第 III 阶段，还没发现有进入第 IV 阶段以及终点的。

同 2——阳入字主要分布在第 III、IV 阶段以及终点。除了男 1 号曲线走向不同外，其他三位发音人的进程相似，基本上已走完前两个阶段，近四成进入第 III、第 IV 阶段（37.9％＝14.9％＋23.0％），近七成（69.0％）完成了舒化。

同 3——第 I 阶段只有阴入字，第 IV 阶段和终点只有阳入字。第 II 阶段大部分是阴入字，小部分是阳入字，第 III 阶段大部分是阳入字，小部分是阴入字。

不同之处也是三点，集中体现在阳入字上：

异 1——男 1 号阳入字的演化是四个人中最滞后的，尽管已有小部分（7/30）冲进了第 IV 阶段和终点，但绝大多数（18/30）尚停留在第 III 阶段，甚至还有些字（5/30）停留在第 II 阶段。

异 2——男 2 号阳入字的演化是四个人中最领先的，95.8％的阳入字（23/24）已进入第 IV 阶段和终点，占四人阳入字总数的 19.7％，只剩下 1 个字尚处于 III 阶段。

异 3——两位女发音人的阳入字分布基本相同，见“同 3”。差别仅在于：(1)女 1 号停留在第 III、IV 阶段的字略多。(2)女 2 号仍有一个字停留在第 II 阶段。

异 4——终点站（第 V 阶段）的阳入字中有部分字气化程度较高。孝丰话和吴语的一般情况一样，阳调字都是弛声化的。有约 85％的字的元音气化程度一般，主要体现在韵母的前半部分，但有约 15％ 的字气化程度较高，气化几乎贯穿整个韵母，其分布见表 4 右半阳入字的第 V 阶段。加号前的字气化程度一般，加号后的气化程度强。女 2 号与众不同的是强气化韵母的字特别多（15 个），这也许是她的个人特点。

3. 演化速率的变异

从上一节的分布可以看到，尽管入声在弱化的道路上行进的大方向一致，但演化速度存在着差异，由此形成了演化途中的各种变异情况，包括人际变异、字际变异、例际变异，以及终点站的内部变异。

3.1 字际变异

“字际变异”指的是同一个人同一个类中不同的字，演化进程有快慢——这一点几乎是不言而喻的。从表 4 下面“比例”一行中可以看到，阴入这一类字中，有 70% 还停留在第 I 阶段，26.6% 进入第 II 阶段，3.4% 处于第 III 阶段。而阳入这一类中，第 I 阶段已经没有字了，第 II 阶段只有少量的字（5.1%）。有近一半的字（47.9%）已完成舒化，即进入第 V 阶段。

3.2 人际变异

“人际变异”指的是同一类字，不同人的演化进程有快慢。如表 4 所示，尽管演化大势一致，但考察细节，四人的演化进程都有差异。阴入字男 1 号演化最快，第 I 阶段只剩下一半的字（24/46），而女 2 号最慢，主要还停留在第 I 阶段（37/43），没有进入第 III 阶段的。其余两人则居中。阳入字男 2 号演化最快，近 80% (19/24)已经舒化。男 1 号则最慢（3/30）。两位女发音人则居中。

人际变异的速率不同表现在某个字上，即同一个字的演化进程，人各有异。图 9 是四位发音人阴入字“滴”的发音变异，男

1 号时长 72 毫秒，男 2 号时长 91 毫秒，女 1 号时长 103 毫秒，女 2 号时长 139 毫秒。男 1 号尚处于第 I 阶段，另三人已进入第 II 阶段。

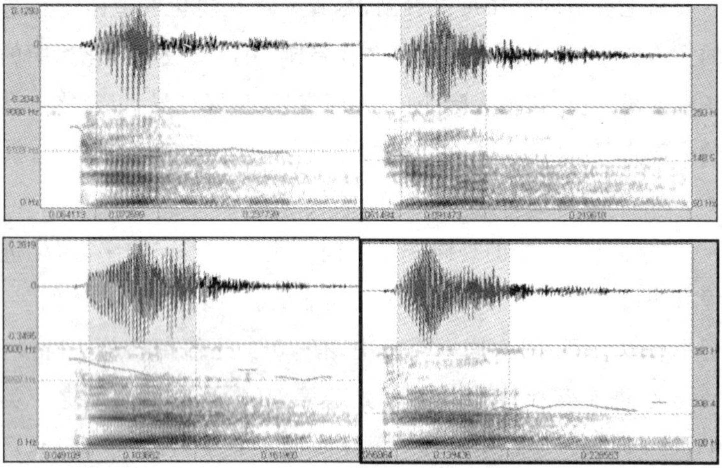

图 9. “滴”字的人际变异。【上】男 1 号、男 2 号，【下】女 1 号、女 2 号。

图 10 是四位发音人阳入字“别”的发音变异，男 1 号时长 143 毫秒，男 2 号时长 189 毫秒，女 1 号时长 230 毫秒，女 2 号时长 275 毫秒。男 1 号尚处于第 III 阶段，女 1 号在第 IV 阶段，男 2 号和女 2 号已进入终点站。

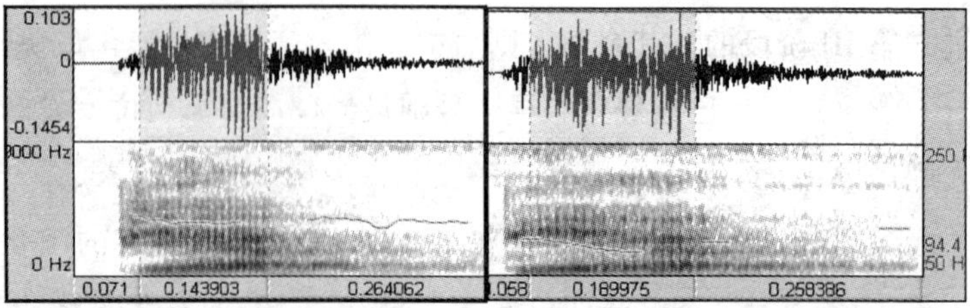

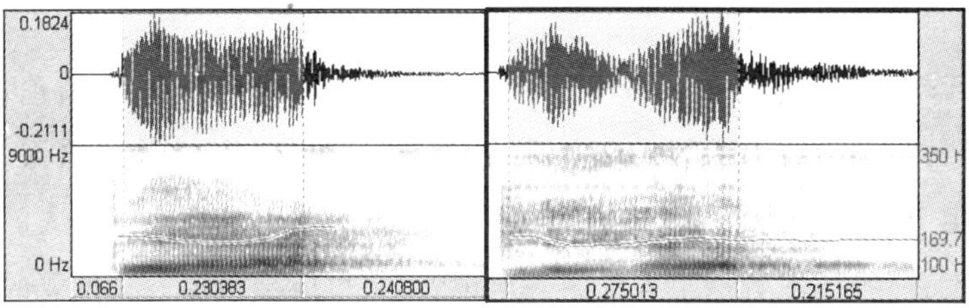

图 10. “别”字的人际变异。【上】男 1 号、男 2 号，【下】女 1 号、女 2 号。

3.3 例际变异

“例际变异”指的是同一个人同一个字的前后读例之间存在变异。如图 11 所示，女 2 号阴入字“剥”，第一例显性时长 92 毫秒，第 2 例时长 98 毫秒，处于第 I 阶段，第 3 例时长 130 毫秒，处于第 II 阶段。

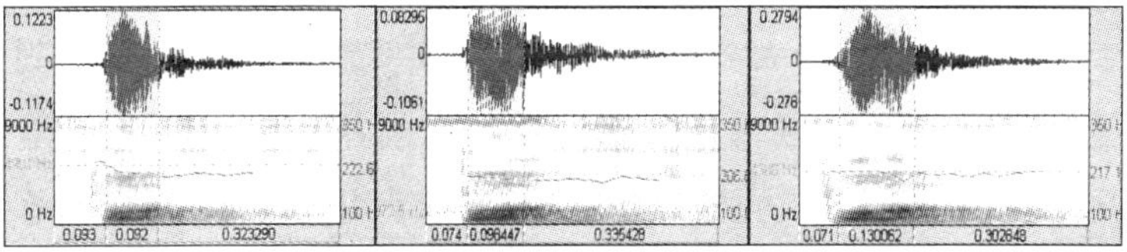

图 11. 女 2 号阴入字“剥”的例际变异。【左】第 1 例，【中】第 2 例，【右】第 3 例。

图 12 中是男 1 号阳入字“白”的三个读例。第一例 116 毫秒，处于第 II 阶段；第二例 136 毫秒，进入第 III 阶段；第三例 217 毫秒，到达了第 V 阶段。

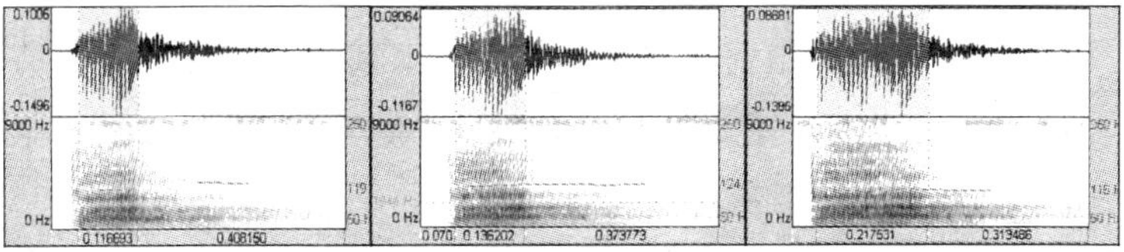

图 12. 男 1 号阳入字“白”的三个读例。【左】第 1 例，【中】第 2 例，【右】第 3 例。

3.4　小结

从以上看到的众多变异情况，我们可以得出如下结论：(1)一个点方言内的发音情况并不是均质的，因此，多个发音人、很多个字例的统计结论才能说明问题。如果单单观察一个人的发音情况，或者一个人的某一次读音，很可能会漏掉一些重要的概括结论。(2)孝丰入声虽然存在各种变异，然总体走势非常明显。而且跟相同点相比，变异显得很小。比如四个发音人的阴入字的演化完全一致，阳入三个人相同，只有一个人稍滞后。

4. 进一步的讨论

4.1　喉塞弱化的渐变

过去一般以为入声喉塞尾的消失似乎是一种突变现象，讨论的时候，要么有喉塞，要么没有喉塞。或者即使认为有个喉塞尾弱化的过渡阶段，也难以定性描写，更不用说定量描写。现在看来，入声喉塞尾的消失，可以是一个渐变过程，而表现在共时平面上的，就是存在着喉塞音各种不同强弱程度的演化情况，以及相应的漏气拖音段。这些阶段可以使用显性和隐性时长来定量描写。

4.2　舒化的判断

第 IV 阶段的微弱喉塞尾是与微微上翘的调尾相关。如果此时把调形看成微升调，那么，这个微弱喉塞尾可以看成是个伴随特征，孝丰话的上声也是如此，例如：

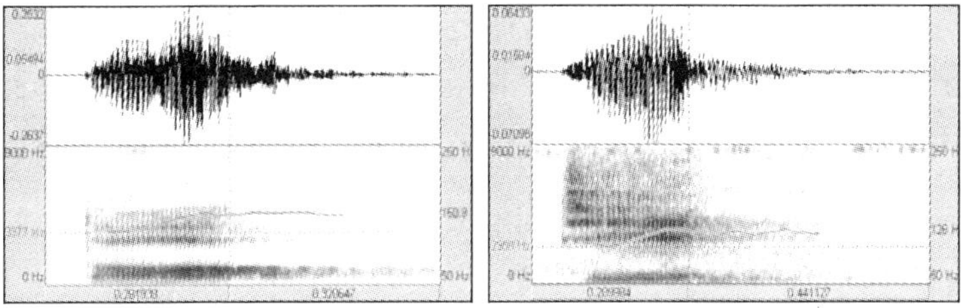

图 13.【左】男 1 号"岛",【右】男 2 号"弟"。

因此到此阶段看成入声已经"准舒化",即喉塞尾已不起区别作用,时长达到"中长"。一旦发展到此阶段,完全舒化已为期不远了。第 IV 阶段以后如果调形发生变化,变为平调或降调,伴随的喉塞尾就会自然消失。

4.3 阳入演化为什么领先于阴入?

阴入和阳入的演化进程有快慢。如表 6 所示,阳入字的演化领先于阴入字,阴入字都处于前三个阶段,多数停留于第 I 阶段,即还未启动舒化。阳入字都处于后四个阶段,多数处于第 V 阶段,即已经完成舒化。

表 5. 阴入字和阳入字的演化进程

	I		II		III		IV		V		共
阴入	124	70%	47	26.6%	6	3.4%	0	0%	0	0%	177
阳入	0	0%	6	5.1%	31	26.5%	24	20.5%	56	47.9%	117

孝丰阳入启动早,进程也快,可能跟吴语中普遍存在的弛声(slack voice)音节有关。弛声是一种发声时声带较为松弛的发声态,所以阳入的喉塞尾不如阴入那么强烈。吴语中的阴声字的爆发音声母,照赵元任(1935)的说法是第一类强塞音,用我们的发

声态观点来看(朱晓农 2009),即是一种带有前喉塞的张声音节。阴入因为短,前喉塞影响了整个音节,所以他是一个从喉到唇都特别紧张的状态,喉塞尾是个强烈的韵尾。因此在入声消失的过程中,强喉塞的阴入字滞后,弱喉塞的阳入字领先,是预料之中的事。

孝丰入声的这种进程跟德清入声一样。后者也是阳入先行一步,阴入停留在"短开"的德清阴站,而阳入则已先行一步,进入了"中开"的德清阳站。

4.4　喉塞尾和僵声类

从图 1 的上海站出发,原来认为有长化和开化两条路。平行的长化路引向增城站,下行的开化路引向德清阴站。后者是喉塞尾要么有、要么失落的突变现象。从上文的材料和讨论来看,开化路还有一条渐变的支路引向孝丰Ⅰ站:喉塞尾不是截然失落,而是逐渐弱化的过程。那么突变的德清路和渐变的孝丰路是由什么决定的呢? 从现有的材料和合理的推断两方面都指向一个结论:音高的走向决定了演变的路向。德清话入声是降调,所以喉塞尾完全失落,走上开化路。而孝丰话入声是微升调,所以喉塞尾一直伴随着,走的是逐渐弱化的 1b 支路。

进一步的问题是:是什么决定了入声的调形? ——答案是发声态! 入声原来是喉塞尾,也就是发声态中的喉闭态(语音学概念)或张声(音节学概念)。喉塞尾引起升尾。如果由于喉部操纵发生了变异,由喉塞音变为僵声(或其变体嘎裂声、喉堵态),则会引起降调或低调。这种情况我们在闽南话中已经看到(朱晓农等 2008,朱晓农、洪英 2009)。根据我们的田野材料,湖州附近的徽语寿昌方言以及山西、江淮方言中都有类似情况。由此可以推断，德清话的入声也可能经历了由喉闭态变为喉堵态的过程，并最终导致开化降（或凸）调。

5. 结语

总之，喉塞尾入声消亡的一条主要通道是经由以下步骤完成的：

（1）先是喉塞一点一点地弱化，即由声门关闭不严而引起漏气。这段漏气的拖音段听感上难以察觉，可称为“隐性时长”。

（2）然后，这漏气的拖音段逐渐变为整个声调的一部分，即隐性时长显化。与此相关的是，这一段声波的音强增大。

（3）于是，调长一点一点地拉长，也就是走向舒化。

阳入的长化过程中还有一个附带现象，即元音发生后增生现象的复元音化。例如“笛”（用弯头 ɦ 表示音节的弛化，借用上标的会厌塞音符号 ʡ 来表示伴随升调的微弱喉塞）ɦtĭʔ＞ɦtiˀ＞ɦtiəʡ。这个复元音化过程先是喉塞尾之后舌位回复初始状态，即类似于混元音 ə 的状态（参看朱晓农 2004），这时是无声状态。随着隐性时长的显化，ə 也进入了整个音节。

参考文献

徐　越 2007.《吴语杭嘉湖方言语音研究》. 北京：中国社会科学出版社.
朱晓农 2004. 汉语元音的高顶出位.《中国语文》5：440—451.
朱晓农 2009. 发声态的语言学功能.《语言研究》3：1—19.

朱晓农 洪 英 2009. 潮州话入声的“阴低阳高”. 首届演化语言学研讨会论文，广州.

朱晓农 焦 磊 严至诚 洪 英 2008. 入声演化三途.《中国语文》4:324—338.

赵元任 1935. 中国方言当中爆发音的种类.《史语所集刊》五本四分.

（原载《中国语文》第 3 期，2011。徐越合作撰写）

第四部分

内爆音的演化

内爆音*

国际音标图中有一列带上钩的音标［ɓ，ɗ，ʄ，ɠ，ʛ］，叫作implosives，照字面可直译为“内爆音”（麦耘 2005：173，朱晓农 2005：6）。这类音过去被称为（或译为）“前/先喉塞塞音”“吸气音”“缩气塞音”，这些名称从语音学角度和命名原则两方面来说都欠妥。

先说命名原则。移译外来科学名词，是一个重新命名的过程。确定译名有以下六种方式：

（1）直译，即按字面义。

（2）音译，如字面无义或原义曲折晦涩。

（3）典型命名，以同类中最典型的成员的名称命名。

（4）拟象命名，如原名有象似性，则译名亦可考虑拟似名称。

（5）意译。

（6）联想捎带音译。

在学术—科学范围内取译名，遵循的准则应该是前四种方式。使用第 5 种“意译”要特别谨慎，一般需在整个系统都明了以后，也就是重新命名时。第 6 种“联想捎带音译”不可取。此外尚

---

* 香港科技大学研究资助项目（DAG04/05. HSS06）。

有不少复合方式,如音译兼意译、音译兼拟象、音译兼典型、典型兼拟象,甚至三合方式如音译兼拟象兼典型,此处不赘。中文翻译早期以音译占的分量很大,如 telephone(电话)原译为“德律风”,democracy(民主)原译为“德谟克拉西”,violin(小提琴)原译为“梵哑铃”,等等,但后来为意译全面取代。这可以看出我们的一种文化取向,一种语言心理的倾向——凡事喜欢预先给归个类。第6种方式在某些地区或场合还很流行,如 lotto～乐透,AIDS～爱滋,Benz～奔驰,Coco Cola～可口可乐,等等。第5、第6两种以己意参之的翻译方式在俗文化中固然无伤大雅,甚至还很有趣,但在科学术语的订名中却时时自设陷阱。

讲了上面的大道理后,再来看“内爆音”取名的小道理。从正面来说,把 implosive 译为“内爆音”是照字面直译(方式1)——这一点无需论述。从负面来说,“吸气音/缩气音”这些以己意参之的意译(方式5),“前喉塞音”这种叫法,对于原概念的表达造成了偏差、对理解造成了误导——这需要先讲清楚内爆音的气流机制和发音方式。

内爆音的发音方式很特别。在发例如内爆唇音 [ɓ] 时,从分析程序上来说(实际发音时有些动作可能是同时的),先是双唇成阻,声带振动,这跟一般浊爆音相似。与此同时降低喉头,压低舌位,尽可能地扩大上声道(口腔和咽腔)容积。这造成口腔内空气稀化,气压降低,结果在双唇除阻时,口腔内气压低于口腔外的大气压,气流从外向内冲入,造成往内爆发的“内爆音”。

从气流机制来说,世界语言中绝大部分的辅音都是以呼出肺部的空气作为动力源而产生的,所以叫 pulmonic“肺部(气流)

音”。只有三种音不是用呼出肺部空气来发音的，所以叫 non-pulmonic“非肺部音”，内爆音就是其中之一类（另两类是 click“嗍音”和 ejective“喷音”）。“肺部音”都是与“呼吸”有关的音，而“非肺部音”都与“呼吸”无关。把 implosive 译为“吸气音”，好像暗示主动的吸气，而内爆音不是主动吸气的结果。这涉及肺部和非肺部气流机制这一上位分类标准：凡肺部音都是由“呼吸”发出的，凡非肺部音都与“呼”和“吸”无关，因为呼吸本身是肺部运动。非肺部音的动力源来自升降喉头、扩大口腔容量等生理运动来压缩或稀化上声道空气，所以给这类音定名都应避免用跟肺部呼吸有关的词语。更重要的是，语音学上有真正的肺部吸气的音（Catford 1988），汉语中据报道在甘肃、宁夏等地就有（张淑敏 1999，王森 2001，阎淑琴 2002）。

严格说起来，三类非肺部气流音中嗍音和喷音是纯粹的非肺部音，喷音是喉头（glottalic）气流机制造成爆发，嗍音是软腭（veralic）气流机制造成爆发，也是往内爆发。两者都只有清音。内爆音特别点，它是喉头气流机制造成往内爆发，但因为也带声，所以还有少量气流从肺部通过声门“呼出”流入封闭的口腔内。从这个意思上来说，此类音更不能说是“吸气音”了。内爆音基本上都是浊的，1993/1996 版国际音标图中它的完整的名称是“浊内爆音”（voiced implosives）。同样喉头气流机制的“清内爆音”极其罕见，大多在非洲（汉语方言中我见到过一例，可能是误解，可以不论），如尼日利亚 Igbo 语，扎伊尔 Lendu 语，苏丹 Krongo 语，塞内加尔 Seereer-Siin 语，以及中美洲危地马拉 Quiche 语的某些方言（Maddieson 1984，Demolin 1995，Laughlin 2005）。1989 年版国际音标图中有清浊两行内爆音，但1993/1996年版把清内爆音音标取消掉了，现在用下加小圈表示（如[ɓ̥]）。从空气动力和声学材料较完备的Lendu语（Demolin 1995）来看，清内爆音不是全然清的，在除阻前唇音和龈音有三四十毫秒的"浊冠"（pre-voicing），硬腭音的浊冠更是有60毫秒左右，而且相应的硬腭浊内爆音在爆发前咽腔气压是正的。这说明Lendu语的硬腭浊内爆音不像真正的内爆音，而清内爆音则可看作是一般的浊内爆音。有关清内爆音的各项性质还在探讨中。

"先/前喉塞浊爆音"这种叫法和"ʔb"这种标法的问题在于喉塞音[ʔ]与浊爆音是相互排斥的。发喉塞音时一般靠甲状软骨在水平方向拉紧声带，而发浊爆音时声带处于一种比较自然的状态，不紧不松到稍松。所以如"ʔb"一类"前喉塞 ＋ 浊爆音"，如果指同时性的协同发音，那是不可能的，因为你不能要求声带同时又紧又不紧。如果是先后的发音，先绷紧声带作喉塞状，然后松弛声带发浊声，那么就是两个音了，后一个与常态浊声无区别。（反之，像北部吴语和法语中的清爆音如 'p 有人认为是前喉塞化的，这从音理上来看倒是可能的。）当然，发内爆音时声带也较紧，但这是靠降低喉头来拉紧的，与一般喉塞[ʔ]不同。更重要的是有真正的前喉塞协同发音的前喉塞响音［ʔm，ʔl］等，所以，如果用[ʔ-]来标识内爆音，用"前/先喉塞"来指称内爆音，就会与真正的前喉塞音混淆了。其实，李方桂（1977:4）很早就已注意到其间区别，他在描写水话时说："ʔb，ʔd，ʔm，ʔn，ʔň，ʔŋ，ʔw，ʔj，ʔɣ；都是前面有喉塞或紧喉作用的辅音，尤其是ʔb，ʔd更稍带吸气现象。"即［ʔm，ʔn］等才是真正的协同发音的前喉塞紧喉音，而"ʔb，

ʔd”是气流机制与之不同的另一类紧喉音，用今天的术语说，就是以压低喉头造成紧喉的内爆音。

内爆音的听感也很特别，有时听上去像鼻冠爆音或鼻音或边音（如果是齿/龈音）：[ɓ] ≈ [ᵐb/m]；[ɗ] ≈ [ⁿd/n/l]。初学语音学的学生在刚听到内爆音时常常会误以为是鼻冠爆音或鼻音，甚至工作多年的语言调查人员初次接触到内爆音时，也会把它们描写为鼻冠音。这是因为软腭有将口腔中的声波传播到鼻腔的作用。这种穿透软腭与鼻腔的耦合（trans-velar nasal coupling）主要作用于低频声波（不超过 1000 赫兹，一般是作用于 F1）。Dang & Honda (1996) 的实验显示，在发高元音和浊塞音时，即使软腭已经关闭，鼻腔中仍有相当大的声音辐射。这说明软腭一旦振动，就能把声音从口腔传递到鼻腔。这种情况有时可以从声学和气流图上观察到。下面图 1(左) 显示在内爆音成阻阶段出现了鼻音共振峰。内爆音成阻时，一般不会有气流从鼻腔释放出去，但是，图 1 (右)中鼻腔气流有波动，表示有共振现象。这是由穿透软腭造成的鼻腔辐射造成的。这些鼻腔气流都在 0 的上下波动（AC variation），没有绝对值的变动。因而并不表明鼻腔中有气流流动，而是和穿透软腭从鼻腔中传播出来声波的振动一致。假如有气流从鼻腔逸出来，这个气压值应该是正的。这些从鼻腔中传播出来的低频共振，增大了成阻时候声波的振幅，同时造成内爆音和鼻音的某些听感相似。寸熙（Cun 2004）做的听感实验表明，[ɓ]和[m] 之间的混淆率为 50.2%；[ɗ]与 [l] 的混淆率为 34.5%，与 [n] 的混淆率为 42.7%。如果编辑原来的录音，把内爆音成阻（包括爆发）部分的音强从 6 分贝提高到 12 分贝，结果增大了混淆率，[ɓ] 和[m] 的混淆率增加到 73.5%。提高成阻部分的振幅和穿透软腭将声波传播到鼻腔的作用是一样的。另外，发弱内爆音或内爆音发得不到位时，喉头状态可能与一般浊音相似，口腔内气压与外面大气压大致相当，因而爆发不明显，无明显的空气运动（如许多 Kru 语言），甚至还有从鼻腔稍稍漏气的。这些语音学上的变体都使得内爆音在听感上接近鼻音/鼻冠音。顺便指出，这种听感上的接近还很容易引起历时音变（如：[ɓ]>[^{m}b/m]）。

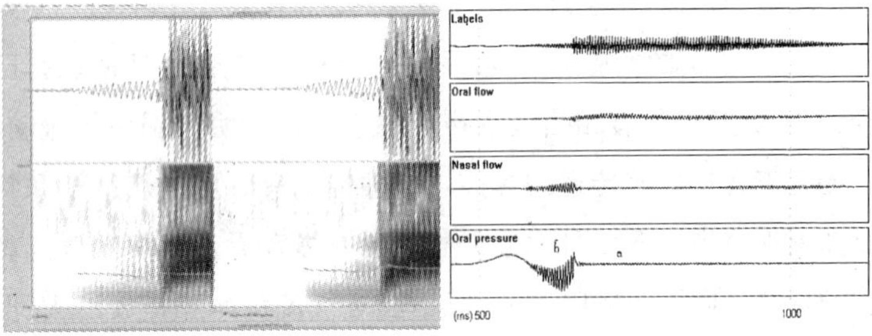

图 1.【左】[ɓa] 的两个读例的声波图和宽带图。在成阻阶段，可看到较弱的鼻音共振现象。【右】[ɓa] 的气流气压测量结果。第三行是鼻腔气流的图形，可以看到鼻腔气流有波动，但这波动仅在 0 的上下。（寸熙提供）

值得注意的是，非肺部音固然很特殊，种类也不多，但它们的出现频率并不算太低，分布也不算太罕见。据 Maddieson (1984)，世界上十分之一强的语言有内爆音(32/317)，据估计 10%～15% 的语言中有内爆音。内爆音在撒哈拉以南 (Sub-Saharan) 的非洲语言中最常见，东南亚语言中也很普通，亚马逊盆地有些语言中也有。其他地方就很少见了，北美印第安语中偶尔一见，欧洲语言和澳洲土著语中未见报道。在 Maddieson 的统计中汉语没有内爆音，但那是根据官话。其实，在吴语、闽语、粤语等很多汉语方言中都有内爆音，侗台语中也有内爆音，分布的地域很广。吴语从最北的上海市郊龙华、浦东，郊县松江、金山、南汇、川沙、青浦、奉贤等，到浙南的龙泉、景宁、青田、云和、文成、永嘉、东阳、永康、缙云等都有内爆音。粤语中有内爆音至少有下列地点的方言：广西玉林、北流、容县、岑溪、藤县、苍梧、蒙山、陆川等地（属勾漏片），广东西北部的连山，广东西南的化州、吴川，海南的儋州。闽语中有内爆音集中在海南岛和雷州半岛。有内爆音的南方少数民族语主要分布在云贵两广和海南，包括黎语、临高话、壮语、水语、毛南语、傣语、侬语、布依语、越南语等等，比较知名的有壮语北部方言的武鸣壮语、南部方言的龙州壮语、剥隘台语、德宏傣语等。

内爆音在国内很早就发现了。但由于它在国际音标图中的正式定名（implosive）和音标（[ɓ, ɗ, ɠ]等）的正式采用要到1979年，所以在此之前有很多种叫法。赵元任（1928）把内爆音称为“阴调真浊音”。他在描写周浦（浦东）、松江、永康的帮、端母时说：“the sounds corresponding to [p, t] are [b, d] respectively”（p. xii）；“松，浦东，康的‘b’‘d’用真[b，d]”（p. 27）；浦东“‘b，d’母（饱，东）用真带音的[b，d]音，因为是阴调，所以听起来好像不‘浊’”（p. 82）；永康“‘b，d’在口音韵尾的韵（巴，单），读真带音的[b，d]，而且音很长，在鼻音韵尾的韵（邦，登）变作m，n（但声调方面仍属阴类）”（p. 85）。后来赵元任（1935）又进一步描写了强弱两类内爆音。一类是浊音同时声门有一点紧缩作用（'b, 'd, 'g），另一类是浊音之前有一个喉塞音或带紧喉色彩（ˀb, ˀd, ˀg）。李方桂(1943)明确地把它们叫作 pre-glottalized consonants (先/前喉塞辅音)。以后又有了一些其他名称,如"吸气音"(梁猷刚1953),"缩气音"(国际音标中译文,1979)等。同一种音有这么多的名称,一则使用时混乱,大道多歧让人无所适从;二则理解时误导,望文生义会错误理解这种音的性质。

一般的浊爆音和内爆音的主要区别是在生理和空气动力学方面。发内爆音时喉头明显下降,上声道扩大,这造成除阻时口/咽腔内负气压(同时口腔气流突降),爆发时气流冲入口腔,这些气流气压指标都可用专门的仪器测量。除此之外,声学上也有三项判别特征,测量起来相对容易。请看语谱例图(图 2):

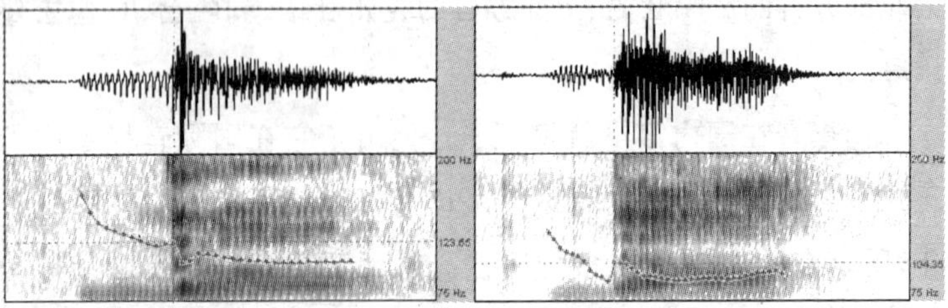

图 2.【左】内爆音ɗa,【右】普通浊爆音 da。

第一项,波形图:内爆音成阻阶段的波形,即振幅,随时间由小变大,而浊爆音是由大变小(例图上半)。

第二项,起始基频:浊爆音引起低调头,而内爆音则可高可低。浊爆音及其后接元音的起始音高不会高于五度制中的三度,内爆音及其后接元音的音高则常从较高的四或五度开始,当然有时候也可以低起音。即高频起音是辨识内爆音(相对于普通浊爆音)的充分条件。发内爆音时要降低喉头,这会拉紧声带,提高基频。所以内爆音尽管是个浊音，但跟普通浊爆音不同，它可以和高调并存，而普通浊爆音不行。在这一点上，内爆音和鼻冠浊爆音相似。

第三项，辅音时长：浊爆音成阻期较短，长了容易清化（波形越来越小，最后没振幅了）。英语 b，d，g 在成阻期后半段常常清化，成了赖福吉（Ladefoged 1972：20）所谓的"半浊音"（partly voiced）。相比之下，内爆音浊音杠较长，成阻期可以较长，当然短的情况也存在。即成阻期较长是辨识内爆音（相对于普通浊爆音）的又一充分条件。

第一项是绝对指标，后两项是相对于浊爆音的充分条件，即与同一个人的同一次录的浊爆音相比在统计上有区别意义。还有一点要指出，发得很充分的浊爆音常常捎带一些内爆性质，如泰语、Maidu 语和很多班图语（包括 Swahili 和 Zulu），因为长时间地维持浊声就会不自觉地降低喉头、扩大口腔以容纳气流。由于无音位对立，所以描写上就省略了。由此可见，(1) 无音位对立的弱内爆音的出现场合要比已知的内爆音分布场合多；(2) 长浊爆音在历时音变中容易变成内爆音，如 Sindi 语（Varyani 1974）。

内爆音中以唇音和齿/龈音 [ɓ，ɗ] 最为常见，硬腭和软腭音 [ʄ，ɠ] 很少见，小舌音 [ʛ] 罕见。像非洲的 Katcha，Hausa，北美的 Mazahua，东南亚的 Karen 等，都是只有 [ɓ，ɗ] 而没有 [ɠ]。吴闽粤语和侗台语也是如此，只有个别吴语如南汇话（陈忠敏 1988）、奉贤话（钱乃荣，转引自陈 1988）中有 [ʄ]。在 Maddieson（1984）的 317 种语言材料中，有内爆音的语言一共有 32 个。其中 30 个有双唇音［ɓ］，29 个有齿/龈音［ɗ］，有硬腭音［ʄ］的只有 7 个，有软腭音［ɠ］的 5 个，有小舌音［ʛ］的仅 1 个。从蕴涵分布来看，有［ɠ］必有［ɓ/ɗ］，反之不必然。反例一个没有，即不存在有［ɠ］但［ɓ，ɗ］都没有的情况。迄今为止，这是一个不多见的绝对蕴涵分布（朱晓农 2003）。出现频率的高低跟成阻部位前后成正相关——这是由空气动力学决定的。其中原委赵元任（1935）很早就指出了："这里的理由不难找，从舌根与软腭相接的地方到声门那里一共就没有多大的空间可以像口腔较宽绰的［b］或［d］音那么弄出些特别的把戏；声带稍微一颤动，那一点的空间马上就充满了气成正压力了。所以也没有空间也没有时间可以造成第九类那种悬挂的印象［农案：即弱内爆音］或是第十类那种望里'爆发'的印象［农案：指强内爆音］。本来舌根的爆发音不加上那些特别的把戏已经够难成浊音了。"详细论述可参看 Ohala（1997）和朱晓农（2003）。

除了国际音标图中的五个内爆音外，Flores 的 Ngad'a 语（属南岛语系）中还有个卷舌内爆音（Djawanai 1977）。内爆音基本上都是爆发音，塞擦音和擦音极少见，据报道，班图语系的 Kung-Ekoka 和 Hendo 中有（Demolin *et al*. 2002），布依语中也有个龈—腭内爆塞擦音［ɗʑ］（中国科学院少数民族语言研究所 1959，原书用的音标是［ʔdʑ］）。上海徐家汇边上的龙华镇吴语中还有个唇齿内爆塞擦音［ɓv］，如：［ɓvɔ52］（表征询的语气词）。［ɓv］还见于 Mangbetu 等几个中苏丹语（Central Sudanic）。

赵元任和李方桂早在六七十年前就发现了内爆音,并对其气流机制有深刻认识,是很了不起的。当时的语音学界还没有“内爆音”的概念,更没有这个三四十年后才启用的标准名称和[ɓ, ɗ, ɠ] 这些国际音标,所以长期以来就术语(“前喉塞”“吸/缩气音”)符号(“ʔb, ʔd”)对付着用(不要一概地把这句话看作贬义,新事物新概念初发现时这是常事,像龙华唇齿内爆音和布依语龈—腭内爆音,音标还未标准化,所以也是[ɓv, ɗʑ]对付着表示)。所幸时至今日,我们对内爆音已经有了全面了解,它也有了自己的标准术语和标准音标,就用不着再沿用标准以外的名称符号了。

参考文献

陈忠敏 1988. 论南汇方言三种缩气塞音.《语言研究》1:131—134.

李方桂 1977.《水话研究》. 史语所专刊之七十三.

梁猷刚 1953. 海南岛海口方言中的吸气音.《中国语文》1: 27—28.

麦　耘 2005. 对国际音标理解和使用的几个问题.《方言》2:168—174.

王　森 2001. 甘肃话中的吸气音.《中国语文》2: 184.

阎淑琴 2002. 固原话中的吸气音.《语言研究》4: 102—105.

张淑敏 1999. 兰州话中的吸气音.《中国语文》4: 275—277.

赵元任 1928.《现代吴语的研究》. 北京:清华学校.

赵元任 1935. 中国方言当中爆发音的种类.《史语所集刊》五本四分, 515—520.

中国科学院少数民族语言研究所 1959.《布依语调查报告》. 北京: 科学出版社.

朱晓农 1987. 音标选用和术语定义的变通性.《语文导报》3: 55—58.

朱晓农 2003. 从群母论浊声和摩擦: 实验音韵学在汉语音韵学中的实验.《语言研究》2: 5—18.

朱晓农 2005. 实验语音学和汉语语音研究.《南开语言学刊》5：1—17.

国际音标中译文.《方言》1979.4：315—317.

Catford, John C. 1988. *A Practical Introduction to Phonetics*. Oxford: Clearendon.

Cun, Xi 2004. *The Phonetic Characteristics of Implosives in the Wuyang Dialect*. MPhil thesis, The Hong Kong University of Science and Technology.

Dang, Jianwu and Kiyoshi Honda 1996. An improved vocal tract model of vowel production implementing piriform resonance and transvelar nasal coupling. In Proc. ICSLP 1996, Vol. 2, 965—968 (cited from http://citeseer.ist.psu.edu/507770.html).

Demolin, Didier 1995. The phonetics and phonology of glottalized consonants in Lendu. In Bruce Connell and Amalia Arvaniti (eds) *Phonology and Phonetic Evidence: Papers in Laboratory Phonology IV*. Cambridge University Press.

Demolin, Didier; Ngonga-Ke-Mbembe, Hubert; & Soquet, Alain 2002. Phonetic characteristics of an unexploded palatal implosive in Hendo. *Journal of the International Phonetic Association*, 32, 1—15.

Djawanai, Stephanus 1977. A description of the basic phonology of Nga'da and the treatment of borrowings. *NUSA linguistic studies in Indonesian and languages in Indonesia*, 5, 10—18.

Ladefoged, Peter 1972. *Preliminaries to Linguistic Phonetics*. Chicago: University of Chicago Press.

Laughlin, Fiona Mc 2005. Voiceless implosives in Seereer-Siin. *Journal of the International Phonetic Association* 35: 201—214.

Li, Fang-kuei 1943. The hypothesis of a pre-glottalized series of consonants in primitive Tai. *Bulletin of the Institute of History and Philology* (*BIHP*), 11.

Maddieson, Ian 1984. *Patterns of Sounds*. Cambridge University Press.

Ohala, John 1997. The Relation between Phonetics and Phonology. In W.

Hardcastle & J. Laver (eds.) *The Handbook of Phonetic Sciences*. 674—694. Oxford: Blackwell.

Varyani, P. L. 1974. Sources of implosives in Sindhi. *Indian Linguistics*, 35: 51—54.

（原载《方言》第1期，2006）

潮州话中来自清爆音的内爆音*

1. 引言

内爆音在汉语中分布很广，从上海郊区到浙南的吴语、海南闽语、西部粤语中都有。最近我们在北部赣语和汕头闽语中发现了从长浊爆音变来的内爆音。本文报告闽语中的另一项有关内爆音的发现：潮州话存在作为不送气清爆音变体的内爆音：p～ɓ，t～ɗ。例如：霸 p- ｜ 波 ɓ- ｜ 碑 p～ɓ。

潮州位于粤东靠近福建的潮汕地区，方言属于闽语区闽南片潮汕小片。2008 年初，我们对潮州市进行了一次关于内爆音的调查。我们一共录了六个发音人，分别来自潮州市区的湘桥区和枫溪区，以及潮安县的古巷镇，金石镇，庵埠镇。结果发现几乎所有发音人或多或少都带有内爆音 ɓ/ɗ 变体。下面先来看内爆音在声韵中的分布，然后讨论一些理论问题。

---

* 香港研资局竞标专项拨款（HKUST 6426/06H）和香港科技大学竞标研究拨款（RPC06/07. HS03）资助项目。

2. 分布

潮州闽语的内爆音 ɓ/ɗ 分布在古帮端並定等八个声母中，与 p/t 互为变体，无音位区别。图 1 是潮州市区话的一个有异读的例字，一读不送气清爆音，一读内爆音。

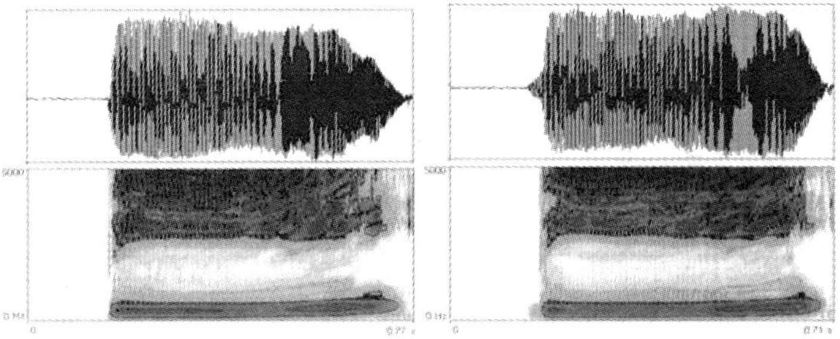

图 1. 潮州市区话“被”字异读，【左】清爆音 pi，【右】内爆音 ɓi。

表 1 列出了所有被考察字的声母的读音。表左端是古声韵母类别，“今读”下有两栏，左栏的字今读清爆音，右栏的字今读内爆音，下标 1、2 表示异读。

表 1. 潮州市区话内爆音分布表

古类		今读	
声	韵	p/t	ɓ/ɗ
帮	舒	碑$_1$ 霸布拜摆闭杯悲比保包饱表鞭变遍扁搬彬宾奔本柄饼	碑$_2$ 波播巴把爸霸补贝辈臂宝报豹爆彪扮板遍帮榜邦崩冰兵
	入	八别笔毕不北百伯壁	钵剥逼迫卜

（续表）

端	舒	多$_1$ 赌$_1$ 都肚短堤倒岛掉斗丢点店	多$_2$ 赌$_2$ 的底胆断灯等打堆
	入	答滴	督德搭
非	舒	斧飞富	
	入	腹	
知	舒	猪$_1$ 箸$_1$ 智追展哲珍镇窒张帐中忠	猪$_2$ 箸$_2$ 爹袋
	入	着摘竹筑	桌啄
並	舒	爬$_1$ 被$_1$ 琶捕培赔避备暴鲍便並	爬$_2$ 被$_2$ 部步埠排牌败倍辫盘棒病伫
	入	拔别脖薄	泊白
定	舒	朵大度弟对条豆淡电定	题逃道甜洞
	入	毒碟达突特独	
奉	舒	父吠肥饭	房冯
	入		缚
澄	舒	除厨池治潮赵兆召绸纣宙沉尘阵场丈	茶箸缠陈肠郑仲重
	入	侄着直轴	择逐

从中古声母来看，潮州话的内爆音有些来自三个古清声母“帮端知”，没有非母字，算是偶然空缺；有些来自四个古浊声母“並定奉澄”。从韵母来看分布很广，有来自舒声韵（如戈、麻、模、鱼、泰、灰、支、微、豪、肴、幽、山、先、唐、江、蒸、庚、东、阳等），也有入声韵（如末、觉、职、陌、屋、药等）。从历史来源和邻近方言可以推知，表中潮州市区话例字原来都是清爆音 p/t，现分化出一类内爆音。不过，内爆音 ɓ/ɗ 仍是清爆音 p/t 的变体，本身还不是音位。变体出现始于何时还不得而知。表 1 中的今读分

化可以说是任意的，原来的同音字如“朵逃”，前者今读清爆音，后者今读内爆音。还有一些字有两读，如“碑多猪”，既可读清爆音，又可读内爆音。

下面是四张例图，来自不同古声母。图 2 的两个内爆音分别来自古清声的帮母和知母。图分上下两层，下层是宽带图，可以看到在底线处声母辅音（两条红竖线之间）有浊声杠，说明是声带振动的浊辅音。上层是声波图，可以清晰地看到声母辅音的波形从小到大的变化，那是内爆音的典型特征（参看朱晓农 2006）。图 3 中的两个内爆音分别来自古浊声的並母和定母。

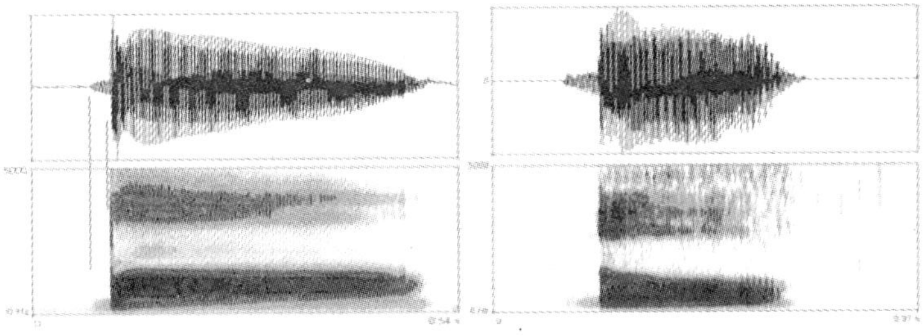

图 2. 潮安县金石镇方言，【左】内爆音 ɓo“波”，【右】内爆音 ɗu“蛛”。

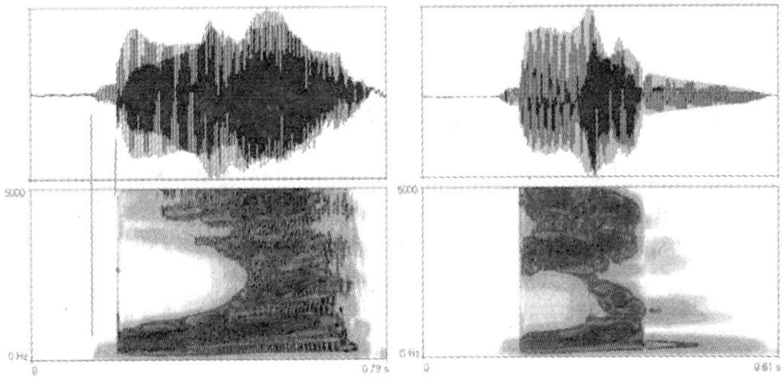

图 3. 潮州市区方言，【上】内爆音 ɓue“倍”，【下】内爆音 ɗiam“甜”。

3. 讨论

本节内讨论四个问题，前三个关于潮州内爆音的：(1)来历，(2)音理解释，(3)词汇扩散，(4)更为一般的闽语中浊音的状况。

上一节中看到潮州话内爆音在古声母中的分布情况，这也是历史来源。不过这样来讨论来源，既兜圈子又容易误导。从语音学上来看则是直截了当：潮州闽语的内爆音来自硬/紧的清爆音，先是並/定母清化，分别并入帮/端母，然后一起变成内爆音，如：步並 ɓou^{11}｜排並 ɓai^{55}｜道定 ɗai^{35}｜洞定 ɗaŋ^{11} 宝帮 ɓo^{53}｜冰帮 ɓiã^{33}｜打端 ɗa^{53}｜等端 ɗaŋ^{53}。闽语中非奉母大多与帮并不分，知澄与端定不分，所以也有部分变成了内爆音。如：杯帮 ɓue^{33}｜房奉 ɓaŋ^{55}｜袋定 ɗo^{11}｜茶澄 ɗe^{55}。

b/d	＞	p/t	＞	ɓ/ɗ
並/定	＞	帮/端，並/定		
奉/澄	＞	非/知，奉/澄		

如果把观察的范围扩大到整个潮汕地区的汕头市和揭阳市，则可看到潮汕方言内部在内爆音的演化之路上有些不同的表现。此前我们观察到，汕头莲华镇话中也自发出现了新生内爆音，作为长浊爆音的变体，后者来自古鼻音明/泥/疑母(朱晓农等 2009)。以明母为例，演化过程为：m＞^{m}b＞bb＞ɓ(见图 4 内圈第 ⑤～⑥～⑧～⑨ 途径)。这跟潮州内爆音的来源不同，潮州话内爆音不是由浊爆音直接变来的，而是走的左边外圈之路，浊音先清化与清爆音合并，再一起变成内爆音的(图 4 外圈第①～

②～③途径）。其间清爆音变得较硬较紧，而“潮语的双唇音声母［p］组较北京音的［p］组强些”，是较硬的清爆音（李新魁 1994：300）。潮州闽语的内爆音演变跟上海郊区的吴语一样。

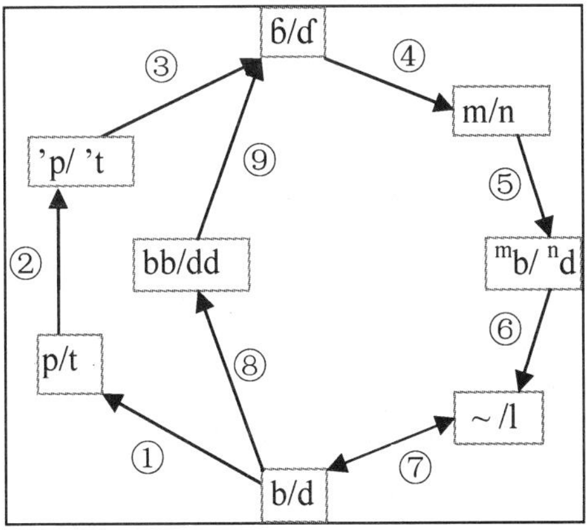

图 4. 唇音/齿音清浊音变圈，据朱晓农/寸熙 2006 图 1、图 2 调整。

进一步的观察表明，汕头闽语的内爆音 ɓ/ɗ 除了来自古鼻音明、微母等之外，还有一部分分布在古帮端並定等八个声母中，这与潮州话情况相似，见下图。

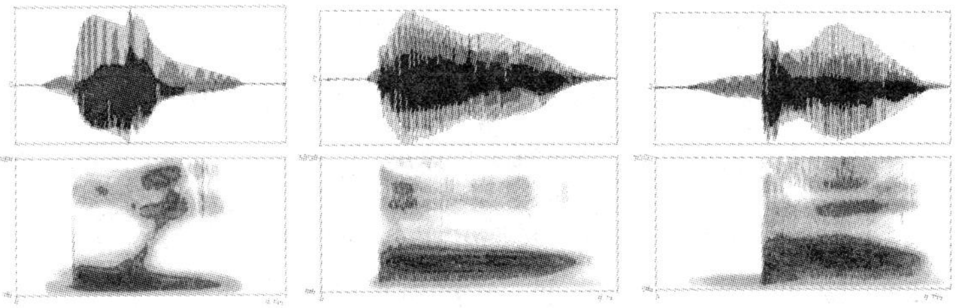

图 5. 汕头市区方言，【左】内爆音 ɓui“肥”，来自古奉母；【中】内爆音 ɗo“多”，古端母；【右】内爆音 ɓau“戊”，古微母。

汕头方言的例子说明，浊爆音和清爆音都有可能产生内爆音，由于内爆音在潮汕方言中只是一个音位变体，因此其出现也是很随机的。而揭阳方言的情况跟潮州、汕头稍有不同。据我们录到的揭阳市区话来看，内爆音除了少数分布在古鼻音明、微母之外，没有来自清爆音的例子。这就说明，内爆音在潮汕地区的演化之路不尽相同。全面考察潮汕闽语的内爆音我们另外为文。本文主要考察来自于清爆音自发产生的内爆音，下面的讨论以潮州话为代表。

汉语方言中存在内爆音，这是很早就发现了的（赵元任1928，1935），但对于它们的来源，则一直停留在“底层”猜测上。前几年我们提出吴语和闽语的内爆音非出于侗台底层，而是自身演化的结果（朱晓农、寸熙 2006）。这种从演化音系学角度来探讨音变的路子还较少为人熟悉。最近我们在北部赣语和汕头闽南语中发现了从长浊爆音变来的内爆音，加上今次所报告的来自清爆音的潮州闽语内爆音，可以为吴、闽语中内爆音自生而非底层的观点提供决定性证据。

发现潮州闽语新生内爆音，比起之前发现汕头话的内爆音来更有意义。汕头话内爆音产生的内圈路（图 4 第⑧～⑨），从浊爆音长化再内爆的过程（d＞dd＞ɗ），是一个相对而言较为常见的内爆音产生过程，在世界上其他语言中也可见到，其产生机制也较易理解：维持长浊爆音的主要方法是扩大上声道容积，而这最有效的方法是降下喉头，这就容易产生内爆音。潮州话走的则是外圈第①～②～③这么一条路，浊音清化后变为较紧的清爆音，然后变为内爆音（d＞t＞’t＞ɗ）。这条路较为少见，只在吴语中见过。上海话里的强清爆音，比起普通的清爆音，成阻时间更长，成阻点的接触面积更大，口腔内集聚的气体的压力就更大，肺部的压力也更大，爆发时更干脆，气流也更大（朱晓农2005）。发强清爆音是有可能降低喉头，这在朝鲜语中很早就发现了。由于口内压力较大，声带较紧，降低一点喉头可以减低口内压力，以便启动后接元音的浊声（Kagaya 1974）。更重要的是，在除阻前一刹那，口内压力急降并观察到有负气压（Kim 1965）。这种情况在潮州话中也被实验测量到了。潮州话清爆音跟朝鲜语和吴语的情况类似，发清爆音 p/t 时从声门到上声道成阻点都比较紧张。本文作者之一的母语为潮安话。在最近一次气流气压的测量中，观察到她有相当一部分清爆音除阻前有口腔负气压，详细数据另外报告。这对内爆音的产生提供了关键性的孕育条件。

从上文表 1 中内爆音在声韵母中的分布情况来看，这是一个正在进行中的音变：p/t>ɓ/ɗ。图 6 是两个同自于古澄母的例字“除”和“茶”。澄母清化后并入端定读 t，这也是“除”字现在的声母，但是同古声母的“茶”字先走一步，变为内爆音了。

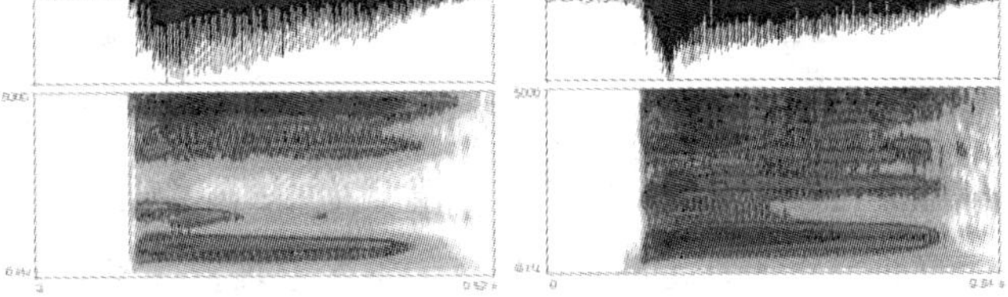

图 6. 潮安县古巷镇方言，【左】清爆音 tɯ“除”，【右】内爆音 ɗe“茶”。

下面表2的数据是根据表1例字统计而得，已经有近四成的字变过去了，不到六成还未变，还有一些有异读的表示正在变化中。这是基于一个发音人材料所显示出来的途中音变状况。更精确的词汇/人群扩散图景有待于社会语言学调查。

表2

未变 p	正在变	已变 ɓ	总
118	7	76	201
58.7%	3.5%	37.8%	100%

闽南话中的浊音描写，从罗常培(1930)《厦门音系》起一直不明不白：b 两唇接触很轻，破裂的力量弱，比英文的 b 音软得多。听得忽略，往往有跟［m］音混淆的危险。[l]……舌头极软，用力极松，两边所留的通气空隙很小，听起来闽南话中的浊音描写，从罗常培(1930)《厦门音系》起一直不明不白：b 两唇接触很轻，破裂的力量弱，比英文的 b 音软得多。听得忽略，往往有跟［m］音混淆的危险。[l]……舌头极软，用力极松，两边所留的通气空隙很小，听起来并不像北平的［l］音那样清晰，几乎有接近[d]音的倾向。

根据我们的调查材料现在知道(对照图4)，厦门话明母字有 mb，也有 b；汕头—汕尾话更进两步，不但有鼻冠爆音 mb 和常态带声爆音 b，还有长带声爆音 bb 和内爆音 ɓ。几十年前语音学还不发达，也没社会语言学，语言观还是“一个社团内的语言是一致的”，碰到如此繁而难的变体不晕也难。若再加上潮州话，明母字是带声和长带声(b～bb)的交替，帮並是清声和内爆

(p～ɓ)(例见图 7)的交替,更是雪上加霜。好在现在有了图 4 清浊音变圈作参照,各语言/方言处于哪个演化阶段便可按图索骥。

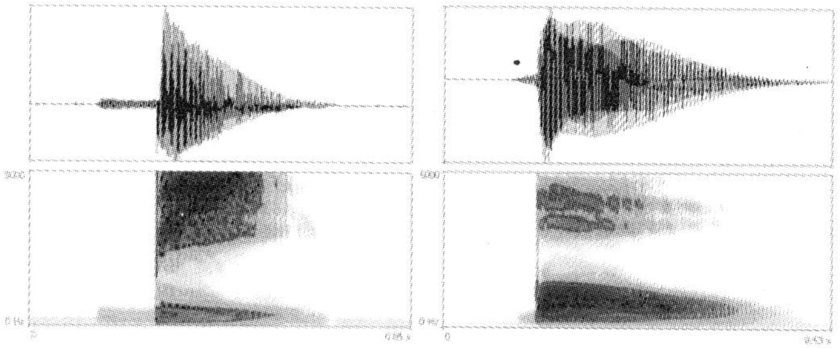

图 7. 潮州市区话,【左】常态带声爆音 bi“米”,古明母;【右】内爆音 ɓou“补”,古帮母。

4. 结语

本文报道了关于内爆音在潮州闽语的新发现,其意义在于强化说明内爆音自然产生的多种途径。拖长的带声爆音和紧硬的清爆音都有可能产生内爆音,甚至鼻音也可能是个产生内爆音的来源(我们新发现在德清吴语和东莞厚街粤语中的偶发内爆音来自鼻音)。即使闽语内部,内爆音的产生也有两种途径:既有汕头话那样由带声爆音转化产生的,也有像潮州和海南闽语那样从不送气清爆音演变而来。其实,内爆音的来源还有两个:喷音(如 Quichean 语)和圆唇软腭爆发音,各有音理可言。汉藏语中还未见,就在这儿备个案。在相同的音法前提和相同的音理作用下,会引发相同的自然音变,不管是历时音变还是共时的语流音变。要设想东南方言内爆音有其他来源，需要可靠的田野材料和严格的逻辑论证。本文主要讨论了潮汕闽语来自于清爆音的内爆音，关于浊爆音产生内爆音的演化之路，我们将进一步讨论。

参考文献

李新魁 1994.《广东的方言》. 广州：广东人民教育出版社.
罗常培 1930.《厦门音系》. 史语所单刊甲种之四.
赵元任 1928.《现代吴语的研究》. 北京：清华学校.
赵元任 1935. 中国方言当中爆发音的种类.《史语所集刊》五本四分.
朱晓农 2005.《上海声调实验录》. 上海：上海教育出版社.
朱晓农 2006. 内爆音.《方言》1：16—21.
朱晓农、寸 熙 2006. 清浊音变圈：兼论吴闽语内爆音非出于侗台底层.《民族语文》3：3—13.
朱晓农、刘泽民、徐馥琼 2009. 自发新生内爆音：来自赣语、闽语、哈尼语、吴语的一手材料.《方言》1：10—17.
Kagaya, Ryohei 1974. A fiberscopic and acoustic study of the Korean stops, affricates and fricatives. *Journal of Phonetics* 2, 161—180.
Kim, Cin-Woo 1965. On the autonomy of the tensity feature in stop classification with special reference to korean stops. *Word*, 21, 339—435.

（原载《中国语音学报》第 2 辑，2010。洪英合作撰写）

自发新生内爆音*

——来自赣语、闽语、哈尼语、吴语的第一手材料

1. 引言

吴语、粤语以及海南闽语中有内爆音，是很早就发现了的（赵元任 1928，1935）。这些内爆音来自侗台语底层，是历来汉语界和民族语界大部分人的看法。不过，这一观点并没有逻辑地论证过。两个语言分享相同的特征，其间关系至少有八种可能性（朱晓农、寸熙 2006），不能一个思维跳跃就掉下了“底层”。

不同的研究范式各有自己的基本假设、自己的出发点，因此，对于相同的特征，各有不同的优先解释。从 19 世纪至今，主要有三种不同的研究范式——

第一种是最早的历史语言学，对相同点的看法是能够用同源解释就用同源解释，解释不了的作为例外扔进语言借贷的垃圾桶。

第二种范式是 20 世纪后半期、尤其是最近 20 年来的接触

---

* 香港研究资助局竞标专项拨款（HKUST 6426/06H）和香港科技大学竞标专项拨款（RPC06/ 07. HS03）资助项目。

语言学和区域语言学，把历史语言学垃圾桶里的掏出来当作正解，能够用接触解释就用接触解释：从“底层”到“局部借用”到“系统感染”到“区域趋同”。注意：有各种不同的接触演变情况，“底层”只是其中之一，可能还不是最重要的一种。

第三种是正在形成中的“演化音法学”范式，是能够用自然音变解释就用自然音变来解释。这种新的演化语言学的研究取向可能一下子还难以为人理解，不过其强大解释力将会很快被认识到。

朱晓农、寸熙(2006)从第三种范式出发，用自然音变来解释吴语中出现的内爆音，而认为海南闽语中的内爆音可能是自然音变变异被环境选择的结果。本文提供一系列变化进行中的活生生例子，都是新近自然演变出来的内爆音，比较系统地发生在赣北的赣语和潮汕闽南话中，零星的例子见于哈尼语和吴语德清话。所有这些正在进行中的音变或共时变异说明，相同的音韵前提在相同的音理作用下引发相同的自然音变(历时音变或语流音变)，有接触也好没接触也好，是同源也罢不同源也罢。

2. 江西赣语中的内爆音

赣语中有一种语音现象，古全浊和次清声母合为一类，都发成浊爆音。根据以往的调查(陈昌仪 1991，郑张尚芳 1995，刘伦鑫 1999)，这种情况主要分布在江西北部鄱阳湖以西地区，包括都昌、星子、湖口、武宁、修水、德安、瑞昌、共青城等地。郑张尚芳称之为连接吴语和湘语浊音区的“一条浊音走廊”(郑张尚芳

1995)。对北部赣语的浊音描写，有记成普通浊声 b/d/g 的，也有记成浊送气 bɦ 等的，还有记为"清音浊流"pɦ 等的。

2007 年初，我们对这一地区都昌、星子、湖口、武宁、修水、共青城、德安、瑞昌、波阳九县市 32 个乡镇级点进行了一次浊音专题普查。有浊塞音(包括爆发音和塞擦音)的点包括：都昌县城、中馆、周溪、左里；湖口双钟、武山、大垅、江桥；修水义宁。其中湖口大垅、江桥的浊爆音已经清化，塞擦音还保留浊声。我们没发现浊送气，有一两例疑似弛声清爆音(渣津、全丰)有待进一步核实。而在上述那些点中，都发现了内爆音，作为常态浊爆音的变体出现。图 1 是湖口武山话的一个例图。从下方宽带图中可以看到声母辅音(两条竖线之间)有浊声杠，说明是浊辅音。从上方声波图中可看到声母辅音的波形从小到大的变化，可见是内爆音(判断内爆音的标准，参看朱晓农 2006)。图名括号内是窗宽，下同。

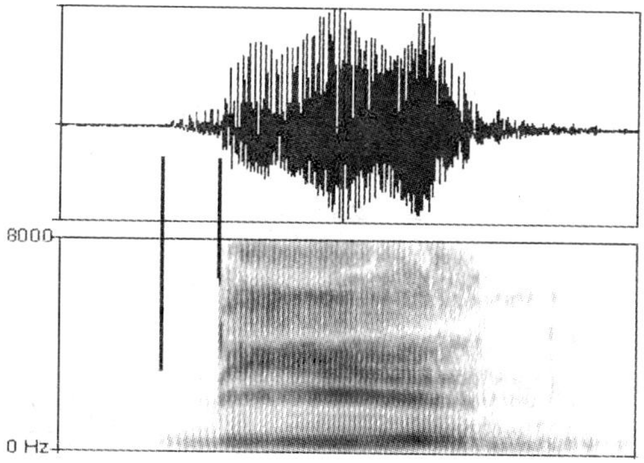

图 1. 湖口武山"天"ɗiɛn(0.66 秒)

修水县义宁镇的内爆音是浊爆音的音位变体。图 2 左为常态浊音(声波波形在接近爆发时收小),右为内爆音。

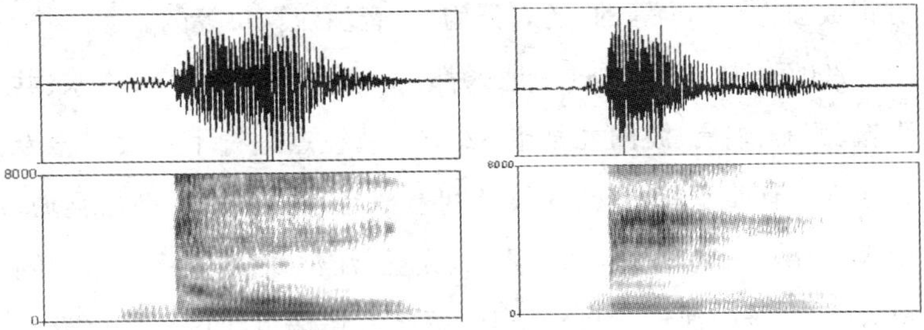

图 2. 修水义宁【左】“毒”du(0.5 秒),【右】“瓶”ɓiŋ(0.73 秒)。

都昌从城里到城外都有内爆音。图 3 是都昌城关话的例子,左为常态浊爆音,右为作为变体出现的内爆音。图 4 是都昌另外三个点内爆音的例图。

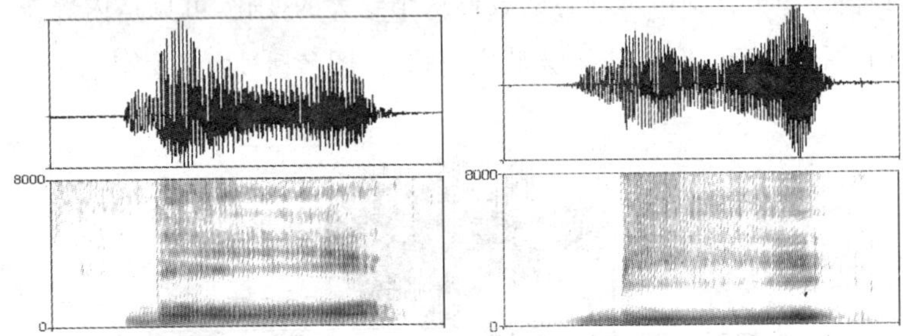

图 3. 都昌城关【左】“婆”bɔ(0.8 秒),【右】“皮”ɓi(1.19 秒)。

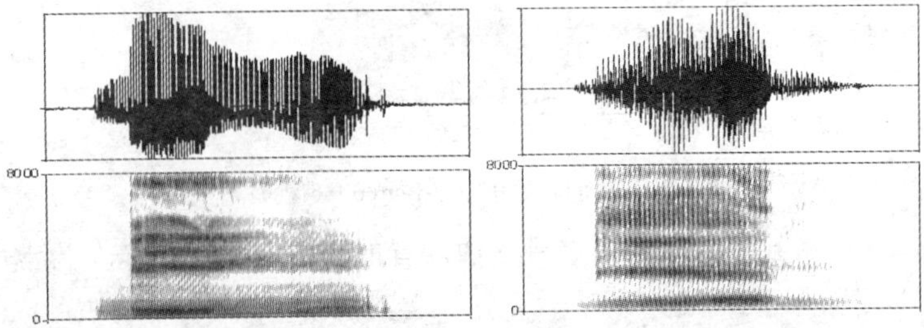

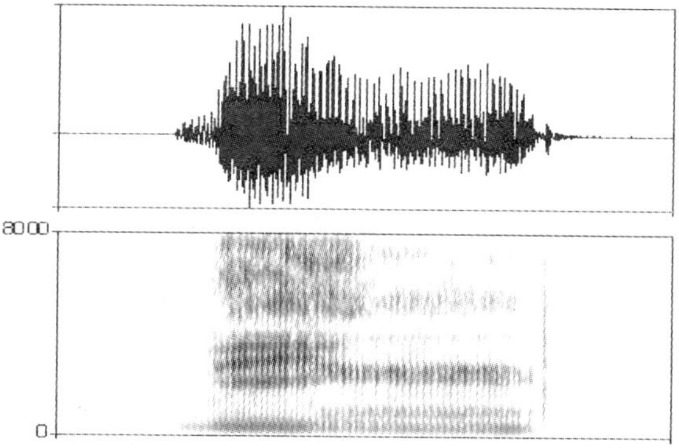

图 4.【左上】都昌中馆“平”ɓiŋ(0.87 秒),【右上】都昌左里“天”ɗiɛn(0.71 秒),【下】都昌周溪“平”ɓiŋ(0.76 秒)。

赣语中的内爆音还是 /b/ 的变体,本身不是个音位。这种变体出现始于何时还不清楚,不过可以肯定的是,它们不会是千年前古侗台语底层的残留,因为它们的古音来源与吴语里的内爆音不同。吴语的内爆音来自古全清“帮端见”等声母,而赣语的却是来自古全浊声母“並定群”和次清声母“滂透溪”。全浊和次清在北部赣语中合流并都发成浊爆音,是一个非常独特的现象。Sagart(1984)提出一种看法,认为这是由于接触引起的音变。汉晋时期从北方南渡的移民,定居鄱阳湖一带以后形成了一种“赣北祖语”,其音系保留着全清、次清、全浊的三重区别。到了唐朝,大量新移民南下进入这个地区,他们的音系中全浊声母已经清化混同于次清。由于老移民优越的社会、经济地位,老移民的语言成为新移民的模仿对象,新移民在学老移民的浊音时把次清声母字也矫枉过正地发成了浊音。刘泽民(2005)提供了更多的移民史资料，对这种观点进行了补充论证。这种浊音自是常态浊音，后来产生内爆音变体，当然与古侗台语底层无关。

3. 潮汕闽南话中的内爆音

闽南话有来自古次浊的浊声母。近年实验语音学的考察显示，厦门话从古明母来的浊塞音声母语音学上可能实现为常态浊音 b，也可能是鼻冠音 ^mb（朱晓农、寸熙 2006，胡方 2005，朱晓农 2007）。最近，我们在一些潮汕闽南话中发现，音变在进一步延伸：从浊爆音和鼻冠音向内爆音转变。

汕头市澄海区外砂镇（近汕头）、汕头市潮阳区谷饶镇（近潮阳）的浊音基本上是常态浊声，见图 5 谷饶话例字的语图。

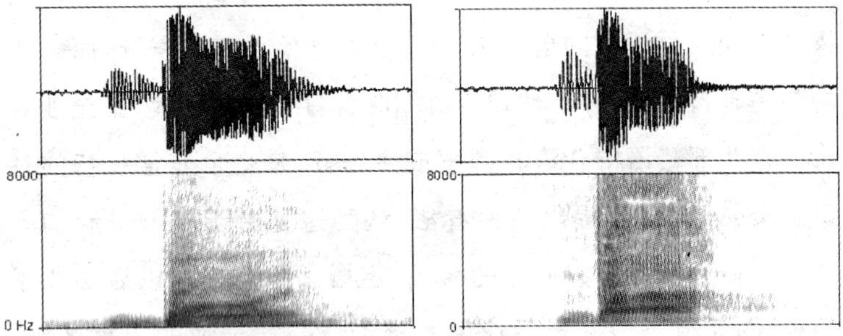

图 5. 汕头谷饶【左】“梅”bɐi（0.77 秒），【右】“木”bɔ（0.65 秒）。

不过，在邻近的澄海区莲华镇话（近潮州）中，变异出现了。在图 6 中，软腭浊辅音 g 还保持着常态浊声，浊声较长，近 120 毫秒；但是双唇浊爆音变成内爆音 ɓ。

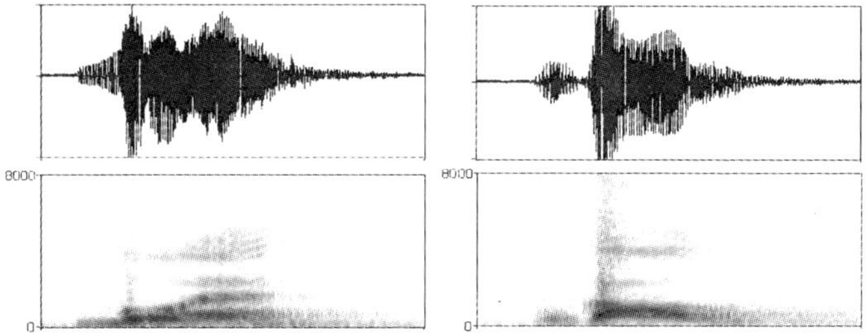

图 6. 潮汕莲华【左】“梅”ɓɔi(1.03 秒),【右】“吴”gɔ(0.87 秒)。

莲华话中的内爆音是从古鼻音经过鼻冠音和浊爆音演化而来的：

m>^{m}b>bb>ɓ

鼻音先是变成鼻冠浊爆音，然后变成常态浊爆音(注意：这是个较长的 bb)，然后变异出内爆音——这是生成内爆音的“清浊自然音变圈”的内圈路线(见下图 7)。鼻音 m 是明母字中古以来的读音，也是几乎所有其他汉语方言中的读法；而从^{m}b 到 bb 到 ɓ 这后三个环节，则都可在闽南话中观察到。跟北部赣语

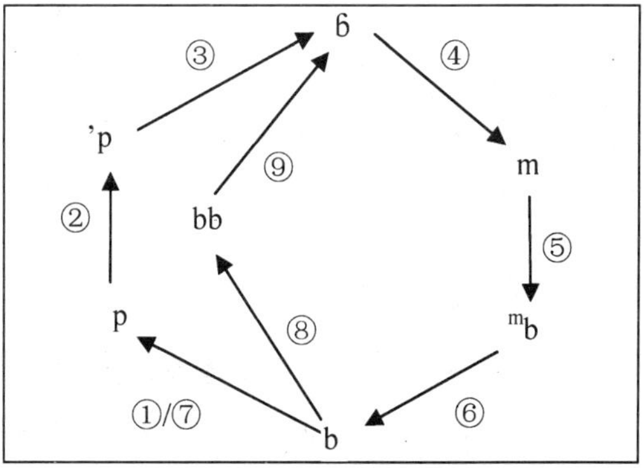

图 7. 唇音清浊音变圈(据朱晓农、寸熙 2006 的图 1 简化调整)

中的情况一样，肯定不会有人认为这种内爆音声母是古侗台语底层残留下来的，当然更不会是上古复辅音的遗留。

汕尾市的三个方言（海丰联安、陆丰甲子、捷胜）情况稍有不同，在所考察十个声母鼻音塞化的例字（m>/b/“梅买木无闻”；ŋ>/g/“吴疑牛外月”）中，海丰联安话经过第⑤阶段变成了鼻冠音ᵐb，而捷胜话和甲子话已经进一步经过第⑥和第⑧阶段，变为较长的浊爆音，有些例字还显出弱内爆的听感，说明正在第⑨阶段上向内爆音演变。

海丰联安话的情况和厦门话类似，大多表现为鼻冠爆音。十个浊声母例字中，有七个是鼻冠爆音，三个（“梅闻牛”）是常态浊爆音，图8是两个鼻冠爆音的例图，可以看到辅音阶段持阻时间较长，低频能量区比较强，有明显的鼻音共振峰（“买”的鼻冠音稍弱）。

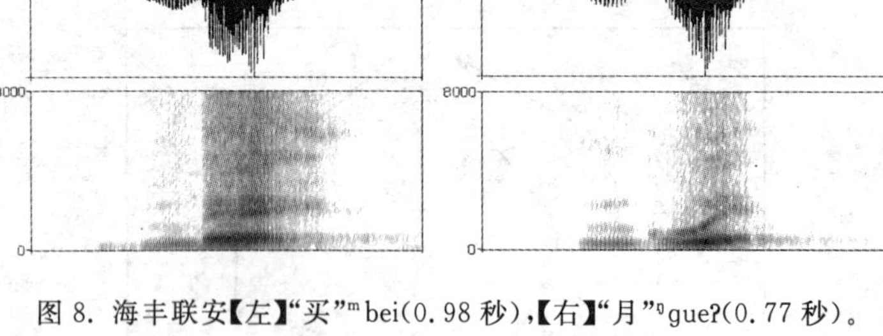

图8. 海丰联安【左】“买”ᵐbei（0.98秒），【右】“月”ᵑgueʔ（0.77秒）。

汕尾捷胜话和陆丰甲子话以常态浊爆声为主，持阻时间都较长，不少带有弱内爆感。图9中捷胜话“吴”字的声母为130毫秒的长浊爆音，波形前后几乎保持不变，有轻微内爆感。甲子话的浊声母大多有较高的调头，持阻时间都在 120 毫秒以上。图 9“梅”字的声母长达少见的 170 毫秒，波形也没有大的改变，前后段能量相差无几，很接近于弱内爆音。

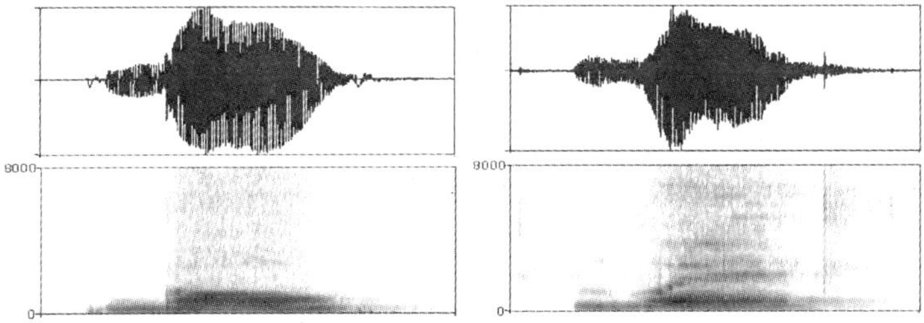

图 9.【左】汕尾捷胜“吴”gg～ɠou(0.88 秒)，【右】陆丰甲子“梅”bb～ɓue (1.07 秒)。

既然潮汕的闽南话能够在无外来影响的“清洁”的环境中自然演变出内爆音，那么海南的闽南话中整齐地长出内爆音不但不奇怪，而且似乎是理应如此，因为一方面，闽语中的长浊爆音有着内爆化的自然倾向，另一方面，海南闽语周围的黎语、临高语中系统的内爆音会起到诱发作用。因此，海南的闽语中已经发展出系统的内爆音音位，而潮汕闽语中内爆音依然处于音位变体的状态，是否能成长为音位，仍取决于我们目前还不明了的“晶核形成—扩散”的机制，或者如沈钟伟(2002)所说的类似于传染病扩散的过程。

4. 随机产生的内爆音

朱晓农(2006)说：“发得很充分的浊爆音常常捎带一些内爆

性质，如泰语、Maidu 语和很多班图语（包括 Swahili 和 Zulu），因为长时间地维持浊声就会不自觉地降低喉头、扩大口腔以容纳气流。由于无音位对立，所以描写上就省略了。由此可见，(1)无音位对立的弱内爆音的出现场合要比已知的内爆音分布场合多；(2)长浊爆音在历时音变中容易变成内爆音，如 Sindi 语。"这些说法在北部赣语和潮汕闽语中得到印证，从这两个方言群中的浊声母字中自发地出现了大量的内爆音。

其实，"无音位对立的弱内爆音的出现场合要比已知的内爆音分布场合多"一句中的"多"还应改为"多得多"。在很多场合可看到零星随机出现的自发内爆音。我们检查了一些有浊爆音的语言，结果正如预期。例如云南绿春县大寨的哈尼语有浊爆音，有些持阻期非常长，几达 200 毫秒，常常呈现内爆音现象，在嘎裂化的"紧音节"中尤其明显，如图 10。

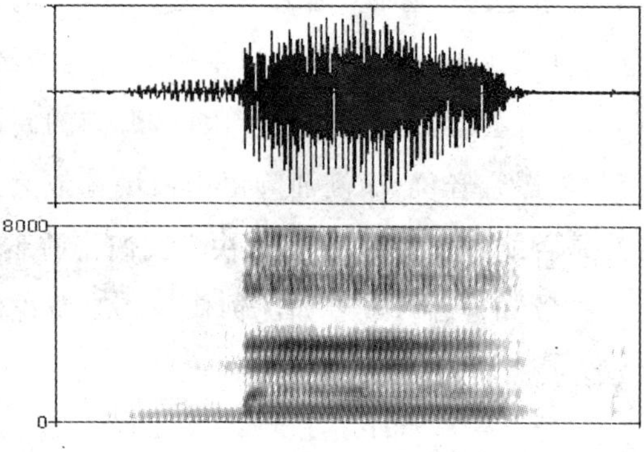

图 10. 绿春哈尼语"射击"ɓɣ̰^{33}（0.74 秒）

除了来自浊爆音，内爆音还可能产自鼻音。下面是浙江西北部吴语德清话中作为鼻音变体的内爆音例子："马"/mɔ/实际发为内爆音[ɓɔ^{52}]。这是焦磊在整理我们的录音材料时发现的。这完全是一个随机出现的变体,同样的高降调“买”ma^{52}和低升调“帽”mɔ^{13}中的m还保存着鼻音。可能是高调和有点咽化的后元音共同ɔ制造了产生内爆音的条件。

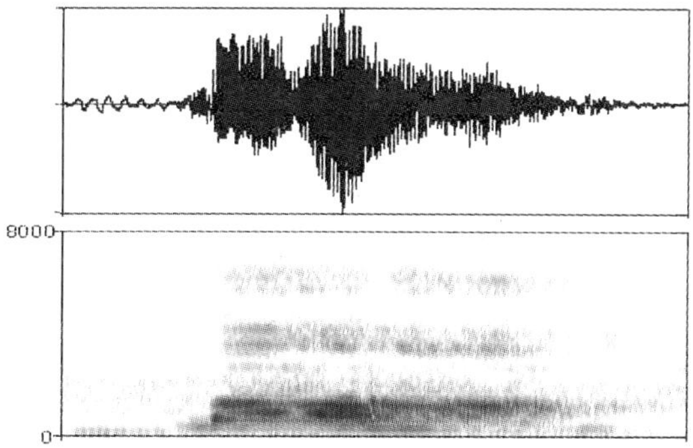

图11. 浙江德清“马”mɔ(0.77秒)

5. 结语

本文报道了关于内爆音的新发现,其一般意义在于让我们明白内爆音不是一种难发而罕见的音,非得从哪儿遗传下来的底层里才能找到。凡有浊爆音处,如果发声拖长,就可能导致产生内爆音。甚至鼻音有时也可能是个产生内爆音的来源。此外,有前喉塞张声的清爆音的方言也有可能产生内爆音,如从上海郊区到浙南的吴语中(朱晓农、寸熙2006)。南方汉语方言、壮侗语、南亚语的佤语,这些语言中都有内爆音,我们无需舍近而求远,放着合理的现世音理解释不用,而到两千年前难以证伪的底层中去找依托。

还有一个较为特定的意义，是澄清了闽南话“鼻音塞化”之谜。自罗常培(1930)以来，闽南话“马麻”等字的语音性质一直是笔糊涂账。现在用图7那个音变圈的内圈来看，真是洞若观火。在闽南话的不同点方言中，鼻音差不多走过了整个一圈。在这条演变链上，什么样的音值表现都能在闽南话各方言中发现，表明各自处于不同的演化阶段。

参考文献

陈昌仪 1991.《赣方言概要》.南昌：江西教育出版社.

胡 方 2005. 论厦门话[$^{m}b^{n}d$ ^{ŋ}g]声母的声学特征及其他.《方言》1：9—17.

刘伦鑫[编]1999.《客赣方言比较研究》. 北京：中国社会科学出版社.

刘泽民 2005.《客赣方言历史层次研究》. 兰州：甘肃民族出版社.

罗常培 1930.《厦门音系》.史语所单刊甲种之四.

沈钟伟 2002. 音变的有向无序性，潘悟云[编]《东方语言与文化》. 上海：东方出版中心.

赵元任 1928.《现代吴语的研究》. 北京：清华学校.

赵元任 1935. 中国方言当中爆发音的种类.《史语所集刊》五本四分.

郑张尚芳 1995. 赣、闽、粤语里古全浊声母今读浊音的方言.《吴语和闽语的比较研究》，中国东南方言比较研究丛书第一辑.上海：上海教育出版社.

朱晓农 2006. 内爆音，《方言》1：16—21.

朱晓农、寸 熙 2006. 清浊音变圈：兼论吴闽语内爆音非出于侗台底层.《民族语文》3：3—13.

Sagart, L. 1984. How did the aspirated stop become voiced? *Computational Analyses of Asian and African Languages*. 22:87—94.

（原载《方言》第1期，2009。刘泽民、徐馥琼合作撰写）

全州土话音节的四分发声活动

——再论自发内爆音

1. 引言

本文原来是一项在桂北全州、资源追踪内爆音自发演化的研究。在20世纪五六十年代进行的方言普查记录中，资源和全州（还有湘西瓦乡话）都有浊爆音 b，d 等。朱晓农（1987）根据这些浊爆音与高调共存的记录，曾做过一个预言，认为不是普通的常态浊爆音，而是鼻冠爆音或内爆音（当时叫前喉塞）。后来我们的实地调查证实了瓦乡话是鼻冠浊爆音，所以想进一步验证我们对全州、资源浊爆音的预测。结果不出所料，那儿被共时描写为浊爆音的其实是内爆音。同时，在调查过程中还发现了一个对类型学、语音学更有理论意义的现象：全州文桥镇仁溪村土话的音节在发声活动上分为四类，表现在声母上即不但有自发演化的内爆音、清不送气、清送气，还有弛声清爆音。弛声的声学和听感特征主要表现在韵母上。所以我们就把它的音系全面整理了一下，报告那些有趣的现象，并讨论其理论意义。

2. 全州文桥仁溪土话音系

文桥镇位于全州县境北部，乡属设 17 个村公所，274 个自然村。人口 5.21 万，绝大多数是汉族，其中 95%以上的人都说土话。文桥土话与毗邻的庙头土话可以自由交谈，但与文桥毗邻的另一个大西江镇，因为有山脉相隔，受这种地理环境的限制，两个地方的人又无法自由交谈。据当地人介绍，文桥和庙头土话与全州境内的其他土话相差很大，与再远一点的黄沙河镇、永岁乡的交往相当困难，彼此之间到了不能通话的地步。2008 年 6 月，我们前往全州、资源调查方言。全州调查了文桥镇仁溪村、石塘村和永岁镇双桥村、枧塘村四个点的土话；资源调查了延东乡文垌村、官垌村、梅溪乡大坨村、车田乡车田村五个点的土话。在文桥仁溪村和石塘村发现了内爆音，这两个点的发音人为：全州县文桥镇仁溪村，蒋定和，男，1959 年生；全州县文桥镇文桥村委石塘村，胡好妹，女，1966 年生。下面介绍文桥仁溪土话的音系及其非常有意思的特点。

2.1　仁溪土话声母

仁溪土话的声母系统非常少见，爆发音四分：普通的清不送气，清送气，还有特殊发声态的弛声清爆音，喉头气流机制的内爆音。内爆音涉及喉头升降，可以看作一种特殊的发声活动。所以在下面声母表中用发声（活动）概括为两类：普通和特殊。这张表实际上是三维的：发声、调音方式、调音部位。

表 1. 仁溪话 28 个声母

		部位	唇	齿/龈	腭前	软腭	零
	发声活动	方式					
特	内爆		ɓ	ɗ			
		爆发	p̈	t̤		(k̤)	
殊	弛声	塞擦		ts̤	tɕ̤		
		擦		s̤	ɕ̤		
	清不送气	爆发	p	t		k	ø
	清不送气	塞擦		ts	tɕ		
普	清送气	爆发	p^h	t^h		k^h	
	清送气	塞擦		ts^h	tɕ^h		
遍	清	擦	f	s	ɕ	x	
	浊	鼻	m	n		ŋ	
	浊	近		l			

ɓ 疤八把爸霸比　ɗ 刀到倒低竹底
p̈ 盘爬平皮菩　t̤ 同桃唐锄虫　ts̤ 床曹茶　tɕ̤ 旗桥穷虫裙　(k̤)
s̤ 齐从全才钱时　ɕ̤ 船蛇旋
p 步布倍饭败罢　t 动走煮争大　ts 节祖增树纸　tɕ 贵跪正糟焦　k 葵架过故减脚
p^{h}破偏怕拍踢　t^{h}太铁天错知　ts^{h}唱拆差拆常寸　tɕ^{h}秋昌枪出尺亏　k^{h}亏考靠客裤康
f 符飞去费胡　s 齐全从三才坐　ɕ 修休扇书认肉　x 硬开魂阔黑咸粉黑
m 门妹木分帮边　n 难兰女东等当　ŋ 安岸眼牛案五
l 奴路哭连日　ø 袄阿有害压(j 雨野远鞋元衣咬;w 闻危握坟肉活)

仁溪土话声母包括零声母共 28 个,发音比较特殊。主要有以下性质:

爆发音按发声活动分四套;清不送气、清送气、弛声、内爆。前三种是发声态及其次类。后一种内爆音一般是作为不同的气流机制:非肺部气流机制的辅音。这是一个小类,只包括三种音:舸喷音、内爆音、喷音。舸音是口腔(软腭)气流机制。内爆音和喷音则是喉头气流机制,发音时涉及声门升降活动,可以归入广义的“发声活动”。把内爆音和喷音归入发声活动，给了我们一个很好的预见机制，那就是内爆音常常与其他发声活动共现。这也是我们能够看到南方汉语方言中经常自发产生的内爆音的原因所在，内爆音本来就跟假声、嘎裂声、气声性质相同，是靠操纵喉头的发声活动来发音的(朱晓农，2009a)。

古全浊声母并和定按声调分化，平声读为弛声(用下加两点表示)，仄声清不送气。古并母平声读为驰声 p̤，仄声为清不送气 p；古定母平声为驰声 t̤，仄声读清不送气 t。古群母字按理也应分化，平声为驰声 k̤，仄声为清不送气 k。但由于所录到的有关例字只有一个“葵”，弛声不明显。我们把这声母放在括号中，以俟增补。

古全清大多读为内爆音(以及进一步的演变)，少数为清不送气。帮母字逢阴声韵、入声韵读内爆音 ɓ-，如“布保疤霸北八白笔剥”等；逢阳声韵则读为鼻音 m-，如“边变半本帮”等。古端母字逢阴声韵、入声韵读内爆音 ɗ，如“刀到低赌斗得跌”等；逢阳声韵读为鼻音 n，如“东短党胆灯懂凳”等。读为鼻音是内爆音的进一步变化(逆同化)，与浙南义乌、东阳一带相同，参看清浊音变圈(朱晓农、寸熙 2006)。正如可预料的，古见母字全发为清不送气 k，没有发现内爆音。

古精知庄组的塞擦音大多保留为今塞擦音，分为送气、不送气、弛声三套。但也有相当一部分字爆化，与端定组合流，读为内爆音 ɗ(猪竹)，或驰声 t̤ (锄)，或清不送气 t (直走接争)，或清送气 tʻ (粗菜草楚切错抄初醋)。擦音也分为清声和弛声，但弛化程度不高。详见第三节。

2.2 仁溪土话的韵母

文桥仁溪土话共有51个韵母，它们的分布和例字见下。

表2. 仁溪话51个韵母

	阴声韵(24)				阳声(鼻化)韵(14)				入声(短)韵(13)			
	-Ø-	-j-	-w-	-ɥ-	-Ø-	-j-	-w-	-ɥ-	-Ø-	-j-	-w-	-ɥ-
1.	ɿ	i	ui	y		ĩ				iˀ		
2.	ou		u								uˀ	
3.	ɯ	iɯ							ɯˀ	iɯˀ		
4.	e	ie	ue	ye	ẽ	iẽ	uẽ	yẽ	eˀ	ieˀ	ueˀ	yeˀ
5.	o	io	uo		õ	iõ	uõ		oˀ	ioˀ	uoˀ	
6.	ɔ	iɔ			ɔ̃							
7.	æ	iæ	uæ	yæ	æ̃	iæ̃	iæ̃					
8.	a	ia	ua		ã	iã			aˀ	iaˀ		

		开口呼(17)	齐齿呼(17)	合口呼(12)	撮口呼(5)
阴声韵	1	ɿ 资支丝师纸	i 第皮抬鞋飞	ui 灰阔葵挥开开水	y 雨虚举桥书
	2	ou 帽毛摸		u 故鹿盖刀老	
	3	ɯ 粗赌底斗树	iɯ 女猪扭柳流		
	4	e 地事块得可以	ie 认费矮	ue 葵围税醉桂	ye 贵跪鬼亏吹
	5	o 破半钵磨开开门	io 确绕咬窖肉	uo 河过坐抄肉	
	6	ɔ 保道分走有	iɔ 糟招朝饱茅		
	7	æ 才梨硬爱礼	iæ 妹条卖菜尾	uæ 怪帅快乖归	yæ 槐坏腰围喂
	8	a 爬麻马哑架	ia 蛇借野赤滴	ua 花瓜夸华挂	
阳声韵	1		ĩ 林胸精虫蒸		
	4	ẽ 更增邓省肯	iẽ 连年变天偏	uẽ 横魂闻文问	yẽ 权船旋软远
	5	õ 同懂粉仓稳	iõ 讲云裙穷羊平	uõ 短胆光帐圆	
	6	ɔ̃ 冻门凳帮咸			
	7	æ̃ 兰盘难散眼	iæ̃ 检县严扇盐	uæ̃ 怪快筷弯关	
	8	ã 党冷动根本	iã 灵正星样声		

（续表）

入声韵	1		iˀ一十吃急实	uˀ木谷鼠索凿	
	3	ɯˀ毒脚铁拍落切	iɯˀ竹绿熄粟宿		
	4	eˀ力脉墨直熄	ieˀ拔哭袜瞎舌	ueˀ骨穴	yeˀ出月缺滑刷
	5	oˀ缩	ioˀ削确驳剥 □窜得很快	uoˀ合割木薄国谷	
	8	aˀ八白隔压拆	iaˀ尺踢石只射		

仁溪话的 51 个韵母由 10 个元音及其鼻化或短化（共时处理）构成。其中阴声韵 25 个，鼻化了的阳声韵 14 个，主要具有短时性的入声韵 13 个。其性质如下：

（1）单元音 10 个，其中 i a e o 既可以构成鼻化韵母，也可以构成入声韵母，ɿ y 既不能构成鼻化韵母，也不能构成入声韵母，u ɯ 不能构成鼻化韵母，ɔ æ 不能构成入声韵母。

（2）古阳声韵字大部分鼻化，个别字脱落韵尾并入阴声韵，如“饭板半梦”等。

（3）入声韵在舒化途中，阴阳入有别。大部分字已无喉塞尾，但仍保留较短的时长，一般为 140～170 毫秒，表现出从短到中等长度的过渡（见朱晓农等 2008）。韵母表中用了个上标小喉塞符号ˀ表示其短时性和少部分字的弱喉塞尾。

2.3 仁溪土话的声调

仁溪土话有 6 个声调：平、入分阴阳，上、去分别合并。阴入急降较短（不到 170 毫秒），大多已经没有喉塞尾，少数还有较弱的喉塞尾。阳入是凸调。阳平是弛声，处于低域，其他声调是普通中域。其调类、调域和调值为：

	平	上	去	阴入	阳入
中域	44	24	33	53	342
低域	21				

阴平：东灯分乡刚边安粗天偏开疤低刀高家衣乌阿

阳平：同麻羊穷陈球床才唐平寒时扶题提皮菩桃鞋

上声：懂粉古纸走短比楚草动马痒五女老近士是坐

去声：冻凳到盖帐正醉变爱唱菜霸骂样旧大树漏卖

阴入：竹一脚急福铁脱八剥脱笔黑尺拍得切骨哭熄

阳入：杂白薄熟木十谷百隔压合药毒墨直绿俗辣舌

3. 仁溪话里的弛声清声母

在仁溪土话中，古全浊声母今分化为两类，平声基本上都读成弛声清爆音，仄声同部位清化，读为普通清爆音，见下表。表中古声母只是表示大势，因为古塞擦音有一部分字爆化，并入相应爆发音；而古爆发音细音变为今塞擦音。

表 3

	塞音					擦音		
	爆发			塞擦				
	并	定	群	从	禅崇	邪	船	匣
弛声/古平声	p̈	t̤	k̤	t̤s̤	t̤ɕ̤	s̤	ɕ̤	x̤
清声/古仄声	p	t	k	ts	tɕ	s	ɕ	x

弛声（slack voice）清爆音，即所谓“清音浊流”。发弛声时，

声带比发浊声时松弛，闭相期有漏气现象（参看朱晓农 2007，2008），其声学表征表现为韵母前半段弛化即弱气化，听感上很像浊音，但语图上没有浊音杠。我们利用频谱分析的方法，即比较第一谐波 H1 和第二谐波 H2 的音强（分贝），来考察这两种不同音节的发声。气化元音的（H1-H2）的能量差，要显著地大于普通元音（H1-H2）的能量差。我们取每个音节韵母段开始后 30～70 毫秒的一个断面，来测量 H1 和 H2 的音强值，先看爆发音。

3.1　爆发音

表 4. 文桥仁溪弛声和清不送气爆发音频谱斜率比较

（时长指韵母/声调时长，单位：毫秒，谐波能量单位：分贝，下同）

平声	时长	H1	H2	H1-H2	仄声	时长	H1	H2	H1-H2
爬 p̈a̤^{21}	287	39.0	35.8	3.2	罢 pa^{24}	209	37.9	39.5	－1.6
桃 t̤ṳ^{21}	353	40.8	38.6	2.2	度 tu^{24}	288	37.7	42.3	－4.6
提 t̤i̤^{21}	350	38.7	34.7	4.0	第 ti^{24}	235	36.2	42	－5.8
头 t̤ɔ̤^{21}	375	40.5	31.8	8.7	大 ta^{33}	310	41.0	44.6	－3.6
锄 t̤ɯ̤^{21}	351	42.8	33.8	9.0	道 tɔ^{24}	215	29.5	32.3	－2.8
同 t̤õ̤^{21}	382	46.7	42.2	4.5	毒 tɯʔ^{54}	162	56.4	58.5	－2.1
菩 p̈ṳ^{21}	304	39.5	32.5	7.0	洞 tõ^{24}	239	40.6	43.5	－2.9
皮 p̈i̤^{21}	360	35.4	33.7	1.7	地 te^{33}	266	45.4	48.8	－3.4
平 p̈iõ̤^{21}	510	50.5	49.2	1.3	饭 pæ^{24}	297	47.1	49.0	－1.9
唐 t̤uõ̤^{21}	385	46.3	43.5	2.8	共 kõ^{24}	231	37.9	40.2	－2.3
					白 paʔ^{54}	162	52.1	53.1	－1
					直 te^{342}	161	46.1	47.6	－1.5
					事 te^{33}	283	45.2	46.3	－1.1
				4.44					－2.66
例外									
葵 kue^{21}	200	41.5	44.6	－3.1	断 tuõ^{24}	274	41.8	37.2	4.6

从表 4 看，弛声爆音字的（H1-H2）的值都为正值，清声爆音字的差值都为负数，前者明显大于后者。弛声的差值最大的为 9 分贝，最小的为 1.1 分贝，平均差值为 4.32 分贝，清声的差值最大的为－5.8 分贝，最小的为－1 分贝，平均差值为－2.80 分贝。T-test 结果 $p<0.0001$，两者有显著区别。

3.2 塞擦音

再来看塞擦音音节的情况。

表 5. 文桥仁溪弛声和清不送气塞擦音频谱斜率比较

平声	时长	H1	H2	H1-H2	仄声	时长	H1	H2	H1-H2
桥 tɕ̤ÿ̤^{21}	280	38.5	37.4	1.1	跪 tɕye^{33}	227	47.4	52.2	－4.8
曹 t̤s̤o̤^{21}	289	43.1	39.4	3.7	树 tsɯ^{33}	301	51.4	52.8	－1.4
穷 tɕ̤iõ̤^{21}	373	49.8	45.5	4.3	旧 tɕiɯ^{33}	291	49.4	52.9	－3.5
裙 tɕiõ^{21}	420	49.4	45.8	3.6	舅 tɕiɯ^{33}	254	45.3	49.0	－3.7
陈 t̤ɕ̤ĩ̤^{21}	342	46.8	45.0	1.8	杰 tɕieʔ^{21}	140	37.8	41.7	－3.9
					阵 tsẽ^{24}	213	41.5	43.8	－2.3
平均				3.51					－3.27
例外									
权 tɕyẽ^{21}	179	39.5	44.1	－4.6	近 tɕĩ^{24}	265	42.7	41.5	1.2

从表 5 看，弛声塞擦音字的差值全为正数，而清声字的差值全为负数，两者差别明显。弛声字的差值最大的为 4.3 分贝，最小的为 1.1 分贝，平均差值为 2.88 分贝；清声的差值最大的为－4.8 分贝，最小的为－1.4 分贝，平均差值为－3.08 分贝。T-test 结果 $p<0.001$，两者有显著区别。

3.3　擦音

擦音的"浊感"似不如塞音，下面是两组擦音的 H1，H2 的音强及其差值。

表 6. 文桥仁溪弛声和清擦音声母频谱斜率比较

平声	时长	H1	H2	H1-H2	仄声	时长	H1	H2	H1-H2
时 sɿ^{21}	255	38.0	36.1	1.9	是 sɿ^{24}	165	33.5	35.9	−2.4
咸 xæ̃^{21}	315	32.5	31.5	1.0	士 sɿ^{24}	195	33.4	36.3	−2.9
齐 si^{21}	228	42.2	45.1	−2.9	食 ɕi^{342}	124	42.1	45.1	−3.0
才 sæ^{21}	242	45.7	46.3	−0.6	软 ɕyẽ^{24}	213	31.2	33.5	−2.3
旋 ɕyẽ^{21}	319	40.3	42.9	−2.6	县 ɕiæ̃	250	33.7	36.5	−2.8
船 ɕyẽ^{21}	391	42.5	44.2	−1.7	坐 suo^{24}	208	37.7	40.9	−3.2
全 suõ^{21}	327	44.6	44.8	−0.2	硬 xæ^{24}	188	29.4	32.5	−3.1
蛇 ɕia^{21}	313	38.4	39.4	−1.0					
从 sõ^{21}	333	43.7	44.3	−0.6					
含 xæ̃^{21}	294	32.6	34.6	−2.0					
平均				−0.87					−2.81

从数据看，弛声擦音字只有"时"和"咸"的差值是正值，其余都为负值，平均差值为−0.87；清声擦音字的 H1 和 H2 的平均差值为−2.81。虽然两者的平均差值都为负值，但是仍有统计学意义上的显著差别，T-test 结果为 $p<0.0014$。跟弛声塞音相比，擦音的弛声较弱，这反映在（H1-H2）为一个小负值上。这可能是一个指标，表明弛声擦音处在一个向清声过渡的阶段。

3.4　文桥弛声发现的意义

这次在桂北土话中发现弛声，使得气化现象从吴语、赣语、湘语到桂北土话，与苗瑶及南亚、南岛语言，甚至南亚的印地语、乌尔都语连成了片。事实上，使用发声活动是亚洲东部南部语言的普遍现象，发声活动包括发声态（如清声、浊声、假声、气声等六大类），次发声态（送气、不送气等），超发声态（音高、长短），类发声（内爆音）。幸好弛声的认定比内爆音困难得多，要不吴赣湘桂北的清音浊流恐怕早被当成苗瑶底层了。

从上古汉语一直到早期中古汉语中，存在着特殊发声态，例如早期上声是带假声的（朱晓农 2007a）。此外，有一个新的假说，上古三等韵和非三等韵的区别是紧元音和松元音的对立（孙景涛 2008）。松紧的含义有 16 种之多，其中主要涉及的是发声活动的不同。所以，有越来越多的证据表明古汉语和现代中国南方的语言（汉语方言和民语）一样，具有一些特殊的发声活动，而不仅仅是清声、带声、喉闭态（喉塞音）、长短、音高等常见发声活动。

4. 文桥土话的内爆音

内爆音近年来在语音、方言、民族语多个领域内是个研究热点。内爆音“是一种气流机制特殊的非肺部音，先是口腔成阻，声带振动，然后降低喉头，压低舌位，鼓起脸颊，以扩大口咽腔容积，造成口腔内空气稀化，气压降低，结果在双唇除阻时，口腔内气压低于口腔外的大气压，气流从外向内冲入，造成往内爆发的‘内爆音’”（朱晓农 2006）。本节内报道的是桂北全州文桥方言从清爆音中自发新生的内爆音。在我们调查的资源五个点都没发现有内爆音;全州四个点的土话中,发现文桥乡仁溪和石塘两个点的土话有内爆音,而永岁乡双桥、枧塘乡珠塘土话没有发现。

4.1　内爆音例图

文桥土话的内爆音是成系统出现的,主要表现在古帮端母字上。与唇音对应的古帮母字阴声韵和入声韵,在文桥仁溪、石塘土话中读内爆音 ɓ,如"疤八把爸霸比笔补布剥百白饱保北";阳声韵的帮母字读双唇鼻音 m,如"边变遍半本帮"。图 1 是帮母字读为内爆音的例图。

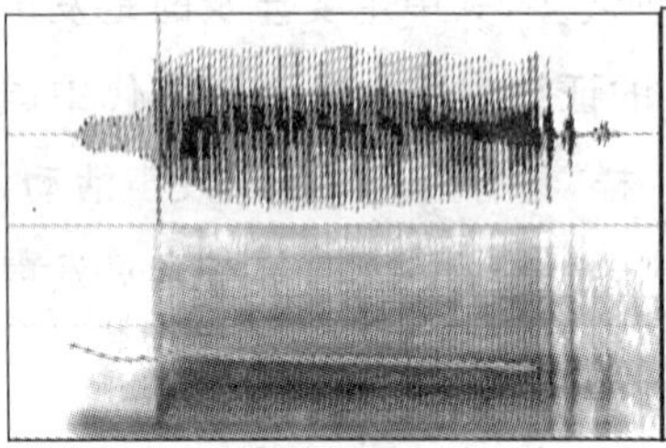
仁溪"疤"

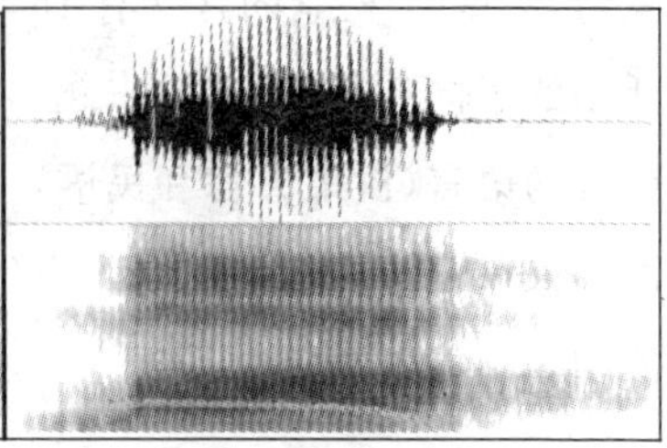
石塘"疤"

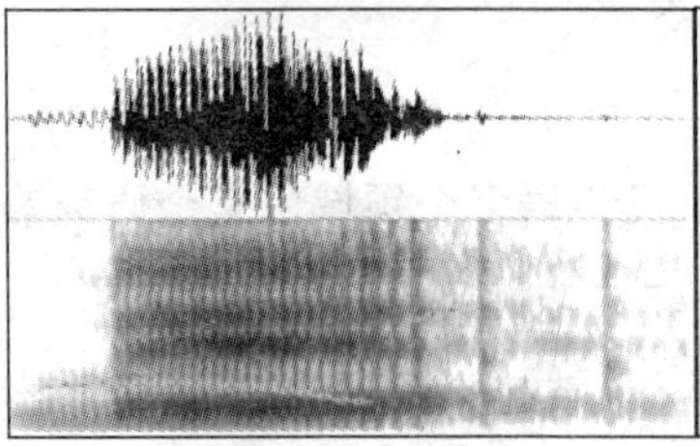
仁溪"北"

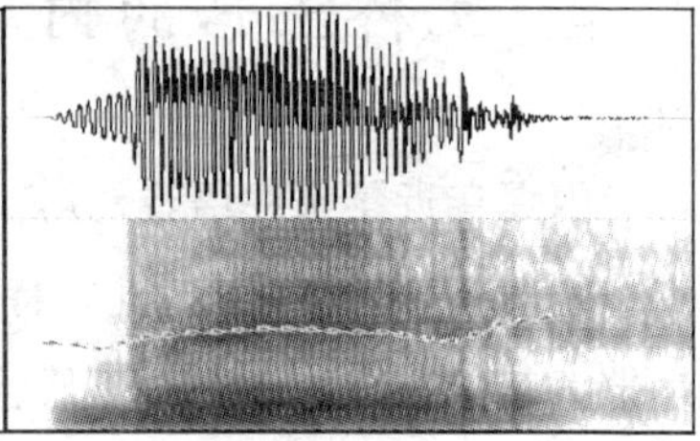
石塘"北"

图 1. 唇音内爆音

与齿音对应的古端母字,阴声韵和入声韵在文桥仁溪、石

塘土话读成内爆音 ɗ，如“刀到倒低底赌帝斗竹得”；鼻化韵的端母字读齿龈鼻音 n，如“东短党胆东灯懂等冻凳当”。此外，知母、澄母、精母、庄母、崇母中有些字在仁溪话中与端定不分，所以部分也变成内爆音，如“竹猪”等。例见图 2。

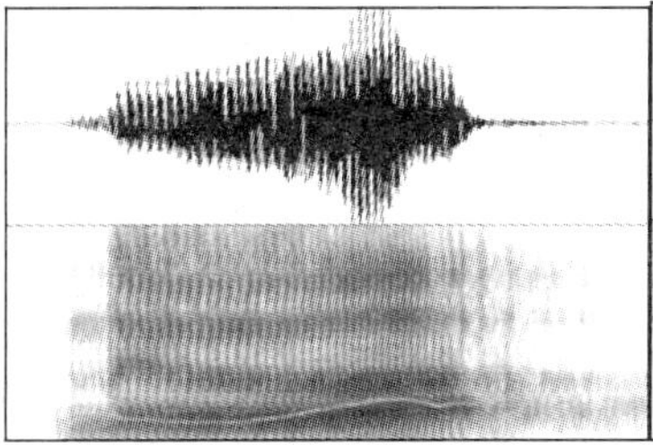

仁溪“赌”

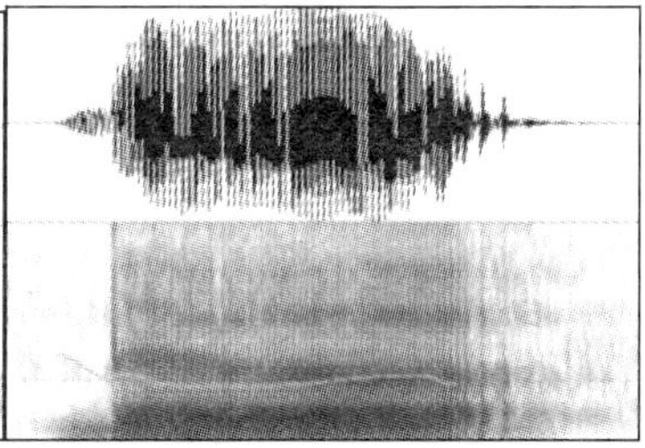

石塘“赌”

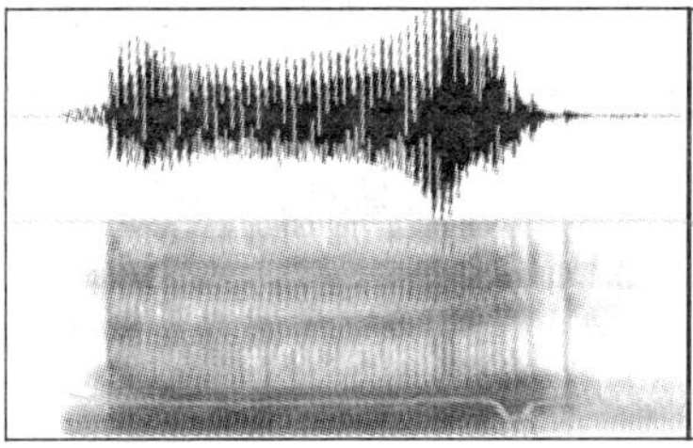

仁溪“到”

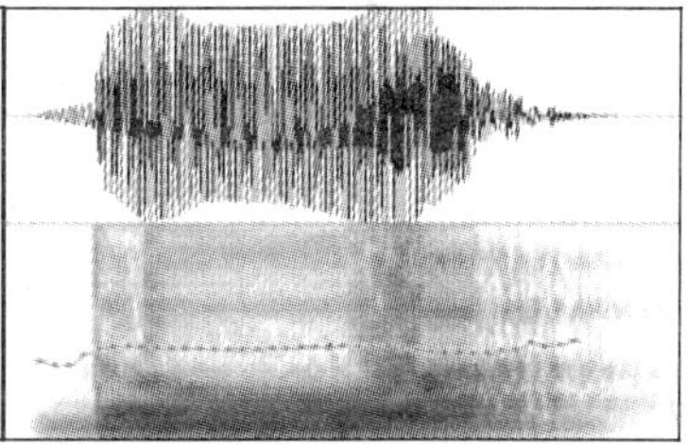

石塘“到”

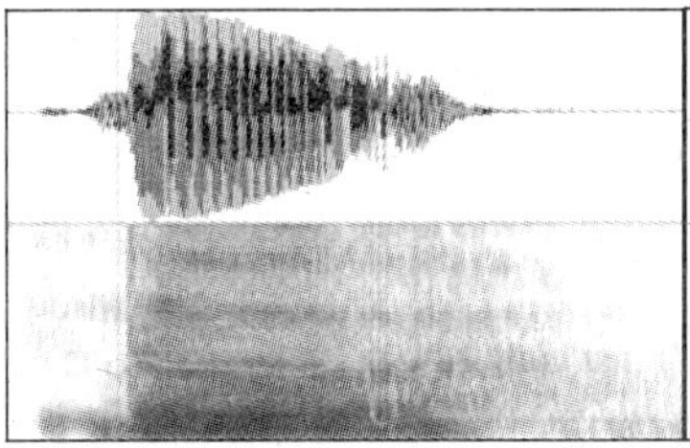

仁溪“斗”

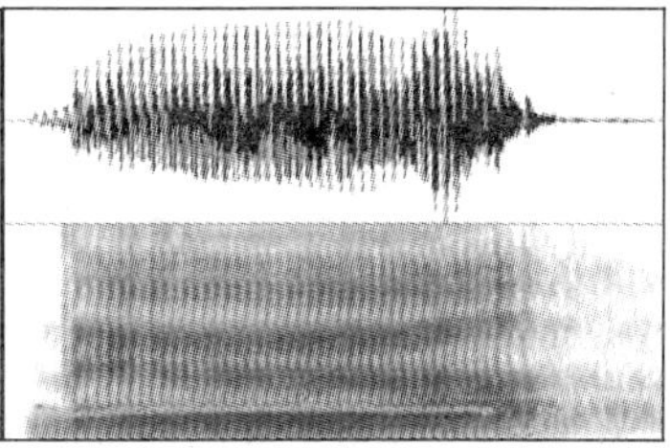

石塘“斗”

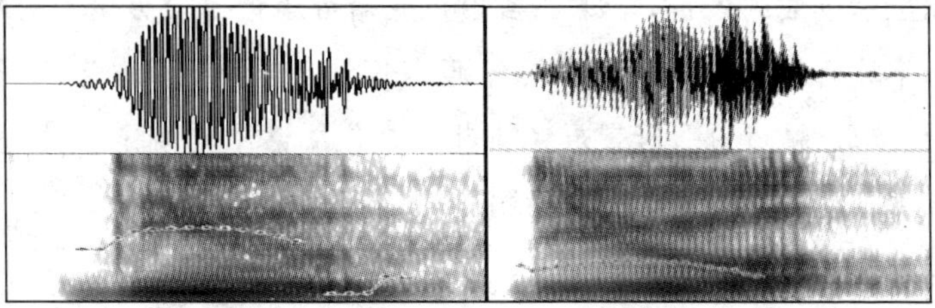

文桥仁溪“竹”　　　　文桥石塘“竹”

图 2. 齿音内爆音

上面图 1 和图 2 是仁溪和石塘土话的内爆音语图。根据内爆音的波形特征(朱晓农 2006),可以看到,上面语图中“疤北赌到竹”的持阻阶段的波形,都是随时间变化由小变大。文桥土话的帮、端母逢鼻音韵母时同化为鼻音声母,有时爆发未完全失落,所以听上去像是鼻冠音^{m}b, ^{n}d。唇、齿爆发音从浊到清再到浊,清浊转个圈再变回来要经过六个阶段(朱晓农、寸熙 2006):

阶段	(六)		一		二		三		四		五		六		(一)
唇音	(b)	>	p	>	’p	>	ɓ	>	^{m}b/m	>	(m^{b})	>	b	>	(p)
齿音	(d)	>	t	>	’t	>	ɗ	>	^{n}d/n	>	(l)	>	d	>	(t)

全州文桥土话处于音变圈中第二到第四阶段:第二阶段对应于文桥土话的较强的清爆音,第三阶段对应于土话中的内爆音,第四阶段对应于土话中鼻化韵的帮端母字,这三个阶段都存在一个共时的平面上,对于我们认识清浊音变圈上各个链环的特点是一个很好的活标本。它的音变的阶段和浙南相似。浙南的古全清变为内爆音(第三阶段),鼻音韵母中同化为鼻音声母(第四阶段)。

4.2 文桥内爆音发现的意义

这两三年来自发内爆音的一再发现，可以把南方汉语方言中的内爆音的主要起因定性于自然演化，已经没有什么太大的问题了。

内爆音在侗台语和吴闽粤语中很早就发现了。到上世纪末所知的汉语方言中有内爆音的方言包括：吴语从上海市郊到浙南都；粤语勾漏片，粤西北和西南，海南的檐州；海南岛和雷州半岛闽语。有内爆音的南方少数民族语主要分布在云贵、两广和海南，包括黎语、临高话、壮语、水语、毛南语、傣语、侬语、布依语等等，比较知名的有壮语北部方言的武鸣壮话、南部方言的龙州壮话、剥隘台语、德宏傣语等。过去都认为汉语方言中的内爆音来自侗台底层。

朱晓农、寸熙(2006)提出一个清浊音变圈的观点，认为吴语和海南闽语的内爆音不是来自侗台底层，而是经历了音变圈中从硬紧强的清爆音变为内爆音的途径。吴语中的内爆音是自生的。海南闽语中的内爆音来源不是底层，但具体来源未有细论。这个观点碰到一些不同看法，例如有文章提出四条语音学理由，认为清塞音不可能变为内爆音，但其中三条是错的，另一条无关，我们另文讨论。此后我们又在很多其他地方发现了自发新生的内爆音，例如北部赣语、汕头闽语(朱晓农等 2009)，潮州闽语(朱晓农、洪英 2008)，漳泉闽语(田野笔记，又黄艺珊提供的录音)。此外，在德清吴语、东莞粤语、佤语中也发现偶然自发的内爆音。尤其是发现了潮汕漳泉连片大陆闽语中来自古全清的自发内爆音后，可以对海南闽语内爆音的来源有个一致的看法了。海南闽语和闽粤闽语一样，最初在清爆音中自发产生内爆音的变体，潮州闽语的内爆音至今仍是清爆音的自由变体，而海南闽语由于周边黎语、临高语等的影响，内爆音得到加强，逐渐音位化，终于成为今天的音系格局。

这次我们在广西北部的土话中发现了内爆音，使得内爆音的分布扩大，进一步支持了我们的内爆音是自然演化结果的看法。作为汉语方言，文桥土话中的内爆音不会是早期谱系传递下来的，因为没人认为中古汉语的帮端母是内爆音。那么它是否可能是近期谱系传递或由接触得来的？答案还是不可能。

(1) 从移民来源看不可能是近期的谱系分化结果。全州县居民大部分于明、清两代迁自湘、赣二省，尤以湖南为最。加上地域接近，故全州话在很大程度上保持湘语的特征。自明朝洪武二十七年(1394 年)由湖南永州划归广西桂林府管辖后，全州话在一定程度上受到西南官话的影响。文桥镇位于全州县北部，镇域东南邻庙头镇，西连大西乡，北接湖南省东安县，是汉族人聚居地。从全州县的方言情况看，全县主要通行的是属于湘方言系统中老湘语类的全州话，当地人习惯称为“官话”。由于地理位置上与毗邻的灌阳、兴安及湖南东安、零陵等县接近，全州话与这些地方的口语非常接近。从目前发现的材料看，湘语和西南官话中还没有发现内爆音，主要来源于湘语并受到西南官话感染的全州土话就无法从来源上寻找内爆音的出处。

(2) 从移民来源看不可能是底层。因为全州土话主要来自湘语区，所以它不是某个侗台族群改说汉语后留下的底层。

(3) 从周围方言看不可能是借用。在全州县，土话集中分布在东北角，文桥、庙头、黄沙河、永岁、枧塘、东山等乡镇都各有其内部通行的土话，此外，白宝石、石塘、朝南、两河等乡镇只有少数村有土话，全州镇只有个别村有土话（曹志耘 2006）。在这些土话中，文桥和庙头土话与本县其他地方的土话差异很大，除了两镇之间能够交谈外，与其他乡镇无法通话，因而被当地人认为是最土的土话。文桥、庙头以外的土话比较接近。

全州县东北部与湖南东安接壤，东部与湖南永州市、双牌、道县接壤，西面与资源县接壤，西南面与广西兴安县相邻，南面与灌阳交界。其中，位于全州北部的文桥镇就与湖南东安毗邻，而东安话没有内爆音（鲍厚星 1998）；从与全州县毗邻的这些地方的方言土话中，我们也没有看到内爆音的记载，此外，在我们此次调查的全州大枧和永岁两个点的土话中以及资源延东乡文垌村、官垌村、梅溪乡大坨村、车田乡车田村五个点的土话中，都未发现有内爆音。就是文桥镇北部的干六村的土话也没有内爆音的记载（唐昌曼 2005）。所以仁溪、石塘的内爆音不是从周围方言中“借”或“接触”来的（其实这种说法是很成问题的，借词、借语法形式，甚至借音韵搭配方式都行，但借一个“音值”，如果不是说绝不可能，也是极为罕见并要有类推基础的）。

倒是位于桂林市东南部属于桂北平话圈的平乐阳安方言和位于桂林市东北部的永福堡里方言中，帮端母有发为鼻冠音的，发音时“气流从鼻腔吸入”，如班帮 mpæ̃、当端 ntɔn（王福堂 2001）。这种鼻冠音也许就是内爆音。即使被证明是内爆音，也不能就此想象不属于平话的文桥话中系统的内爆音借自远处的平话或者是平话的底层。

(4) 从周边少数民族语来看不可能是接触所得。全州全县约有2万人说瑶语,主要居住在东山和焦江两个瑶族乡境内。他们使用的语言属标敏方言。除此之外,在绍水镇还有190多户瑶族,900多人说瑶语。据《全州县志》(唐楚英1998)记载,在文桥镇的瑶族只有48人。从现有资料看,有内爆音的广西境内的少数民族语主要是壮话(如北部的武鸣、南部的龙州),瑶语中还未发现有内爆音。与全州县接壤的地区都不是壮族居住区,仅西面接壤的资源县内的少数民族也主要是苗族和瑶族,包括车田、两水两个苗族乡和河口一个瑶族乡。所以,文桥这两个村新出现的内爆音也不是从周边少数民族语中借来或沉淀下来的。

因此,最大的可能便是和汉语方言中绝大部分内爆音一样,是自发产生的。

5. 发声态引发声调和内爆音

朱晓农(2009a)最近提出一个语音学的新框架,以"声道调音活动~喉头发声活动"作为一对基本范畴,取代以往的"音段~超音段(韵律)"概念。喉头发声活动包括四类:发声态、次声态、超发声态、类发声,见表7。图中带阴影的T形部分包括洌嗓[1]

[1] "洌嗓"即clear voice,完整地可译为"康洌嗓音"或"清洌嗓音",指的是常见发声态如清声和浊声(还可包括较紧的清声——张声)。非洌嗓即non-clear voice,包括气声、嘎裂声和假声。在西方的语音学中,非洌嗓没有语言学功能,只表达情感等边缘语言学para-linguistic含义。如果平时说话也带非洌嗓,那么这就成了病理语音学研究的对象了。所以从西方语音学角度来看,说它是"非康洌嗓音"正合适。不过从亚、非、美洲语言来看,非清洌嗓音同样具有语言学功能。

和超声态，是世界语言中常见发声活动，以往基于“音段～超音段”的语音学表现在这个T台上，非冽嗓和类发声较为少见，所以缺乏系统研究。

表7. 喉头发声活动总览表

<table>
<tr><td>音节学</td><td colspan="7">喉头发声活动</td></tr>
<tr><td>声域</td><td>听感</td><td>发声态</td><td>次声态</td><td colspan="2">超声态</td><td colspan="2">类发声</td></tr>
<tr><td>高域</td><td>非冽</td><td>假声</td><td></td><td rowspan="6">音高</td><td rowspan="6">音长</td><td rowspan="6">内爆音</td><td rowspan="6">喷音</td></tr>
<tr><td>高/中</td><td>冽嗓</td><td>张声</td><td>前/后喉塞</td></tr>
<tr><td>中域</td><td>冽嗓</td><td>清声</td><td>(不)送气</td></tr>
<tr><td>低域</td><td>冽嗓</td><td>带声</td><td></td></tr>
<tr><td>低域</td><td>非冽</td><td>气声</td><td>强/弱(弛声)</td></tr>
<tr><td>低域</td><td>非冽</td><td>嘎裂声</td><td>强/中/弱</td></tr>
</table>

有了这个喉头活动表，可以看到同样使用喉头机制的内爆音，跟发声态和声调之间关系密切。发声态包括六类，其中气声分强弱两种，弱气声即为弛声。事实上，有发声态对立（尤其是冽嗓和非冽嗓对立）的语言中容易产生声调（朱晓农 2009b）以及内爆音。系统的发声态研究还刚开始不久，所以田野资料很零星。声调和内爆音的类型学材料尽管还远远不够，但已经可以用来做初步对照了。从图3的两张分布图（据 Maddieson 2005）可以清楚地看到声调（左）和内爆音（右）在地理上的重合（非洲中部和亚洲南部）。注意，两者不是彼此产生的原因；产生两者的原因在于非冽嗓发声态。据我们掌握的材料，长江以南的吴、赣、湘、粤北、桂北、四川“老湖广话”等汉语方言，以及苗瑶、壮侗、南亚、南岛语，甚至印巴的 Hindi，Urdu 语中普遍存在非冽嗓的气声、嘎裂声、假声。亚洲中部（中国北方）有声调但没非冽

噪发声态，也没内爆音；这也是为什么图中声调稍多于内爆音[①]。

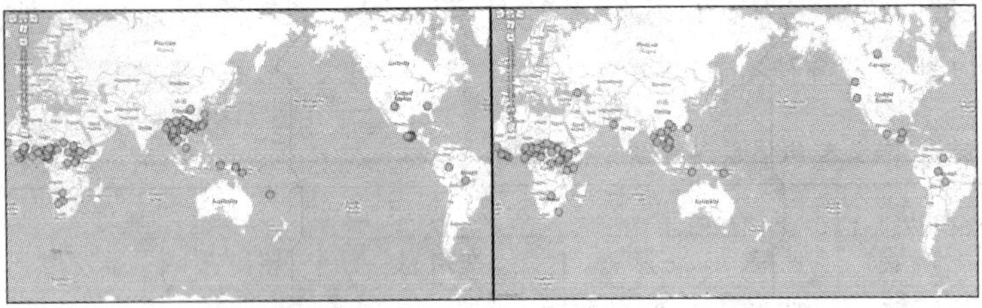

图 3. 声调（左）和内爆音（右）在地理上的分布（据 Ian Maddieson 2005）

§3.4 节中谈到由于弛声难辨认，所以汉语东南方言中普遍存在的弛声没被认为是苗瑶"底层"[②]。以此出发来看，汉语内爆音是侗台底层的说法更难成立了。从我们现在的田野调查材料来看，弛声（或气声）出现在长江以南东起上海，南到印度尼西亚，汉语范围西到四川"老湖广话"（朱晓农、郭萍，即出），亚洲范围西到印度、巴基斯坦的众多语言和方言中，可以说是数百上千。如果汉语内爆音是侗台底层，那么汉语弛声是否是苗瑶底层？那么吴湘赣等既有内爆音又有弛声的汉语方言，其底层是苗瑶还是侗台，还是苗瑶和侗台作为一个语系的原始"苗台语"？不用那么麻烦去憧憬"苗台语"的吧？具有非冽噪的语言都会有各类发声态，也有复杂声调，也有喉头气流机制的内爆音。"常

① 在 Maddieson 统计的 527 个语言中 88 个有声调（不算"简单声调"，那还不是严格意义上的声调），567 个语言中 75 个有内爆音，基本分布在热带和亚热带的非洲中部和亚洲南部。非冽噪也分布在亚洲南部，包括印巴。非洲的材料不系统，但根据一些记载，我们知道也是在非洲中部，例如 Igbo 语。这引发我们一个非冽噪发声态和湿热气候相关性的猜想。

② 苗语中的弛声描写见朱晓农（2008）。

用喉头声，哪能不内爆”？而有非洌嗓的语言都在热带亚热带，倒是可以提出一个“喉头活动与气候冷暖相关”的假说，不过那是另一篇文章的主题。

6. 结语

本文报道了桂北全州县文桥仁溪土话中的特殊语音现象，它的音节按发声活动分为四类，表现在爆发音声母上为清不送气、清送气、弛声、内爆音。其中弛声的声学和听感特征则主要表现在韵母上。这种音节—声母的四分发声活动很少见，在类型学上很有意义。此前还未有见到在汉语方言和民族语言中有类似情况的报道。

发声活动是亚洲南部（南部中国、东南亚、南亚）语言的普遍现象。仁溪的弛声可能与它的来源——湘南的方言——有关。内爆音则是在当地个别方言（仁溪和石塘）中自发产生的。喉头发声活动包括发声态、次发声态、超发声态、类发声。凡是喉头活动活跃的语言区域，如亚洲南部（以及非洲中部），在语音学上很容易自发产生发声态、音高、内爆音等（作为自由变体），这些语音的天然资源一旦音法化了，就成为具有语言学功能的音节成分：声域、声调、喉头气流机制的声母。

参考文献

鲍厚星 1998.《东安土话研究》. 长沙：湖南教育出版社.

曹志耘 2006. 桂北“资全灌”土话记略.《方言》1：22—29.

孙景涛 2008.《上古汉语重叠式研究》. 上海:上海教育出版社.
唐楚英(主编) 1998.《全州县志》. 南宁:广西人民出版社.
唐昌曼 2005.《桂北平话与推广普通话研究——全州文桥土话研究》. 南宁:广西民族出版社.
王福堂 2001. 平话、湘南土话和粤北土话的归属.《方言》2:107—118.
朱晓农 1987. 声调笔记五则.《文字与文化》丛书 2: 117—124.
朱晓农 2006. 内爆音.《方言》1:16—21.
朱晓农 2007. 说鼻音.《语言研究》3:1—13.
朱晓农 2007a. 证早期上声带假声.《中国语文》2:160—168.
朱晓农 2008. 说元音.《语言科学》5:459—482.
朱晓农 2009. 发声态的语言学功能.《语言研究》3:1—21.
朱晓农 2009a. 重塑语音学. 首届演化语言学暨演化音法学研讨会论文, 广州.
朱晓农 2009b. 声调起因于发声.《语言研究集刊》6.
朱晓农、寸 熙 2006. 论清浊音变圈——兼论吴、闽语内爆音不出于侗台底层.《民族语文》3:1—13.
朱晓农、郭 萍 即出. 老湖广话和现湖广话的"全浊".
朱晓农、洪 英 2008. 潮州话中来自清爆音的内爆音. 第八届中国语音学学术会议论文, 北京.
朱晓农、焦 磊、严至诚、洪 英 2008. 入声演化三途.《中国语文》4:324—338.
朱晓农、刘泽民、徐馥琼 2009. 自发新生内爆音:来自赣语、闽语、哈尼语、吴语的一手材料.《方言》1:10—16.
Maddieson, Ian. 2005. Chapters of "Tone" and "Glottalized Consonants". In *The World Atlas of Language Structures*, Edited by M. Haspelmath, M. Dryer, D. Gil, and B. Comrie. Oxford University Press.

(初稿在"首届演化语言学暨首届演化音法学研讨会"(2009-3,广州)上宣读。关英伟合作撰写)

清带音变圈*

——自然音变的阶段和汉语内爆音的自生性

1. 导言

自然音变圈并不多见，本文发现了一个吴闽粤和壮侗语中的清声～带声音变圈，以唇音为例：(b＞)p＞^{ʔ}p＞ɓ＞(^{m}b/m＞m^{b}＞)b(＞p)，从带声的 b 清化为 p，转了个圈又变回 b。辨认出这个音变圈有多重意义，首先能帮助我们认识自然音变的过程，从而从共时分布来确定历时阶段。并可区别由接触留下的外来层次和自变性的泛时演化阶段。后者又分两种：一是语言内部由音变残留造成的过程遗迹，二是相关方言之间由音变快慢不同造成的先后阶段。假定有一组相关语言的唇音字的发音停留在音变圈中的不同的环节上，便可辨认出各自的演变是在哪个阶段上。如果在同一语言内，原来的同音字现在发为不同的唇音，它们就留下了不同演化阶段的过程。接触层次研究的是独特的历史现象。泛时阶段是脱离时间、地点因素，在各地语言、各个历史时期反复出现的自然演化的过程。这样的音变是

---

* 香港科技大学研究资助项目（DAG04/05. HSS06）。

由生理、物理和/或听感引起的普遍音变。本文认为吴语和闽语的内爆音是自然音变的结果，从而部分否定了一个在民语界和汉语界流行多年的观点：汉语东南方言中的内爆音(ɓ, ɗ)是侗台语留下的底层。同时，还从语音学上澄清了“内爆音”这个概念，所谓“前/先喉塞”或“吸/缩气音”(ʔb, ʔd)在语音学上不是合适的术语和音标。

为了区别接触层次和自然演化阶段这两个截然不同的概念，我们来看一个例子。上古歌部字在温州一带方言中有从ai～a～o～u的连续分布的现代表现形式，如(郑张尚芳 1983)：

ai	a	o	u
簸饿个	破拖	左朵	多歌

这说明什么呢？是这一带语言的自然变化的结果呢，还是受到通语的持续影响造成的？如果是前者，那么这种平面分布只能用来构拟古瓯江吴语。如果是后者，那么就能用来构拟通语的历史。所以，区别开自然演化阶段还是外来层次是追踪历史演变首先要做的事情。

接触层次是由外因造成的，而自然演化是由内因造成的。外因指不同年代的语言接触造成的层次。内因指自然音变阶段留下的过程遗迹。由外因导致的叫“历史层次”“接触层次”。这里面有历史的因素，地域的因素，再加文化、社会因素，研究的是独特的当时当地的历史现象。辨认出这种层次可用来构拟输出语/来源语的某个历史阶段。由内因引起的可以称为“演化阶段”“音变过程”。研究此类音变是可以脱离时间、地点因素的，因为它们是各地语言、各个历史时期反复出现的普遍音变现象。

由这种音变留下的遗迹可用来构拟自身演变的阶段。上述两种概念过去统称为“层次”,我自己也这么用,尽管加上个定语来区别,如“外来/历史层次”对“本地/泛时层次”,又如“外源层次”和“自源层次”(王福堂 2003)。但后来觉得应该在术语上加以区别,外来的叫“(接触/历史)层次”,自生的叫“(自然演化)阶段”,因为两者的性质截然不同,同用一个“层次”,会混淆认识。

2. 唇音音变圈

下面就以带音[①]清化、转了个圈后再浊化的过程来讨论自然音变的阶段。以唇音为例,有图 1、表 1 中的自然音变各阶段:

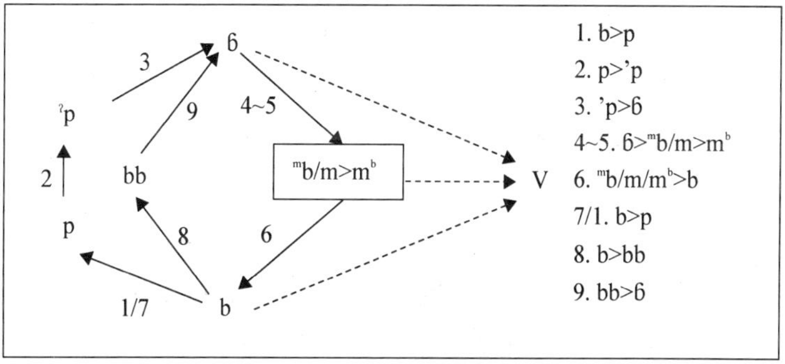

图 1. 唇音音变圈

① 这里讲的“浊音”是个音韵学/音系学概念,语音学上实现为“常态带声”modal voice。

表 1

音变环		1		2		3		4		5		6		7/1	
阶段	(六)		一		二		三		四		五		六		(一)
唇音	(b	>)	p	>	^{ʔ}p	>	ɓ	>	^{m}b/m	(>	m^{b})	>	b	(>	p)

图 1 中外圈音变的第 2 环是普通、较软的 p 变为很紧/硬/强，并较长的辅音^{ʔ}p。第 3 环是紧/硬辅音变成内爆音 ɓ。第 4 环较复杂，内爆音可能变成一个鼻音 m，或鼻冠爆音^{m}b。接下来第 5 环只是可能的一环，由鼻音变为后爆鼻音 m^{b}。第 6 环，这些不同程度的鼻音会塞化，变回爆音，但这次是带爆音。第 7 环也就是第 1 环，带爆音清化。

以上所说的外圈音变都是实际发生在汉语各方言中的。图 1 中还有个内圈音变：普通带爆音变成长带爆音，再变成内爆音。这个音变链汉语中未见[①]，但在其他语言中可观察到，见下§5。顺带提一下，图 1 右侧有三条虚线指向一个淡色的 v，表示 ɓ/m/b 都有可能轻唇化。由于这是整个音变圈的一个旁枝，表过不提。

如果一组相关方言的唇音字的发音停留在上述音变圈中的不同的环节上，由于我们能够辨认出这条环上的次序，我们就能知道这些方言唇音字的演变是在哪个阶段上。

注意，这种阶段代表着的是一种逻辑顺序，而并不一定是时间先后。比如 p>^{ʔ}p 在这条自然音变链上是第 1 环，但它在甲

① 此文发表两三年后，发现潮汕地区的闽南话中有这样的音变，见朱晓农等(2009)。

方言中可能发生得很晚，而在乙方言中，则可能很早已就发生，并已演化到^{m}b这一环了。下面就把这链条分解开，来一环一环地看这自然演化。

3. 从清长爆音到内爆音

已知的汉语方言中都有p，对应于中古的帮母，以及部分或全部並母字。但是在不同的方言中间，这个不送气的双唇清爆音有差别。赵元任在《中国方言当中爆发音的种类》(1935)中讲不送气的清爆音分两类："第一类是强的，第二类是弱的。例如上海称父亲'伯伯'papaʔ，北平叫'爸爸'b̥aba。"赵元任认为上海话里的是强的清爆音，北京话里的是弱的清爆音。强的清爆音哪怕在语流中也能保持清音的性质，而弱的在元音中间轻读的时候就会变成带音，例如"爸爸"b̥aba的第二个"爸"字的声母变成带音b。北京话里的清爆音成阻时间较短，双唇接触面积较小，口腔内的压力也较小，所以爆破不强，在元音中间容易弱化。而上海话的清爆音爆发很强，这个硬而强的清爆音更接近长爆音。

强爆发音'p/ˀp实际上是这个音变链的开始阶段。比起普通的p，它表现为成阻时间更长，成阻点的接触面积更大，口腔内集聚的气体的压力更大，肺部的压力也更大，爆发时更干脆，气流也更大。这种音有可能变成内爆音。发ˀp时，从喉头声门到声道到成阻点都比较紧张，口腔内的压力也较大。此时喉门上下的气压差较小或者没有，不足以在双唇除阻的一刹那马上造成声带振动。减低口腔压力的有效办法之一便是压低喉头，而这会增大上声道容量，如果增容增大了，口腔内成了负气压，就会造成内爆音。

内爆音在东南方言和民语中很常见，也很早就发现了。但由于它在国际音标图中的正式定名(implosive)和正式采用的音标(ɓ, ɗ, ɠ 等)是在 1979 年，所以在此之前有很多种叫法。赵元任(1928)把内爆音称为"阴调""真浊音"。他在描写周浦(浦东)、松江、永康的帮、端母时说："the sound corresponding to [p, t] are [b, d] respectively" (p. xii)；"松，浦东，康的'b, d'用真 [b, d]"(p. 27)；浦东"'b, d'母(饱，东)用真带音的[b, d]音，因为是阴调，所以听起来好像不'浊'"(p. 82)；永康"'b, d'在口音韵尾的韵(巴，单)，读真带音的[b, d]，而且音很长，在鼻音韵尾的韵(邦，登)变作 m, n(但声调方面仍属阴类)"(p. 85)。后来赵元任(1935)又进一步描写了两类内爆音。一类是带音同时声门有一点紧缩作用('b, 'd, 'g)，另一类是带音之前有一个喉塞音或带紧喉色彩(ˀb, ˀd, ˀg)。李方桂(1943)明确地把它们叫作 pre-glottalized consonants(先/前喉塞辅音)。以后又有了一些其他名称，如"吸气音"(梁猷刚 1953)、"缩气音"(国际音标中译文，1979；游汝杰 1984)等。同一种音有这么多的名称，一则使用时混乱，大道多歧让人无所适从；二则理解时误导，望文生义会错误理解这种音的特征。

"先/前喉塞带音 ʔb"这种说法的问题在于"喉塞音"与"带爆音"是相互排斥的。发喉塞音时一般靠甲状软骨在水平方向拉紧声带，而发带爆音时声带处于一种比较自然的状态，不紧不松到稍松。所以如“ʔb”一类“前喉塞＋带爆音”，如果指同时性的协同发音，那是不可能的，因为你要求声带同时又紧又不紧。如果是先后的发音，先绷紧声带作喉塞状，然后松弛声带发带声，那么就与常态带声无区别了。（反之，像北部吴语、法语中的清爆音如/p/有人认为是前喉塞化的，这从音理上来看倒是可能的。）当然，发内爆音时声带也较紧，但这是靠降低喉头来拉紧的，与一般喉塞ʔ不同[①]。更重要的是有真正的前喉塞协同发音的前喉塞响音 ʔm，ʔl 等，所以，如果用“ʔ-”来标识内爆音，用“前/先喉塞”来指称内爆音，就会与真正的前喉塞音混淆了。其实，李方桂（1977：4）很早就已注意到其间区别，他在描写水话时说：“ʔb，ʔd，ʔm，ʔn，ʔň，ʔŋ，ʔw，ʔj，ʔɣ 都是前面有喉塞或紧喉作用的辅音，尤其是 ʔb，ʔd 更稍带吸气现象。”即 ʔm，ʔn 等才是真正的协同发音的前喉塞音，而 ʔb，ʔd 是气流机制与之不同的另一类“紧喉音”，用今天的术语说，就是以压低喉头造成紧喉的非肺部内爆音。

“吸/缩气音”好像暗示主动的吸气。而内爆音不是主动吸气的结果，而是压下喉头，鼓起脸颊的被动的结果，是由空气动力学决定的自然结果。再进一步，它涉及上位分类标准：肺部和非肺部气流机制。凡肺部音都是由“主动呼吸”发出的。凡非肺部音都与“呼”“吸”无关，因为呼吸本身是肺部运动。非肺部音的动力源来自升降喉头、扩大口腔容量等生理运动来压缩或稀

① 内爆音发得不到位时，也可能喉头状态与一般带音相似，口腔内没负气压，爆破不明显，发喉塞时也可能喉头下降（Cun 2004）。这些都是语音学上的随机变体。

化上声道空气，所以给这类音定名都应避免用跟肺部呼吸有关的词语。最重要的是，语音学上有真正的肺部吸气音（suction sounds）这类音（Catford 1988），汉语中据报道在甘肃、宁夏等地有（张淑敏 1999，王森 2001，阎淑琴 2002）。

赵元任和李方桂早在六七十年前就观察并记录了内爆音，并对其气流机制有深刻认识，是很了不起的。但由于那时还没有“内爆音”这一标准名称，也没 ɓ，ɗ，ɠ 等这些国际音标。所以长期以来就术语“前/先喉塞”和“吸/缩气音”、符号ˀb，ˀd，ˀg 对付着用。所幸时至今日，我们对内爆音已经有了全面了解，它也有了自己的标准音标和标准术语，就用不着再沿用标准以外的名称符号了。

带爆音和内爆音的主要区别是在生理和空气动力学方面。发内爆音时喉头明显下降，上声道扩大，这造成除阻时口腔内负气压，爆发时气流冲入口腔。除此之外，声学上也有三项判别特征。第一个是绝对指标，后两个是相对指标，即与同一个人的同一次录的带爆音相比。(1)波形图：内爆音成阻阶段的波形，即振幅，随时间由小变大，而带爆音是由大变小。(2) 起首基频：带爆音起始基频不会高于五度制中的［3］度，内爆音基频则可以［4］或［5］度开始，当然也可以低起音①。(3) 内爆音带声

① 发内爆音时一般要降低喉头，这会拉紧声带，提高基频。所以内爆音尽管是个带音，但跟普通带爆音不同，它可以和高调并存，而普通带爆音不行。在这一点上，内爆音和鼻冠带爆音相似。朱晓农(1987)曾猜想湘西瓦乡话中的高调[55,53]带爆音可能是内爆音或鼻冠音，最近的田野调查（寸熙 2004/5 录音材料）证实了这个十多年前的猜想。

杠较长，即成阻期可以较长。而带爆音成阻期较短，长了容易清化（波形越来越小，最后没振幅了）。英语 b，d，g 就是常常成阻期后半段清化了，这就是赖福吉所说的 semi-voiced。

4. 带音清化

带音清化在图 1 中的第 1 也是第 7 环。我们需要这一环是因为：(1) 它把链连成了圈；(2) 可以解释某些古並母、定母字内爆化的情况。有了这一环，我们就能知道这些並定母字是先经历了清化，分别与帮、端合流，然后一起硬化、再内爆化，而不是直接从古代的带爆音直接变成内爆音。下面是粤语和闽语中的例子。海南岛文昌据梁猷刚（1986），雷州半岛的徐城据张振兴（1986）。化州的材料一部分为寸熙调查，并参考梁猷刚（1979）和何科根、李健（1990）。

表 2

	古声母	帮	帮	帮	並	並	並	端	端	端	定	定	定
	例字	笔	包	冰	步	白	病	刀	担	带	道	蛋	毒
粤语	广州	p	p	p	p	p	p	t	t	t	t	t	t
	化州平定	ɓ	ɓ	ɓ	ɓ	ɓ	ɓ	ɗ	ɗ	ɗ	ɗ	ɗ	ɗ
	容县	ɓ		ɓ	ɓ	ɓ	ɓ	ɗ	ɗ	ɗ		ɗ	ɗ
闽语	厦门	p	p	p	p	p	p	t	t	t	t	t	t
	文昌	ɓ	ɓ	ɓ	ɓ	ɓ	ɓ	ɗ	ɗ	ɗ	ɗ	ɗ	ɗ
		比	本	拜					答	店	代	条	豆
	徐城	ɓ	ɓ	ɓ	ɓ	ɓ	ɗ	ɗ	ɗ	ɗ	ɗ	ɗ	ɗ

徐城和海南闽语中並母，甚至奉母（徐城：肥 ɓi^{11} | 佛 ɓuk^{11}）

都变成内爆音，是先经历了清化 b>p，然后与帮母一起变成 ɓ。徐城话里心生船等母也变成内爆音，如(张振兴 1986)：赛 ɗai^{24} | 西 ɗai^{33} | 衫$_{生}$ ɗa^{33} | 狮$_{生}$ ɗu^{33} | 唇$_{船}$ ɗuŋ^{11} | 术$_{船}$ ɗuk^{11}，是先经历了 s>t，然后与端母一起变成 ɗ；知澄母在闽语中大多与端定不分，所以也变成内爆音，如：张$_{知}$ ɗiɔ^{33} | 猪$_{知}$ ɗu^{33} | 陈$_{澄}$ ɗaŋ^{11} | 茶$_{澄}$ ɗɛ^{11}。

5. 从长带爆音到内爆音

上面谈了从长/硬清爆音变为内爆音的情况，其实长带爆音从音理驱动力 (phonetic motivation) 来说，更容易变成内爆音。这在其他语言中可见到，表 3 中给出辛地语 (Sindhi) 中的例子 (Varyaṇi 1974)。Prakrit 和 Sindhi 是两个有亲属关系的语言，在 Prakrit 语中的长带爆音 bb，gg 等，到了 Sindhi 语中都变成内爆音了。

表 3

Prakrit	*Sindhi*	
* pabba	paɓuɳi	“莲藕”
gaddaha	gaɗahu	“驴”
-(g)gaṃt^{h}i	ɠaɳɖ^{h}i	“结”
b^{h}agga	bhaːɠu	“天意”

我们知道，带爆音是很难持续的。成阻时间一旦延长，带爆音很容易清化，变成不送气清塞音。因为振动声带需要维持一定的喉门上下气压差，当空气不断进入上声道(从喉门到成阻点

之间的空间)，提升喉上气压，就会抵消这种气压差，从而抑制声带振动。长带爆音在成阻期间往往会通过扩大口腔、咽腔的容量来容纳更多的空气，从而克服这种空气动力学的限制。例如通过软化口腔内壁以吸收空气压力，这是一种无意识地扩大口腔容积(passive enlargement)；效果更为明显的是主动降低舌头和下巴、鼓起双颊、提高软腭以及最重要的降低喉头。辛地语中的内爆音就是通过这些主动扩大口腔容积的办法产生的(Ohala 1997)。如果听者把这种主动扩大上声道容积的办法，尤其是降低喉头，当成是说者有意而为，那么在他发这音时，就会去模仿降低喉头，就很容易发生内爆化的音变。

6. 从内爆音到鼻音

到了音变的下一个阶段，内爆音有可能变成鼻冠爆音 ɓ> ᵐb。这是听感上的近似性造成的，例如，语音学学生刚听到内爆音时会误以为是鼻冠爆音，即使是有经验的语言调查人员初次接触到内爆音时，也会把他们描写为鼻冠音。

再进一步，内爆音 ɓ 会向同部位的鼻音转变。在一些吴语方言中，从清爆音变来的内爆音继续向同部位的鼻音或者边音变化：ɓ>m，ɗ>n/l。赵元任(1928)很早就注意到这一情况："Yeongkang (永康) has true voiced [b] and [d] for sounds usually pronounced with unaspirated [p] and [t] in other Wu-dialects. In finals ending with nasal, they become [m] and [n] respectively" (p. xiv)；" 'b, d' 在口音韵尾的韵(巴，单)，读真

带音的[b, d],而且音很长,在鼻音韵尾的韵(邦,登)变作 m, n (但声调方面仍属阴类)"(p. 85)。义乌、武义、汤溪、金华的古阳声韵的字,帮母读 m。盘安、东阳、永康、缙云的部分古阳声韵字,帮母读 m,端母读 n(郑张尚芳 1988,曹志耘 2002: 30)。例如盘安:帮榜 mɒ|兵 mɐn|柄 mɛ|党当 nɒ|灯钉 nɐn|担$_{名}$ nɒ|打 nɛ|懂 nɑom。

内爆音会向同部位的鼻音或者边音转变,可能是由于听感方面的相似引起的。寸熙(Cun 2004)所作的听感实验中,双唇内爆音 ɓ 和鼻音 m 之间的混淆率为 50.19%;ɗ 与 l 的混淆率为 34.49%,与 n 的混淆率为 42.68%。从内爆音的语图上有时可以观察到,在成阻阶段会出现共振现象。它们通常是和后面的元音的共振峰相连的。内爆音成阻时,一般不会有气流从鼻腔释放出去。但是,图 2 右中鼻腔气流确实是波动的,图 2 左 中又有鼻音共振峰。这该如何解释呢?

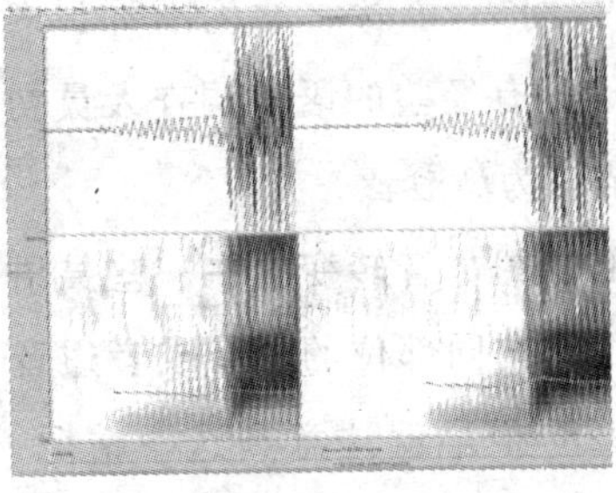

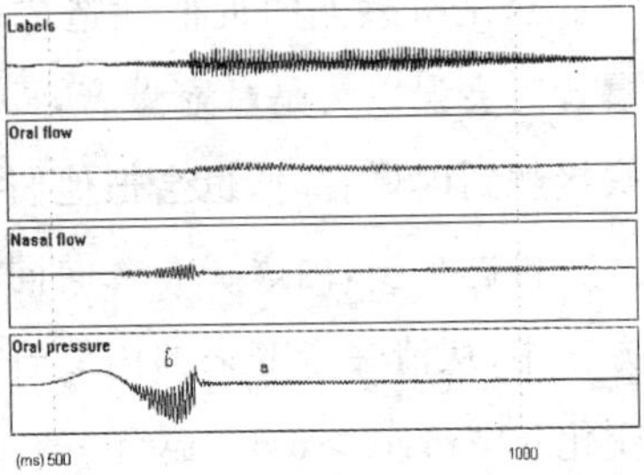

图 2.【左】ɓa 的两个读例的声波图和宽带图。在成阻阶段,可看到较弱的鼻音共振现象。【右】ɓa 的气流气压测量结果。第三行是鼻腔气流的图形,从中可以看到:(1) 鼻腔气流有波动,表示有共振现象,(2) 但这波动仅在 0 的上下,并没有绝对值的变化,表示没有气流逸出。假如有气流从鼻腔出来,这个气压值应该是正的。

原来，软腭有将口腔中的声波传播到鼻腔的作用。而且这种穿透软腭与鼻腔的耦合(transvelar nasal coupling)主要作用于低频声波(不超过1000赫兹，一般是作用于F1)①。而我们测得的鼻腔气流的数据也显示，这些鼻腔气流都是在0的上下波动(AC variation)，没有绝对值的波动。因而并不表明鼻腔中有气流流动，恰恰和穿透软腭从鼻腔中传播出来声波的振动一致②。这些从鼻腔中传播出来的低频共振，增大了成阻时候声波的振幅，同时造成内爆音和鼻音的某些听感相似。在上面提到的听感实验的第二部分，我们编辑了原来的录音，把内爆音成阻部分(包括爆破部分)的振幅从6分贝提高到12分贝，结果显示混淆率增加了，双唇内爆ɓ和鼻音m的混淆率增加到73.48%。提高成阻部分的振幅和穿透软腭将声波传播到鼻腔的作用是一样的。

有时可以看到反向的ɓ向不送气清爆音p转变的例子，都是受其他方言的影响所致。例如吴川市市府所在的梅箓镇的白话的双唇内爆音ɓ，在一些年轻人口中变成了清爆音p，就是受了广州话的影响。上海近郊龙华直到20年前还有强烈内爆音，但在今天的年轻人中已经很难听到了，也同样是受到上海城区读音的影响。顺便提一下，徐家汇边上的龙华镇以前不但有常见的内爆音ɓ，ɗ，还有很罕见的唇齿内爆音(或内爆塞擦音)ɓᵛ，

---

① Dang and Honda (1996) 的实验显示，在发高元音和浊塞音时，甚至当软腭已经关闭，从鼻腔中仍有相当大的声音辐射。这表明软腭一旦振动，就能把声音从口腔传送到鼻腔，并可预期鼻腔耦合会影响高元音的第一共振峰。

② 此段得益于和 John Ohala 教授的讨论，在此致谢。

如：$ɓ^{v}ɔ^{52}$（表征询的语气词）。

7. 后爆鼻音的性质

鼻音 m 有可能变成"后爆鼻音"m^{b}。"后爆鼻音"m^{b}和"鼻冠爆音"^{m}b尽管都是"前鼻后爆"，但是有明显区别：前者是前带鼻音的爆发音，后者是后有弱爆发的鼻音。台山方言中有 m^{b}以及 $ŋ^{g}$这类音（赵元任 1951），对应于中古明母、微母和疑母字，例如：名 m^{b}ɛŋ ｜ 门 m^{b} ən ｜ 米 m^{b}ai ｜ 耐 n^{d}ɔi ｜ 泥 n^{d}ai ｜ 眼 $ŋ^{g}$im ｜ 倪 $ŋ^{g}$ai。

最近我们又实地调查了台山话（朱晓农、麦耘、寸熙 2003 录音材料）。从语音学分析结果来看，其声学表现主要是鼻音，只是在除阻的时候，口腔内仍有稍高的气压形成爆发（见图 3）。台山的这种后爆鼻音不是从内爆音变来的，而是从普通鼻音变来，并可能向带爆音变去：m＞m^{b}＞b，ŋ＞$ŋ^{g}$＞g。因此，它是双唇音变圈中有可能发生的一环。现在的台山方言中没有内爆音，帮母字读成 v。由于周围开平、恩平，及紧邻的吴川、化州以及广西东部的粤语都有内爆音，这个浊擦的 v 应该是从浊内爆音 ɓ 变来。原因可能在于拉大与 m^{b}之间的音韵距离，因为台山话中的这种"后爆鼻音"的听感和内爆音很相似（比前述一般鼻音与内爆音的相似尤甚），为了保持对立，很可能把原来的内爆音挤开了。

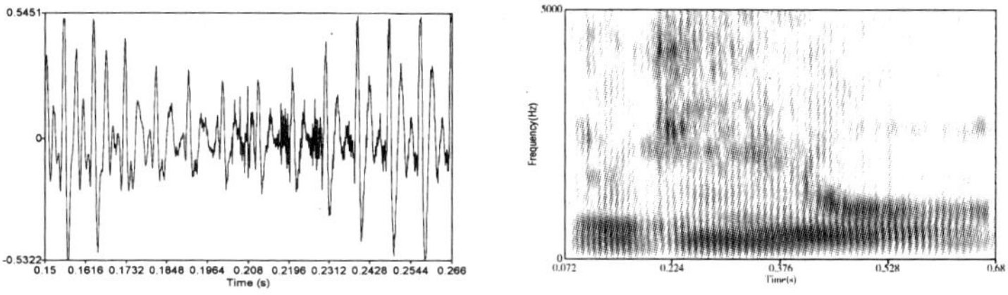

图 3.【左】台山 ŋ^{g}iu 录音中截取的一段声波。从 0.2 秒开始的连续三个周期都出现非周期性的声波，表明是爆发音 g 除阻。其前面的周期波是鼻音 ŋ，其后的周期波是元音 i 的。【右】在对应的宽带图中可以看到在 0.2秒处有冲直条，同样表明爆发音 g 除阻。

8. 从鼻音/内爆音到普通带音

最后，ɓ 或 m 都有可能再进一步变成普通带音 b，如闽南话中就经历了 m>b 的塞化过程，中古的鼻音声母明母变成了相应部位的带爆音：马 ba|麻 ba|味 bi|磨 bua|模 bou。

高本汉（1915—1926）最早记录到这现象。而且他很肯定闽南话中的 b 是真带音，跟文水、兴县等山西方言中的鼻冠爆音 ^{m}b 不同。我们自己的录音也证明了这一点。从下面图 4 可以看到 b 带声杠很弱，没有鼻音成分。

不过，后来的描写都认为这个爆发音在听感上“类似鼻音”（袁家骅 1983：239），或“略带鼻音性”（董同龢等 1967：6）。罗常培（1930：5—6）说：“两唇接触很轻，破裂的力量很弱，比英文的 b 音软的多。听得忽略往往有跟 m 音混淆的危险。”胡方（2005）最近对厦门话一位年长发音人的带爆音声母做了声学分析，确认它们是带鼻冠音的带爆音 ^{m}b，^{n}d，^{ŋ}g（见图 5）。图 5

上面的声波图中可以看到声母部分振幅较大，下面的宽带图中有鼻音杠，除阻冲直条不明显，表示爆发较弱。带鼻冠音的浊塞音是从鼻音向普通带爆音 b，d，g 转变的一环。

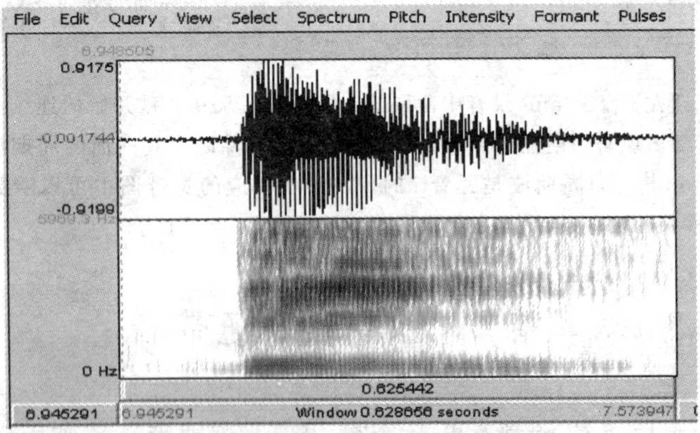

图 4. 厦门话 bi“米”的声波图和宽带图

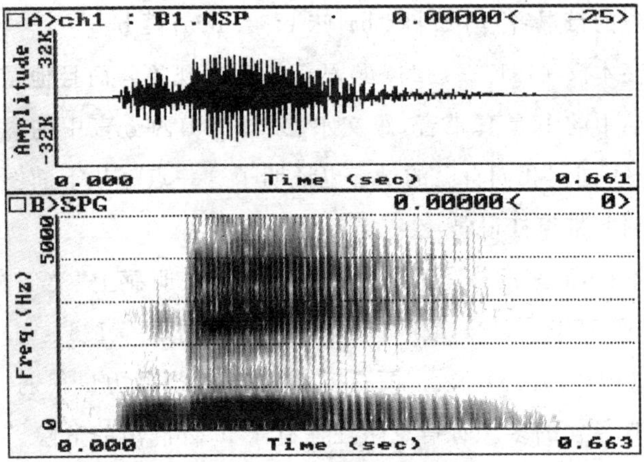

图 5. 厦门话 ^{m}bi“米”的声波图和宽带图

尽管闽南话中的这个带爆音 b 不是从 p>ɓ>m>b 一路变来的，而是直接从 m 变来的。但有了这一环，就把一条自然演化的链连成了逻辑上可能、实际上也可能发生的环。

吴语中没发现 m/^{m}b>b 这一环，那是因为吴语保留中古的带爆音。粤语中也没发现，但有个报道说容县有端母字读成 d 的，但帮母仍为 p（周祖瑶 1987）。但根据我们手头有的一些有限的录音材料，发现容县有内爆音 ɓ，ɗ，但没发现普通带爆音 d①。

9. 齿/龈音的音变圈

上面我们讨论了唇音的自然音变圈，一个类似的齿/龈音的演变之圈是： t>'t>ɗ>（^{n}t>n>l>）d（> t），见图 6 及表 4 中的音变圈。表 4 还把唇音音变链也和齿/龈音放在一起，以便比较。软腭带音（包括普通带音 g 和内爆音 ɠ）较少见，很难见到完整的音变圈。据我们自己的调查材料，有 ɓ 的吴语方言中，一般也有 ɗ，如龙华、浦东、缙云、庆元、云和、文成、东阳、盘安、永康等。

表 4

环		1		2		3		4		5		6		7/1	
阶段	(六)		一		二		三		四		五		六		(一)
唇音	(b	>)	p	>	'p	>	ɓ	>	^{m}b/m	(>	m^{b})	>	b	(>	p)
齿音	(d	>)	t	>	't	>	ɗ	>	^{n}d/n	>	l	>	d	(>	t)

① 我们最近的田野调查发现，山西有从鼻音变为鼻冠爆音 m>mb、安徽有从鼻音变为带爆音 m>b 的情况。

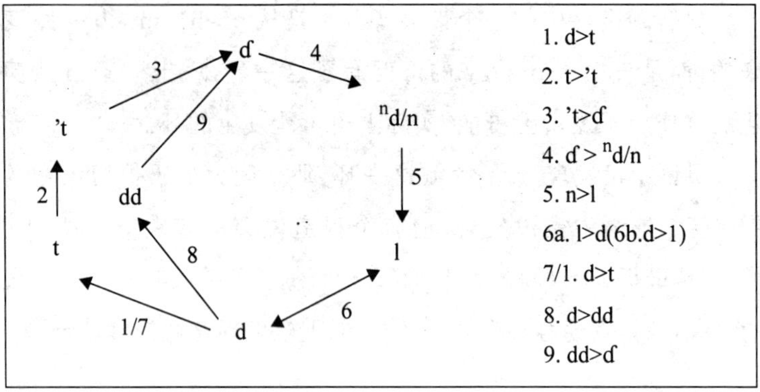

图 6. 齿音音变圈

吴语中的齿清爆音是硬而较长的 ’t。与唇音系列变化平行，齿内爆音也有进一步变为鼻音的，如：永康：当 naŋ^{1} | 冬东 noŋ^{1} | 灯钉 niŋ^{1} | 担丹 na^{1} | 打 nai^{3}；缙云：墩炖 naŋ^{1} | 登灯丁钉疔 naiŋ^{1} | 冬东 naum^{1}（记音据曹志耘 2002，“东冬”郑张尚芳 1987 记为 nom^{1}）。

再进一步，鼻音声母会变为边音，如浙南武义和闽北浦城吴语（记音据傅国通 1984，郑张尚芳 1985）：

	底	赌	斗	堆	笃	刀	答	得
武义	lie^{55}	lu^{55}	lɑu^{455}	la^{24}	loʔ$^{\underline{55}}$	lɯɤ^{24}	lɯɤʔ$^{\underline{55}}$	læʔ$^{\underline{55}}$
浦城	lie^{44}	lo^{45}	liau^{44}	lue^{45}	lou^{31}	lau^{35}	lɒ^{31}	le^{31}

广西贺州八都话中端母也读成边音（麦耘，待刊）：懂 lʊŋ^{35} | 短 lɤŋ^{35} | 刀 leu^{55} | 东冬登灯 liːaŋ^{55} | 笼 liːaŋ^{33} | 等戥董 liːaŋ^{35} | 凳冻栋 liːaŋ^{53} | 低 lai^{55} | 底抵 lai^{35} | 滴嫡帝 lai^{53} | 跌 lai^{422}；一些知组三等韵字读如端组，因而也发成 l-。竹 luːai^{422} | 知 lɤi^{55} | 竹 luːai^{422} | 着穿(衣物) leu^{422} | 朝早上 liːe^{55} | 张 liːeŋ^{55} | 涨帐胀 liːeŋ^{53} |

转 $\mathrm{ly{:}e}^{53}$ | 猪 $\mathrm{lu{:}\text{ɤ}i}^{55}$ | 中$_{\sim心}$ $\mathrm{li\text{ŋ}}^{55}$（知）；丑 $\mathrm{t^hu{:}\text{ɤ}i}^{35}$（彻）；重$_{轻\sim}$ $\mathrm{ti\text{ŋ}}^{13}$ | 长$_{\sim短}$ $\mathrm{t\text{ɤ}\text{ŋ}}^{33}$ | 迟 $\mathrm{t\text{ɤ}i}^{33}$ | 厨 $\mathrm{tu{:}\text{ɤ}i}^{33}$ | 着$_{\sim火}$ $\mathrm{t^hiu}^{55}$（澄）。还有江西白水话中同样的例子（陈其光 1991：4-5）：都＝炉 lu^{44}｜倒＝老 lau^{35}｜钓＝料 $\mathrm{li\text{ə}u}^{21}$｜答＝拉 lu^{55}。

明白了上述演变链，我们就很清楚有关语言是在演变的哪一环上，而用不着去猜测。例如郑张尚芳（1985：43）猜测浦城的“底赌”等字的 l- 可能是从 ʔd 变来的。其实这没有什么疑问，浦城的 l 一定是从内爆音 ɗ 变来的，而且我们现在更进一步可以知道它不是直接从 ɗ 变来的，而是 ɗ 先变成 n/ⁿd，然后再变成 l。

和唇音链中的情况一样，吴语中没有图 6 中的第 6 环变化（m＞b，n/l＞d），那是因为吴语中还有带声母 b，d。不过和唇音一样，闽南话可以从逻辑上补足这一环。厦门话中的那个游移于 d～l 之间的音（罗常培 1930）一直是语音学和方言学中的大麻烦（参看朱晓农 1987）。现在我们知道，这是ⁿd/l＞d 变化的游移过程中。

此外，齿音第 6 环实际上是双向的，即 l 可变为 d（6a），而 d 也可以变为 l（6b）。例如湖南益阳方言中定母字（大驮徒图但蛋田头投电邓）今读 l 声母（陈蒲清 1981）。

10. 侗台语中相应的音变链

上面所论吴语中的音变链，在侗台语的一些方言中不但也发生了，而且比汉语中更彻底。汉语中的第 6 环是一种逻辑上可能的连接，即拿闽语中的一环来衔接吴语中的链条，而在侗台语中却是实际发生的连环变化。从表5中可以看到，与武鸣壮语中的内爆音ɓ，ɗ分别相对应的，在北部台语剥隘话中是m，n；到德宏傣语是m，l；到西双版纳傣语则是b，d（德傣、西傣据喻翠容、罗美珍1980；武鸣、剥隘据李方桂1993，1990）。

表5

	村	叶	肩	飞	羊	鼻子	得	骂	骨头
武鸣	ɓan^{3}	ɓaɯ^{1}	ɓa^{5}	ɓin^{1}		ɗaŋ^{1}	ɗai^{3}	ɗa^{5}	ɗøk^{5}
剥隘	maan^{3}	maï^{6}	maa^{5}	min^{6}	mɛɛ^{3}	naŋ^{6}	nai^{3}		nook^{5}
德宏	ma：n^{3}	maɯ^{6}	ma^{5}	men^{6}	me^{3}	laŋ^{6}	lai^{3}	la^{5}	luk^{7}
西双版纳	ban^{3}	bai^{1}	ba^{5}	bin^{1}	bɛ^{3}	daŋ^{1}	dai^{3}	da^{5}	duk^{9}

陈其光（1991：5）认为德宏傣语中的这些m，l以前来自古全清阻音p，t。表中例字基本上都是阴调字，可以这么重建。从上述四处侗台语的共时分布情况来看，正好是一条如表6所示的很完整的历时变化链。如前所说，第四、第五都是可能的阶段，从第三阶段也可能直接变到第六阶段。

表6

音变环		2		3		4		5		6		
阶段	一		二		三		四		五		六	
	古				武鸣		剥隘		德宏		西傣	
齿音	*t			>	ɗ	>	n	>	l	>	d	
							剥/德					
唇音	*p			>	ɓ	>	m			>	b	

从吴语和侗台语这些一千多年来在地域上不能互相影响的

语言间，独立发生了整串相同的音变，正说明本文所提的这个音变圈是个由生理、物理和听感这样的内部原因引起的自然音变、因而也是普遍音变。

11. 内爆音的来源

内爆音的在汉语中分布很广，从上海郊区的吴语，到浙南吴语，再到海南岛的闽语，广东西部、广西东部的粤语都有。粤语中有内爆音的是：广西玉林、北流、容县、岑溪、藤县、苍梧县的勾漏片粤语，广东西北部的连山，广东西南的化州、吴川。闽语中有内爆音包括雷州半岛和海南岛的闽方言。吴语包括：浙南的庆元、龙泉、景宁、青田、云和、文成、永嘉沙头、东阳、永康、缙云；上海近郊的龙华、浦东，郊县松江、南汇、奉贤等。

汉语东南方言中内爆音的来源，一般都认为是和侗台语言接触的结果，是一种底层现象（如郑张尚芳 1988，陈其光 1991）。这种说法虽然很普遍，但缺乏逻辑论证。侗台语中存在内爆音，吴闽粤方言中也存在内爆音，但这并不意味着后者一定是来自前者。现在有很多文章在讨论两个相同现象时，往往很绝对地确定（还不是假定）某甲受到某乙影响，而且还说事实如此。其实，这里没“事实”什么事儿，有的只是观察材料，以及更重要的对材料的逻辑（演绎逻辑）论证。两种语言中存在相同现象，这是我们的观察材料，两者之间是什么关系，需要从逻辑上去讨论各种可能性。据现有的知识，我们知道有如下五种可能性。

（1）普遍现象。共同的形成机理导致的相同的自然音变。这种机理可以是物理的、生理的或心理的原理。不同语言服从了共同的原理，因而独立产生了相同的语言现象，如元音链移高化（朱晓农 2005）、带音清化（朱晓农 2003）、小称高调等（朱晓农 2004）。

（2）同源。这是最容易理解的。两个或多个语言/方言有共同的历史来源，分别继承了祖语的同一特征。例如，相距上千里的吴语和老湘语中都有带声母，两者都是继承了中古汉语的带声母。

（3）语言接触。这还可细分为几种情况：[3.1] 感染，成系统感染；[3.2] 借贷，零星或批量借词；[3.3] 底层。这三种情况是就其极端而言，实际上有交叉处。

（4）区域聚变。以前还有"区域特征"一语，这个术语容易和区域内部借贷相混淆，所以我们用迪克森的术语"聚变"convergence（Dixon 1997；朱晓农 2006）。自然界的区域聚变可以指自然环境的影响，例如水生的哺乳动物鲸鱼、海豚等，会变得和鱼一样，脚变成鳍，身材变成流线型。语言的区域特征的形成如果与此相似，那就完全是"环境影响"。但是，语言的区域特征所依赖的环境主要还是语言环境，即周边紧密接触的其他语言。自然环境是否起作用，现在还不是很清楚。所以就与"语言接触"很难截然分清。不过，我们可以定义"区域聚变"为一种该地特有的共同特征，不是原先各接触语言中具有的，而是在长期接触中"突变"发展出来的当地特征。例如韶关地区的土话是粤语、客家话、湘语等在此聚变而成（郭必之 2005）。当地有个区域特征“嘎裂声”不见于周围的粤语、客家话和湘语，可以认为是区域聚变。

（5）偶然相似。不同的形成机理或来源，碰巧相同了。

汉语吴闽粤方言中的内爆音的形成是哪一类呢？一般看法全集中在语言接触［3］上，尤其是［3.1］，即侗台语留下的底层。但实际上吴闽粤内爆音的原因可能有些不同，详细论述我们另文讨论。简单地说，上海郊县和浙南吴语内爆音的形成是由于自然音变的结果。它可能是与侗台语中的内爆音形成有共同的形成机理［1］，也可能是偶然相似［5］。实际上，两者不但都有内爆音，而且还都有图 6 音变圈中第 4 环 ɓ>m，ɗ>n，以及第 5 环 n>l。这后面的那两环无疑是各自服从相同规则的自然音变的结果［1］。这一方面说明图 6 音变圈的合理性，增强了共同具有前面的音变环（p>ɓ，t>ɗ）的可能性。同时也反驳了吴语内爆音是侗台语底层遗留的观点，因为你可以假定 2500 年前百越南迁时留下内爆音底层，但你无法假定这以后的每一环都是接触留下的底层。闽语中的内爆音也是独立自然发生的，而不是像以往所认为的那样是侗台语的底层遗留。大陆闽语（潮汕漳泉）的内爆音至今仍是带爆音或清爆音的自由变体，而海南和雷州半岛的闽语则由于周围黎语、临高语的影响，原先的自由变体固化为音位。西部粤语的情况最难判断，其音变情况还在梳理，主要困难在于暂时无法确定侗台语中内爆音何时产生。

12. 余论

自然音变链并不多见,音变圈更是少见。本文所论清浊自然音变圈在不同的语言/方言中发生,并因音变的速度不同而形成演化阶段:

大部分方言还只发生了第1环音变(b>p 带音清化),因而处于第一阶段(清爆音 p,t)。

吴语发生了音变的第2环(p>'p),因而进入强爆音 'p 的第二阶段。

吴语(可能还有粤语)中有内爆音(ɓ)的方言成为第三个阶段;闽语中的内爆音在逻辑上也处于这一阶段。

南部吴语古帮母字读 m、古端母字读 n 的方言,或者有鼻冠音(^{m}b, ^{n}t)的是第四个阶段。

浙南武义和闽北浦城吴语、广西八都话、江西白水话中古端母字读 l 的方言,以及台山粤语里的 m^{b},可看作是第五阶段;这是一个从鼻音到普通带爆音的可能的过渡阶段。当然,这并不是一个必要的阶段。从第四阶段的鼻(冠)音可直接变为带爆音,甚至从第三阶段内爆音都有可能直接变为带爆音。

从鼻音或内爆音变到普通带爆音是第6个音变环,具备这么变过来的带爆音的语言/方言处于第六阶段。最完整的连串音变例子发生在侗台语中:"清爆音>内爆音>鼻音(>边音)>普通带爆音"。吴语中没有观察到有这条音变链中的最后一环,但可以把闽南话中的 m/^{m}b>b, l/^{n}d>d 的音变从逻辑上填补这一环。

这个带爆音如果进一步清化（变化圈中第7也即第1环），则构成第七亦即第一个阶段，这也是下一轮的开端。所以这是一个音变圈。

爆发音的这个自然音变圈是由生理、物理和听感的原因引起的，可以在不同语言、不同时期独立、反复发生。自然音变在不同的语言中进行的速度快慢不同，不同的方言因为停留在不同音变阶段而形成音变链上的环节。这样的环节是不受时间、地点因素限制的。

辨认出这样的音变圈具有很多意义。首先，一个直接好处就是，当我们看到某些语言/方言中的古端母字念成ɗ或n或l时，就可知道它们是处于图6的哪个阶段，而不用去随意猜想它们的来龙去脉。

第二个直接好处是，如果这发生在同一个语言/方言中，我们可以知道哪个发生在前，哪个在后。例如看到永康（赵元任1928：85，赵先生的描写是“真浊音”“阴调类”）：

ɓ/ɗ	m/n
巴/单	邦/登

我们可以肯定“巴/单”处于内爆音ɓ/ɗ第三阶段，而“邦/登”则处于鼻音m/n第四阶段。也就是说此前“邦/登”跟“巴/单”一样是内爆音声母ɓ/ɗ，但后来由于鼻音韵尾的逆同化，声母变成了鼻音。缙云话中的情况也类似（郑张尚芳1985：233）：

ɓ/ɗ	保 ɓə[3]	饱榜 ɓo[3]	百 ɓa[3]	刀 ɗə[1]	斗 ɗiu[3]	短 ɗɛ[3]
m/n	兵冰 mẽiŋ[1]	饼 mẽiŋ[3]		钉灯 nẽiŋ[1]	东冬 nom[1]	冻 nom[5]

第三,明白了吴语内爆音的来源。吴语的内爆音是独立发生的,而不是像以往所认为的那样是侗台语的底层遗留。

第四,明白了闽语内爆音的来源。闽语的内爆音也是独立发生的,而不是像以往所认为的那样是侗台语的底层遗留。大陆闽语(潮汕漳泉)的内爆音至今仍是带爆音或清爆音的自由变体,而海南和雷州半岛的闽语则由于周围黎语、临高语的影响,原先的自由变体固化为音位。

还有一个间接好处是回答了朱晓农（2003）在讨论群母擦化清化后提出的一个问题:如果带爆音清化或擦化是普遍倾向,那么为什么带爆音至今还没绝种？是不是有什么途径可以重新产生带爆音？本文给出了重新产生带爆音的来源之一:清爆音经过紧化、内爆化、鼻化、边音化,有可能重新变回带爆音。

参考文献

曹志耘 2002.《南部吴语语音研究》. 北京：商务印书馆.

陈蒲清 1981. 益阳方言的边音声母.《方言》3:209—214.

陈其光 1991. 华南一些语言的清浊对转.《民族语文》6：1—11.

董同龢等 1967《记台湾的一种闽南话》. 史语所单刊甲种之二十四.

傅国通 1984. 武义方言的连读变调.《方言》2：109—127.

郭必之 2005. 语言接触与规律改变——论中古全浊声母在粤北土话中的表现.《语言暨语言学》6.1：43—73.

国际音标中译文,《方言》1979.4：315—317.

何科根、李 健 1990. 化州话及其声韵调特点.《第二届国际粤方言研讨会论文集》(詹伯慧主编). 广州:暨南大学出版社.

李方桂 1977.《水话研究》. 史语所专刊之七十三.

胡　方 2005. 论厦门话［^{m}b^{n}d^{ŋ}g］声母的声学特征及其他.《方言》1：9—17.

李方桂 1990.《剥隘土语》. 史语所专刊之八十六.

李方桂 1993.《龙州土语》. 史语所单刊甲种之十六.

梁猷刚 1953. 海南岛海口方言中的吸气音.《中国语文》1：27—28.

梁猷刚 1964. 海南方言中的喉塞音.《中国语文》6：463—465.

梁猷刚 1979. 化州话的 d.《中国语文》5：354—355.

梁猷刚 1986. 海南岛文昌方言音系.《方言》2：123—132.

罗常培 1930.《厦门音系》. 史语所单刊甲种之四. 1956 北京重印本.

麦　耘 待刊. 广西八步八都话音系.

王福堂 2003 汉语方言语音中的层次.《语言学论丛》27：1—10.

王　森 2001. 甘肃话中的吸气音.《中国语文》2：184.

阎淑琴 2002. 固原话中的吸气音.《语言研究》4：102—105.

游汝杰 1984. 老派金山方言中的缩气塞音.《中国语文》5：357—358.

袁家骅 1983.《汉语方言概要》第 2 版. 北京：文字改革出版社.

张淑敏 1999. 兰州话中的吸气音.《中国语文》4：275—277.

张振兴 1986. 广东省雷州半岛的方言分布.《方言》3：204—218.

赵元任 1928.《现代吴语的研究》. 北京：清华学校.

赵元任 1935. 中国方言当中爆发音的种类.《史语所集刊》五本四分.

赵元任 1951. 台山语料.《史语所集刊》二十三本.

郑张尚芳 1983. 温州方言歌韵读音的分化和历史层次.《语言研究》2：108—120.

郑张尚芳 1985. 浦城方言的南北区分.《方言》1：39—45.

郑张尚芳 1988. 浙南和上海方言中的紧喉浊塞音 ʔb、ʔd 初探.《吴语研究》. 上海：上海教育出版社.

周祖瑶 1987. 广西容县方言的小称变音.《方言》1：58—65.

朱晓农 1987. 声调笔记五则.《文字与文化》2：117—124. 北京：光明日报出版社.

朱晓农 1987. 音标选用和术语定义的变通性.《语文导报》3：55—58.

朱晓农 2003: 从群母论浊声和摩擦：实验音韵学在汉语音韵学中的实验.《语言研究》2：5—18.

朱晓农 2004. 亲密与高调：对小称调、女国音、美眉等语言现象的生物学解释.《当代语言学》3：193—222.

朱晓农 2005. 元音大转移和元音高化链移.《民族语文》1：1—6.

朱晓农 2006.《音韵研究》. 北京：商务印书馆.

朱晓农 2006. 历史语言学在中国.《语言学问题论丛》第1辑. 北京：三联书店.

朱晓农等 2009. 自发新生内爆音.《方言》1:10—17.

Catford, John C. 1988. *A Practical Introduction to Phonetics*. Oxford: Clearendon.

Cun 2004. The Phonetic Characteristics of Implosives in the Wuyang Dialect. MPhil thesis, The Hong Kong University of Science and Technology.

Dang, Jianwu and Kiyoshi Honda 1996. An improved vocal tract model of vowel production implementing piriform resonance and transvelar nasal coupling. In Proc. ICSLP 1996, Vol. 2, 965—968 (cited from http://citeseer.ist.psu.edu/507770.html).

Dixon, Bob 1997. *The rise and fall of languages*. Cambridge University Press.

Li, Fang-kuei 1943. The hypothesis of a pre-glottalized series of consonants in primitive Tai. *Bulletin of the Institute of History and Philology* (*BIHP*), 11.

Ohala, John 1997. The relation between phonetics and phonology. In W. J. Hardcastle and J. Laver (eds) *The Handbook of Phonetic Sciences*, 674—694.

Varyani, P. L. 1974. Sources of implosives in Sindhi. *Indian Linguistics*, 35: 51—54.

(原载《民族语文》第3期,2006。寸熙合作撰写。原文标题为"试论清浊音变圈——兼论吴闽语内爆音不出于侗台底层”。修订稿收于《历史层次与方言研究》(丁邦新编,上海教育出版社,2007),副题为“——自然音变和泛时层次”。收入本文集时导言部分稍有修改,另又加了几个注脚。)

韵　　尾

前几年商务印书馆惠印拙稿一部，叫《音韵研究》。后记中提到自己四十学吹打，五十学敲打，本书可以说是“吹敲”的结果。这个结果来之啊……得诉诉苦。

那是15年前，澳大利亚研究院给了我一笔研究基金，资助我进行吴语的田野语音学和实验语音学的研究。当时我刚做完博士论文不久，意气风发第二春，自认把赖福吉、拉佛、卡福、奥哈拉等等等等的著作读得滚瓜烂熟，又赢得一项很有声望的基金，那个踌躇满怀啊，你可以想象。

没成想此后三四年间，我三上[①]浙南，录了不下两百个发音人（那时是用录音机工作的），又在实验室里连轴忙乎，结果几乎是、其实就是铩羽而归——那几年根本就没取得什么像样的成果。直到今天还挺觉得对不住澳洲纳税人的。唯一能够自我安慰的，就算那时在厚积薄发。我学了最先进的理论知识和实验技术，我不惜力下田野调查，我还常常掩卷停机沉思长考——天知道想出了些什么！当时那副茫然的心绪，你

---

① 用“上”不用“下”浙南，有两个理由。一是我从澳洲到浙南，地图上看是“北上”吧。第二就更重要了，浙江就是说“上南落北”的。

也可以想象。

一直到八年后的2004年，那年7月，我有三篇文章《元音高顶出位》《台州嘎裂声中折调》《亲密与高调》，碰巧分别在社科院的三个刊物上同时发表了。Eureka！开窍了！原来我读博所学不敷用。原来一向以为的"一般语音学"不那么"一般"，而是很有"特色"，当然不是"中国特色"，而是"欧美特色"——那是"你的特色"，不是"我的特色"。一般语音学也好，理论音系学也好，都没把亚洲语音包括进去。它们还不够"有你我式"universal。所以尽管我课本背得再熟，理论学得再好，纸上功夫再了得，也应付不了"中国革命的实践"。直到"当年鏖战急"，弛声漫话筒，田野实战的擂鼓鸣金声中，夹杂着中折的嘎裂和亲密的假声，这才——

> 蓦然回耳，
> 那音却在，
> 声带嘶裂处！

我是说：嘶厉的假声嘎裂声。

原来，现有的语音学理论框架太小，由"音段"和"超音段"这对基本范畴构建的语音学框架，远不足以盛放亚洲南部、非洲中部数以千计的语言/方言中的事实。嘎裂声、假声、弛声用于语言学目的，现有的语音学对此听而不闻；发声态和声调、音段的相互关系，现有的语音学闻所未闻；它们的产生和描写，现有的语音学手足无措。所以才有赵元任(1980/1959：175)那段著名的评论：

> 实验语音学也可以算是比较边缘性的……因为实验语音学从很早起头，一直到最近啊，它能够做的好些事情都比语言学里头所希望做得到的还差得很远。虽然有许多很精密的实验工作，可是研究语言所需要知道的好些方面，是不能够用实验来满足这许多要求，答复这许多问题的。因此有许多语言学家，根本不拿实验语音学认为是语言学的一部分。

这段话，让我无地自容了20年。现在，终于可以平静地面对了。商务印书馆出这本《音法演化——发声活动》，帮我回答了赵元任的疑惑，语音学不但能“答复[语言学中]这许多问题”，还能提出当年赵元任想不到、也不敢想的更多的问题——对于一个读赵著长大的语音学生来说，还有什么事儿更能让他感到自豪呢？

我过去一向反对做“具有中国特色的科学研究”，现在看来即使是西方科学般精密的语音学，仍免不了欧美特色。所以在一开始的时候，做一些有中国特色的语言学不算太不着调。不过要自律的是，不能自得自耽于特色而不知自拔自强——那也是赵元任、赖福吉等东西方大语言学家的态度。科学的目标是要扩大到没有你我特色，也就是全球性的“有你我式” universal 的语音研究。

嘿，这后记写得东拉西扯的，像闽南话的韵尾，鼻音还加喉塞，结束处还那么复杂——好在洪英快把谜底揭出来了。

几年前商务印书馆出《音韵研究》时，帮我圆了昔日旧梦。现在出《音法演化》，实现了我的今日梦。我是否还应有未来的“三音”之梦？

朱晓农

2011 年 10 月